容庚編著
張振林 馬國權摹補

金文編

中華書局影印

圖書在版編目(CIP)數據

金文編/容庚編著;張振林,馬國權摹補. —北京:中華書局,1985.7 (2025.2 重印)

ISBN 978-7-101-00533-2

Ⅰ.金… Ⅱ.①容…②張…③馬… Ⅲ.金文-中國-匯編 Ⅳ.K877.34

中國版本圖書館 CIP 數據核字(2002)第 085404 號

責任印製:陳麗娜

金 文 編

容 庚 編著

張振林 馬國權 摹補

*

中 華 書 局 出 版 發 行

(北京市豐臺區太平橋西里 38 號 100073)

http://www.zhbc.com.cn

E-mail:zhbc@zhbc.com.cn

三河市中晟雅豪印務有限公司印刷

*

787×1092 毫米 1/16 · 97 印張

1985 年 7 月第 1 版 2025 年 2 月第 24 次印刷

印數:37901-38900 册 定價:388.00 元

ISBN 978-7-101-00533-2

目錄

予冠歲受小學篤好金壇段氏注頗疑當時吉金文字之學已甚盛而
段君於許書所載古籀文未嘗援據吉金款識為之考訂以為美猶有
憾稍長得吳愙齋中丞說文古籀補竊喜其足補段君之闕遺意謂許
書得此二家為之羽翼殆盡美且善矣及壯游四方畜集吉金文字
墨本學力亦稍進始知中丞之書尚不免千慮之一失舉其繁要約
得五端中丞既備采古禮器文字綴益以古貨幣古匋鉨並錯其時
代雖均為先秦而論其書體則因所施而各異文多省變可識者寡
今考證古籀宜專采之彝器貨幣匋鉨宜為別錄此取舍之待商者
一也中丞書例可識之字列入正編疑不能讀及不可識者別為附錄附
例至善然正編中如䜌之釋藺㕣之釋䜝吁之釋吒徧之釋遹嵩
之釋境簫之釋𧴩饋櫨之釋箭饑之釋尉貞之釋賁贅出代
之釋賓賸之釋賁罍之釋窒媿之釋穎瀋濡之釋洽朒之釋觶

鑄之釋錯皆有未安宜入附錄而附錄中如𡩜疑恐异疑獻曹疑獻㫃疑旂秦疑求𤰈疑農𨒅疑御𡥆疑孝害疑割沘疑抴𣪊疑𠬝咸疑所不必疑宜改列正編而此疑信之例置宜改正者二也又正編中𤔲𤔲二字均釋干戉案文字畢字作𤔲𤔲今雲南人所用筆之畢其形正如此知此亦畢字非干字也𤔲𤔲均訊字而釋牽𤔲下右部左字𠂇𢦏古馬銜其銜亦有右字其字从屮与从又之𠂇不同古文部左右向往往任意而𠂇又字則未嘗或亂殼簋文字右亦作𠂇作書契之䍃文作𢦏从二知古左右字或从二或从口一也乃釋距末之𢦏作佑宋公戈之𢦏為佑其實均是若字非佑佑也𣪘釋敔柔此字見䣄白逹敦其蓋藏于家其文曰𡨦白逹作寶敦執萬年蓋文作𣪘器文作𣪘均即其字非敦字也亯釋亨殷古文字亳作亯亯与此器同此亦亳非亨也𥙕釋𤚔其文从示从又持肉是祭字非𤚔也𩰫釋𤔲附錄中之𩰫又釋𤔲𤔲古文𤔲皆从

旨無从𠂤者師師殷虛文字作師師即師師所止為次之次字後世假次字為之
𠂤師亦𠂤師也朕釋然其字从舟从廾从火孟朕作朕此朕下加火乃縢國之縢古
从火今从水𠂤然也朿釋𣬈其字與不執敵之朿同即東字象束矢形非𣬈
也七十十个等字釋七古文字作十無作七者此九字非七也𦁊釋申其文象
兩手奉杵形與小篆之㫃同非申也此誤釋之當訂正者三也至附錄中
諸字有確可辨識者如䢉即農譌田農作㽕史農辳作𡈼均从田晨而
趨田曰農會意字也𦍒象人違入形乃達字龏从龍从廾乃龏字䢦从廾
从支乃散字网𢼸从屮从剛省殷虛文字亦作𢼸乃梓㭌之㭌𢒼即為字與小
篆不殊中亞乃誤以為古附字𩰫舊釋穌桑即蘇字古已姓之國古金文
皆作穌从大不從禾近出土有蘇公之孫𩰫字作蘇𩰫从竹亦从木可證穌即蘇
字𡭊即賁象木下有火以為火燧狀殷虛文字作𡭊𡭊正與此同𢼸注疑
古利字不从刀考許書利之古文正作𥝢與此同𠬪注从𠕁从支說文無此字考

从囟即頁下从夊乃許書部首之夏𡕥上象人形與夕同下木象尾形即尾字許君所謂古人或飾系尾西南夷亦然者是也𢀜𢀜注疑古卿字其文从𠂤从身乃𨙸字非卿也丰注象三玉相連形三玉曰丰考丰即玉字說文玉象三玉之連丨其貫也非別有三玉相連之丰字𤣩即玨字二字合文殷虛文字亦有之作𤣩与此同此均附錄中確然可識當改入正編者四也又有說解之誤如說𡕥為象人戴奚殺形案隸之役也考奚說文作𡗝象手牽索以係人蓋奚為僕奴殺殷虛文字作𡚦𡗝古僕奴男女並有之故或从女𡛿𡚦非象戴物之德注从彳从𢡱从心𢡱古相字相心為德𢡱𢡱注古相字从𢡱十目所視也案相从目从木許君引易曰地可觀者莫可觀於木以釋从木之義故殷虛文字作相與篆文同亦作𢡱古金文从屮屮乃木之省如杞字殷虛文字作𣏌亦作𣏌其證也与十之作丨不同德从𢡱𢡱从𢡱省不可混合為一也𨘢𨘢注象燕形案𨘢其首小篆从目女形相近而

古義亡矣此文正是从日从女乃匽安之匽古人日入而處內乃張揖从日爲象燕首形近乎鸚鵡之譌此說解之誤當更正者五也以上所舉當待來學之俊正予往在光宣之間曾与亡友吳縣蔣伯斧學部黼約分任校理並補以後出諸器乃事未逾年伯斧遽歸道山予亦播遷海外舊業置不可復理意當世之士必有為之者而久無所遇乃歲在壬戌有東莞容君庚者叩門請見出所著書曰金文編者為贄啓觀數紙則重訂吳中丞之書也為之驚喜留齋頭數日知其體例一仍吳氏之舊而刪去偽質增自錄文字而益以後出之器說解亦謹飭不穿鑿勸擇〻擇君言生于南服所見墨本苦少尚思辭補輯無遺闕予乃盡出所藏墨本俾助之逾年而書成視以前之稾尤完善中丞未盡之緒予与蔣君營之數年未竟于成者今乃成之容君讀之而喜可知也容君年尚少山川之寶又日出不窮俟之一二十年必且又有增益可知也容君屬為之序因評騭中丞書之得失以見今日之

拾遺補闕之不可以已者以告海內小學家且以示予之期望于容君者且日進未有艾也癸亥十二月松翁羅振玉書于津沽寓居之貞松堂

孔子曰多聞闕疑又曰君子於其所不知蓋闕如也許叔重撰說文解字竊取此義於文字之形聲義有所不知者皆注云闕至晉荀勗等寫定穆天子傳於古文之不可識者但如其字以隸寫之猶此志也宋劉原父楊南仲輩釋古彝器亦用此法自王楚王俅薛尚功之書出每器必有釋文雖字之絕不可釋者亦必附會穿鑿以釋之甚失古人闕疑之指近時阮文達吳荷屋吳子苾諸家書亦仍其例惟吳清卿中丞之恒軒所見所藏吉金錄始專摹款識不附釋文又中丞撰說文古籀補別以字之不可識者為附錄一

篇乃有合於說文注闕之例今古文日出古文字之學亦日進中丞書中附錄之字頗有可均知其爲某字者其本書中之字亦有不能不致疑者顧未有續中丞書而補其闕遺匡其違失者亦茲學之缺典也癸亥冬日東莞容君希白出所著金文編相示其書祖述中丞而補正中丞書處甚多是能用中丞之法而光大之者余案闕疑之說出於孔子蓋爲一切學問言獨於小學則許叔重一用之荀勖輩再用之楊南仲三用之近時吳中丞又用之今日小學家如羅叔言參事考甲骨文字別撰殷虛文字待問編一卷亦用此法而希白

是編与叅事弟子商錫永殷虚文字類編用之爲尤嚴至於
定學無在而不可用此法古經中若易若書其難解盖不下於古文
字而古來治之者皆章疏句釋與王薛諸氏之釋彝器款識同余
嘗欲撰尚書注盡闕其不可解者而但取其可解者著之以自附
於孔氏闕疑之義荏苒數年未遑從事希白儻有意乎甲子夏
五海甯王國維書於京師履道坊北之永觀堂

文字爲有形之語言，語言爲有聲之文字；時有古今之遞嬗，地有山川之閒隔，文字語言之有紛歧，勢之所必然者也。顧形之紛歧者，同一之也易，聲之紛歧者，同一之也難；故文字自李斯以秦文同一之後，始漸趨於大同，以前固皆紛歧之時代也。許慎以爲言語異聲，文字異形，自諸侯力政，不統於王，去其典籍，分為七國之時始，其理殊不盡然。試觀殷商之甲骨刻辭，宗周之彝器款識，往往一字數形，隨意增省，是其明證。許氏所言，特為紛岐尤甚之時代，非文字至是而始紛岐也。

吾人苟欲研究此紛岐之文字，必先就同文異

體者綜合之，剖析之，以求其相同相異之點，而後其所以紛歧之故始可得而言焉。自古字書，類皆取習用之字編纂章句，取便諷誦，自史籀篇以下至於揚雄班固之書皆是也。自許慎說文解字出，分別部居，合以古籀，始一變昔日字書之例，使後之治文字學者得以窺見文字制作之原及其流變，不可謂非綜合之功也。惜其於異體之文所收不廣，其所謂「古文作某」者，辟謂中所出諸經及張蒼所獻春秋左氏傳；所謂「籀文作某」者，謂史籀所存之九篇（用羅叔言王靜安說）；所采取者如是而已。敘中雖有「郡國於山川得鼎彝」之語，而篇中屢引秦刻石，不及鼎彝一字；吳大澂謂郡國所出鼎彝，許氏實未之見，非無因也。有宋一代，研求金石文字之學殆成專家。劉球婁機輩之於漢隸皆有輯錄之專書；而輯錄古文者，惟郭忠恕之汗簡，夏竦之古文四聲韻，其所徵引雖有數十家，而於彝器文字亦未采及。晚清之際，吳大澂著說文古籀補，而後彝器文字始有輯録之專書，此所謂綜合者也。其後孫詒讓著名原七篇，大抵皆取甲骨彝器等文會最比屬以相糸證，此所謂剖析者也。故欲窺文字之源流，必先自綜合始。

吳書援據賅博，攷釋審慎，多所發明；

然兩次搜輯，遺漏尚多，疑似之字亦所不免；且於彝器之外兼收錢幣璽印陶器等文，體例亦未盡善。容君希白因其書而補輯之，一以金文為限，分上下兩編，上編為殷周，下編為秦漢，後出諸器幷見采輯，稍涉疑似即入坿錄；其賅博矜慎之處，視吳書有過之無不及也。上編摹寫既竟，思欲鋟板以行，余慫恿其付諸石印以存其真。世之治文字學者，苟能資此編以施其剖析之功，繼名原而有所闡發，則秦以前紛岐之文字，庶幾得其指歸歟。

馬衡。　十四年三月廿一日。

宋人始為彝器款識之學，至清阮元曹載奎四吳榮光、雲、式芬、大澂徐同柏潘祖蔭劉心源端方諸家，摹錄考釋，各有成書。羅福頤之金文著錄表著錄三代至列國器，除疑偽計得四千二百七十九器，可謂盛矣。地不愛寶，甲骨之文出於河南之安陽。劉氏鶚印行鐵雲藏龜，羅氏振玉印行殷虛書契前後編，甲骨之文幾與金文相埒。而羅振玉、王國維兩先生加以考釋，文字益復大明。其餘璽印、封泥、泉、鏡、石、陶、磚、瓦之屬，亦各有專錄，蔚為巨觀矣。欲窮文字之變，定作書之始，究古文之體，補字書之缺，正許氏之譌，捨是其曷由乎？

余十五而孤，與家弟肇新、肇祖從四舅鄧爾足治說文。民國二年，余讀書於東莞中學。四舅來寓余家。余兄弟課餘恒與據方案而坐，或習篆，或刻印，金石書籍擁置四側，心竊樂之。讀說文古籀補、繆篆分韻諸書，頗有補輯之志。四年春，舅氏挈家游桂林。十月家弟肇新以瘧病死，此事遂廢。六年四舅歸自桂林，余不復升學，擬共采集篆籀之見存者爲殷周秦漢文字一書：一甲骨文編，二金文編，三石文編，四璽印封泥文編，五泉文編，六專文編，七瓦文編，八匋文編。因其大小，分類摹寫，艸刱未就，四舅復游幕韶關。家弟肇祖以入廣東高等師範學校習英文，莫能相助。九年秋，舅家火災，金石拓本、書籍、印譜之屬，蕩然無存。茲事體大，非一手一足之烈所能成，而書籍拓本，尤非寒家之力所能備，雖積稿盈尺，未克有成。十一年五月，與家弟北游京師，謁羅振玉先生于天津，以所著金文編請正，辱承獎借，勖以印行，未敢自信也。時羅先生之子福頤有璽印文字徵之作，其弟子商承祚有殷虛文字類編之作，與余不謀而合。旋讀書於北京大學研究所國學門，并假觀羅先生集古遺文，及所藏盛氏鬱華閣金文、陳承修先生所藏方氏綴遺齋彝器款識。兩年之間，畢力于此，每字皆從腦海中盤旋而出，苦心焦思，幾忘寢食；復經羅振玉、王國維兩先生及沈兼士、馬衡兩教授訂其謬誤，始克寫定，乃于十四年印行。厥後故宮所藏既得盡觀，奉天、熱河兩行宮所藏復得編纂爲寶蘊樓彝器圖錄、武英殿彝器圖錄，而寒家藏器亦已逾百，所見拓本遠過于前。十九年冬，中央研究院歷史語言研究所復以增訂金文編一事相委，而使何承寵、瞿潤緡等君相繼助余剪貼殷文存、周金文存、攈古錄金文、貞松堂集古遺文諸書銘文，三年而畢。顧成于衆手，舛牾非一，分合抉擇，瞬復三年。并于其間先成金文續編。廿五年十一月，經始摹寫此編。廿六年春，羅振玉先生三代吉金文存印行，復有補入。廿七年九月，乃克告成，距初版時已十三年矣。所收殷周金文凡一千八百又四文，重一萬二千七百三十六文，附錄一千一百六十五文，重九百六十六文，共得一萬六千六百七十二文，視初版增六千三百六十五文。其續編為秦漢金文，凡九百五十一文，重六千八十四文，附錄三十四文，重十四文，共七千八十二文，己于廿四年印行。乃序其端曰：

文字之變遷，其出于自然之趨勢乎，由古文而籀文，而小篆，皆以漸變，而非頓成。漢書藝文志曰：「史籀篇者，周時史官教學童書也，與孔氏壁中古文異體。蒼頡七章者，秦丞相李斯所作也。爰歷六章者，車府令趙高所作也。博學七章者，太史令胡毋敬所作也。文字多取史籀篇，而篆體復頗異，所謂秦篆者也」。是知史籀篇之作，亦猶蒼頡、爰歷、博學三篇。秦兼天下，李斯奏同文字，罷其不與秦文合者。今觀傳世之權、量、詔版，猶不能盡同。則籀文之異于古文，乃古文之自異，而非史官所獨剏。況說文解字叙云：

「與古文或異」，則其不異者固多。或壁中古文幾經傳寫，遂為科斗之形，與籀文異體耳。今由說文而上溯金文，由金文而上溯甲骨文，則其沿革之迹，固昭然可考。而謂甲骨文以前有所謂夏禹岣嶁碑紅崖刻石，而商末有所謂比干銅盤銘者，吾不信也。一也。

古之作書者，世傳自蒼頡始。荀子解蔽篇曰：「好書者衆矣，而蒼頡獨傳者，壹也。」韓非子五蠹篇曰：「古者蒼頡之作書也，自環者謂之私，背私謂之公。公私之相背也，乃蒼頡固以知之矣。」呂氏春秋君守篇曰：「倉頡作書。」是皆言倉頡作書而不詳其為何代人也。寖假而說文叙言「黄帝之史倉頡」，論衡骨相篇言「倉頡四目為黄帝史」矣。寖假而河圖玉版言「倉頡為帝」，春秋元命苞言「倉帝史皇氏，名頡，姓侯岡」矣。至于造字之初，淮南子言「史皇生而能書」，孝經援神契言「效象洛龜」，河圖玉版言「登陽虛之山，臨于玄扈、洛、汭之水，靈龜負書，丹甲青文以授之」，春秋元命苞言「生而能書，及受河圖綠字，于是窮天地之變，仰觀奎星圓曲之勢，俯察龜文鳥羽、山川指掌，而創文字」。凡此諸書傳說，荒渺無稽。惟說文叙言「見鳥獸蹏迒之迹，知分理之可相別異也」，為差得其真耳。

「史籀」二字，始見于漢書藝文志。史籀書名，未嘗言史官而籀名也。說文叙云「及宣王太史籀著大篆十五篇，與古文或異」。籀，讀也，抽繹也，亦即史記「紬石室金匱之書」之紬。自江式請撰集字書表，張懷瓘十體書斷皆稱太史史籀，而籀遂為人名、此皆不可以不辨者。二也。

科斗書之名，起於鄭玄。魏、晉之間，其說尤盛。春秋正義引王隱晉書束皙傳云「科斗文者，周時古文也。其頭粗尾細，似科斗之蟲，故俗名之焉」今觀魏三字石經中之古文，皆頭粗尾細若科斗也。壁中古文雖未審何狀，然衛恒四體書勢曰「漢武時，魯共王壞孔子宅，得尚書、春秋、論語、孝經。時人以不復知有古文，謂之科斗書。漢世秘藏，希得見之。魏初，傳古文者，出於邯鄲淳。恒祖敬侯，寫淳尚書，後以示淳，而淳不別。至正始中，立三字石經，轉失淳意，因科斗之名，遂效其形」則其作科斗形者，乃由臆造而非得見漢世祕藏，可斷言也。自時厥後，遂沿此體宋句中正輩用以書說文中古文，郭忠恕用以書汗簡。不有甲骨文、金文，曷悟其謬乎？三也。

漢書藝文志曰：「漢興，閭里書師合蒼頡、爰歷、博學三篇，斷六十字以為一章，凡五十五章，并為蒼頡篇。武帝時，司馬相如作凡將篇，無復字。元帝時，黃門令史游作急就篇；成帝時，將作大匠李長作元尚篇，皆蒼頡中正字也。凡將則頗有出矣。至元始中，徵天下通小學者以百數，令各記字於庭中。揚雄取其有用者，以作訓纂篇，順續蒼頡，又易蒼頡中重復之字，凡八十九章。臣復續揚雄作十三章。凡一百二章無復字，六藝羣書，所載略備矣。」當時所作一百二章，章六十字，凡六千一百二十字，無非編纂章句，以便誦習。觀其所云「取其有用者」，與「六藝羣書，所載畧備」，非謂文字盡於此也。即說文所冣九千三百五十三文，亦僅足供學童諷書之用，蓋「太史試學童能諷書九千字以上乃得為吏」，亦非謂文字盡於此也。羅先生殷虛書契待問篇冣錄甲骨文之不可遽釋者千名，而此編各部所附，及附錄所載亦逾千名，殆皆說文所無者，則其遺佚多矣。昔之治說文者，於說文所無之字，畧依音訓，於說文中求之。即偏旁逸者，亦必牽強傅會以明非逸，以黹為希，以兔為免，以甹為本，以出為由，不其惑歟！四也。

許慎撰說文解字凡十四篇，五百四十部，九千三百五十三文。惟其中證以金文，有傳寫之譌者：如中、徲、得、盄、射、叒、悊、非、㞃、輚等字是。有解說之誤者：如余、為、對、農、卑、雍、有、卩、鹿、息、凡、羞等字是。有奪去者：如冊、羊、弁、朋、免、妥等字是。有古一字而分為二者：如孚俘、粵雩、亯享、佋卲、卿鄉、佃甸、它也等字是。而子丑之子作㜽，辰巳之巳作子，子孫之子同于辰巳之巳，而非子丑之子，尤為學者所未嘗聞。雖所得無多，而時有弋獲。董而理之，倘亦治說文者所有事歟。五也。此皆譔集是編之意所願商榷者。若夫器物之制，則余將別撰商周彝器通考一書論次之。

夫古文之發見，何代蔑有。漢書藝文志曰：「武帝末，魯共王壞孔子宅欲以廣其宮，而得古文尚書及禮記、論語、孝經凡數十篇，皆古字也。」晉書束皙傳曰：「太康二年，汲郡人不準盜發魏襄王墓，或言安釐王冢，得竹書數十車。……初，發冢者燒策照取寶物，及官收之，多燼簡斷札，文既殘缺，不復詮次。武帝以其書付祕書，校綴次弟，尋考指歸，而以今文寫之。」南齊書王僧虔傳曰：「文惠太子鎮雍州，有盜發古冢者，相傳是楚王冢，大獲寶物，有玉屐、玉屏風、竹簡書青絲編。簡廣數分，長二尺，皮節如新。有得十餘簡，以示僧虔。僧虔乃云：「是科斗書考工記，周官之所闕文也。」凡此數者，當時雖或經寫釋，傳於今者蓋鮮。出土之日，即澌滅之期，良可痛惜。及今所出，鄭重考存，毋見嗤後人，其事正不容緩也。

然吾聞之韓非子曰：「無參驗而必之者，愚也；弗能必而據之者，誣也。」箸錄彝器、審釋文字，余惟愚且誣是懼。讀是書者，幸糾正焉！

中華民國廿七年九月容庚重訂于燕京大學

金文編凡例

一此編分正續兩編，正編為殷周金文，續編為秦漢金文。

一集録以彝器款識為主，兵器鏡鑑附焉。璽印泉幣應另為專編。

一摹寫之字據拓本或影印本為多，西清古鑑等書變易大小者，原器剝蝕模糊者，闕焉。

一分別部居，畧依許慎説文解字。

一審釋文字，間採各家考證之説。

一説文叙云「倉頡之初作書，蓋依類象形，故謂之文，其後形聲相益，即謂之字、字者言孳乳而浸多也。」故知古人造字，初有獨體之文，孳乳而為合體之字。其見于金文者，文多而字少，如各為格，乍為作，䜌為鑾旂之鑾，又為蠻夏之蠻，皆竟稱孳乳為某，分隸兩部，注明某字重見。

一古有專字，後來叚借行而專字廢者，如夵為夵國之專字，經典以蔡為之；晉為昧晉之專字，經典以爽為之；釁為釁壽之專字，經典以眉為之，兹用說文附收古籀之例，入之蔡、爽、眉之下。

一古有之字而說文附于他字者，如朋附于鳳下，康附于穅下，皆有未安，兹將朋改隸于貝部，康改隸于庚部之後。

一說文所無之字而見于他字書者，有形聲可識者，附于說文各部之末。

一圖形文字之未識者為附録上；形聲之未識者，偏旁難于隸定者，考釋猶待商榷者，為附録下。

一兩件以上同形同銘器及編鐘，用同一器名。

金文編第一

容庚譔集
張振林 馬國權 摹補

0001 一

一 我鼎

一 𨽍簋

一 盂鼎

一 史獸鼎

一 㝬鼎

一 㝬壺

一 𢦚簋

一 師遽方彝

一 段簋

一 毛公𢉩鼎

一 散盤

一 不𡢁簋

一 師嫠簋

一 秦公簋

一 眉脒鼎

0002 元

元 說文始也从一从兀高景成云乃元字初文與兀爲一字 兀作父戊卣 兀字重見

元 㝬鼎

曆鼎 元德
師虎簋
師酉簋
師兌簋
虢弔鐘 秉元明德 穆二
番生簋 不杯元德
番匊生壺 元子
多友鼎 元士
曾伯霥匿
陳伯元匜
天尹鐘
𢕌兒鐘
晉公𥁰
欒書缶
黃韋俞父盤
邾公華鐘
王孫鐘
沇兒鐘
陳財簋
厚氏圃
蔡侯龖鐘
秦公簋
魯左司徒元鼎
虢大子元戈
元戟
王孫𢍜鐘
秦子矛
楚屈弔沱戈
脽公劍
吉日壬午劍
眗簋

0003 天

邛季戈

𢍰公劍

吳季子之子劍

天　象人形　鼎文

天作從尊

禾作父乙簋

天父辛卣

天父乙觶

天棘爵

天畾卯尊

天亡簋

盂鼎

井侯簋

虢伯簋

剌鼎

趞曹鼎

彔伯簋

大簋

舀壺

虘鐘

休盤

同簋

追簋

克鼎

守簋

師酉簋

禹鼎

㝬簋

㝬鐘

師嫠簋

番生簋

毛公厝鼎

豆閉簋

芇伯簋

寰盤

無㠱簋

牆盤

頌壺

頌鼎

頌簋

史頌鼎

史頌簋

虢弔鐘

秦公簋 晄𡉚在天

秦公鐘 作在立

洹子孟姜壺

屭羌鐘

蔡侯䥫鐘

蔡侯䥫盤

中山王譽鼎

中山侯㤅鉞 天子建邦

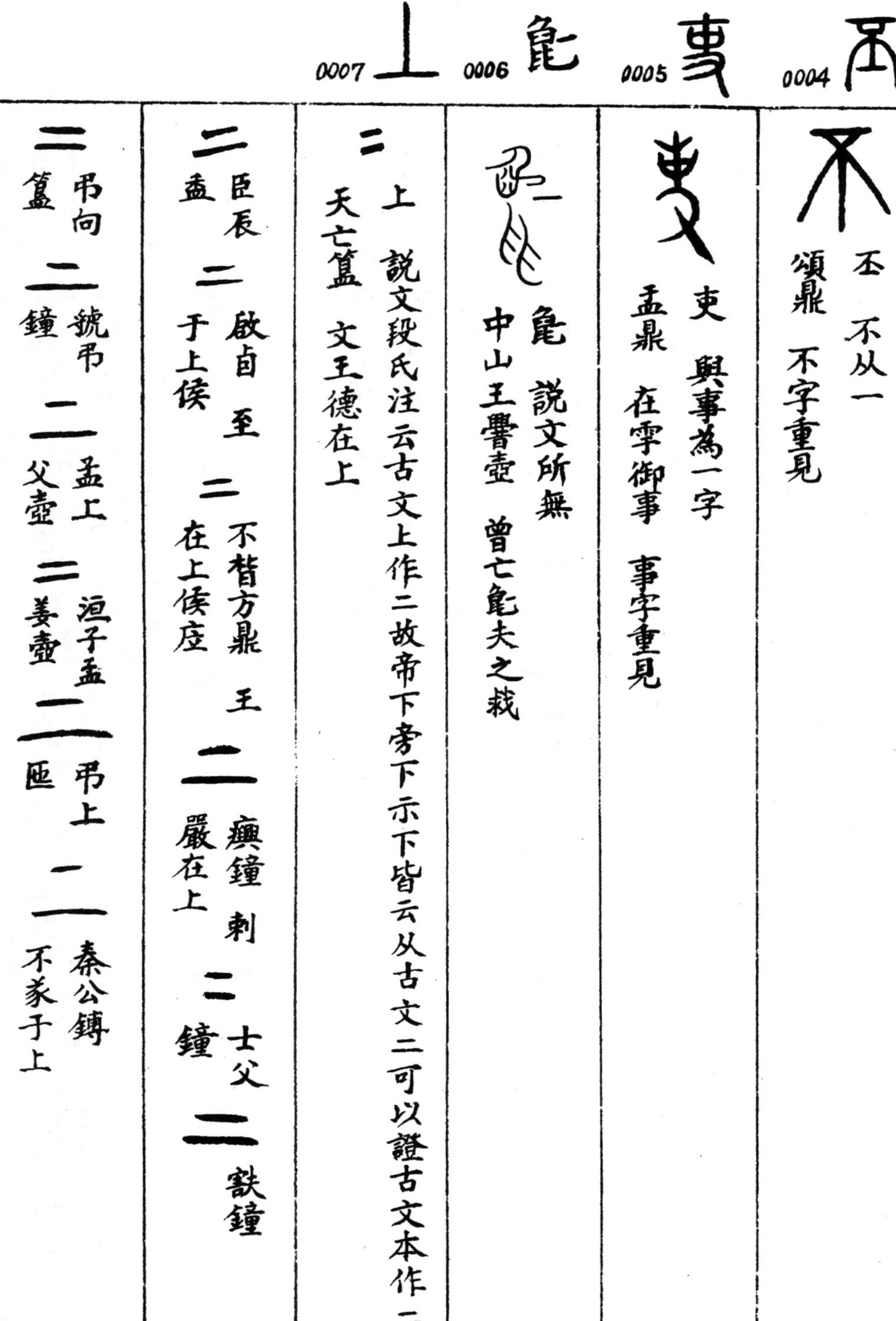

0004 丕

丕 不从一

頌鼎 不字重見

0005 吏

吏 與事爲一字

盂鼎 在雩御事 事字重見

0006 龟

龟 說文所無

中山王嚳壺 曾亡龟夫之栽

0007 上

上 說文段氏注云古文上作二故帝下旁下示下皆云从古文二可以證古文本作二

天亡簋 文王德在上

臣辰盉

啟卣 于上侯

至

不替方鼎 在上侯庢

王

𤼈鐘 嚴在上

剌

士父鐘

㝬鐘

弔向簋

虢弔鐘

孟上父壺

洹子孟姜壺

弔上匜

秦公鎛 不彖于上

上 蔡侯蠿盤

上 上官鼎

上 廿年距悍

上 上樂鼎

上 中山王譽壺 以饗上帝

上 盜壺

尚 中山王譽壺 又从尚 則堂逆於天下不怹於人也 上下對舉是知堂為上

让 鄂君啟舟節 从辵 让灘 让江 義為溯流而上

二 井侯簋 上下二字合文

二 墙盤 匍有上下

二 克鼎

二 毛公厝鼎

0008 帝

帝 井侯簋

帝 寡子卣

帝 斁狄鐘

帝 仲師父鼎

帝 㝬簋

帝 秦公簋

帝 卲其卣三

帝 𡨄鼎

帝 商尊

帝 中山王譽壺

0009 旁

0010 下

切其卣二 上帝二字合文

天亡簋 事喜上帝

牆盤

𤼈鐘 上帝 降懿德

㝬鐘

旁 周㝬旁尊

旁鼎

妣理母簋

下 長甶盉

虢弔鐘

番生簋

哀成弔鼎 下土

蔡侯龖盤

魚顛匕

中山王嚳鼎

曾侯乙鐘

鄂君啟車節 下鄵 地名

0011 祜

祜 痶鐘

曾子𠤳

伯其父𠤳 段為𠤳

0012 禮

禮 不从示而从口 中山王譽壺 不用禮宜 豊字重見

0013 祿

祿 不从示 頌鼎 彔字重見

0014 祥

祥 不从示 中山王譽壺 不祥莫大焉 羊字重見

0015 福

福 不从示 士父鐘 畐字重見

亦士父鐘文

井侯簋

沈子簋

弔向簋

伯陶鼎

舀壺

虢弔鐘

蔡姞簋

寧簋

善鼎

㝬鐘

猶鐘

井人妄鐘

克盨

不嬰簋二

齊弔姬盤

曾伯𠤳

曾伯陭壺

鄀嬰簋

鄀嬰盤

秦公鎛

國差𦉜

妹氏壺

中山王嚳壺

王子午鼎

王孫亯鐘

曾子𠤳

大師盧豆

伯汃其盨

伯汃其盨二

𧴪弔多父盤

不嬰簋

伯公父𠤳

邾大宰鐘

从富

𠭰鼎

用匄永福

周乎卣

0016 祇

祇 魏三字石經古文作[illegible]

鄦侯簋 祇敬橋祀

召伯簋 又祇又成

牆盤 祇覭穆王

蔡侯[illegible]鐘 為命祇=

蔡侯[illegible]盤 祇盟嘗啇

者沪鐘

中山王嚳壺 祇=翼=

盗壺

0017 神

神 不从示 克鼎 申字重見

伯𢦏簋

㝬鐘

寧簋

𤼈簋

陳貯簋

𤼈鐘

0018 齋

齋 蔡侯[illegible]盤

0019 禋

禋 蔡侯䜌盤

說文籀文从宀 䊧盤義其禋祀

哀成弔鼎 永用禋祀

0020 祭

祭 史喜鼎

郑公華鐘

義楚耑

郐王義楚耑

欒書缶

廝侯簋

陳侯午錞

陳侯因𪔅錞

中山王譻壺

蔡侯䜌盤 祭受無已

0021 祀

祀 切卣

小臣邑斝

𩛥尊

宰椃角

天亡簋

乍册嗌卣

保卣

𨾊簋

段簋

盂鼎

子卣

缶鼎

0022 祖

牆盤

趩簋

王鑄觶

秦公簋

秦公鎛

訇簋

哀成弔鼎

邾公華鐘

鄦侯簋

郜伯祀鼎

拍敦蓋

沇兒鐘 惠于明祀

郐公子鐘

王子午鼎

酓章作曾侯乙鎛

驫羌鐘

師遽簋

邾公釛鐘

中山王嚳壺

𧊒壺

呂鼎

吳方彝

說文祀或从異作禩此復不从示

作册大鼎 公來鑄武王成王祀鼎

祖 不从示 且字重見

盂鼎

𦅫鎛

欒書缶

陳逆簋

中山王譽鼎

中山王譽壺

0023 𥘵

𥘵 通妣 𪒠鎛 皇𥘵聖姜

𥘵又从北 𢧢者鼎 用句傰魯𥘵

0024 祠

祠 趙孟壺

盗壺

0025 礿

礿 我鼎

0026 禘

禘 不从示帝或从口作啻 剌鼎 啻卲王 啻字重見

0027 祝

祝 太祝禽鼎

盂鼎二

長甶盉

申簋 大祝 又九盤祝

0028 祈

禽簋　甲文以為祝字
周公其禽祝禽又敃祝

祈　从㫃斷聲　頌鼎　祈匄康𧸑屯右
猶詩行葦以祈黃耇也　旂字重見

頌簋

頌壺

蔡伯簋

蔡姞簋

畢鮮簋

芇伯簋

追簋

善夫山鼎

伯公父勺

弔家父匡

伯侯父盤

封仲簋

王仲嬀固

陳侯固

卓林父簋

伯梳簋

遲盨

虞司寇壺

鼄兌簋

太師子大孟姜匜

蔡大師鼎

陳公子甗

陳子〓匜

陳公子仲慶匜

王孫鐘

邵鐘

殳季良父壺

齊侯盤

𦅫鎛

喪史賓鉼

齊侯鼎

其次句鑃

白六鼎

歸父盤

番君匜

陳公孫寣父𦉢

師臾鐘

仲枏父簋

仲枏父鬲

邾公釛鐘省單

旂字重見

欒書缶䰞

以祈眉壽

0029 禦

大師盧豆　用禦多福　从攴从言

伯公父匿　用禦眉壽多福無疆

伯䢅簋　从攴从言

王子午鼎　用䢅眉壽

禦　說文祀也　我鼎　我作禦祟祖乙妣乙祖己妣癸

禦父辛觶

𣪕簋　𣪕其萬年鬻實朕多禦

0030 社

社　說文古文作䄕　中山王譽鼎

0031 禍

禍　中山王譽壺

0032 祓

祓　說文所無　保卣　王大祀祓于周

0033 ⿰礻工

⿰礻工 說文所無 酓肯鼎 集脰⿰礻工鼎

0034 ⿱亦示

⿱亦示 說文所無 甾篙鐘

0035 祏

祏 說文所無 蔡侯䵼尊 上下陟祏

0036 ⿰礻喬

⿰礻喬 說文所無 鄦侯簋

0037 三

三 天亡簋

明公簋

趞尊

中乍且癸鼎

盂鼎

井侯簋

0038 王

吕鼎
矢方彝
師旂鼎
吕鼎
免簋二
大鼎
無㠱簋

㝬鐘
史頌簋
頌鼎
散盤
兮甲盤
善夫克鼎

鄂君啟舟節
中山王嚳兆域圖

王戍甬鼎
宰峀簋
戍寅鼎
䲨尊
小子射鼎
小臣系卣

天亡簋
匽侯鼎
成王鼎
盂鼎
吕鼎
矢方彝
矢尊

令鼎
小臣謎簋
井侯簋
楷伯簋
遹簋
𧻓簋
叨孳簋

伯晨鼎

師奎父鼎

穻鼎

師嫠簋

克鼎

趩鼎

不替方鼎

周寋鼎

剌鼎

弔兔方彝

㠯壺

般甗

毳簋

㝬鐘

善夫克鼎

散盤

毛公厝鼎

虢季子白盤

不嬰簋

𨍭鎛

王人甗

頌簋

無叀鼎

師寰簋

鄀𩕢簋

王孫鐘

沇兒鐘

陳肪簋

趙孟壺

攻吳王夫差鑑

魚顛匕

酓章作曾侯乙鎛

曾侯乙鐘

中山王譽鼎

中山王譽兆域圖

曾姬無卹壺

龍節

大府鎬

酓肯鼎

姑口句鑃

陳章壺

秦王鐘

王子午鼎

敚戟

者沪鐘

酓肯盤

吳王孫無土鼎

楚王孫漁戈

楚王酓章戈

攻敔王光戈

吳王光逗戈

越王勾踐劍

越王劍

越王州句劍

越王州句矛

越王者旨於睗矛

0039 皇

王子玟戈

越王者旨於賜劍

皇令簋

䖵鼎

召卣

弔皮父簋

師嫠簋

諆簋

史獸鼎

伯椃簋

作册大鼎

大作大仲簋

競卣

弔咢父簋

追簋

兮仲鐘

仲辛父簋

仲𠭯父簋二

散車父壺

師望鼎

善鼎

買簋

禁伯簋

虢弔鐘

士父鐘

師臾鐘

井人妄鐘

𢒼弔多父盤

函皇父簋

頌鼎

頌壺

禹鼎

善夫克鼎

芾伯簋

毛公厝鼎

不𡢁簋

曾伯𠤳

鄀公鼎

函皇父鼎

諶鼎

畢鮮簋

杜伯盨

弔角父簋

秦公鎛

五年師旋簋

彔伯簋

仲師父鼎

弔向簋

封仲簋

蔡姞簋

伯𣪘父簋

豐兮簋

㝬鐘

函皇父匜

函皇父盤

番生簋

魯司徒仲齊簋

齊鞄氏鐘

郐王義楚耑

王子午鼎

蔡侯殘鐘

⿰黍命鎛

沇兒鐘

王孫鐘

曾侯乙鐘

坪皇

趫鼎

申簋

曾仲大父蛕簋

吳尨父簋

鄦真簋

秦公簋

邾公華鐘

禾簋

陳財簋

中山王嚳壺

中山王嚳鼎 借作況 而皇在於孚君虖

鄘侯簋

陳侯午錞

陳侯因資錞

齊陳曼𠤳

0040 王

□作𡴀皇考尊

樂書缶

假𡴀為皇 闢卣作皇考日辛𢍰彝 𡴀字重見

玉 鳥且癸簋

乙亥簋 玉十丰

穆公鼎

縣妃簋

番生簋

毛公𢈝鼎

洹子孟姜壺

王 郘鐘

王 魚顛匕

0041 瑾

瑾 不从玉 頌鼎 堇字重見

0042 銮

銮 守宮盤

0043 璧

璧 洹子孟姜壺

召伯簋

0044 環

環 不从玉 睘字重見 番生簋

師遽方彝

毛公厝鼎

0045 璜

璜 不从玉 黄字重見 縣妃簋

召伯簋二

0046 璋

璋 不从玉 章字重見 揚簋

子璋鐘

楚王酓璋戈 酓璋即楚惠王熊章

0047 琱

琱 不从玉 周字重見 縣妃簋

五年師旋簋

訇簋

寰盤

琱伐父簋

弭伯簋

師斄簋

休盤

師奎父鼎

召伯簋二

召伯簋

函皇父簋

0048 玗

玗 从○ 㪤霝卣 子錫㪤霝玗一

0049 靈

[glyph]

靈 从示 庚壺 靈公

[glyph]

又从心 秦公鎛

0050 珈

珈 說文新附 曾侯乙鐘

0051 珸

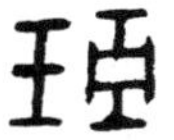

珸 說文所無 乍册㝬卣

0052 琱

琱 說文所無 師遽方彝 琱圭一

0053 班

班 班簋

弭弔盨

郙公孫班鎛

0054 气

0055 士

气 隸變作乞 天亡簋 不克乞衣王祀

洹子孟姜壺 洹子孟姜用乞嘉命

士 貉子卣 王令士道歸貉子鹿三

臣辰卣 王令士上眔史寅殷于成周

㪅尊 王錫㪅士卿貝朋

趞簋

商𣪕簋

士父鐘

㝬簋

克鐘

多友鼎

師寰簋

魯士臣

秦公鎛

秦公簋

晋公𥂴

邾公華鐘

邾公牼鐘

子璋鐘

沇兒鐘

邻䣄尹鉦

尹氏吊緐臣 吴王御士

从才 中山王礜壺 使得賢士良佐 忨從士大夫

0056 壯

壯 中山王嚳鼎 今余方壯

0057 中

中 凡中正字皆从口从㫃伯仲字皆作中無斿形史字所从之中作中羅振玉説

中鉦

中爵

中作且癸鼎

中簋

何尊

趞曹鼎

師旂鼎

休盤

同簋

伊簋

伯中父簋

師晨鼎

師虎簋

師酉簋

諫簋

師艅簋

克鼎

頌簋

頌鼎

無叀鼎

中伯盨

中伯壺

辛仲姬鼎

寰盤

元年師兑簋

中子化盤

沇兒鐘

王孫鐘

蔡侯䜌鐘

子禾子釜

鄂君啟車節

中盉

中父辛爵

卯簋

中友父簋

盂鼎二

𣥠中且觶

中宮鼎

中山王嚳鼎

中山王嚳壺

中山王嚳兆域圖

中山侯恣鉞

中婦鼎

采卣

作妣己觶

0058 串

中 金文以為仲字 令鼎

中 仲姞鬲

中 衛鼎

中 仲師父鼎

中 仲義父鼎

中 仲其父匜

中 散盤

中 兮仲簋

中 兮吉父簋

中 宗仲匜

中 子仲匜

中 弔𢾅簋

中 魯司徒仲齊簋

中 𪔋鎛

中 陳公子仲慶匜

中 鄺侯簋

中 曾侯仲子斿父鼎

中 曾仲斿父簠

中 仲斿父鼎

中 𢊨平鐘

中 中都戈

中 中山王嚳壺

中 仲父

串 說文所無 詩大雅串夷載路 串爵

串 串父癸鼎

串 父辛鼎

0059 屮

屮 屮盉

作父戊簋

0060 屯

屯 孳乳為純 牆盤

師𩛥鼎

士父鐘

虢弔鐘

井人妄鐘

頌簋

頌鼎

善夫克鼎

克鐘

克鼎

善鼎

[illegible]伯簋

[illegible]弔多父盤

芾伯簋

屯鼎

命瓜君壺

師望鼎

不𡢁簋

秦公鎛

遲盨 用祈眉壽屯魯

廣雅釋詁純緣也 師𩛥鼎 錫女玄衮𪓐純

師奎父鼎

休盤

頌鼎

0061 [seal-script character]

頌簋
頌壺
無叀鼎
寰盤
輔師𠫑簋
𣪕簋
趞鼎
善夫山鼎
此鼎
弭伯簋
訇簋
𨙶騷乇余車其千乘注陳也
鄂君啟舟節　乇三舟為一舿
每
杞伯簋
杞伯壺
杞伯鼎
杞伯壺
省作母
𡥀乳為誨
𠭯鼎　𠭯廼誨于𦧝
𡥀乳為敏
天亡簋　敏揚王休
何尊
順我不敏
𢦏壺

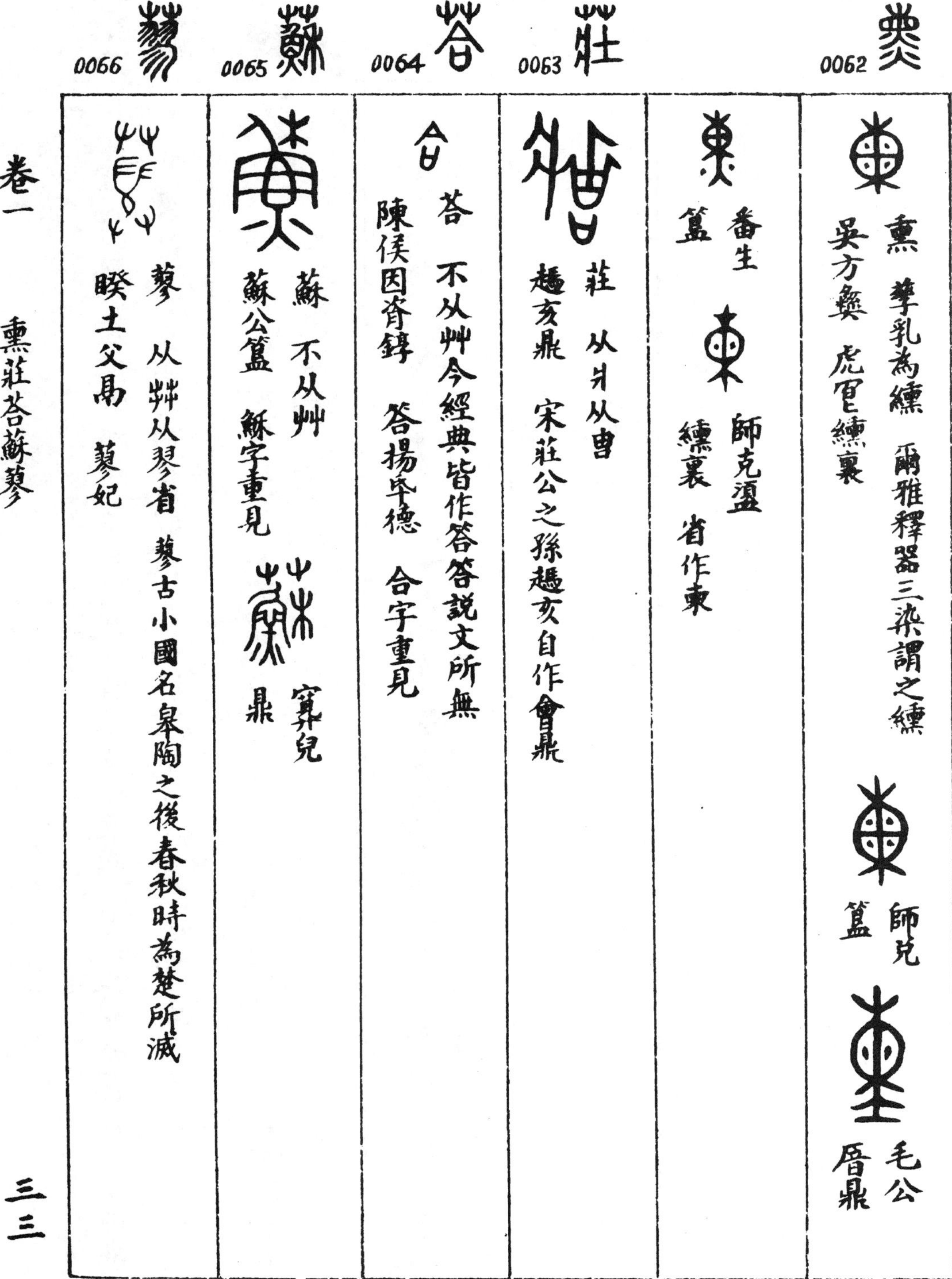

0062 熏

熏 𡍲乳為纁 爾雅釋器三染謂之纁 吳方彝 虎冟纁裏

番生簋

師克盨 纁裏 省作熏

師克簋

毛公層鼎

0063 莊

莊 从爿从甾 趞亥鼎 宋莊公之孫趞亥自作會鼎

0064 荅

荅 不从艸 今經典皆作答 答說文所無 陳侯因𪒠錞 荅揚厥德 合字重見

0065 蘇

蘇 不从艸 穌公簋 穌字重見

寡兒鼎

0066 蓼

蓼 从茻从翏省 蓼古小國名皋陶之後春秋時為楚所滅 睽土父鬲 蓼妃

0067 莒

莒　从竹與筥為一字　國名己姓子爵少昊之後武王封茲與期於莒鄭語滕薛鄶莒註己姓東夷之國也春秋時為楚所滅　筥小子簋　筥字重見

0068 薛

薛　方濬益謂从月从辛當是薛之古文　國名任姓侯爵黃帝之後奚仲所封戰國時為齊所滅　薛侯匜

薛侯鼎

薛侯盤

薛侯壺

薛子仲安𠤳

薛仲赤𠤳

薛尊

0069 茅

茅　盗壺　茅蒐狸獵

0070 芇

芇　从茻國名　芇侯簋

克鼎

0071 蒐

蒐　从茻　盗壺

0072 茺

茺 从茻 番生簋 金茺二鈴

0073 荊

荊 說文楚木也从艸刑聲古文作㓝=即㓝傳寫者誤分為二故作㓝其从艸者蒙上文小篆之荊而誤既云楚木不當从艸 方濬益說 貞簋 貞從王伐荊

莊十年春秋荊敗蔡師于莘杜云荊楚本號後改為楚

从井 過伯簋 過伯從王伐反荊

鈦馭簋 鈦馭從王南征伐楚荊

師虎簋 左右戲緐荊

牆盤 廣敞楚荊

0074 葉

葉 不从艸 拍敦蓋 枼字重見

0075 茲

兹 不从艸 彔伯簋 丝字重見

0076 芮

芮　不从艸　詩大明虞芮質厥成國名周同姓

芮伯壺　内字重見

0077 萃

萃　郾王職戈

从衣　郾王職戟

0078 苛

苛　酓忎鼎

但勺

0079 荒

荒　中山王嚳壺

0080 蔡

蔡　魏三字石經古文作[古文]　故得定為蔡字　書蔡仲之命傳國名文王子叔度封于上蔡姬姓侯爵平侯遷新蔡戰國初為楚惠王所滅　蔡大師鼎

九年衛鼎

叡鐘

伯作蔡姬尊

蔡姞簋

伯蔡父簋

0081 藥

0082 蓋

蔡侯鼎

蔡侯匜

蔡子匜

蔡大史鉌

蔡公子義工𠤳

蔡侯□鐘

蔡侯□鼎

蔡侯□缶

蔡侯□戈

蔡公子加戈

蔡公子果戈

蔡□戈

蔡公子從劍

蔡侯產劍

从心 蔡子鼎

从邑 鄂君啟車節 下蔡

藥 藥鼎

蓋 不从艸 酓忎鼎蓋 盍字重見

秦公簋

0083 若

若　从艸从又唐蘭謂說文訓擇菜殆即詩芣苡薄言有之之有後世誤若為𦱐而若之音義俱晦　散盤

0084 莘

莘　中山王嚳兆域圖　莘棺　借作榫

0085 折

折　盂鼎二　不嬰簋　不嬰簋二　兮甲盤　師寰簋　多友鼎　虢季子白盤　翏生盨　折觥　毛公厝鼎　師同鼎

𢀀乳為誓　洹子孟姜壺　誓于大司命

0086 蒠

蒠　不从艸　毛公厝鼎　息字重見

0087 蒙

蒙　中山王嚳壺　身蒙羍胄

0088 芳

芳　从𦬾　師㫃鼎

伯芳簋

姬芳母鬲

散盤

0089 蘇

蘇　从𦬾　蘇作且己罍

0090 蒿

蒿　从𦬾　德方鼎　征珷福自蒿　郭沫若云通鎬即鎬京

曾姬無卹壺

0091 蕃

蕃　蔡侯𤕌盤

蔡侯𤕌尊

0092 春

春　欒書缶　正月季春

蔡侯𤕌殘鐘

0093 藏

藏　説文新附

中山王𡕒兆域圖　其一從其一藏𢈔

0094 芑

芑　説文所無

鄂君啓舟節　芑昜　地名

0095 莪

莪　説文所無

鄂君啓舟節　王処於莪郢之遊宮　郘固墓楚簡莪郢又作栽郢是知莪讀如哉

0096 藉

藉　説文所無

魚顛匕　藉入藉出　于省吾謂當讀滑同搰小尒雅滑亂也

0097 莫

莫

父乙癸莫觚

散盤

晋公𥂴

工𠭯太子劍

中山王𡕒壺

从茻

夆莫父卣

0098 葬

葬 从𣦵爿聲 中山王譽兆域圖

0099 莽

莽 說文所無 奢簋 在莽京

臣辰卣

臣辰盉

史懋壺

遹簋

寓鼎

靜簋

靜卣

卯簋

召伯簋

弭弔簋

井鼎

楚簋

0100 萆

萆 說文所無 萆卣

萆大爵

0101 蕣

蕣 說文所無 井侯簋 蕣井侯服

0102 蕣

蕣 說文所無 集韻有蕣同蕣

鄭子蕣夷鼎

文一百零二 重七百五十四

金文編第二

容庚撰集　張振林　馬國權摹補

0103 小

小盂鼎

卿止簋

小臣鼎

睘卣

令鼎

嬴霝德鼎

氏樊尹鼎

靜簋

宅簋

趞弔簋

遣小子簋

昜鼎

䒤伯簋

師望鼎

衛鼎

弔趙父卣

師嫠簋

散盤

米小集母乙觶

趞簋　小大二字合文

𠑹匜

駒父盨

毛公厝鼎

小夫卣 小夫二字合文

小子尌簋 小子二字合文

小子母己卣

小子父己卣

小子省卣

[illegible]卣

小子射鼎

卬小子鼎

何尊

五祀衛鼎

九年衛鼎

師埶鼎

弔趯父卣

師望壺

弔向簋

單伯鐘

㝬鐘

㝬簋

散盤

毛公厝鼎

不𡢁簋

鄭大師甗

秦公鎛

秦公簋

晉公盦

中山王嚳鼎　事少如張事愚如智　少與張對舉可知少讀為少長之少

矢方彝　小牛二字合文

矢尊

小臣系卣　小臣二字合文

𩵦尊

小臣邑斝

小臣父乙簋

缶鼎

小臣單觶

小臣豐卣

辰父辛尊

小臣謰簋

傳卣

昜𠂇簋

師晨鼎

克鼎

守簋

𠩺生鼎

0104 少

少 鄦侯簋

封孫宅盤

蔡侯䌛鐘

哀成弔鼎

吉日壬午劍

陳逆匜

中山王譽兆域圖

畬志盤

0105 八

八矢方彝

小臣遽簋

靜簋

旂鼎

伯晨鼎

㫚壺

善夫克鼎

函皇父簋

禹鼎

戈弔鼎

歸父盤

鄧伯氏鼎

鄀公鼎

寡兒鼎

八 邵鐘

鄦侯簋

盠方彝 八㠯二字合文

0106 分

分 逢父甲觶

己侯貉子簋

鬲攸比鼎

邾公牼鐘

梁鼎

大梁鼎

四分鼎

0107 尒

尔 中山王嚳鼎 毋忘尔邦

0108 曾

曾 易鼎 孳乳為鄫

曾子仲宣鼎

曾子斿鼎

曾伯文簋

曾伯陭壺

曾大保盆

弔姬匿

曾仲斿父簋

曾子遝匿

曾孟姬諫盆

曾伯霥匿

𠊲兒鐘

曾子匿

0109 尚

曾者鼎

曾姬無卹壺

曾侯乙鐘

中山王嚳壺 曾亡能夫之栽 義如則

曾侯乙鐘

孳乳爲贈 段簋

孳乳爲增 益也 輔師𠭰簋 史余增乃令

尚 尚鼎

尚觶

㦸方鼎

仲伐父甗

𠬝鼎

弔趯父卣

孳乳爲常 詩閟宮魯邦是常箋守也說文常下帬也或从衣作裳是常乃衣裳本字經典以常爲尚以裳爲常

陳公子甗 子孫是尚

爲甫人盨 萬歲用尚

喪史賓鈚 永寶是尚

陳侯因𬶍錞 永爲典尚

中山王嚳壺 可瀎可尚

0110 㒸

㒸 孳乳為隊 井侯簋 不敢㒸

趩簋

彔伯簋

牆盤

克鐘

師寰簋

毛公𢉖鼎 女毋敢㒸

秦公鎛

邾公華鐘 不㒸于氒身

孳乳為遂 牆盤 遂尹啬疆

師望鼎 不敢不遂不妻

0111 公

公 能匋尊

臣卿簋

明公尊

宅簋

禽簋

次卣

應公鼎

伯作大公卣

賢簋

夨尊

夨方彝

令簋

作冊大鼎

沈子它簋

公史簋

楕伯簋

彔簋

公貿鼎

毛公旅鼎

剌鼎

斿鼎

效卣

戱方鼎

楚公冡鐘

延盤

盂鼎

應公方鼎

盂卣

伯作乙公簋

趞鼎

遹盂

師趛鼎

師孰鼎

師望鼎

伯晨鼎

師酉簋

芇伯簋

卯簋

鬲攸比鼎

畢鮮簋

番生簋

弔角父簋

毛公厝鼎

不𡢁簋

休盤

元年師兌簋

鄀公鼎

部嫛簋

秦公簋

公

郘鐘

寬兒鼎

陳公子仲慶匜

蔡公子義工匜

趫亥鼎

鄀公鈛鐘 鄀公華鐘 虢文公鼎 雁公劍 穌公簋 徝公壺

蔡公子果戈 蔡公子加戈 蔡公子從劍 宋公欒戈

曹公子戈 公子二字合文 公子裹儆壺

0112 必

必 南宮乎鐘

肇乳爲柲 五年師旋簋 戈琱戒彞必彤沙 無叀鼎 寰盤 休盤

0113 余

余 仐爲余之古文余字从此 何尊 盂鼎 令鼎 傳卣

[illegible]方彝
大簋
彔伯簋
弔趯父卣
師訊鼎
善鼎

諫簋
㫚鼎
士父鐘
弔向簋
卯簋
師克盨

召伯簋
㝬鐘
散盤
師嫠簋
師寰簋

克鼎
毛公厝鼎
不𡢁簋
曾伯霥匿
秦公鎛

吉日壬午劍

余卑盤
邾大宰匿
邾公華鐘
邾公牼鐘
洹子孟姜壺
𦅫鎛

0114 釆

0115 番

陳肪簋

秦公簋

余 邵鐘

哀成弔鼎

居簋

郘王義楚耑 擇余吉金

儠兒鐘

郘諧尹鉦

王孫鐘

南彊鉦

蔡侯龖鐘

余

工𫊸太子劍

者沪鐘

王子午鼎

欒書缶

中山王嚳鼎 今余方壯

中山王嚳壺

釆 盉作父乙卣

釆卣

番 孳乳為潘 魯侯鬲

番匊生壺

番生簋

番君鬲

0116 宷

番君匿

番君召鼎

番□白者君鼎

番□白者君盤

番□白者君匜

白者君盤

白者君匜

番仲𠭯匜

番伯畬匜

潘又从邑省　鄱伯畬匜

0116

宷　說文篆文作審　韻寳作審

五祀衛鼎　余審貯田五田

0117 半

半　秦公簋

0118 牛

牛　叔卣

㫚鼎

卯簋

師寰簋

友簋

鄂君啟車節

鄂君啟舟節

0119 牡

牡　从士　剌鼎

盠壺　从馬不从牛　四駐汸〻　詩烝民作四牡彭彭

0120 犅

犅　从牛从剛省　静簋

大作大仲簋

犅刦尊　从羊

0121 牲

牲　矢方彝

矢尊

盂鼎二

0122 牢

牢　貉子卣

爵文　从羊與卜辭同

0123 犕

犕　不从牛　毛公厝鼎　葡字重見

0124 牼

牼　邾宣公名見左傳公穀作瞷　邾公牼鐘

0125 犀

犀　犀伯鼎

0126 羊

羊 大作大仲簋

說文觲从羊牛角而無羊字據此可知觲乃从羊也

0127 告

告 告田罍

亞中告鼎

亞中告簋

告田鼎

告田觶

田告作母辛鼎

田告父丁簋

亼宧父戊方彝

作且乙簋

何尊

矢方彝

沈子它簋

師旂鼎

盂鼎二

班簋

舀鼎

沶伯簋

鬲攸比鼎

毛公厝鼎

召伯簋

召伯簋二

多友鼎

中山王嚳壺

蚉壺

0128 口

口 切卣三 王口尊文武帝乙宜

車口作父己卣

文尊

戊寅鼎 王口[illegible]馳馬酒

0129 呼

呼 頌鼎 不从口與評通 乎字重見

0130 名

名 召伯簋

南宮乎鐘

吉日壬午劍

0131 吾

吾 商尊

沈子它簋

毛公厝鼎 以乃族干吾王身 吳大澂以為古𢧁敔字經典通作捍禦

四年相邦戟

0132 哲

哲 說文知也重文作悊又心部悊敬也王引之以伯虔字子析證之則心部乃悊字非悊字蓋傳寫之譌 曾伯霥匿

師望鼎

弔家父匡

克鼎 盂哲乓德

克鼎又云 天子明哲

𤔲盤 淵哲康王

王孫鐘

井人妄鐘 克哲乓德 从貝

番生簋 克哲乓德 从言 與誓為一字

中山王嚳鼎 哲哉 社稷其庶乎

0133 君

君 天君鼎

[illegible]鼎

小子省卣

矢方彝

矢尊

召卣

諆鼎

縣妃簋

豆閉簋

君夫簋

召伯簋

牧師父簋

弔𫊸父簋

穆公鼎

散盤

史頌鼎

史頌簋

0134 命

禹鼎

交君匜

喬君鉦

邾公釛鐘

哀成弔鼎

番君召鼎

番君匜

白者君盤

𠨘君鼎

樊君匜

邛君壺

郘鐘

智君子鑑

緻𡨦君鉼

夜君鼎

鄺侯簋

者旨𣈥盤

鄂君啟舟節

中山王譽鼎

君夫人鼎

弔單鼎

番君鬲

樊君鬲

樊君夔盆

命 免盤 不从口 令字重見

[illegible]簋

競卣

命簋

命甗

滕虎簋

師望鼎

師奎父鼎

豆閉簋

師酉簋

夆伯甗

君夫簋

康鼎

伯康簋

萬簋

伯晨鼎

趩簋

同簋

訢伯簋

諫簋

賢簋

伊簋

元年師旋簋

駒父盨

善夫克鼎

毛公厝鼎

禹鼎

不嬰簋

秦公鎛

秦公簋

歸父盤

綸鎛

洹子孟姜壺

陳猷釜

子禾子釜

0135 召

鄆孝子鼎

命瓜君壺 郭沫若謂即令狐

魚顛匕

王子午鼎 命尹 即令尹

蔡侯䜌尊

秦王鐘

中山王譽鼎

中山王譽兆域圖

龍節

鄂君啟舟節

蔡侯䜌殘鐘

者旨[illegible]盤 从攴 敓尹 即令尹

鄂君啟舟節 裁敓 即緘令

鄂君啟車節 从叉 裁敓

新弨戟

新弨自敓弗戟

召 地名周初為康公奭采邑經傳作召 春秋時有召伯

穌爵

切卣 三

伯害盉

害鼎

召卣 三

0136 問

大史友甗

召尊

召卣

召卣二

召伯簋二

召伯毛鬲

禹鼎

番君召鼎

盠駒尊

克鐘

師害簋

召仲鬲

召樂父匜

伯公父匜　用召卿事辟王用召者考者兄

大簋

問　汗簡作𦖞

陳侯因資錞　朝問諸侯

0137 唯

唯　不从口

宰椃角　唯王廿祀

隹字重見

旂鼎

沈子它簋

夨方彝

獻侯鼎

大作大仲簋

萳簋

小臣遣簋

賢簋

師旂鼎

[illegible]侯壺

伯[illegible]簋

師[illegible]鼎

[illegible]簋

易鼎

明公尊

呂鼎

君夫簋

段簋

封簋

剌鼎

貉子卣

豆閉簋

師嫠簋

曶鼎

遹簋

宴簋

善鼎

咢侯鼎

禹鼎

召卣二

毛公厝鼎

不嬰簋

伯其父匡

曾伯文簋

蔡侯[illegible]鐘

0138 和　0139 哉　0140 台

畬卣

衛宋豐尊

趩簋

散盤

公父宅匜

番仲𤔲匜

弔單鼎

滁伯友鼎

和 盉壺

从禾 陳肪簋

假借為盉 史孔盉

哉 不从口 禹鼎 𢦏字重見

邾公華鐘

𠑇兒鐘

者沪鐘

鄦侯𥂴簋

台 不从口 毛公厝鼎 㠯字重見

王孫鐘 用匽台喜

趙孟壺

其台鐘

𠑇兒鐘

歸父盤

邾公華鐘

邾公牼鐘

哀成弔鼎

鄲孝子鼎

0141 咸

郾侯簠 陳侯午錞 陳侯因資錞 姑氏壺 上官登 陳喜壺

者沪鐘 鄂君啟舟節 鄂君啟車節 酓肯鼎

蔡侯𬮱殘鐘 申鼎 其次句鑃 楚王酓章戈

酓肯盤

咸 咸父乙簋 咸𣪘鼎 帚女簋 般甗

德方鼎 何尊 我鼎 史獸鼎 夨方彝 史懋壺

0142

班簋

盂鼎二

趩簋

咢侯鼎

秦公鎛

晉公𥂴

秦公簋

作冊虢卣

國差𦉜　國差立事歲咸丁亥

右矢方彝

盂鼎二

班簋

師旂鼎

彔伯簋

右鼎

趞曹鼎

伯康簋

師奎父鼎

師酉簋

師虎簋

休盤

舀壺

免卣

師嫠簋

十三年𤼈壺

揚簋

同簋

善夫克鼎

克鼎

頌鼎

頌簋

頌壺

無叀鼎

0143 啻

甫季鼎 伯俗父右甫季 又云用ヨ啻俗父 以ヨ為𠂆

散盤

毛公厝鼎

番生簋

師寰簋

元年師兑簋

多友鼎 多友右折首執嚥

右走馬嘉壺

右宮矛

秦公鎛

中山王譽鼎

右㞙君壺

楚簋 不从口 仲倗父内右楚立中廷

啻 孳乳為適 師酉簋 嗣乃且適官

趩簋

訇簋

師虎簋

孳乳為敵 㦸簋 俾克氒敵

𩁹鼎 攻戰無敵

0144 吉

剌鼎 啻卲王 經典作禘

大作大仲簋 用啻于乃考

買簋 皇祖啻考 經典作帝

陳侯因資錞 高祖黃啻 即黃帝

吉旂鼎

敔簋

敔簋二

矢方彝

奢簋

師𩰫鼎

命簋

𢿢簋

亘尊

格伯作晋姬簋

格伯簋

賢簋

師奎父鼎

師趛鼎

曶壺

師嫠簋

鬲攸比鼎

史頌簋

無㠱簋

師寰簋

毛公㫜鼎

虘鐘

虢季子白盤

元年師兌簋

兮甲盤

不嬰簋

曾伯陭壺

曾伯霥匿

沇兒鐘

子璋鐘

王孫鐘

郐諧尹鉦

姑□句鑃

攻吳王監

𦅫鎛

邾公華鐘

鄘侯簋

陳侯因資錞

郘鐘

欒書缶

吉日壬午劍

王子午鼎

酓忎鼎

申鼎

仲枏父簋

仲枏父鬲

楚嬴匜

黃韋俞父盤

中子化盤

王孫壽甗

陳侯鼎

鄧伯氏鼎

庚兒鼎

考弔寣父匿

0145 周

者旨𥃩盤

光伯簋

伯吉父鼎 初吉伯吉父 均省口

番匋臂匜 吉金

𦊆公劍

周 朝代名姬姓武王克商而有天下傳至赧王為秦所滅 王都所在如豐如鎬如洛邑皆號曰宗周周公往營洛陽曰成周 不从口說文从用非 弭簋 公仲在宗周

德方鼎 王在成周

免簋二 王在周

周𡢁旁尊

義仲鼎 周季

成周戈

䵼鼎 匽侯令䵼饎大保于宗周

無叀鼎 周廟

何尊 唯王初遷宅于成周

成周鈴

保卣 祓于周

臣辰卣 唯王大禴于宗周 寢于成周

矢尊 成周

矢方彝 成周

晦卣 成周

獻侯鼎 宗周

匽侯鼎 宗周

井侯簋 周公彝

免簋 王在周

散盤

善夫克鼎 王在宗周王命善夫克舍令

于成周

延盤

盂鼎

盂爵

沈子它簋

史獸鼎

鄘伯馭簋

周窓鼎

彔伯簋

趞曹鼎

師嫠簋

同簋

善鼎

舀鼎

敔簋

休盤

鬲攸比鼎

㝬鐘

史頌簋

頌鼎

克鐘

克鼎

毛公厝鼎

虢季子白盤

0146 唐

兮甲盤

作冊號卣

𩁹簋

昜鼎

呂壺

格伯簋

元年師兑簋

唐 國名 唐子且乙爵

唐子且乙觶

0147 𠳋

𠳋 不从又 豆閉簋 用錫𠳋壽

不𠳋簋

𠳋簋

九年衛鼎

孳乳為㥏 彔伯簋 㚔㥏較

窒弔簋 皇亦𠳋人

0148 唊

唊 𣀈盤 唊明亞祖

0149 吁

吁 吳王光鑑

0150 各

各 孳乳為洛為格方言洛至也洛説文所無經典通用格書堯典格于上下傳格至也 宰椃角 王各

乙亥鼎

亘尊 貉子卣 榮簋 趞鼎 斻尊

吳方彝 趩簋 趙曹鼎 免簋 豆閉簋 揚簋

師奎父鼎 休盤 師嫠簋 師酉簋 㽙壺

同簋 默鐘 頌鼎 頌壺 頌簋 敔簋

0151 哀

趞盂

弭弔簋

克鼎

朐簋

虢季子白盤

元年師兌簋

寧簋

善鼎

無叀鼎

雁侯鐘

沈子它簋 从彳

師虎簋

庚嬴卣 从辵

儹匜 从走

哀 沈子它簋

禹鼎

哀成弔鼎

哀成弔鉌

般殷鼎 哀=利鍏

0152 㱿

㱿 通殼 噩侯鼎 王寴錫馭方玉五㱿

0153 昏

昏 姑□句鑃

唬 知 吝 客 時 智

0154 唬

唬 善鼎 唯用妥福唬前文人

伯㦰簋 从甘 唯用妥神褱唬前文人

0155 知

知 說文所無 知𩌏䮐𩤴

0156 吝

吝 說文所無 九年衛鼎

0157 客

客 說文所無 客容簋

0158 時

時 說文所無 酓章作曾侯乙鎛

曾侯乙鐘 時用冬

曾侯乙鼎

0159 智

智 說文所無 伯智鼎

0160 哦

哦 說文新附

哦簋

0161 鬲

鬲 說文所無

蔡侯𨬁盤

0162 䚅

䚅 說文所無

䚅鼎

繼伯鬲

井宝

鼎

繼尊

从攴

繼卣

仲繼卣

省口

0163 䚅

䚅 籀文作䚅

薛侯盤

薛侯

匜

散盤

0164 嚴

嚴 不从吅

士父鐘

厰字重見

詩六月有嚴有翼傳嚴威也

孳乳為儼荀子正論今子宋子

0165 咢

嚴然而好說注讀爲儼
虢弔鐘 嚴在上異在下
說文古文从三口 井人妄鐘
𠨷狄鐘
番生簋

𣶃鐘
秦公簋
楚王酓章戈
中山王嚳壺
王孫𧊒鐘

詩采薇玁狁號季子白盤作厰𤞤 𤔲乳爲玁 多友鼎 嚴𢐝

咢 从吅从屰吅吅同意喪毛公𢉛鼎作𠷎𦋐說文或作𧶠尔雅釋天太歲在酉曰作噩釋文噩本或作咢史記歷書作鄂是噩即咢又𤔲乳爲鄂也傳寫少譌

噩侯簋 即鄂侯
噩侯
噩侯鼎
噩弔簋
噩季奞父簋
師噩父鼎

弔噩父簋
禹鼎
𢉛季自

0166 單

單　非从吅　小臣單觶

單氏姬姓伯爵成王封幼子于單　春秋時有單伯　單伯鐘

單伯鬲

⿰里⿱吅亍尊

單子伯盨

揚簋

單異簋

弔單鼎

王盉

蔡侯匜

單踖訧戈

單盉

邅鼎　孳乳為戰　攻戰無敵　戰字重見

0167 ⿱吅⿱乂口

⿱吅⿱乂口　說文所無　⿱吅⿱乂口作氒簋

⿱吅⿱乂口作氒卣

0168 ⿱吅言

⿱吅言　說文所無　鄦王⿱吅言戈

0169 器

器 說文所無 不嬰簋 余命女御追于器=地名

不嬰簋二

0170 喪

喪 从器 旂作父戊鼎 弗敢喪

毛公厝鼎

洹子孟姜壺

量侯簋

喪史賓鉼

南疆鉦

易鼎 从䟃 弗敢喪

井人妄鐘 妄𡨦=聖𨔭 于省吾謂即喪之繁文猶古文越之省作戉也

𤕌盤 文考乙公遽𨔭得屯無諫

癲鐘 癲趄夙夕聖𨔭追孝于高祖

0171 走

走 盂鼎

令鼎

休盤

訇簋 成周走亞

元年師兑簋

0172 趣

中山王譽鼎

井侯簋 从走

召卣

延盨

效卣

魯司徒仲齊簋

薛仲赤匠 走馬

右走馬嘉壺

走鐘 从彳

大鼎

伯中父簋 夙夜事走考 从二夭

趣 ⿱竹鄙侯簋

0173 越

越 國名姒姓子爵夏少康庶子之後武王封之會稽以奉禹祀戰國中為楚所滅 不从走碧落碑作戉 者沪鐘 戉字重見

越王劍 从邑

越王句踐劍

曾侯邸戈

0174 趞

趞 趞曹鼎

趞曹鼎二

0175 趯

趯 毛公厝鼎

0176 ⿺走與

⿺走與 从辵走辵二部相通 曾子⿺辶與匡

0177 趛

趛 師趛鼎

伯趛父簋

克盨

姬趛母鬲

師趛盨

0178 趩

趩 趩簋

王孫鐘 戱戱趩趩

王子午鼎 戱戱趩趩

0179 趙

趙 趙孟壺

趙孟晉大夫名鞅

不从走 大梁鼎 肖字重見

0180 趠

趠　趠鼎

0181 趯

趯　弔趯父卣

弔多父簋

又盞文从辵

0182 趡

趡　趡罍

0183 𧻚

𧻚　𧻚𢓊鼎

𧻚𢓊簋

父丁鼎

𤼈鐘

虢季子白盤　𧻚〻子白與書牧誓尚桓〻同義傳武貌說文引作狟

禹鼎　不顯𧻚〻皇祖

秦公簋　剌〻𧻚〻

封仲簋

曾姬無卹壺

陳侯因𬮱錞　皇考孝武𧻚公即史記田敬仲完世家桓公午

中山王䰯鼎　中山王䰯壺　者沪鐘

䋶盤　从辵猶起之古文从辵作记

史⿺走亘簋　吳王光⿺走亘戈　⿱無皿男鼎

0184 趧

趧　說文所無　中山王䰯兆域圖　提趧古籀作題湊

0185 ⿺走叵

⿺走叵　說文所無　王孫鐘　皇皇⿺走叵⿺走叵　王孫誥鐘　沇兒鐘　从巸

0186 ⿺走支

⿺走支　說文所無　⿰帀阝子⿰貟彡缶　⿺走支缶

0187 ⿺走焉

⿺走焉　說文所無　⿺走焉亥鼎　⿺走焉鼎

0188 趞

趞　說文所無　趞簋

0189 止

止　召伯簋二　余考止公

0190 歱

歱　从止从童經典通作踵考工記輈人五分其頸圍去一以為踵圍注踵後承軫者也　毛公厝鼎　金歱金豙

0191 歬

前　歬說文从止在舟上後人以前為歬　兮仲鐘

追簋

善鼎

井人妄鐘

㝬簋

師𩛥鼎

0192 歷

歷　不从止　毛公厝鼎　厤字重見

禹鼎　至于歷内

0193 歸

歸 女帚卣 不从止㠯 帚字重見

不从止 毓且丁卣

矢方彝

矢尊

令鼎

小臣 遽簋

𣏟伯簋

貉子卣

𣄰簋

應侯鐘

不嬰簋

不嬰簋二

郭沫若云从帚 遂聲 歸父盤

曾侯乙鐘

0194 登

登 𨏔父丁觶

亞中登簋

𢦏父簋

𦥯乳爲鄧 國名曼姓侯爵見經傳者有鄧侯 左莊十六年記楚滅鄧

鄧孟壺

鄧伯氏鼎

鄧公簋

說文籀文从𠦪 登鼎

𦫵侯簋

五年師旋簋

散盤

鄭鄧弔盨

鄧公簋

鄧伯吉射盤

復公子簋

陳侯午錞

以登以嘗禮記月令農乃登麥注進也經典以烝爲之爾雅釋詁烝進也詩信南山是烝是享傳烝進也春秋繁露四祭冬曰烝烝者以十月進初稻也皆與登同訓

十年陳侯午錞

陳侯因資錞

从米 姬鼎 用登用嘗

从𨸏 班簋 登于大服

登伯盨

登弔盨

孟爵 鄧伯二字合文

0195 步

步子且辛尊

父癸爵

爵文

0196 歲

中山王譽兆域圖

歲 利簋

曶鼎

毛公厝鼎

爲甫人盨

國差𦉜 國差立事歲

公子土斧壺 公孫窹立事歲

陳章壺 陳得再立事歲

陳猷釜 陳猷立事歲

子禾子釜 □□立事歲

鄂君啟舟節 大司馬卲陽敗晉師於襄陲(陵)之歲

鄂君啟車節

大府鎬

酓肯鼎 以共歲棠

酓肯盤

酓忎鼎

酓忎盤

0197 此

此　此牛尊

此盉

此鼎

此簋

居簋

南疆鉦

[illegible]平鐘

中山王譽鼎

0198 正

正　切卣二

大保爵

乙亥鼎

[illegible]方鼎

睘卣

盂鼎

師埶鼎

師遽簋

伯[illegible]鼎

貉子卣

彔伯簋

[illegible]簋

衛簋　御正衛

楙父賞　馬匹

駒父盨

仲叀父簋

休盤

𨗁盂

[illegible]簋

君夫簋

虘鐘

曶壺

散盤

伯正父匜

無㠱簋

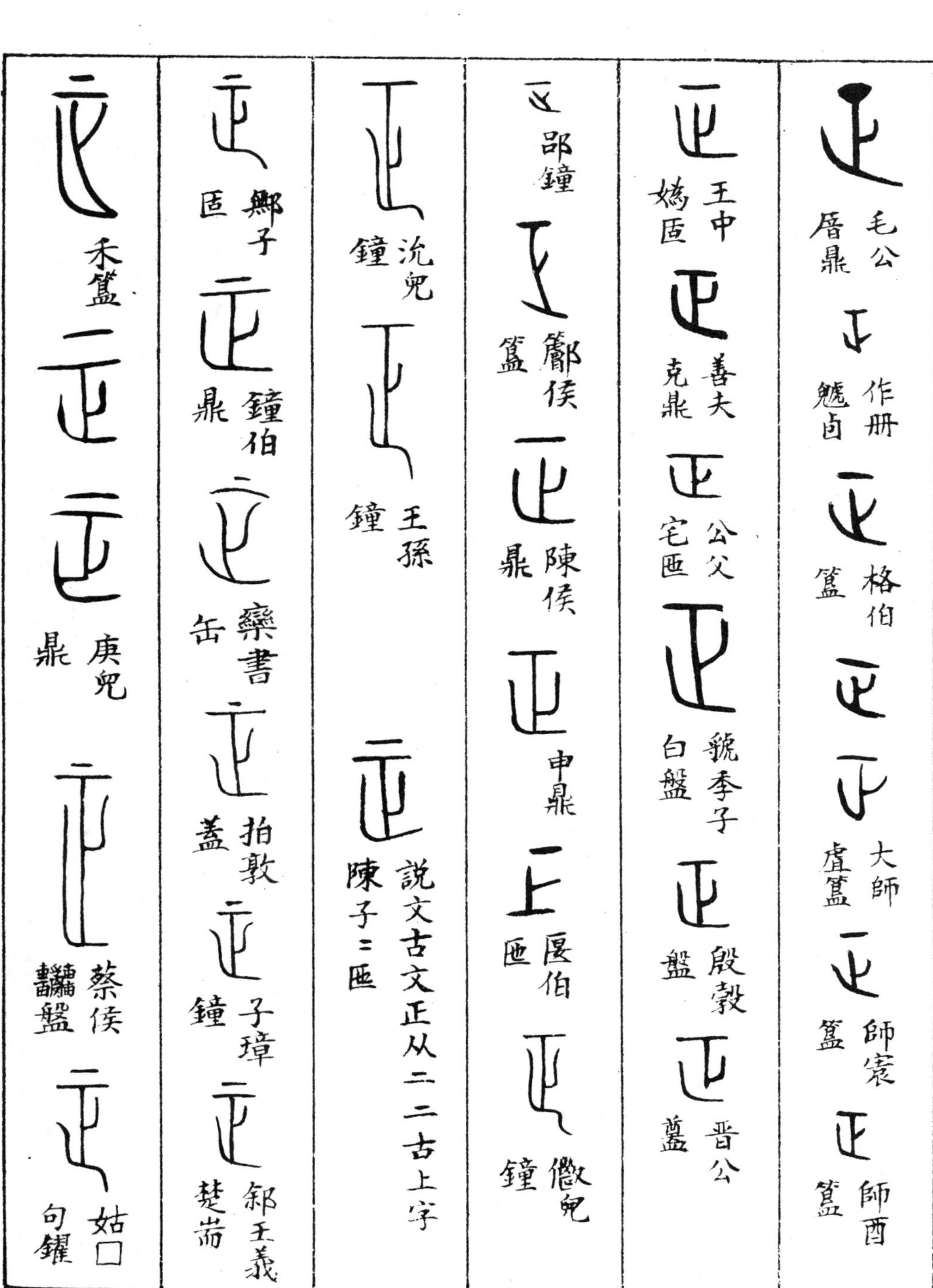
毛公旅鼎
作册䰧卣
格伯簋
大師虘簋
師寰簋
師酉簋
王中嬀簠
善夫克鼎
公父宅匜
虢季子白盤
殷穀盤
晋公𥂴
邵鐘
鄘侯簋
陳侯鼎
申鼎
匽伯匜
𠑇兒鐘
沇兒鐘
王孫鐘
說文古文正从二二古上字
陳子𠯑匜
鄦子𠤳
鐘伯鼎
欒書缶
拍敦蓋
子璋鐘
郳王義楚耑
禾簋
庚兒鼎
蔡侯𬒳盤
姑□句鑃

0199 乏

邾公華鐘

邾公釛鐘

邾大宰𠤳

正昜鼎

畬志鼎

[illegible]鼎

寬兒鼎

王子午鼎

中山王嚳兆域圖　正奎宮

說文春秋傳曰反正爲乏金文仍以爲正字　中子化盤　用正梠

楚嬴匜

其次句鑃

乏　金文反正仍爲正以正字傾首爲乏　中山王嚳壺　乏其先王之祭祀

中山王嚳兆域圖　王命賈爲逃乏假作窆

0200 是

是　毛公旅鼎

是□簋

是要簋

虢季子白盤

毛公厝鼎

秦公簋

陳公子甗

邾公華鐘

邾公牼鐘

[illegible]鎛

0201 迹　0202 逨

是　叀戈賓鉼
是　郐王鼎
是　申鼎
是　曼季良父壺
是　王子午鼎
是　哀成弔鼎
是　妹氏壺
是
是　儌兒鐘
是　郘䜲尹鉦
是　欒書缶
是　伯亞臣鐳　永寶是尚
是　臧孫鐘　永保是從
是

迹　說文籀文从朿作𨒥
五年師旋簋　攸毋敢速義如績　三體石經績古文作𨒥
師寰簋

逨　不从辵　盂鼎　來字重見
小臣逨簋
戜方鼎
戜簋

師寰簋
永盂
禹鼎
多友鼎

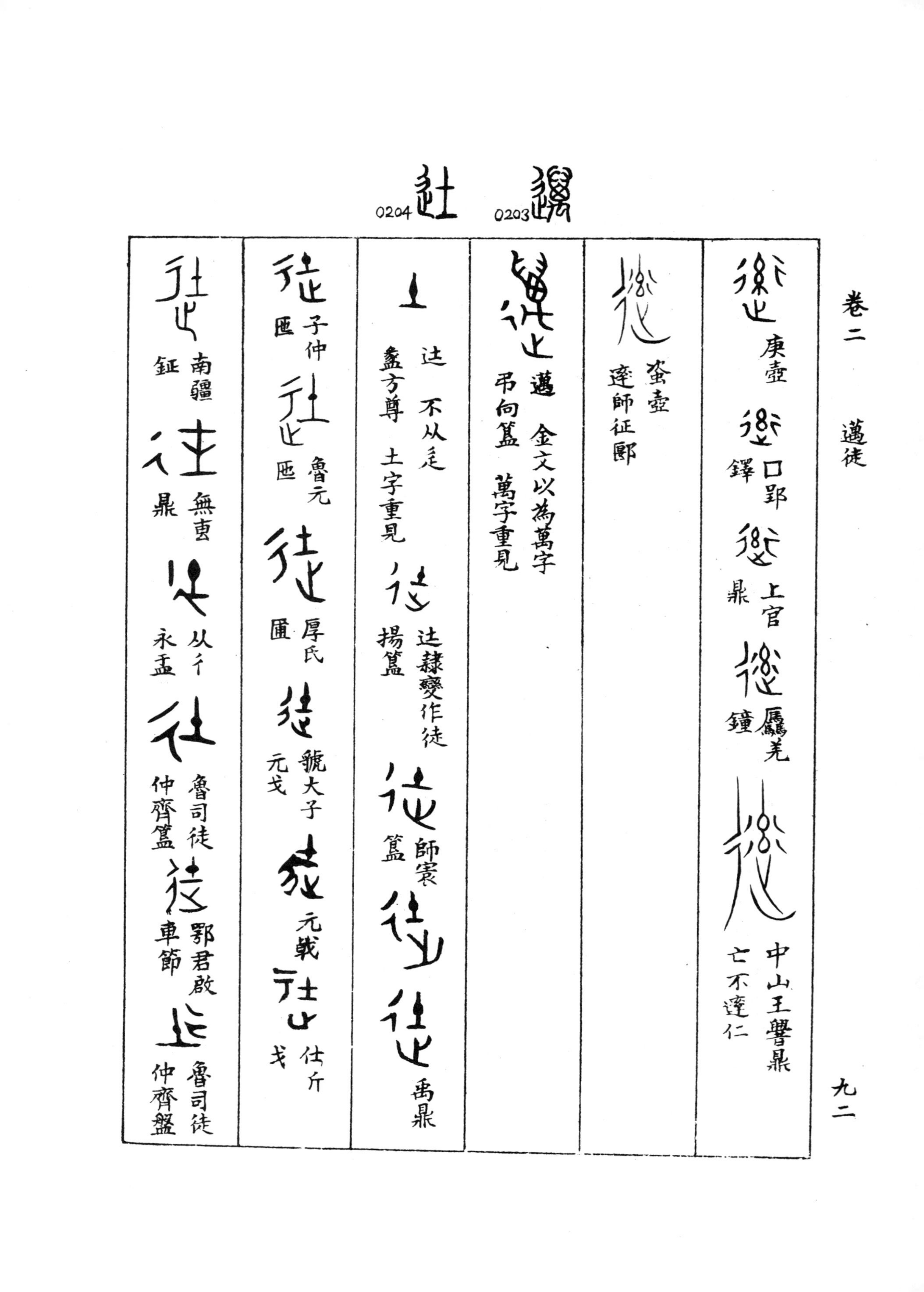

0204 徒　0203 邁

庚壺

口郢鐸

上官鼎

驫羌鐘

中山王譽鼎 亡不邁仁

蚉壺 邁師征郾

邁 金文以為萬字 弔向簋 萬字重見

辻 不从辵 盞方尊 土字重見

辻隸變作徒 揚簋

師寰簋

禹鼎

子仲匜

魯元匜

厚氏圃

虢大子元戈

元戟

仕斤戈

南疆鉦

無叀鼎

从彳 永盂

魯司徒仲齊簋

鄂君啟車節

魯司徒仲齊盤

0205 延

延延盨 曩伯盨 中鼎

利簋 說文或从彳作征 大保簋 麥鼎 天君鼎 盂鼎

[illegible]馭簋 小臣謎簋 班簋 啟卣 盂簋 師旂鼎

旂伯簋 無曩簋 鄂侯鼎 史免匿 翏生盨

翏生盨二 爲甫人盨 曾伯匿 陳公子甗 喪史賓鉼 曾伯文鑐 用征行

啟尊 庚兒鼎 郐諧尹鉦 自作征城 通鉦鐃也 鬳羌鐘

中山王嚳鼎

盗壺

員鼎　征月

以征為正

0206 適

適　不从辵

師酉簋　啻字重見

0207 過

過　省口　左傳襄四年杜注過國名

東萊掖縣北有過鄉

過伯簋

又省彳

過伯爵

0208 進

進

召卣

分甲盤

中山王嚳壺

進賢散能

中山王嚳兆域圖

進退　从聿省

0209 造

造　說文古文作艁从舟

頌鼎　監司新造貯用宮御

復从宀

頌簋

0210 逾 0211 遝 0212 迨

頌壺

邾造鼎

羊子戈

滕侯耆戈

淳于戟

邾大司馬戟

申鼎

敔戈

元戟

秦子戈

从戈 高密戈

从金 曹公子戈

从貝 宋公欒戈

宋公得戈

不易戈

逾 鄂君啟車節

遝 不从辵 盠方彝 眔字重見

迨 戍甬鼎 王命宜子迨西方于省 迨當讀作會說文會古文作佮从亻與从辵同義

保卣 遘于四方迨王大祀

𤕌盤　迨受萬邦

0213

迮　申鼎　用征以迮

屭羌鐘

0214

遣　經典通作錯　詩韓奕采芑之錯衡　傳錯文衡也

番生簋　遣衡

毛公厝鼎　金甬遣衡

0215

遄　楚簋　取遄五寽

洹子孟姜壺

0216

速　詩伐木以速諸父

弔家父匡　用速先𦃃諸兄

0217

逆　令簋

伯[illegible]父鼎

逆尊

九年衛鼎

同簋

0218 遇

0219 遘

三年瘐壺

禹比盨

隨侯匜

㪤鐘

鄂君啟舟節

鄂君啟車節

中山王譻壺

駒父盨

伯者父簋

㠯簋

㫚鼎

弔趲父卣

陳逆簋

从口 多友鼎

从彳 仲爯簋

遇 从寓 子遇鼎

不从辵 趙孟壺

禺邗王于黃池 禺字重見

遘 卯卣二

保卣 又从彳

𩁹簋

𣚦伯簋

𧊒鼎

假借為媾 𡚸伯簋 婚遘

克盨 唯用獻于師尹朋友婚遘

0220 逢

逢 蚉壺

逢 逢郾亡道

0221 通

通 頌鼎

頌簋

頌壺

癲鐘

从彳 九年衛鼎

0222 徙

徙 徙觚

徙觶

徙尊

徙遽 僕盉

0223 返

返 鄦章作曾侯乙鎛

鄂君啟舟節

說文春秋傳返从彳 中山王䜌壺

蚉壺

0224 還

還 免簋二

散盤

从彳 䙐侯鼎

遽伯簋

0225 送

0226 遣

鯀還鼎

元年師旋簋

不从辵 駒父盨

送 蚉壺 佳送先王

遣 不从辵 小臣謎簋蓋文 𠳋字重見

小臣謎簋器文从辵

从口 大保簋

作冊䰞卣

我鼎

明公尊

遹簋

遣盨

𠭯鐘

禹鼎

多友鼎

从走 遣小子簋

城虢遣生簋

穿鼎

趞弔鼎

趞弔盨

趞卣

趞尊

班簋

孟簋

永盂

从貝 埶馭觥

0227 邐

邐 乙亥鼎

辛巳簋

0228 遲

遲 說文籀文从屖而篆文从犀=南徼外牛屖=遲从屖正合遲義不當从犀五經文字曰今从籀文尼證唐人經典用遲不用遟也與徲通 仲叡父簋 遲伯

伯遲父鼎

元年師旋簋 遲公

曾侯乙鐘 遲則 又作屖則 古籍作夷則

0229 遹

遹 盂鼎 遹省先王

牆盤 遹征四方

遹簋

㝬鐘

0230 違

克鐘 遹涇東至于京師

善夫克鼎 遹正八自之年

琴生盨

琴生盨二

0231 達

達 臣卿鼎

臣卿簋

班簋

達 䵼盤

保子達簋

師寰簋

0232 連

連 連迂鼎

0233 遺

遺 遺卣

旂作父戊鼎 文考遺寶賚弗敢喪

雁侯鐘

禹鼎

0234 遂

王孫遺者鐘

中山王嚳壺 秏德遺惌

遂 不从辵 師望鼎 不敢不遂不㚇 豕字重見

魏三字石經春秋僖公公子遂如晉古文作𢓊 尚書君奭乃其隧命古文作𢓊 說文有隊無隧今本尚書作墜 說文新附有之

盂鼎 我聞殷遂命

小臣謎簋

遹盂 命遹事于遂土

史遂簋

魚顛匕 遂王魚顛

中山王嚳壺 遂定君臣之䏐

0235 逃

逃 中山王嚳兆域圖 王命賈為逃乏逃乏之讀作兆法 周禮春官小宗伯卜葬兆鄭注兆墓塋域

0236 追

追 矢方彝

矢尊

伯椃簋

五年師旋簋

召尊

0237 追

召卣

師奎父鼎

仲追父簋

追簋

頌鼎

頌簋

頌壺

兮仲鐘

多友鼎

不嬰簋

不嬰簋二

鄀公匜

盗壺

虘鐘

邿遣簋

曾仲大父蛕簋

幾父壺

買簋

微兒鐘

鄀公鼎

陳貯簋

井侯簋

逐 逐簋

汗簡犬部𨒪釋逐

𩰫女鼎方鼎

逐鼎

0238 迁

迁　連迁鼎

0239 逞

逞　吳季子之子劍

0240 遠

遠　牆盤　遠猷匔心

㝬簋　宇慕遠猷

克鼎　頣遠能埶

番生簋

0241 迀

迀　从走　居簋

0242 建

建　从聿省　中山王嚳兆域圖　建退讀作進退

0243 遾

遾　从彖令經典通作原惟周禮夏官序官遾師猶存古字从彔傳寫之譌　陳公子甗

單伯鬲

0244 道

史敖簋

魯遵父簋

魯遵鐘

饔遵父鼎

道 从首从行 汗簡行部衜釋為道見于尚書 貉子卣

𢦚鼎

曾伯𠤳

散盤

中山王嚳鼎

𧊒壺

0245 遽

遽 遽仲觶

遽從角

遽從鼎

遽父己尊

遽父己卣

辻遽僕盉

懂季遽父卣

師遽簋

0246 邊

師遽方彝

从彳　㦽季遽父尊

𤐰盤

邊　説文从𠔉乃从方之譌　盂鼎

散盤

0247 辺

辺　説文所無

商尊

商卣

0248 迊

迊　説文所無高景成云廣韻同帀周也　子婚迊子壺

0249 迭

迭　説文所無

𢕚兒鐘

0250 这

这　説文所無

中山王譽兆域圖

0251 ⿺辶吏

⿺辶吏　說文所無義如使

中山王譽壺　舉賢⿺辶吏能

中山王譽鼎

0252 𨒅

𨒅　說文所無

矢作丁公簋　用卿王逆𨒅

伯者父簋　用卿王逆𨒅

㕯簋　不从辵　用卿王逆舟吏

伯𡧑父鼎　用卿王逆舟吏人

弔趯父卣　从宀　逆𡧑出入事人

大保簋　王⿰彳舟大保

仲爯簋　用卿王逆⿰彳乍

0253 ⿺辶丝

⿺辶丝　說文所無義如聯及

中山王譽兆域圖　忠⿺辶丝子孫

0254 逘

逘　說文所無

康侯簋

渚伯逘尊

朋逘盤

朋逘盉

0255 遹

朋遇鼎

遹 說文所無

遹甗

竅鼎 與遹同一人

0256 遅

遅 說文所無

史頌簋 日遅天子覠命

从彳 㒸徲爵

0257 逦

逦 說文所無

盂鼎

0258 逧

逧 說文所無汗簡引林罕集字饋作逧

段簋 令龔娊逧大則于段

0259 退

退 說文所無讀作覆

中山王嚳鼎 五年退吳

又讀作復

蚉壺 弗可退得

0260 遳

遳 說文所無 史遳方鼎

史遳 角

何尊 克遳玟王

長由盉 長由以遳即井伯

牆盤 遳匹氒辟

單伯鐘 遳匹之王

郿伯 㲋簋

交鼎

散盤

不从辵 荮伯簋 克𠦪先王

0261 遈

遈 說文所無 遈鼎

0262 𨘢

𨘢 說文所無 𨘢盂

五祀 衛鼎

衛盉

0263 𨖼

𨖼 說文所無玉篇𨖼匝也 中山王𰯼壺 齒張於𨖼同義如會盟也

𧊒壺 其𨖼女林 詩大明作其旝如林

0264 𢓊

𢓊 多友鼎

𢓊 説文所無 𢓊追至于楊𣬉

0265 德

德 何尊

盂鼎

班簋

嬴霝德鼎

嬴霝德簋

季嬴霝德盉

伯㦰簋

𤔲盤

師𩛥鼎

師望鼎

弔向簋

㝨卣壺

毛公厝鼎

番生簋

井人妄鐘

克鼎

蔡姞簋

德克簋

虢弔鐘

秦公簋

陳曼簠

陳曼𠤳

𢛳心德方鼎

德鼎

弔德簋

辛鼎

0266 復

不从彳 嬴霝德壺

惪字重見

从辵 弔家父匡

王子午鼎 惪于政德

王孫鐘 惪于政

德又誕永余德

王孫 弄鐘

从言 蔡侯𦉜鐘

鄂君啟車節 如馬如牛如德＝乃犆之異體禮記少儀大牢為牛少牢為羊犆豕＝為豕故知德為犆也

復 復尊

小臣 遽簋

戜方 鼎

復公 子簋

舀鼎

鬲比 盨

不从彳 鬲比盨

复字重見

从辵 散盤

蚉壺

从勹 多友鼎

0267 往

往 吳王光鑑

不从彳 鄂君啟舟節 自鄂往

0268 彼

彼 不从彳 郘䜌尹鉦 皮字重見

0269 徐

徐 國名嬴姓子爵春秋昭公三十年滅於吳經傳通作徐 銅器銘文从邑作郐 沇兒鐘 郐字重見

0270 待

待 師䵼鼎

0271 退

退 說文古文从辵作𨒪隸作退 中山王嚳壺 而退與者侯齒張於遼同

中山王嚳兆域圖

0272 後

後 小臣單觶

令簋

師鼎

師望鼎

訇簋

師寰簋

寥鼎 說文古文後从辵作𢓸

儆兒鐘

林氏壺

曾姬無卹壺

中山王嚳鼎

中山王嚳壺

0273 徲

徲 从犀通遲說文从犀乃淺人所改

仲𠭁父簋

十三年𤼷壺

鬲攸比鼎

伯𣪘父簋

徲遹

伊簋

此鼎

此簋

0274 得

得 从手持貝說文从見乃傳寫之譌

中得觚

得鼎

父乙觚

得罍

亞父庚鼎

扶馭簋

師旂鼎

曶鼎

0275 御

徹兒鐘

說文馭古文省彳又見部馭重出

得觚

亞父癸卣

子禾子釜

陳章壺

中山王䜌鼎

盗壺

宋公得戈宋昭公名

牆盤

師望鼎

克鼎

虢弔鐘

井人妄鐘

御不从辵 盂鼎 在雩御事

山御簋

衛簋

大保爵

競簋

古伯尊

麥盉

从彳 牧師父簋

御簋

遹簋

㦰鼎

頌鼎

頌簋

頌壺

虢弔鐘

不嬰簋

不嬰簋二

弔趞父卣

中鼎

洹子孟姜壺

攻吳王監

尹氏弔緐匜

子禾子釜

鄀伯御戎鼎

卿沚簋

御鬲

㦰簋

說文古文御从又从馬

盂鼎

執馭觥

班簋

令鼎

馭八卣

大鼎

師寰簋

噩侯鼎

禹鼎

0276 彶

不𡢁簋

不𡢁簋二

彶 說文所無 保彶母簋

0277 彷

彷 說文所無義如旁 中山王嚳鼎 烕人在彷

0278 徃

徃 說文所無楊樹達云義如遂 夨方彝 公命徃同卿事寮

臣辰卣 徃寶葊京

臣辰盉

𣎆徃 觶

班簋 徃城衛父身 郭沫若釋出

鄘伯馭簋

从辵 𣄰簋

从酉 弔趯父卣 唯用祺𨠫女

0279 徜

徜 說文所無 𣪕鼎 師雍父徜道至于𣅊

0280 徣

徣 說文所無

册徣卣

0281 徨

徨 說文所無

徨公壺

0282 徻

徻 說文所無

𡚬壺

0283 復

復 說文所無

天亡簋

0284 徹

徹 說文所無

徹鼎

0285 㣛

㣛 說文所無

中山王嚳鼎 郾君子㣛 史籀作燕王噲

中山王嚳壺

0286 衟

衟 說文所無

宰衟鼎

0287 廷

廷 毛公厝鼎

秦公簋

𦥑乳爲庭 何尊 廷告于天

盂鼎二

元年師旋簋

師𪗽簋

柳鼎

師兌簋

散盤

諫簋

頌鼎

頌簋

𣪕簋

𢽾簋

趞鼎

吳方彝

趞曹鼎

衛簋

大師虘簋

休盤

𠨘簋

0288 建 0289 延

彈伯簋

彈𠂤簋

楚簋

師酉簋

寰盤

無叀鼎

建 从辵 𢦚建鼎

蔡侯䌛鐘 建我邦國

中山侯𢓋鉞

延 子父辛尊

延盤

延角

與延為一字 孳乳為誕 康侯簋 誕命康侯啚于衛

我鼎

保卣 誕貺六品

德方鼎

盂鼎二

麥鼎

呂鼎

𦉢鼎

師遽簋

臣諫簋

0290 延

0291 行

王孫鐘

蔡侯[illegible]鐘

魚顛匕　延又蚰匕

延　不从ノ碧落碑以𢓊為延

康侯簋　延字重見

行　行父辛觶

虢季子白盤

曾伯𠤳

右走馬嘉壺

盠方尊

史免𠤳

曩伯盨

公父宅匜

沖子鼎

陳公子甗

鼄季鼎

為甫人盨

曾伯文鐳

洛弔鼎

邾季寬車匜

郥子行盆

薛侯壺

孫弔師父壺

喪史賓鈚

曾子𠤳

南疆鉦

蔡侯[illegible]戈

鄭子萁弗鼎

0292 衛

郾王詈戈

中山王譽鼎

蚉壺

中山王譽兆域圖

衛觚文

爵文

弓衛且己爵

弓衛父庚爵

子衛爵

國名姬姓侯爵成王誅武庚封康叔于衛至戰國貶號為君秦二世時廢為庶人

康侯簋

衛宋[illegible]尊

七字衛簋

廿三字衛簋

五十七字衛簋

裘衛簋

五祀衛鼎

衛盉

班簋

伯衛父盉

衛父卣

衛[illegible]簋蓋

衛始簋

賢簋

衛子匜

穌衛妃鼎

衛夫人鬲

衛𠂤易甲泡

廿一字衛鼎

衛尊

鬲攸比鼎

司寇良父簋

司寇良父壺

0293 衍

衍 說文所無　趞衍甗

趞衍爵

趞衍甗

0294 衙

衙 說文所無　衙父癸鼎

0295 齒

齒 中山王嚳壺 齒張於遵同

0296 牙

牙 屖敖簋 子牙父人名

師克盨 爪牙

十三年瘐壺

0297 足

魯逢父簋 季姬牙人名

足 免簋 令女足周師司散

師晨鼎 命師晨足師俗司邑人隹小臣

善鼎 昔先王既令女ナ足[illegible]侯

𤼈鐘 足尹[illegible]卑威義

申簋 冊命申更乃且考足大祝

師兌簋 余既令足師龢父司左右走馬

元年師兌簋

0298 躋

躋 从足 洹子孟姜壺 爾其躋受御

𦉢鎛 躋仲之子

0299 距

距 末距悍

0300 路

路 路 孳乳為露。二筮者謂露蓍也，見漢書張禹傳 史懋壺 寴令史懋路筮

0301 跌

跌 說文所無 中山王譽兆域圖

0302 品

品 井侯簋 錫臣三品

保卣 征凡六品

尹姑鼎 錫玉五品

0303 喿

喿 弔喿父簋

0304 龠

龠 不从亼 散盤

經典作禴，說文作礿，夏祭也 臣辰卣 隹王大龠于宗周

臣辰盉

0305 龢

龢 不从龠，經典通作和 邾公釛鐘 禾字重見

龢爵

𤓰盤

益公鐘

0306 龢

邾公牼鐘 邾公華鐘 師嫠簋 㪤鐘 虢弔鐘

痶鐘 中義鐘 井人妄鐘 昆疕王鐘

師兑簋 魯邍鐘 秦公鐘 庚兒鼎

子璋鐘 王孫鐘 沇兒鐘 邛君壺

攻敔臧孫鐘 从音从禾 徵兒鐘

龢 克鼎 說文所無 善夫克鼎 痶鐘 弔向簋

0307 龣

番生簋

士父鐘

麓伯簋

盟爵

龣 說文所無玉篇東方音也樂器之聲今作角魏書江式傳宮商龣徵羽

0308 冊

冊 木工鼎

父乙卣

陸父乙角

杠觶

𣎵鼎

般甗

阾盉

矢方彝 作冊官名

矢尊

令簋

作冊𡥈卣

作冊大鼎

盠方彝

輔師嫠簋

師嫠簋

睘卣

翻卣

趩簋

墬簋

吴方彝

諫簋

免盤

免簋

元年師旋簋

十三年癲壺

四年癲壺

寰盤

無叀鼎

師虎簋

弭弔簋

師酉簋

豆閉簋

師奎父鼎

休盤

曶壺

𣪕簋

頌鼎

頌壺

頌簋

克鼎

元年師兑簋

明父丁簋

𠭯壺

臣辰卣

臣辰盉

木工簋

天工册父己簋

工册合文

臣辰父癸簋

辰册合文

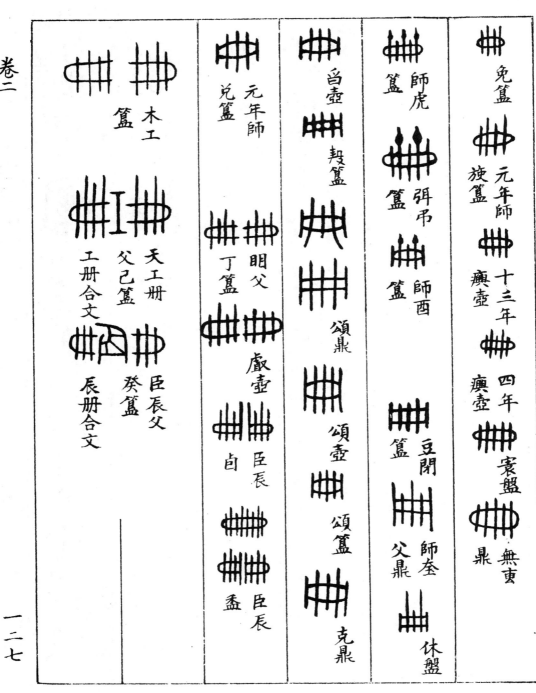

0309 嗣

嗣 盂鼎

曾姬無卹壺

中山王嚳壺 以懿嗣王

从廾 𧊒壺 胤嗣𧊒𧊒

戍𠂤鼎 郭沫若釋嗣子二字合文

0310 䎛

䎛 說文所無从册从𣅀𣅀即甚 師𩔰鼎

0311 𪔐

𪔐 說文所無 毛公𪏴鼎 𪔐𪔐四方

文二百零九 重一千六百七十

金文編第三

容庚撰集

張振林 馬國權 摹補

0312 嚻

嚻 嚻伯盤

中山王䁑鼎 毋衆而嚻

0313 器

器 衆卣

周窓鼎

周窓簋

尨建鼎

夑簋

吕尊

叩㪔簋

𩐝鼎

𦵑簋

封簋

𨜊生盨

𨜊生盨二

散盤

函皇父簋

曾子𠤳

鄦子𦖞𢎈鼎

0314 干 0315 屰 0316 商

弔姬臣
黃韋俞父盤
趙孟壺
鄦侯簋
秦公簋
哀成弔鼎
邿公華鐘
陳侯午錞
陳侯因資錞
子弔嬴芮君盞 作寶器
仲盤
大簋銅牛
干 豦簋
干戈
干氏弔子盤
孳乳為斁 以乃族斁敵王身 毛公厝鼎
師克盨 干害王身
屰 亞屰卣
爵
目父癸爵
父丁爵
商 商婦甗
盥作父辛卣
利簋 武征商
康侯簋
小臣單觶

商角盖

何尊

商尊

矢簋

商丘弔匠

曾侯乙鐘

取膚匜

商叡簋

蔡侯䵼盤

姑口句鑃

孳乳為寶

丁未角

䫷寶征貝

般甗

畬卣

乙亥鼎

小子射鼎

戍嗣鼎　王賞戍嗣貝廿朋

癸方鼎　又正癸嬰貝

䫷寶

卿止簋

彥鼎

小子省卣

獻侯鼎

豐鼎

師鼎

揚鼎

0317 句

末距悍

韓姛鼎

[illegible]尊

秦公鎛

庚壺

句 鬲比盨

殷句壺

衰[illegible]父鼎

三年瘐壺 句陵地名

姑冂句鑃

句它盤

其次句鑃

永盂 宋句地名

越王州句矛

越王州句劍

孳乳為耇 師䣄父鼎 用祈眉壽黃耇吉康

假借作后 鑄客鼎 王句即王后

鑄客匜

0318 鉤

鉤 不从金 芮公鐘鉤

0319 古　0320 嘏　0321 十

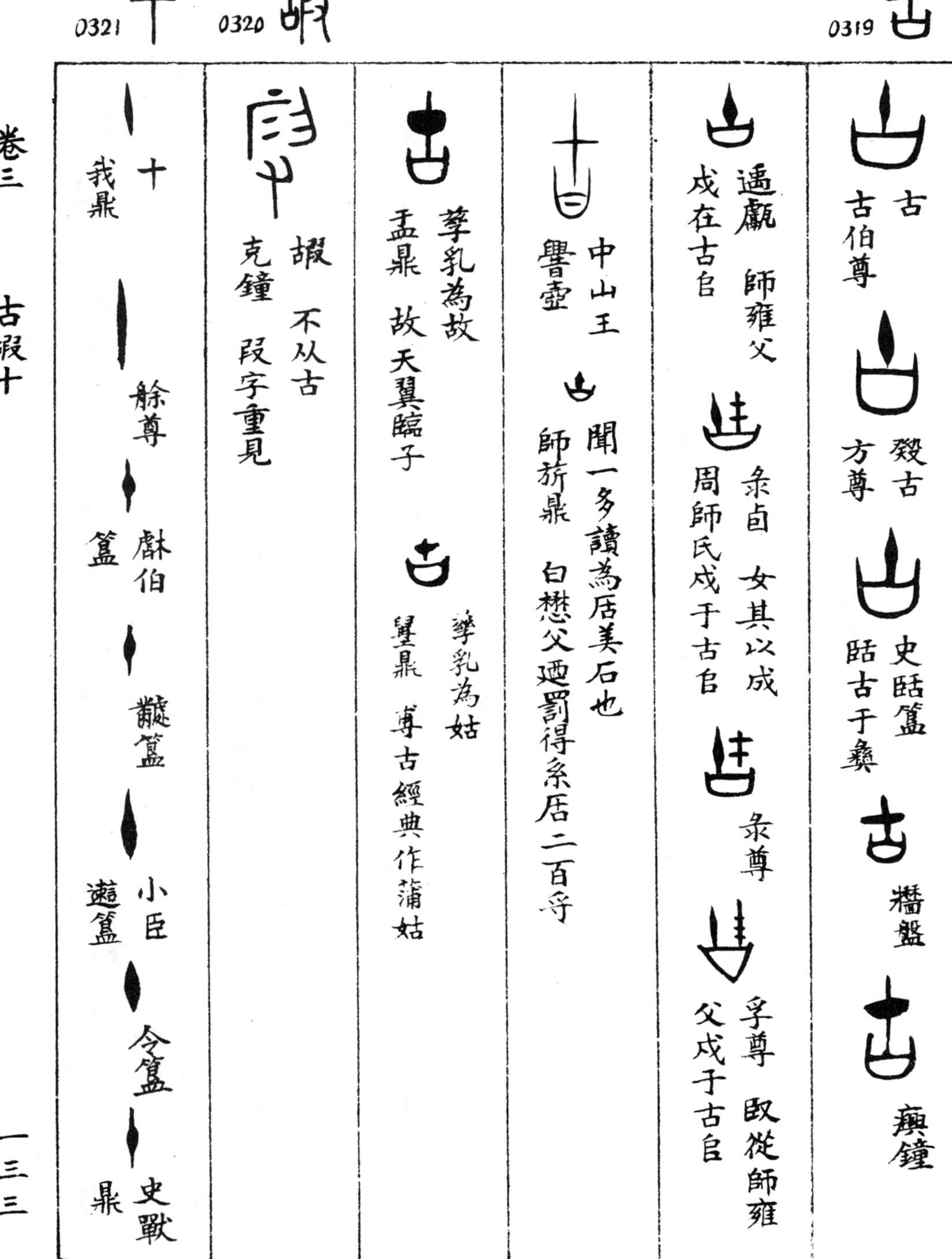

卷三

古嘏十

卷三　古䚕十

一三三

十
我鼎

古
古伯尊

䚕
克鐘　段字重見
不从古

古
孟鼎　孳乳為故
故天翼臨子

古
中山王
譽壺

師旂鼎
白懋父迺罰得𤔲𠊰二百𠮛

遹𥫔　師雍父
戊在古𠂤

發古
方尊

史𥂧簋
𥂧古于𤔲

師雍父
彔𠂤　女其以成

周師氏戊于古𠂤

牆盤

癲鐘

十
一

𨥛尊

㝢伯

𪔂𥫔

遟𥫔

小臣
令𥫔

史戰
鼎

孳乳為故

尊古經典作蒲姑
孳乳為姑

聞一多讀為居美石也

彔尊

孚尊
旣从師雍

父戊于古𠂤

亘尊　易鼎　遣卣　公貿鼎　庚嬴卣　命簋　卯簋

縣妃簋　師嫠簋　同簋　大鼎　趞曹鼎　五年師旋簋　舀鼎

克鐘　散盤　守簋　虢季子白盤　無㠱簋　不𡢁簋

秦公簋　⿰秦命鎛　申鼎　邵大弔斧　酓章作曾侯乙鎛

陳侯午錞　者沪鐘　鄂君啟舟節　中山王譽鼎　盗壺

盂鼎五十合文　矢簋　召卣　辛伯鼎　虢季子白盤

0322 千

中山王譽兆域圖

𪒠鐘　舍寓以五十頌處

師同鼎

盂鼎二　八十合文

衛盉

中山王譽兆域圖

千　盂鼎

矢簋

散盤

㡓弔多父盤

禹鼎

㺇生盨

㺇生盨二　百男百女千孫

汈其鼎　百子千孫

汈其簋

盂鼎二　三千合文

0323 博

博　㦰簋　衣博無旼于㦰身

師寰簋

0324 廿

廿 宰椃角

盂鼎

商尊

舀鼎

㝬鐘

伊簋

袁盤

善夫克鼎

頌鼎

頌壺

多友鼎

𩁹羌鐘

大𣳠鼎

師同鼎

𢑚簋

隹王廿祀

曾姬無卹壺

鄂君啟車節

中山王譻兆域圖

東周左師壺

廿七年鈕

0325 卅

卅 矢簋

格伯簋

鬲攸比鼎

大鼎

舀鼎

伯寬父盨

善夫山鼎

毛公厝鼎

多友鼎

師同鼎

卅 中山王譻兆域圖

䖒壺

徣公壺

0326 世

世 吳方彝

同簋

恒簋

多友鼎 追博于世地名

師遽簋

師晨鼎

伯作蔡姬尊

邵鐘

寧簋

徐王鼎

伯寬父簋 世子孫寶用

或从木 獻伯簋

與叢通 十世不謹

趩簋 世孫子毋敢彖

或从竹 且日庚簋

用世孝享

或从立 十年陳侯午錞

永世毋忘

陳侯午錞

陳侯因資錞

或从歹 中山王嚳鼎

參世亡不若

中山王嚳壺

蛮壺

沈兼士先生釋百世合文 師遽方彝

百世孫子永寶

守宮盤

黃尊

0327 卌

卌 廣韻引說文有此字林部無字說解亦引之今本奪佚 㫚鼎

中山王嚳兆域圖

0328 言

言 伯矩鼎 用言王出入事人

數卣 用言出入

孫子

禹比盨

中山王嚳鼎

0329 語

語 徵兒鐘 後民是語

中山王嚳鼎 語不竣哉

0330 謂

謂 不从言 吉日壬午劍 謂之少虞 胃字重見

0331 請

請 中山王嚳壺 以請郾疆

0336 䛑	0335 諸	0334 𩁹	0333 諾		0332 許
䛑 䛑簋	諸 不从言 者字重見 兮甲盤	𩁹 鬲比盨	諾 不从言 叒字重見 舀鼎	从舌 舀鼎	許 五祀衛鼎
九年衛鼎		𩁹尊		召伯簋二	鬲攸比鼎
𤅊盤					鬲比簋
滰伯簋					毛公厝鼎
					中山王嚳鼎

0337

孳乳為意為億說文十萬曰意經典作億
命瓜君壺　至于萬億年

誨　不从言
舀鼎　每字重見

𧊒盤

不𡢁簋　女肇誨于戎工
詩江漢作肇敏戎工

與謀為一字說文謀古文作𠱠从母从口又作𧦝从母从言
王孫鐘　誨猷即謀猷吳大澂曰說命朝夕納誨當讀納謀

0338 諮

諮
盗壺　佳司馬賈訢諮戰忞

0339 謀

謀　古文𧦝从母从言此从母从心
中山王譻鼎　𢘅忌詹[illegible]

0340 論

論　不从言
中山王譻鼎　侖字重見

0341 識

識 不从言 格伯簋 戠字重見

0342 訊

陳介祺釋訊 虢季子白盤 執訊五十 即詩之執訊獲醜及執訊連=也

𩰫簋

揚簋

五祀衛鼎

𢦚簋

琴生盨

多友鼎

兮甲盤

不𡢁簋

盠駒尊

師同鼎

0343 諶

諶 諶鼎

0344 誋

誋 䤼鎛 余彌心畏誋

0345 諱

諱 屓教簋

蔡侯[illegible]盤 不諱考壽

0346 誓

誓 不从言 洹子孟姜壺 折字重見

散盤

鬲攸比鼎

鬲比簋

𠑇匜

讀為哲 番生簋 克誓氒德 哲字重見

0347 諫

諫 克鼎 諫辪王家

孟鼎 敏諫罰訟

召伯簋二 多諫弋伯氏

0348 諫

諫 番生簋 用諫四方

曾孟嬶諫盆

諫簋

臣諫簋

0349 誠

誠 从言从緘省

鄀公匜

0350 訢

訢 蔡侯龖盤

盜壺

0351 諧

諧 中山王譻鼎及壺之皆字作[虍曰]此从言[虍曰]聲當讀為諧

蔡侯龖盤 康諧龢好

0352 詠

詠 說文或从口

詠尊

0353 訏

訏 不从言

頌鼎 乎字重見

0354 詒

詒 中山王譻鼎 詒死罪之有若

0355 䜌

䜌　兮甲盤

䜌左　軍戈

孳乳為欒　宋景公名欒元公子春秋定公四年從會召陵侵楚

宋公欒戈

欒書缶　欒武子名書於春秋成公四年將中軍為政凡十四年缶鑄於魯成公十二年

孳乳為變　中伯壺　中伯作亲姬䜌人朕壺遭文作變

孳乳為蠻　蠻盤　方䜌亡不𢦏見

虢季子白盤　用政䜌方

秦公鎛　虩事䜌方

秦公簋　虩事䜌夏

梁伯戈

0357 諅　0356 訇

孳乳爲鑾　頌鼎　鑾旂

頌簋

頌壺

趞曹鼎

師埶鼎

衛簋

此簋

⿺走馬鼎

揚簋

豆閉簋

休盤

免簋二

寰盤

無叀鼎

趞簋

善夫山鼎

弭伯簋

訇　錢大昕謂即詢于四岳之詢　數寂簋

訇簋

諅　从其之古文丌　子諅盆

从口　洹子孟姜壺　諅則爾諅

0358 誕

誕 不从言

康侯簋 延字重見

0359 諆

諆 旁鼎

旁肇作尊諆

弔趞父卣 唯用諆僖女

寧簋 考尊簋

寧肇諆作乙 義如其

甚鼎

𧻚盂

萬尊

遂鼎

令鼎 自諆田地名

王歸

索諆 爵

師𡨦簋 無諆徒馭

假借為期 王孫鐘 眉壽無諆

樂子𣪘 豧匠

王孫 壽甗

郤王 子鐘

簷平 鐘

長子[illegible]臣匠

王子 午鼎

攸簋

0360 詐

詐 假借為作 蔡侯䚚盤 用詐大孟姬嬇彝𨟭

中山王𰯌鼎 詐鼎于銘

0361 訟

曾侯乙鼎

曾侯乙匜

訟 龖簋

揚簋

儹匜

0362 訶

訶 與歌為一字 徵兒鐘 歓飤訶舞

蔡侯𪓐鐘 自作訶鐘

朝訶右庫戈

0363 誺

誺 牆盤

0364 ⿰言朢

⿰言朢 不从言 豦簋 朢字重見

从言从朢省 伯作⿰言朢子簋

召卣 王休

召弗敢⿰言朢 義如忘

麻伯簋 十世不⿰言朢

師朢鼎 王用弗⿰言朢

从言从望省 師𩰫鼎

0365 詆

詆 从氐
中山王嚳壺 詆郾之訛

0366 誰

誰 不从言
中山王嚳鼎 其誰能之
佳字重見
梁鼎

0367 讕

讕 義如諫翁同書曰諫从門若諂之或作讇瞰之或作矙之類
盂鼎 朝夕入讕

0368 誅

誅 从戈不从言
中山王嚳壺 以戟不怒

0369 訊

訊 說文所無
趞鼎

0370 詨

詨 說文所無
者沪鐘

0371 訢

訢 說文所無

公孫訢父匜

弔訢父匜

陳公孫訢父𦉜

0372 訛

訛 說文所無

中山王嚳壺 詆郾之訛

0373 訮

訮 說文所無

訮鼎

0374 諴

諴 說文所無

窒弔簋 諴公人名

0375 詠

詠 說文所無

寡子卣 詠帝家

0376 諆

諆 說文所無

鄧公簋

0377 ⿹𢦏言

⿹𢦏言　說文所無
孟⿹𢦏言父壺

0378 ⿱攸言

⿱攸言　說文所無
郘王子鐘　其音⿱攸言⿱攸言

0379 ⿰言身

⿰言身　說文所無　義如信
中山王譽壺　余智其忠⿰言身施

0380 ⿰言⿱𠂉辛

⿰言⿱𠂉辛　說文所無
中山王譽壺　⿱艹⿰方古⿰言⿱𠂉辛豊敬則孯人至

0381 ⿰言𦍌

⿰言𦍌　說文所無
中山王譽鼎　以⿰言𦍌道寡人

0382 ⿰言⿰東欠

⿰言⿰東欠　說文所無
王孫鐘　中⿰言⿰東欠虘⿰方昜
沇兒鐘

0383 ⿰言飧

⿰言飧 說文所無
仲叡父盤

0384 謏

謏 說文所無
中山王嚳壺 而謏賃之邦

0385 ⿰言肅

⿰言肅 說文所無
蔡侯龖盤 穧□整⿰言肅

0386 ⿱鄉言

⿱鄉言 說文所無
中山王嚳鼎 刺城⿱鄉言十

蚉壺

0387 ⿰言樂

⿰言樂 說文所無廣韻⿰言樂
謊狂言 ⿰言樂季獻盨

弔⿰言樂父簋

0388 譱

善 說文篆文善从言
毛公厝鼎

諫簋

善鼎

簷平鐘

孳乳為膳 取它人之膳鼎

善夫克鼎 周禮膳夫掌王之食飲膳羞

大鼎

大簋

善夫吉父鬲

吉父匜

梁其簋

鬲比盨

厚氏𠤱

厚氏圃

魯左司徒元鼎

卯簋

師晨鼎

克鼎

克盨

善夫山鼎

此簋

0389 競

競簋文

競作父乙卣

競簋

競卣

0390 音

0391 章

仲競簋

孚尊

仲競父人名

㦰簋

詩大雅抑無競維人四方其訓之

㝬鐘

朕猷又成亡競

秦王鐘

从訓

毛公旅鼎

肄毋有弗競

㠱冑鐘　救戎於楚競義如境

說文新坿今經典譌作竟

音

秦公鎛

𥫩平鐘

𨟻王子鐘

曾侯乙鐘

章

會章作曾侯乙鎛

陳章壺

0392 諻

0393 童

孳乳爲璋 乙亥簋 玉十丰璋

競卣

師遽方彝

衛盉

𤔲簋

大簋

頌簋

頌鼎

召伯簋二

善夫山鼎

史頌簋 穌賓章馬四匹吉金

諻 說文所無廣韻諻語聲 邵王簋

邵王鼎

郘王子鍾 諻諻熙熙 沇兒鍾作皇皇

童 从立重聲 中山王譽鼎 寡人幼童未用智

𤕌盤

孳乳爲動 毛公𪒠鼎 雩四方死毋動

番生簋

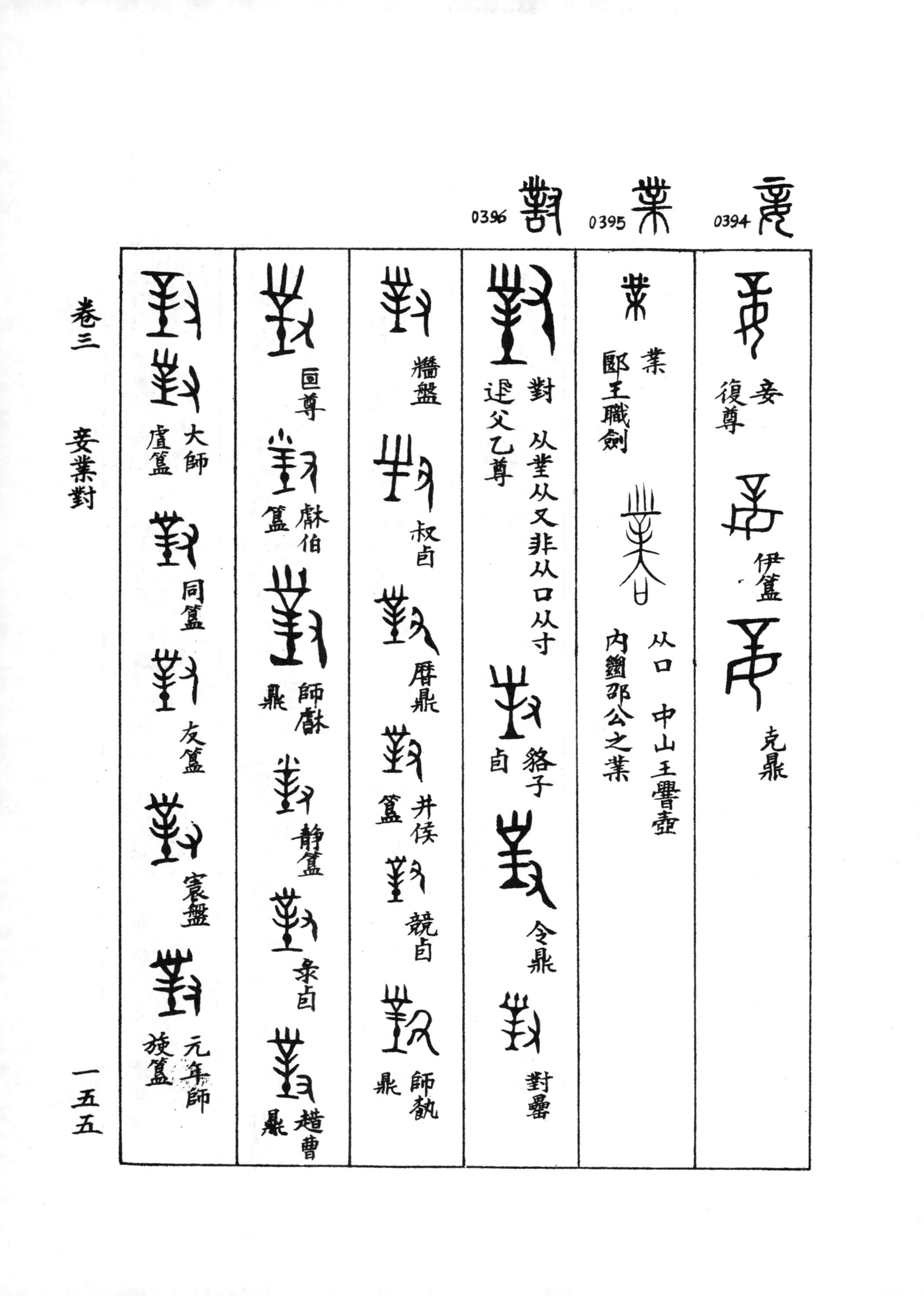

0394 妟

妟 復尊

伊簋

克鼎

0395 業

業 郾王職劍

从口 中山王譽壺

内蠿邵公之業

0396 對

對 从丵从又非从口从寸 廷父乙尊

貉子卣

令鼎

對罍

𤃷盤

叔卣

曆鼎

井侯簋

競卣

師𣪘鼎

亘尊

𣪕伯簋

師𣪕鼎

靜簋

彔卣

趞曹鼎

大師虘簋

同簋

友簋

寰盤

元年師旋簋

頌鼎
頌簋
頌壺
克鼎
元年師兌簋

番生簋
盂卣
井鼎
史獸鼎
農卣
㒼簋
鄘伯馭簋

趞尊
𡩜鼎
史懋壺
免簋二
吴方彝
敔簋
師望鼎

師晨鼎
癲簋
虢弔鐘
窂鼎
免卣
師奎父鼎

守簋
休盤
大作大仲簋
大簋
師嫠簋
段簋

豆閉簋
封簋
師遽簋
𠭯鐘
克鐘
毛公厝鼎

善鼎

揚簋

師虎簋

追簋

趞鼎

柳鼎

無㠱簋

大鼎

胸簋

卯簋

師酉簋

㝬鐘

沂伯簋

即簋

善夫山鼎

髮簋

趞簋

此簋

無叀鼎

對卣

蠆鼎

从丮 師旂鼎

盠尊

永盂

柞鐘

召伯簋 對揚朕宗君其休

从犬 大保簋

从貝 彔伯簋

从廾 爕簋

0397 僕

伯晨鼎

王臣簋

多友鼎

从辛 同簋

省又 亳鼎

僕 旂鼎

公錫旂僕

師旂鼎

呂仲僕爵

螽鼎

史僕壺

趞簋

幾父壺

靜簋

召伯簋二

从广 令鼎

王馭溓仲僕

0398 収

収 弔向簋

収明德秉威義

諫簋

司馬収人名

師晨鼎

四年瘨簋

司馬収

0399 奉

奉 省手猶承之省手作𠬞也汗簡𠬞在廾部釋為奉在手部以為捧古文

散盤

0400 ⿱睪廾

⿱睪廾 與擇為一字从廾 與从手同意 沇兒鐘

寬兒鼎

郤王義楚耑

者旨𦚌盤

郤王義楚盤

王孫鐘

子璋鐘

鄦子臣

邾公華鐘

邾公牼鐘

陳肪簋

⿰登彡子中盆

攻敔臧孫鐘

其次句鑃

攻吳王監

姑口句鑃

王子午鼎

吳王光鑑

樂子嗀豧臣

曾伯臣

王孫壽甗

伯公父臣 器文从又

邕子甗

中子化盤

曾子斿鼎

卷三　廾弄戒兵龏

0401 廾

廾 師酉簋

0402 弄

王作攺弄卣

弄 林氏壺

盧以為弄壺

天尹鐘 天尹作元弄

智君子鑑

子□弄鳥尊

0403 戒

戒 戒鬲

戒弔尊

中山王𰯌壺 以戒嗣王

0404 兵

兵 戚簋

庚壺

郘誌尹鉦

酓忎鼎 戰獲兵銅

酓忎盤

0405 龏

龏 不从廾 龍子觶 龍字重見

亞中龏父辛尊

子龏鼎

子龔簋　與龔爲一字

龔鬲

龔姛鼎

[illegible]鼎

何尊　叀王龔德谷天　義與恭同徐同柏曰龔恭古今字

通共　趞曹鼎　龔王　在周新宮龔王即共王

五祀衛鼎　余埶龔王卹工

段簋

毛公厝鼎

多友鼎　博于龔地名

頌鼎

頌壺

克鼎

頌簋

曼龔父盨

曼龔父盨二

邾公華鐘

邾大宰匿

王孫鐘　亯龔嬉屖

王子午鼎　亯龔嬉屖

0406 具

秦公簋

禾簋

陳侯因資錞

陳肪簋

具 从廾从貝 馭八卣

弔具鼎

㽙鼎

鬲攸比鼎

九年衛鼎

曾伯匿

孫弔師父壺

秦公鎛

从鼎 函皇父簋 作琱㜏盤盉尊器簋具

函皇父盤

𦎫𢻫白具簋

駒父盨 具逆王命

曾子斿鼎

𦎧乳為俱 𢦏鐘 南尸東尸俱見廿又六邦

0407 𢍆

𢍆 孫詒讓曰說文無𢍆字而有𢍆聲 蓋傳寫捝之

𢍆十𠃌爵

斛𠦃小量

0408 ⿱犬廾

⿱犬廾　說文所無

⿱犬廾者君尊

0409 ⿱言廾

⿱言廾　說文所無唐蘭釋誥

何尊　王⿱言廾宗小子于京室

史話簋　王⿱言廾畢公

王孫⿱言廾鐘

0410 ⿱⿱亼日廾

⿱⿱亼日廾　說文所無

中山王譽鼎　觀⿱⿱亼日廾夫語

0411 ⿱⿱艹犬廾

⿱⿱艹犬廾　說文所無

師寰簋　人名

0412 ⿱⿰爿鬲廾

⿱⿰爿鬲廾　說文所無

覌方彝　余其萬年⿱⿰爿鬲廾孫子寶

孳乳為朕

臣諫簋　余朕皇辟侯

孳乳為倂送也　毛公厝鼎

錫女茲⿱犬廾謂錫以倂送之臣僕也

0413 樊

樊 省爻獨樊之省為樊也 氏樊君鼎

國名姬姓 樊君鬲

樊君 𪫧盆

樊夫人 龍嬴盤

樊夫人 龍嬴匜

樊夫人 龍嬴壺

樊夫人 龍嬴鬲

𣄰弔 樊鼎

0414 棐

棐 說文所無于省吾謂為排之初文

棐鼎

0415 樊

樊 說文所無

樊君匿

0416 共

共 亞且乙父己卣

牧共 簋

共覃父乙簋

父癸 簋

0417 龔

0418 異

禹鼎 賜共朕辟之命

善鼎

畬肯鼎

畬肯匜

畬忎鼎

畬忎盤

畬肯盤

但勺

龔 从廾 頌鼎 龏字重見

異 㠯鼎 井叔在異

召卣 召弗敢謹王休異

單異簋

孳乳為翼 虢弔鐘 嚴在上異在下 即詩六月有嚴有翼之翼傳翼敬也

盂鼎 天翼臨子

0419 與

孳乳為禩說文祀或从異　作册大鼎 公來鑄武王成王禩鼎　祀字重見

䢅伯簋　禩自它邦

與　喬君鉦

从口　紷鎛

中山王譽鼎

中山王譽壺

0420 興

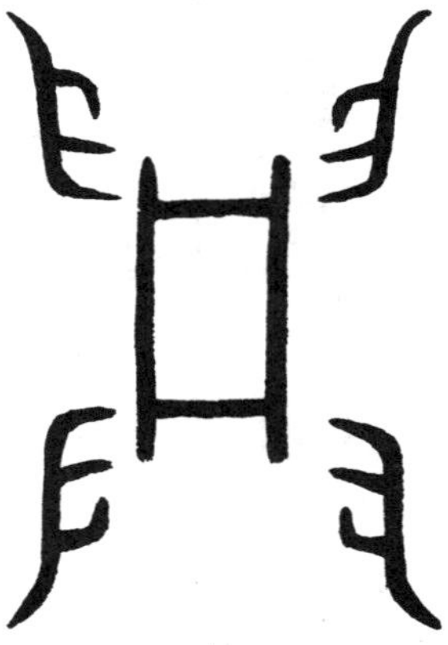

興　壺文

父辛爵

興鼎

殷句壺

鬲弔盨

从廾　多友鼎　嚴𢾨放𢾨　與書費誓淮夷徐戎並興相類放𢾨即方興

0421 與

與　說文所無　毛與簋

0422 要

要 說文古文要作𦥔
是要簋

或从糸 散盤 乎左執
䌰史正仲農 義爲要約

0423 釁

釁 說文所無
中山王釁鼎

中山王
釁壺

0424 晨

晨
伯晨鼎

鄀公
鼎

从止
師晨鼎

大師
虘簋

从夕不从臼 多友鼎 甲申之晨
與利簋銘甲子朝相類

假借爲振
中山王釁鼎 歔桴晨鐸

0425 農

農 从田說文从囟乃傳寫之譌 農簋

田農鼎

田農甗

田農簋

令鼎

史農觶

農卣

盨

說文𦸈亦古文農 𥟥盤

說文䢉籀文農从林 汈其鐘

0426 革

革 鄂君啟車節 毋載金革黽箭

𠬝乳為勒詩鞗革金文多作攸勒 康鼎 鋚革

0427 鞄

鞄 楊篤曰𩋊當為鞄通鮑考工記攻皮之工鮑注云鮑或書鞄𩋊叔即鮑叔 楊樹達曰說文鞄从包聲銘文之𩋊乃从陶聲陶與包古音無異也經傳假用鮑魚之鮑為𩋊叔之𩋊猶周禮假鮑魚之鮑為柔革工之鞄也 𩋊鎛

齊鞄氏鐘

0428 鞏

鞏 不从革 毛公厝鼎 巩字重見

0429 鞞

鞞 說文刀室也 番生簋 鞞𩏂

靜簋 王錫靜鞞𠞴

0430 鞲

鞲 彔伯簋

九年衛鼎

吳方彝

番生簋

師兌簋

毛公厝鼎

从車 師克盨 畫鞲 鞲字重見

0431 勒

勒 不从力 康鼎 革字重見

彔伯簋

吳方彝

諫簋

師兌簋

師克盨

頌鼎

頌壺

頌簋

0432 鞭

師嫠簋

曶壺

弭伯簋

毛公厝鼎

寰盤

柳鼎

師𩛥鼎

伊簋

盠方彝

盠方尊

伯晨鼎

从金 班簋 命錫鈴勒

鞭 說文𠬝古文鞭 散盤 余有爽𢇍鞭千罰千

从人从古文鞭 儥匜 鞭女千 便字重見

九年衛鼎

0433 ⿰革彖

⿰革彖 說文所無 番生簋 鞞⿰革彖

从刀 静簋 王錫静鞞剢

0434 鬲

鬲 盂鼎 人鬲自馭至于庶人六百又五十又九夫 人鬲即書大誥民獻有十夫之民獻

令簋臣十家鬲百人

鬲尊

鬲弔盨

戈父辛鼎

盂鼎二

矢簋

毛公厝鼎鄭圭鬲寶

多友鼎錫女圭鬲一

爾雅釋器鼎款足者謂之鬲

召仲鬲

單伯鬲

仲嚶父鬲

虢仲鬲

伯姜鬲

南姬鬲

榮伯鬲

仲姬鬲

仲姞鬲

孟辛父鬲

𢦏弔慶父鬲

隮子鬲

魯姬鬲

榮有司爯鬲

微伯鬲

伯𦎫父鬲

魯侯鬲

邾友父鬲

衛姒鬲

江小仲鼎

伯嬰父鬲

呂王鬲

睽土父鬲

成伯孫父鬲

會始鬲

伯竉父鬲

王伯姜鬲

鄭師□父鬲

[illegible]攸鬲

同姜鬲

旂姬鬲

仲枏父鬲

善夫吉父鬲

鄭羌伯鬲

鄭興伯鬲

魯伯駟父鬲

魯伯愈父鬲

仲𨥫父鬲

衵仲鬲

邾伯鬲

鄦始鬲

樊夫人龍嬴鬲

从金　季貞鬲

从口　麥盉　井侯光氒事麥嗝于麥

麥鼎　井侯延嗝于麥

鬲比盨

0435 鬴

0436 𧇡

0437 鬻

鬲攸比鼎

鬲比盨

从口 攸鬲盨

散盤 攸比鬲

鬴 説文𩰫鬴或从金父聲 陳猷釜 从父从缶

子禾子釜

𧇡 象形 𧇡戈

見甗

師趛甗

王孫壽甗

从犬 子邦父甗 甗字重見

鬻 説文所無玉篇大鼎也 師趛鼎 从㢸从辰

𩱧鼐家鬲 从㢸从𠬞郭沫若云廣雅釋器鬻鬲鼎也蓋古鬲亦謂之鬻

从鬲从辰 琱生鬲

0438 爪

爪 師克盨 作爪牙

0439 孚

孚 與寽金文字形相同皆像兩手取物寽孳乳為捊說文云引取也易謙君子以裒多益寡釋文鄭荀董蜀才作捊云取也寽孳乳為捋說文云取易也詩芣苢薄言捋之傳取也捊捋同从手同訓取故寽孚為一字 孳乳為俘 師寰簋 敺俘士女牛羊

舀鼎 使俘以告

過伯簋 俘金

貞簋

盂鼎

疐鼎 俘戈

翏生盨 俘戎器俘金

翏生盨 二

雩鼎 俘貝

多友鼎

孚公狇甗

0440 爲

爲 羅振玉曰从爪从象意古者役象以助勞其事或在服牛乘馬之前 舀鼎

益公鐘

弘尊

周窻鼎

𢐗伯自為簋

𢐗伯自為甗

弔趯父卣

九年衛鼎

姞氏簋

雍伯鼎

散盤

召伯簋

為甫人盨

歸父盤

大師子大孟姜匜

弔男父匜

司寇良父壺

司寇良父簋

龢鎛

邾公華鐘

曾伯陭壺

部嬰鼎

趙孟壺

郘鐘

郘大弔斧

簷平鐘

鄀伯受匜

曾子原彝匜

陳逆簋

陳侯因資錞

林氏壺

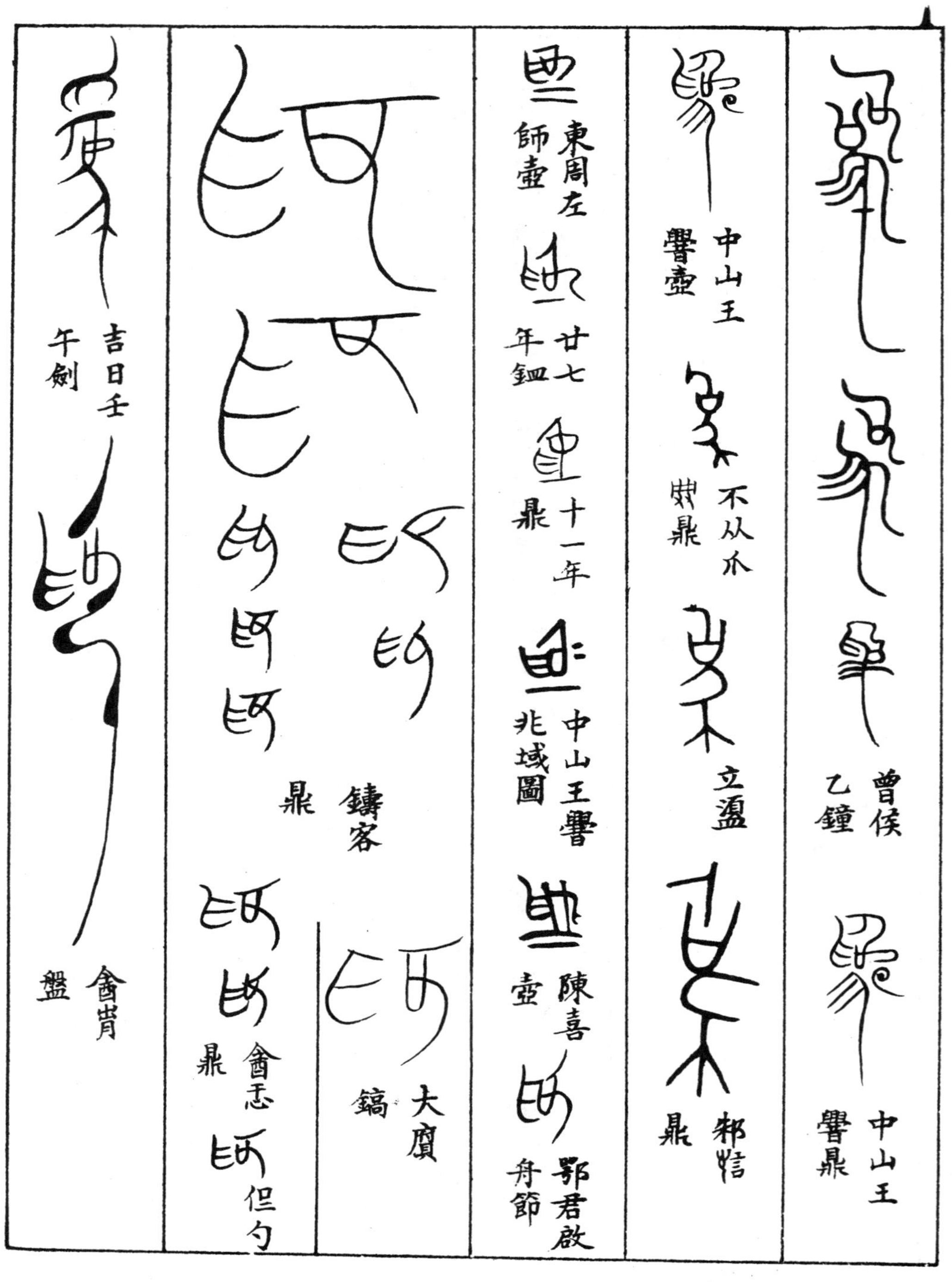
曾侯乙鐘
中山王譽鼎
中山王譽壺
不从朩 蛓鼎
立盨
邾𢘓鼎
東周左師壺
廿七年鈕
十一年鼎
中山王譽兆域圖
陳喜壺
鄂君啟舟節
鑄客鼎
大府鎬
酓忎鼎
但勺
吉日壬午劍
酓肯盤

0441 豙

0442 鱻

0443 丮

0444 埶

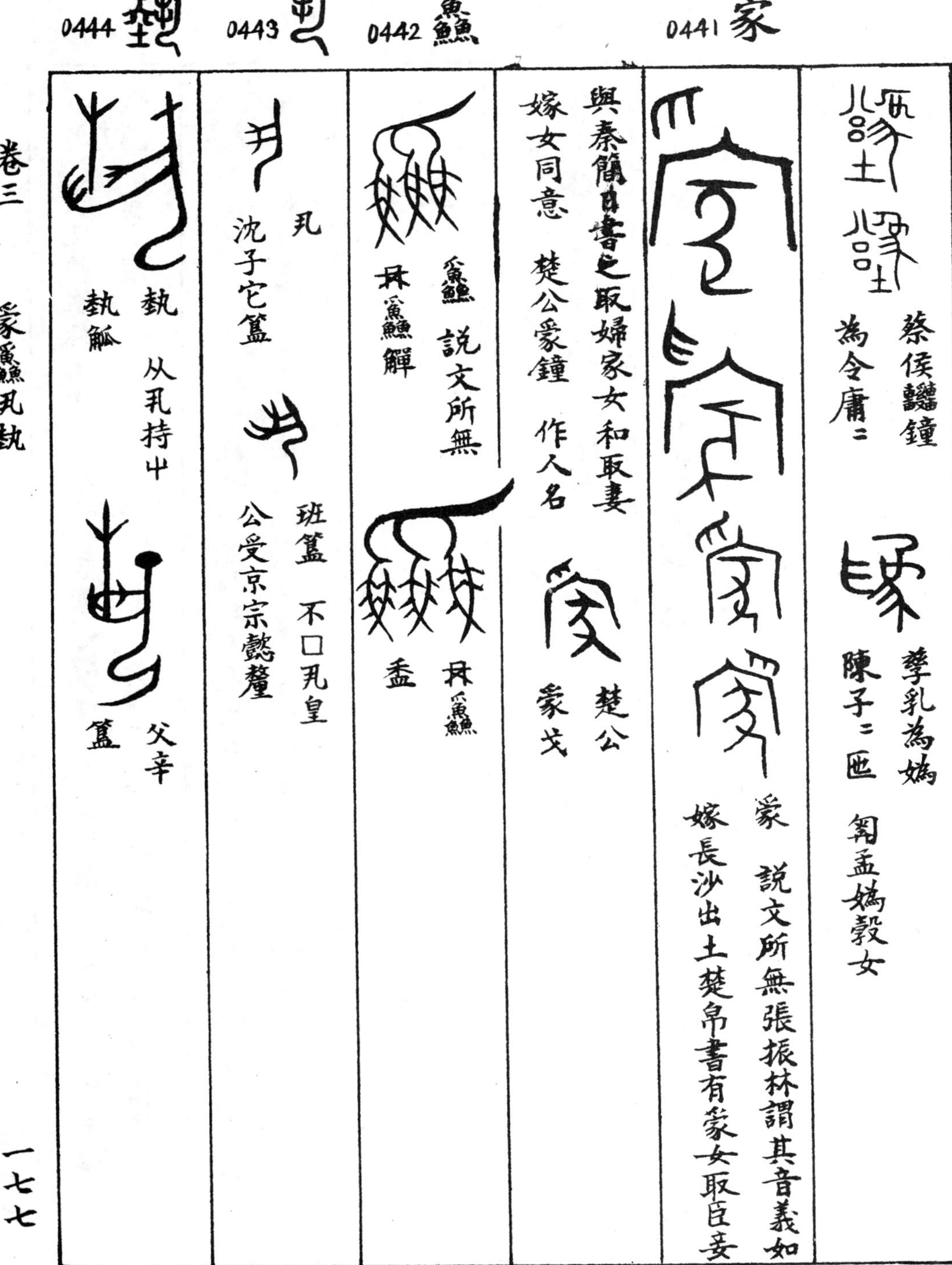

蔡侯𩰿鐘 為令庸=

孳乳為嬀 陳子=匜 匎孟嬀穀女

豙 說文所無 張振林謂其音義如嫁 長沙出土楚帛書有豙女取臣妾

與秦簡日書之取婦家女和取妻嫁女同意 楚公豙鐘 作人名

楚公 豙戈

𩺰 說文所無 冄𩺰觶

冄𩺰 盉

丮 沈子它簋

班簋 不丮皇 公受京宗懿釐

埶 从丮持屮 埶觚

父辛 簋

0445 0446

从丮持木植土上 盠方彝

盠尊

毛公厝鼎 蜺小大楚賦

蔡侯𫬶殘鐘

从犬 䎽馭簋

䎽馭 䏘蓋

𡖻乳為暬近也 克鼎 䪼遠能埶猶詩言柔遠能邇今本誤从埶為从埶

番生簋

埶 从享从丮 伯侄簋

䣛 經典通作載詩載馳載驅傳辭也又正月載輸爾載上載亦是發聲之辭 卯簋 䣛乃先且考死嗣𡘋公室

沈子它簋 作兹簋用䣛饗己公

師䣛鼎

0447 巩　0448 𢀜

从由 嬴霝德作𣪘簋

嬴霝悳壺

不从丮 𣪘寏簋

从食戈聲 弔𣪘卣

師虎簋 截先王既命乃且考事

巩 𩰫盤 孳乳為鞏固也 永不巩狄虘光伐尸童

毛公厝鼎 不巩先王配命

又云永巩先王

𢀜 延角

㿝婦觚

䇂方鼎

切卣二

𢀜簋

𢑴史甗

豦𢀜卣

段簋

𩰫盤

縣妃簋

林𢀜鬲

0449 坃

坃 說文所無 坃鬲

0450 玑

玑 說文所無 玑鼎

0451 執

執 說文所無 伯執父鼎

0452 又

又盂文 又尊 亞又方彝 宰椃角 我鼎

夾方鼎 何尊 公史簋 盂鼎 睘卣 明公簋 農卣

沈子它簋 小臣謎簋 師旂鼎 庚贏卣 麥鼎 趠鼎 公貿鼎

趞卣
同卣
曶鼎
鬲攸比鼎
段簋
伊簋
大鼎

師寰簋
寰盤
善鼎
師嫠簋
㝬鐘
散盤

無㠱簋
克鐘
善夫克鼎
史頌簋
毛公厝鼎
𠭯弔多父盤

函皇父簋
虢季子白盤
鄭虢仲簋
弔上匜

𤔲有司爯鼎
[illegible]鎛
秦公鎛 克明又心
秦公簋 高弘又慶

酓章作曾侯乙鎛
曾姬無卹壺
陳侯午錞
屭羌鐘
大梁鼎

0453

王作父　鬻簋

仲爯簋　仲爯作父寶彝

韓鬲　用作父母辛尊彝　以上三字以文義觀之當是氒字

縣妃簋　隹十又二月　字形與氒同

伯吉父簋　唯十又二月

楚簋　仲倗父又楚立中廷　義同右蓋為右字省口

中山王嚳鼎

假借為有　中山王嚳兆域圖　又事者官圖之

父　父癸鼎

[illegible]父乙鼎

史父庚鼎

羊父庚鼎

甚鼎

寧女父丁鼎

[illegible]父丁鼎

[illegible]父乙簋

[illegible]父辛卣

板父丙卣

串父辛簋

人作父乙卣

[illegible]尊

[illegible]父辛鼎

且己父辛卣

父辛簋

令▮父辛卣

[illegible]父乙觚

[illegible]父乙尊

[illegible]鼎

王占尊

父戊舟爵

乙亥鼎

[illegible]父辛卣

父戊鼎

山父戊尊

父乙鼎

[illegible]簋

叔父癸觶

戈[illegible]盉

奋作父丁尊

[illegible]父己簋

堇臨簋

缶鼎

癸[illegible]甗

[illegible]尊

作父丁尊

匽侯旨鼎

揚鼎

秳作父甲簋

小子[illegible]簋

父乙[illegible]鼎

能匋尊

木父壬鼎

師旂鼎

沈子它簋

師奎父鼎

揚作父辛簋

弔咢父簋

傳尊

仲師父鼎

仲殷父簋

仲殷父鼎

芮伯多父簋

萬簋

孟辛父鬲

散車父壺

散盤

伯中父簋

犀伯鼎

仲𠭯父簋二

師害簋

伯家父鬲

伯賓父簋

仲枏父簋

函皇父匜

函皇父簋

弔向父簋

毛公厝鼎

虢季子白盤

魯遼父簋

仲僟簋

魯伯愈父鬲

魯伯盤

沈兒鐘

姑□句鑃

中山王譽壺

儌兒鐘

丙父辛卣

丁父癸爵

豚鼎

作父乙簋

戈父戊盉

作父己鼎

芇父癸簋

枚家卣

伯魚父壺

羽作北子簋

歸父盤

㠱伯盨

陳公孫寣父瓶

卬父簋

兮吉父簋

師埶鼎

上父二字合文

0454 燮

燮 與燮為一字 曾伯霥匿 燮字重見

0455 曼

曼 王國維曰从冃从女曼者鄧姓 鄧孟作監曼尊壺

曼龏父盨

0456 尹

尹 矢方彝

令簋

彥鼎

作册大鼎

乙亥鼎

史獸鼎

尹尊

穆公鼎

氏樊尹鼎

𤔲盤

奐方彝

師嫠簋

萬尊

免簋

休盤

寓卣

十三年瘐壺

瘐鐘

尹伯甗

尹小弔鼎

尹弔鼎

𢀛壺

克鼎

克盨

㼉弔多父盤

[illegible]簋

弭伯簋

頌鼎

頌壺

頌簋

毛公厝鼎

元年師兊簋

囂伯盤

魯侯壺

郐諳尹鉦

者旨𣇹盤

敓尹

鄂君啟舟節 大攻尹

王子午鼎 命尹

鼓緐方鼎

从月 大攻肙劍

郾王詈戈 右攻肙

右屖 肙壺

0457

䖭 不从又 虘鐘 虘字重見

䖭鐘

䖭壺

䖭作父戊尊

大保簋 䖭氒反

師旂鼎 不從氒右征 䖭氒

盂鼎 無敢醙 䖭酒

小臣逨簋 䖭東尸大反

0458 𢿈

彔卣 叡淮尸敢伐内國 叡與退通說文往也或从彳作徂遣籀文从虘書費誓徂茲淮夷徐戎並興〻〻今惟淫舍牿牛馬 徂與今相對

沈子它簋 考克淵克夷

叡吾

叡䨎卣

叡召妊簋

商叡簋

仲叡父簋

眞甫人匜

散盤

縣妃簋

王孫鐘

假借為祖 叡戊爵

膚平鐘 善㢸叡考

𢿈 毓且丁卣

師𢿈簋

輔師𢿈簋

0459 及

及保卣

㝨弔多父盤

王孫鐘

沇兒鐘

郐王耑

齊鞄氏鐘

郝公釛鐘

姑口句鑃

王孫真鐘

秦公鎛

中山王嚳鼎

从彳　㠯鼎

格伯簋

鬲比盨

伯庶父簋

鄭虢仲簋

毛公厝鼎

皃弔盨

不嬰簋

不嬰簋二

0460 秉

秉觚文

秉中鼎

秉中父乙簋

秉申觶

秉申丁卣

班簋

弔向簋

井人妄鐘

虢弔鐘

秦公簋

國差𨱏

者沪鐘

楚公冢戈

0461 反

反戍甬鼎

大保簋

小臣逋簋

過伯簋

九年衛鼎

師寰簋

頌鼎

頌簋

頌壺

善夫山鼎

0462 叚

叚㝬鐘

0463 叔

叔 伯叔之叔金文作弔即弔字與此異 師嫠簋 錫女叔市金黃赤舄

吴方彝 冊命吴司旃眔叔金

克鼎

从丑 叔卣

叔鼎

从金 弭伯簋 鉥市

0464 取

取 衛盉

九年衛鼎

取尊

卯簋 取我家室用喪

揚簋

格伯簋 取良馬乘于倗生

龖簋

趞簋

大鼎

駒父盨

楚簋 取遄五寽

番生簋

毛公㫚鼎

盗壺 以取鮮薹

0465 叚

孳乳為耶 耶𠪚匜

耶它人鼎

叚 孳乳為假為遐詩南山有台遐不眉壽 遐説文所無徐鉉曰或通用假字 曾伯霥匜 叚不黃耇

寰盤

師寰簋

禹鼎

曾伯陭壺 為德無叚

盠尊

盠方彝

孳乳為椵詩閟宫天錫公純椵 克鐘 用匃純椵永命

0466 友

友 君夫簋

師旂鼎

矢方彝

命簋

萬尊

麥鼎

衛鼎

師奎父鼎

辛鼎

大鼎

遣小子簋

師晨鼎

伯康簋

禹比盨

克盨

𠩺弔多父盤

芥伯簋

史頌鼎

史頌簋

友父簋

中友父匜

多友鼎

杜伯盨

弔妃簋

王孫鐘

嘉賓鐘

毛公旅鼎　罘我友𩰫其用𦚋友从甘

說文友古文作䎸　乃傳寫之譌

曆鼎　孝友隹井

牆盤

師遽方彝

友簋

多友鼎　用倗用友

鄀友父鬲

𦚋簋　倒書

从口　召卣二

伯懋父𦚋召

農卣　毋卑農弋事𠂔𦚋婁

趞曹鼎　用卿倗𦚋

大史友甗

0467 叡

叡 戜簋 說文所無 凡百又卅又五叡

0468 檕

檕 我鼎 說文所無

0469 ナ

ナ ナ鉦

ナ盉

盂鼎 二

執馭觥

牆盤

元年師旋簋

善鼎

斁狄鐘

師虎簋

師克盨

師兌簋

元年師兌簋 以又為ナ

甬季鼎 亦以又為ナ

从乑 同簋 王命同ナ右吳大父

散盤

0470 卑

卑 孳乳為俾書無逸文王卑服 馬本作俾 㦰簋 俾克氒敵

𤔲盤

免簋

農卣

曶鼎

散盤

國差𦉜

師𩛥鼎

余卑盤

𩍂氏鐘

秦王鐘

中山王𦉜鼎

0471 史

史 史鼎

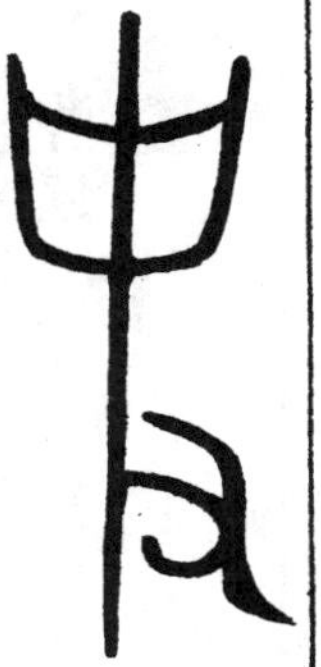

史簋

史尊

史尊

史鼎

史父丙觚

史父丁卣

史父庚鼎

史母癸簋

史逨方鼎

作册魑卣　史見卣　臣辰卣　史桒簋　史秦鬲

彭史尊　公史簋　史獸鼎　令簋　𢾊鼎

寥鼎　師旂鼎　井侯簋　競簋　遹甗　免盤　師虎簋

牆盤　趞簋　師奎父鼎　豆閉簋　史寏簋　寰盤

師酉簋　格伯簋

永盂　趨鼎　鬲攸比鼎　鬲比盨　散盤　克盨

克鼎 弔上匜 史頌簋 史頌匜 頌簋

頌鼎 頌壺 番生簋 毛公厝鼎 元年師兑簋

倗史車鑾 揚簋 罘𤔲工史 又一器史作司 史次鼎 無叀鼎 史宜父鼎

史農觶 史䛡簋 史䛡簋二 柳鼎 𢾊簋

吳王姬鼎 師𤸫簋 王乎內史吳 史頌匜 喪史賓鉼

此簋 王乎史翏 趞簋 王乎內史冊令趞 以事為史

0472 事

从彳从吏 盗壺 左吏車

事 叔卣 與吏使爲一字

矢方彝 舍三事命

天亡簋

匽侯鼎

農卣

師旂鼎

召卣

麥鼎

盂鼎

宅簋

公史簋

啟卣

遹甗

九年衛鼎

衛鼎

公貿鼎

賢簋

免簋

師虎簋

弔趩父卣

師𬷕鼎 事余一人

伯矩鼎

伊簋

伯晨鼎

易鼎

元年師旋簋

守簋

追簋

逋盂

伯中父簋

豆閉簋

趞簋

𠪚弔多父盤

龖簋

鬲攸比鼎

不嬰簋

封簋

師嫠簋

師寰簋

曶鼎

曶壺

吏良父簋

公臣簋

鬲比簋

弭伯簋

克鼎

史頌簋

頌鼎

頌壺

頌簋

番生簋

毛公厝鼎

事族簋

0473 聿

0474 肄

秦公鎛

秦公簋

邵鐘

哀成弔鼎

洹子孟姜壺

𬥼鎛 是辝可使又孳乳為使

公子土斧壺

陳章壺

陳猷釜

王孫真鐘

申鼎

中山王嚳鼎

中山王嚳兆域圖

但勺

酓忎鼎

師害簋

倗卣

朢簋

朐簋

聿 聿方彝

女壴方彝

肄 經典譌作肆 毛公厝鼎 肄皇天亡斁 詩抑肆皇天弗尚 作肆聘禮記問大夫之幣俟于郊為肆注古文肆為肄

毛公旅鼎

0475 肅　0476 聿

何尊

肄簋

盂鼎　率肄于酒

縣妃簋

封簋

㝬簋

克鼎

禹鼎

井人妄鐘

肅　王孫鐘

肅悊聖武

王孫真鐘

从竹　龢鎛　肅肅義政

謂敬恭其法政也

聿　壺文　與聿為一字

戈文

女帚卣

聿臾鼎

聿臾鼎二

者沪鐘

父丁尊

0477 書

書 免簋 者字重見

頌簋

頌鼎

頌壺

格伯簋

寰盤

趞鼎

師旂鼎

欒書缶

廿年距悍

0478 晝

晝 說文所無 子晝簋

父癸爵

0479 肄

弔簋

師望鼎 不敢不豕不晝 義與又同

肄 說文所無 曾侯乙鐘

割肄 典籍作姑冼

0480 畫

畫 宅簋

伯晨鼎

吳方彝

師克盨

番生簋

上官登

彔伯簋

五年師旋簋

王臣簋

師兑簋

毛公厝鼎

十三年𤼈壺 畫㬈

0481 晝

晝 說文从畫省从日 [籀文] 籀文晝

𢦔簋 余亡康晝夜

0482 隶

隶 孳乳為隸經典作肄 邵鐘 大鐘八隸

0484 臣　0483 臤

臤引鼎

引觥

鳥且癸簋

臤父辛爵

父癸簋

臣

臣辰父癸鼎

臣辰卣

父乙臣辰卣

臣辰盉

臣辰父癸簋

臣辰父乙爵

臣辰先父乙卣

臣辰父乙鼎

復尊

井侯簋

豦簋

氏樊尹鼎

宅簋

衛宋豐尊

易鼎

[illegible]簋

師執鼎

舀鼎

亘尊

小臣鼎

仲盤

梱簋

臣爵

臣卿簋

盂鼎

令鼎

令簋

獻伯簋

趞弔簋

0485 臧

0486 𦣞

靜簋

師寰簋

師酉簋

追簋

克鼎

克盨

師克盨　克𩫏臣先王

又誤作𠂤

頌鼎

頌簋

頌壺

公臣簋

毛公厝鼎

不𡢁簋

倗友鐘

中山王嚳鼎

中山王嚳壺

𧊒壺

臧　从口

㠱伯盨　慶其以臧

攻敔臧孫鐘

又从文

陳璋壺

𦣞　說文所無甲骨文有𦣞字

今附于臣後　小子𦣞簋

0487 𦣞

𦣞 説文所無从臣付聲有臣服歸附之意

中山王嚳壺 庶民𦣞又隹德𦣞民

0488 𦣝

𦣝 説文所無

史𦣝簋

0489 𦣠

𦣠 説文所無

𦣠鼎

0490 殳

殳

趞曹鼎

0491 毆

毆 从攴義與驅同

師寰簋 毆俘士女牛羊

多友鼎

唯馬毆盡復奪

0492 殹

殹

格伯簋

0493 段

段 段簋

段金[illegible]尊

段金[illegible]簋

0494 𣪕

𣪕 伯吉父簋

伯吉父鼎

0495  𣪘

𣪘 金文以爲簋字 頌簋 簋字重見

0496 㱿

㱿 說文所無 北伯㱿卣

北伯㱿尊

北伯㱿鼎

0497 𣪚

𣪚 說文所無 𣪚簋

𣪚古尊

0498 殺

殺 說文古文作杀金文以爲蔡字 蔡大師鼎 蔡字重見

卷三 段𣪕𣪘㱿𣪚殺

0499 睘

睘　仲睘父簋

爯簋

睘卣盨

睘卣匜

0500 寺

寺　汳伯寺簋

寷侯匜

吳王光鑑

孳乳為持　邾公牼鐘　分器是持

陳喜壺

又孳乳為邦　邦季簋

又孳乳為恃　𠫑羌鐘　武到恃力

0501 將

將　說文帥也从寸牆省聲酉部牆古文作𤖯　中山王𠓗兆域圖　大牆宮　以牆為將

中山王𠓗壺　牆與𢒼君竝立於世作助動詞

0502 尃

尃 弔尃父盨

壆鼎 尃古 經典作蒲姑

孳乳為敷 毛公厝鼎 尃命于外

師訊鼎

𠑹匜

克鼎

番生簋

王孫鐘

蔡侯䜌殘鐘

0503 皮

皮 弔皮父簋

九年衛鼎

者減鐘

孳乳為彼 郘䵼尹鉦 □彼吉人

𧊒壺 于彼新土

0504 啟

啟 从又 啟作文父辛尊

啟卣

癲鐘

弔氏鐘

0505 徹

0506 肇

啓尊

旲方彝

訴啟鼎

召卣

攸簋

中山王譽鼎

盜壺

王子啟疆尊

从戈 虢弔鐘

从攴 鄂君啟舟節

不从口 攸爵

亞攸父乙鼎

徹 說文徹古文徹此不从彳 何尊

牆盤

驫羌鐘

肇 不从聿 戤方彝

戤肇作父庚尊彝

剌攸宁鼎

斐鼎

芮伯壺

0507 敏

0508 敃

逐鼎

朴思匜

與肇爲一字 沈子它簋

弔[illegible]鼎

[illegible]弔[illegible]簋

敏 不从攴 何尊 每字重見

从又 師𩰫簋 女敏可使

戜簋

盂鼎

敃 从又說文彊也 師望鼎 得屯亡敃即得屯亡彊也

復公子簋

兮甲盤

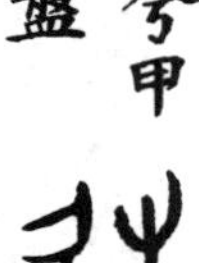

虢弔鐘

克鐘

沇其鐘

毛公厝鼎 敃天疾畏詩召旻旻天疾威 雨無正及小旻均作旻天疾威

0509 敄

敄 毛公厝鼎 迺敄鰥寡孫詒讓曰敄从攴矛聲此左从𠂔即古文矛字矛為刺兵故作是形敄務聲類同爾雅釋詁務侮也詩小雅常棣外禦其務毛傳同左僖廿四年傳引詩務作侮

敄觶

般甗

𨛜公簋

寡敄簋

嫠乳為務 中山王嚳壺 務在得賢

0510 嫠

嫠 蔡侯𬥛盤

0511 效

效 效爵

效卣

效尊

效父簋

𪒠鼎

毛公厝鼎

辛伯鼎

0512 故

古 故 不从攴 古字重見 盂鼎

班簋

郭季簋

郘諧尹鉦

鄧公簋

从枚 中山王譽壺 故君子僧

0513 政

政 班簋

牆盤

禹鼎

虢季子白盤

兮甲盤

伯亞臣鑘

𩍐鎛

王孫鐘

蔡侯𩍐鐘

南疆鉦

王子午鼎

从止 虞侯政壺

从殳 鄂君啟舟節 見其金節則毋政

鄂君啟車節

0514 敷

尃 敷 不从攴 尃字重見 毛公厝鼎

0515 敤

敤 省作干 毛公厝鼎 干字重見

从干 大鼎

五年師旋簋

者沪鐘

0516 儆

儆 仲儆卣

0517 變

變 曾侯乙鐘

0518 更

更 班簋 王令毛伯更虢䱷公服方言更代也

趩簋

舀鼎

舀壺

師虎簋

恒簋

申簋

輔師嫠簋

師嫠簋

从辵 盠方彝 更朕先寶事陳夢家釋

0519 敕

敕 秦公簋 萬民是敕

陳猷釜

0520 [耳攴]

[耳攴] 沈子它簋 隹考[耳攴]丑

0521 斂

斂 中山王䜌壺 隻斂中則庶民[亻星]

0522 敹

敹 从廾書費誓敹乃甲冑

陳[貝方]簋 敹擇吉金

0523 敶

敶 國名媯姓侯爵帝舜裔武王以其元女嫁其裔孫滿而封之陳以奉虞祀後為楚所滅經典皆以陳為之

陳公子甗

陳伯元匜

陳侯簋

陳侯壺

陳侯作嘉姬簋

陳公子仲慶匜

陳公孫[爿言]父[从臼]

0524 敵

陳侯臣

陳之褱鼎

陳子=匜

王仲媯臣

陳侯鼎

𣪘侯之孫鼎

敵 不从攵

𢦏簋 俾克氒敵

啻字重見

0525 救

救 周宅匜

秦王鐘

𤔲篙鐘

从戈 中山王譽壺 曾亡鼠夫之𢦏

中山王譽鼎 𢦏人在彷義如仇

0526 斂

斂 𪈖羌鐘

歙戟

0527 斁

[seal character]
斁 詩葛覃服之無斁毛傳斁厭也 𪓷盤 昊𥃲亡斁

[seal character]
毛公㢭鼎 肄皇天亡斁

[seal character]
南宮乎鐘 茲鐘名曰無斁

[seal character]
靜簋 靜學無斁

[seal character]
與睪擇爲一字 欒書缶 斁其吉金

[seal character]
中山王𰯌壺 斁鄾吉金

0528 赦

[seal character] [seal character]
赦 說文𢻲赦或从亦 㑷匜 今大赦女

0529 攸

[seal character]
攸 从攴从人 井鼎

[seal character]
王古尊

[seal character]
𡚸尊

[seal character] [seal character]
攸鼎

[seal character] [seal character]
攸簋

[seal character] [seal character]
鬲攸比鼎

[seal character]
鬲比盨

[seal character]
中山王𰯌鼎

孳乳為鋚說文鋚鐵也一曰轡首銅詩采芑鉤膺鞗革作鞗箋鞗革轡首垂也　毛公厝鼎　攸勒

盉方彝　師𩛥鼎

趞鼎　師酉簋　柳鼎　師嫠簋　曶壺

吳方彝　寰盤　無叀鼎　頌鼎　頌簋　頌簋

弭伯簋　伊簋　師兌簋

0530 敉

侎

敉　說文或从人作侎此从尸書大誥以于敉寧武圖功洛誥亦未克敉公功皆當訓繼　陳侯因脊錞　侎盟趄文猶言繼續趄文也

0531 敦

敦　不从攴　齊侯敦　𦎧字重見

陳猷釜

0532 敗

敗 說文敱籀文敗从賏 五年師旋簋

南疆鉦

鄂君啟舟節

0533 寇

寇 从人从攴在宀下會意 舀鼎

揚鼎

虞司寇壺

司寇良父簋

司寇良父壺

封孫宅盤

大梁鼎

0534 獸

獸 獸狄鐘

沈子它簋

0535 鼓

鼓 洹子孟姜壺

0536 攻

工 攻 不从攴 工𠭯大子劍 工字重見

䣄鎛 从又

攻敔臧孫鐘

王孫𦔻鐘

0537 𠩺

國差𦉜 攻帀即工師

攻敔王光劍

攻敔王夫差劍

攻吳王監

大攻君劍

鄂君啟舟節 大攻尹

从殳 鄂君啟車節

郾王詈戈 右攻君

廿年距悍

攻敔王光戈

𠩺 師𩛥鼎

師寰簋器文从貝說文無贅字故附于此

克鼎 錫贅無疆義同釐

辛鼎

多友鼎

0538 敔

敔 不从攴 毛公厝鼎 吾字重見

敔簋

敔簋二

攻敔王光劍

攻敔臧孫鐘

攻敔王光戈

敔戈

从戈 王孫𦥑鐘

0539 改

改 改簋

0540 牧

牧 牧共簋

作父辛鼎

小臣謎簋

柳鼎

牧師父簋

鬲攸比鼎

牧馬受簋

㒸匜

同簋

𤔲昜林吳牧

免簋二 眔吳眔牧

0541 弦

弦 說文所無

弦簋

簷平鐘 善弦𢽿考

0542 敃

敃 說文所無

令鼎

0543 攽

攽 說文所無

盠駒尊 王初執駒于攽

0544 敺

敺 說文所無

王子午鼎 命尹子庚敺民之所亟

0545 敔

敔 說文所無

永盂 敔史師氏

0546 戲

戲 說文所無

戲爵

0547 散

散 說文所無

中山王譻壺 進賢散能

0548 敾

敾 說文所無

敾鼎 敾之行鼎

賸于敾盞

賸于敾之行盞

0549 䱻

䱻 說文所無

䊢盤 廣䱻楚荆

0550 㪤

㪤 說文所無

㪤簋

0551 㬚

㬚 說文所無

敕㬚鼎

0552 敾

敾 說文所無

敾父辛鼎

0553 㱩

㱩 說文所無

中山王嚳鼎 㱩桴晨鐸義如奮

0554 敫

敫 說文所無

敫尊

0555 敿

敿 說文所無 絡子卣

0556 𢿫

𢿫 說文所無 蔡侯𪔛尊 𢿫敬不惕即蔡侯𪔛鐘之有虔不易

0557 𢿰

𢿰 說文所無 𢿰狄鐘 𢿰𢿰𦸗𦸗

井人妄鐘

𤔲鐘

士父鐘

號弔鐘

0558 教

教 說文古文作𢻘 汗簡入爻部 散盤

郾侯簋

0559 斅

斅 篆文學不从攴 盂鼎

師嫠簋

靜簋

令鼎

者沪鐘

沈子它簋

中山王嚳鼎 雩人飲斆備恁

0560 卜

卜甾鼎

卜盂簋

0561 卟

卟 經典作稽 明公尊 魯侯又卟工

0562 貞

貞 散盤

沖子鼎 沖子𨚍之行貞 以爲鼎

从卜从鼎金文習以爲鼎 𤖨鼎 作其口鼎鼏 鼎字重見

0563 用

用 戊寅鼎

公史簋

㦰簋

丙申角

乙亥鼎

宰峀簋

臣辰卣

我鼎
盂鼎
令簋
矢尊
沇子它簋
小臣謎簋
殷尊

𩰫簋
史獸鼎
周𢛳鼎
呂鼎
剌鼎
缶鼎
師遽方彝

師遽簋
牆盤
師奎父鼎
史宜父鼎
師趛鼎
同簋
追簋

師咢父鼎
大作大仲簋
師嫠簋
芾伯簋
師寰簋
舍父鼎

曶鼎
曶壺
散盤
封仲簋
無㠱簋
克鼎

頌鼎
頌簋
史頌簋
虢季子白盤
毛公厝鼎
畢鮮簋

仲師父簋

不𡢁簋

杜伯盨

毛弔盤

虢季氏簋

南姬鬲

𡩜弔多父盤

魯伯愈父鬲

𢦏弔鼎

鑄公𠤳

邿伯祀鼎

訇伯簋

國差𦉜

𬴂鎛

齊侯盤

拍敦盖

齊陳曼𠤳

申鼎

陳昉簋

子禾子釜

邾公釛鐘

叏季良父壺

無子𠤳

王孫鐘

末距悍

驫羌鐘

吉日壬午劍

曾伯霥𠤳

酓章作曾侯乙鎛

曾侯乙鼎

邗王戈

蔡侯䵼盤

中山王譽壺
保卣
𦓤簋
陵子盤
杞伯簋

杞伯鼎
裹鼎
鄀公鼎
中子化盤
姑口句鑃
陶子盤

𨺅沚簋
𠑹尊
麥鼎
𢐗伯作旅簋
雁公鼎
格伯作晉姬簋

尹姑鼎
兮仲簋
㝬鐘
周窆匜
師旦鼎
敎父甗
己侯簋

虞司寇壺
鄭季宿車盤
鄭子宿車鼎
麓伯簋
魯伯大父簋
陳公子甗

黃韋俞父盤
王子申盞盂
芮大子伯匜
宜戈

以甬為用

江小仲鼎

自作用鬲

蔡大史鉌

曾侯乙匠時用冬

吳王夫差矛

曾姬無卹壺後嗣用之

中山王譻鼎寡人幼童未用智

[illegible]公劍

用戈

子賏戈

玄鏐戈

吳季子之子劍

吳王光趄戈

王子孜戈

楚王酓章戈

楚王孫漁戈

越王欿淺劍

越王州句矛

□之用戈

蔡侯產劍

越王劍

越王州句劍

蔡公子加戈

0564 甫

子可戈

王子午鼎

蔡公子果戈

自作用戈

□用戈

蔡公子從劍

甫般甸壺

甫人匜

穌甫人匜

穌甫人盤

為甫人盨

眞甫人匜

甫丁爵　以甫為父

匿匜

孳乳為簠　曾仲斿父簠　簠字重見

0565 庸

庸匔簋

中山王嚳鼎　以明其德庸其工

盗壺　以追庸先王之工剌

0566 葡

葡 丙申角

孳乳為犕犕服古通易傳服牛乘馬說文引作犕牛 毛公厝鼎 簟弼魚葡詩采薇作魚服

番生簋

孳乳為備 [illegible]簋 用大備于五邑守堣

0567 爻

爻 盉文 六劃相交

小臣系卣

爻父乙鼎

爻父乙簋

父乙爻角

父丁簋

[illegible]方彝

孳乳為較 伯晨鼎 轉較

0568 爾

爾 何尊 昔在爾考公氏

牆盤 受牆爾𪓰福

𤼈鐘

洹子孟姜壺

晉公𥂴

0569 爽

爽 𠨘卣二 遘于妣丙肜日大乙爽

班簋 唯作卲考爽

散盤 余有爽𡨄

矢尊 爽右于乃寮

𦀚簋 遘于妣戊武乙爽

从日从䨏 免簋 王在周昧䨏 經典作爽書牧誓甲子昧爽

文二百五十八 重一千九百九十三

金文編第四

容庚撰集

張振林 馬國權 摹補

0570 旻

旻 癸旻爵

0571 目

目 象人目形 苃目父癸爵

目从且 壬爵

目爵

0572 眂

眂 員鼎 王獸于眂𢿋

讀為視 中山王嚳兆域圖 革棺中棺眂悊后

0573 盱

盱 義如于 杕氏壺 盱我室家

0574 睘

睘
睘卣

睘簋

伯睘
卣

睘小
器

孳乳為環
番生簋
玉環

孳乳為還
駒父盨
還至于蔡

0575 眔

眔
小臣遽簋

令鼎

矢方
彝

矢尊

臣辰
卣

毛公
旅鼎

靜簋

[illegible]簋

萳簋

縣妃
簋

申簋

舀鼎

免簋
二

永盂

井侯
簋

盂簋

寍鼎

才盤

師晨
鼎

翏生
盨

翏生
盨二

鬲比
盨

買王
卣

揚簋

0576 睽

觳鐘

弔妣簋

睽大簋　从䀠

睽土父禹

0577 旬

旬　伯旬鼎

0578 相

相　相侯簋

折尊

庚壺

中山王嚳壺

四年相邦戟

0579 賜

賜　召尊　與賜錫爲一字

伯懋父賜召白馬

虢季子白盤　王賜乘馬

禹鼎

申簋

曾伯霥匿　天賜之福

昜鼎　賜小臣金

越王者旨於賜矛

0580 眈 　0581 ⿱罒戊 　0582 ⿱罒殺

越王者旨於賜戈

越王者旨於賜劍

越王者旨於賜劍

从肉 曾伯陭壺 用賜眉壽

鄀公⿷匚古

鄀公簠

鄀公盂

讀為易 毛公厝鼎 夙夕敬念王畏不賜 書君奭不知天命不易

眈 說文所無 㦽方鼎 母有眈于氒身

㦽簋 無眈于㦽身

⿱罒戊 說文所無 ⿱罒殺⿱罒戊尊

⿱罒殺 說文所無 ⿱罒殺⿱罒戊尊

0583 朋

朋

朋父丁簋

且癸

鼎

朋卣

卣

𤰈朋

罍

朋鼎

朋爵

0584 眉

眉

小臣遠簋

周㝨

鼎

周㝨

簋

𧊒伯

簋

九年

衛鼎

散盤

頌鼎

萬年𩰤壽

詩七月以介眉壽作眉

頌簋

頌壺

追簋

㝨生

盨

伯侯

父盤

趞鼎

琱伐父簋

殳季良父壺

召弔山父匜

汈其鼎

此鼎

此簋

封仲簋

秦公簋

曾伯霥匜

考弔訢父匜

邵鐘

魯逢父簋

王中嬀匜

王婦匜

樂子敬辅匜

王孫壽甗

褱鼎

王子午鼎

陳侯匜

蔡大師鼎

曾孟嬭諫盆

子仲匜

厚氏圃

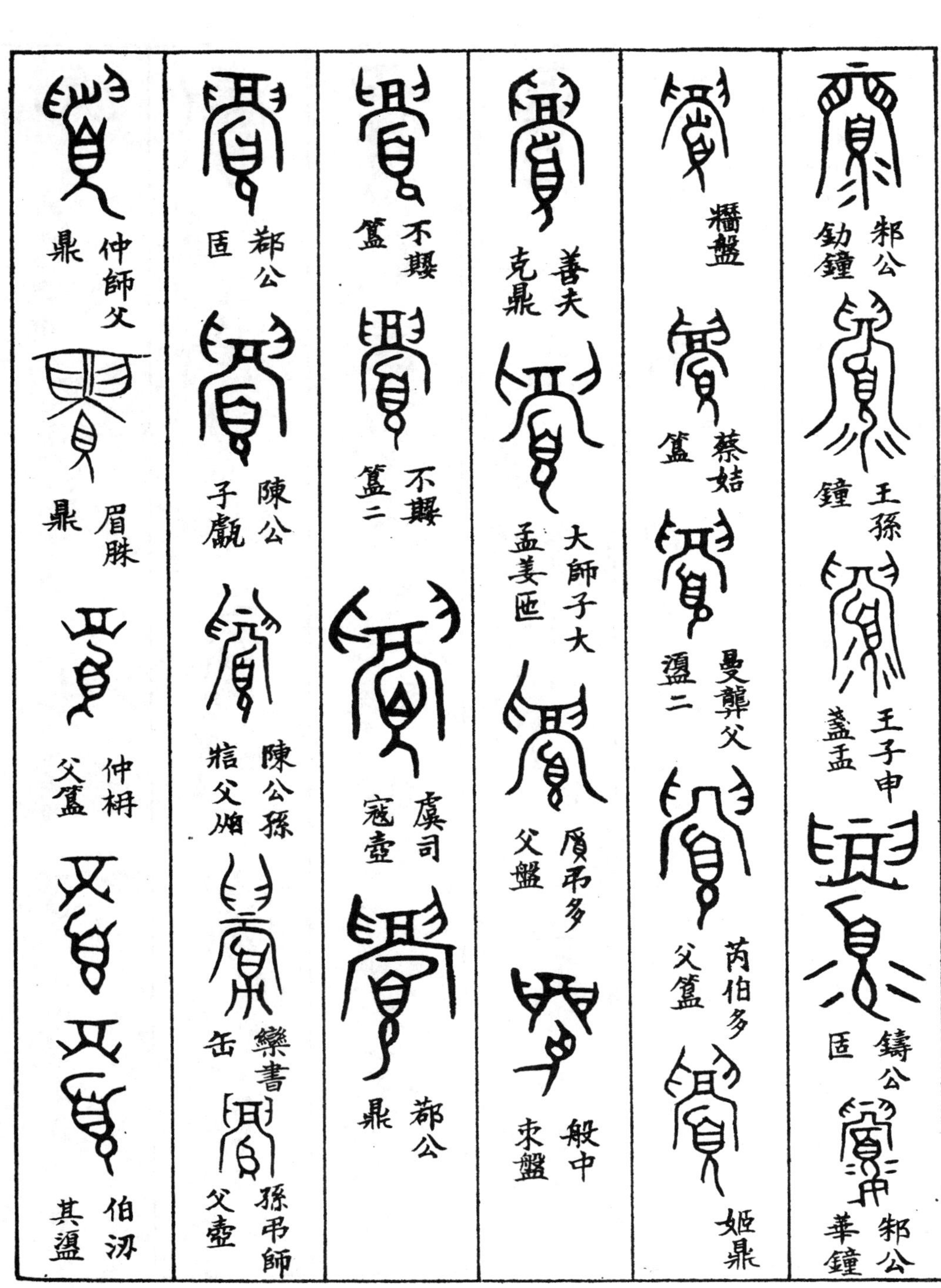
邾公釛鐘
王孫鐘
王子申盞盂
鑄公匿
邾公華鐘
𬣥盤
蔡姞簋
曼龏父盨二
芮伯多父簋
姬鼎
善夫克鼎
大師子大孟姜匜
㽙弔多父盤
般中柬盤
不嬰簋
不嬰簋二
虞司寇壺
鄀公鼎
鄀公匿
陳公子甗
陳公孫𥫦父旅
欒書缶
孫弔師父壺
仲師父鼎
眉脒鼎
仲枏父簋
伯沙其盨

畢鮮簋

毳盤

鼄季鼎

諶鼎

伯公父匜

番君匜

蔿君鉦

寡兒鼎

長子□臣匜

余卑盤

商叡簋

交君匜

買簋

師奎父鼎

封孫宅盤

鑄子匜

鑄弔匜

杞伯壺

真伯盨

魯伯匜

魯伯大父簋

魯司徒仲齊簋

邾友父鬲

邾□伯鼎

郜伯祀鼎

鄦平鐘

鄦去魯鼎

伯康簋

歸父盤

國差𦉜

齊侯敦

齊侯盤

齊縈姬之嬗盤

毛弔盤

㠱伯作眉盤假借為𩒨

薛侯盤

㠯壺

庚兒鼎

𩁹兄簋

𣬉簋

陳逆簋

德𥁟

伯其父匜

仲枏父鬲

對罍

伯家父簋

無叀鼎

洓伯寺簋

杞伯壺

曾仲大父𧊒簋

0585 省

曾伯文簋

省　从目从屮與眚爲一字敦煌本尚書説命惟干戈眚厥躬今本作省　戍甬鼎

小子省卣

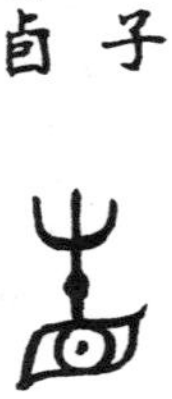

省觚

天亡簋　不顯王作省視也

臣卿鼎

臣卿簋

盂鼎

[illegible]鼎

[illegible]省簋

散盤

鬲攸比鼎

㝬鐘

中山王譽鼎

假借爲生　𦉢鼎　既眚霸

揚簋

豆閉簋

0586 盾

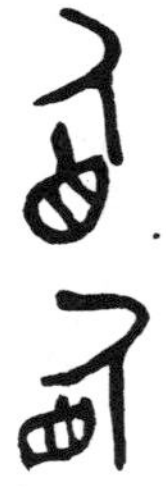

盾　五年師旋簋　盾生皇畫内

从屮豚聲屮象盾形　㦰簋　俘戎兵盾矛戈弓

自 臣卿簋

宰峀簋

德方鼎

令鼎

小臣遽簋

強伯自爲簋

鄂侯弟厝季簋

沈子它簋

師𩱹鼎

彔簋

楚公鐘

矢尊

召卣

彔伯簋

姞氏簋

伯𩁹盉

趞亥鼎

函皇父簋

散盤

毛公厝鼎

曾伯霥匿

曾伯陭壺

余卑盤

右走馬嘉壺

黃韋俞父盤

大司馬匿

鄀公鼎

走鐘

考弔詯父匿

沇兒鐘

寬兒鐘

褱鼎

者旨𧊒盤

乖訇君鼎

戈弔鼎

0589 白

0588 𣈷

姑口句鑃

曾孫無㥜鼎

攻敔王光劍

攻吳王監

酓章作曾侯乙鎛

鄂君啟舟節

中子化盤

曾子仲謱鼎

縣妃簋

伯家父簋

番伯酓匜

王子午鼎

攻敔王光戈

吳王光趄戈

越王𢦏淺劍

越王劍

越王州句劍

越王州句矛

新弨戈

𣈷 說文所無

𣈷鬲

白 此亦自字 番君鬲

白者君盤

番仲𢦏匜

白者君匜

𠰥壺

𧊒公劍

0590 皆

皆壺

皆 从从

中山王䰯鼎 㤅恖䖒從

从虍秦殘陶量皆明壹之＝皆字作𪓐从䖒與从虍同

中山王䰯壺 諸侯虘賀

0591 魯

魯 从口國名姬姓侯爵周公旦所封為楚所滅

井侯簋

魯侯爵

魯侯尊

明公尊

魯姬鬲

啟卣

𪔁盤

師奎父鼎

虢弔鐘

師虎簋

或者鼎

䟽簋

南宮乎鐘

克鼎

克盨

善夫克鼎

畢鮮簋

元年師兌簋

厤生鼎

無㠱簋

善鼎

無叀鼎

魯遹鐘

魯遹父簋

頌簋

頌鼎

从甘

井人鐘

芇伯簋

士父鐘

麓伯簋

魯伯愈父鬲

魯侯鬲

魯侯壺

魯伯匜

魯伯愈父盤

鄦去魯鼎

秦公鎛

秦公簋

魯司徒仲齊簋

魯司徒仲齊盤

魯伯厚父盤

魯士匜

厚氏圃

0592 者

魯大司徒元盂

封孫宅盤

者 伯者父簋

从口 者女觥

者姛爵

者姛罍

者兒觶

戜者鼎

戜者尊

犾弁者君尊

喬君鉦

者減鐘

白者君鼎

白者君盤

白者君匜

者旨[illegible]盤

越王者旨於賜矛

者沪鐘

越王者旨於賜戈

越王者旨於賜劍

越王者旨於賜劍

中山王譽鼎

蚉壺

中山王譽兆域圖 不行王命者

0593

孳乳為諸 矢方彝 諸侯

[illegible]盨

芇伯簋

仲幾盨

兮甲盤

伯公父匿

駒父盨

屓弔多父盤

叜季良父壺

曾子中宣鼎

邾公牼鐘

王孫鐘

匹君壺

陳侯午錞

陳侯因資錞

子璋鐘

子禾子釜

中山王嚳壺 不舊諸侯

中山王嚳兆域圖 有事諸官圖之

孳乳為書 免簋 王受作册尹書俾册命免

衛盉 書其饗

五祀衛鼎

九年衛鼎

智 不从白 拜室鼎

从甘 毛公厝鼎

智君子鑑

𥳑平鐘

魚顛匕

0594 百

中山王嚳鼎

中山王嚳壺

百 矢方彝

令簋

矢簋

臣辰盉

𣄰伯簋

弔𡛚簋

免盤

伊簋

寧簋

賢簋

方彝

𠭯鼎

㝬鐘

史頌鼎

史頌簋

禹鼎

𣲎其簋

麥生盨

麥生盨二

伯百父鎣

多友鼎

兮甲盤

曾子斿鼎

秦公鎛

沇兒鐘

說文百古文百从自

中山王嚳鼎

㚔壺 枋嚳百里即中山王嚳鼎之方嚳百里

又冢一石三百卅九刀之冢

中山王嚳兆域圖

小子䠱簋　卿吏
錫小子䠱貝百

𠭯方鼎　䬎商又正
𠭯嬰貝才穆朋百

㢑弔多父盤
百子千孫

禹鼎

多友鼎

庚壺

𩊄鎛　侯氏錫之
邑百又九十又九邑

二百二字合文
矢簋

師旂鼎

𩞁匜

五百二字合文
𩞁匜

虢季子
白盤

六百二字合文
盂鼎

矢簋

0595 羽

羽　五音宮商角徵羽从羽于聲
說文以為雩之或體　曾侯乙鐘

0596 翟

翟
史喜鼎　史喜作朕文考翟祭

0597 翏

翏 翏生盨

此鼎 王乎史翏册令此

此簋

無叀鼎 王乎史翏册令無叀

孳乳為鏐 敖翏戈

玄鏐戈

蔡翏戈

0598 隹

隹 說文鳥之短尾總名也象形段玉裁云按經傳多用為發語之詞毛詩皆作維尚書皆作惟今文尚書皆作維金文孳乳為唯為惟為維

宰椃角 隹王廿祀

戍甬鼎

餘尊

乙亥鼎

小臣邑斝

貝隹爵

隹父己尊

我鼎

井侯簋

麥鼎

天亡簋

何尊

佳壺爵

𩢡卣

臣辰盉

宅簋

次卣

斱尊

榮簋

作册大鼎

趞卣

盂鼎

商卣

穸鼎

公貿鼎

沈子它簋

亘尊

伯中父簋

曆鼎

𢾊伯簋

班簋

鄘伯馭簋

師遽方彝

師遽簋

趞鼎

遹甗

牆盤

伯䕭鼎

敔弔簋

縣妃簋

師奎父鼎

向𣪕簋

師𩛥簋

同卣

㫚鼎

㫚壺

師趛鼎

大鼎

鬲攸比鼎

格伯簋

格伯作晉姬簋

弔皮父簋

㝬鐘

克鐘

師克盨

弭伯簋

頌簋

史頌簋

事族簋

宴簋

善夫克鼎

無㠱簋

無叀鼎

鄭虢仲簋

弔尃父盨

仲枏父簋

元年師兌簋

王中嬀匜

麓伯簋

虢季子白盤

蔡大師鼎

曾伯陭壺

弔上匜

陳公子甗

陳子子匜

𢦏弔鼎

邾公華鐘

般殺盤
歸父盤
鈴鎛
鄀侯簋
拍敦蓋

樂子敬豧匿
禾簋
子璋鐘
庚兒鼎

寬兒鼎
沇兒鐘
郤王義楚耑
黃韋俞父盤
番伯酓匜

哀成弔鼎
酓章作曾侯乙鎛
姑口句鑃
者汈鐘

陳侯午錞
陳章壺
[illegible]篙鐘
曾姬無卹壺
中山王嚳鼎

中山王嚳壺
蚉壺
王子午鼎

0599 隻

盂爵

楚嬴匜

公孫𤧿父匜

子晉盆

般中朿盤

白者君盤

白者君匜

番君鬲

光伯簠

者減鐘

其次句鑃

隻 从又持隹 父癸爵

矢伯隻卣

爵文

卣文

師隻卣

丂隻鼎

⿰鬳攴鼎

⿰鬳攴作且丁盟隻

孳乳為獲 𢦔簋 獲馘首

禹鼎 獲厥君馭方

工𠭯大子劍

陳章壺

上官登

卷四 隻

0600 雒　0601 雁

舍忎鼎

戰獲兵銅

舍忎盤

雒　高景成釋

周雒盨

雁　說文从隹瘖省聲或从人人亦聲其云从隹瘖省聲者當作雁其云或从人人亦聲者當作倠即此雁字少異今篆文作雁知今本譌奪將雁倠二篆合而為一矣

應公簋

孳乳為應國名姬姓左僖廿四年傳邘晉應韓武之穆也杜注應國在襄陽城父縣西南

應公觶

應公方鼎

應公鼎

應公尊

應公壺

應弔鼎

應侯簋

應侯鐘

應監甗

0602 雝

大鼎　走馬雝人名

師湯父鼎　宰雝人名

𦚈乳為膺　毛公㫚鼎

膺受大命

又云金膺詩小戎傳膺馬帶也

師𩛥鼎

芾伯簋

師克盨

秦公鎛

雍　雍嬰簋

彔簋

遹甗

𢽳鼎

伯雝父盤

𢦚方鼎

雝母乙鼎

國名左僖廿四年傳管蔡郕霍魯衛毛聃郜雍曹滕畢原酆郇文王之昭也

雍伯原鼎

㝬鐘

秦公鎛

簷平鐘

或从𠬝　毛公㫚鼎

㝬簋

0603 雝

省水盂鼎

辛鼎

雍伯鼎

孚尊

从㕦遯盂

用𩟼賓客

鄀王鼎

孳乳爲𩟼

吴買作雝鼎

雝

0604 堆

散盤

堆

0605 㱿

說文所無

季㱿簋

0606 隹

晉公𥂴 隹今小子

說文所無晉定公名午金文作隹立于周敬王九年

0612 雚	0611 蒦	0610 奮	0609 奪	0608 奞	0607 逄
雚 御尊 王在圃雚京	蒦 中山王䁓鼎 蒦其汋於人施寧汋於淵	奮 从衣 令鼎	奪 奪簋	奞 鄂季奞父簋	逄 説文所無 逄父甲觶
雚女 觶	哀成弔鼎 同銘鑊字所从 與此相同故隸於此		奪壺		
王人 甗			多友鼎		

0613 舊

孳乳為觀　效卣　王觀于嘗

舊　盠駒尊

師嫠簋

兮甲盤

邾公華鐘

0614 蔑

蔑　霝卣

保卣

小臣遙簋

沈子它簋

彔卣

彔簋

遹甗

窾鼎

競卣

競簋

長由盉

免卣

尹姞鼎

嬴氏鼎

屯鼎

趩簋

師遽方彝

0615 羊

羊 象羊首形 羊卣

羊甚鼎 羊盉卣 弔德簋 盉鼎二 師寰簋 㫚鼎 羊子戈

爵文 父庚鼎 父辛觶 羊父癸觶

夰羊簋 丁夰羊鼎 鼎文 夰羊爵 𢦔簋

辛伯鼎 段簋 師𩛥鼎 次卣 封簋 孚尊

从禾 庚嬴卣 友簋 免盤 爯簋 大作大仲簋

𧇍盤 師𩛥簋 王𧇍鼎

鄂君啟舟節

羊則車觚

孳乳為祥

中山王䛒壺 不祥莫大焉

0616

羔 从羊在火上說文从羊照省聲非

索諆爵

匍伯達簋 作寶羔簋

匍伯達

三年瘐壺 羔俎

0617

羝 从羊氏

九年衛鼎

0618

羣 子璋鐘

陳侯午錞

中山王䛒鼎

0619

美 美爵

中山王䛒壺 因載所美

0620 羌

羌

驫羌鐘

鄭羌伯鬲

鄭義羌父盨

从糸　羌尊

0621 厗

厗　說文所無

厗氏會

0622 羴

羴　从二羊與甲骨文同　爵文

鼎文

鼎文

羴父辛斝

0623 雔

雔　父癸爵

夘卯甗

父丁觶

父辛觶

趠罍

0624 霍

霍　从雔　弔男父匜

霍鼎

0625 雧

雧　說文羣鳥在木上也或省作集

氺小集母乙觶

作父癸卣

父癸爵

集偖簋

毛公厝鼎

0626 鳥

鳥

鳥壬侜鼎

鳥且癸簋

子口弄鳥尊

0627 鷄

鷄　說文或从佳

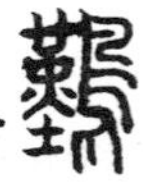

歸父盤

𠬝季良父壺

中山王嚳鼎

0628 鵜

鵜

弔噐父簋

0629 鳴

鳴

王孫鐘

蔡侯䡅鐘

蔡侯䡅殘鐘

王孫真鐘

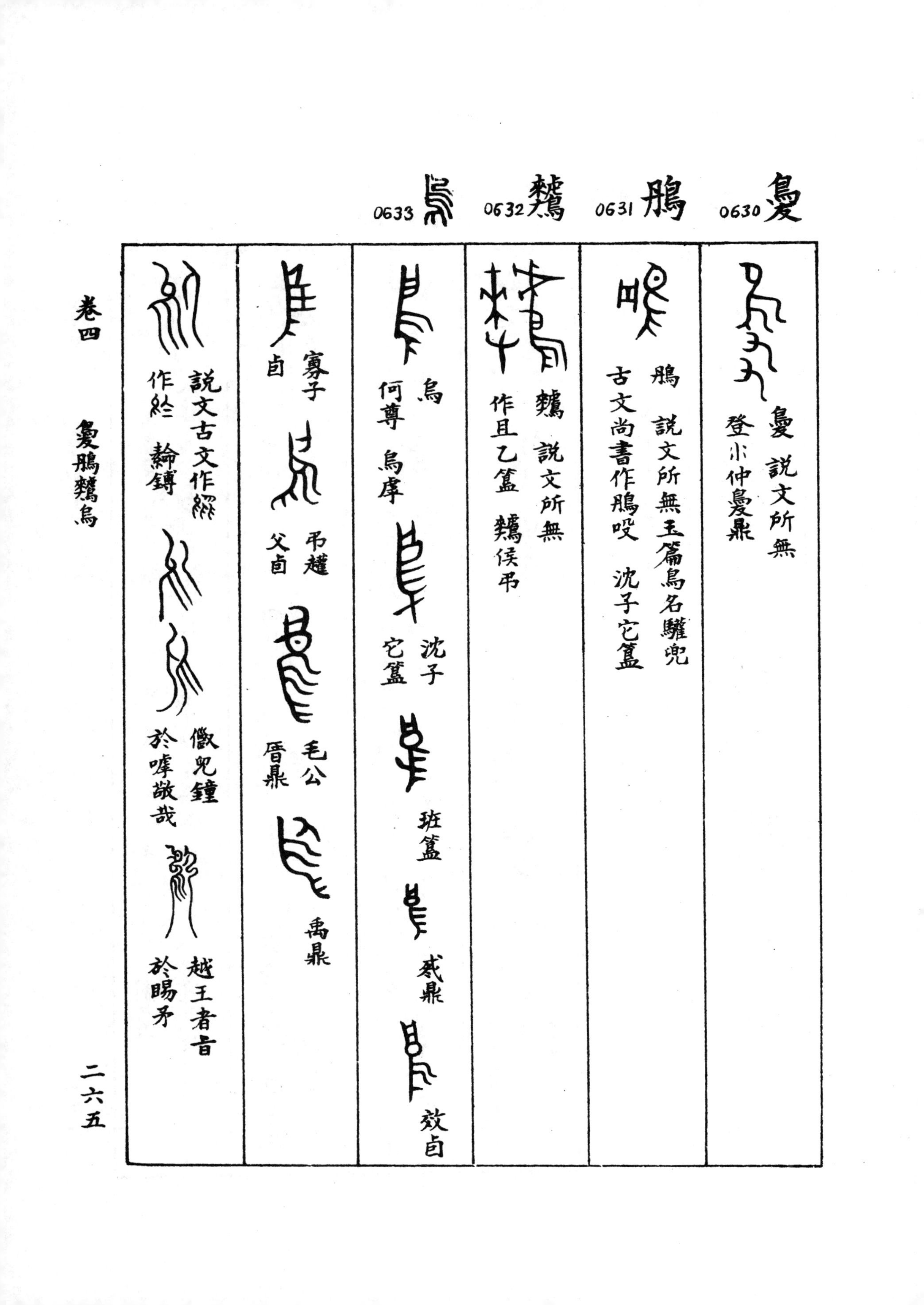

0630 𪇓
0631 鴅
0632 鷧
0633 烏

𪇓 說文所無 登𠚤仲𪇓㚇鼎

鴅 說文所無玉篇鳥名驩兜古文尚書作鴅吺 沇子它簋

鷧 說文所無 作且乙簋 鷧侯弔

烏 何尊 烏㝢 沇子它簋 班簋 㦰鼎 效卣

寡子卣 弔趯父卣 毛公𢕓鼎 禹鼎

說文古文作𢀜作𢀩 𦃡鎛 𢐗兒鐘 於嘑敬哉 越王者旨於賜矛

0634 烏

越王者旨於睗戈
越王者旨於睗劍
越王者旨於睗劍
[illegible]篙鐘　救戎於楚競

中山王譽鼎
中山王譽壺
蚉壺
鄂君啟舟節

烏　盂鼎
九年衛鼎
吳方彝
師虎簋
師晨鼎
十三年瘐壺

元年師兌簋
師嫠簋
弭伯簋
弭弔簋
伯晨鼎　幽亢赤烏

0635 焉

焉　中山王譽壺　不祥莫大焉

0636 畢

畢　段簋
永盂
伯夏父鼎
伯夏父鬲
倗仲鼎

0637 棄　0638 冓　0639 再　0640 爯

史𩠐簋

𢽍伯簋

召卣

畢鮮簋

从廾 邵鐘 畢公之孫

𨙸公華鐘 余畢龏威忌

陳貯簋 畢龏愧忌

棄 散盤

說文古文棄作𠫺 中山王𩰫鼎 㒸弃羣臣

冓 冓罍

䵼乳為媾 𠩵弔多父盤 婚媾

再 𪉖羌鐘 唯廿又再祀

陳章壺 陳𣅀再立事歲

陳喜壺

爯 爯簋

爯罍

仲爯簋

衛盉

榮又司爯鬲

0641 幺

㝬簋

幺父癸爵

孳乳為玄 吳方彝

玄衮衣

師𩛥鼎

師奎父鼎

伯晨鼎

敔簋

休盤

同簋

寰盤

舀壺

無叀鼎

頌鼎

頌簋

頌壺

𣪕簋

此鼎

伯公父匡

邾公華鐘

膚平鐘

邾公牼鐘

吳王光鑑

郘鐘

吉日壬午劍

0642 㓜
0643 𢆶

敄戈

玄鏐戈

玄鏐戈二

蔡戈

幼

禹鼎 勿遺壽幼

从子幽聲

中山王嚳鼎 寡人幼童未用智

𢆶

何尊 𢆶

王受兹大令又余其宅兹中或

大保簋

沈子它簋

嗇父盤

孟簋

戜方鼎

彔伯簋

弔趯父卣

伯康簋

㝬鼎

萬尊

公臣簋

虢仲盨

𢆶大子鼎

毛公厝鼎

㝨弔多父盤

南宮乎鐘

𢔖兒鐘

陳猷釜

陳肪簋

曾姬無卹壺

者沪鐘

0644 幽

假借作絲 商尊 㳄絲廿寽

幽 𢐗司土尊

䊷盤

召伯簋

伯䚄簋

伊簋

盠方彝

寓卣

康鼎

柳鼎

伯𡨦簋

趞簋

伯晨鼎

禹鼎

師𡨁鐘

弔向簋

0645  幾

幾 㠯伯簋

幾父壺

0646 𢆶

𢆶 說文所無 中山王譽鼎 語不𢆶義如哉

中山王譽壺 允𢆶若言

0647 叀

盗壺 𢀖恣百每

十一年鼎

叀 叀卣

叀父戊簋

何尊

九年衛鼎

無叀鼎

禹鼎

戈叀爵

鱻盤

師訊鼎

哀成弔鼎

孳乳為惠 彔伯簋 惠圉天命

毛公厝鼎 虔夙夕惠我一人

仲叀父簋

諫簋

蔡姞簋

鬲攸比鼎

虢弔鐘

克鼎 惠于萬民

甶朋罍

同簋

鬲比盨

0648 惠

惠 衛盉

㝬簋

㳄其簋

曾子斿鼎

邾大宰匜

𬇙鎛

王孫鐘

王子午鼎

中山王嚳壺 慈孝寰惠

王孫真鐘

0649 叀

叀 㝬簋 㽙在位作叀在下

楚簋 叀揚天子不顯休讀為對

秦公簋 㽙叀在天讀為惠

井人妄鐘 叀處宗室

0650 玄

玄 不从入 師奎父鼎 幺字重見

0651 𢆶

88 兹 與茲爲一字

彔伯簋 丝字重見

0652 幺

幺 幺

幼

孟㚸父簋

0653 放

放 孳乳爲倣

中山王嚳壺 佳朕所倣

多友鼎

用嚴㺀放𤢓讀爲方

0654 敫

敫

㳄伯簋 王命益公征眉敫

九年衛鼎

眉敫者膚爲使見于王

㞒敫簋

0655 爰

爰

辛伯鼎 宮絲五十爰

虢季子白盤

鄂君啟舟節

爰陵

0656 𤔔

𤔔

番生簋 朱𤔔𡇒靳

从㗊

毛公曆鼎

孳乳爲亂

召伯簋 余弗敢亂

0657 受

受 从受从舟 尊文

簋文

父乙卣

受父乙觶

亞中若癸簋

四受且丁尊

何尊

盂鼎

矢方彝

楷伯簋

沈子它簋

辛伯鼎

伯康簋

免簋

彔伯簋

𣄰伯簋

衛盉

九年衛鼎

牆盤

曶鼎

𤼈鐘

寰盤

頌鼎

頌簋

頌壺

0658 寽

師克盨

善夫山鼎

毛公厝鼎

曾伯陭壺

[illegible]弔多父盤

齊弔姬盤

秦公簋

秦公鎛

牧馬受簋

篖平鐘

國差𦉜

蔡侯[illegible]盤

王子午鼎

中山王譽壺

命瓜君壺

者沪鐘

从口　亘尊

鄦伯受匿

寽　孳乳爲鋝　戴震謂鋝爲六兩大半兩三鋝而成二十兩呂刑之鍰當爲鋝　毛公厝鼎　取遺世鋝

禽簋　錫金百鋝

商卣　迖絲廿鋝

商尊

師旂鼎

[illegible]簋

趞簋

0659

舀鼎

𣄨匜

楚簋　取遄五鋝

番生簋　取遺廿鋝

𡢁乳為捋　𢦏簋　捋戎俘人

敢　井侯簋

旂作父戊鼎

盂鼎

師遽方彝

𩁹伯𤔲簋

耳卣

𠭯鼎

才盤

盠方彝

元年師旋簋

師虎簋

諫簋

休盤

大簋

召伯𡚬簋

毛公厝鼎

井人妄鐘

蔡侯𨭉鐘

中山王𠨑壺

𧊒壺

五祀衛鼎

胸簋

縣妃簋

滕虎簋

沈子它簋

令簋

矢尊

矢方彝

班簋

盠駒尊

召卣

易鼎

趩簋

靜簋

師遽簋

農卣

彔伯簋

君夫簋

祈伯簋

師嫠簋

牆盤

趞曹鼎

輔師嫠簋

師𩛥鼎

㾓簋

三年㾓壺

㾓盨

㾓鐘

師望鼎

卯簋

豆閉簋

駒父盨

無曩簋

師寰簋

寰盤

頌鼎

頌簋

追簋

虢弔鐘

番生簋

鄀侯鼎

克鐘

虘鐘

㝬鐘

師𡨦簋

仲枏父簋

[illegible]簋

趩鼎

此簋

此鼎

善夫山鼎

兮甲盤

守簋

元年師兌簋

伯晨鼎

無叀鼎

康鼎

頌壺

0660 䲰

禹鼎

邵鐘

齊陳曼匿

䲰　說文所無

蔡侯䲰鐘

蔡侯䲰

飤鼎

蔡侯䲰

頸鼎

蔡侯

䲰簋

蔡侯

䲰鎰

蔡侯䲰

盥缶

蔡侯

䲰戈

蔡侯

䲰匜

曾侯乙鐘

地名

0661 賢

賢

儹匜

从死从貝

師旂鼎

0662 叡

叡　从睿从見

中山王嚳鼎

0663 歺

歺 說文或从木作朽 康侯在朽㠯 𠧟鼎

0664 殃

殃 从心不从歹 恣遊子孫 中山王𠐠兆域圖

0665 死

死 吳大澂曰經傳通作尸主也書太康尸位猶言太康即位也 迺𠤳夾死𤔲戎 盂鼎

望簋

卯簋

追簋

毛公厝鼎

令簋

競簋

適甗

頌鼎

頌簋

頌壺

伯寬父盨

兮甲盤

㝬乎簋

𬘡鎛

0666 薨 0667 體 0668 軆 0669 脰

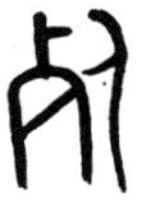

哀成
弔鼎

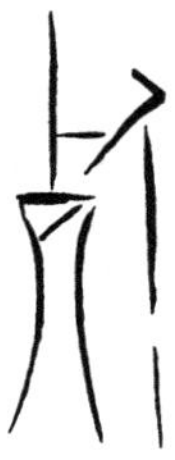

中山王
嚳鼎

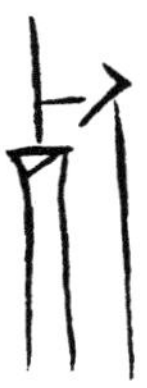

中山王
嚳壺

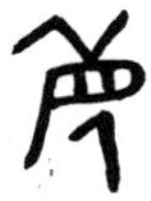

中山王嚳兆域圖
死亡若

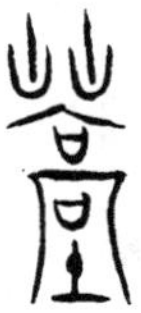

薨 說文从死蒿省聲此爲从土蒿聲
盜壺 以取鮮薨周禮庖人作鱻薨鄭司農云鮮謂生肉薨謂乾肉

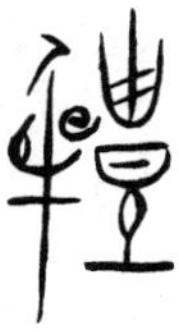

體 从身
中山王嚳壺 上下之體

軆 說文籀文作膚
弘尊

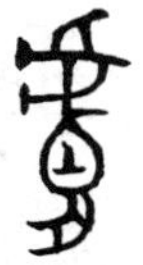

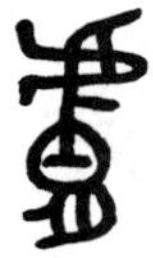

九年
衛鼎

脰
吳王孫無土鼎 脰鼎

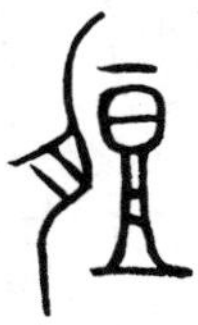

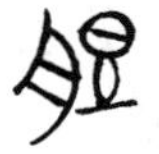

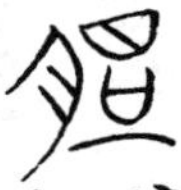

鑄客鼎
集脰

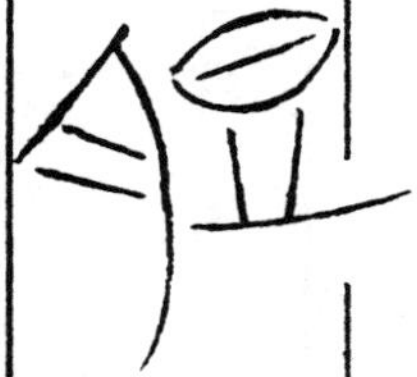

酓肯
鼎

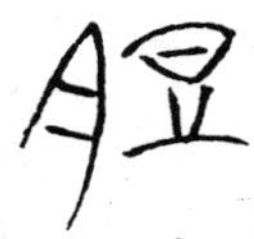

大子
鼎

0670 胃

大乙鎬

大贗鎬

畬志鼎

胃　孳乳爲謂

吉日壬午劍　謂之少虞

0671 膞

膞　不从肉

毛公厝鼎　雁字重見

0672 齎

齎　从次从肉䐾脊之或从齊作𪗉齎之或从次作粢也

陳侯因資錞　因資史記作因齊齊威王名

0673 雔

雔　从鳥高景成釋

雔公劍

闌丘隹

雔戈

鄂君啟舟節

0674 肖

肖　孳乳爲趙

大梁鼎　大梁司寇趙亡智

0675 胤

胤 遾鼎

遾簋

秦公簋

秦公鐘

晉公盞

𧊒壺

0676 膳

膳 大簋 不从肉 譱字重見

齊侯敦

0677 胾

胾 二年寍鼎 从肉才聲高景成釋胾

0678 散

散 散伯簋

散伯卣

五祀衛鼎

散盤

羊亶亲戈

陳禦寇戈

散姬鼎

陳散戈

散伯車父鼎

散車父簋

散車父壺

0679 肯

肯 梁鼎

0680 脒

脒 說文所無

㝬脒鼎

0681 膥

膥 說文所無義如容

上官鼎 膥料

梁鼎 膥四分

大梁鼎

上樂鼎

0682 膞

膞 說文所無廣韻肥也

蔡大師膞鼎

0683 利

利 从勿

利簋

師遽方彝

利簋二

利鼎

屖弔多父盤

从工

𪎒鐘

參壽佳利

0684 初

初　古者蓋分一月之日為四分一曰初吉謂自一日至七八日也二曰既生霸謂自八九日以降至十四五日也三曰既望謂十五六日以後至二十二三日四曰既死霸謂自二十三日以後至于晦也　王國維說　旂鼎　唯八月初吉

奢父乙簋

孟爵

次卣

趩簋

噭尊

匽侯鼎

大作大仲簋

伯羕鼎

㪤簋

命簋

靜卣

靜簋

賢簋

鼂簋

召尊

君夫簋

不㠱簋

免盤

免卣

免簋

免尊

亘尊

牆盤

晉壺

師趛鼎

師湯父鼎

仲枏父鬲

仲枏父簋

永盂

無㠱簋

公貿鼎

康鼎

𢆶大子鼎

諫簋

王中嫣匜

公父宅匜

宴簋

師嫠簋

同簋

善鼎

鬲攸比鼎

克鐘

格伯簋

克盨

柞鐘

弭伯簋

弔専父盨

伯吉父鼎

伯吉父簋

元年師兌簋

虢季子白盤

不𡢁簋

兮甲盤

弔上匜

𪊨鐘

曾伯霥匜

鄧伯氏鼎

鐘伯鼎

[illegible]伯盤

殷穀盤

陳侯鼎

陳侯匜

陳子=匜

陳公子甗

𢦚弔鼎

邾大宰匜

邾公華鐘

齊鞄氏鐘

𩍐鎛

余卑盤

晋公𥂴

邵鐘

鄭師口父鬲

孫弔師父壺

鄦子𠤳

楚王領鐘

楚子𠤳

申鼎

子璋鐘

王孫鐘

沇兒鐘

寡兒鼎

𨛖𧩣尹鉦

儆兒鐘

蔡侯龤鐘

王孫𦎫鐘

蔡大師鼎

申簋

夆弔匜

弔皮父簋

邾公牼鐘

𢍉子中盆

華母壺

王子午鼎

曾子原彝

0685 則

格伯作晋姬簋
楚嬴匜
散伯車父鼎
鄀公鼎
黄韋俞父盤

光伯簋
王孫壽甗
姑口句鑃
其次句鑃

則 何尊 說文籀文則从鼎 隹武王既克大邑商則廷告于天
戜鼎
盠駒尊
牆盤

格伯簋
曶鼎
鬲攸比鼎
儹匜

散盤
[疒興]鐘
召伯簋
兮甲盤
洹子孟姜壺

曾子[匚古]
驫羌鐘
鄂君啟舟節
鄂君啟車節

0686 剛

中山王譽壺

段簋

曾侯乙鐘

剛 从二刀 剛爵

𤕌盤

散盤

說文古文作㓝古文四聲韻引古尚書作㓝

㓝勺鼎

畬忎盤

畬忎

㓝瘨戈

禹鼎

剛馭百

0687 辨

辨 辨簋

作册虢卣

0688 割

割 不从刀假借為匃 𩰫伯盨 害字重見

𩰫伯盨 割眉壽無疆

無叀鼎 用割眉壽

0689 㓝

曾侯乙鐘 割肆即姑洗

㓝 父辛卣

晉公𥂴

0690 制

制 王子午鼎 子孫是制

說文制古文制如此

0691 罰

罰 盂鼎

狱伯卣

師旂鼎

𪓐簋

曶鼎

𠑹匜

散盤

盜壺

0692 𠜳

𠜳 辛鼎

0693 荆

刑 从土

蚉壺 大去刑罰

0694 ⿰者刂

⿰者刂 說文所無

散盤

0695 ⿰亶刂

⿰亶刂 說文所無

⿰亶刂鼎

0696 ⿰迪刂

⿰迪刂 說文所無

戜方鼎

傳卣

0697 刄

刄

刄壺

刄觶

从立

中山王譽壺 創闢封疆

0698 劒

劒 不从刃

戉王劍 僉字重見

从金

吳季子之子劍

富奠劍

師同鼎

0699 判　0700 丰　0701 耤　0702 角　0703 觸

攻敔王光劍

越王勾踐劍

郐諮尹鉦　徵至劍兵

郾王職劍

𡗜公劍

丰　丰己觚

乙亥簋　玉十丰章

0699

判　師同鼎

耤　令鼎

王大耤農于諆田

弭伯簋　師耤人名

角　角戊父字鼎

鄂侯鼎

伯角父盉

弔角父簋

𤖕盤

𤼈鐘

翏生盨

曾侯乙鐘

觸　丞相觸戟

0704 衡

衡 韓前横木縛軛者詩采芑約軧錯衡傳錯衡文衡也 毛公曆鼎 金甬道衡

番生簋

0705 解

解 說文从刀判牛角此从臼牛角國名馬國權說 解子甗

从殳 解子鼎

孳乳為懈

中山王譽鼎 夙夜不懈

中山王譽壺 夙夜篚懈

0706  觴

觴 汗簡入部[古文]釋為觴見義雲切韻假借為唐國名 觴仲多壺

觴姬作旞嫘簋

文一百三十七 重一千二百九十二

金文編弟五

容庚譔集

張振林 馬國權 摹補

0707  竹

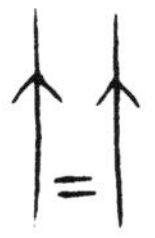

竹 盗壺

0708 箙

箙 鄂君啟車節 毋載金革黽箙

0709 笱

笱 伯笱父盨

伯笱父鼎

笱伯盨

多友鼎 戎伐笱

鄭伯笱父甗

鄭伯笱父鬲

笱侯匜

0710 節

節　陳猷釜

子禾子釜

鄂君啟舟節

鄂君啟車節

中山王𠻗壺　節于醴醑

0711 筮

筮　三字石經古文作𦱊　史懋壺

0712 簞

簞　番生簋

簞彌魚葡詩載馳作簟茀

从皿　毛公層鼎

0713 笞

笞　國名三字石經作笞　今經傳作莒

笞小子簋

从膚三字石經古文作𥳑汗簡作𥳑古文四聲韻引石經作𥳑　申鼎

𥳑平鐘

从邑　鄘侯簋

从木　中子化盤　中子化用保楚王用正笞　梠字重見

0714 簋

簋　从皀从殳說文黍稷方器也周禮舍人鄭注圓曰簋今證之古器其形正圓與鄭說合　不嬰簋

𦓷簋

作父乙冊簋

貞簋

且戊簋

小子𦣞簋

作寶簋

沈子它簋

果簋

伯者父簋

鄂侯弟曆季簋

令簋

毛公旅鼎

同𠂤簋

周窸鼎

遹簋

話簋

彔簋

彔作乙公簋

彔作乙公簋二

免簋

毳簋

大作大仲簋

競簋

伯簋

城虢遣生簋

作父乙簋

事族簋

觽簋

向䝨簋

牧師父簋

休簋

𣦶簋

仲⋈父簋

伯闢簋　格伯作晉姬簋　格伯簋　静簋　諫簋

卯簋　訢伯簋　妊理母簋　叡召妊簋　大師虘簋

仲叡父簋二　無㠱簋　仲辛父簋　弔宝簋　杲同簋

師酉簋　師虎簋　季㚤父逊簋　弔侯父簋　倗伯簋　師遽簋

德克簋　兮仲簋　史寏簋　邦季簋　余暌簋

伯到簋　伯[illegible]簋　訇伯簋　鄭虢仲簋　畢鮮簋　段簋

弔向父簋
散伯簋
害簋
番生簋
吴彭父簋

師寰簋
仲鳧父簋
仲殷父簋
周棘生簋
弔皮父簋

伯中父簋
虢季氏簋
伯田父簋
豐兮尸簋
守簋
元年師兑簋

魯司徒仲齊簋
司寇良父簋
頌簋
弔多父簋

追簋
圅皇父簋
圅皇父盤
𤻮簋

散車父簋
己侯貉子簋
章敄伯簋
嬴霝德簋
鴋姬作旛嫼簋

𪓕侯簋

大簋

弔咢父簋

師寏父簋

伯嘉父簋

卓林父簋

魯伯大父簋

封仲簋

伯椃虘簋

秦公簋

男作北子簋

㢽伯作旅簋

㢽伯自為簋

伯喜簋

伯[illegible]簋

从食敔簋

牧共簋

伯簋

姞氏簋

晉人簋

衛始簋

歂簋

師𠩺簋

己侯簋

魯𨘷父簋

魯伯大父作季姬簋

杞伯簋

0715 簠

鄦侯簠

苐侯簠

芮公簠

霝簠

陳⿰貝方簠

井姬鼎

从广 邵王簠

从宀 伯御簠

从皿 𡱒簠

舟簠

蔡侯[illegible]簠

量侯簠

㪤弔簠

弔狀簠

𠯑簠

買簠

𢦏姬簠 毁字之省

四年瘐𥁕 形為𥁕名為簠

簠 从竹甫聲不从皿說文黍稷圜器也出土物為圓盤形高圈足器

瘐簠

又省竹 曾仲斿父甫 甫字重見

0716 簠 0717 笭 0718 箙

从匚 厚氏匡

簠 假借為匪 中山王譽壺 夙夜匪懈

笭 征簠

訇簠

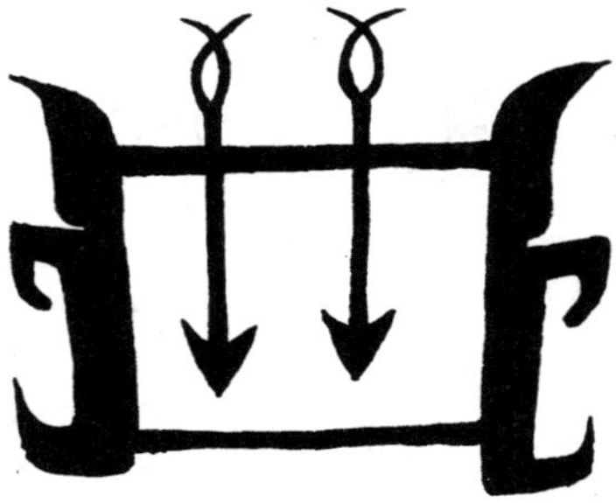

箙 羅振玉云象盛矢在器中形

盤文

箙父乙簋

父乙尊

戉箙卣

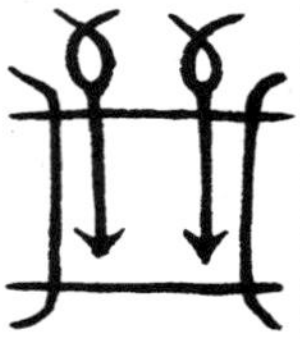

箙參父乙盉

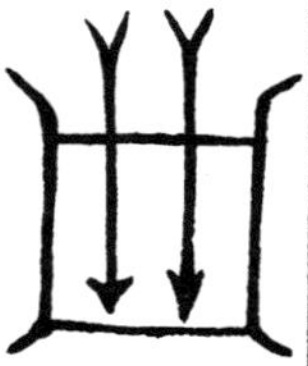

戉父癸甗

隹父己尊

啟卣

父庚鼎

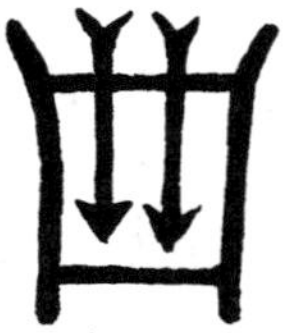

明子壺

箙𠭯爵

冊戉父辛卣

0719 簣

且乙卣　戈文

簣　𢾊簋　簣甾朕心

0720 笲

笲　說文所無从竹从開省開為古文閒　中山王譽壺　載之笲笧

0721 笧

笧　說文所無義為策　中山王譽壺　載之笲笧又使其老笧賞仲父

0722 篙

篙　說文所無　𠛬𤰔篙鐘

0723 箕

箕　說文古文作𠀠𠥓𠧗籒文作𠷎𠥱汗簡于竹部下別立𠀠部　母辛卣

其侯父己簋

沈子它簋 趠鼎 盂鼎 周𢓊鼎 朿作乙公簋二 遹簋 同㠯簋 休盤

𣗥盤 伯晨鼎 師奎父鼎 縣妃簋 善簋 卯簋 城虢遣生簋

𣎵伯簋 伯盂 師酉簋 敔簋 㠯鼎 㠯壺 大鼎

克鼎 兮仲鐘 畢鮮簋 禹攸比鼎 師嫠簋 㝬鐘

弔咢父簋 𢑚生盨 姞氏簋 頌鼎 師𧾷鼎 無㠱簋 追簋

仲殷父簋 南姬鬲 弔上匜 杜伯盨 魯伯匜 湯弔盤

郘鐘
魚顛匕
周㝨壺
袓伯匜
邛君壺
格伯簋
从鼎

作父己鼎
樊夫人龍嬴壺
用其吉金

㪤鼎
屖尊
單子伯盨
元年師旋簋
史問鐘
弔向父簋

作冊嫛卣
王孫鐘
函皇父盤
瞏簋
將鼎
弔高父匜

弔姞盨
袓伯𩫖盤
袓仲鬲
邕子甗
師同鼎

衛盉
師虎簋
仲師父鼎
史頌匜
善夫克鼎
師寰簋

函皇父簋

仲殷父鼎

毛弔盤

兮甲盤

虢季子白盤

殳季良父壺

伯孝[illegible]盨

弔姬匜

虢文公鼎

虢季氏簋

魯遽父簋

己侯簋

姬鼎

齊巫姜簋

申鼎

邾公華鐘

黃韋俞父盤

伯者君盤

伯者君匜

哀成弔鼎

西替匜

司壺

命瓜君壺

褱鼎

寡兒鼎

商丘弔匜

沇兒鐘

者沪鐘

酓章作曾侯乙鎛

曾侯乙鐘

中山王嚳鼎

中山王嚳壺

蚉壺

鄂君啟舟節

樂書缶

王子午鼎

从丮

剌鼎 其孫=子=永寶用

師旂鼎 其又内于師旂

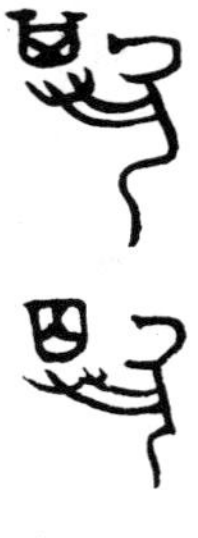

弔趞父卣 女其用饗乃辟

𤔲伯簋 其萬年孫=子=其永用

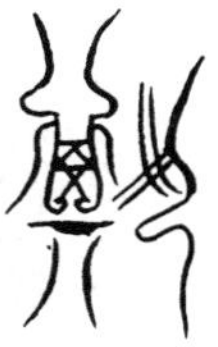

王子午鼎 數諆趩=誼與忌同

盅子臣匜

从妟

不嬰簋

不嬰簋二

秦公簋 嬰嚴□各

秦公鎛 具即其服又秦公嬰畯龡在位

子可戈

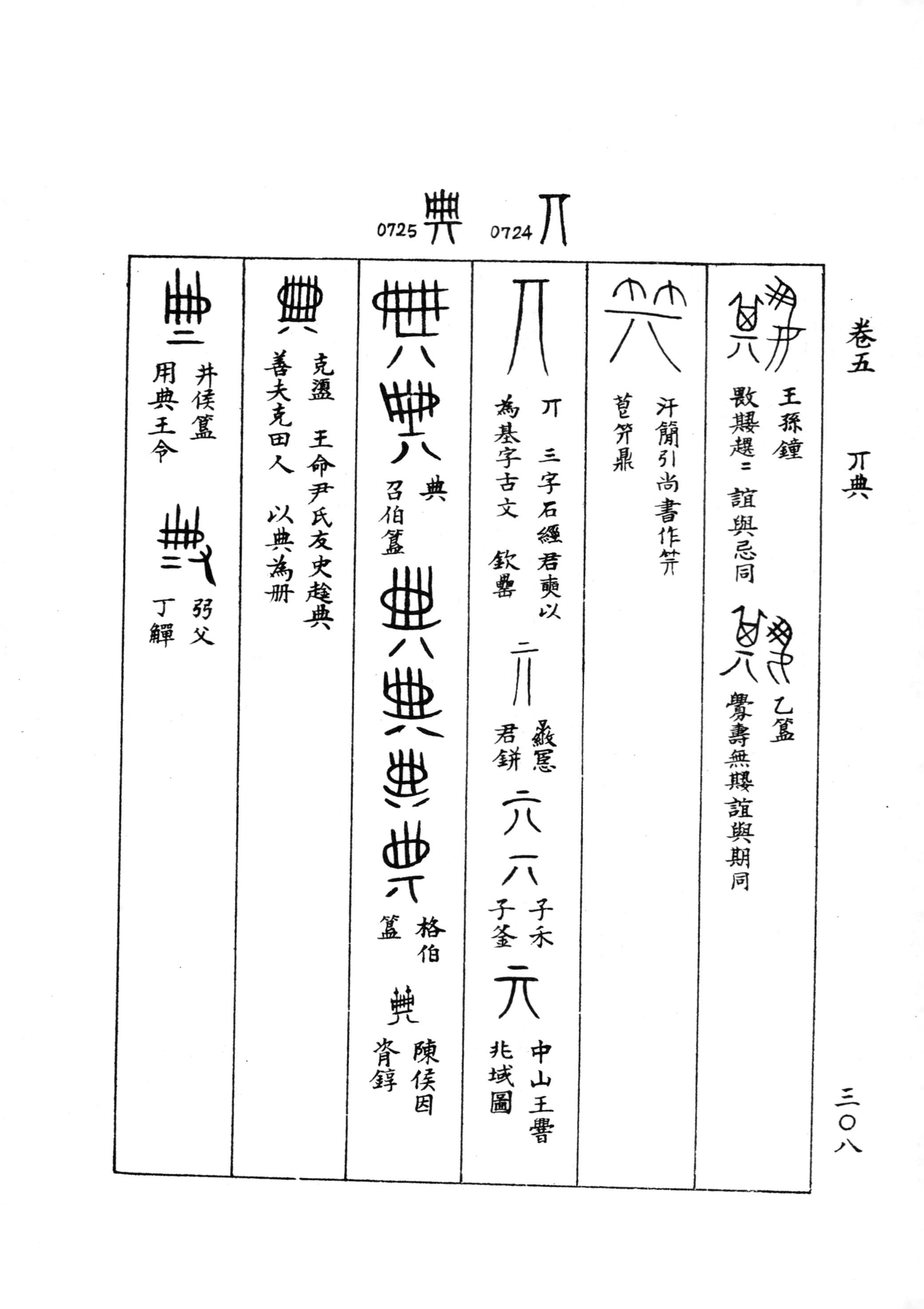

0724 丌

0725 典

王孫鐘 數期趩＝ 諆與忌同

乙簋 眉壽無期 諆與期同

汗簡引尚書作笄 笸笄鼎

丌 三字石經君奭以為基字古文 欽罍

𠫑𢗷 君缾

子禾子釜

中山王譻 北域圖

典 召伯簋

格伯簋

陳侯因資錞

克盨 王命尹氏友史趛典善夫克田人 以典為册

井侯簋 用典王令

弜父丁觶

0726 畀

0727 奠

畀 班簋 與㽞爲一字李旦丘釋 否畀屯陟

禹比 𨖷

唐蘭釋畀像畀矢形 永盂 錫畀師永氒田

奠 弔向簋 用奠保我邦我家

矢簋

免簋 二

曶鼎

克鐘

秦公鎛

宰鼎

富奠劍

曾子斿鼎

𡠧乳爲鄭國名姬姓伯爵宣王封厲王少子友于鄭戰國時爲韓所滅

鄭同媿鼎

大作大仲簋

師晨鼎

𦉢簋

牧馬受簋

鄭義羌父𨖷

康鼎

鄭井弔鬲

㝨盤

召弔山父𠤳

鄭伯筍父鬲

鄭大師甗

鄭孟父簋

鄭楙弔壺

弔上匜

鄭興伯鬲

鄭登弔盨

鄭虢仲鼎

鄭虢仲簋

弔尃父盨

趞鼎

隮子鬲

陳章壺

从⁝ 鄭伯筍父甗

0728 左

左 虢季子白盤

師寰簋

魯左司徒元鼎

秦公鎛

陳喜壺

晉公盦

陳猷釜

東周左師壺

徣公壺

左關鉌

左𡰥壺

蚉壺

从言 矢方彝 爽䀠右于乃寮

矢尊

从口 班簋 左比毛父

鄦左𡰥戈

0729 差

差 國差𦉢

經典通作佐佐說文所無 國差立事歲國差即齊之國佐也

王子午鼎 不𢿾不差

末距悍 國差賡末

不易戈

攻吳王夫差監

攻敔王夫差劍

酓忎鼎

酓忎盤

从車假借作左 蔡侯𤕌鐘 𨌲右楚王

从犬 中山王嚳壺 受賃㹭邦 義如佐

盜壺 或旻賢㹭司馬賈

假借作左 中山王嚳鼎 以㹭右寡人

0730 工

工 司工丁爵

木工鼎

矢方彝

𩵦尊

史獸鼎

孟簋

五祀衛鼎

盠方彝

沈子它簋

免卣

斳尊

伊簋

揚簋

師寰簋

0731 巨

散盤

虢季子白盤

不𡢁簋

𧊒壺

孳乳為攻 者減鐘 工𪊲王

工𪊲大子劍

孳乳為功 中山王嚳鼎 庸其工

中山王嚳壺 休又成工

𧊒壺 以追庸先王之工剌

巨 鄦侯簋 不巨

說文巨或从木矢作榘金文皆像人持矩形不从木从矢亦非

伯矩盉

伯矩盤

矩尊

伯矩簋

伯矩尊

伯矩卣

伯矩鼎

伯矩鬲

矩弔壺

登卣

衛盉

0732 𢅥

𢅥

𢅥公孫𢅥父匜

0733 亚

亚

齊亚姜簋

0734 厤

厤

录簋 从厤

录尊

𫝆鼎

遹甗

长由盉

𢯸簋

敔簋

師𫹆鼎

小臣𧼆簋

从口

大作大仲簋

从厤

尹姞鼎

競卣

屯鼎

𤎫盤

次卣

𧾊簋

厤盤

厤鼎

免卣

師遽方彝

段簋

𦉢氏方鼎

𤕌卣

0735 猒

保卣
曆鼎
封簋
省厂友簋

猒　𡫀乳為厭
沈子它簋
毛公厝鼎
商𣪘簋

0736 甚

甚　甚鼎
師𩙿鼎䣡字所从相同

0737 𣅀

𣅀　說文所無
不𣅀方鼎

0738 㬈

㬈　說文所無
𣄰平鐘　聖智龏㬈

0739 曰

曰　古伯尊
𧧝卣
𦹢卣
矢尊
矢方彝
令鼎
師旂鼎

井侯簋

盂鼎

沈子它簋

𩰫簋

趩尊

應公鼎

諫簋

弔向簋

無㠱簋

牆盤

大作大仲簋

豆閉簋

師虎簋

師嫠簋

君夫簋

縣妃簋

𦬶伯簋

曶鼎

曶壺

善鼎

鬲攸比鼎

散盤

克鼎

虢弔鐘

井人妄鐘

師袁簋

頌鼎

頌簋

毛公厝鼎

虢季子白盤

禹鼎

召伯簋

不嬰簋

𢉅弔多父盤

晉公𥂴

中山王䦧鼎

中山王䦧壺

0740 㫚

魚顛匕

𩶘鎛

陳猷釜

晋公盦

邾公華鐘

邾大宰匿

𢓜兒鐘

伯㫚鼎

者沪鐘

㫚　說文从匸㫚聲之匱曾侯乙墓出土漆器作匱是知㫚即㫚說文㫚籀文作𠷎从口

㫚尊

史㫚爵

師害簋

大師虘簋

㫚卣

虫㫚鼎

姞㫚母鼎

㫚鼎

㫚壺

𪕕匜

克鐘

0741 朁

朁　不从曰

散盤　𣢟字重見

0742 曹

曹 从甘國名姬姓伯爵武王克商封弟振鐸于曹後為宋所滅 曹公子戈

趞曹鼎

曹公媵孟姬悆母盤

从東 𡥞乳為遭 中山王嚳壺 適遭郾君子噲不顧大義

0743 乃

乃 汝之也 乃孫作且己鼎

盂鼎

令鼎

矢方彝

沈子它簋

弔𧾷雚父卣

寡子卣

應公鼎

辛伯鼎

彔伯簋

𣲵伯簋

師虎簋

師𡘦父鼎

伯晨鼎

君夫簋

師酉簋

大作大仲簋

大簋

卯簋

善鼎

豆閉簋

封簋

𠷎侯鼎

師𤸫簋

0744 酉

舀鼎

𠂤壺

克鼎

毛公厝鼎

元年師兌簋

不𡢁簋

縣妃簋

𨟻侯簋

者沪鐘

朐簋

𦡞平鐘

酉　於是也經典多假乃為之

毛公厝鼎

𨟻敄鯀寡

毛公厝鼎又云　酉唯是喪我國

史𩛥簋二

史𩛥簋

盂鼎

師𣓀鼎

沈子它簋

𣞤盤

舀鼎

永盂

散盤

曾伯陭壺

伯家父簋

𠑑匜

㝬鐘

0745 卣

曾仲大父蠢簋

鬲比簋

禹鼎

多友鼎

鬲攸比鼎

農卣

矢方彝

卣 盂鼎 不从乃 卣字重見

經典作卣中尊也 毛公厝鼎 錫女秬鬯一卣

臣辰卣

臣辰盉

伯晨鼎

彔伯簋

吕鼎

吳方彝

㫚鼎

師兑簋

虢弔鐘 錫旅休 卣天子多義與西同

0746 丂

丂 丂叀鼎

散盤

孳乳為考 同簋 文考

司徒司簋 氒考

仲枏父鬲 皇且考

卷五 卣丂

0747 甹

仲枏父簋　皇且考

㝬弔多父盤　壽考

鄀公簋　皇考

𩐍鎛　皇考　又云用求考命彌生

甹　从二由　班簋　甹王位

𬉼盤　上帝降懿德大甹

番生簋　甹王位

从口　毛公厝鼎　甹朕位　孫詒讓曰此當為諤之古文說文𧬘从諤聲而言部無諤字蓋誤挩也諤从言此从口者小篆从言之字古文多从口

0748 娉

娉　說文所無

娉爵

0749 寧

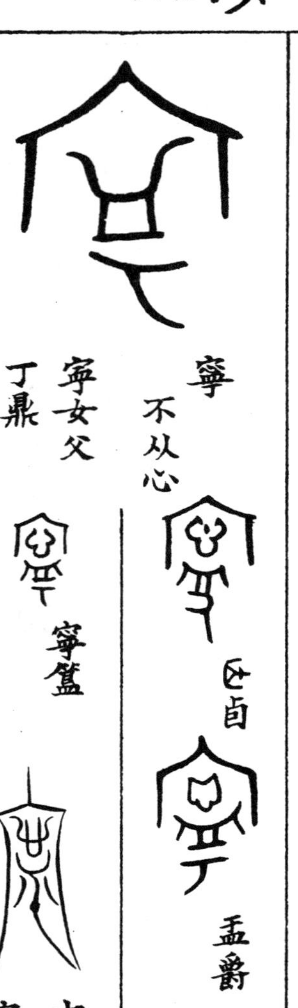

寧　不从心　寧女父丁鼎

寧簋

卣

盂爵

寧遹簋

中山王譽鼎　寧汋於淵

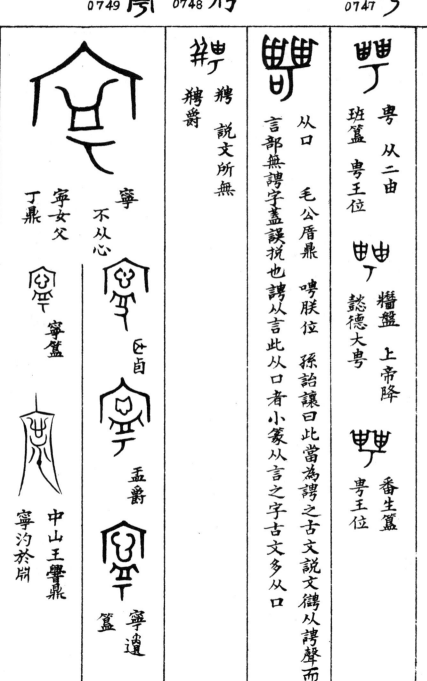

0750 可

盗壺 不能寍處 又云不敢寧處

可 師㝨簋

可侯簋

美爵

𠑹匜

鈴鎛

林氏壺

子可戈

中山王譽鼎

中山王譽壺

盗壺

蔡大師鼎

蔡侯𩱦殘鐘

0751 兮

兮孟爵

兮仲簋

兮仲鐘

豐兮簋

兮熬壺

兮吉父簋

兮甲盤

0752 乎

乎 乎簋

南宮乎鐘

寵乎簋

周乎卣

孳乳為評為呼 說文評召也經典作呼 說文呼外息也 頌鼎 王評史虢生册命頌

頌簋

頌壺

適簋

師奎父鼎

師艅簋

元年師旋簋

伊簋

師嫠簋

師酉簋

師虎簋

無叀鼎

大鼎

利鼎

師晨鼎

㽙壺

克鼎

克鐘

大簋

寰盤

揚簋

弭弔簋

柳鼎

師遽簋

師遽方彝

吳方彝

井鼎

0753 亏

趩簋

豆閉簋

亐 史懋壺

師湯父鼎

卯簋

諫簋

封簋

元年師兑簋

休盤

于切卣二

婦未于鼎

天亡簋

何尊

保卣

大保簋

彝鬲

康侯簋

女夔鼎

緯簋

匽侯鼎

史䛐簋

史䛐簋二

麥鼎

井侯簋

矢尊

矢方彝

弔䚄方彝

揚鼎

競卣

王子午鼎

毓且辛卣　戍甬鼎

禽卣　臣辰卣　師旂鼎　盂爵　盂鼎　沈子它簋　令簋

呂鼎　周窓鼎　趞鼎　剌鼎　遹簋　麃伯簋　啟卣

牆盤　曶壺　曶鼎　師奎父鼎　䍙侯鼎　克鼎

散盤　追簋　史頌簋　㝬簋　弔皮父簋　番生簋　禹鼎

毛公厝鼎　虢季子白盤　兮甲盤　不𡢁簋　曾伯霥簠　𬯀鎛

0754 雩

秦公鎛
叚季良父壺
趙孟壺
王孫鐘
沇兒鐘
邻王耑
邾公牼鐘
酓章作曾侯乙鎛
陳侯午錞
陳猷釜
𩁹羌鐘
者沪鐘
中山王譽鼎
中山王譽壺
𧊒壺
貉子卣
靜簋
格伯簋
史獸鼎
䳄簋
倒書 鬲比簋
至于二字合文 命瓜君壺 至于萬億年
工𩡣大子劍
雩 从雨 盂鼎 雩字重見

0755 平

平 𪈁羌鐘

鄀公鼎

𪈁平鐘

拍敦蓋

十年陳侯午錞

中山王譽兆域圖

平阿右戈

0756 旨

旨 从口 匽侯旨鼎

匽侯鼎

盄駒尊

伯旅魚父匜

殳季良父壺

國差𦉜

者旨𦉜盤

越王劍

越王者旨於賜劍

越王者旨於賜矛

0757 嘗

嘗 从旨从尚省 效卣

姬鼎

召伯簋

蔡侯𩰫盤

0758 喜

十年陳侯午錞

陳侯午錞

陳侯因資錞

喜弔妣簋

伯喜簋

伯喜父簋

兮仲鐘

士父鐘

伯嘉父簋

史喜鼎

質弔多父盤

王孫鐘

沇兒鐘

子璋鐘

邾公牼鐘

陳喜壺

郾王喜矛

郾王喜劍

郘王子鐘

王孫真鐘

孳乳為饎酒食也 天亡簋 事饎上帝 于省吾謂為酒食之祭

0759 壴

壴　女壴方彝

孳乳為彭　王孫鐘　永保鼓之

0760 尌

尌　尌仲簋

0761 彭

彭　揚鼎

彭女　鼎

彭女　簋

彭女　甗

彭史　尊

魚伯　彭卣

彭姬　壺

廣簋

伯彭　盉

鄂君啟舟節　彭𢎠地名

伯彭　父卣

0762 嘉

嘉　不从壴　虢季子白盤　加字重見

伯嘉　父簋

右走馬　嘉壺

齊鞄　氏鐘

0763 鼓

王孫鐘

沇兒鐘

陳侯作嘉姬簋

邾公釛鐘

邾王子鐘

哀成弔鼎

王子申盞盂

中山王嚳鼎

嘉賓鐘

鼓 王孫鐘 不从支 壴字重見

解文

鼓章鱓

克鼎

癲鐘

師嫠簋

洹子孟姜壺

敱 郘鐘

子璋鐘

蔡侯鑮鐘

从喜 沇兒鐘

邾王子鐘

王孫𢍁鐘

0764 豆

豆 宰甾簋

豆閉簋

周生豆

大師虘豆

散盤

0765 𥂴

𥂴 从米从豆像載米于豆从廾進之義當訓為登為進

孟鼎 有𥂴𥂴祀 經典以烝為之說文譌米為釆汗簡米部𥂴釋為蒸

省廾 孟鼎又云 夙夕召我一人𥂴四方

大師虘豆 大師盧作𥂴尊豆

段簋 王貞畢𥂴

㝬簋

0766 豊

豊 伯豊方彝

豊尊

豊卣

孿乳為醴 長甶盉 穆王饗醴

仲夏父 作醴鬲

0767 豐

豐 金文醴之偏旁形與此同與豐爲一字豆之豐滿者所以爲豐也 漢隸豐豊二字皆作豐 天亡簋 王有大豐

小臣豐卣

豐鼎

何尊

豐簋

牆盤

瘨鐘

孳乳爲酆=文王所都 宅簋 同公在酆

作册䖒卣 公大史在酆

豐井弔簋

[illegible]弔簋

申簋

輔伯鼎

憻季遽父卣

衛盉

王盉

元年師旋簋

豐兮簋

0768 虞

散盤

㝬簋

豐器

虞　國名姬姓公爵武王克商求太伯仲雍之後時仲雍曾孫周章已君吳因而封之後為晉所滅

虞司寇壺

虞侯政壺

散盤

恒簋　子孫虞寶用　義如永

0769 虔

虔　師壁鼎

毛公旅鼎

追簋

師寰簋

番生簋

𤼈鐘

秦公簋

秦公鎛

蔡侯𩐁鐘

者沪鐘

0770 虘

虘 虘簋

虘爵

盂鼎二

大師虘豆

大師虘簋

䊩盤

伯椃虘簋

高君鉦

𦤎乳為叡 虘鍾 編鍾作叡

0771 虖

虖 何尊 烏虖今作嗚呼

沈子它簋

班簋

𢦔鼎

弔趞父卣

效卣

寡子卣

毛公厝鼎

禹鼎

中山王響鼎 讀為乎 而皇才於𡴀君虖

中山王響壺 於虖

盗壺

0772 虞

虞 郘鐘

吉日壬午劍

蔡侯[illegible]殘鐘

0773 虎

虎 大師虘簋 虎裘

𢦚方鼎 虎臣

九年衛鼎 虎冟

衛盉 赤虎兩

彔伯簋

師酉簋

師虎簋

吳方彝

伯晨鼎

師寰簋

番生簋

毛公厝鼎

訇簋

召伯簋

召伯簋二

師兌簋

盨姬鬲

滕虎簋

散盤

旅虎[illegible]

0774 彪

彪 毛弔盤

鄦伯彪戈

0775 虢

虢 毛公𤖕鼎

秦公簋

秦公鎛

0776 虢

虢 班簋

城虢遣生簋

國名姬姓公爵王季次子虢仲封于西虢晉獻公滅之 虢弔盂

虢弔尊

虢弔匿

虢弔作弔殷穀匿

三年𤼈壺

師臾鐘

公臣簋

虢仲盨

鄭虢仲簋

0777 虒

鄭虢仲鼎　鬲攸比鼎　頌鼎　頌簋

頌壺　虢季氏簋　虢季子白盤　虢文公鼎

虢弔大父鼎　虢大子元徒戈

吳方彝　朱虢詩載驅作朱鞹　師克簋　師克盨　彔伯簋　四年瘨盨虢攸

虒　說文所無　十三年瘨壺　王在成周𤔲土虒宮　鮮鐘　王在成周𤔲土虒宮

同簋　自虒東至于河　㝬虒匜

0778 虒

虒 說文所無䖔字从此 己侯虒鐘

獲司土 虒簋

0779 虨

虨 說文所無 虨爵

0780 虩

虩 說文所無孫詒讓謂即皋字以虎皮包甲虩冑即甲冑也 伯晨鼎 㦰戈虩冑

0781 䖔

䖔 說文所無 即簋 嗣䕪宮人䖔䓤用事

0782 䰜

䰜 从鼎 䰜母鬲

0783 皿

皿 皿屖簋

皿贠全父己方彝

从金 廿七年皿

0784 盂

盂 伯盂

盂鼎

盂爵

盂卣

匽侯盂

衛鼎

遹盂

永盂

大鼎

虢弔盂

宮桐盂

強伯匄井姬尊 盂鑊 器名

白公父盂

魯元匜 歆盂

王子申盞盂

齊良壺

蘇公作王妃盂簋

子𧽊盆

釁其行盂

0785 盌

盌 从金

右里盌

0786 盛

盛 不从皿 弔家父匡 成字重見

曾伯霥匿

史免匿

癶季良父壺

盛季壺

盗壺 先王悳行盛𡉈

0787 鼒

鼒 仲釗父鬲

戌甬鼎 用作父乙鼒

从鼎 趠鼎

甲鼎

中鼎

鼄鼎

寡長鼎

吕鼎

尹姞鼎

仲自父鼎

尚鼎

縈有嗣爯鼎

大梁鼎

0788 盧

𢼸伯鬲

姬芳母鬲

榮有嗣爯鬲

伯邦父鬲

微伯鬲

伯沈父鬲

戲伯鬲

呂雔𩚁鬲

或从妻 鄸盧鼎

季無鼎

弔鼎

白六鼎

盧 嬰次盧

者旨𦥑盤 自作盧盤

伯公父匡 隹鐈隹盧

0789 盉

盉 史盉鼎

經典作淑善也 卯簋 𦭞人不盉

井人鐘

克鼎

0790 盆

命瓜君壺

盆 曾大保盆

鄧子中盆

曾孟嬭諫盆

郳子行盆

樊君夔盆

鄀子宿車盆

0791 盨

盨 不从皿器名斂口而橢圓

周雒盨 須字重見

鄭義羌父盨

延盨

伯庶父盨

曼龏父盨

曼龏父盨二

伯寬父盨

𤔲爕盨

爲甫人盨

弔倉父盨

伯沕其盨

仲義父盨

鬲比盨

虢仲盨

虢弔盨

改盨

克盨

白大師盨

單子伯盨

遲盨

翏生盨

伯車父盨

中伯盨

伯筍父盨

筍伯盨

皃弔盨

魯司徒仲齊盨

弔賓父盨

鄭登伯盨

从米 杜伯盨

史[illegible]盨

弔尃父盨

从木 鄭井弔盨

0792 盉

从升 師克盨

省皿 異伯盨

鬲弔盨

从金 弔姞盨

仲彤盨

弭弔盨

攸鬲盨

仲自父盨

仲鑠盨

伯夸父盨

盉

伯𩰫盉

免盤

王盉

鑿王盉

仲皇父盉

毳匜

麥盉

才盉

畐父盉

員盉

季嬴霝德盉

伯角父盉

吳盉

師子盉

𦟫匜

函皇父簋

函皇父盤

0793 益

季良父盉

伯章父盉

从酉从禾省　伯春盉

从金从鼎　伯[illegible]盉

假和為盉　史孔盉　和字重見

益　五經文字云謚説文謚字林　益公鐘

茀伯簋

休盤

班簋

盠方彝

盠尊

元年師旋簋

永盂

訇簋

申簋

王臣簋

畢鮮簋

孳乳為鎰鎰説文所無　旻成侯鐘　重十鈞十八鎰

少府小器　二鎰

0794 盡

盡 中山王嚳壺 竭志盡忠

0795 盅

盅 鄧子午鼎 蓋銘爲盅子 盅子𢓊自作飤鹽 盅子臣匿 盅鼎 从邑 邙子賓缶 邙子賓之赴缶

0796 盥

盥 夆弔匜 公孫訏父匜 齊侯盂 齊侯盤 鄧伯吉射盤 蔡侯𦉢缶 客鑄盥鼎 盥鼎

0797 盈

盈 說文所無 杞伯盈

0798 盍

盍 說文所無 靜簋 盍㠯

0799 盨

盨 說文所無

齊侯匜

0800 盞

盞 說文所無方言桮也字亦作盞作醆廣雅釋器盞盂也玉篇盞盞大盂也又禮郊特牲注醆酒盎 王子申盞盂

大賡鼎

大賡簋

䣙子敖盞

0801 盜

盜 說文所無

盜弔壺

0802 蓋

蓋 說文所無方言甂甖也秦之舊都謂之甂 晋公蓋

0803 盦

盦 說文所無

𡱂敦簋

0804 盄

盄 說文所無

秦公簋 盄〻文武

秦公鎛 盄〻允義

0805 ⿱⿰米隶皿

⿱⿰米隶皿 說文所無

大簋 王在⿱⿰米隶皿侲宮

大鼎

0806 ⿱雍皿

⿱雍皿 說文所無

⿱雍皿卣

0807 ⿱⿰氵欠皿

⿱⿰氵欠皿 說文所無

秦公鎛 或⿱⿰氵欠皿百蠻

0808 ⿱戲皿

⿱戲皿 說文所無

申簋 九⿱戲皿祀

0809 ⿱⿰享斗皿

⿱⿰享斗皿 說文所無義如享

瘐簋 其⿱⿰享斗皿祀大神

从升

瘐鐘 用追孝⿱⿰享斗皿祀卲各樂大神

0810 去

去　郿去魯鼎

哀成弔鼎

中山王譽鼎

从止　盗壺

大去刑罰

0811 ⿱⿰業業去

⿱⿰業業去　說文所無　秦公簋　保⿱⿰業業去氒秦

九年衛鼎　⿱⿰業業去爲甬皮

𤼈鐘　⿱⿰業業去妥厚多福

0812 卹

卹　五祀衛鼎

縣妃簋

追簋

師寰簋

邾公釛鐘

邾公華鐘

曾姬無卹壺

曹卹父鼎

0813 盡

盡　父辛卣

多友鼎　唯馬歐盡復奪京自之孚

0814 盇

盇　朱駿聲云今隸作盍从去从皿深得六書之意疑篆本从去皿不从大血也　孳乳爲蓋

會志鼎蓋

0815

庚爵

0816 丹

丹 庚嬴卣

0817 彤

彤 休盤

五年師旋簋

師湯父鼎

輔師嫠簋

寰盤

訇簋

虢季子白盤

弭伯簋

無叀鼎

伯晨鼎 彤弓彤矢合文

孫詒讓釋

應侯鐘

矢簋 彤矢合文

0818 青

青 吳方彝

牆盤

0819 靜

靜 靜卣

靜簋

靜弔鼎

免盤

克鼎

毛公厝鼎

多友鼎

國差𦉜

秦公鎛

秦公簋

班簋

0820 井

井 乙亥鼎 井方

井 孳乳為邢國名姬姓侯爵左傳僖公二十四年凡蔣邢茅胙祭周公之胤也後為衛文公所滅 井侯簋

麥盉

麥鼎

長由盉

趞曹鼎

臣諫簋

𢐗伯匄井姬尊

0821 刑

強伯作井姬甗　強作井姬鼎　井姬鼎　師奎父鼎　伯䢅父鼎　㠯鼎　㠯壺

永盂　克鼎　散盤　井人妄鐘　禹鼎　弔男父匜

孳乳為刑爾雅釋詁刑法也常也　盂鼎　令女盂井乃嗣且南公　沈子它簋　彔伯簋　班簋

牆盤　師望鼎　師虎簋　番生簋　毛公厝鼎　虢弔鐘　弔向簋

兮甲盤

刑　散盤　子禾子釜　从土　盗壺　大去刑罰

0822 𠝹	0823 栟	0824 𢍷	0825 㯾	0826 皀	0827 卽
𠝹 金文以爲荆字 過伯簋 荆字重見	栟 說文所無 栟𠂤箕簋	𢍷 說文所無 令簋	㯾 說文所無 郘王㯾鼎	皀 𥧂弔簋	卽 盂鼎 師嫠簋 休盤 伊簋 競卣 曶鼎

0828 既

揚簋

克鼎

散盤

師寰簋

頌鼎

頌簋

頌壺

毛公厝鼎

兮甲盤

元年師兌簋

秦公鎛

諫簋

即立盨 蓋文譌作毀

駒父盨

中山王嚳壺 其即旻民

既叩卣二

保卣

矢方彝

矢尊

臣辰卣

橋伯簋

作冊大鼎

庚嬴卣

害鼎

傳卣

遹簋

㒼簋

吕鼎

遹甗

䊩盤

五年師旋簋

趞曹鼎

舀鼎

𤼈鐘

善鼎

師遽簋

鄭虢仲簋

守簋

師𤼵簋

師寰簋

頌鼎

頌簋

頌壺

友簋

散盤

兮甲盤

趞鼎

多友鼎

郘鐘

師虎簋

師奎父鼎

逋盨

曾伯霥臣

大簋

孚尊

召伯簋

麓伯簋

大鼎

尹姞鼎

𥦚鼎

曾伯從寵鼎 十月既吉

稱初吉為既吉

𡨦乎簋

妹氏壺

0830

0829

無叀鼎 隹九月既望甲戌

休盤 隹廿年正月既望甲戌

冟 彔伯簋

虎冟 九年衛鼎 又盠冟

虎冟

吳方彝

毛公厝鼎

番生簋

師兌簋

伯晨鼎

㿻 矢方彝

矢尊

臣辰卣

盂卣

盂鼎

彔伯簋

吳方彝

師兌簋

毛公厝鼎

邵鐘

魯侯爵

伯晨鼎

叔卣

𩞁卣

矢簋

師克盨

0831 鬱

鬱 陳夢家釋集韻古作欝 叔卣

欝 孟𢦏父作鬱壺

弔趩父卣 小鬱彝

0832 爵

爵 象形 爵爵

父癸卣

爵且丙尊

縣妃簋

史戰鼎 錫女鼎一爵一

伯公父勺 作金爵

0833 鬯

鬯 經典作秬 毛公層鼎

彔伯簋

吴方彝

師兑簋

師克盨

吕鼎

吕壺

伯晨鼎

0834 食

食 仲義昌公簋

0835 餗

餗 从皀 宰豖簋

旟簋

𤔲父鼎

戲伯鬲

番君匿

貞簋

姚鼎

魯司徒仲齊簋

禾簋

齊陳曼匿

散車父簋

𢦏弔鼎

慶孫之子匿

𠭯子中盆

匽侯盂

仲叀父簋

敔簋

伯喜父簋

公克錞

从口 新𡠦簋

从皿 伯康簋

說文或从貴 鄧王鼎 饋鼎

0836 饔

饔 不从食 邾王鼎 雝字重見

饔邍父鼎

0837 飴

飴 說文𩜱籀文飴从異省 𦬁簋 王命𦬁眔弔緐父歸吳姬飴器 飴器猶言飲器也

萛鼎 匽侯令萛飴

0838 饎

饎 不从食 天亡簋 喜字重見

0839 養

養 說文古文作羧 敎又罍

敎又罍二

敎又戈

父乙觶

父丁罍

0840 飯

0841 飤

飯 公子土斧壺

飤 父乙飤盉

父乙觶

命簋

陳之襄鼎

伯旅魚父匜

魯士匿

齊侯敦

黃韋俞父盤

郳子行盆

須炁生鼎

楚子匿

王命傳賃節

鄂君啟車節

鄂君啟舟節

哀成弔鼎

樂子嚴豧匿

庚兒鼎

寡兒鼎

宻桐盂

鄲孝子鼎

鄲孝子鼎蓋文作食

王孫鐘

蔡大師鼎

0842 鐨

儆兒鐘

褱鼎

大司馬𠥫

王孫弄鐘

蔡公子義工𠥫

蔡侯𩞁鼎

中山王譽壺

蔡侯𩞁𠥫

大𢊍鎬

康伯簋

吳王姬鼎

芮公鼎

邕子甗

樊君𠥫

王孫壽甗

伯奔父簋

饡 玉篇飠饡之古文 牆盤 [illegible]飠文武

0843 餯

餯 从昜說文書食也或从傷省聲作鐊

令鼎 王大耤農于諆田餳

居簋

在餳

0844 饗

饗 不从食

宰甾簋 卿字重見

0845 饔

饔 說文或从口刀聲

叨孳簋

0846 饉

饉

舀壺

0847 𩛥

𩛥 說文所無

𩛥車父壺

0848 飫

飫 說文所無

飫作父戊卣

0849 餱

餱 説文所無

㝬簋 肄余以餱士獻民

0850 飤

飤 説文所無

中山王嚳壺 雩人飤斆備恁 義如修

0851 餈

餈 説文所無

呂鼎 王餈于大室

臣辰卣

出餈莾京年

臣辰

盉

寗鼎 用作

餈公寶䵼鼎

0852 鑠

鑠 説文所無

仲鑠匜

0853 合

合

召伯簋二

秦公鎛

卲合皇天

𨟻乳為荅 書顧命用荅揚文武之光訓

陳侯因資錞 荅揚厥德

0854 僉 0855 侖 0856 今

0854	0855	0856			
僉 孳乳為劒 戉王劍	侖 孳乳為論 中山王䰜鼎	今 矢方彝	卯簋	克鼎	者沪鐘
戉王州句劒		矢尊	師虎簋	師克盨	从口 中山王䰜鼎 至于今
蔡侯産劒		盂鼎	善鼎	召伯簋	
		師旂鼎	𤼈鐘	毛公厝鼎	
		諫簋	師嫠簋	晋公盦	
		縣妃簋	師克簋		
			師寰簋		

0857 舍

舍　矢方彝

矢尊

令鼎

復公子簋

𤔲盤

𤼈鐘

衛盉

散盤

善夫克鼎

毛公厝鼎

舍父鼎

居簋

鄂君啟舟節　毋舍桴飤

嘉賓鐘　舍武于戎攻

0858 會

會　𩁹羌鐘

會于平陰

从辵　沇兒鐘　龢逾百姓　書康誥四方民大和會

中山王嚳壺　齒張於逾同

𡢁乳為鄶　說文祝融之後妘姓所封　潧洧之間鄭滅之

會始鬲

0859 倉

倉

儀禮公食大夫禮宰夫東面坐啟簋會注簋蓋也

蔡子匜 自作會异

䞣亥鼎 自作會鼎

王子匜 从辵

王子遣之遼盥

从金 陳助簋

𣪘鑰

𠩺氏鑰

𠩺氏𪪺作膳鑰

倉 弔倉父盨

宜陽右倉簋

孳乳為鎗 㝬鐘 鎗=鏓=

0860 入

入

古伯尊

盂鼎

𩰫鬲

宅簋

諫簋

豆閉簋

休盤

趞曹鼎

卯簋

師酉簋 入右師酉入或作内

克鼎

0861 内

頌鼎

頌簋

頌壺

毛公厝鼎

兮甲盤

元年師兑簋

大鼎

魚顛匕

厵羌鐘

内井侯簋

楙鼎

諫簋

趩簋

揚簋

師奎父鼎

戜鼎

豆閉簋

弔上匜

散盤

元年師兑簋

師兑簋

毛公厝鼎

𣪕簋

禹鼎

陳章壺

子禾子釜

中山王嚳壺

中山王嚳兆域圖

内[illegible]爵

0862 缶

弔趯父卣 出内事人

師虎簋 井伯内右師虎

伊簋

舀壺

利鼎

申簋

鄂君啟舟節 内澮江 義如入

孳乳為納 克鼎 出納朕命 詩烝民出納王命釋文納本作内

師望鼎

咢侯鼎

師旂鼎

孳乳為芮 國名姬姓伯爵春秋有芮伯名萬 詩大明虞芮質厥成

芮伯壺

芮公鼎

芮公鬲

子弔嬴芮君盨

缶鼎 缶 从口

偁缶簋

蔡侯[illegible]缶

0863 匋

蔡侯朱缶

从金 欒書缶

匋 能匋尊

㝬簋

䴡伯簋

假借為寶 𢊁建鼎 作匋器

畣父盤

畣父盉

筍伯盨

雝公劍

邛君壺

0864 缾

缾 从从乃从并之省説文或从瓦作瓶與鈚為一字 説文作鉼廣雅釋器甇瓶也甇亦即缾

孟城缾

陳公孫𤔲父缾

异公簋

0865 鑘

鑘 不从缶 伯夏父鑘 䨚字重見

曾伯文鑘

伯亞臣鑘

仲義父鑘

0866 罐

罐 說文所無史記貨殖列傳醬千甔从瓦索隱作檐从木漢書作儋从人左傳弛於負擔从扌 國差罐

0867 矢

矢觚文 矢伯卣 盂鼎二 𢾅簋 𢦒簋 豆閉簋 同卣 趞曹鼎 㝵侯鼎 師湯父鼎 虢季子白盤 不𡢁簋 伯晨鼎

0868 䠶

射 象張弓注矢形說文从身乃弓矢形之譌 爵文 射女方監 雍伯原鼎 射戟 射女盤 門射甗 令鼎 靜簋 長甶盉

0869 矦

趞曹鼎

咢侯鼎

趞簋

鬲攸比鼎

㝬簋

射南匜

鄧伯吉射盤

矦

不从人

㠱侯父乙簋

㠱侯父戊簋

其侯父己簋

䛐文

作且乙簋

匽侯旨鼎

作父丁尊

作父丁盤

獻侯鼎

康侯簋

康侯鼎

保卣

魯侯爵

魯侯尊

咢侯弟䧹季簋

䧹季卣

䇭鼎

匽侯鼎

匽侯盂

害鼎

勅𢿨鼎

中鼎

亘尊

盂鼎

麥鼎

井侯簋

矢方彝

斦觥

臣諫簋

啟卣

㠱侯鼎

[illegible]簋

遹甗

量侯簋

己侯簋

咢侯鼎

咢侯簋

己侯鐘

伯侯父盤

寠侯匜

弔姬匜

王中嬀匜

伯晨鼎

陳侯匜

陳侯作嘉姬簋

鄭大師甗

滕侯盨

滕侯吴戟

[illegible]鎛

齊侯盤

國差𦉜

洹子孟姜壺

魯侯鬲

陈侯午錞

陳侯因資錞

鄘侯簋

曾侯仲子斿父鼎

酓章作曾侯乙鎛

曾侯乙鐘

蔡侯[illegible]戈

蔡侯[illegible]缶

蔡侯[illegible]鼎

中山王譽壺

侯戟

侯戈

匽侯舞易器

子侯卣

薛侯壺

曾侯乙鼎

曾侯乙匜

蔡侯產劍

康侯爵

鄀公鼎

薛侯匜

蔡侯鼎

蔡侯[illegible]鑑

0870 知

知 金文作智

中山王䜌壺 余知其忠䚻施 智字重見

0871 矣

矣 中山王䜌鼎 閈於天下之勿矣

0872 矤

矤 說文所無 簋文

觚文

爵文

矤父 戊觚

父癸 觶

且己 爵

矤父 觚

䣝弔矤 父鬲

0873 臭

臭 說文所無 鄦臭鼎

0874 高

高𧶠簋

師高簋

父丁罍

弔高父匜

高觶

秦公簋

𩁹䜌𩁹

䲨且丁卣

𩁹鐘

𩁹高卣

鬥方彝

𩁹盤

駒父盨

不𡢁簋

陳侯因資錞

高密戈

鄂君啟車節

0875 亳

亳亳父乙鼎

乙亳觚

亳鼎

0876 冂

冂　楊樹達疑冂乃冂字冂衣即褧衣今禮記中庸玉藻字皆作絅　盂鼎　冂衣市舄

復尊　冂衣臣妾貝

0877 市　0878 央　0879 𩫏

同 說文以為冂之古文𦥑乳為絅禮記玉藻襌為絅　師奎父鼎　同黃　元年師旋簋　趩簋　免卣

趞曹鼎　克鼎　訇簋

市　兮甲盤

央　虢季子白盤　央簋

𩫏　說文象城郭之重兩亭相對也與𤯔𩫖墉為一字𩫏與𩫖乃以筆迹小異而析為二𤯔魏三字石經古文作〔古文〕說文墉古文作〔古文〕　臣諫簋

師鼎　伯𩫏父盉　伯𩫏父鬲　毛公厝鼎　余非𩫏又昏

0880 京

召伯簋二　僕𩫖土田即魯頌之土田附庸孫詒讓說

𩫖鼎

拍敦蓋

師𩰫鼎　朕考𩫖季易父

國差𦉜　鑄西𩫖寶𦉜

𧚪伯𩫖盤

𩰫乳為鄘　井侯簋　鄘人

鄘伯𣪘簋

京　辛巳簋

㫃父乙簋

臣辰卣

臣辰盉

矢方彝

亘尊

井鼎

靜卣

靜簋

史懋壺

傳卣

班簋

師酉簋

克鐘

㒼公鬲

𩁹羌鐘

遹簋

伯吉父匜

多友鼎

0882 亯　0881 ⿱止京

子⿱止京鼎　石經京古文作[illegible] 說文就籀文左旁作[illegible]殆即此字之省

師兌簋　𩐈⿱止京乃命

師克盨

克鼎

師嫠簋

散盤

⿱止京　說文所無　恒簋

亯　簋文

父乙簋

且辛且癸鼎

亯非觥

辛巳簋

缶鼎

盂鼎

令簋

周窓鼎

[illegible]簋

服尊

弔咢父簋

伊簋

虘鐘

師咢父鼎

段簋

無叀鼎

仲殷父簋

牧師父簋

仲師父鼎

曼龏父盨二

仲𠭰父簋

追簋

士父鐘

不䚄簋

姬鼎

𪊨伯簋

杜伯盨

魯遵鐘

豐兮簋

伯公父勺

杞伯壺

杞伯簋

曾伯陭壺

卓林父簋

伯盂

𠭰䀇妊簋

弔皮父簋

遟盨

伯夏父鬲

𩐉鎛

番仲艾匜

白者君盤

魯侯尊

虢弔鐘

倗伯簋

史免匡

師寰簋

殳季良父壺

封仲簋

商𣪘簋

虢文公鼎

曾伯霥匿

虡司寇壺

邿伯祀鼎

諶鼎

鄀公鼎

王孫鐘

郘王義楚耑

郘鐘

齊鞄氏鐘

虢季氏簋

蔡侯䡅盤

其次句鑃

⿰尗且伯享盤

⿰尗且伯匜

邾公華鐘

買簋

黃仲匜

仲辛父簋

鄦侯簋

十年陳侯午錞

王子午鼎

酓章作曾侯乙鎛

茦伯簋

楚嬴匜

仲𣪘父簋

雍伯原鼎

0883 𦎫

𦎫 鼓𦎫觶 · 𦎫于 戟

𦎫乳為敦詩閟宮敦商之旅箋敦治也 寡子卣 敦不弔叀乃邦

㝬鐘

不𡢁簋

禹鼎

𦎫乳為錞 器名 齊侯𦎫

十年陳侯午錞

0884 覃

覃 父乙卣

共覃父乙簋

父丁爵

父己爵

0885  厚

厚 戈厚簋

牆盤

趠鼎

井人妄鐘

魯伯盤

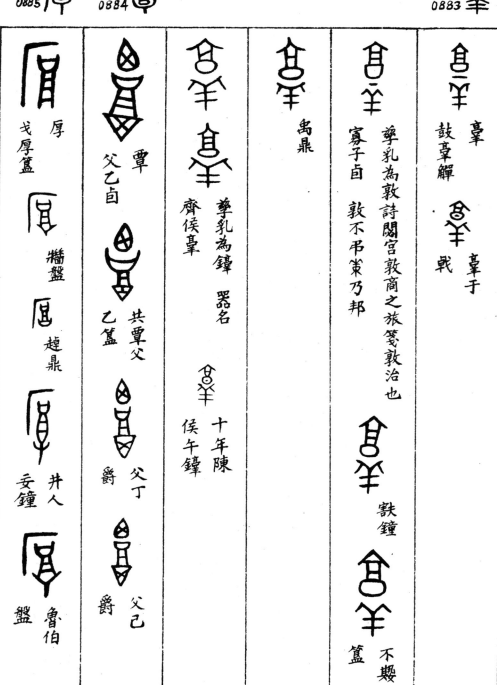

0887 良

0886 畗

厚氏匽
命瓜君厚子壺
王臣簋
戈畫𢦔厚必彤沙
五年師旋簋
戈琱𢦔厚必彤沙
無叀鼎
戈琱𢦔厚必彤沙
休盤
戈琱𢦔彤沙厚必
寰盤
戈琱𢦔厚必彤沙
㝬簋
戈琱𢦔厚必彤沙
畗
畗父辛爵
𡥈乳為福
士父鐘
降余魯多福無疆
季畗尊
用𠦪福
良
季良父盉
季良父匜
禹比盨
司寇良父壺
司寇良父簋

0888 稟

邕子甗

格伯簋

郐王鼎

吏良父簋

尹氏匡

齊侯匜

中山王嚳壺 賢士良佐

稟 召伯簋

从米 睘卣

从攴 陳猷釜

子禾子釜

0889 啚

啚 康侯啚簋

雍伯啚鼎

孳乳為鄙 楚簋 嗣奔鄙

恒簋 嗣直鄙

綸鎛 與鄩之人民都鄙

0890 啚

啚 說文所無 啚父盉

0891 嗇

嗇 中父壬爵

沈子 它簋

牆盤

𠑃匜

嗇壺 左使車嗇夫

十一年鼎 軍嗇夫

0892 牆

牆 牆盤

說文籀文从二禾作牆

牆爵

讀爲牆 師寰簋

牆字重見

0893 來

來 般甗

宰甾 簋

𦨶尊

趠鼎

彔簋

牆盤

旅鼎

曶鼎

㝬鐘

召伯 簋二

不嬰 簋

邾來 隹鬲

三字石經僖公來古文 作逨 从辵

逨觶

0894 ⿱敄麥

⿱敄麥 說文所無 趩鼎 朕皇考⿱敄麥伯奠姬

0895 麥

麥 麥盉

麥鼎

仲⿸虘攴父盤 黍⿱刑氺避麥

0896 复

复 孳乳為復 鬲比盨

0897 憂

憂 象以手掩面形 無憂卣

伯憂觶

毛公厝鼎 欲我弗作先王憂

不从夊 中山王嚳鼎 𢝊字重見

0898 夏

夏 秦公簋 虩事䜌夏

邳伯罍

伯夏父鼎

0899 舞

伯夏父鬲

仲夏父鬲

鄂君啟舟節　夏层之月

鄂君啟車節

舞　匽侯舞易器

从辵　僊兜鐘

飲飤訶舞

0900 韋

韋　黃韋俞父盤

韋鼎

0901 韓

韓　不从韋　驫羌鐘

0902 韍

韍　說文所無　遣小子簋

0903 載

載　說文所無　師奎父鼎　載市同黃

趩簋

免卣

訇簋

0904 弟

輔師嫠簋　柞鐘　趞曹鼎　衛簋

弟沈子它簋　曆季卣　埶馭觥　豦簋　臣諫簋

㠱侯鼎　應公鼎　牧師父簋　殳季良父壺

㢘弔多父盤　[illegible]鎛

0905 夅

夅卯卣二　夅莫父卣　九年衛鼎　夅伯甗

夅弔匜

0906 夆言

夆言 說文所無 夆言簋

0907 乘

乘 从大在木或朩上說文从入桀非 虢季子白盤

公貿鼎

克鐘

格伯簋

禹鼎

匽公匜

公臣簋

多友鼎

鄂君啟車節 車五十乘

公乘壺

師同鼎

文二百零一 重一千九百一十九

金文編弟六

容庚譔集
張振林 馬國權 摹補

0908 木

木 父丁爵　父辛爵　父丙簋　木工鼎

舀鼎　格伯簋　散盤　鄂君啟舟節

0909 梅

梅 說文或从某作楳　史梅兄簋

0910 李

李 五祀衛鼎

0911 来

来 中伯壺

中伯簋

0912 杜

杜 師虎簋 王在杜宔

格伯簋

國名伯爵祁姓左傳在周為唐杜氏注唐杜二國名殷末豕韋國於唐周成王滅唐遷之於杜為杜伯 杜伯鬲

杜伯盨

0913 棫

棫 散盤

0914 杙

杙 詩美孟弋矣傳姓也公羊襄四年夫人弋氏金文从木 應侯簋 應侯作生杙姜尊簋

0915 柞

柞 柞鐘

0916 檹

檹 𤕌盤

𤕌鐘

0917 楊

楊 多友鼎

楊匒地名

0918 柳

柳 从卯 柳鼎

散盤

0919 欒

欒 不从木

宋公欒戈

䜌字重見

0920 杞

杞 國名姒姓侯爵武王克商求禹之後封東樓公于杞以奉夏祀春秋後稱伯戰國時為楚所滅

杞婦卣

杞伯鼎

杞伯簋

杞伯壺

亳鼎

0921 櫟

0922 榮

櫟　四年相邦戟

榮　不从木方濬益以為即榮之古文榮國名成王時卿士有榮伯　井侯簋　王命榮眔内史曰

盂鼎

榮伯　鬲

榮有嗣爯鬲

康鼎

同簋

卯簋

封簋

永盂

輔師嫠簋

衛盂

五七字衛簋

弭伯簋

榮子鼎

榮子方彝

从口　榮子盉

榮簋

作公丹榮盉

己侯簋

从糸以榮為榮　榮伯簋　榮字重見

0923 桐

孳乳為營　五祀衛鼎　于邵大室東逆營二川

孳乳為鎣　𢐗伯盤　自作盤鎣

桐　翏生盨　伐桐

翏生盨二

家桐盂

蔡侯[illegible]殘鐘

0924 松

松　鄂君啟舟節

0925 某

某　禽簋

諫簋

0926 本

本　本鼎

0927 朱

朱　戒鼎

玄衣朱襮

衛簋　載市朱黃

師訊鼎　赤市朱橫

彔伯簋　朱虢靳

輔師嫠簋

寰盤

師兌簋

善夫山鼎

頌壺

頌簋

頌鼎

番生簋

毛公厝鼎

吳方彝

此簋

師酉簋

王臣簋

師克盨

蔡侯朱缶

公朱右𠂤鼎

从六　彔伯簋

虎冟朱裏

0928 末

末　蔡侯𪓰鐘

余唯末小子

末距悍

國差商末

0929 果

果 果簋

蔡公子果戈

0930 枚

枚 父辛簋

父丙卣

父乙鼎

枚家卣

0931 梖

梖 散盤

0932 樛

樛 四年相邦戟

0933 枎

枎 枎氏壺

十一年惪鼎

0934 格

格 不从木 各字重見 頌鼎

國名 格伯簋

格伯作晉姬簋

格氏矛

0935 𢦏

𢦏
曹卿父鼎　作𢦏弔寶䵼鼎

0936 棸

棸
子禾子釜

0937 𩐁

𩐁
蚉壺　隹邦之𩐁

0938 桴

桴
十五年相邦劍

中山王𠱃鼎
奮桴振鐸

0939 柖

柖
中子化盤　用正柖

0940 檐

檐　从詹省
王命傳賃節　一檐飤之

鄂君啟車節
如檐徒屯廿檐以當一車

0941 杠

0942 槃

0943 槃

杠 杠觶

槃 散盤

槃 不从木 𠔁甲盤 般字重見

說文籀文从皿 虢季子白盤

般𣪊盤

𣄰伯盤

者旨𧿆盤

郘王義楚盤

沇兒鐘

酓肯盤

但勺

酓忎盤

酓忎鼎

歸父盤

中子化盤

般中𣏟盤

郘季宿車盤

0944 櫑

蔡侯[illegible]盤

祖伯𩫖盤

說文古文从金 伯侯父盤

櫑 不从木 父乙罍 雷字重見

說文或从缶 邳伯罍

說文或从皿 且甲罍

說文籀文作𦉪中从缶 圅皇父簋 中从金

圅皇父盤

0945 椑

椑 从艸 中山王嚳兆域圖 椑棺 草字重見

0946 櫓

櫓 陳侯壺 媯櫓人名

0947 樂

樂 樂鼎

𤼈鐘

郘鐘

邾公釛鐘

邾公華鐘

0949 采　0948 梁

命瓜君壺　召樂父匜　洹子孟姜壺　王孫鐘　子璋鐘

沇兒鐘　齊鞄氏鐘　儆兒鐘　郐王子㫃鐘　姑口句鑃

王孫𦅫鐘　樂子敬𤔲匠　上樂鼎

从水从樂省　䖒鐘　用樂好賓　濼字重見

梁　不从木國名嬴姓伯爵見于左傳者有梁伯秦穆公滅之　梁伯戈　汈字重見

从邑　大梁鼎

采　趞尊　趞卣

0950 析

析 格伯簋

从木 鄘侯簋

0951 桒

桒 孳乳為葉詩長發昔在中葉傳云世也 𩛂鎛 葉萬至于辝孫子勿或俞改

拍敦蓋

王孫鐘

邾王子旃鐘

南彊鉦

厵羌鐘

欒書缶 萬葉是寶

蛮壺 十三葉

0952 休

休 大保簋

令鼎

矢簋

師旂鼎

獻伯簋

彔尊

沈子它簋

史獸鼎

彔伯簋

易天簋

易鼎

趞尊
靜簋
伯晨鼎
縣妃簋
䒤伯簋
免簋二
剌鼎

牆盤
效父簋
同卣
舍父鼎
休盤
宂鼎

師奎父鼎
員鼎
虘鐘
師虎簋
師酉簋
公貿鼎
師嫠簋

師遽簋
師寰簋
咢侯鼎
禹鼎
召壺
克鐘

善夫克鼎
虢弔鐘
畢鮮簋
頌鼎
頌簋

史頌簋
元年師兌簋
番生簋
毛公厝鼎
不嬰簋
者沪鐘

0953 棺 0954 榭 0955 余 0956 柝

棺
中山王䲜鼎
中山王䲜壺
無㠱簋
朐簋
貉子卣
師害簋
季受尊
叨孳簋
叨孳𤕤休于王

棺 从官省
中山王䲜兆域圖 革棺

榭 說文新附
榭父辛觶

余 說文所無地名
大保簋 錫休余土

柝 說文所無
庚嬴卣 又丹一柝
散盤

0957 梌

梌 說文所無

日癸簋

胅壺

胅壺

0958 梴

梴 說文所無韻會梴或作梴

梴父乙壺

𠂔觥

梴侯

0959 桿

桿 說文所無

子禾子釜

0960 梳

梳 說文有虢無梳 集韻木名

宰梳角

伯梳簋

伯梳虘簋

0961 楗

楗 說文所無

中山王譻兆域圖

楗趄

史籀作題湊

0962 椿

椿 說文所無

椿伯簋

椿弔叔父鬲

周棘生簋

吹鼎

椿侯壺

0963 東

師趛盨

从口 槗仲簋

槗仲鼎

弔僼觶

師槗鼎

𢿍𦒏方鼎

東子壬父辛爵

保卣

明公尊

小臣遾簋

效卣

臣卿鼎

臣卿簋

𩰫鼎

競卣

同簋

舀鼎

五祀衛鼎

克鐘

宴簋

㝬鐘

散盤

格伯簋

0964 𣘘

東 簷平鐘

東 東周左師壺

東 [illegible]東尊

𣘘 天𣘘父癸爵

0965 林

林 林卣

林𣪘鬲

尹姞鼎

㦰簋

同簋

九年衛鼎

卓林父簋

盜壺

湯弔盤

0966 無

無般甗　孳乳為舞

井侯簋

毛伯嚨父簋

無憂卣

盂鼎

盂簋

㦰簋

伯康簋

靜簋
舀鼎
南宮乎鐘
魚顛匕
善夫克鼎

姬鼎
井人妄鐘
鄀公鼎

史頌簋
頌簋
弔上匜
虢季氏簋
㕓弔多父盤
曾伯陭壺

仲師父鼎
虢季子白盤
虢文公鼎
麓伯簋
兮吉父簋

封仲簋
秦公簋
曾伯霥匿
邾公華鐘
租仲鬲

伊簋

師寰簋

仲辛父簋

蔡姞簋

沕其簋

毛公㫗鼎

不嬰簋

陳侯匜

陳公子甗

陳子匜

陳公孫寣父鈚

厚氏圃

齊弔姬盤

眞伯匜

眞伯盨

隮子鬲

沇兒鐘

齊侯鼎

戜弔鼎

邾弔鐘

毛弔盤

子璋鐘

寬兒鼎

邻王子旃鐘

裹鼎

邳伯罍

王孫壽甗

吳王孫無土鼎

曾侯乙鐘

樂子敬豧匿

0967 楚

庚兒鼎

𥜽伯章盤

王子申盞盂

曾姬無卹壺

曼龔父盨

鄀公白韭簋

長子𩡶臣匿

邾子宿車鼎

楚嬴盤 猶鐘

番君鬲

孝乳爲鄦

鄦異簋

酓君鉦

鄦𤔲鼎

鄦昊鼎

鄦伯彪戈

楚才盤 用楚保眔弔才

弭弔簋 用楚弭伯

毛公𣅀鼎 楚賦 書多方作𣅀賦

𠭰小大

益公鐘 益公爲楚氏龢鐘

楚簋

楚季盤

季楚簋

楚嬴匜

郐王義楚耑

郐王義楚盤

王孫真鐘

國名芈姓子爵成王封熊繹于荊蠻春秋時稱王後為秦所滅 楚公鐘

楚公冡戈

令簋 隹王于伐楚伯

𤞷馭簋 伐楚荊

繙盤 廣戡楚荊

晉公𥂴 宗婦楚邦

蔡侯⿰金龤鐘 輔右楚王

楚屈弔沱戈

酓章作曾侯乙鎛

[illegible][illegible]鐘

⿸厂驫羌鐘 ⿱宀譶敚楚京

楚王酓肯鼎

酓忎鼎

中子化盤 中子化用保楚王

楚王孫漁戈

楚王酓章戈

0968 楙

曾侯乙鐘

从木　禽肯鼎

禽肯盤

从邑　徵兒鐘

楙　鄭楙弔壺

孳乳為懋勉也　𤼋簋

王對𤼋懋錫佩

𤼋鐘

0969 麓

麓　說文古文从彔

麓伯簋

0970 替

替　說文所無廣韻酒巡匝曰啉出酒律亦書作替

西替匜

0971 ⿱林亩

⿱林亩　說文所無即左傳襄公十九年季武子作林鐘之林之專字

虢弔鐘　用作朕皇考叀弔大⿱林亩鐘

士父鐘　作朕皇考弔氏寶⿱林亩鐘

0972 才

䣄鐘	𤼈鐘	从攴 井人妄鐘	大簋 余弗敢𢼸	才 父戊爵	免卣
兮仲鐘	南宫乎鐘	楚公鐘 自作寶大𩫖鐘	大簋蓋 文从攴	𡥀乳為在 旂鼎	𪓐簋
柞鐘	从刀 克鐘	楚公豪	免簋 令女足周師嗣𣞤	辰在乙卯	小臣𨘇簋
	从米 師㬰鐘		免簋二	子𣪘 觥	𠨬𣥆簋
				丙申角	矢方彝
				御尊	矢簋
				宰甫簋	

盂鼎

師遽簋

㯱伯簋

遹簋

趞卣

舀鼎

君夫簋

善夫克鼎

克鐘

㝬鐘

㝬簋

咢侯鼎

師嫠簋

休盤

大簋

頌鼎

史頌簋

散盤

毛公厝鼎

秦公簋

富鼎

伯晨鼎

鍾弔簋

儹匜

秦公鎛

豐尊

才興父鼎

曾侯乙鐘

曾姬無卹壺

中山王嚳鼎 栽人在彷

中山王嚳壺 務在得賢

0973 叒

叒 說文籀文作𠷎从口隸變作若 與从艸右之若混而為一矣 亞若癸匜

亞若 癸鼎

我鼎

父己 爵

盂鼎 王若曰

趞簋

𣄰伯 簋

師嫠 簋

克鼎

師克 盨

从口 毛公厝鼎

彔伯 簋

揚簋

師虎 簋

師寰 簋

孳乳為諾 舀鼎 復令曰諾

爾雅釋詁若善也釋言若順也 申鼎 子孫是若與詩烝民天子是若同義

中山王嚳鼎 雖有死罪 及參世亡不若 義如赦

中山王嚳兆域圖 死亡若

0974 之

之 縣妃簋

散盤

君夫簋

盠駒尊

善夫克鼎

毛公厝鼎

曾伯霥匿

取它人鼎

戈弔鼎

部嫛簋

秦公簋

王仲嫣匿

王婦匜

取膚盤

取膚匜

邾公釛鐘

邾公華鐘

鄦子匿

沇兒鐘

寡兒鼎

哀成弔鼎

郐王義楚耑

義楚耑

者旨䎽盤

輪鎛

齊侯盤

國差𦉜

夆弔匜

欒書缶

趙孟壺

邵王簋

鄦伯彪戈

褱鼎

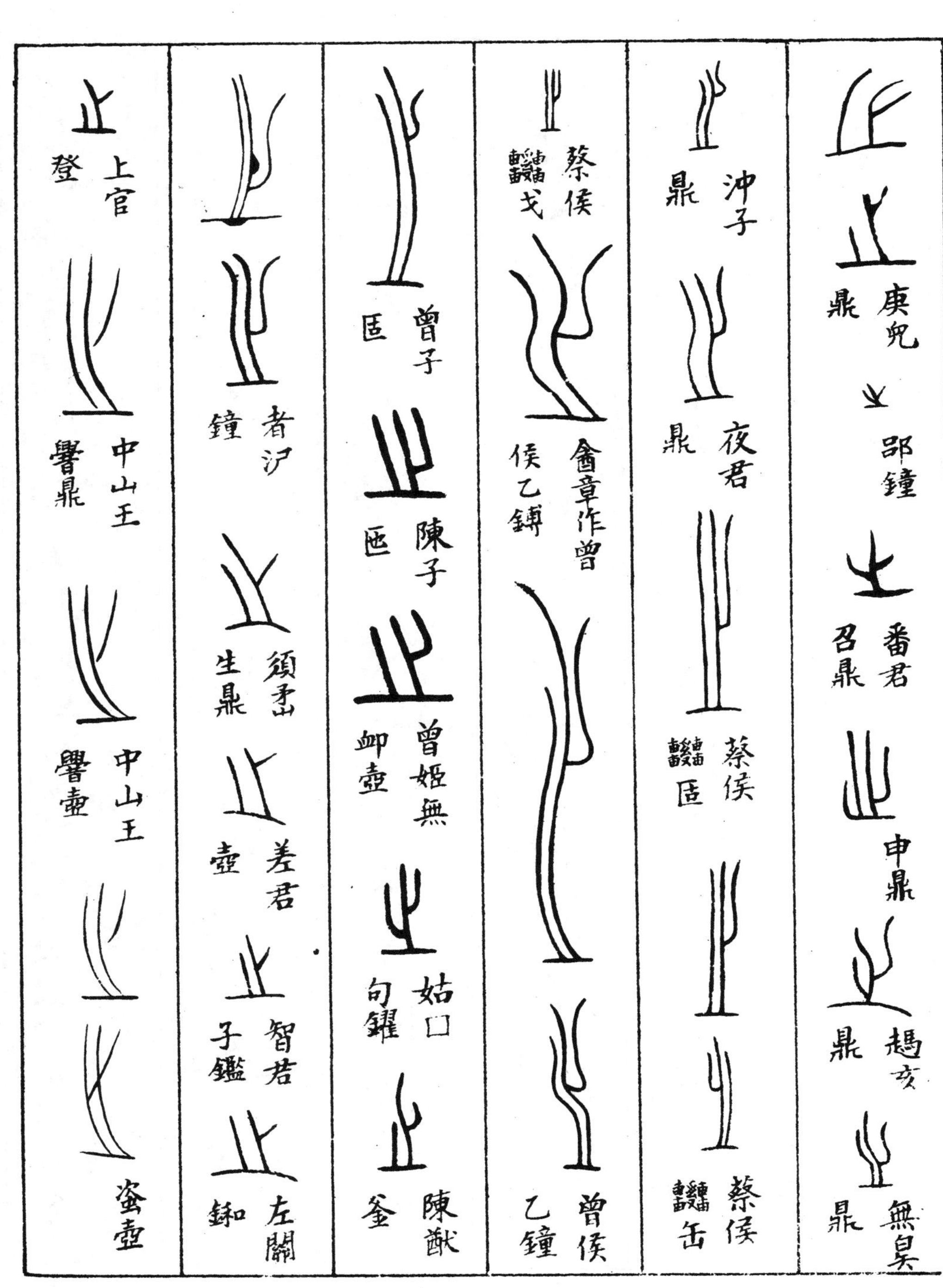
庚兒鼎
邵鐘
番君召鼎
申鼎
趞亥鼎
無臭鼎
沖子鼎
夜君鼎
蔡侯𨭫匜
蔡侯𨭫缶
蔡侯𨭫戈
酓章作曾侯乙鎛
曾侯乙鐘
曾子匜
陳子匜
曾姬無卹壺
姑□句鑃
陳猷釜
者沪鐘
須炙生鼎
差君壺
智君子鑑
左關鉌
上官登
中山王譽鼎
中山王譽壺
盗壺

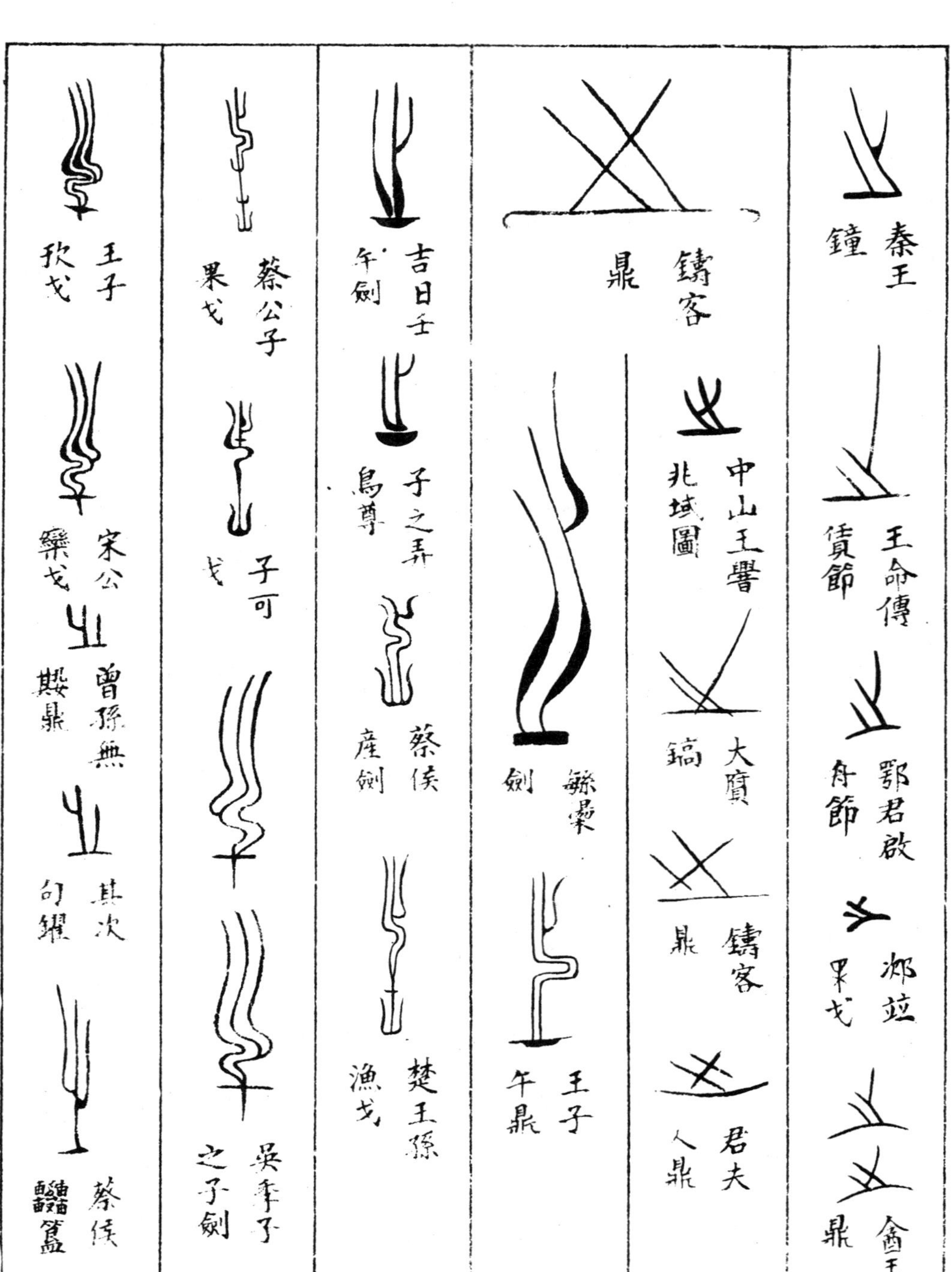
秦王鐘
王命傳賃節
鄂君啟舟節
郯竝果戈
𩫖鼎
鑄客鼎
中山王嚳兆域圖
大𪰘鎬
鑄客鼎
君夫人鼎
鑄客鼎
𦅫𣪘劍
王子午鼎
吉日壬午劍
子之弄鳥尊
蔡侯產劍
楚王孫漁戈
蔡公子果戈
子可戈
吳季子之子劍
王子攼戈
宋公欒戈
曾孫無䢼鼎
其次句鑃
蔡侯䱷𥂴

0975 𡉚

戈 𢻫𨬔

戈 子朙

戈 蔡𨬔

蔡公子從劍

从口 蔡公子加戈

从戈 蔡公子義工𠤳

从䖵 王子匜

倒書 𤇋右盤

𡉚 說文艸木妄生也从之在土上讀若皇 關卣

𡉚号 讀為皇考

陳逆簋 𡉚祖 讀為皇祖

盜壺 悳行盛𡉚 義如旺

0976 帀

帀 師寰簋

𨏈乳為師 鐘伯鼎 大師

蔡大師鼎

國差𦉜 攻師

鄂君啟舟節

鄂君啟車節

𨥎志鼎

師盂鼎 不从帀𠂤字重見

令鼎

矢方彝

傳卣

師遽方彝

師遽簋

師旂鼎

𡩜鼎

周𢐗鼎

遹甗

諫簋

豆閉簋

師奎父鼎

師𩛥鼎

師𧼯甗

師湯父鼎

仲枏父簋

師酉簋

師嫠簋

師望鼎

師兌簋

師趛鼎

師趛盨

師咢父鼎

師寰簋

師高簋

師寏父簋

牧師父簋

鄭大師甗

散盤

師害簋

大師人鼎

𠩵弔多父盤

弔多父簋

弭伯簋

孫弔師父壺

0978 出

仲師父鼎

仲枏父簋

弔㕩父匜

大簋

師隻卣

師寏父盤

盗壺

出 象足之出于凵也說文云象艸木益滋上出達也非 啟卣

宅簋

伯矩鼎

敎卣

弔趞父卣

師塱鼎

永盂

頌鼎

頌簋

頌壺

善夫山鼎

克鼎

兮甲盤

魚顛匕

鄂君啟舟節

拍敦蓋 永枼毋出 與陳侯午敦永枼毋忘同義

0979 南

南盂鼎

弔[illegible]鼎

[illegible]馭簋

啟卣

啟尊

臾尊

競卣

牆盤

五祀衛鼎

姒理母簋

咢侯鼎

無㠱簋

仲南父壺

㝬鐘

無叀鼎

鬲攸比鼎

虢仲盨

散盤

南宮乎鐘

柳鼎

禹鼎

翏生盨

翏生盨二

善夫山鼎

射南匜

兮甲盤

吳王姬鼎

洹子孟姜壺

南疆鉦

0980 生

生王生女觥

害鼎既生霸

作冊魆卣

作冊大鼎

豐尊

衛簋

牆盤

尹姞鼎

師遽簋

茜簋

異中壺

適簋

五年師旋簋

師奎父鼎

師害簋

趞曹鼎

師嫠簋

大簋

單伯鐘

鄭虢仲簋

此簋

琱生鬲

番生簋

翏生盨

武生鼎

酉弔生甗

須孟生鼎

黺鎛

屖生鼎

中山王譽壺

𠂢生簋

0981 丰 0982 產 0983 華

孳乳為姓 䧊方彝 百姓 書汨作九共槀飫序別生分類傳生姓也

臣辰卣

臣辰盉

弔𡚱簋

史頌簋

頌簋

兮甲盤

孳乳為性 蔡姑簋 彌氒性即詩俾爾彌爾性

丰 康侯名今尚書作封 康侯丰鼎

產 哀成弔鼎

蔡侯產劍

華 命簋

不𣉻方鼎

𨘋盂

邾公華鐘

克鼎

華季𥂴

仲義父鼎

仲姞鬲

華母壺

0984 束

束
束父辛鼎

𤔲簋
帛束

大簋
帛束

不𡢁簋　弓一矢束　詩泮水
束矢其搜傳五十矢為一束

盂卣
卷束

㫚鼎
束絲

守宮盤
絲束

召伯簋二
帛束

𢻱簋
弓矢束

0985 朿

束中子
父簋

朿
王來奠新邑鼎

命瓜君壺
朿=𦉢=

王子午鼎作𨷖=𡫹=

0986 刺

刺
刺卣

刺鼎

大簋

師奎
父鼎

刺作父
庚鼎

刺𢼄
宁鼎

刺𩏂
鼎

經典作烈書洛誥越乃光烈考武王

師虎簋　用作朕烈考日庚隮簋

班簋

盠方彝

揚簋

㾓鐘

召伯簋

大鼎

大簋

無叀鼎

幾父壺

師𩛥鼎

㝬簋

翏生盨

柳鼎

曶方彝

𢦚鼎

𢦚簋

牆盤

克鐘

秦公鎛

秦公簋

伯椃虘簋

鄀嫛簋

單伯鐘

曾子斿鼎

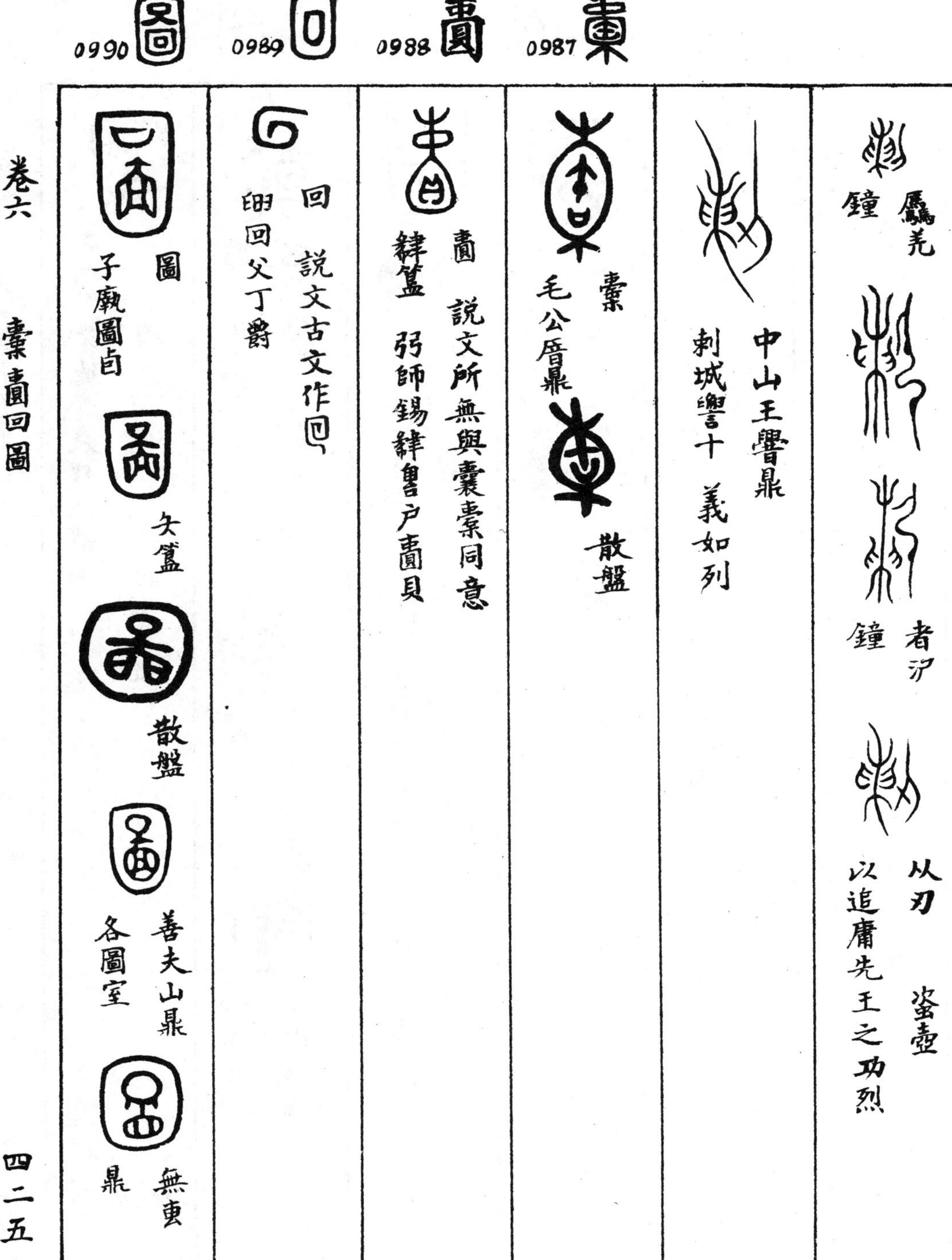
0987 橐
0988 圚
0989 回
0990 圖
𪇗羌鐘
者沪鐘
从刀
盗壺
以追庸先王之功烈
中山王䂂鼎
刺城譽十
義如列
橐
毛公厝鼎
散盤
圚
說文所無與橐橐同意
䤨簋
弜師錫䤨𠭯戶圚貝
回
說文古文作回
𦊆回父丁爵
圖
子廟圖卣
矢簋
散盤
善夫山鼎
各圖室
無叀鼎

0991 國

从心　朱德熙裘錫圭釋圖
中山王嚳兆域圖　又事諸官圖之

國　不从口
毛公㾓鼎　或字重見

彔卣
淮夷敢伐内國

鄀嫛鼎
保辥鄀國

國差𦉜

王孫鐘

蔡侯𪒠鐘

末距悍

0992 囿

囿　假借為有為及
秦公簋　竈囿四方　秦公鎛作匍及四方

0993 圃

圃　从口从中在田从口
御尊　王在圃

鄲沚簋
在小圃

召卣二　从尃
用作圃宮旅彝

解子鼎

0994 因

因
陳侯因資錞

中山王嚳壺
因載所美

𧊒鼎
因付氒且僕二家

0995 0996 0997 0998 0999

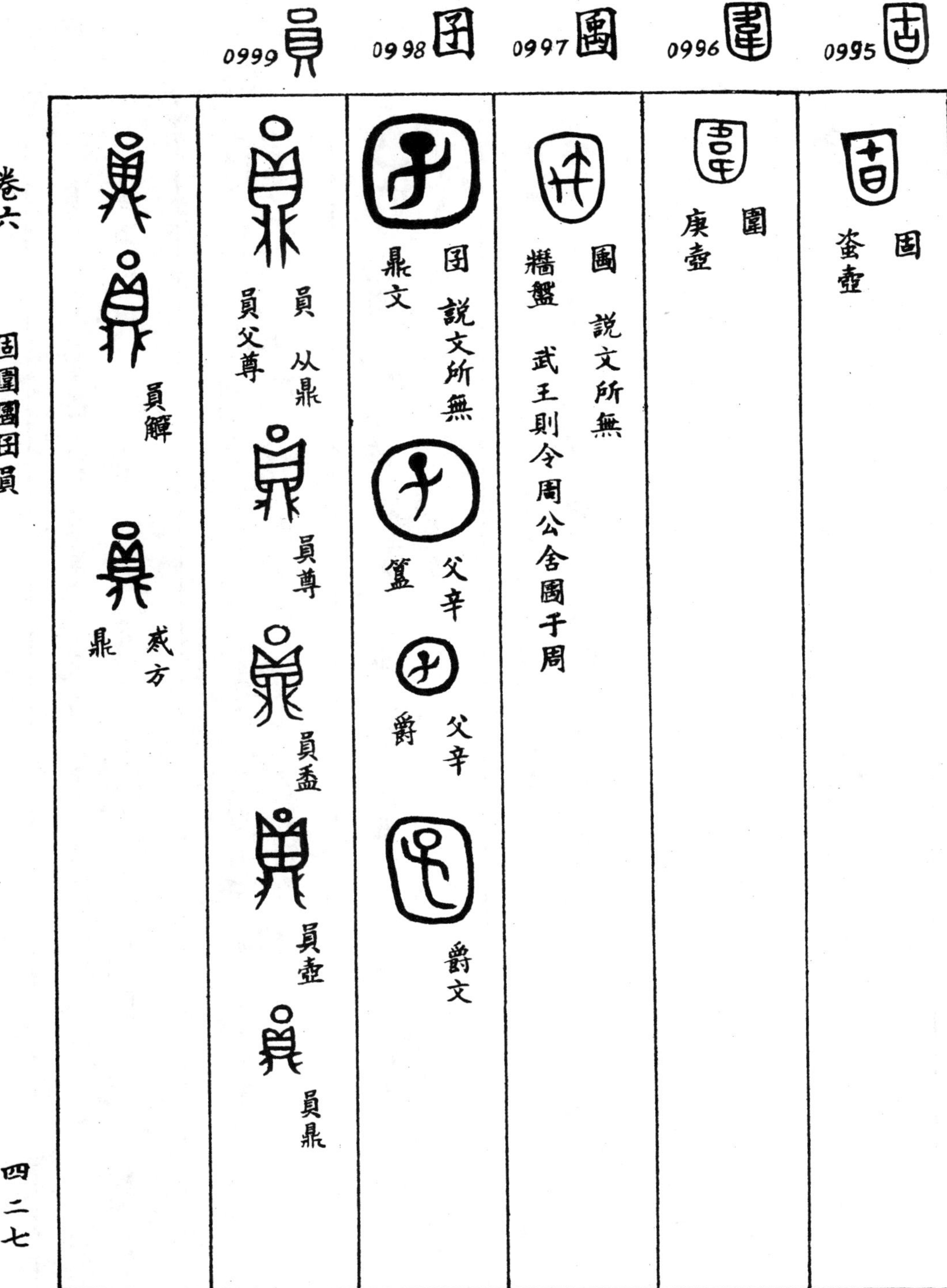

固 銮壺
圍 庚壺
圖 說文所無 𤕈盤 武王則令周公舍圖于周
囝 說文所無 鼎文 父辛 簋 父辛 爵 爵文
員 从鼎 員父尊 員尊 員盉 員壺 員鼎
員觶 㦰方 鼎

貝辛巳簋　塱爵　亞盉　盉爵　貝隹觚　㑚𣲚簋　馭八卣

戊寅鼎　丙申角　小子䣄簋　小子射鼎　宰椃角　宰峀簋

魰尊　御尊　卯卣　啟尊　害鼎　小臣𨙶簋

豺簋　延角　戊角鼎　女㜏鼎　王錫貝簋　峀鼎　臭伯卣

天君鼎　坒角　我鼎　癸方鼎　匽侯鼎　臣辰卣　絅卣

趞卣　遽伯簋　易𠀀簋　寧鼎　榮簋　乙亥鼎　德鼎

1003 賮　1002 賀　1001 賢

小臣豐鼎　能匋尊　庚嬴卣　令簋　保汝母簋　鼂簋　睘卣

周𡨦鼎　史懋壺　鄘伯馭簋　效卣　呂鼎　師遽簋　𪏰簋

禹尊　從鼎　剌鼎　敄弔簋　召伯簋

賢　賢簋

从子　中山王嚳壺　學賢使能

从户从貝省　盗壺　或得賢佐

賀　中山王嚳壺　諸侯皆賀

賮　从賏盡聲集韻作贐謂與賮同　師𩛥鼎　克贐乃身

1004 貣

1005 賸

貣 又从弋經典作忒 蔡侯䜌鐘 不愆不貣

郘大弔斧 貣車之斧

賸 不从貝說文一曰送也通佚 弔上匜 朕字重見

復公子簋

禹鼎

番匊生壺

周棘生壺

尹弔鼎

弔男父匜

魯伯盤

魯邍父簋

弔姬匜

穌甫人匜

穌诰妊鼎

蔡大師鼎

鴋姬作嬌嫼簋

楚季盤

鄦子匜

鄭伯受匜

齊侯盤

魯伯大父作孟姬簋

魯伯大父作季姬簋

曾子原彝匜

伯家父簋

1006 賞

韓妊甗

輔伯鼎

子仲匜

咢侯簋

取膚匜

或从人 季良父壺

樊君鬲

或从女經典作賸爾雅釋言賸送也 說文所無 陳侯簋

或从土 曩伯盤 賸字重見

干氏弔子盤

或从手 秦公簋 一斗七升奉簋

賞 與賁爲一字 驫羌鐘 賞于韓宗

从貝省 中山王嚳壺 節賞仲父

楊樹達釋賞从向云尚字本从向聲 喪史賓鈚

孳乳爲償 从貝从尚省 曶鼎 償曶禾十秭

1007 賜

賜　从目　虢季子白盤　賜字重見

庚壺

中山王嚳鼎　是以賜之氒命

1008 贏

嬴　假借為贏　庚嬴卣　鼎文从女

1009 貯

貯　爵文

鉦文

沈子它簋

衛盉

五祀衛鼎

尹氏匡

昆疕王貯鐘

格伯簋

頌鼎

頌簋

頌壺

善夫山鼎

兮甲盤

貯子己父匜

1011 賓　1010 貳

中山王譽鼎

中山王譽壺

𧊒壺

中山王譽兆域圖

貳　召伯簋二

从肉从戎　中山王譽壺　不貳其心

賓　不从貝　虘鐘　㝠字重見

孟爵

保卣

睘卣

孟鼎

敔簋

公貿鼎

妹𠂇昏簋

守簋

𦬇簋

大簋

鄭楙𠂇壺

伯賓父簋

𠂇賓父盨

1012 貿

1013 贖

史頌簋

曾伯陭壺

伯寬父簋 或从鼎

鄭井叔鐘

或从口 仲幾簋

齊鞄氏鐘

王孫鐘

申鼎

郤王子旃鐘

曾侯乙鐘 安寶 古籀作綏寶

郤王鼎

嘉賓鐘

姑□句鑃

貿 公貿鼎

贖 不从貝 曶鼎 賣字重見

1014 費

費 不从貝 費奴父鼎 弗字重見

1015 責

責 旂作父戊鼎

缶鼎

兮甲盤 王命甲政嗣成周四方責

孳乳為績 或蹟 秦公簋 鼏宅禹責 即詩文王有聲維禹之績 左昭元年傳遠績禹功之績 或作鼏宅禹蹟

1016 賣

賣 古作商不从貝 般甗 王商作册般貝即書費誓我商賚汝之商說文賞賜有功也賣行賈也今經典賞賜字皆作賞金文多作賣是賣為賞賜之專字行賈之訓殆不然矣 商字重見

戍甬鼎

天君鼎

作册大鼎

矢方彝

復尊

朿卣

臣辰卣

召卣

1017 買

作册魆卣

匽侯鼎

競卣

史獸鼎

商尊

御尊

𠭯𡛤鼎

衛簋

蔑鼎

叔卣

傳卣

攸鼎

買

買車卣

買車觚

買王卣

吳買鼎

買簋

右買戈

1018 賦

賦

毛公曆鼎

1019 儥

儥 王命傳賃節

中山王譽鼎

中山王譽壺

蛮壺

1020 賫

賫 𨽍乳為贖 𦅫鼎 我既贖女五夫

𦅫鼎又云 贖茲五夫

1021 貺

貺 說文所無 陳貺簋

1022 貭

貭 說文所無 居簋

1023 貧

貧 說文所無 公貿鼎

1024 貟

貟 說文所無 師寰簋 繇我貟晦

兮甲盤 淮夷舊我貟晦人 毋敢不出其貟其責

1025 ⿱聿貝

⿱聿貝 說文所無

⿱聿貝父辛觶

⿱聿貝父辛尊

且辛簋

⿱聿貝引觥

⿱聿貝引觚

1026 ⿱刜貝

⿱刜貝 說文所無

盂鼎

1027 賡

賡 不从貝

鄂君啟舟節 庚芑昜 庚宇重見

書乃賡載歌古文自有賡字从貝庚聲

說文入續下云古文續从庚貝誤也

故改附于貝下 鄂君啟

舟節 ⿰貝庚鑄金節

1028 朋

朋 詩菁菁者莪錫我百朋箋古者貨貝五貝為朋說文以為鳳之古文誤也故改

附于貝下 倗友之倗从此 中作且癸鼎 侯錫中貝三朋

駇尊

癸方鼎

敓弔簋

㨗刲尊

衛盉

豐鼎 二朋合文

畲卣

寑敄簋

女嬃鼎

辛巳簋

戍甬鼎

彦鼎 三朋合文

季受尊

昜宂簋

攸簋

衛宋冊尊 四朋合文

切卣二 五朋合文

宰椃角

宰峀簋

小臣逋鼎

散簋

弙簋

小子省卣

能匋尊

我鼎

趞尊

趞卣

周窓鼎

小臣邑斝 十朋合文

小臣單觶

盂卣

庚贏卣

鄘伯馭簋

史話簋

文父丁簋

弔德簋

王來奠新邑鼎

不栺方鼎

彔卣

師遽簋

令簋

遽伯簋 十朋又三朋

旅鼎

戍嗣子鼎 廿朋合文

匽侯鼎

德簋

德鼎

效卣

衛盉

1029 邑

何尊 丗朋合文

從鼎

呂鼎

商卣

商尊

剌鼎

效卣 五十朋合文

縈簋 百朋合文

壘鼎

邑爵文

邑觶

小臣邑斝

馭尊

臣卿簋

臣卿鼎

北伯簋

夨簋

何尊

王朿奠新邑鼎

康侯簋

師酉簋

永盂

曶鼎

1030 邦

鬲比盨

鬲攸比鼎

散盤

[illegible]簋

元年師兑簋

柞鍾

召伯簋

洹子孟姜壺

𬴃鎛

辛邑朕矛

此簋

邦

盂鼎

盂鼎二

靜簋

彔伯簋

五祀衛鼎

牆盤

𤼈鍾

豆閉簋

荓伯簋

弔姬匿

克鼎

師克盨

㝬鍾

盠方彝

伯邦父鬲

班簋

1031 都

卷六 都

師袁簋

弔向簋

毛公厝鼎

駒父盨

子邦父甗

寡子卣

封簋

禹鼎

哀成弔鼎

𦅫鎛

邾公華鐘

晉公𥂴

十年陳侯午錞

陳侯午錞

中山王嚳鼎

中山王嚳壺

𧊒壺

中山侯𧊒鉞

國差𦉜

蔡侯[illegible]鐘

陳章壺

散盤

都[illegible]鐘

𦅫鎛

仲都戈

洹子孟姜壺 喪其人民都邑

新都戈

1032 鄙

鄙 不从邑 㰚鎛 啚字重見

鄂君啟舟節

1033 酆

酆 不从邑 宅簋 同公在酆 豐字重見

1034  鄭

鄭 不从邑 鄭同媿鼎 奠字重見

从𩫏 哀成叔鼎 余鄭邦之産

1035 鄆

鄆 戈文

1036 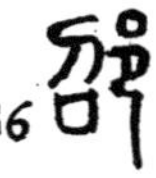 邵

邵 中山王嚳壺 以内絶邵公之業

1037 邢

邢 不从邑說文周公子所封字當作邢鄭地邢亭字當作邢今本說解互易 井侯簋 井字重見

1038 鄲

1039 鄦

1040 郾

1041 郋

鄲 鄲孝子鼎

鄦 不从邑國名春秋作許姜姓男爵武王封四岳苗裔文叔于許入春秋為鄭所滅戰國初復滅于楚 鄦𠭯簋 無字重見

鄦子匜

从甘 蔡大師鼎 鄦弔姬

从皿 鄦姬鬲

鄦仲尊

鄦男鼎

郾 不从邑經典作燕 匽侯盂 匽字重見

郾侯職戈

郾王詈戈

郾侯脮戈

郾侯𠫑簋

中山王𠑇鼎

中山王𠑇壺

蛮壺

郋 春秋國名姬姓經典又作息 郋子行盆

1042 鄧
鄧　不从邑春秋國名曼姓
鄧公簋　登字重見
鄧子午鼎

1043 鄛
鄛　从桌今作巢春秋文十二年楚人圍巢杜注巢吳楚間小國
鄛君啟車節　居鄛史記項羽本紀居鄛人范增索隱謂居鄛是故巢國

1044 郢
郢　□郢鐸
鄂君啟舟節
鄂君啟車節
从彳　郢侯戈

1045 鄂
鄂　不从邑　鄂侯簋　咢字重見
鄂君啟舟節
鄂君啟車節

1046 郲
郲　不从邑國名曹姓子爵出自顓頊武王封其裔孫曹挾于郲戰國時楚滅之　郲公華鐘　鼄字重見
郲公釛鐘
郲大司馬戟

1047

鄘 不从邑 井侯簋 𩫖字重見

1048

邡 鄂君啟車節 庚邡城

1049

郜 國名姬姓子爵文王子聃季所封郜子于僖公二十年朝魯 郜史碩父鼎

1050

邛 國名經典作江 弔姬匜

邛君壺

邛季戈

孫弔師父壺

1051

鄶 不从邑 鄶始鬲 會字重見

1052

郐 經典通作徐周禮雍氏注伯禽以出師征徐戎釋文劉本作郐國名嬴姓子爵經傳有徐子為吳所滅 沇兒鐘 郐王

郐王鼎

庚兒鼎　郐王義楚盤　郐王義楚耑　郐王耑

者旨畱盤　宜桐盂　南疆鉦　郐諧尹鉦

1053 郝 不从邑國名 郝季簋 寺字重見　郝伯祀鼎　郝遣簋　郝造鼎

1054 郰 不从邑 郰膚匜 取字重見

1055 邳 不从邑 邳伯罍 不字重見

1056 邗 說文邗本屬吳左傳哀公九年吳城邗溝通江淮吳亦稱吳干戰國策趙策吳干之劍　趙孟壺　邗王戈 邗王即吳王

1057 郯

郯 不从邑 令簋 炎字重見

1058 鄫

鄫 不从邑 曾伯霥匿 曾字重見

鄫子鬲

1059 郲

郲 多友鼎 搏于郲

1060 郳

郳 國名曹姓子爵邾挾之後夷父顏有功于周封其子友于郳 後改國名曰小邾為楚所滅 郳始鬲

⿱𥫗郳左庭戈

1061 𢦏

𢦏 不从邑經典作戴 𢦏弔鼎 𢦏字重見

𢦏

陳侯因𬯀錞 龔𢦏大慕克成

1062 𨞰

𨞰 不从邑說文地名从邑臺聲臺古堂字 𢦏鼎 在𨞰𠂤 堂字重見

1063 郙

郙

郙王劍

1064 鄁

鄁

何尊　王初鄁宅于成周

1065 郘

郘　說文所無

鄂君啟舟節

1066 郛

郛　說文所無

楙伯車父鼎

1067 郢

郢　說文所無

鄂君啟舟節　郢陽

1068 郲

郲　說文所無

郲竝果戈

1069 郯

郯 說文所無

郯季宿車盤

郯季宿車匜

郯子宿車盆

从糸 郯子宿車鼎

1070 鄀

鄀 說文所無咅籀文从肉作䏎廣韻鄉名

鄀䨼盤 陝西鄠縣出土

鄀䨼簋

1071 䣕

䣕 說文所無左傳僖公二十五年秦晉伐䣕注本在商密秦楚界上小國漢書地理志南郡若下云楚昭王畏吳徙此注春秋傳作䣕是䣕本作若也字林

䣕楚邑

䣕公簋

䣕公鼎

从虫 䣕公匡

1072 䢼

䢼 說文所無

新䢼戈

1073 鄐

鄐 說文所無

鄐公白韭簋

鄐公湯鼎

1074 鄰

鄰 說文所無

鄰伯受𠤱

1075 郛

郛 說文所無

郛戈

1076 鄉

鄉 說文所無不从邑

鄉湯叔劍 鄉字重見

曾伯霥𠤱

印燮鄉湯

1077 郼

郼 說文所無春秋地名成六年取郼 不从邑

郼車季鼎

1078 鄜

鄜 說文所無

曾侯乙鐘

1079 鄰

鄰 說文所無

申鼎

1080 鄦

[ancient form] 大鄦 說文所無 鄦子𧴪夷鼎

1081 鄽

[ancient forms] 鄽 說文所無 格伯簋

文一百七十四　重一千一百八十

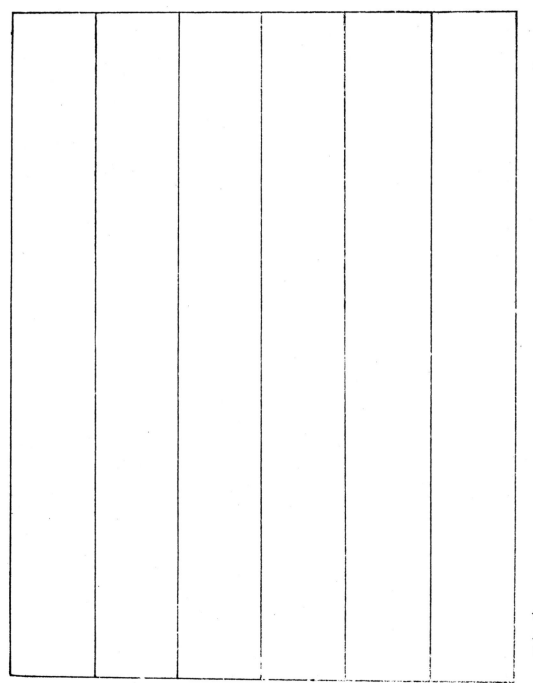

金文編第七

容庚譔集
張振林 馬國權 摹補

1082 日

日
刺卣
兄日辛
戈肩簋
日癸簋
翏作北子簋
𩒳尊
索諆爵
且日戈
作冊魖卣
服尊
小臣邑斝
縣妃簋
仲辛父簋
牆盤
𤼈鐘
師虎簋
㳄伯簋
舀鼎
王臣簋
善夫克鼎
史頌簋
邵王義楚耑
邵𧪲尹鉦
吉日壬午劍
欒書缶

1083 時　1084 早　1085 昧　1086 晋

蚉壺

鄂君啟舟節

禽志鼎

傳卣　日甲二字合文

戣鼎　日庚二字合文

關卣　日辛二字合文

時　說文古文時从之日　中山王嚳壺

早　从日棗聲　中山王嚳鼎　早弃羣臣

昧　免簋　昧爽

晋　國名姬姓侯爵成王封叔虞于唐其子燮父改號為晋後至靖公韓趙魏三分其地　格伯作晋姬簋

晋人簋

1087 𠩺　1088 昏　1089 昌

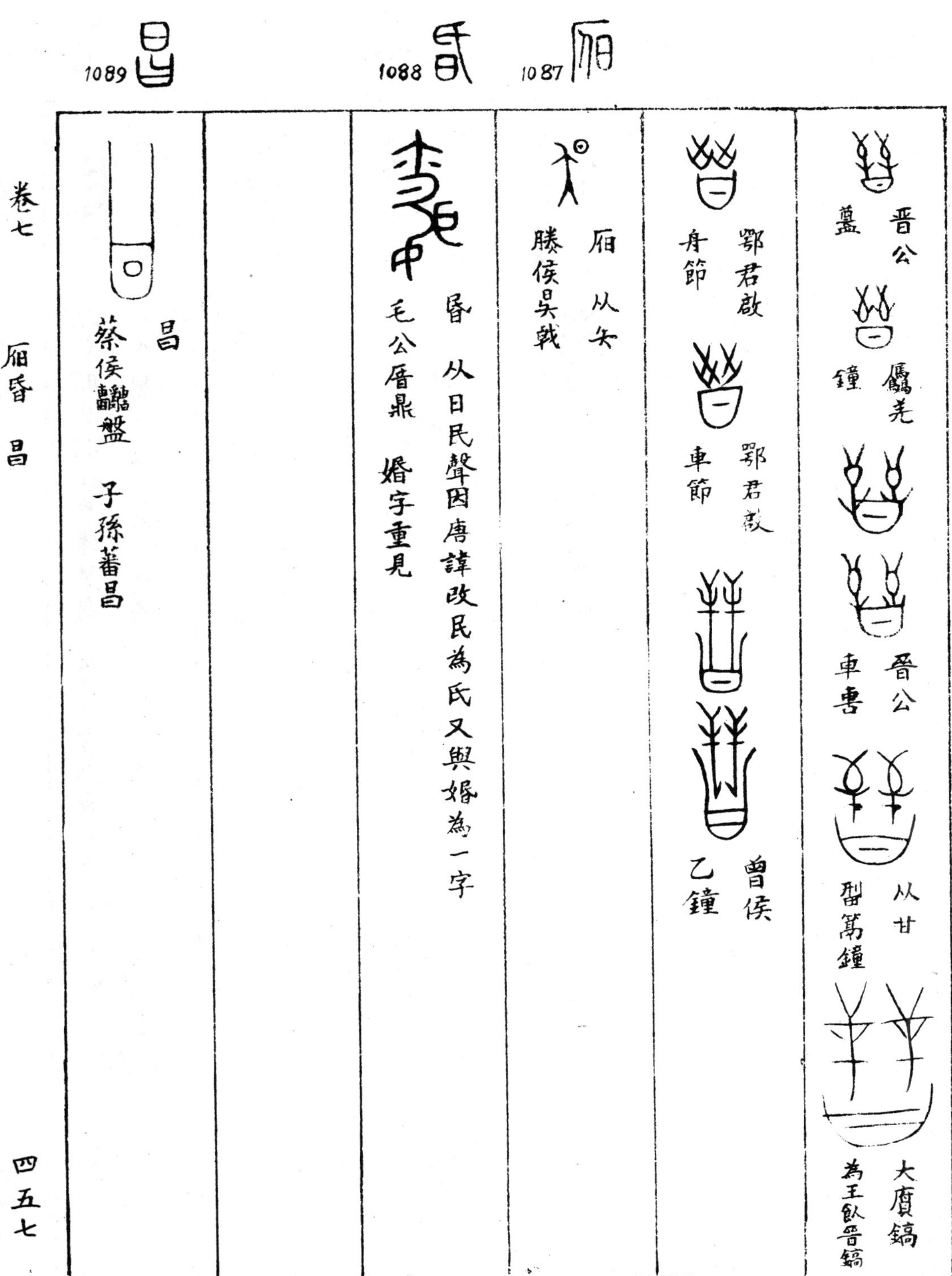

晉公盦

屭羌鐘

晉公車軎

从甘 郘黛鐘

大府鎬

為王飤晉鎬

鄂君啟舟節

鄂君啟車節

曾侯乙鐘

𠩺 从矢 滕侯昊戟

昬 从日民聲因唐諱改民為氏又與婚為一字 毛公曆鼎 婚字重見

昌 蔡侯𨟭盤 子孫蕃昌

1090 昱

昱 說文明日也經典作翌爾雅釋言翌明也尚書五言翌日天寶閣盡改為翼 盂鼎二 雩若昱乙酉

切卣三

宰椃角 在六月隹王廿祀昱又五

作册孳卣

1091 昔

昔 何尊

師𠭯簋

卯簋

克鼎

師克盨

善鼎

㽙鼎

史昔鼎

說文籀文从肉 邾王鼎

中山王譽鼎

盗壺

1092 昆

昆 昆疕王鐘

1093 昊

1094 昶

1095 ⿱日公

1096 ⿰旨日

1097 旦

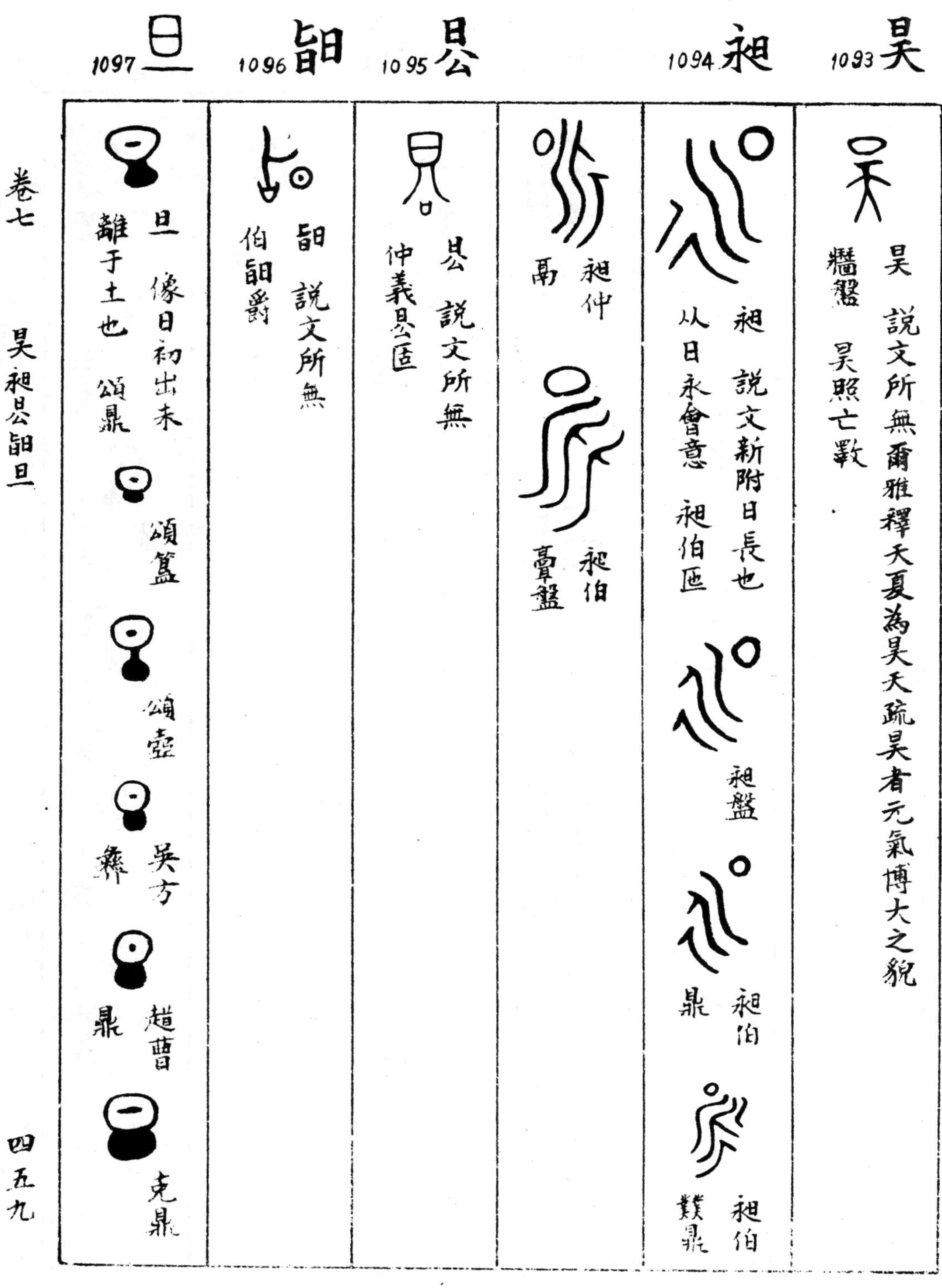

昊 說文所無爾雅釋天夏為昊天疏昊者元氣博大之貌

䵼盤 昊照亡斁

昶 說文新附日長也从日永會意 昶伯匜

昶盤

昶伯鼎

昶伯𡃞鼎

昶仲鬲

昶伯𦎫盤

⿱日公 說文所無 仲義⿱日公匜

⿰旨日 說文所無 伯⿰旨日爵

旦 像日初出未離于土也 頌鼎

頌簋

頌壺

吳方彝

趙曹鼎

克鼎

1098 倝　1099 朝

諫簋　望簋 　師晨鼎 　訇簋 　休盤 　伊簋

揚簋

倝　𡩜乳為韓　鷹羌鐘　賞于韓宗

朝　利簋　甲子朝 　史話簋 　事族簋 　克盨

仲殷父簋 　盂鼎 　先獸鼎  　矢方彝

矢尊

1100 㫃　1101 旂

彭 孳乳為廟 趞簋 王各于大廟

彭 芇伯簋 宗廟

彭 朝訶右 庫戈

淖 从水 陳侯因資錞 朝問諸侯 淳字重見

㫃 爵文

㫃 孳乳為旂 休盤 緣旂

旂 休盤 不从斤 㫃字重見

旂 旂作父戊鼎

旂 旂鼎

旂 旂父鼎

旂 旂姬鬲

旂 師旂鼎

旂 盂鼎

旂 衛盉

旂 恒簋

旂 揚簋

旂 豆閉簋

旂 師𩛥鼎

旂 曶壺

旂 頌鼎

旂 頌簋

旂 頌壺

1102 旝

輔師嫠簋

善夫山鼎

趞鼎

㦰簋

弭伯簋

毛公厝鼎

即簋

申簋

此鼎 旝旂 形與旅同

寰盤

㝬簋

邾旂士鐘

邾叔鐘

伯旂鼎

甫季鼎 旝旂

假借為祈 師器父鼎 用旂（祈）釁壽

邾公釛鐘

齊侯敦

洹子孟姜壺

喬君鉦

命瓜君壺

旝 詩大雅大明其會如林說文作旝 蛮壺 其遹女林 从辵

1103 旃

旃 郭沫若釋云說文或从亶作旜周禮司常通帛為旜雜帛為物 番生簋 朱旃旜 从㫃从亶

利簋

1104 游

游 像人執旂形說文从㫃汓聲非 簋文

爵文

觚文

冉斿卣

亞若癸方彝

父己爵

長日戊鼎

仲斿父鼎

曾仲斿父甫

曾仲斿父壺

曾子斿鼎

四年相邦戟

魚顛匕

仌鼎

从彳 曾侯仲子游父鼎

1105 旋

1106 旐

1107 旞

1108 旅

从辵　蔡侯[illegible]盤

中山王譻鼎

中山王譻壺

鄂君啟舟節

从水　簷平鐘　鑄其游鐘

旋　从止　召卣

麥盉

旐　不从㫃　[illegible][illegible]鼎　櫨仲賞氒嬉𢇍遂毛兩　毛字重見

師遽簋　旐弔

旞　不从㫃　[illegible][illegible]鼎　遂字重見

旅　像聚衆人于旂下形　父乙卣

旅父乙觚

父辛卣

廣父己簋

父辛觚

觚文

尊文

且丁甗

且辛爵

𠭯作父丁尊

作父戊簋

盠司土尊

𢿘古方尊

白甗

伯𩐈盉

矢簋

訴鼎

召卣

向𣪕簋

易鼎

作旅鼎

弔咢父簋

同自簋

仲自父簋

城虢遣生簋

臣諫簋

戜甗

遇甗

犀伯鼎

商丘弔匿

鬲弔盨

鬲攸比鼎

散盤

諫季盨

虢弔鐘

虢弔匿、

虢弔盂

弔碩父甗

子邦父甗

此鼎

師麻匡

伯正父匜

鄭登弔盨

旅虎匿

伯孝盨

季念鼎

王婦匜

中伯盨

伯沙其盨

戒者鼎

[illegible]仲雩父甗

旅仲簋

弔姞盨

攸鬲盨

仲義父盨

鄭同媿鼎

鄀公匿

陳公孫寣父瓶

仲鑠盨

陵尊

彊伯簋

敀尊

伯魚父壺

免簋二

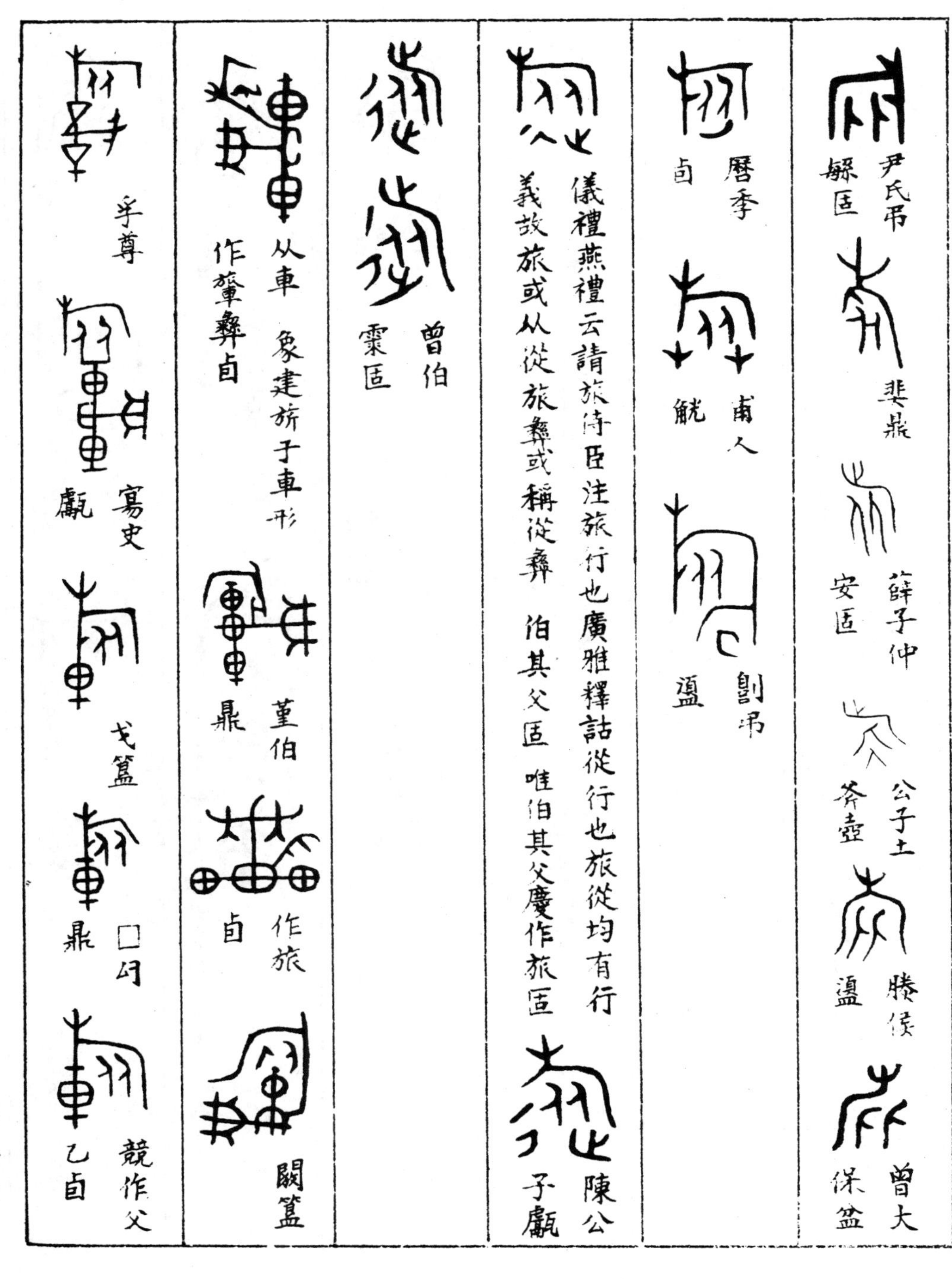

尹氏弔緐匜

斐鼎

薛子仲安匜

公子土斧壺

滕侯盨

曾大保盆

曆季卣

甫人觥

𠭯弔盨

伯其父匜 唯伯其父慶作旅匜

儀禮燕禮云請旅侍臣注旅行也廣雅釋詁從行也旅從均有行義故旅或从從旅彝或稱從彝

陳公子甗

曾伯霥匜

从車 象建斿子車形 作⿸㫃車彝卣

堇伯鼎

作旅卣

闢簋

乎尊

寓史甗

戈簋

□㠯鼎

競作父乙卣

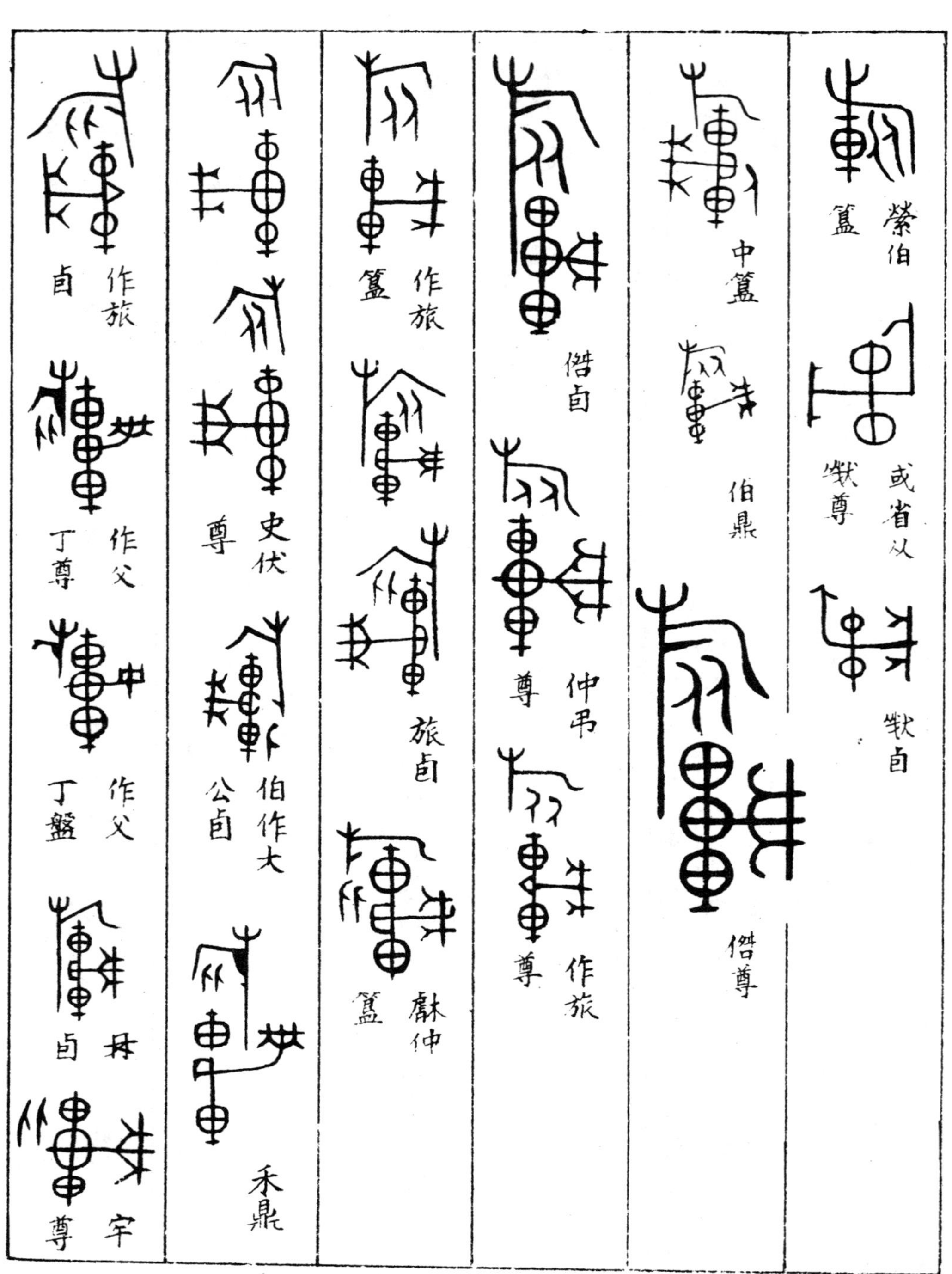
縈伯簋
或省㫃 𢦔尊
𢦔卣
中簋
伯鼎
偖尊
偖卣
仲𢁸尊
作旅尊
作旅簋
旅卣
𪏁仲簋
作旅尊
史伏尊
伯作大公卣
禾鼎
作旅卣
作父丁尊
作父丁盤
𠂤卣
宁尊

畣尊　𩰫卣　叀作父戊簋　作册魖卣

明公簋　瞏尊　㢵簋　觶子甗

師趞甗　召卣二　毛公旅鼎　仲鼎

羕史尊　𢽾仲鼎　嫿侯壺　㱿簋

伯簋　作母尊　孔鼎　君鼎

訇壺　夆伯甗　右鼎

1109 族

家尊

保攸母簋

弔旅鼎

酉卣

从廾 寥鼎

史旗

師楢鼎

衛盉

从從 伯真甗

伯㝨鼎 旅弓旅矢左傳僖廿八年玈弓矢千旅乃旅之譌說文新附別作玈黑色也从玄旅省聲非書文侯之命盧弓一盧矢百古旅盧同音假盧為之魏三字石經仍作旅旅可證也

族 明公簋

師酉簋

番生簋

毛公厝鼎

事族簋

不易戈

陳喜壺

曾侯乙鐘 大族 律名典籍作太簇

1110 [㫃水]

[㫃水] 說文所無 格伯簋

1111 [㫃白]

[㫃白] 說文所無羅振玉曰旂名也武王代紂斬紂首縣于小白之旂其字當如此作今廢不用矣 吳方彝 今吳司[㫃白]

1112 [㫃叓]

[㫃叓] 說文所無 元年師[㫃叓]簋 五年師[㫃叓]簋

1113 [㫃目]

[㫃目] 說文所無 輔師嫠簋

1114 [㫃同]

[㫃同] 說文所無 邾王子[㫃同]鐘

1115 [㫃享]

[㫃享] 說文所無 [㫃享]弔樊鼎

1116 旛

旛 說文所無讀作稻 史免匡 用盛旛粱

弔家父匡 用盛稻粱

伯公父匡 用盛糕稻糯粱

即簋 餇琱宮人虢旛用事

1117 旛

旛 說文所無从㫃斵聲讀作祈 頌鼎 旛匃康𧽊屯右

1118 旛

旛 說文所無 禹比盨

1119 星

星 麓伯星父簋

1120 參

參 𥂴參父乙盉

衛盉

曶鼎

㝬鐘

毛公曆鼎

1121 月

召伯簋二

克鼎

盠尊

盠方彝

魚顛匕

中山王嚳鼎 𠫑軍之衆

月旂鼎

切卣二

宰椃角

我鼎

師旂鼎

保卣

呂鼎

亘尊

召卣二

井侯簋

易鼎

盂鼎

麓伯簋

賢簋

遹簋

師奎父鼎

伯晨鼎

師𧾩鼎

趞曹鼎

休盤

師酉簋

師嫠簋

舀鼎

舀壺

無叀鼎

無㠱簋

善夫克鼎

大師虘簋

虘鐘

鬲攸比鼎

散盤

頌鼎

頌壺

虢季子白盤

不嬰簋

鄭虢仲簋

伯中父簋

鄧伯氏鼎

旂弔鼎

歸父盤

殷穀盤

陳子子匜

陳⿰貝方簋

陳侯鼎

郘鐘

陳猷釜

子禾子釜

黃韋俞父盤

命瓜君壺

鄦子𠤳

鄦侯簋

拍敦蓋

禾簋

孫弔師父壺

中鼎

𩍰鎛

邾公華鐘

夆弔匜

邾公孫班鎛

邾大宰𠤳

沇兒鐘

蔡侯䵼盤

吳王光鑑

寡兒鐘

𢓜兒鐘

邻王耑

邻䪴尹鉦

王子午鼎

欒書缶

十一年惪鼎

東周左師壺

姑口句鑃

鄂君啟舟節

畬志鼎

克鐘

趞卣

郘公鎰

公孫誥父匜

王孫壽甗

以夕為月 不𡢁簋 佳九月初吉

陳侯因資錞 佳正六月癸未

以日為月 公子土斧壺 飯者之月

同卣 一月合文

小臣遹簋

旅鼎

麥鼎

㪟鼎

公貿鼎

1122

善鼎

麓伯簋

芹伯簋

召卣　二月合文

縣妃簋

趞簋

[illegible]簋

弔上匜

盠駒尊

小臣邑斝　四月合文

大保爵

效卣

剌鼎　五月合文

肄簋　十一月合文

朔　十一年惠鼎　乙巳朔

1123 朏

朏 九年衛鼎

吳方彝

曶鼎

酓肯鼎

酓肯𠤳

酓肯盤

1124 霸

霸 令簋

隹九月既死霸

作册大鼎 隹四月既生霸

作册䰧卣

害鼎

周乎卣

萬簋

霸姞鼎

霸姞簋

呂鼎

遹甗

豐尊

豆閉簋

衛簋

五年師旋簋

競卣

趞曹鼎

1125 期

免簋二

史懋壺

師遽方彝

師遽簋

舀鼎

守簋

卯簋

頌鼎

頌簋

兮甲盤

鼄乎簋

揚簋

大簋

大鼎

遹簋

鄭虢仲簋

弭弔盨

師奎父鼎

曾仲大父蝨簋

期　从日說文古文作𣅡　沇兒鐘　釁壽無期

褱鼎

齊良壺

寡兒鼎

1127 有　1126 脵

夆弔匜 壽考無期

齊侯敦 男女無期

王子申盞盂

蔡侯𩡸鐘 元鳴無期

吳王光鑑 既子白期

脵 說文所無 郾侯脵戈

有 从又持肉會意當在肉部下 說文从月非 索諆爵

何尊

盂鼎

井侯簋

寓鼎

令鼎

仲𢍰父鬲

仲𢍰父簋

牆盤

衛盉

南公有司鼎

㝬簋

散盤

毛公厝鼎

召伯簋

盉尊

秦公鎛

陳侯因資錞

十年陳侯午錞

者沪鐘

假借為右 免簋 井弔有

免卽令、免卣作右免卽令

柳鼎 武公有

南宮柳卽立

以又為有

中山王譻鼎 有氒忠臣貯 又字重見

1128 明

明矢方彝

矢尊

服尊

細卣

明公簋

仲明父簋

戒鬲

盂鼎二

癲鐘

克鼎

虢弔鐘

師訇鼎

毛公厝鼎

弔向簋

秦公簋

秦公鎛

沇兒鐘

屭羌鐘

1129 囧 1130 盟

中山王譽鼎

中山王譽壺

盗壺

昜䂂鼎

𧾷盤

明我鼎

明我壺

囧 戈父辛鼎

盟 井侯簋

卲䁚福盟

剌䨼鼎

盟弘卣

从明从示 王孫真鐘

說文古文从明 魯侯爵

盟爵

𠂤父丁方罍

𣪕鼎

師望鼎

邾公釛鐘

邾公華鐘

蔡侯𪒠盤

王子午鼎 敬乎盟祀

夕夜

1131

夕 盂鼎

史𩈰簋

先獸鼎

服尊

事族簋

師𩵦鼎

𤔲簋

𤔲鐘

應公鼎

𣄰伯簋

追簋

克盨

毛公𪔂鼎

師克盨

仲殷父簋

秦公鎛

中山王嚳壺

以月為夕 𤔲鼎 用夙夕𩰫享

从火 𧖟壺 日夕不忘

1132

夜 效尊

效卣

弔𡚬簋

啟卣

𢾎鼎

𨟵盤

師望鼎

師虎簋

番生簋

伯中父簋

師寰簋

㝬簋

克鼎

伯晨鼎

[illegible]弔簋

[illegible]乎簋

从月 師酉簋

師嫠簋

伯康簋

弔咢父簋

夜君鼎 亦不省

中山王譻鼎 夙夜不解

中山王譻壺 夙夜篚解

1133 夤

夤 从月 秦公簋

1134 外

外 从月 静簋

毛公厝鼎

外弔鼎

1135

外卒鐸　南疆鉦　子禾子釜　中山王譽壺　攻敔臧孫鐘

夙　盂鼎　效卣　師虎簋　五祀衛鼎　元年師旋簋　師㝨鼎

䵼盤　瘐簋　瘐鐘　伯中父簋　追簋　番生簋

應公鼎　弔妣簋　伯䢅鼎　師寰簋　師克盨

从月敔卣　㦰鼎　曆鼎　弔咢父簋　師嫠簋

伯康簋　毛公厝鼎　秦公鎛　𪓐乎簋

1136 多

从妥 芇伯簋

師酉簋

師望鼎

中山王譻鼎

中山王譻壺

多觚且丁卣

父辛卣

作册魖卣

命簋

沈子它簋

先獸鼎

辛鼎

召尊

師望鼎

[illegible]盤

𤼈鐘

㕣壺

宴簋

弔向簋

蔡姞簋

㝬簋

㝬鐘

虢弔鐘

士父鐘

弔多父簋

追簋

屖弔多父盤

鴋仲多壺

多父鼎

秦公簋

秦公鎛

妹氏壺

麥鼎

辛巳簋

伯多壺

1137 夣

夣 从尚省 周夣壺

1138 函

函 象函矢形 函皇父匜

函皇父簋

函交仲𠤳

函皇父鼎

假借為召逸周書祭公解我惟不以我辟險于難則又借險為之函召險三字皆同聲也王國維說 毛公厝鼎 俗女弗以乃辟函于囏

不𡢁簋 弗以我車函于囏

不𡢁簋二

1139 甬

甬 楊樹達云鏞鐘為一字甬為二字之象形初文又孳乳為筩 彔伯簋 金甬郭沫若謂與服志乘輿龍首銜軛左右吉陽筩又凡轓車以上軛皆有吉陽筩筩即此 吉陽謂吉祥也

吳方彝

師兌簋

毛公厝鼎

師克盨

1140 朿　1141 卤　1142 齊

孳乳為勇

庚壺　公曰甬＝

朿

𩰫料盆　𩰫料朿所寺

卣

經典作卣爾雅釋器卣中尊也書洛誥寧予以秬鬯二卣

孳乳為逌

盂鼎　錫女鬯一卣

㕣壺

齊

齊且辛爵

齊史

𨑝觶

齊史

𨑝觚

齊卣

五年師

旋簋

師寰

簋

魯司徒

仲齊簋

魯司徒

仲齊盤

國名姜姓侯爵太公望之後康公十九年田和始為諸侯

遷康公海濱二十六年康公卒田氏卒有齊國

齊侯鼎

齊侯

盤

1143 朿

齊侯匜

齊侯壺

齊侯敦

歸父盤

國差𦉜

齊弔姬盤

齊陳曼𠤳

陳侯因資錞

者沪鐘

十年陳侯午錞

陳侯午錞

陳侯午錞

驫羌鐘

大府鎬 秦客王子齊之歲

𦅫鎛

齊巫姜簋

从邑 曾侯乙鐘

孳乳為齍 伯姜齍鬲

朿 朿卣

般仲朿盤

王朿奠新邑鼎

康侯簋 王朿伐商邑

作册大鼎 公朿鑄武王成王異鼎

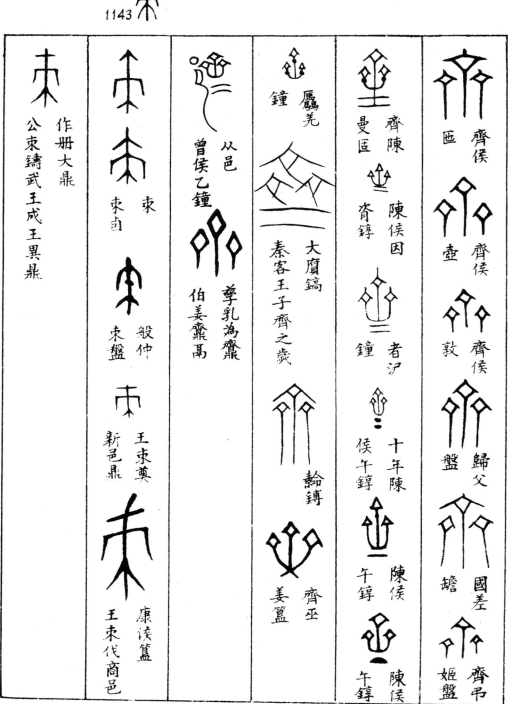

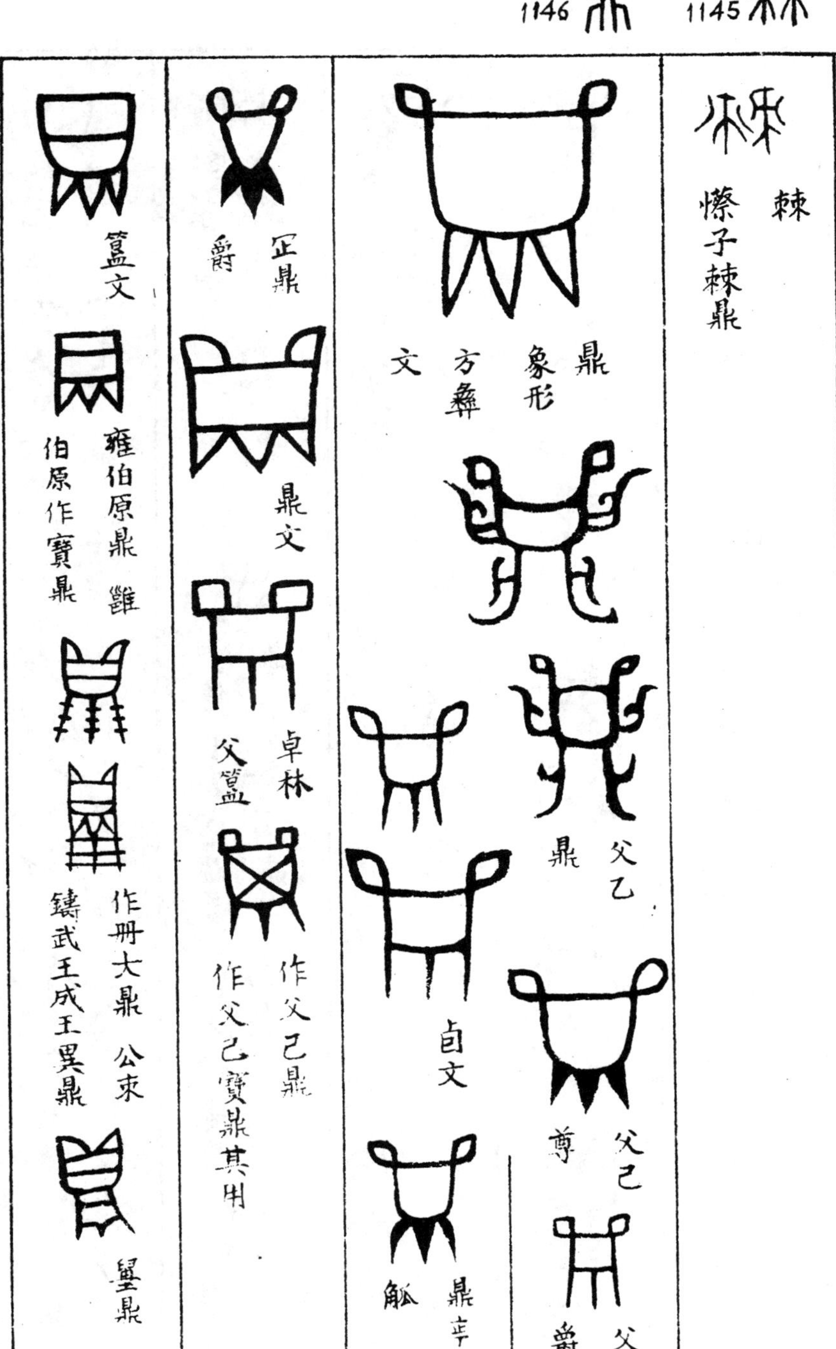
棗
宜□之棗戈
棘
𢷋子棘鼎
鼎
象形
方彝
文
父乙
鼎
父己
尊
父辛
爵
鼎
亭
觚
卣文
作父己鼎
作父己寶鼎其用
卓林
父簋
鼎文
㱿鼎
爵
簋文
雍伯原鼎
伯原作寶鼎
雖
作冊大鼎
公束
鑄武王成王異鼎
𡌞鼎

𠭰鼎

作寶鼎

車鼎

卬小子鼎

利簋

龔鼎

榮有司爯鼎

廟孱鼎

眞侯鼎

伯晨鼎

斐鼎

樂鼎

芮公鼎

𥙊仲鬲

邾□伯鼎

作旅鼎

寥鼎

先獸鼎

獻弔叔父鬲

小臣𨖷鼎

㝬鼎

□𠭯鼎

史盨鼎

麥鼎

犀伯鼎

戜者鼎

鼄季鼎

毛公旅鼎

弔盂父鼎

師奎父鼎

昜鼎

函皇父盤

曾伯從寵鼎

𧽊鼎

霍鼎

冉鼎

無叀鼎

釐鼎

杕伯肆鼎

鼎甗

盪父丁鼎

訴鼎

錫鼎

亘鼎

大祝禽鼎

盂鼎

史獸鼎

舍父鼎

周窓鼎

从鼎

師㝨父鼎

仲義父鼎

嬴霝德鼎

季念鼎

趞曹鼎

舀鼎

史宜父鼎

仲師父鼎

武生鼎

鼂簋

仲殷父鼎

伯頵父鼎

豚鼎

大鼎

頌鼎

伯旅鼎

毛公厝鼎

邻王鼎

洹子孟姜壺

圅皇父簋

虢文公鼎

芮大子鼎

戈弔鼎

哀成弔鼎

芮子鼎

吳王姬鼎

散伯車父鼎

趞亥鼎

邾討鼎

番君召鼎

又从卜或曰假貞為鼎

𤖕鼎 𤖕作其□鼎鼑

穆父鼎

仲斿父鼎

攸鼎

戜鼎

𨒪鼎

窂鼎

鄶左司徒元鼎

王人甗

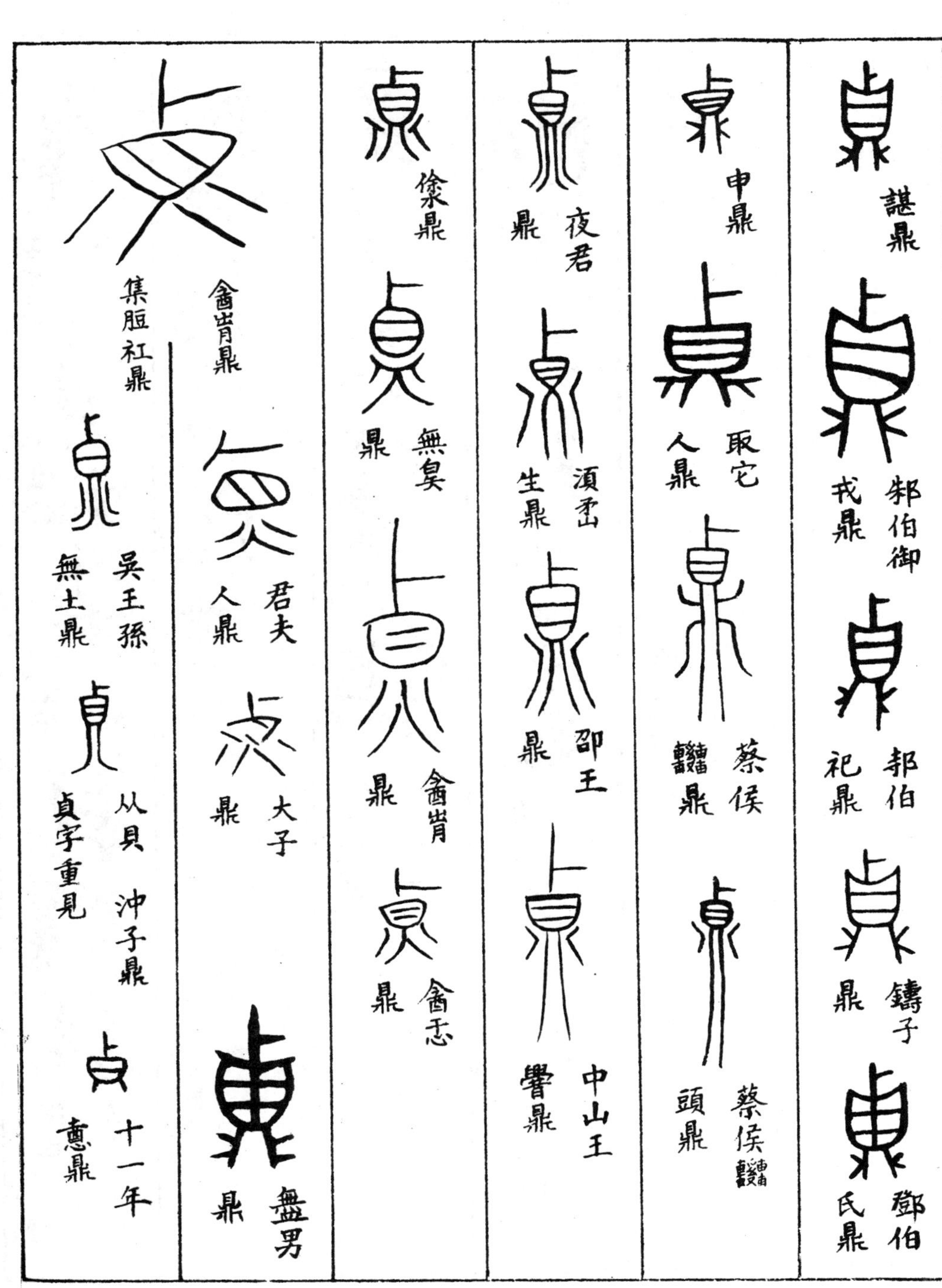
諆鼎
邿伯御戎鼎
邦伯祀鼎
鑄子鼎
鄧伯氏鼎
申鼎
取它人鼎
蔡侯𪒠鼎
蔡侯𪒠頭鼎
夜君鼎
湏孟生鼎
卲王鼎
中山王譽鼎
馀鼎
無𡚹鼎
酓肯鼎
酓忎鼎
酓肯鼎
君夫人鼎
大子鼎
盅男鼎
集脰社鼎
吴王孫無土鼎
从貝 貞字重見 沖子鼎
十一年㝔鼎

1147 鼒

1148 鼏

1149 鼾

𢐗伯簋

伯穿父鼎

杞伯鼎

明我鼎

伯匕鼎

㒓子鼎

盅鼎

鄭子宿車鼎

伯遟父鼎

楚王酓肯鼎 集盥富盧

从金从貞 右官台鼎

鼒 ⿰女盧作父庚鼒

白者君鼒

鼏 从冂 秦公簋 鼏宅禹績

國差𦉜 从貝 鼏静安寍

鼾 說文所無 从鼎从于 蔡侯𤕌鼾 蔡侯𤕌之飤鼾

从鼎从雩 ⿰壴夫侯之孫鼎

1150 ⿰鼎升

⿰鼎升 說文所無 侈口平底鼎之專名 蔡侯⿰鼎升

⿱镸朩句君⿰鼎升 自作載⿰鼎升

王子午鼎 不从鼎

連迂鼎 連迂之行升 升字重見

1151 ⿰石鼎

⿰石鼎 說文所無 ⿰石鼎⿰鼎它鼎之別名 鐘伯鼎 石沱 石字重見

褱鼎 褱自作飤⿰石鼎⿰鼎它

1152 ⿰鼎它

⿰鼎它 說文所無或不从鼎 鐘伯鼎 石沱 沱字重見

褱鼎 ⿰石鼎⿰鼎它

从皿 祀伯鼎 隹祀伯僕自作寶□盜

1153 ⿱夆鼎

⿱夆鼎 說文所無 ⿱夆鼎保卣

1154 ⿱⿰爿刂鼎

⿱⿰爿刂鼎 說文所無 曆鼎 用夙夕⿱⿰爿刂鼎享 即詩我將我享之將

宰甾簋

中婦鼎

王作簋

頌卣

旂父鼎

君夫簋

剌鼎

豆氺中夒鼎

𪔂兄簋

應公鼎

姬鼎

梠鼎

魯侯獄鬲

婦姑鼎

[illegible]鼎

員鼎

剌𪔂鼎

伯衛父盉

不昝方鼎

庚姬簋

彔簋

戓方鼎

㕘鼎

利簋

免簋二

舀鼎

元年師兌簋

屯鼎

1155 克

克鼎

善夫克鼎

史頌鼎

史頌簋

仲義昱𠤳

師克簋

蔡姞簋

遣小子簋

弔姬𠤳

㝬簋

鄀嫛簋

鄀嫛盤

曾侯仲子游父鼎

曾子仲謱鼎

虘母鬲

𠩵生鼎

王子午鼎 自作䵼彝𩰫鼎

省鼎 索諆爵

克利簋

大保簋

何尊

井侯簋

師旂鼎

沈子它簋

令鼎

辛伯鼎

弔趯父卣

元年師旋簋

師[illegible]鼎

菥伯簋

師望鼎

克鐘

克鼎

克盨

善夫克鼎

德克簋

井人妄鐘

番生簋

師克盨

禹鼎

曾伯霥𠤳

秦公鎛

公克錞

陳侯因資錞

者沪鐘

中山王譽鼎　克悠克卑

1156 彔

彔　大保簋

宰甾簋

國名　彔伯簋

彔作乙公簋

彔卣

散盤

師晨鼎

諫簋

1157 禾

孳乳為祿 𤔲盤 猶彔黃耇 𤼈鐘 通彔永令 又猶彔屯魯 祈伯簋

頌鼎 頌簋 頌壺 戜者鼎 麓伯簋

𠪚弔多父盤

禾 卣文 禾大方鼎 禾鼎 白禾𩰫鼎

曶鼎 禾簋 子禾子釜 鄂君啟車節 象禾地名 亳鼎

孳乳為龢 邾公釛鐘 作𥝩龢鐘 留鐘

1158 穡

穡 師寰簋 卹𠭯穡事即書湯誓之穡事

史記殷本紀作嗇說文作牆字之籀文 牆字重見

1159 穖

穖 段簋 王穖段曆 蔑字重見

1160 穆

穆 遹簋 穆穆王親易遹𩰫

長由盉

㦰方鼎

𤀍盤

尹姞鼎

呂鼎

師望鼎

盠方彝

寰盤

克鼎

𡚬方鼎

虢弔鐘

師𩛥鼎

井人妄鐘

秦公簋

邾公華鐘

蔡侯𩐌盤

曾侯乙鐘 穆鐘

1161 稷

中山王嚳壺

王孫亯鐘

稷 从示 中山王嚳鼎 恐隕社稷之光

1162 稻

稻 曾伯霥簠

从米 陳公子甗

从㫃 史免簠 用盛𥻨粱 旞字重見

1163 稬

稬 伯公父簠 用盛糕旞需粱 正字通以穤為稬俗字集韻作穤从米

1164 年

年 从禾从人人亦聲說文云从禾千聲非 缶鼎

秭作父甲簋

罷卣

臣辰卣

且辛簋

己侯貉子簋

𠭯尊

弔寠簋

伯疑父簋

欮簋
𠤳鼎
剌鼎
仲𠂤父簋
同𠂤簋
庚嬴卣

伯衛父盉
弔妣簋
免盤
免簋二
封簋
趞鼎
毳簋

客容簋
史宜父鼎
師趛
弔咢父簋
伯田父簋
豐兮簋

伯晨鼎
縣妃簋
牧師父簋
舀鼎
師酉簋
豆閉簋

仲師父鼎
善夫克鼎
頌鼎
頌壺
史頌簋
史寏簋

史頌匜
鄂侯鼎
召伯簋
師嫠簋
元年師兌簋

函皇父簋

無㠱簋

商丘弔𠤳

弔上匜

伯盂

虢文公鼎

鄭伯筍父鬲

伯正父匜

芮伯多父簋

吉父𠤳

伯吉父鼎

弔専父盨

中義父鐘

陳侯壺

大梁鼎

召卣二

敔簋

姞氏簋

仲殷父鼎

兮仲簋

仲鑠盨

蔡侯䵼盤

駒父盨

克鼎

㝬簋

曾伯霥匿

鄀公鼎

湯叔盤

齊侯匜

齊癸姜簋

戈叔鼎

鄦侯簋

陳子子匜

陳公孫詣父瓶

番君召鼎

曾姬無卹壺

廿七年鈿

中山王嚳鼎

東周左師壺

十一年惪鼎

王孫鐘

邾公華鐘

邾公牼鐘

邾公釛鐘

厚氏圃

紷鎛

夆叔匜

洹子孟姜壺

齊侯盤

魯伯匜

魯左司徒元鼎

膚平鐘

廿年距悍

伯椃簋

仲簋

遹簋

師旦鼎

杜伯盨

仲皇父盉

伯其父匡

王人甗

晉公盞

王子午鼎

者沪鐘

同簋

霝鼎

格伯簋

杞伯壺

芮大子伯壺

琴作北子簋

口者生鼎

祖伯匜

祖伯亶盤

从鼎

白者君匜

番君鬲

番仲戈匜

楚嬴匜

王孫壽甗

般仲柬盤

肖作禾斗卣

喬君鉦

省作人 竈乎簋 乎其萬年永用 又萬年二字合文作萬人

甫人觥 其萬年用

禹攸比鼎 一年二字合文

虢季子白盤 二年二字合文

1165 穌

穌 从木𡿧乳為蘇書立政司寇蘇公傳忿生為武王司寇封蘇國 蘇公簋

穌冶妊鼎

穌甫人匜

穌貉豆

史頌簋

滕侯盨

1166 秦

秦 从秝 史秦鬲

[illegible]鼎

洹秦簋

省廿 酓忎鼎

但勺

國名嬴姓伯爵出自顓頊至襄公討西戎有功平王東遷賜以岐豐之地列為諸侯至惠文稱王至始皇并兼天下自立為帝二世而亡 秦公簋

秦公鎛

䣄羌鐘 征秦迮齊

鄀子匿 用媵孟姜秦嬴

秦王鐘

大廣鎬 秦客王子齊之歲

訇簋 秦夷

師酉簋 秦夷

1167 秭

秭 呂鼎

1168 秄

秄 說文所無 秄作父甲簋

1169 秹

秹 說文所無集韻禾弱也 秹尊

1170 兼

兼 𨛜王子旃鐘

1171 黍

黍　从禾从水　仲𣪘父盤　黍粱避麥

1172 粱

粱　不从米　陳公子甗　汈字重見

史免匡　用盛稻粱

曾伯霥匡　用盛稻粱

弔朕匡

仲𣪘父盤

伯公父匡　用盛糕稻穤粱

弔家父匡　用盛稻粱

1173 糕

糕　从米隹　伯公父匡

1174 槃

槃　說文所無　曾侯乙鐘　槃鐘律名

1175 舂

舂　伯舂盉

1176 㫐

㫐 𫀮鐘 𠬝孳敢㫐處我土

1177 暜

暜 說文所無 南公有司暜鼎

暜卣

1178 㪍

㪍 㪍車父簋

㪍伯車父鼎

㪍車父壺

1179 麻

麻 从厂 師麻匡

1180 耑

耑 孳乳爲鍴小巵也 義楚耑

郤王耑

从金說文所無玉篇有之 郤王義楚耑

1181 瓜

瓜 孳乳爲狐 命瓜君壺 命瓜即令狐

家 家戈爵

家戈父庚卣

枚家卣

缶鼎

令簋

令鼎

寡子卣

楷伯簋

亘尊

量肇家鬲

𬞃簋

辛鼎

康鼎

易𡰪簋

伯家父鬲

伯家父簋

伯家父作孟姜簋

頌壺

頌鼎或省宀

弔向簋

卯簋

𦔻簋

𢦔簋

克鼎

幾父壺

毛公䓪鼎

不𡢁簋臣五家

不𡢁簋

命瓜君壺

1183 宅

林氏壺

中山王嚳鼎

宅 何尊 隹王初鄙宅于成周 又余其宅丝中或

秦公鎛 賞宅受或

秦公簋 受天命鼏宅禹責

晉公𥂴 𠔿宅京𠂤

宅簋

公父宅匜

封孫宅盤

从𠂆 者沪鐘 哉弼王宅

1184 室

室 戍嗣鼎

天亡簋

過伯簋

吕鼎

縣妃簋

万尊

免卣

趩簋

弔姞簋

休盤

君夫簋

師𡘋父鼎

善鼎 諫簋 豆閉簋 芇伯簋 師虎簋 揚簋 趞曹鼎

師𠷎父鼎 鬲攸比鼎 頌鼎 頌簋 頌壺 曼龔父盨二

師嫠簋 無叀鼎 仲𠭯父簋 㝬簋 伯睘卣

比簋 仲殷父簋

𢦒簋 林氏壺 曾姬無卹壺 鑄客豆

从巠䡲弔簋 酓忎鼎 酓忎盤

1185 宣

宣 虢季子白盤 王各周廟宣廟

曾子仲宣鼎

1186 向

向 向卣

向簋

向𨖎簋

弔向父簋

弔向簋

多友鼎

1187 宇

宇 𤔲盤

穆王井帥宇誨

㝬簋 宇慕遠猷

說文籀文宇从禹 五祀衛鼎 迺舍寓于氒邑

𤼈鐘 武王則令周公舍寓于五十頌處

从口 𤔲盤 舍㝢周卑處

1188 𡫀

𡫀 弔旅魚父鐘

1189 寏

寏 師寏父盤

師寏父簋

史寏簋

𤔲盤

1190 宏

宏　从宀从弓與弦為一字説文宏屋深響也弦屋響也其義同又紘弍从弘作紭其形通　毛公厝鼎　宏我邦我家

毛公厝鼎又云朱𩊚宏靳袞通𩊚即詩韓奕之鞹鞃

从囱　番生簋

九年衛鼎

彔伯簋

師兑簋

師克盨

吴方彝

1191 㝩

㝩　克鼎

㝵簋　余亡㝩晝夜

1192 寍

寍　𤔲盤

毛公厝鼎

國差鑪

蔡侯𧊒鐘

盗壺　不能寍處

1193 定

定　伯定盉

衛盉

五祀衛鼎

蔡侯𧊒鐘

秦王鐘

1194 安

1195 宴

中山王譽鼎

中山王譽壺

安𡨦尊

𡨦卣

𢦏方鼎

師㝨鼎

公貿鼎

安父簋

哀成弔鼎

薛子仲安簠

國差𦉜

坪安君鼎

从厂 格伯簋

陳猷釜

宴 宴簋

與匽通 邾公華鐘 以宴士庶

鄦王子旃鐘 以宴以喜

郾侯鼎 王休宴乃射

1196 寴

寴 克鐘 不从宀 親字重見

史懋壺 寴命史懋

㠱侯鼎

多友鼎

農卣

从新 中山王嚳壺 賢人寴

1197 富

富 富奠劍

上官登

中山王嚳鼎 毋富而喬

1198 實

實 𫹊簋 實朕多架

散盤

國差𦉜

1199 容

容 說文古文容从公 十一年𢈋鼎 容一斛

土勻錍 土勻容四斗錍

1200 寶

寶 伯𡨦卣

呂仲爵

卬小子鼎

集偖簋

仲鼎

𢦏鼎

員父尊

伯魚簋

㠯鼎

德方鼎

𦔻卣

貉子卣

曆盤

霸姑鼎

𠷎季奞父簋

簟卣

䴡鼎

史梅簋

傳尊

虘鼎

豚鼎

乃孫作且己鼎

作父丁尊

𠤳方彝

㚤卣

旂鼎

女黃簋

能匋尊

小臣謎簋

伯芳簋

首梲壺

𠛱弔盨

伯盂

伯卣

吕鼎

旂父鼎

弔寍簋

史獸鼎

是要簋

五十七字 衛簋

办壺

[illegible]作父丁卣

[illegible]卣

康侯鼎

公史簋

復尊

[illegible]人守鬲

麥盉

保卣

服尊

拼辺冀簋

彔簋

頍卣

衛父卣

作父丁盤

伯景卣

作父乙簋

賷尊

[illegible]簋

同卣

舟簋

弔宿簋

作寶簋

伯中父簋

小乙父乙簋

𢦏古鼎

檣盤

豐卣
癲鐘
癲鐘
三年癲壺
癲簠
曼龔父盨

大師盧簋
盧鐘
伯闢簋
師嫠簋
師望壺

剌鼎
猒鐘
鄭大師甗
曼肇家鬲
伯頵父鼎

兮仲簋
伯賓父簋
弔賓父盨

弔向父簋
仲師父鼎
伯孰父鼎
伯公父𠤳
善夫克鼎

克鼎
仲義父鼎
史頌匜
頌鼎

頌壺

虢季子白盤

厲弔多父盤

牧師父簋

虢弔匜

毛公厝鼎

伯寬父盨

陳侯作嘉姬簋

陳侯簋

魯司徒仲齊盨

魯伯愈父鬲

魯伯匜

魯遵父簋

鑄公匜

國差䤴

厚氏𠤱

杞伯簋

杞伯壺

杞伯鼎

邾友父鬲

伯椃虘簋

鄀嫛簋

弗奴父鼎

隮子鬲

遟盨

盫男鼎

寬豊卣
害鼎
剌䵼鼎
田農鼎
寢敄簋
子阱簋
楚公豪鐘
己侯簋
堇臨鼎
伯矩鼎
矩尊
宖甗
伯魚鼎
司土司簋
板家卣
應公鼎
見尊
盂鼎
善簋
姞氏簋
彔伯簋
弔姞盨
師趛鼎
友父簋
同簋
本鼎
邾討鼎

史宜父鼎

鄭虢仲簋

番仲艾匜

鄭伯筍父鬲

伯吉父簋

師寏父簋

毛弔盤

伯匕鼎

不嬰簋

鄧孟壺

取膚匜

龢鎛

喬君鉦

鄀公鼎

鑄弔匜

曾伯文簋

陳侯壺

趞弔吉父盨

伯吉父鼎

叡召妊簋

柞鐘

伯喜父簋

仲彤盨

白者君匜

大師子大孟姜匜

㝬簋

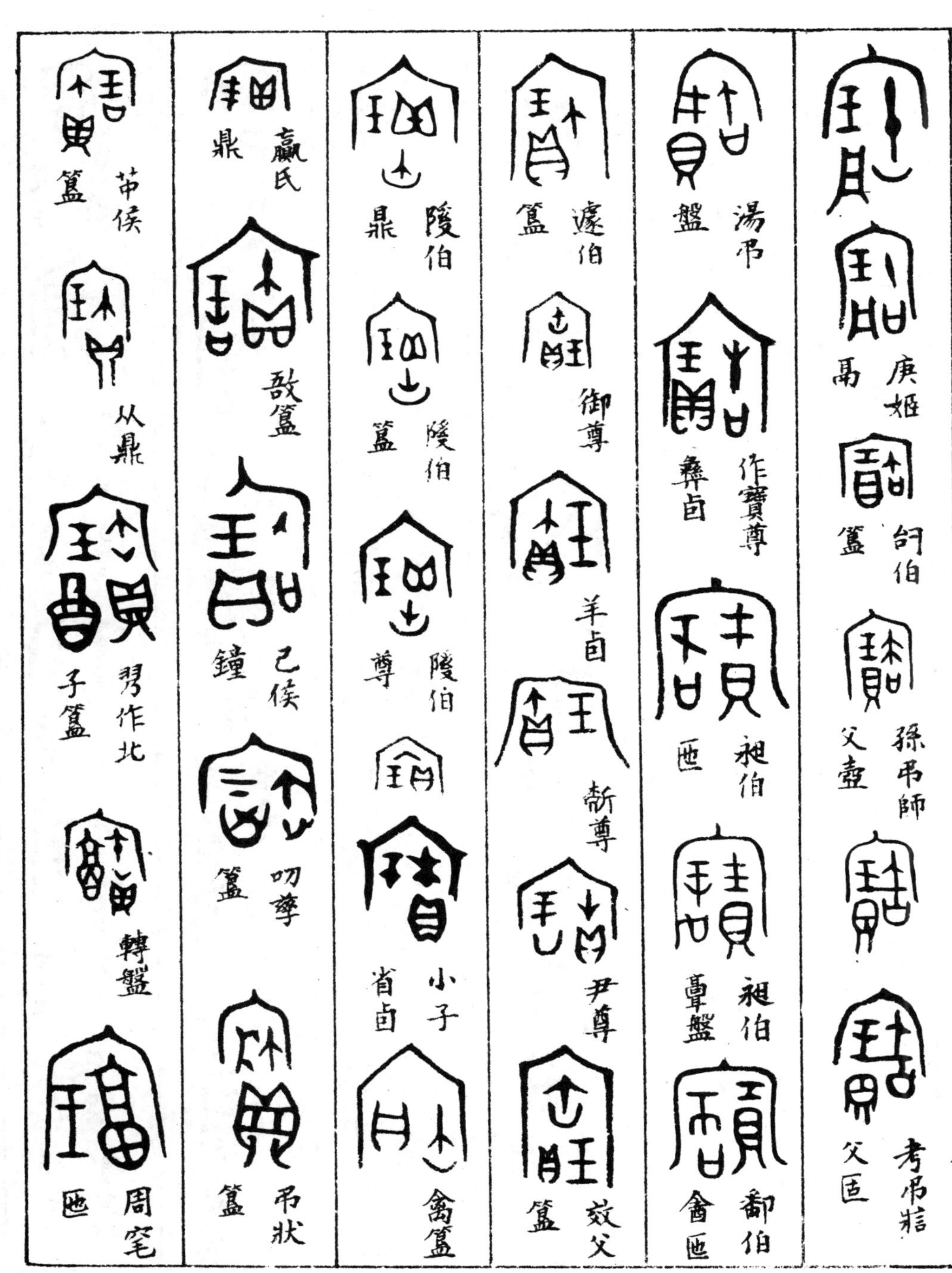
庚姬鬲
𠭯伯簋
孫弔師父壺
考弔𣃦父匜
湯弔盤
作寶尊彝卣
𥙊伯匜
𥙊伯𩫏盤
𨕿伯𣪕匜
𨖁伯簋
御尊
羊卣
𣂔尊
尹尊
𥞤父簋
陵伯鼎
陵伯簋
陵伯尊
小子省卣
禽簋
𣪕氏鼎
𢼄簋
己侯鐘
叨孳簋
弔狀簋
芇侯簋
从鼎
𢀛作北子簋
𨌲盤
周窐匜

楚季苟盤

虢季氏簋

亘鼎

㠯車父壺

鄀子宿車盆

鄀季宿車盤

鄀季宿車匜

鄀子宿車鼎

伯晨鼎

延盨

宰甾簋

弔父丁簋

格伯作晉姬簋

貯子己父匜

郳子行盆

曾仲斿父壺

封孫宅盤

欒書缶

王人甗

番君匜

般仲朿盤

姞㿝母鼎

周𡨦鼎

仲盤

[illegible]鼎

番君鬲

白者君鼎

白者君盤

白者君匜

1202 宰　1201 宧

寶　量侯簋

寶　冑匠

寶　買簋

寶　糟盤

寶　假匋為寶

寶　畲父盉　畲父作茲女寶盉

寶　齊縈姬盤　永寶用亯

寶　邾弔鐘　永賲用亯

寶　邾伯祀鼎　永寶二字合文

寶　召樂父匜　寶用二字合文

寶　弔單鼎

寶　作寶尊彝卣　寶尊二字合文

宧　仲宧父鼎

宰　宰椃角

宰　宰峀簋

宰　宰𢓜鼎

宰　師湯父鼎

宰　大師虘簋

宰　師嫠簋

守

1203

墾簋

寰盤

師遽方彝

吳方彝

頌簋

頌壺

頌鼎

散盤

趩鼎

魯宰駟父鬲

孫弔師父壺

邾大宰匿

鏀鎛 大宰官名魏三字石經僖公王使宰周公來聘古文作𡨦从肉

魯逢父簋

歸父盤

守从又 觚文

守婦觶

守婦簋

册守父乙觚

守册父己爵

守宮卣

守宮鳥尊

叜人守鬲

大鼎

守簋

1204 寵　1205 宥　1206 宜

寵 汈其鐘 用天子寵

曾伯從寵鼎

宥 諫簋 瓚司王宥

宜 說文古文作 金文象置肉于且上之形疑與俎為一字儀禮鄉飲酒禮賓辭以俎注俎者肴之貴者詩女曰雞鳴與子宜之傳宜肴也又爾雅釋言李注宜飲酒之肴也俎宜同訓肴也可證古璽宜民和眾作 漢封泥宜春左園作 尚存俎形之意與許氏說異 般甗 王宜人方 義與俎同或作俎

戍甬鼎　盄作父辛卣　天亡簋 王饗大宜　卬卣 三　史宜父鼎

矢簋　令簋　貉子卣　秦公簋　秦子戈　宜戈

宜□之棗戈

宜陽右倉簋

讀為義 中山王譽鼎 以征不宜之邦

中山王譽壺 不用豊宜

盗壺 大臂不宜

1207 宵

宵 宵簋

1208 宿

宿 宿父尊

鄦子宿車盆

鄦子宿車鼎

从宀𥃩聲 鄦子宿車盤

鄦子宿車匜

通夙說文宿从宀㑥聲㑥古文夙 𨿅弔簋 用宿夜享孝

1209 寢

寢 寢爵

說文籀文作𡪢

易从人為从女 召伯簋二

余獻寢氏以壺

1210 宆

从帚 小臣系卣

乙未鼎

寢敄簋

師遽方彝

寢𡚬盤

𢆶馬

宆 高景成曰古卜人凡元四字俱通象室下來人賓客之義說文从丏聲非 孳乳為賓 乃孫作且己鼎

亡宆鼎

𠨧卣二 宆貝五朋

盧鐘 用樂好賓

叡鐘 好賓 叡咒蔡姬

鄦公釛鐘 用樂我嘉賓

1211 寡

寡 从頁不从頒 毛公厝鼎 迺敄鰥寡

父辛卣

寡子卣

林氏壺 多寡不訂

不从宀 中山王譽鼎 寡人聞之

中山王譽壺 寡人非之

1212 客

中山王嚳鼎　寡人許之　寡人二字合文

客　師遽簋

利鼎

曾伯陭壺

干氏叔子盤

申鼎

姑口句鑃

鑄客鼎

鑄客鼎

郗王鼎

客鑄盥鼎

大賓鎬　秦客

从人　沖義父鼎

陳喜壺

1213 寓

寓　寓鼎

寓卣

晉人簋

1214 寒

寒 克鼎

省仌 寒姒鼎

1215 害

害 師害簋

害弔簋

假借為匄 伯家父簋 用錫害眉壽黃耇

㠱伯盨 害眉壽無疆

又通曷 書泰誓予曷敢有越厥志 敦煌本曷作害 毛公㕟鼎 邦將害吉

師克盨 干害王身

㕟弔多父盤 受害福 孫詒讓讀害為介

从丮 大簋 大賓豕𩰫章馬兩 于省吾謂𩰫章猶言介璋

1216 [宀+索]

[宀+索] 吳大澂釋 索諆爵

1217 宄

宄 从宫 刺䵼鼎

閼卣

解子鼎

師望鼎

幾父壺

師臾鐘

麥盨

義伯簋

伯椃簋

師酉簋

弔角父簋

說文古文作[illegible] 兮甲盤

从廾 曶鼎

1218 宕

宕 㦰方鼎

㦰簋

不嬰簋

从广 召伯簋二

不嬰簋二

1219 宋

宋 北子宋盤

衛宋𣪕尊

永盂

國名子姓公爵成王誅武庚更封微子于宋以奉商祀後至王偃齊楚魏共滅之

宋𥹁公之孫趠亥 趠亥鼎

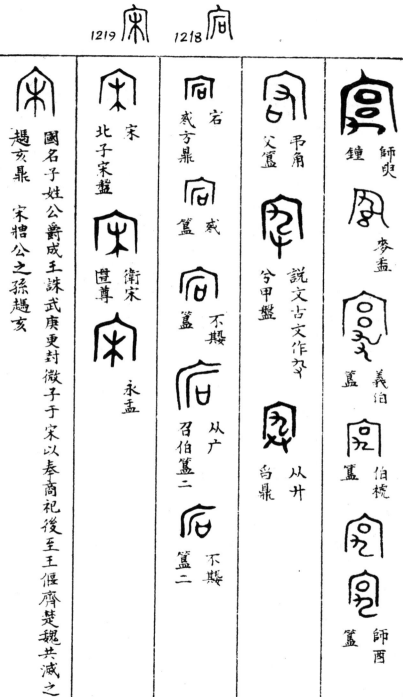

1220 宗

不昜戈 宋公差之所造不昜戈

宋公䜌戈 元公子景公名䜌

宋公旻戈 昭公名得景公子

宗 乃孫作且己鼎

臣辰卣

保卣

冀鼎

令簋

盂鼎

獻侯鼎

豚卣

沈子它簋

過伯簋

靜卣

䵼簋

仲追父簋

善鼎

豆閉簋

㝬伯簋

遣尊

師𩛥鼎

虘鐘

善夫克鼎

克鼎

㝬簋

㝬鐘

史頌簋

仲𣪘父簋

仲殷父簋

鄀𤼈盤

秦公簋

𩾚羌鐘

酓章作曾侯乙鎛

曾姬無卹壺

中山王嚳兆域圖

作宗寶彝卣

叔良父匜

陳逆簋

文考日己觥

文考日己方彝

中山王嚳鼎

中山王嚳壺

⿱次虫壺

1221 ⿱宀巳

⿱宀巳 說文所無 ⿱宀巳盉

⿱宀巳盤

1222 ⿱宀午

⿱宀午 說文所無 ⿱宀午豕簋

⿱宀午尊

1223 ⿱宀中

⿱宀中 說文所無 ⿱宀中鼎

1224 客

客　說文所無

客客簋

1225 ⿱宀付

⿱宀付　說文所無

賁奴父鼎

1226 ⿱宀弋

⿱宀弋　說文所無

昜鼎

1227 ⿱宀弜

⿱宀弜　說文所無

⿱宀弜父癸爵

1228 ⿱宀聿

⿱宀聿　說文所無

郾侯簋

1229 ⿱宀舟

⿱宀舟　說文所無

井侯簋　魯天子⿱宀舟𠨍瀕福

弔趞父卣

逆⿱宀舟出入事人

䐶匜

1230 宂

宂 說文所無

啟卣

1231 宛

宛 說文所無

鐇盤

1232 室

室 說文所無

者沪鐘

1233 宔

宔 說文所無

井宔鼎

暜仌

觚

仌宔父

戊方彝

仌宔

鼎

宔父

丁簋

宰儶宔

父丁鼎

作册大鼎

尹大保宔

大揚皇天

意如休

矢方彝

令敢

揚明公尹人宔

令簋

令敢揚

皇王

宔

辛伯鼎

宔

緐五十乎

孟簋

用宔茲彝

1234 寘

寘 說文所無

寘簋

1235 寏

寏 說文所無

㠱伯盤

㠱伯

簋

1236 宝

宝 說文所無

弔宝簋

克鼎

宝靜于猷 義如寍安也

1237 寪

寪 說文所無

寪卣

1238 褱

褱 說文所無

褱盤

師褱

簋

中山王譽壺

慈孝褱惠

1239 㝛

㝛 說文所無

㝛鼎

1240 寘

寘 說文所無

會章作曾侯乙鎛 寘之于西𤊾

1241 寚

寚 說文所無

寚卣

1242 寁

寁 說文所無

𣀎寁簋

1243 𡨊

𡨊 說文所無楊樹達疑為鑄之假字淮南子說林篇高注鑄小鼎又鼎無耳為鑄鑄簋猶云小簋 姜林母作𡨊簋

伯多父盨

1244 𡨦

𡨦 說文所無

𢐫盤 𡨦鯀子孫

1245 𡩚

𡩚 說文所無

伯𡩚父鬲

1246 寡

寡 説文所無郭沫若釋寬云字形既近音亦同在元部蓋異作也

寡兒鼎

齊侯匜

齊侯盤

1247 𦃕

𦃕 説文所無

散盤 余有爽𦃕

1248 䜭

䜭 説文所無説文言部有䜭字謂讀若沓此从宀䜭聲

厵羌鐘 䜭敓楚京

1249 寡

寡 説文所無郭沫若謂即算之緐文當即訓眞訓具訓陳之籑養之本字 杕氏壺 寡在我車

1250 宮

宮

召尊

矢方彝

弔𤔲鼎

舍父鼎

庚嬴卣

雍伯鼎

呂鼎

十三年瘐壺

善鼎

季盨鼎

君夫簋

休盤

柳鼎

南宮柳

1251 營

南宮乎鐘　伯晨鼎　大鼎　克鐘　頌鼎　頌壺

散盤　拍敦蓋　曾侯乙鐘

鄂君啟舟節　右屒胥壺　右宮矛　中山王譽兆域圖

營　不从宮　五祀衛鼎　于邵大室東逆營二川　榮字重見

1252 呂

呂　駱子卣　王各于呂　班簋　王令呂伯曰　呂鼎　靜簋

國名　呂王鬲　呂王壺　呂仲爵　曾侯乙鐘　呂鐘又呂音均爲律名

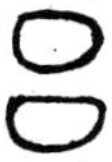

邾公牼鐘 玄鏐鏞呂

吉日壬午劍 玄鏐鏄呂

鋁 从金 郘鐘 玄鏐鏞鋁

𢿱兒鐘 吉金鏄鋁

國名經典作呂 郘鐘 从邑

郘大弔斧

1253  竈

竈 从宀孫詒讓曰讀當為竈左傳昭十一年杜注云竈副倅也 郘鐘 其竈四堵

秦公簋 竈囿四方秦公鎛作匍及四方詩皇矣作奄有四方

1254 宩

宩 𦬸伯簋 我亦弗宩享邦

1255 寮

寮 从宀與經典同 矢方彝 卿事寮

矢尊

令簋 用殹寮人

1256 空

番生簋

毛公厝鼎

䢦盂 省吕 各𠂤司寮女寮奚

空 十一年鼎

1257  寫

寫 从隹 蔡侯䜌鐘 寫=為政

1258  窆

窆 不从宀 說文窆葬下棺也 中山王嚳兆域圖 王命貯為兆窆

1259 穻

穻 說文所無 穻鼎

1260 㝔

㝔 說文所無 彊伯作井姬㝔鼎 此㝔鼎為獨柱帶炭盤小鼎

1261 窀

窀 說文所無

周窀匜

1262 寬

寬 說文所無

伯寬父盨

1263 寶

寶 說文所無

寶尊

1264 窖

窖 說文所無說文有焅字此从穴焅聲

公子土斧壺 公孫窖立事歲

陳𣂪子戈

窖戈 義如造

1265 宊

宊 說文有𥨣部而無宊部宊部此即宊字

寤寐等字从此高景成說 又宊簋

1266 㾢

㾢 說文所無說文無爿部今補于疒部之前 牧師父簋

1267 𤕥

𤕥 說文所無

輔伯𤕥父鼎

1268 𤖥

𤖥 說文所無

陳侯匜

王中嬀匜

1269 疾

疾 从大从矢

毛公厝鼎 㪟天疾畏

上官鼎

1270 𤸫

𤸫

師𤸫簋

1271 疕

疕 說文所無

昆疕王鐘

1272 痞

痞 說文所無

中山王譽兆域圖 痞宗宮

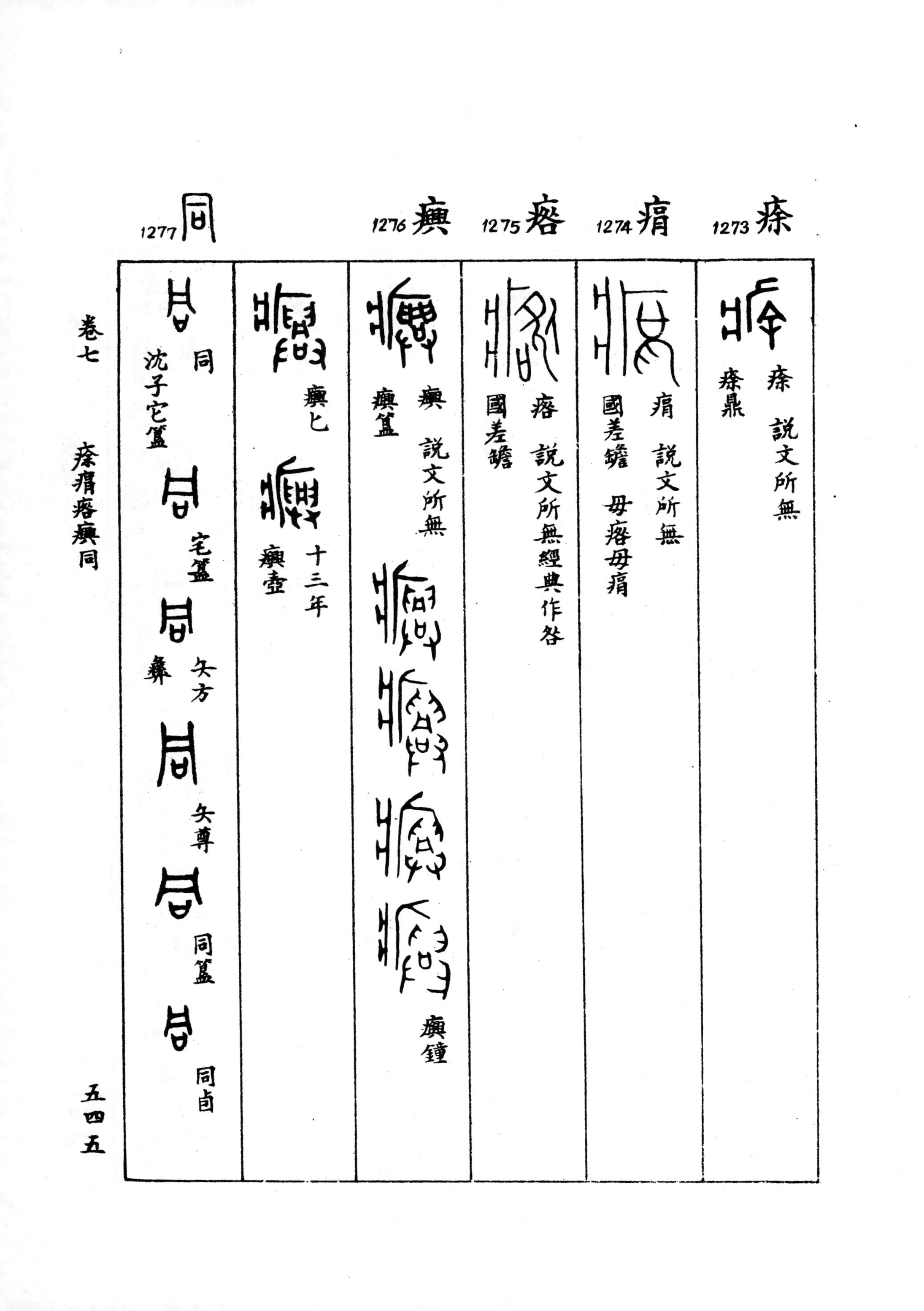

1273 瘵

瘵 說文所無

瘵鼎

1274 痟

痟 說文所無

國差𦉜 毋瘠毋痟

1275 瘠

瘠 說文所無經典作㿿

國差𦉜

1276 瘼

瘼 說文所無

瘼簋

瘼鐘

瘼匕 十三年

瘼壺

1277 同

同

沈子它簋

宅簋

矢方彝

矢尊

同簋

同卣

師同鼎

永盂

同姜鬲

不嬰簋

元年師兑簋

鄭同媿鼎

幾父壺

同自簋

散盤

姑□句鑃

中山王譽壺

盗壺

1278 冑

冑　孫詒讓釋冑之變體　豦簋　甲冑干戈

彧簋　俘戎兵豚矛戈弓備矢裨冑

盂鼎二

伯晨鼎

冑臣

中山王譽壺　身蒙夲冑

1279 冒

冒　九年衛鼎

1280 㒳

㒳 㒳與兩爲一字 𪫑鼎

㒳 𢼸簋

㒳 宅簋

㒳 盠駒尊

㒳 守簋

㒳 𪚊簋

㒳 大簋

㒳 圅皇父盤

㒳 中山王𠑭兆域圖 兩堂間

㒳 九年衛鼎 二兩二字合文

1281 兩

兩 兩 圅皇父鼎

兩 圅皇父簋

兩 洹子孟姜壺

1282 𪚊

𪚊 𪚊 𪚊簋

1283 网

网 网 戈网甗

网 戈网卣

网 仲网父簋

网 𩵦卣

网 伯罬卣

1284 䍙

䍙 畬卣

1285 𦊓

𦊓 說文所無

㚸氏壺

1286 罯

罯 說文所無

兮甲盤 罯盧地名

1287 覆

覆 从辵

中山王嚳壺 五年覆吳 復字重見

1288 巾

巾 與市為一字

曶壺 赤巾幽黃

元年師兌簋

錫乃祖巾五黃

1289 帥

帥 从目非从𠂤

五祀衛鼎

牆盤

史頌簋

史頌鼎

弔向簋

番生簋

井人妄鐘

秦公簋

師望鼎

單伯鐘

虢弔鐘

彔伯簋

師虎簋

毛公𢉩鼎

晉公𥂕

1290 常

常 不从巾 陳公子甗 尚字重見

1291 幬

幬 不从巾 彔伯簋 𠷎字重見

从韋 伯晨鼎 幬較

1292 幃

幃 伯晨鼎

1293 帚

帚 女歸卣 𡥈乳為歸

女宦方彝

天黿帚 𩑋鼎

𠆸父乙尊

1294 布

帚女簋

孳乳為婦　比簋　伯婦

布　罳卣

罳尊

守宮盤

1295 芇

芇　說文所無席字籀文从此說文云席从巾庶省非

芇伯簋　又芇于大命

1296 歸

歸　說文所無　歸父丁鼎

歸弔山父簋

段金歸簋

段金歸尊

1297 市

市　篆文从韋从犮作韍俗作紱經典作黻　又作芾說文所無

盂鼎　冂衣市舄

免簋

趩簋

師酉簋

師奎父鼎

師𩛥鼎

趞曹鼎

揚簋

師嫠簋

豆閉簋

休盤

1298 帢 1299 帛

甫季鼎　番生簋　頌壺　頌簋　頌鼎　克鼎　柳鼎

毛公厝鼎　趞簋　从攴 四年𤼈簋　䝞敊

帢 衛盉　說文或从韋

帛 大簋　召伯簋二　舍父鼎　𦥑簋　魚顛匕

九年衛鼎 帛金一反　帛轡乘又朏　以帛為白　者減鐘 不帛不羊

𧊒伯簋　茁𣪕至見獻帛貝　帛貝二字合文

1300 白

白 叔卣

賞叔鬱鬯白金

作册大鼎

公賞作册大白馬

孳乳爲伯 盂鼎

伯盂

師旂 鼎

小臣 遽簋

矢簋

宅簋

𪉊伯 簋

彔伯 簋

彊伯 簋

彊伯作 井姬鼎

伯砮 鼎

趞曹 鼎

師酉 簋

大鼎

公貿 鼎

𠩺鼎

師斁 簋

格伯 簋

克鐘

不𡢁 簋

虢季子 白盤

魯伯愈 父鬲

魯伯 盤

杞伯 簋

1301 皀

皀 説文所無

中山王𠑭兆域圖

執皀宫

1302 ⿱白丂

⿱白丂 說文所無 ⿱白丂庚簋

1303 ⿱白内

⿱白内 說文所無 ⿱白内簋

1304 黹

黹 乃孫作且己鼎

弔黹甗

九年衛鼎 王大黹

㝬簋 簧黹朕心

曾伯霥𠤳 元武孔黹

孳乳為黼 孫詒讓謂黹屯即書顧命黼純之省 謂以黼文為玄衣之緣也 頌鼎 錫女玄衣黹屯

頌壺

頌簋

師奎父鼎

寰盤

訇簋

趙鼎

無叀鼎

弭伯簋

⿰丰殳簋

休盤

即簋

1305 ⿰黹虘

輔師𠭰簋

此鼎

䵤 从且　師𣪘鼎　錫女玄衮䵤屯

1306 黼

黼 不从甫　頌鼎　甫字重見

1307 ⿰黹虒

⿰黹虒 說文所無　⿰黹虒簋

𪓐盤　受𪓐爾⿰黹虒福

癲鐘　受余爾⿰黹虒福

文二百二十六　重一千九百七十二

金文編第八

容庚譔集
張振林 馬國權 摹補

1308 人

人 般甗　令簋　矢簋　矢尊　天君鼎　盂鼎

井侯簋　𤕌簋　師酉簋　善鼎　弔趯父卣　作鐘

𪉐簋　克盨　克鼎　散盤　井人妄鐘

追簋　王人甗　兮甲盤　穌甫人匜　為甫人盨

1309 保

𫑡鎛

王孫鐘

洹子孟姜壺

取它人鼎

𨞰諧尹鉦

曾姬無卹壺

君夫人鼎

中山王譽鼎

中山王譽壺

中山王譽兆域圖

樊夫人龍嬴匜

盂鼎　乃辟一人　一人二字合文

師𩛥鼎　事余一人

毛公厝鼎　死毋童余一人才立　又虔夙夕叀我一人

矢尊　令我隹令女二人亢眔矢　二人二字合文

保　大保簋

保卣

盂鼎

才盤

保子達簋

牆盤

師𩛥鼎

縣改簋

㝬鐘

㝬簋

克鼎

格伯簋

弔向簋

毛公厝鼎

秦公簋

郘𪒠簋

鄦子匠

楚子匠

褱鼎

郳王耑

子仲匜

邾公華鐘

者減鐘

寡兒鼎

子璋鐘

沇兒鐘

䈞平鐘

王子申盞盂

齊陳曼匠

陳侯午錞

陳逆簋

王孫弄鐘

盅子臣匠

蔡侯𩡳盤

姑口句鑃

子保觚

曾子斿鼎

中子化盤

曾大保盆

攻敔臧孫鐘

王孫壽甗

其次句鑃

㚸鼎

从玉 叔卣

[illegible]鼎

矢方彝

莫方鼎

毛弔盤

齊侯敦

[illegible]鎛

夆弔匜

大保鼎

大保爵

[illegible]卣

保汝母簋

[illegible]鼎

作册大鼎

齊侯敦

司寇良父簋

鄦侯簋

陳侯因資錞

說文古文保作𠈃 中山王譽鼎

中山王譽壺

从缶 十年陳侯午錞 保有齊邦

1310 仁

仁 中山王嚳鼎 亡不遳仁

1311 仕

仕 仕斤戈

1312 佩

佩 頌鼎

頌簋

頌壺

善夫山鼎

瘨簋 王對瘨楙錫佩

瘨鐘

1313 伯

伯 不从人 魯伯愈父鬲 白字重見

1314 仲

仲 不从人 散盤 中字重見

1315 伊

伊　史懋壺

伊簋

伊生簋

1316 㑥

㑥　廟㑥鼎

1317 仜

仜　縣改簋

1318 儼

儼　不从人曲禮儼若思釋文云本亦作嚴

虢弔鐘　皇考嚴在上　嚴字重見

1319 倗

倗　說文輔也从人朋聲金文以爲倗友之倗經典通作朋貝之朋而專字廢

䇂中壺　䇂中作倗生歓壺

格伯簋　格伯取良馬乘于倗生

倗卣

倗尊

倗伯簋

倗仲鼎

1320 𢕔 1321 僟

盠駒尊 盠曰王倗下不其

楚簋 仲倗父

倗史 車鑾

伯康簋 用饗倗友

趙曹鼎

伯旅魚父匜

弔妣簋

汻伯簋

克盨

多友鼎

杜伯盨

㝨弔多父盤

倗友鐘

王孫鐘

嘉賓鐘

从㫃 𨥎弔簋 于𨥎弔倗友

𢕔 不从人說文𢕔戒也 中山侯鉞 以𢕔氒衆 敬字重見

从心 中山王嚳壺 以懲嗣王

僟 仲僟簋

1322 何

何 象人荷物之形說文何儋也

何尊

子何爵

何 十六年戟

1323 備

備 戜簋

俘戎兵豚矛戈弓備矢裨冑 義如箙

元年師旋簋

備于大左 義如服

洹子孟姜壺 用璧玉備一嗣

又用璧二備 義如佩

中山王譽鼎

雩人歛斆備恁

1324 位

位 不从人

頌鼎 即位 立字重見

1325 儐

儐 不从人 守簋 賓馬兩金十鈞 孫詒讓曰賓即禮經之儐也

覲禮郊勞賜舍侯氏皆用束帛乘馬儐使者 賓字重見

1326 儕

儕

五年師旋簋 儕女十五昜 義如錫

般𣪘盤

儕孫般𣪘作盥盤

1327 俱

俱 不从人

㝬鐘 南尸東尸俱見廿又六邦

具字重見

1328 傳

傳

中山王礜鼎 隹傳㑄氏从

1329 依

依 李旦丘釋从立與从人同意

伯晨鼎 虎幃冟依

禮記明堂位天子負斧依釋文本作扆斧依應即虎扆扆

乃依之

別構

1330 側

側

無叀鼎

㫚簋

1331 付

付

散盤 我既付散氏田器

鬲攸比鼎

螸鼎

曶鼎

1332 偁

永盂

偁省爪　父己

中偁父　乙罍

父癸　爵

父甲　爵

偁缶　簋

或者　鼎

1333 敚

敚　召尊

召卣

衛盂

繙盤

𤼽匕

𤼽簠

散盤

牧師　父簋

1334 作

作　頌鼎

不从人　乍字重見

或从攴　姞氏簋

仲鑠　𤮕

郙王　劍

𢎗文　公鼎

1335 侵

侵 鐘伯侵鼎

1336 儥

儥 君夫簋

1337 償

償 不从人 㠯鼎 賞字重見

1338 儀

儀 不从人 虢弔鐘 義字重見

1339 佁

佁 □佁鼎

遹盂

从台 佁伯簋

伯康簋 用夙夜無佁

伯䢅鼎 佁乃且考

𤔲訇 君鼎

齊鞄氏鐘 于佁皇且文考

𠫑平鐘 佁濼其大酉

1340 便　1341 任　1342 俗

王孫鐘 余恁佁心

南疆鉦 余以政佁徒

鄧公簋 佁乍弇公

朐簋 佁乃且考事

从立从佁 陳侯因資錞 佅紿趄文

从心 郘王義楚耑 永保佁身

便 唐兰釋為便从人从㚸㚸為古文鞭象手持鞭鞭人之背形當是鞭的原始字 儥匜

任 任氏簋

从貝 中山王譽鼎 使智社稷之賃

俗 俞季鼎

師晨鼎

五祀衛鼎

永盂

駒父盨

毛公厝鼎 俗我弗作先王憂

義如欲

1343 俾

俾 不从人

國差𦉜 卑旨卑瀞

卑字重見

1344 億

億 不从心从人

命瓜君壺 旂無疆至于萬億年

1345  使

使 不从人

𩏂鎛 事字重見

从辵 中山王嚳鼎

使智社稷之賃

1346  傳

傳 傳尊

傳卣

散盤

从辵 王命傳賃節

傳卣 尊

1347  仔

仔 癸爵

且辛父庚鼎

1348 傒

傒 說文送也从人关聲呂不韋曰有侁氏以伊尹傒女今經典作媵左傳五年傳以媵秦穆姬楚辭天命媵有莘之國媵說文所無說文賸一曰送也賸字重見 又通

媵媵字重見又通塍塍字重見

季宮父作中姊婚姬侯匜

豆閉簋　用侯乃且考事

从女作媵　匹君壺

1349 佃

佃　與甸為一字魏三字石經侯甸古文作佃　克鐘

格伯簋

揚簋

柞鐘

柳鼎

1350  侮

侮　說文古文从母作㑄　中山王嚳鼎　隹傅㑄氏⿺辶从　義如娒

1351  伏

伏　史伏尊

1352 代

代　大保簋

康侯簋

令簋

小臣謎簋

明公尊

1354 弔　1353 俘

文父丁簋　過伯簋　寓鼎　鄦伯𠭯簋　彔卣　禽簋　埶馭簋

牆盤　仲伐父甗　㦰簋　鄂侯鼎　㝬鐘　虢季子白盤

翏生盨　兮甲盤　不𡢁簋　多友鼎　琱伐父簋

南疆鉦

俘　不从人　師寰簋　孚吉金　孚字重見

弔　善也引申而為有凶喪而問其善否曰弔說文作弔形体少譌魏三字石經君奭不弔古文作𢎨篆文作弔尚不誤後假拾也之叔為伯弔之弔又孳乳淑俶

以為弔善之弔說文亦解弔為問終乃弔之本義廢而人莫知弔之為𢎘矣

弔父丁簋

弔車觚

弔鼎

弔尊

作且乙簋

昜宂簋

揚鼎

陵弔鼎

罟弔簋

弔罟父簋

寡子卣

弔宿簋

逐鼎

賢簋

公貿鼎

穼鼎

趞簋

弔皮父簋

弔姬匿

畓鼎

禹弔盨

弔盉簋

師臾鐘

𦫳簋

弔專父盨

弔倉父盨

皃弔盨

陳貯簋
𣄰弔匜
免簋 
牧師父簋 
禹鼎  

弔向父簋
師賓父簋 
弔𢼊簋 
𢊁簋
司寇良父盨 
弔姞盨 

頌鼎
頌簋  
頌壺 
弔上匜  
𩑦弔多父盤

鄭楙弔壺
鄭伯筍父鬲 
弔五父盤 
庚姬鬲 
遣弔盨 

蔡姞簋
師麻斿弔匡 
善夫山鼎 
此簋   
𢦏弔朕鼎

虢弔鐘
商丘弔匡 
𠛁弔盨
虢文公鼎 
陳公子甗

尹弔鼎

士父鐘

邵大弔斧

孫弔師父壺

弔簋

敔弔簋

鄭興伯鬲

吳王姬鼎

戒弔尊

弔狀簋

鑄子𠤳

鑄弔𠤳

紷鎛

毛弔盤

夆弔匜

干氏弔子盤

邾弔鐘

留鐘

哀成弔鼎

齊陳曼𠤳

寰侯𠤳

曾大保盆

弔□劍

量器文

戈文

1355 佋

弔龜且癸觚 弔龜二字合文

弔龜作父丙簋

弔龜戈

弔龜爵

爵文

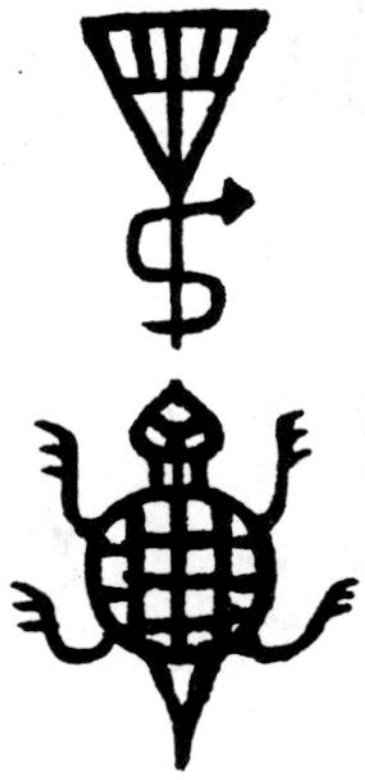

弔龜鼎

佋 與卲為一字羅振玉云說文廟佋穆父為佋南面子為穆北面經典通作昭周禮小宗伯辨廟祧之昭穆注父曰昭金文作卲 頌鼎 卲字重見

多友鼎 迺命向父卧

1356 免

免 从宀从人據魏三字石經免古文作宀篆文作宀知之説文奪去補附于此段玉裁訂入兔部非是 免簋

免簋二

免卣

免尊

免盤

史免匡

1357 佊

佊 説文所無

弔佊父簋

1358 侜

侜 説文所無

鳥壬侜鼎

1359 倫

倫 説文所無 義如令

十六年戟 十六年喜倫韓□左庫

1360 俯

俯 説文作頫或作俛徐鉉以為今俗作俯非是然禮記曲禮呂覽季秋有之 伯要俯簋

1361 偕

偕 說文所無

偕卣

偕尊

集偕簋

1362 ⿰亻啇

⿰亻啇 說文所無 通敵

中山王譽鼎 克⿰亻啇大邦

又通適 中山王譽壺

⿰亻啇曹郾君子澮不顧大宜

1363 僎

僎 說文所無

才僎父鼎

1364 眞

真

伯真甗

季真鬲

𠭯簋

真盤

1365 化

化

中子化盤

1366 匕

匕 器名用以取飯

瘨匕

仲枏父匕

魚顛匕

孳乳為姒　豩姒辛簋

戈姒　辛鼎

我鼎

曾伯　文鐳

木工鼎　姒戊

姒己　觚

[illegible]姒乙爵　姒乙二字合文

卯卣　姒丙二字合文

戊辰簋　姒戊二字合文

作姒己觶　姒己二字合文

姒己爵

文姒辛爵　姒辛二字合文

1367 卓

卓　九年衛鼎

卓林　父簋

1368 从

从　从鼎

宰椃　角

任氏　从簋

乍从　簋

陳喜　壺

从从反與比為一字　天作从尊

1369 從

從　不从辵　彭史從尊

遽從　角

遽從　鼎

遽從　簋

魚從盤

作從彝盤

巢鼎

奠尊

啟卣

師旂鼎

麥鼎

過伯簋

遹甗

敔鼎

賢簋

宴簋

班簋

𢦚馭簋

貞簋

史免匡

格伯簋

兮甲盤

多友鼎

耣鎛

曾伯從寵鼎

蔡公子從劍

遽邲尊

從鼎

麥盉

啟尊

散盤

1370 幷
1371 比

攻敔臧孫鐘

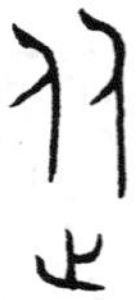

从止 作從彝卣

九年衛鼎

中山王䰇鼎

中山王䰇壺

中山王䰇兆域圖

从千 芮公鐘

幷 中山王䰇鼎 昔者吴人幷雩

比 比簋

比甗

鬲比 盨

鬲攸比鼎

諶鼎 作其皇考皇母者比君䵼鼎

班簋 以乃師左比毛父

1372 北

北 吳方彝

師虎簋

趞曹鼎

休盤

同簋

克鼎

柳鼎

寰盤

趩鼎

孳乳為邶 邶伯卣

邶伯尊

邶伯鬲

邶伯鼎

𢅤邶子丹甗

邶子鼎

邶子盤

甹作邶子簋

邶子丹鼎

1373 冀

冀 拱冀簋

令簋

1374 丘

丘 商丘弔匿

子禾子釜

闌丘戈

說文古文从土作坒 鄂君啟車節 昜丘

1375 伙

中山王嚳兆域圖　丘平者卌尺

伙　𠨘伙鼎

1376 眾

眾　師旂鼎

師寰簋

舀鼎

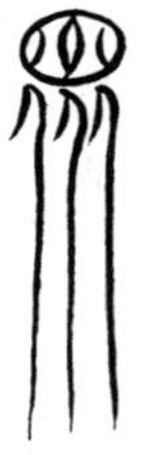

中山王嚳鼎　蔪達參軍之衆

中山侯鉞　以敬乓眾

1377 徵

徵　說文古文作𢼸此不从攴為宮商角徵之徵　曾侯乙鐘

1378 朢

… 朢 說文古文省月作𦣠 保卣 在二月既望

… 折觥 令作冊折兄𦣠土于柤侯

… 折方彝

… 臣辰盉 在五月既望

… 臣辰卣

… 庚嬴卣

… 趞鼎

… 舀鼎

… 朢爵

… …

作冊魖卣

… 不栺方鼎

… 戜方鼎

… 員鼎

… 傳卣

… 褠伯簋

… 縣改簋

… 事族簋

… 朢簋

… 禹鼎

… 師朢壺

… 師朢鼎

… 師虎簋

… …

大師虘簋

… 从亡 無叀鼎 隹九月既望 望字重見

… 麓伯簋 隹一月既望

… 㝔鼎 唯王九月既望

1379 重　1380 量　1381 監

孳乳爲謹　㝩簋　㝩弗敢謹公伯休

縣改簋　毋敢謹伯休

尹姞鼎　休天君弗謹穆公聖粦明弜事先王

盠駒尊　王弗謹㕚舊宗小子

重　井侯簋　重人

外卒鐸

昱成侯鍾　重鈞十八鎰

量　量侯簋

大師盧簋

克鼎

大梁鼎

監　史踣簋

應監甗

善鼎

頌鼎

頌壺

頌簋

仲幾簋

鄧孟壺

1382 臨

孳乳為鑑 攻吳王鑑

臨 盂鼎

毛公厝鼎

弔臨父簋

1383 身

身 麩伯簋

盠方彝

盠駒尊

趩鼎

𤼈鐘

班簋

師𩛥鼎

師克盨

㝬簋

弔向簋

士父鐘

邾公華鐘

公子土斧壺

中山王礐鼎

中山王礐壺

弔趯父卣 敬辪乃身

1384 殷

殷 保卣 王令保及殷東國五侯

𤰈卣 隹明保殷成周年

盂鼎

1385 衣

小臣謎簋　傳卣　轎盤　虢弔作弔殷穀匜

殷穀盤　仲殷父簋　仲殷父鼎　禹鼎

格伯簋

臣辰卣　王令士上眔史寅殷于成周　从宀　臣辰盉　豊卣

衣　天亡簋　衣祀于王　讀如殷　沈子它簋

復尊　陵弔鼎　盂鼎　趩簋　免簋二　師奎父鼎

1386 1387

無叀鼎

豆閉簋

休盤

㪤簋

吳方彝

曶壺

眗簋

羖簋

頌鼎

頌壺

頌簋

多友鼎　戎伐筍衣孚又衣復筍人孚車不克以衣焚

寰盤

伯晨鼎

衮　師𩵦鼎　錫女玄衮䪻屯

吳方彝　玄衮衣

伯晨鼎　玄衮衣

从谷　曶壺　玄衮衣

裏　不从衣　伯晨鼎　里字重見

吳方彝

師兌簋

師克盨

番生簋

毛公厝鼎

彔伯簋

1388 裣

裣 㦰方鼎

1389 襲

襲 説文籀文作襲 㦰鼎 永襲㦰身

㦰簋 永襲氒身

1390 褱

褱 褱鼎

𡡓乳爲懷 沈子它簋 沈子其顈褱多公能福

班簋 亡不褱井

𤔲盤 福褱𢾅彔

𤸰鐘

毛公𢈪鼎 率懷不廷方

伯㦰簋 唯用妥神褱唬前文人 于𥇨吾以爲鬼之借字

1391 裔

裔　陳逆簋

1392 褻

褻　檀弓君之褻臣也注嬖也　毛公𢑽鼎　師氏虎臣雩朕褻事

1393 襄

襄　穌甫人匜

穌甫人盤

鄂君啟舟節　襄陸　地名

鄂君啟車節

1394 裨

裨　㦸簋　孚戎兵豚矛戈弓備矢裨胄

1395 裕

裕　十六年戟

1396 卒

卒　外卒鐸

1397 𧙥

𧙥　説文所無

𧙥𠈌父鼎

1398 褩

褩　説文所無

褩尊

1399 褱

褱　説文所無

散盤　西宮褱人名

1400 襮

襮　説文所無

㦰方鼎　錫㦰玄衣朱襮裣

1401 裘

裘　説文古文省衣

君夫簋　儥求乃友

番生簋

𪐴鎛　用求考命彌生

邾君求鐘

𤔲鼎

衛　次卣　錫馬錫裘

次尊

祈伯簋　錫女嘁裘

康壺　衣裘

衛簋

衛盉

五祀衛鼎

九年衛鼎

大師虘簋　錫大師虘虎裘

不𡢁簋　錫不𡢁裘

王姜

1402 老

老　殳季良父壺

𩒨鎛

夆弔匜

歸父盤

辛中姬鼎

中山王𰯌鼎

中山王𰯌壺

1403 耆

耆　𣿌侯耆戈

1404 耇

耇 不从老省 師咢父鼎 用旂眉壽黃耇吉康 句字重見

亘尊 萬年壽考黃耇

師奎父鼎 用匄眉壽黃耇吉康

師艅簋 其萬年眉壽黃耇

曾伯霥匡 段不黃耇萬年

⿰米畐盤 福褱𣪕彔黃耇彌生

買簋 用錫黃耇眉壽

曾仲大父螽簋 用錫眉壽黃耇霝終

曾伯文簋 用錫眉壽黃耇

省口 彔同簋 用錫眉壽黃耇

1405 壽

壽 沈子它簋

向⿰豕丮簋

毳盤

毳簋

伯侯父盤

仲師父鼎

蔡姞簋

洨伯寺簋

伯康簋

仲枏父鬲

余卑盤

伯沵其盨

召弔山父匜

殳季良父壺

翏生盨

杜伯盨

鄀公匜

邿遣簋

欒書缶

姬鼎

伯其父匜

陳公子甗

𠂤生簋

曾仲大父𧊒簋

遟盨

邵鐘

樂子嗀豧匿

無叀鼎

趞盨

鑄弔匜

杞伯壺

豆閉簋

縣改簋

𤼈鐘

芮伯簋

靜弔鼎

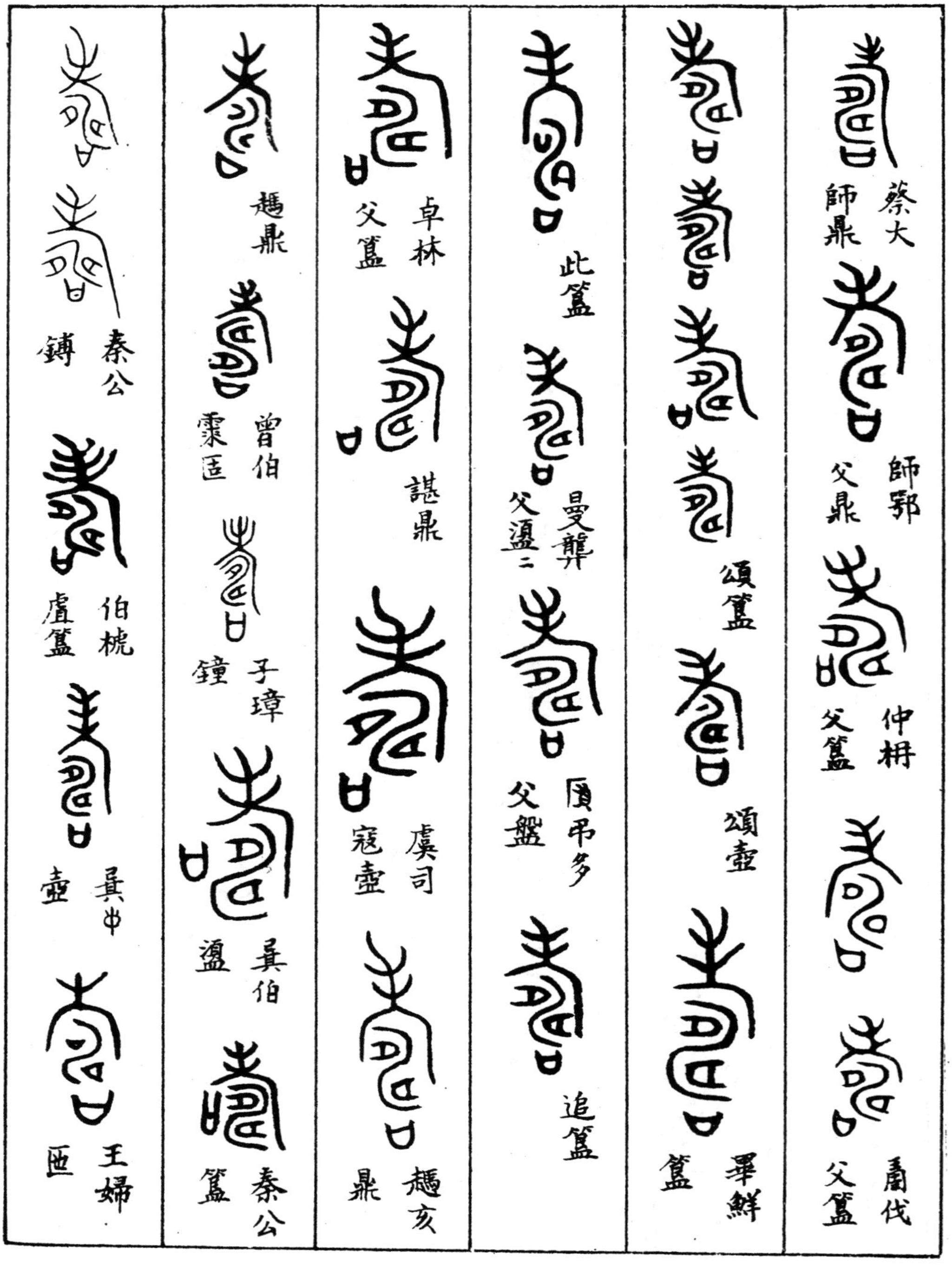

蔡大師鼎

師郛父鼎

仲枏父簋

鬲伐父簋

頌簋

頌壺

犀鮮簋

此簋

曼龔父盨二

㝬弔多父盤

追簋

卓林父簋

諶鼎

虞司寇壺

趞亥鼎

趞鼎

曾伯霥𠤳

子璋鐘

曩伯盨

秦公簋

秦公鎛

伯椃虘簋

曩中壺

王婦匜

邾友父鬲

邿伯祀鼎

考弔誁父𠤳

毛弔盤

王仲嬀𠤳

陳伯元匜

陳公孫牿父𤭯

陳侯𠤳

陳侯鼎

褱叏實鉼

褱鼎

長子口臣𠤳

般中朿盤

買簋

筍侯匜

其次句鑃

魯邍父簋

國差𦉜

齊侯匜

邾公華鐘

[illegible]平鐘

伯公父𠤳

頌鼎

曾伯陭壺

陳公子仲慶𠤳

寍桐盂

寬兒鼎

庚兒鼎

王孫鐘

蔡侯䵼盤

魯伯𠤳

厚氏圃

齊侯壺

紷鎛

薛侯盤

薛侯匜

鑄公𠤳

交君𠤳

子仲匜

陳逆簋

邾王子鐘

王子申盞盂

邾大宰𠤳

邾公釛鐘

鄀公鼎

王孫壽甗

子[illegible]盆

1406 考

王子午鼎

毛公旅鼎

不𣪕簋

伯汈其盨二

曹伯狄簋

對罍

亘尊

虢簋

𨻰子鬲

善夫克鼎

歸父盤

𨛫口伯鼎

从皿 師臾鐘

伯居盂

考 不从老省 司土司簋

作𠦪考寶尊彝

丂字重見

沈子它簋

服尊

傳卣

考母簋

考母壺

孟簋

毛公旅鼎

宴簋

彔作乙公簋

彔作乙公簋二

伯殺父簋

㠯鼎

㠯壺

師虎簋

虘鐘

仲𠭯父簋二

師酉簋

番生簋

滕虎簋

寧簋

敔簋

仲枏父簋 用卿考于皇且丂 孝作考考作丂

遟盨 用亯考 他器多作用亯孝

𨤲仲簋

買簋

弔皮父簋

大簋

盤仲卣

仲殷父簋

亘尊

弔向簋

師害簋

伯公父匿 諸考諸兄

王孫鐘

師奎父鼎

朐簋

鄀公鼎

杞伯壺 萬年眉考 他器均作眉壽

睘卣

井侯簋

周窸鼎

伯椃簋

向[illegible]簋

事族簋

豆閉簋

趩簋

牆盤

三年𤼈壺

𤼈簋

𤼈鐘

追簋

士父鐘

虢弔鐘

頌鼎

頌壺

頌簋

[illegible]弔多父盤

旅中簋 永用高考

召伯簋

休盤

癸旻爵

師遽簋

趞鼎

遹簋

師趛鼎

倗白

弔𨘻父卣

㝬生簋

師望鼎

豐兮簋

穌伯簋

彔伯簋

弔具簋

卯簋

吳彤父簋

伯晨鼎

大作大仲簋

大鼎

伯仲父簋

仲師父鼎

師嫠簋

是□簋

井人安鐘

魯邍鐘

仲辛父簋

友簋

曾仲大父蛕簋

伯椃虘簋

伯考父鼎

邾公華鐘

齊陳曼臣

蔡侯龖盤

考弔詬父臣

弔角父簋

中山王譽鼎

中山王譽壺

王子午鼎

無叀鼎

曾子斿鼎

簷平鐘 善弢獻考

其次句鑃

卿尊

卿卣

天亡簋

康侯簋

臣諫簋

朋逘盉

朋逘盤

考卣

斿尊

何尊

旂作父戊鼎

穼鼎

師訊鼎

杜伯盨

𤞣簋

1407 孝

仲冃父鬲 用敢卿考子皇且亐
考子二字合文

孝
㦰方鼎

頌鼎

曼龏父盨

陳肪簋

兮仲鍾

禹鼎

从日不从老省
闢卣 皇考作㞷号

㝬鼎

㪤且丁卣

鼓仲簋

卓林父簋

頌簋

殳季良父壺

曾伯陭壺

王孫鍾

邿遣簋

買簋

郗公鼎

鄭孝子鼎

中山王譽壺

王子午鼎

䊩盤

𤼈鐘

頌壺

虞司寇壺

[illegible]弔多父盤

召弔山父匿

伯孝期盨

姬鼎

虘鐘

弔咢父簋

曼龔父盨二

兮仲鐘

追簋

杜伯盨

伯梡虘簋

陳侯午錞

陳侯因資錞

郘鐘

散盤

[illegible]仲孝簋

大司馬匿

从食 曾伯霥匿 用孝用亯

番君匿 用亯用孝

1408 毛

毛　毛氏姬姓伯爵毛其采邑也文王子毛叔鄭之後春秋時有毛伯

毛伯𪘲父簋

毛公旅鼎

班簋

孟簋

此簋

毛𢍰簋

毛公𣅀鼎

召伯毛鬲

毛弔盤

孳乳為旄

𪏮𩰫鼎

𣄽旄兩

1409 毳

毳

守宮盤

毳簋

毳盤

1410 尸

尸　說文陳也象臥之形案金文作尸象屈膝之形意東方之人其狀如此後假夷為尸而尸之意晦祭祀之尸其陳之而祭有似于尸故亦以尸名之論語寢不尸苟尸為象臥之形孔子何為寢不尸故知尸非象臥之形矣

尸作父己卣

競卣

命伐南尸

𥎦鼎

1411 居

睘卣

小臣遣簋

盂鼎

彔卣

䶅簋

静簋

繙盤

豐兮尸簋

無㠱簋

師酉簋

虢仲盨

師寰簋

𢼸鐘

曶鼎

駒父盨

翏生盨

禹鼎

兮甲盤

居 居簋

鄂君啟車節 居鄵

1412 屒

屒 大簋 說文伏皃一曰屋宇 王在𨾊屒宮

大鼎

1413 屖

屖　皿屖簋

競卣

競簋

屖尊

五祀衛鼎

縣改簋

[illegible]盤

伯𩕜父鼎

王孫鐘　圅龏𡗦屖

命瓜君壺　屖〻康盄

都公鼎

王子午鼎　圅龏𡗦屖

或从辵　王孫𢍰鐘

曾侯乙鐘　屖則　古籒作夷則　或不从尸作遅

1414 屏

屏　說文所無　匽侯觶

1415 肩

肩　說文所無　師𩛥鼎　伯大師肩[illegible]𩛥臣皇辟

遹甗　師雝父肩史遹事于䚄侯

𣲵其鐘　天子肩事𣲵其身

1416 居	1417 眉	1418 屋	1419 屖	1420 尺	1421 屈
居 說文所無 鄂君啟舟節 夏居之月	眉 說文所無 永盂	屋 說文所無 右屋君壺 左屋 君壺 鄭左 屋戟	屖 說文所無 屖敖鼎	尺 中山王嚳兆域圖	屈 楚屈弔沱戈 劃篙 鐘

1422 舟

舟 舟父丁卣

父戊舟爵

舟父壬尊

孜觶

伯旂舟鼎

洹秦簋

舟簋

楚簋

鄂君啟舟節

1423 俞

俞 不㝨簋 駿方嚴妾廣伐西俞

不㝨簋二

魯伯大父簋

喬君鉦

魯伯俞父盤

魯伯俞父匜

豆閉簋

黃韋俞父盤

省舟孳乳為渝 𦅫鎛 勿或俞改

1424 船

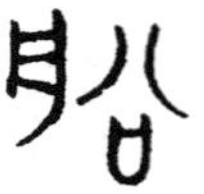

船 南疆鉦

1425 彡

彡 羅振玉釋彡唐寫本玉篇彡爾雅船又祭也商曰彡郭璞曰書曰高宗彡日是也白虎通昨日祭之恐禮有不備故復也 艅尊 隹王十祀又五彡日

小臣邑斝 隹王六祀彡日在四月

𠨍卣二 遘于妣丙彡日大乙爽

仲彡盨

1426 朕

朕 不从舟 臣諫簋 余朕皇辟侯

盂鼎

先獸鼎

盂簋

㦰鼎

無㠱簋

盠駒尊

吉日壬午劍

天亡簋

圉鼎

沈子它簋

傳卣

鄘伯馭簋

井侯簋

麻伯簋

諫簋

逨鼎

彔伯簋

師遽簋

康鼎

大作大仲簋

師虎簋

休盤

𦲷伯簋

豆閉簋

五祀衛鼎

師𩰫鼎

舀鼎

舀壺

豐兮簋

弔向簋

仲𠭯父簋

仲𠭯父簋二

𠭯鐘

師寰簋

伯𣪘父簋

伯晨鼎

榮有司爯鼎

榮有司爯鬲

元年師旋簋

即簋

㝬簋

㝬鐘

此鼎

此簋

追簋

大簋

⿱穴丩鼎

師酉簋

大鼎

師望鼎

宴簋

弔用父簋

克鐘

善夫克鼎

德克簋

克鼎

頌鼎

頌簋

頌壺

麓伯簋

善夫山鼎

趞鼎

毛公厝鼎

師嫠簋

商𣪘簋

幾父壺

倗友鐘

喬君鉦

拍敦蓋

者沪鐘

朕尊

仲辛父簋

買簋

[illegible]弔多父盤

不𡢁簋二

封仲簋

秦公簋

秦公鎛

戕弔朕鼎

封孫宅盤

中山王嚳鼎

中山王嚳壺

孳乳為賸 弔上作弔媍賸匜

鑄公匿

邾友父鬲

會始鬲

中伯壺

魯伯愈父鬲

薛侯盤

薛侯匜

毛弔盤

齊侯敦

㠱伯寍父匜

陳侯壺

襄𦟤父鼎

羿作北子簋

从勹 五祀衛鼎 逆其卿䑣

九年衛鼎 逆者其䑣

从皿 轉盤 轉作寶𥂴

哀成弔盤 哀成弔之盤

中子化盤 自作𥂴盤

1427 般

郳王義楚盤 自作盜盤

般 般甗

趞曹鼎 王在周般宮

利鼎

般仲朿盤

齊陳曼簠

孳乳為槃 兔盤

匽公匜

彊伯盤

寰盤

楚季盤

中皇父盉

干氏弔子盤

函皇父簋

兮甲盤

齊侯盤

鄭伯匜

取膚盤

毳盤

畓父盤

史頌盤

函皇父盤

宗仲盤

1428 服

鮴甫人盤

封孫宅盤

弔五父盤

仲歔父盤

魯伯盤

公子土斧壺

魯司徒仲齊盤

㠱伯𡨦父盤

毛弔盤

大師子大孟姜匜

米安盤

余卑盤

休盤

炒右盤

鄭伯吉射盤

吳盤

師寏父盤

省舟

㡯弔多父盤

元年師旋簋　錫女赤市冋黃麗般

瘨盨　錫般𧘝　虢敄攸勒

服　孟鼎

井侯簋

作冊䰧卣

班簋

趞簋

服尊

克鼎

番生簋

毛公厝鼎

訇簋　服尸

駒父盨

秦公鎛

1429 舿

舿 說文所無 鄂君啟舟節 五十舿

鄂君啟舟節 屯三舟為一舿 一舿二字合書

1430 ⿰舟若

⿰舟若 說文所無 ⿰舟若伯簋

1431 方

方 戊甬鼎

般甗

餘尊

⿱夆酉卣

乙亥鼎

天亡簋

保卣

矢尊

矢方彝

盂鼎

鄂侯鼎

𢿏盤

廡鐘

禹鼎

毛公厝鼎

虢季子白盤

兮甲盤

曾伯霥匿

秦公簋

秦公鎛

邾王子鐘

中山王譽鼎 方譽百里

中山王譽 北域圖

1432 兀 1433 兒 1434 允

史逨方鼎 彔伯簋 番生簋 召卣 不㝨簋 不㝨簋二

从木 盗壺 枋學全里

兀 兀作父戊卣

兒 者兒觶 小臣兒卣 儆兒鐘 易兒鼎 兒鼎

居簋 寬兒鼎 庚兒鼎 沇兒鐘

允 班簋 允戠顯 秦公鎛

1435 兌

从女 不𡢁簋 駿方厥允

虢季子白盤作厥執

中山王嚳壺 允舉若言

兌 師兌簋

元年師兌簋

𩰫兌簋

1436 兄

兄 剌卣

季作兄己鼎

戈肩簋

兄戊父癸鼎

[illegible]壺

蔡姞簋

[illegible]弔多父盤

殳季良父壺

曾子仲宣鼎

徵兒鐘

兄日戈

伯公父匜 諸考諸兄

[illegible]鎛

[illegible]兄癸卣

卷八 兌兄

1437 兢

1438 骍

孳乳為覭覭說文新附

卯卣二　卯其覭𤔲于夆田𠴀

保卣

誕覭六品

師𩞁鼎

師𩞁𨠬覭

令簋　公尹白

丁父覭于戌

斦觥　戊子令作册

斦覭𡍩土于柤侯

高景成云兄聖同聲古字恒增聲符

史桒兄簋

弔趯父卣

師鼎

弔家父匡

王孫鐘

沇兒鐘

子璋鐘

嘉賓鐘

姑口句鑃

兢

禹比盨

骍　說文所無

骍簋

1439 兟

兟 兟簋	説文所無

1440 兓

兓 散盤	孳乳為朁曾也 我兓付散氏田器

1441 先

先壺文 禽卣 沈子它簋 盂鼎

令鼎 揚簋 師執鼎 善鼎 茾伯簋 師虎簋

弔向簋 數狄鐘 盠方彝 伯先父鬲 𤼈簋

㝬鐘 㝬簋 師望鼎 師嫠簋 卯簋

1442 見

毛公厝鼎

虢季子白盤

秦公鎛

郘鐘

屭羌鐘

中山王譽鼎

中山王譽壺

蛮壺

尹姞鼎

禹鼎

克夾盨

先王覭四方

从彳

徵兒鐘

台追孝侁且

見

見尊

見甗

匽侯鼎

沈子它簋

賢簋

弔趯父卣

作册魖卣

史見卣

揚鼎

應侯鐘

𤔲盤

九年衛鼎

駒父盨

㝬鐘

𠦪伯簋

眉敖至見獻貴

1443 視

中山王嚳壺 則臣不忍見施

鄂君啟舟節 見其金節則毋征

視 說文古文作眂从目从氐 侯馬和溫縣出土的東周盟書作䚡或覛

何尊 䚡于公氏有𢍜于天

1444 觀

觀 不从見 效卣 王觀于嘗 雚字重見

中山王嚳壺

1445 親

親 从辛聲 孳乳為寴 克鐘 王親命克

盠駒尊

从宀新聲 中山王嚳鼎 受邦難寴

中山王嚳鼎 親逨參軍之衆

孳乳為襯 王臣簋 錫女朱黃桒襯玄衣黹屯

1446 覲

覲 不从見 女[illegible]鼎 女[illegible]覲于王

1447 覿

覿 說文新附見也

儹匜

1448 覔

覔 說文所無周語古者太史順時覔土西京賦覔往昔之遺館均當作覔後人以覔為覛之俗體非其朔也 班簋 班非敢覔

1449 ⿰米見

⿰米見 說文所無

中山王嚳鼎 猶⿰米見惑於子之

1450 ⿰⿱日尹見

⿰⿱日尹見 从日从尹从見說文所無

史頌簋 日遅天子⿰⿱日尹見命 徐中舒讀⿰⿱日尹見為耿謂即尚書立政丕釐上帝之耿命

史頌鼎

牆盤 祇⿰⿱日尹見穆王

𤼈鐘 ⿰⿱日尹見福

𤼈簋 ⿰⿱日尹見皇且考

追簋 敢對天子⿰⿱日尹見揚

井人妄鐘 ⿰⿱日尹見盄文且皇考

虢季子白盤 孔⿰⿱日尹見又光

1451 𩢛

𩢛 說文所無

鄂君啟舟節

1452 覼

覼 說文所無類篇俗覼字非

覼卣

1453 觀

觀 說文所無

中山王嚳鼎 觀𢍜夫䇂

1454 欽

欽

魚顯匕

1455 吹

吹

吹方鼎

弔趞父卣

虘司寇壺

1456 歌

歌 从言可聲說文或作謌

徵兒鐘 謌字重見

1457 次

次　次卣

次尊

史次鼎

嬰次盧

其次句鑃

1458 欮

欮　說文附于瘚下云瘚或省疒然瘚字从疒欮聲則欮乃正字不當附于瘚下故改列于此　師湯父鼎　矢臸彤欮

欮簋

1459 ⿰王欠

⿰王欠　說文所無　王子⿰王欠戈

1460 ⿰方欠

⿰方欠　說文所無　果簋

1461 ⿰台欠

⿰台欠　說文所無　越王句踐劍　⿰台欠淺史籍均作句踐

1462 ⿰矛欠

⿰矛欠　說文所無　弔朕匿　以⿰矛欠稻粱

1464 㱃　1463 [illegible]

[illegible] 說文所無 魚顛匕

㱃 不从欠 伯作姬㱃壺 酓字重見

㠱中壺 㠱中 作倗生㱃歔

善夫山鼎 令女官嗣㱃獻

人于見 沇兒鐘 㱃酉

徽兒鐘 㱃飤訶舞

魯元匜 魯大嗣徒元作㱃盂

中山王嚳壺 以遊夕㱃飤

从食欠 曾孟嬭諫盆 作饙㱃盆

从人从酉 辛伯鼎 酓鼎

東周左師壺 㑇壺

𧗳公壺 𧗳公左𠂤左㑇

1465 [seal]

[seal]

𤣥　徐鉉等曰今俗隸書作亮

衛盉　𤣥伯

[seal]

五祀

衛鼎

文一百五十八　重一千三百二十二

金文編弟九

容庚譔集

張振林
馬國權　摹補

1466 頁

頁　說文云古文䭫首字如此　卯簋　卯拜手䭫手

1467 頭

頭　蔡侯䜌鼎　蔡侯䜌之頭鼎

1468 顏

顏　从百　九年衛鼎

1469 頌

頌　今經典通作容周禮鄉大夫四曰和容鄭注與頌同　頌鼎

頌簋

頌壺

1470 頂

史頌簋

史頌盤

史頌匜

𤼈鐘 武王則令周公舍寓以五十頌處

蔡侯𪔘盤

𩞁頌剖商

㚤氏壺 其頌既好

頂 說文籒文从鼎

魚顛匕 遂王魚顛

王國維云此借爲鼎

1471 顉

顉 毛公𢉅鼎 毋顉于政

沈子它簋 沈子其顉褱多公能福

1472 顝

顝 伯顝父鼎

寰盤 宰顝

1473 頙

頙 弔頙父甗

弔頙父鼎

善夫山鼎 用作朕皇考弔頙父尊鼎

部史頙父鼎

1474 頮

頮 說文沬洒面也古文从頁作湏與此為一字書顧命作頮

魯伯匜 魯伯愈父作鼄姬𠃌朕頮匜

魯伯盤

殷穀盤

毳盤

毳匜

楚季盤

歸父盤

1475 頷

頷 从今郭沫若謂頷之異文

楚王領鐘

1476 顧

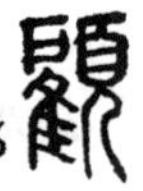

顧

中山王譽壺 不用禮宜不顧逆順

1477 順

順

何尊 順我不每

从心 中山王譽壺 不顧逆順

1478 項

項　項燮盨

1479 頵

頵　部鐘

1480 顯

顯　盂鼎　史獸鼎　彔伯簋　靜簋　師遽方彝　休盤

康鼎　諫簋　師酉簋　元年師旋簋

大師虘簋　虘鐘　寰盤　克鼎

大簋　大鼎　此簋　㝬鐘　頌簋

1482 ⿰⿺乚酉頁　1481 頳

頌鼎 　毛公厝鼎 　元年師兌簋 　番生簋 　虢季子白盤

即簋  　師𤸫簋 　秦公簋 　登弔盨

天亡簋 　沈子它簋　克成妥吾考以于顯顯受令　郭沫若謂𩓣即顯字之異　𢍰伯簋

公臣簋  　禹鼎

頳　說文所無

頳卣

⿰⿺乚酉頁　說文所無孫詒讓謂當為擾之異文

克鼎　⿰⿺乚酉頁遠能埶　尚書顧命柔遠能邇作柔柔擾聲近字通

1483 䭫

曾侯乙鐘

䭫 說文所無

1484 首

首 農卣

沈子它簋

井侯簋

遹簋

史懋壺

師遽方彝

虘簋

班簋

戜簋

戜方鼎

彔伯簋

靜卣

師遽簋

康鼎

師𧽊鼎

休盤

盠方彝

盠方尊

元年師旋簋

曶鼎

曶壺

令鼎

師艅簋

伯晨鼎

豆閉簋

吳方彝

師酉簋

元年師兌簋

師兌簋

永盂

善鼎

十三年瘭壺

三年瘭壺

鄂侯鼎

無㠱簋

大鼎

大簋

大作大仲簋

師奎父鼎

翏生盨

趞鼎

師寰簋

寰盤

師嫠簋

克盨

克鼎

頌鼎

頌壺

頌簋

兮甲盤

虢季子白盤

多友鼎

不嬰簋

不嬰簋二

⿰黹虎簋

友簋

⿱穴中鼎

沶伯簋

幾父壺

餿簋

1485 䭫

䭫 不从旨經典通作稽禮記射義再拜稽首釋文徐本作䭫 卯簋 卯拜手䪿手 頁字重見

从頁 令簋 用䪿後人啬

井侯簋

史懋壺

不㫚方鼎

農卣

彔伯簋

彔卣

𢦏簋

𢦏鼎

沈子它簋

令鼎

師遽方彝

師遽簋

趩簋

康簋

諫簋

師𩣡簋

𢀛鼎

𢀛壺

元年師旋簋

趞曹鼎

盠方彝

吳方彝

師𤼈簋

大師虘簋

永盂

恒簋

三年𤼈壺

十三年𤼈壺

元年師兌簋

大鼎

大簋

克盨

克鼎

頌壺

頌鼎

頌簋

師酉簋

豆閉簋

不嬰簋

柳鼎

師瘨簋蓋

南宮乎鐘

休盤

無㠱簋

趞簋

⿰鬲虒簋

大作大仲簋

康鼎

幾父壺

公臣簋

伯晨鼎

弭弔簋

1486 縣

揚簋

豦簋

友簋

茻伯簋

穼鼎

縣 縣妃簋

仲義昱匿

邵鐘 大鐘既縣

1487  須

須 須炙生鼎

孳乳為盨 周頟盨

易弔盨

伯孝𩑺盨

諜季盨

伯沙其盨

弭弔盨

遣弔盨

立盨

伯多父盨

𨛜弔盨

鄭義伯盨

1488 彣

彣 彣卣

彣尊

1489 文

文 能匋尊

戜者鼎

曾伯文鼎

旂鼎

令簋

君夫簋

友簋

文簋

麦尊

趞罍

服尊

孟簋

臣諫簋

利鼎

師酉簋

史喜鼎

啟尊

爽阝乍鼎

𠂤丞卣

旂作父戊鼎

文父丁簋
文父丁匜
萬卣
引觥
婦闟觥

子[illegible]觥
卽卣 二
天亡簋
保卣
豆閉簋

吕尊
[illegible]卣
商卣
商尊
鄘伯[illegible]簋

彔簋
㦰鼎
㦰簋
庚嬴卣
趞鼎
吕鼎

吕壺
休盤
𤼈鐘
此簋

此鼎
[illegible]鐘
追簋
毛公厝鼎
虢文公鼎

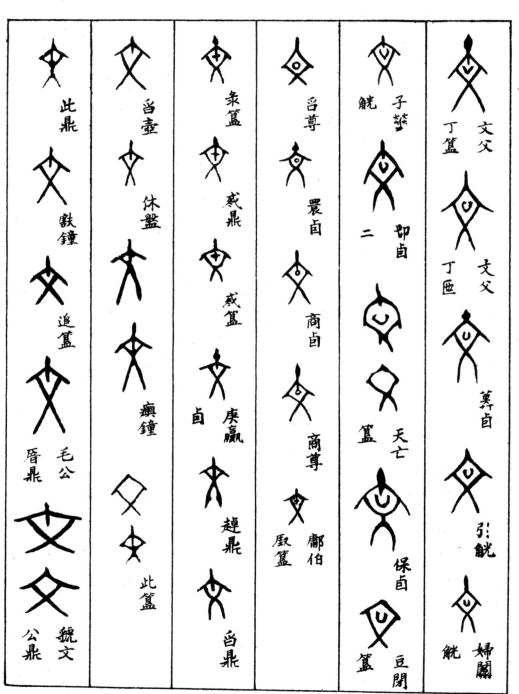

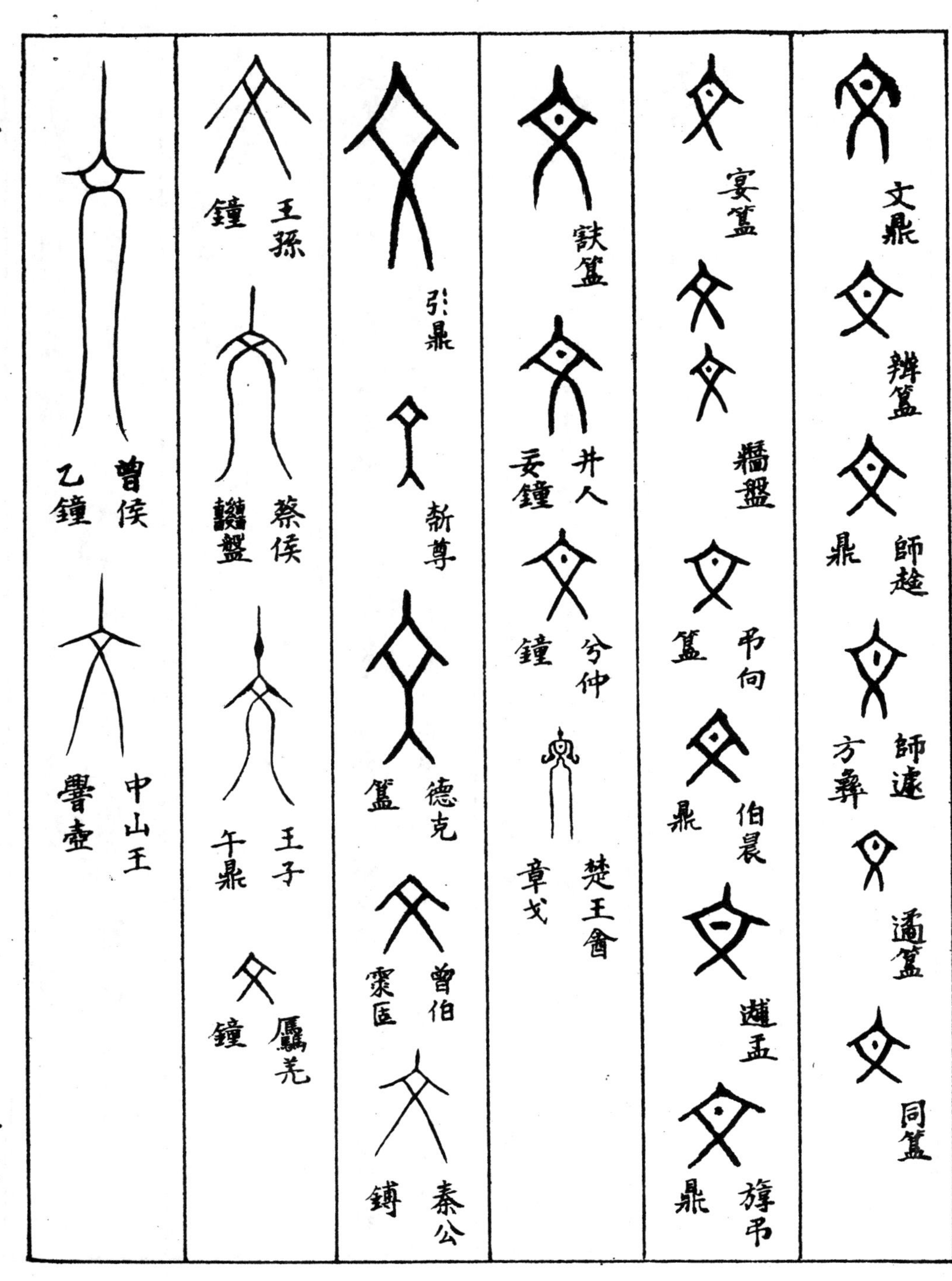

伯家父簋　用亯于其皇且文考

訇簋　文且乙伯

師害簋　師害作文考尊簋

攺𨗴　攺作朕文考乙公旅𨗴

是□簋　是□作朕文考乙公尊簋

玟　周文王之文从王从文　何尊　䢅玟王受兹大命

盂鼎　不顯玟王　在珷王嗣玟王作邦

茍伯簋　朕不顯且玟珷

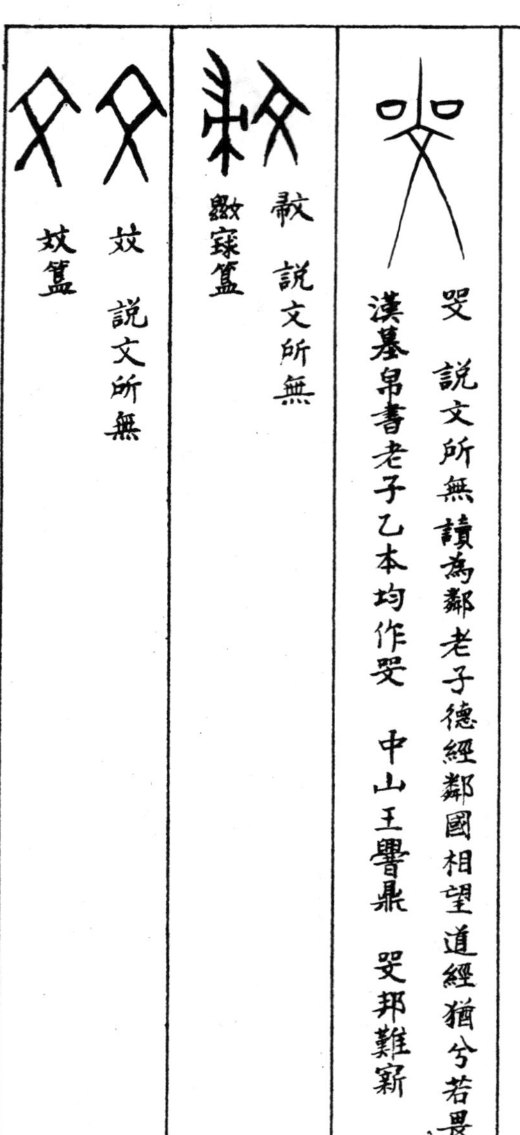

1490 ⿱吅文　說文所無　讀為鄰　老子德經鄰國相望　道經猶兮若畏四鄰　馬王堆漢墓帛書老子乙本均作⿱吅文　中山王𠑇鼎　⿱吅文邦難寴

1491 ⿰帚攵　說文所無　敝⿱宀录簋

1492 妏　說文所無　妏簋

1493 彥

彥 說文所無說文立彣部彥字从之从金文觀之當別立产部于文部下 彥鼎

1494 ⿸产言

⿸产言 說文所無 犀氏⿸产言會

1495 ⿸产刖

⿸产刖 說文所無 陳貯簋 余陲仲⿸产刖孫

1496 髮

髮 說文或从首作𩠐 汗簡首部𩠐釋馘 召卣二 婁黃髮敚眉

猶鐘

𤕌盤 𩠐髮多釐

痶鐘 髮彔屯魯

戜者鼎 用妥髮彔

1497 后

后 吳王光鑑 虔敬乃后

中山王譽兆域圖 悊后

司與后為一字 司母戊鼎

司母辛鼎

司母辛觥

司母姤康鼎

䵼姛鼎 錫貝于司

商尊 帝司賞庚姬貝廿朋

䵼盤 帝司𧴧亢保受天子綰命

𡩜乳為嗣 𢽰鐘 我隹司配皇天

毛公𪠨鼎 司余小子

弔向簋 余小子司朕皇考

大梁鼎 司寇

𧊒壺 司馬閴

揚簋 嗣工司 義如事

𧾣盨 各𠂤司寮女寮

1500 令 1499 𦤍

𦤍不从卮 義楚耑 耑字重見

令 孳乳為命 卯卣二

父辛卣

畬卣

戍甬鼎

保卣

大保簋

臣辰盉

矢方彝

矢尊

井侯簋

小臣謎簋

麩伯簋

盂爵

史獸鼎

睘卣

康侯簋

明公尊

師旂鼎

令簋

沈子它簋

盂鼎

它簋

傳卣

雍伯鼎

臣諫簋

彔伯簋

貉子卣

宰鼎

師酉簋

師虎簋

師寰簋

員鼎

卯簋

免盤

無㠱簋

伯晨鼎

舀鼎

舀壺

克鐘

克鼎

善夫克鼎

元年師旋簋　敢對揚天子不顯魯休令器銘作命

追簋

麓伯簋

善鼎

鬲攸比鼎

大鼎

頌鼎

頌簋

史頌鼎

史頌簋

不嬰簋

師嫠簋

1501 邵

秦公鐘
𪈰羌鐘
蔡侯𬴿鐘
沂尊
沂方彝
𡔯乳爲鈴
王成周鈴
邵與佋爲一字經典作昭
井侯簋
邵朕福血
沈子它簋
邵簋
剌鼎
禘邵王
𤉲盤
大師盧豆
叢伯簋
𤼈鐘
𢦚鐘
趞鼎
頌鼎
頌簋
頌壺
毛公𢉖鼎
秦公簋
秦公鎛
邵王簋
楚王酓章戈
中山王𰯼鼎
邵考成王
中山王𰯼壺

1502 㕣

1503 㔾

1504 卬

1505 卪

1506 㔾

鄂君啟舟節 大司馬卲陽

史記楚世家作昭陽

从攴 陳侯因資錞

皇考孝練

盧鐘

用卲大宗

㕣 說文所無

師𩰫鼎 用乓剌且㕣德

㔾 說文所無

㔾父簋

卬 說文所無

𩹜匜 女上卬先誓

卪 說文所無

天𨚾卪尊

㔾 說文所無

卯㔾甗

作册

㪤卣

㔾卣

㔾卣 二

1507 ⿰合卩

⿰合卩 說文所無

朐簋 ⿰合卩朐人名

1508 ⿰啚卩

⿰啚卩 說文所無

五祀衛鼎 井人⿰啚卩犀

1509 ⿰⿱卿异卩

⿰⿱卿异卩 說文所無

曾孟嬭盆

1510 印

印 从爪从卩象以手抑人而使之跽其義如許書之抑其字形則如許書之印意印抑為一字羅振玉說徐同柏釋仰不从人

毛公厝鼎 用印卲皇天

曾伯霥𠤳 印燮⿰每阝湯

1511 卿

卿 象兩人相向就食之形公卿之卿鄉黨之鄉饗食之饗皆為一字羅振玉說

宰甾簋 王饗酒

乙亥鼎

卯簋

令簋

先獸鼎

伯䜌簋

仲爯簋

伯者父簋

宅簋

甲盉

麥鼎

妹弔昏簋

師遽方彝

衛盉

三年𤼈壺

虢季子白盤

爵文

天亡簋

曾子斿鼎 民具是饗

从食 遹簋

欶簋

弔趞父卣

效卣

長由盉

伯康簋

仲枏父鬲

仲枏父簋

曾伯陭壺

大鼎

中山王嚳壺 以饗上帝

𧊒壺 饗祀先王

卿與鄉爲一字禮記冠義以摯見於鄉大夫以鄉爲卿 小子斝簋 卿事

㝬尊

卿卣

伯卿鼎

臣卿簋

矢尊

矢方彝

毛公厝鼎

番生簋

伯公父匿

匽弔多父盤

邾公釛鐘 及我正卿

趞曹鼎 北鄉 爾雅釋宮兩階間謂之鄉注人君南鄉當階間

衛簋

同簋

吳方彝

師遽方彝

寰盤

柳鼎

𩰫簋

塱簋

克鼎

善夫山鼎

休盤

伊簋　師虎簋　趞鼎　王臣簋

1512 卯

卯　說文所無　父己鼎

1513 卿

卿　說文所無義如會說文會合也　令鼎　王射有司眔師氏小子卿射

覌方彝　靜簋　咢侯鼎

1514 辟

辟　盂鼎　獻伯簋　商尊　商卣　作册䰧卣

召卣　臣諫簋　弔趩父卣　繙盤　𤼈簋

𤼈鐘　師𩛥鼎　戜鼎　師望鼎　伯公父𠤳

克鼎

善夫克鼎

虢弔鐘

禹鼎

毛公厝鼎

㝨弔多父盤

辟東尊

師害簋

子禾子釜

省口 䨻羌鐘 氐辟韓宗

1515

匍 盂鼎 匍有四方 書金縢作敷佑四方

牆盤 匍有上下

㾓鐘 匍有四方

師克盨 匍有四方

秦公鎛 匍有四方

1516

匊 番匊生壺

1517 勻

勻 勻簋

孳乳為鈞 𣞤鼎 錫金一鈞

多友鼎 鐈鋚百鈞

土勻錍 土勻戰國趙地漢書地理志作土軍北魏置吐京郡

1518 旬

旬 王來奠新邑鼎 旬又四日

从日从勻說文古文作 王孫鐘 專旬于國

1519 匌

匌 𤸫鐘 匌受萬邦 牆盤銘作迨受萬邦

禹鼎 肄𠂤彌守 匌匡弗克伐噩

1520 匓

匓 郭沫若釋謂从𠂤或𠂤省與从勹同意同象腹形 毛公旅鼎 匓其用畚

令簋 用匓寮人

1521 𠣞

𠣞 說文或省彳作 牆盤 遠猷𠣞心 假借作腹

1522 冢

冢
㫚壺　冢司土

趞簋　冢司馬　周禮夏官冢司馬各使其臣以正於公司馬家殆冢之誤

多友鼎
楊冢地名

假借作重
盗壺　冢賃之邦

盗壺
冢一石三百卅九刀之冢

盗壺
之冢二字合文讀爲之重

1523 匋

匋　說文所無
帥鼎

湯弔
盤

1524 䵼

䵼　說文所無鼎彝之別名
乙簋　乙自作飤䵼

仲義昱簋
自作食䵼

降人
䵼簋

寡兒鼎
自作飤䵼

从广　居簋
余鑄此廠兒

不从勹
庚兒鼎

1525 苟

苟 不从口擘乳為敬 大保簋 大保克敬亡砦

盂鼎

何尊

班簋

師虎簋

楚季苟盤

1526 敬

敬 金文又以苟為敬字 盂鼎 苟字重見

弔趩父卣 敬辥乃身

𦬪罍 眉壽敬終

師嫠簋

元年師㫃簋

師酉簋

克鼎

師克盨

秦公鎛

秦公簋

㣈兒鐘

吳王光鑑

蔡侯𪓐盤

邾公釛鐘

樂子敬豧匿

1527 鬼　1528 魁　1529 魌

王子午鼎　鄦侯𨊠簋　中山王𠙶鼎　敬悠天德　中山王𠙶壺

𡚸壺　王孫𦗅鐘　𡍈乳為儆　中山侯鉞　以儆𠦑衆

从口从攴吳大澂以為敬之省文　毛公厝鼎　夙夕敬念王畏不賜　冋敬父　乙爵

鬼　鬼壺　說文古文从示　陳肪簋　𧟡盟鬼神　从攴　梁伯戈　从戈从甶　盂鼎二　鬼方

魁　說文所無　魁父卣　弘尊

魌　說文所無　魌尊

1530 魖

魖 說文所無

作冊魖卣

1531 甶

甶

長甶盉

1532 畏

畏

盂鼎 畏天畏

毛公厝鼎 畏天疾畏又云

夙夕敬念王畏不睗

⿰麥令鎛

余彌心畏誋

从攴

王孫鐘

敟忌趩趩

王子午鼎

敟忌趩趩

沇兒鐘

恩于敟義

王孫

真鐘

1533 禺

禺 孳乳為遇 三字石經篆文从辵

趙孟壺

禺邗王于黃池

1534 䢃　1535 山　1536 岡

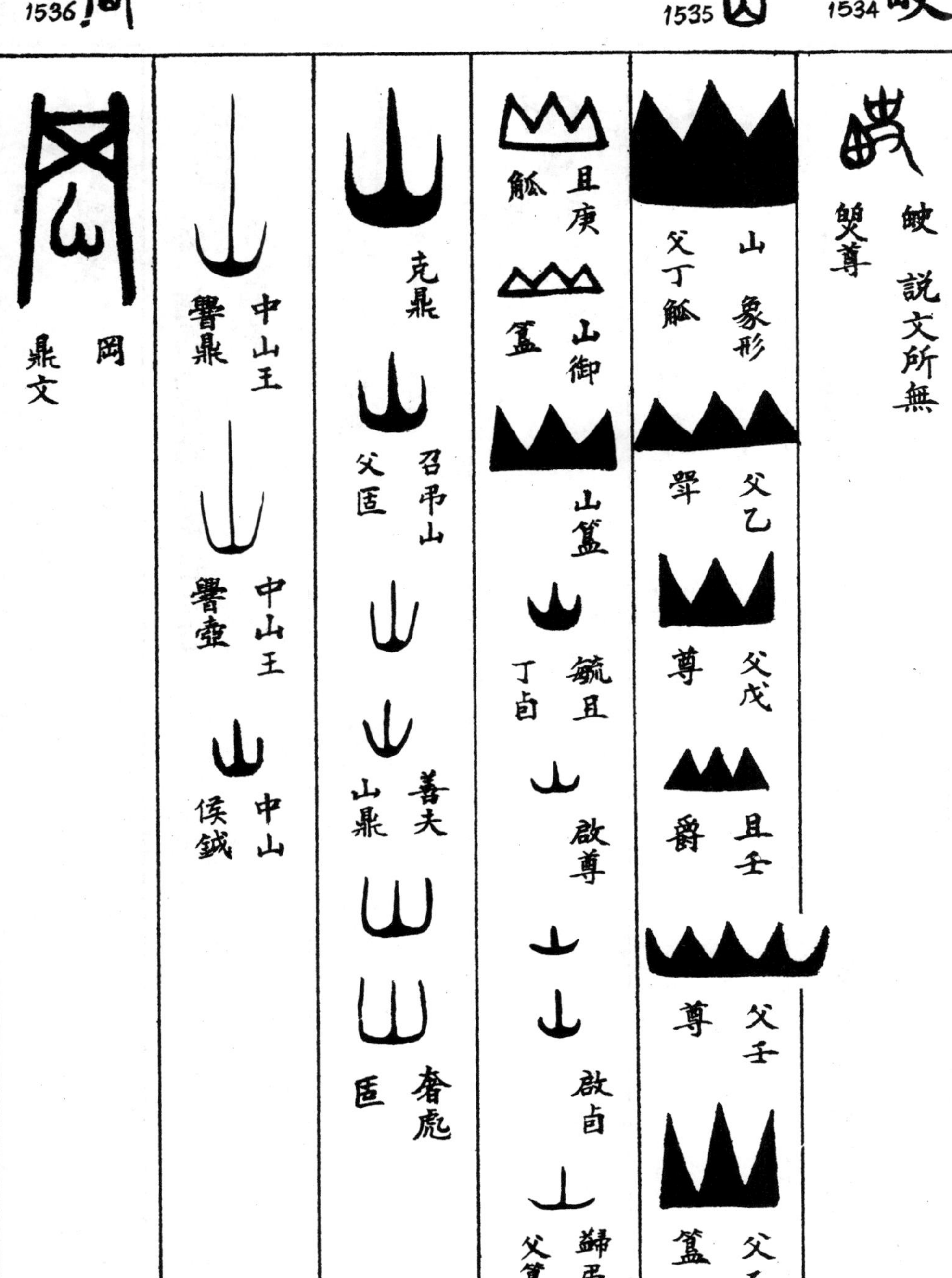

1537 密

密 高密戈

1538 嵍

嵍 柯昌泗釋謂嵍爲嵍之省

須𢁁生鼎

1539 峽

峽 說文所無

慶孫之子峽匿

1540 陬

陬 說文所無

平陬右戈

1541 𨹹

𨹹 說文所無

克鼎 錫女井家𤔲田于𨹹

1542 府

府 从貝張政烺釋府謂即府庫之府

大府匿

大府簋

大府鎬

大府牛

1546 廏　1545 庫　1544 庭　1543 廬

鑄客鼎

少府小器

中山王嚳兆域圖　其一乏其一䆳𢊍

从宀　鄂君啟舟節　征於大寶

昆成侯鐘

廬　不从广　趞曹鼎　盧字重見

師湯父鼎　王在周新宮在射廬

庭　不从广　頌鼎　立中廷　廷字重見

庫　朝訶右庫戈

右庫戈

廏　金文以為簋字　卲王簋　簋字重見

1547 廣

廣 廣父己簋

班簋

𤔲盤

不𡢁簋

弔向簋

晉公𥂴

廣簋

𤼈鐘

禹鼎

番生簋

通彔鐘

士父鐘

从宀 多友鼎 廣伐京𠂤

1548 庶

庶 从厂 矢簋

盂鼎

毛公厝鼎

伯庶父簋

伯庶父盨

邾王子鐘

沇兒鐘

蔡侯䜌鐘

者沪鐘

中山王譽鼎 社稷其庶虖

中山王譽壺

邾公華鐘

子仲匜

1549 廙

廙 鯍且丁卣

1550 廟

廟 不从广 [illegible]伯簋 用孜宗廟 朝字重見

免簋

吳方彝

元年師旋簋

元年師兑簋

克鼎

虢季子白盤

師酉簋

同簋

無叀鼎

从宀 寏侍鼎

盠方彝

說文古文作𢈈 中山王嚳壺 外之則⿰爿酉使堂勤於天子之廟

1551 ⿸广干

⿸广干 說文所無 趞尊 王在⿸广干

趞卣

折觥

折方彝

睘卣

卷九 廙廟⿸广干

1552 庎

庎　説文所無古文四聲韻介引古老子作𡧁韻會引説文一曰助也　趙孟壺　趙孟庎邗王之惕金

1553 ⿸广米

⿸广米　説文所無

上樂鼎

1554 ⿸广奔

⿸广奔　説文所無

陳子子匜　⿸广奔孟嬀穀女

1555 ⿸广卲

⿸广卲　説文所無

切卣三

1556 ⿸广射

⿸广射　説文所無新附从木作榭經典譌作序禮記鄉飲酒義疏無室謂之序爾雅釋宮無室曰榭序榭古音同在遇韻聲訓皆同故知序爲榭之譌而周禮地官州長以禮會民而射于州序孟子序者射也之序皆當作⿸广射唐韻云古者序榭同蓋久矣相沿而莫辨矣又假用謝左宣十六年傳成周宣榭火公穀作謝鄉簋王各于宣射省广

1557 𢊁　1558 厂　1559 厰

虢季子白盤　王各周廟宣𢊁

𢊁　說文所無　伯𢊁甗

厂　散盤

厰　虢季子白盤　厰狁　詩采薇作玁狁傳北狄也　釋文玁本作獫漢書匈奴傳作獫允

兮甲盤

不嬰簋

不嬰簋二

孳乳為嚴　士父鐘　其嚴在上

1560 厲

厲　五祀衛鼎

散伯簋　其厲年永用讀作萬

郭沫若謂即厲之緐文从石與从厂同意　子仲匜

1561 厤

厤　孳乳為歷　毛公厝鼎　厤自今

1562 居

居　不从厂聞一多讀為居美石也　師旂鼎　白懋父迺罰得系居二百寽　古字重見

1563 应

应　舊釋居　農卣　王在隱应

从广　不栺方鼎　王在上侯应

長甶盉　穆王在下淢应

元年師旋簋　王在淢应

舀鼎　王在遷应

从宀　師虎簋　王在杜宊

揚簋　眔嗣空

1564 厭

厭　不从厂說文猒飽也厭笮也今經典訓飽之猒皆以厭或饜為之　毛公厝鼎　皇天引猒氒德　猒字重見

1565 厤

厤 說文所無

九年衛鼎

1566 㞕

㞕 說文所無

口㞕戟

1567 㞒

㞒 說文所無

帥鼎 自作後王母㞒商氒文母

召伯簋 今余既嚭有嗣曰㞒令

召伯簋二 余既嚭㞒

我考我母令余弗敢亂

又作㞒

㞒弔多父盤 曰㞒又父一母

1568 㞒

㞒 說文所無義如揚

令簋 令敢㞒皇王室上云令敢揚皇王室文例全同

𡚬方鼎 𡚬㞒𨑖賁

1569 㞒

㞒 說文所無

鄘伯㞒簋

1570 厝

厝 說文所無孫詒讓云以雁作雁倒之當即瘖之省
毛公厝鼎

1571 厝

厝 說文所無
鄂侯𠬝厝季簋

厝季卣
从甘與从口同

1572 厧

厧 說文所無
宴簋

1573 厥

厥 說文所無
𪏰盤

1574 厦

厦 說文所無
中山王譽壺 厦愛深

1575 石

石
己侯貉子簋

鄭子
石鼎

盗壺

鐘伯鼎
石沱鼎之別名

1576 長

長 寡長鼎

長子鼎

長日戊鼎

長由簋

長湯匜

廿年距悍

臣諫簋

長由盉

牆盤

長子口臣匜

庶長畫戈

中山王嚳兆域圖

从立作長短字 屬羌鐘 入⿰立長城行氣玉管銘明則⿰立長亦如此

作少長字 中山王嚳鼎 事𡥈女張

中山王嚳壺 齒張於遵同

1577 肆

肆 不从長 郘鐘 大鐘八聿 隶字重見

从金 洹子孟姜壺 鼓鐘一銉

1578 勿

勿 盂鼎

召伯簋

克鼎

禹鼎

師嫠簋

1579 易

伯晨鼎

量侯簋

毛公厝鼎

師虎簋

師酉簋

𩛥鎛

哀成弔鼎

南疆鉦

中山王嚳鼎　開於天下之勿矣

蔡侯䚄殘鐘

易鼎　易鼎

同簋

易𠬝簋

宅簋

易弔盨

旚弔鼎

易兒鼎

不易戈

𨻰壺　敢明易告

正易鼎

嘉子易伯𠤳

孳乳爲鍚　匽侯舞易器

五年師旋簋　儕女十五易登

1580

孳乳為揚 络子卣 對昜王休

䖝鼎 對昜

敔簋 對昜王休

五年師旋簋 敢昜王休

伊簋 對昜天子休

沇兒鐘 中翰歔昜

从㫃 王孫鐘 中翰虘旟

楚王酓章戈 以卲旟文武

酓章作曾侯乙鎛 寘之西旟

孳乳為陽 永盂 陰昜洛疆

鄂君啟舟節 芑昜又松昜又鄅昜均為地名

讀作考 關卣 關乍生号日辛䢅彝

冄 南疆鉦

庚壺

師寰簋

冄鼎

1581 而

而　子禾子釜
屭敖簋
中山王譽鼎
中山王譽壺
蛮壺
蔡侯龖殘鐘

1582 豕

豕　𩋏簋
圅皇父鼎
圅皇父簋
圅皇父盤
頌鼎
貯廿豕

1583 豧

豧　樂子𣪘豧匿

1584 豩

豩　說文所無　師𩰫鼎

1585 䝞

豦 豦簋

盠駒尊 師豦人名

1586 豦

豦 毛公𪊨鼎

金嶂金豦

番生 簋

1587 䝟

䝟 天亡簋

子䝟 爵

𦐇簋

召卣 不䝟白懋父友

从甘 召尊

1588 䝠

䝠 衛盉

裘衛廼䝠 假作誓

三年𤼈壺 錫䝠俎

1589 豚

豚 臣辰卣

臣辰 盉

豚鼎

豚卣

𢦏簋 弓弋備矢

孚戎兵豚矛 借作盾

1590 豸

豸 亞形

卷九

豦豦䝟䝠豚豸

1591 貙

貙 从攴

貙卣

1592 貘

貘 从犬

切卣

乍冊 孳卣

父丁 鼎

1593 貉

貉 觮貉豆

貉子 卣

己侯貉 子簋

伯貉 卣

伯貉 尊

1594 易

易 𩚍乳為錫

小臣系卣 王易小臣系易在寑

𣄃尊

王錫貝 簋

小子射鼎 丙申角 亞盉 小子𤔲簋 大保簋 保卣

伯矩鬲 臣卿簋 宅簋 缶簋 旅鼎 亘尊

静簋 彔伯簋 縣妃簋 克鐘 晢尊 𩰫尊

小臣邑斝 旂鼎 吕鼎 周窓鼎 庚嬴卣 保汝母簋 舍父鼎

史𦣻簋 盂鼎 井侯簋 矢方彝 𧽊簋 井鼎

小臣𨗨簋 遹甗 剌鼎 師遽簋 趞曹鼎 同卣 卯簋

元年師旋簋

師望鼎

豆閉簋

師奎父鼎

師虎簋

師嫠簋

休盤

舀鼎

克鼎

虢弔鐘

頌鼎

頌簋

芣伯簋

咢侯鼎

無㠱簋

大簋

元年師兑簋

追簋

買簋

𢦏弔多父盤

番生簋

兮甲盤

伯晨鼎

[illegible]簋

封簋

伯其父匿

伯家父簋

㞒敖簋

夨簋

師酉簋

舀壺

仲師父鼎

毛公厝鼎

不嬰簋

1596 象　1595 ⿰易易

𪏰鎛

邿遣簋

蔡侯𪘲鐘　有虔不易

中山王譽鼎　此易言而難行

辛巳簋

沓簋

中作且癸鼎

龏姛鼎

師覤鼎

大鼎

德鼎　从皿　王錫德貝廿朋

德簋

弔德簋

⿰易易　說文所無从二易相背義爲悖　中山王譽壺　臣宗⿰易易位

象　象形

且辛鼎

師湯父鼎

鄂君啟車節　象禾　今河南省有象禾關

文一百三十一　重八百四十八

金文編第十

容庚譔集

張振林 馬國權 摹補

1597 馬

馬 象形 戊寅鼎

[illegible]鼎

宅簋

作册大鼎

[illegible]馭觥

盂鼎

召卣二

揚鼎

次卣

彔伯簋

令鼎

衛簋

豆閉簋

師奎父鼎

公貿鼎

曶鼎

應侯鐘

牧馬受簋

無㠱簋

克鐘

毛公厝鼎　散簋　尹姞鼎　吳方彝　衛盉

五祀衛鼎　九年衛鼎　公臣簋　盠方彝　師同鼎

𤼈盨　䓣簋　元年師兌簋　師兌簋　休盤　散盤

格伯簋　師瘨簋　𩪘簋

趞簋　大簋　守簋　史頌簋

虢季子白盤　兮甲盤　右走馬嘉壺　孟辛父鬲

大司馬匿

薛仲赤匿

鄂君啟舟節

鄂君啟車節

白亞臣鑪

盜壺

郾侯庫簋

司馬南弔匜

1598 駒

駒 師奎父鼎

盠駒尊

九年衛鼎

伯晨鼎

師克盨

駒父盨

兮甲盤

从丩 㦰簋

1599 駱

駱 盠駒尊

1600 驕

驕 不从馬 中山王嚳鼎 毋富而驕

1601 駭

駭　盗壺　駭右和同

1602 駟

駟　魯宰駟父鬲

伯駟父盤

庚壺

1603 驫

驫　驫鉰鼎

驫鉰簋

从厂　驫氏鐘

驫羌鐘

1604 駐

駐　說文所無　盗壺　四駐汸汸詩烝民作四牡彭彭駐殆為牡馬專字

1605 ⿰四馬

⿰四馬　說文所無　曾姬無卹壺

1606 駺

駺　說文所無　散盤

1607 䮠

䮠 說文所無郭沫若云當與犅同意犅為特牛䮠為牡馬 大鼎 王召走馬雁令取騅䮠卅匹錫大

1608 驕

驕 說文所無 驕卣

1609 鑣

鑣 郭沫若釋 延盨

1610 薦

薦 从茻 鄭興伯鬲

弔朕 匜

華母 壺

鄀公 湯鼎

从皿 卲王簋

1611 灋

灋 說文法今文省徐鍇本無之 盂鼎 法保先王

盂鼎又云勿法朕命 經典以廢為之

1612 鹿

師酉簋　克鼎　師克盨　恒簋　師嫠簋　伯晨鼎

从户　中山王嚳壺　可法可尚

鹿　說文象頭角四足之形是也　又云鳥鹿足相似从匕非　貉子卣

命簋

1613 麋

麋　从木　師害簋

1614 麐

麐　九年衛鼎

1615 麗

麗　元年師旋簋

取膚匜

1616 麀

麀　說文所無　衛盉　麀𠦪兩

1617 ⿸鹿曾

⿸鹿曾　說文所無　曾大保盆　⿸鹿曾弔人名

1618 ⿱𠂊⿱田又

⿱𠂊⿱田又　說文所無玉篇有之方濬益曰說文之奐為⿱𠂊⿱田又之譌字而玉篇有⿱𠂊⿱田又無奐又可知顧野王當時所見之說文尚不誤也　井季⿱𠂊⿱田又卣

井季⿱𠂊⿱田又尊

季⿱𠂊⿱田又簋

1619 ⿱魯尹

⿱魯尹　說文所無　史⿱魯尹臣

1620 ⿱魯酉

⿱魯酉　說文所無　遺小子簋

丙申角　⿱⿱魯酉泉二字合文

1621 ⿱㲋泉

⿱㲋泉 唐蘭云字乃从泉㲋聲音當如說文木部从木㲋聲之⿱㲋木讀若薄

數狄鐘 ⿰豐攴=⿱㲋泉=

𤼈鐘

⿰言夫鐘

井人妄鐘

虢弔鐘

士父鐘

弔旅魚父鐘 寶=⿱㲋泉=

師酉簋 ⿱㲋泉尸

訇簋

善鼎 ⿱㲋泉侯

旅虎𠤳 ⿱㲋泉山旅虎

奢虎𠤳 ⿱㲋泉山奢虎

1622 逸

逸 秦子矛

齊陳曼𠤳 不敢逸康

1623 犬

犬 戍嗣鼎

員鼎

1624 獵

獵 㳄壺 茅蒐狃獵

1625 獲

獲 禽忎鼎 作隻从又持隹不从犬 隻字重見

1626 獻

獻 獻侯鼎

楕伯簋

史獸鼎

芇伯簋

㝬簋

克盨

善夫山鼎

召伯簋

召伯簋二

虢季子白盤

不嬰簋

不嬰簋二

多友鼎

讓季獻盨

屖敖簋

齊陳曼匜

陳侯午錞

鬲屬說文作鬳經典作甗

作父癸甗

作寶甗

仲甗

伯甗

遹甗

比甗

解子甗

子邦父甗

仲伐父甗

穀父甗

陳公子甗

興仲雩父甗

弔碩父甗

封仲甗

伯真甗

強伯甗

強伯作井姬甗

鄭伯筍父甗

𨖷甗

弔萳甗

奠大師甗

1627 狄

狄 牆盤

𢿢狄鐘

曹伯狄簋

曾伯霥匿 克狄淮夷與詩抑用逷蠻方之逷同說文作逖

1628 猶

猷 牆盤 說文作猶 遠猷腹心

㝬簋 宇慕遠猷

㝬鐘 朕猷 又成亡競

克鼎 盄靜于猷

毛公厝鼎

中山王嚳鼎

王孫鐘

陳猷釜

1629 狐

狐 不从犬 命狐君壺 瓜字重見

1630 猋

猋 王白尊

1631 狇

狇 說文所無 孚公狇甗

1632 狴
狴　說文所無
狴伯卣

1633 狸
狸　說文所無
盗壺　茅蒐狸獵　古籀作田或畋

1634 狽
狽　說文所無玉篇有之
狽簋

1635 狺
狺　說文所無廣韻犬爭也楚辭九辯猛犬狺狺以迎吠
伯狺父鬲

1636 㹰
㹰　說文所無
中山王𠂤鼎　䚍弇夫㹰

1637 㹰
㹰　說文所無
㹰卣
㹰尊

1638 猲

猲 說文所無

猲鼎

1639 獏

獏 說文所無

亞中獏父丁尊

㠯卣 二

㠯卣

1640 獛

獛 說文所無

鑄子獛匜

1641 㹝

㹝 說文所無

中山王嚳壺 㹝賢使能 義如舉

1642 獄

獄

獄父丁卣

牆盤

亞獄逌簋

魯侯獄鬲

史記魯世家作熙

1643 獄

獄

召伯簋

1644 能

能　說文云足似鹿从肉㠯聲非徐鉉曰㠯非聲疑皆象形是也　沈子它簋

能匋尊

高比簋

毛公厝鼎

番生簋

哀成弔鼎

縣改簋　我不能不眔縣伯萬年保

中山王嚳鼎

中山王嚳壺

盗壺

从羽　鄂君啟舟節　歲能返

1645 㸒

㸒　衛盉

五祀衛鼎

楊樹達釋㸒云𢑴與𤐫為一字　項𤐫盨

善鼎　監𤐫師戍

从攴　𢽬王盉

趞簋　命女作𢽬師冢司馬

靜簋

1646 尞

尞　經典作燎燒柴祭天也說文𣃨古文旅字論語季氏旅于泰山疑即此字之譌

鄘伯馭簋　尞于宗周

1647 然

然 汗簡淮南子漢書均作難說文或从艸難作蘿非

者減鐘 工盧王皮然之子者減

中山王譽鼎

1648 烝

烝 金文與羞爲一字

段簋 王貞畢烝 羞字重見

1649 羙

羙 南疆鉦

王孫壽鐘

1650 熬

熬 分熬壺

1651 樊

樊 說文从火棥聲段玉裁云樊即焚之譌

多友鼎 衣焚

鄂君啓車節 酉焚地名

1652 鱻

鱻 說文焦或省

酈侯庫簋

1653 照

照 从攴

㸓盤 昊照亡哭

1654 光

光 畬卣

麩伯簋

矢方彝

啟尊

麥盉

召尊

召卣二

富鼎

㸓盤

𤼈鐘

通彔鐘

毛公唇鼎

禹鼎

虢季子白盤

攻敔王光戈

攻敔王光劍

吴王光逗戈

吴王光鑑

中山王嚳鼎

中山王嚳壺

楊樹達釋光从女與从儿同

宰甾簋 王光宰甾貝五朋

1655 熙

熙 不从火。齊侯章 熙字重見

1656 燅

燅 說文所無集韻 燅解 光動皃

弔趯父卣 烏虖燅敬哉

散盤

1657 烕

烕 說文所無 員侯鼎

1658 煬

煬 說文所無集韻乾也 中山王譻鼎 亡窓煬之忌

中山王譻壺 盜有窓煬

1659 炎

炎 孳乳為郯鄣沫若謂當即春秋時郯國之故稱 令簋 在炎

召尊 在炎𠂤

1660 燮

燮 卣文

燮簋

曾伯霥盨

晉公盞

1661 粦

粦 尹姞鼎

1662 黑

黑 鄘伯馭簋

鑄子弔 黑𦣞匠

1663 悤

悤 从♦在心上示心之多遽悤悤也說文云从心囪囪當是♦之變形又云囪亦聲乃由指事而變為形聲矣 克鼎 悤𦣝乎心 又云 錫女叔市參冋莽悤 孳乳為蔥再孳乳為總 說文帛青色也

毛公厝鼎 赤市悤黃即 禮記玉藻三命赤韍蔥衡

番生簋 錫 朱市悤黃

又孳乳為鏓 㝬鐘 倉=悤=

1664 赤

赤 麥鼎

彔簋

㲋赤 尊

元年師旋簋

舀鼎

1665 大

元年師兌簋　柳鼎　免簋　師虎簋　師酉簋　師𩛥鼎

伯晨鼎　休盤　趩簋　輔師𠩺簋　弭伯簋　薛仲赤固

㪿簋　吳方彝　寰盤　師𠩺簋　師克盨

此鼎　此簋　頌鼎　頌簋

善夫山鼎　邾公華鐘

大　象人正立之形大亣為一字說文分二部金文只作大段玉裁曰大下云古文亣亣下云籀文大此以古文籀文互釋明祇一字而體稍異後來小

篆偏旁或从古或从籀故不得不殊為二部亦猶从刀从𠘧必分系二部也經典又以泰太為之

大禾方鼎

戍嗣子鼎

兄日戈

者女觥

者姛罍

大保鼎

淋鼎

缶鼎

大祝禽鼎

盂鼎

令鼎

作册大鼎

牆盤

師孰鼎

㝬簋

禹鼎

儹匜

頌鼎

散盤

毛公厝鼎

不嬰簋

伯公父𠥁 伯大師盨銘作立

師同鼎 大車廿

歸父盤

子仲匜

邾公華鐘

𪎈鎛

大司馬𠥁

鄀䵼簋

邵鐘

嘉賓鐘

申鼎

蔡侯䵼盤

曾侯乙鐘 大族 史記律書作泰簇

中山王譽鼎

中山王譽壺

蚉壺

中山王譽兆域圖

鄂君啟舟節

大質簋

大質鎬

大子鎬

大子鼎

鑄客鼎

切卣 大乙二字合文

辛巳簋 大子二字合文

芮大子伯壺

1666 奎

奎 永盂 奎父人名

中山王䜌兆域圖 正奎宮

1667 夾

夾 盂鼎

夾卣

夾壺 蓋

禹鼎

1668 奄

奄 从申在大上 應公鼎

1669 夸

夸 甗文

爵文

伯夸父盨

戈文

1670 夷

夷 金文如此尚書秦誓受有𢡱兆夷人敦煌本作𡰥

兮甲盤 王令甲政𤔲成周四方責至于南淮夷 尸字重見

柳鼎

鄭子𦳣夷鼎

1671 夳

夳 說文所無

師夳父鼎

1672 𡗜

𡗜 說文所無

𡗜父乙簋

1673 𡘜

𡘜 說文所無

𡘜符

1674 亦

亦 毛公旅鼎

井姬鼎

效卣

效尊

𣶃伯簋

卯簋

1675 夨

師訊鼎

𩟍匜

召伯簋

𡨦弔簋

白公父匡

禹鼎

兮甲盤

哀成弔鼎

者沪鐘

夨 國名疑吳字省口猶周之省口作田也

夨王尊

同卣 夨王

夨王鼎蓋

夨方彝

夨簋

夨尊

令簋

能匋尊

散伯簋 夨姬

散盤 用夨戮散邑

鼎文 說文夨傾頭也𡗜屈也一左傾一右傾金文从走之字所从之夭皆作𡗜或𡗜蓋夨象頭之動作夭象手之動作故定此為夨字

1676 吳

矢戈

吳 國名姬姓子爵仲雍之後武王克商因封之吳傳至夫差爲越所滅金文或稱攻吳攻敔工𫊸 師酉簋 王在吳

大簋

靜簋

免簋 二

班簋

師虎簋

伯𣪘父簋

伯顥父鼎

吳方彝

𦾔簋

同簋

尹氏弔緐匠 吳王御士

𨚕弔匠

伯吳𨘢

吳彤父簋

吳盤

吳王姬鼎

从大 吳姬匜

吳王光鑑

蔡侯𩰫盤

攻吳王鑑

1678 喬 1677 夭

吳王夫差鑑 吳王孫無土鼎 中山王譽鼎 吳人并雩	吳季子之子劍 吳王光逗戈 吳王夫差矛	夭 亞毁爵	喬 从高上曲 邵鐘 喬=為龍 喬君鉦	孳乳為驕 邵鐘 余不敢為驕 中山王譽鼎 毋富而驕	孳乳為鐈 鐈為長足鼎 喬志鼎 鋞鑄鐈鼎 楚王酓肯鼎

1679 奔
奔 盂鼎 从夭从三止奔之意也
井侯簋
效卣
克鼎
中山王譽鼎 奔走不聽命
从彳 𢦚簋 奔追御戎于[illegible]林

1680 [illegible]
[illegible] [illegible]甗 說文所無

1681 交
交 交鼎
交君匿
圅交仲匿
琱伐父簋

1682 九
九 牆盤

1683 壺
壺 佳壺爵
𦉢嫣壺
事从壺
孟載父壺
史懋壺
史僕壺

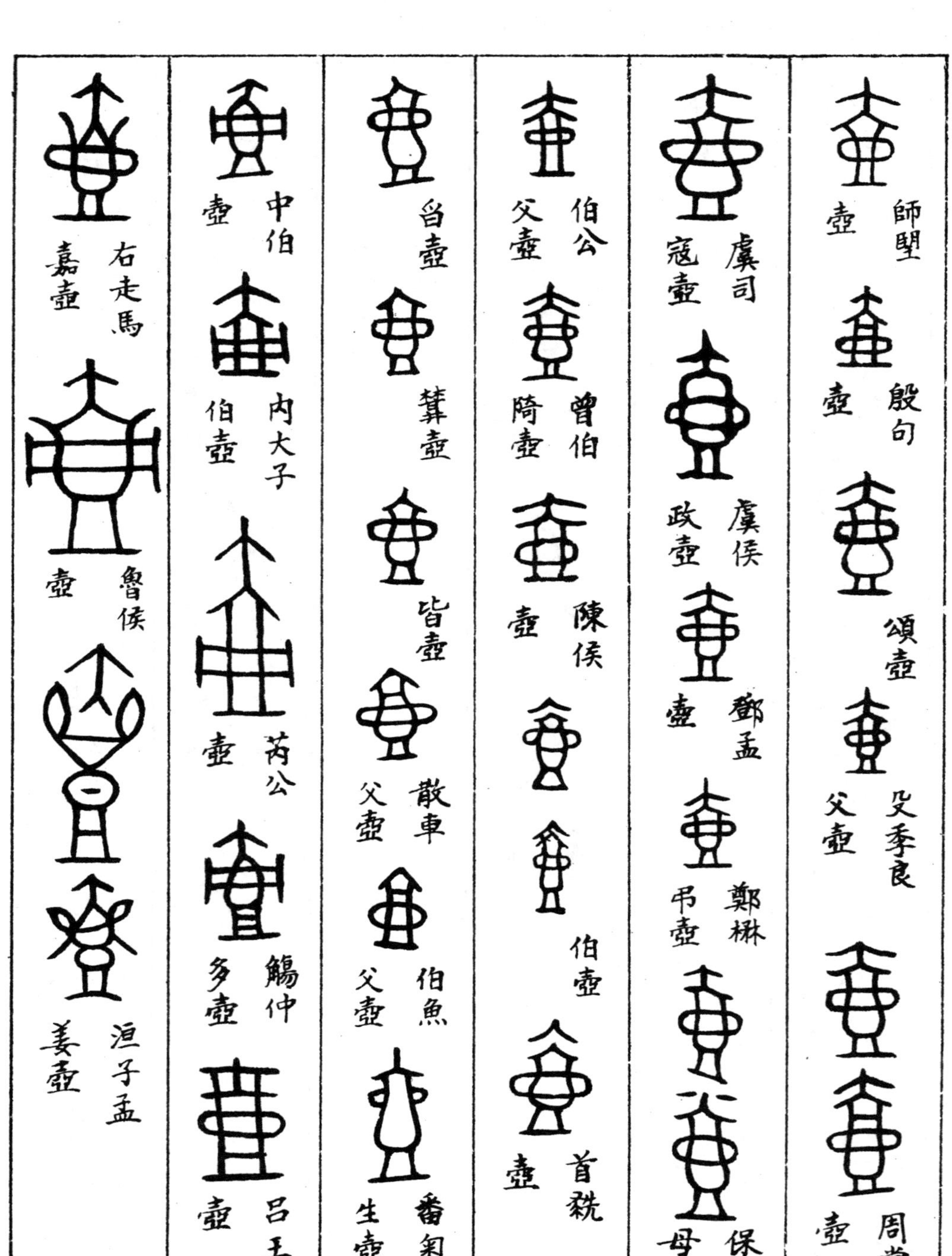

師望壺
殷句壺
頌壺
殳季良父壺
周䕅壺
虞司寇壺
虞侯政壺
鄧孟壺
鄭楙弔壺
保㑭母壺
伯公父壺
曾伯陭壺
陳侯壺
伯壺
首𥟄壺
㫚壺
𦸗壺
皆壺
散車父壺
伯魚父壺
番匊生壺
中伯壺
内大子伯壺
芮公壺
觴仲多壺
呂王壺
右走馬嘉壺
魯侯壺
洹子孟姜壺

公子土斧壺

薛侯壺

杞伯壺

陳喜壺

樊夫人龍嬴壺

命瓜君壺

盜弔壺

兮熬壺

孟上壺

嬴霝德壺

司寇良父壺

賓車父壺

伯多壺

矢姬壺

曾姬無卹壺

東周左師壺

中山王譽壺

子嫍壺

盛季壺

華母壺

或从金 圅皇父簋

圅皇父鼎

圅皇父盤

或从殳 伯壺

㠱中壺

1684 懿

伯㦰壺

或从廾　員壺

冋壺

懿不从心　穆父鼎

沈子它簋

班簋

匡卣

懿王在射盧

師覩鼎

牆盤

𤼈鐘

禹鼎

㠱中壺

單伯鐘

禾簋

1685 夲

夲　中山王嚳壺　身蒙夲胄　義如絻如甲

1686 執

執㦰簋

師同鼎

翏生盨

兮甲盤

員鼎

1687 圉

1688 盩

1689 報

散盤

虢季子白盤

或从廾 師寰簋

或从嬰 不嬰簋

不嬰簋二

多友鼎

中山王嚳兆域圖

埶皇宮

圉

䵼圉武王 䵼盤

盩 从皿

盩司土卣

盩司土尊

旅鼎 在盩師

孳乳爲盭 讀若戾爾雅釋詁戾至也 史頌簋

盩于成周鼎文作敎不从血

㝬簋 𢐗盩先王

報  令簋

召伯簋

召伯簋二

1690 奢

奢　奢虎匡

1691 亢

亢　亢簋

爵文

矢尊

亢僕父己簋

矢方彝

趞簋　赤市幽亢

盠方彝

从金　弭伯簋　鈢市金鈧

1692 奉

奉　叔卣　隹王奉于宗周

徐灝段注箋曰奉當讀若賁卦之賁故捧以爲聲食部餴或作饙即其明證

圉甗

盂爵

獻侯鼎

季㚤尊　用奉福

靜簋　吳奉人名

伯椃簋

衛鼎

杜伯盨

王臣簋　朱黃奉親

1694 奚 1693 靴

彔伯簋 金車𠦪壽較

衛盉 𪊽𠦪兩𠦪韐一

九年衛鼎 𦥑車軐𠦪𡇬

吳方彝 𠦪𡇬又𠦪較

番生簋 𠦪縟較

師克盨 駒車𠦪較

師克簋 𠦪較

毛公厝鼎 金車𠦪縟較

幾父壺 丁𠦪六

善夫山鼎 史𠦪人名

从示 矢尊 用𢼄

矢方彝

靴 从𠦪說文云从夲从屮誤 虢季子白盤 厥靴詩采薇作玁狁

兮甲盤

从𡠀 多友鼎 玁厥𢆶

奚 卣文

卣文

丙申角

1695 睪

亞中奚簋

𨘋盂

睪　説文所無案𦣻从三大三目二目為𥅃三目為𦣻

則説文必當有从目大之字今佚去耳　縣妃簋

1696 𦣻

𦣻　説文所無

𦣻尊

𦣻尊又

作𦣻

1697 𦣻

𦣻　説文所無

伯侯父盤

1698 夫

夫

盂鼎

曶鼎

克鼎

善夫

克鼎

克盨

散盤

善夫吉父鬲

鄭公簋

嘉賓鐘

邾公華鐘

曾姬無卹壺

聖趄之夫人

1700 𪆫　1699 枯

卷一〇　枯𪆫

中山王嚳鼎

中山王嚳壺

盗壺　畜夫

善夫吉父臣

大簋　善夫

邾公牼鐘　台𨻰大夫

伯晨鼎　之幽衡

幽夫赤舄即禮記玉藻　趩簋作幽亢

君夫人鼎

大鼎　善夫　夫字作大

攻吳王大差監　春秋作夫差

蔡侯𩰬鐘　大夫二字合文

中山王嚳壺　㤞從士大夫

中山王嚳兆域圖　大夫人堂

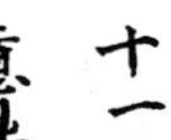

十一年　㦖鼎

枯　説文所無　枯衍簋

𪆫　説文所無　遹甗　遹使于𪆫侯

𢦏簋　博戎𪆫

彔簋　伯雍父來自𪆫

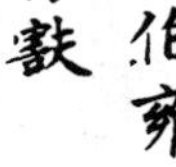

𪆫侯之孫鼎

1701 立

㝬鐘 㝬其萬年

㝬簋

師𩛥鼎 天子亦弗謹公上父㝬德

省夫𡁕盤 害犀文考

㝬鼎

㝬币鼎

王孫鐘 匋韓嬉犀

王子午鼎 匋韓嬉犀

立 立𦱥父丁卣

立鼎

史戰鼎 尹令史戰立工于成周

國差𦉜 國差立事歲

中山王𠨬壺 與鷹君並立於𣩵

陳章壺 陳𡦺再立事歲

𢑚乳為位周禮故書小宗伯掌建國之神立注古者立位同字古文春秋經公即位為公即立 頌鼎 王各大室即立

吳方彝

趞曹鼎

同簋

元年師兌簋

諫簋

寰盤

克鼎

1702 竝 1703 竮 1704 竣

师嫠簋 师酉簋 休盘 㝬簋 格伯簋 毛公厝鼎

番生簋 秦公镈 龄在立 中山王嚳壶 臣宗鄙立 又从立胃声 遂定君臣之谓

孙弔师父壶 邛立宰孙弔具立宰意为大宰

竝 说文所无 𧈪壶 𦋌=毋竝 义如犯

竮 说文所无 单竮𧧑戈

竣 说文所无 中山王嚳鼎 语不竣学 义如废

1705 竝

竝 竝爵

辛伯鼎

中山王礜壺 犅與盧君竝立於殹

𨛜並果戈

1706 普

普 今俗作替 番生簋 虔夙夜尃求不普德

說文替廢一偏下也此作一上一下更替之形 中山王礜鼎 毋替氒邦

1707 竝

竝 竝尊

說文所無

1708 㽙

㽙 師寰簋 余用作後男㽙尊毁孫詒讓曰㽙當為臘之省禮記鄭注臘謂以田臘所得禽祭也

㽙季鼎

1709 慮

慮 从心呂聲

中山王礜鼎 毋忘慮疋又亡寡煬之忌

1710  心

心 𢦏鼎

師望鼎

𩍐鎛

師𩼗鼎

散盤

1711 息 1712 性 1713 志 1714 悳

齍盤

瘐鐘

㝬簋

克鼎

秦公鎛

鄀伯受匿

王孫鐘

中山王譻壺

蔡侯䵼鐘

息 中山王譻壺

性 不从心 蔡姞簋 彌氒性即詩俾爾彌爾性 生字重見

志 中山王譻壺 竭志盡忠

悳 㝬乳爲德 嬴霝悳壺 鼎銘簋銘作德

陳侯因資錞 合揚氒德

者沪鐘

1715 應

中山王嚳鼎

中山王嚳壺

盗壺

應 不从心

應公鼎 雁字重見

1716 慎

慎 說文古文作昚

邾公華鐘

1717 忠

忠

中山王嚳鼎 有氏忠臣賢

中山王嚳壺 余智其忠誥 又竭志盡忠

1718 念

念 从亼

父辛卣

沈子它簋

𤕌簋

師鼎

⿰戊鼎

萬尊

克鼎

段簋

毛公厝鼎

者沪鐘

蔡侯𩡊殘鐘

1719 憲

1720 憼

1721 㤕

1722 慈

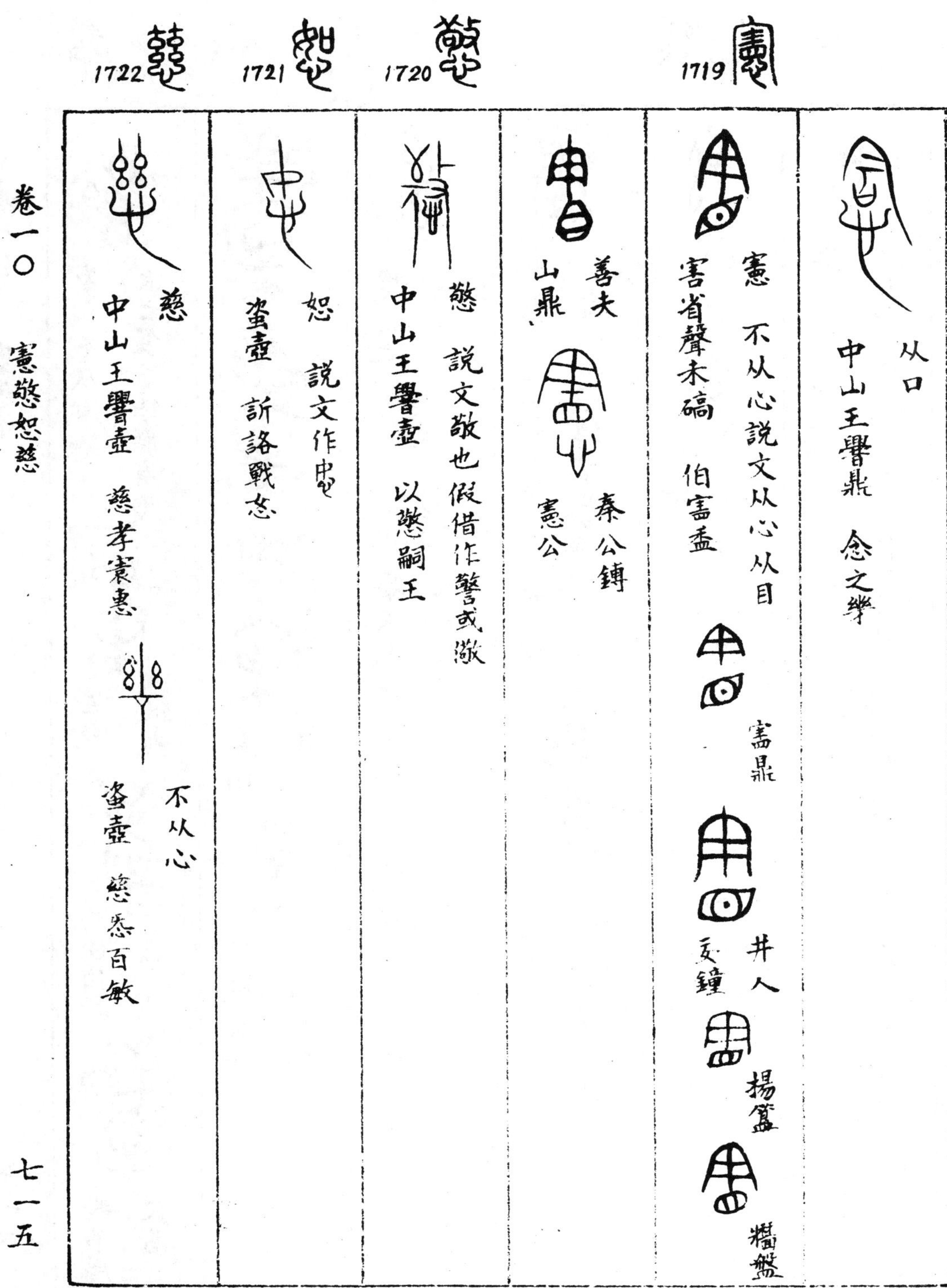

从口 中山王譽鼎 念之擧

憲 不从心說文从心从目 害省聲 未碻 伯害盉

害鼎

井人妄鐘

揚簋

𤔲盤

善夫山鼎

秦公鎛 憲公

憼 說文敬也假借作警戒儆 中山王譽壺 以憼嗣王

㤕 說文作㤕 𧊒壺 訢詻戰㤕

慈 中山王譽壺 慈孝寰惠

不从心 𧊒壺 慈恣百敏

1723 慶

慶　不从心　天亡簋　隹朕有慶

五祀衛鼎

召伯簋

戜弔慶父鬲

㠱伯盨

陳公子仲慶匿

慶孫之子匿

蔡侯𪓰鐘　休有成慶

秦公簋　高弘有慶　从鹿从文　有慶成語經傳常見之

伯其父匿　唯伯其父慶作旅匿

1724 㥏

㥏　者沪鐘　㥏學𧼈=

1725 惟

惟　不从心通唯　宰椃角　惟王廿祀　隹字重見

从心从唯　陳侯因𫓧錞　其惟因𫓧

1726 懷

懷　不从心　沈子它簋　褱字重見

1727 憲

憲　不从心說文一曰十萬曰憲　命瓜君壺　旂無疆至于萬憲年　害字重見

1728 㦬

㦬　唐蘭釋　㦬作父乙爵

1729 懼

懼　中山王嚳鼎　寡人懼其忽然不可見

1730 恃

恃　不从心　屭羌鐘　武侄恃力　寺字重見

1731 㤅

㤅　說文惠也又愛行也今以愛代㤅　中山王嚳壺　⿸厂㤅深則賢人新

𧊒壺　慈㤅百敏

1732 懋

懋 不从心 楙字重見 癲簋

宅簋

帥鼎

召尊

衛簋

史懋壺

小臣遽簋

師旂鼎

免卣

懋史鼎

1733 慕

慕 牆盤 亟獄逗慕

㝬簋 宇慕遠猷

禹鼎

陳侯因資錞

1734 忏

忏 𩛥志鼎 史記作熊悍

𩛥志盤

1735 惄

惄 从弔 王孫鐘 惄子威義

沇兒鐘

王孫亯鐘

鄦侯簋

王子午鼎 惄子威義

邾公華鐘

1736 恁

1737 悆

1738 愉

1739 愚

1740 惷

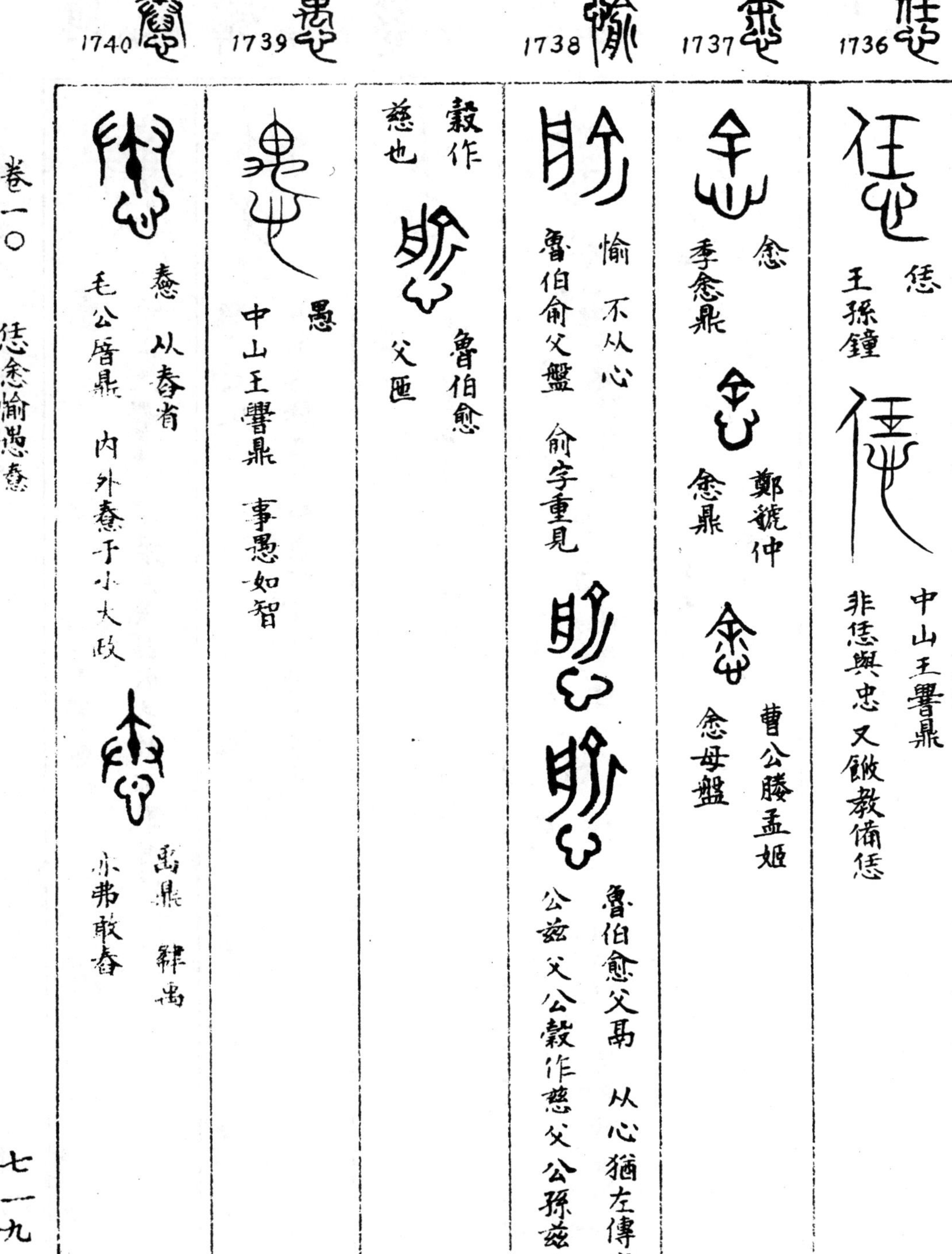

恁　中山王𰯼鼎　非恁與忠

王孫鐘　又𩛥教備恁

悆　鄭虢仲悆鼎

季悆鼎

曹公媵孟姬悆母盤

愉　不从心　魯伯俞父盤　俞字重見

魯伯愈父鬲　从心猶左傳宋公茲父公穀作慈父公孫茲公穀作慈也

魯伯愈父匜

愚　中山王𰯼鼎　事愚如智

惷　从舂省　毛公𪉷鼎　内外惷于小大政

𬍠鼎　肄𬍠亦弗敢惷

1741 怠

怠 中山王嚳壺 不敢怠荒 詩殷武作不敢怠遑

1742  懈

懈 不从心 中山王嚳鼎 夙夜不懈 解字重見

1743  忽

忽 中山王嚳鼎 寡人懼其忽然不可得

1744 忘

忘 陳侯午錞  十年陳侯午錞 鷹羌鐘 盗壺 日夕不忘  蔡侯䌛鐘  中山王嚳鼎  中山王嚳壺

1745  忨

忨 中山王嚳壺 天不臭其又忨 賈忨迮在大夫 義皆如願

1746 悐

悐 从但說文籀文作𢡕

蔡侯𨯫鐘 不悐不忒

1747 惑

惑

中山王譽鼎 猷規惑於子之

1748 忌

忌

郘公牼鐘

郘公華鐘

歸父盤

1749 㤖

㤖

中山王譽兆域圖 㤖后堂

1750 忓

忓 說文从心干聲讀若吁此从心吁聲

末距愕

1751 𢝊

𢝊 孳乳爲憂

中山王譽鼎 以𢝊勞邦家

𧊒壺 以𢝊氒民

1752 憚

憚　中山王嚳鼎　憚=㦎=

1753 恐

恐　說文古文从工　中山王嚳鼎　恐隕社稷之光

1754 惕

惕　蔡侯䜌盤

蔡侯䜌尊

趙孟壺　為趙孟疥邗王之惕金

1755 忍

忍　中山王嚳壺

1756 忤

忤　說文作啎从午吾聲逆也　蔡侯䜌盤

蔡侯䜌鐘　既忎于心

1757 忎

忎　說文所無　翕忎鼎

秦忎人名

但勺

1758 ⿱巛心

⿱巛心 說文所無 讀爲順 中山王嚳鼎 敬⿱巛心天德

中山王嚳壺 不顧逆⿱巛心

又讀爲訓 中山王嚳壺 是又軘德遺⿱巛心

1759 ⿱未心

⿱未心 說文所無 班簋 彝⿱未心天令 義如昧

1760 ⿱心皿

⿱心皿 說文所無張政烺謂从心皿聲讀如罔 中山王嚳壺 ⿱心皿又⿱宀惥焬

1761 ⿱聿心

⿱聿心 說文所無 禹鼎 曰于匡朕⿱聿心慕

1762 ⿱卲心

⿱卲心 說文所無 鄂君啟舟節 ⿱卲心⿰米吾人名

1763 𢘓

𢘓 說文所無

中山王譽鼎 㥯𢘓邦家 義如勞

1764 㥃

㥃 說文所無

㚤壺 㥃祗丞祀

1765 𢠾

𢠾 說文所無

十一年𢠾鼎

1766 㤰

㤰 說文所無

中山王譽鼎 尔毋大而㤰

1767 𢝊

𢝊 說文所無

中山王譽鼎 憚=𢝊=

1768 𢡂

𢡂 說文所無

中山王譽鼎 亡𢡂惕之㥯

中山王譽壺 盜又𢡂惕

1769 憼

憼 說文所無

𡨦弔簋 作豐姞憼旅簋

1770 憻

憻 說文所無

憻季𢥠父尊

憻季遽父卣

1771 懏

懏 說文所無

般殷鼎 心聖若懏

1772 懯

懯 王孫𢍭鐘

文一百七十六 重六百八十二

金文編第十一

容庚撰集
張振林
馬國權摹補

1773 水

水 沇子它簋

啟尊

同簋

魚顛匕

1774 河

河 从水牁聲 同簋 自虒東至于河

1775 江

江 鄂君啟舟節

江小仲鼎

1776 沱

沱 今別作池 遹簋

靜簋 射于大沱

趙孟壺 遇邗王于黃沱 左傳作黃池

1777 沮

楚屈弔沱戈

曹公子沱戈

鐘伯侵鼎 鐘伯侵自作石沱 石沱褱鼎作礝鼧乃鼎之別名

沮 不从水 㠯卣 弗敢沮 且字重見

1778 涂

涂 張之綱云从水余聲即涂之異文聲毋未有異也 傢鼎

1779 沅

沅 鄂君啟舟節 入湝沅澧澹

1780 涇

涇 不从水 克鐘 王親令克遹涇東至于京自

亦克鐘文

1781 漾

漾 曾姬無卹壺

1782 漢

漢　說文从水難省聲

鄂君啟舟節　让灘

1783 洛

洛　永盂　陰陽洛疆

虢季子白盤

假借為格　[⿱罒昊]尊　洛于官

大師虘豆　用卲洛朕文且考

1784 沇

沇　沇兒鐘

1785 [⿱竹渒]

[⿱竹渒]　从水𢍏聲

克鼎　錫女田于渒

1786 湘

湘　鄂君啟舟節　入湘

1787 深

深 中山王嚳壺 廛忎深則賢人窬

1788 潭

潭 高景成釋云毛公鼎簟笰字作𥮾彌疑𥁕即潭之古文

作潭右戈

1789 淮

淮 彔卣

師寰簋

虢仲盨

散盤

兮甲盤

翏生盨

翏生盨二

禹鼎

駒父盨

曾伯霥匿

从水从唯 㝬鼎 淮戎

克狄淮夷

1790 澧

澧 鄂君啟舟節 入潪沅澧灘

1791 湈

湈 孟湈父鼎

湈 遅盨

1792 濼

濼 假借爲樂 䴇鐘 用濼好賓

濼 𪇅平鐘 以濼其大酉

1793 洹

洹 伯喜父簋

洹秦 簋

洹子孟姜壺 左傳齊有晏桓子及陳桓子

1794 濁

濁 曾侯乙鐘

1795 溉

溉 邻王耑

1796 溤

溤 缶鼎

1797 濟

濟 中山王䜌壺 穆=濟=

1798 沽

沽 孳乳為湖 散盤 至于大沽

鄂君啟舟節 逾湖让漢

1799 汈

汈 說文作汈桂馥謂當从刅轉寫譌从刃庚寀梁字當从此說文以為从木从水刅聲非 汈其簋

汈其鼎

伯汈其盨

伯汈父簋

汈其鐘

孳乳為梁國名嬴姓伯爵見傳者有梁伯為秦所滅 梁伯戈

孳乳為梁 陳公子甗 用鬻稻粱

1800 洜

洜 洜弔鼎

1801 海

海　小臣謎簋

1802 衍

衍　衍[illegible]簋

秸衍　簋

1803 淖

淖　說文从水朝省徐鉉曰隸書不省與朝為一字太平御覽引說文淖朝也三字石經朝古文作[illegible]汗簡[illegible]釋潮　鄘伯馭簋　俈伐淖黑

十年陳侯午錞　陳侯午淖羣邦諸侯于齊

陳侯因資錞

1804 滔

滔　强運開釋金文稻粱之稻或作⿸㫃舀此字當為从水⿸㫃舀聲　鷊姬作⿰氵⿸㫃舀嫼簋

⿰氵⿸㫃舀嫼簋

1805 淲

淲　喬君鉦

1806 淢

淢 長由盉 王在下淢应

元年師旋簋 在淢应

1807 汪

汪 汪伯卣

从邑 鄂君啟舟節

1808 沖

沖 沖子鼎

1809 滕

滕 从火國名姬姓侯爵文王子叔繡所封至戰國為齊或宋所滅 滕侯盨

滕虎簋

滕侯昊戟

吾鬲

郳伯御戎鼎 滕姬

滕侯耆戈

滕之不劍

1810 淪

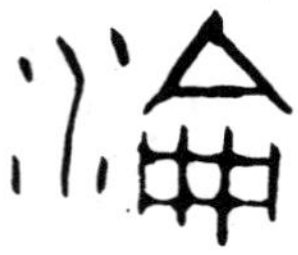

淪 伯駟父盤

1816 澮	1815 淵	1814 淑	1813 測	1812 滜	1811 浮
澮　从水从膾 鄂君啟舟節　入澮沅澧灣　今作澮澮水在澧水北	淵　不从水 𣞤盤　𣶒𧶠康王 中山王嚳鼎 蒦其没於人施寧没於𣶒 沇子它簋	淑　不从水 寡子卣　弔字重見	測 般殷鼎　既龢無測	滜 滜伯簋	浮 公父宅匜

1817 淺

[銘文字形] 淺 不从水 越王之子句踐劍

[銘文字形] 越王句踐劍 攷淺史籀作句踐

1818 沙

[銘文字形] 沙 五年師旋簋

[銘文字形] 寰盤

[銘文字形] 輔師嫠簋

[銘文字形] 訇簋

[銘文字形] 無叀鼎

[銘文字形] 弭伯簋

[銘文字形] 休盤

1819 湖

[銘文字形] 湖 从水从古 散盤 沽字重見

1820 津

[銘文字形] 津 說文古文津从舟从淮 琴生盨

[銘文字形] 角津地名

1821 湛

[銘文字形] 湛 𠑇匜

[銘文字形] 毛公厝鼎

1822

沒　从水从𠬛省

中山王嚳鼎　蒦其沒於人施寧沒於淵

1823

澬　从水从脊

鄂君啓舟節　入澬沅澧澹　澬水典籍又作資

1824

沈　國名嬴姓子爵見經傳者有沈子為蔡所滅

沈子它簋

1825

沼

沼钎口罍

1826

溓

⿱穴⿱毋勹鼎

从止

趞鼎

令鼎

司父鼎

1827

渇　汗簡渇作□　碣作□　偏旁形近說文盡也

中山王嚳壺　渇志盡忠

1828 瀓

瀓　史懋壺　瀓宮

1829 瀞

瀞　經典皆以清為之

國差𦉜　俾旨俾瀞

1830 湯

湯　師湯父鼎

仲枏父鬲　師湯父

仲枏父簋

湯弔盤

長湯匜

鄦公湯鼎

曾伯霥固　印燮緐湯

緐湯劍

緐湯之金　湯或从木

孳乳為鎣　多友鼎　湯鐘一肆

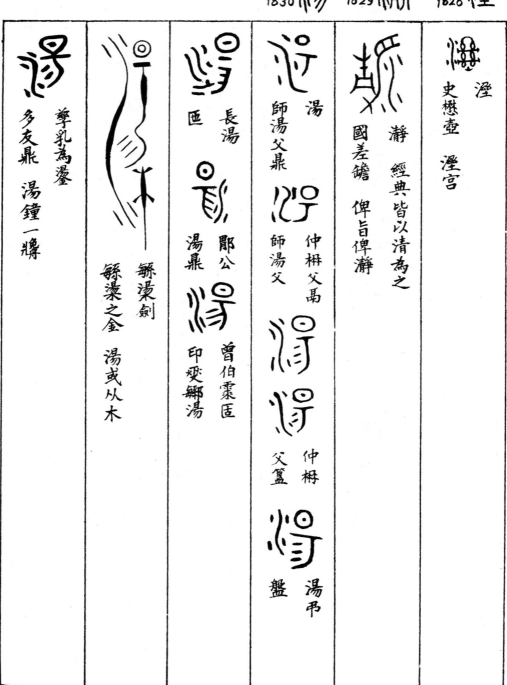

1831 滰

滰 从巛

啟卣 至于上侯滰川上

1832 潘

潘 不从水說文淅米汁也一曰水名在河南熒陽

魯侯鬲 魯侯作姬番鬲 番字重見

1833 濯

濯

右濯戈

1834 潸

潸 从雨从林說文涕流皃从水散省聲

䖵壺 霖=流涕 詩大東潸焉出涕

1835 涕

涕 从雨从米从弟

䖵壺 霖=流涕

1836 減

減

者減鐘

1837 瀘

瀘　說文新附

鬲比瀘

鄂君啟舟節

1838 沪

沪　說文所無

者沪鐘

1839 汸

汸　說文方或从水作汸

盗壺　四駐汸汸　詩小雅作四牡彭彭

1840 泆

泆　說文所無

泆伯寺簋

1841 洧

洧　說文所無玉篇洧同瀊潘水迴旋也

啟尊　在洧水上

1842 河

河　說文所無

盗壺　大啟邦河　義如宇

1843 ⿰氵呆

⿰氵呆 高景成釋說文所無

⿰氵呆伯友鼎

1844 ⿰氵帚

⿰氵帚 說文所無

成伯孫父鬲

1845 ⿱⿰弓彡豕

⿱⿰弓彡豕 說文所無

王孫鐘 龢⿱⿰弓彡豕人民

1846 潶

潶 說文所無玉篇水名

潶伯尊

潶伯

卣

1847 ⿰氵⿱日夂

⿰氵⿱日夂 說文所無

𧊒壺 逢郾亡道⿰氵⿱日夂上

1848 ⿰氵⿱宀⿱丰凵

⿰氵⿱宀⿱丰凵 說文所無唐韻瀗水名

散盤

1849 湽

湽　說文所無玉篇釋名通作雷　鄂君啟舟節

1850 流

流　盗壺　霖=流霧

1851  涉

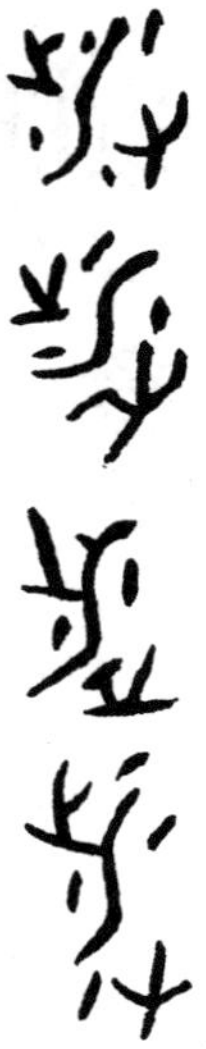

涉　从兩止中隔一水　格伯簋

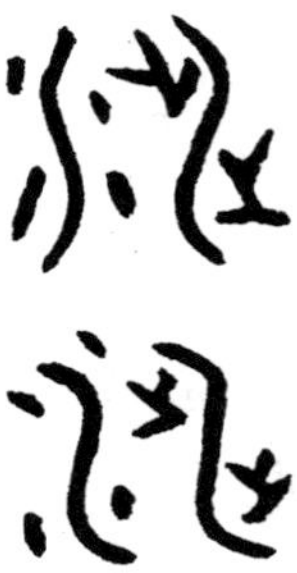

散盤

1852  瀕

瀕　井侯簋

對簋

𢦚簋　其瀕　在帝廷陟降

省頁　效卣

效尊

1853  川

川　矢簋

啟卣

五祀　衛鼎

1854  巠

巠　𡥚乳爲經　盂鼎　敬雝德經

克鼎

𢦚簋

師克盨

1855　1856　1857

毛公厝鼎

𦤎乳爲巠克鐘　遹巠東至于京𠂤

巟　巟伯簋

邕　邕子甗

侃　兮仲鐘

𢿧狄鐘

井人妄鐘

𤼈鐘

士父鐘

弔妣簋

㦮从水　旲生鐘

保侃母簋

萬尊

1858 州

州　說文㐬古文州

戈文

井侯簋

禹比盨

散盤

越王州句矛

越王州句劍

1859 緐

緐

緐髮多𠫑

𨚍盤

1860 原

原

雍伯原鼎

克鼎

散盤

1861 永

永　與㐆為一字

衙父乙簋

衍且

丁鼎

召卣

召尊

史獸鼎

豚卣

𣂔尊

宅簋

命簋

剌鼎

彔簋

㣈尊

師㯱鼎 伯椃簋 師遽方彝 牧弔簋 量侯簋 庚嬴卣

史孔盉 免簋二 朿尊 𤔲盤 舀鼎 伯晨鼎 君夫簋

伯疑父簋 季念鼎 𣎵伯簋 師嫠簋 訇伯簋 穻鼎

弔寍簋 𡍬肇家鬲 永盂 無㠱簋 曼龏父盨 虘鐘

柞鐘 史宜父鼎 善夫克鼎 畢鮮簋 南姬鬲

史宜父鼎 格伯簋 散伯簋 己侯簋

中伯壺

王人甗

井人妄鐘

頌鼎

史頌簋

史頌匜

麓伯簋

函皇父簋

兮吉父簋

伯吉父鼎

伯孝朔盨

弔皮父簋

追簋

交君匜

仲師父鼎

毛弔盤

毛公厝鼎

司寇良父簋

不嬰簋 又从止

召樂父匜

魯士孚父匜

魯遼父簋

魯伯愈父鬲

魯伯匜

鑄公匜

寠侯匜

邿友父鬲

鄐嬰鼎

司壺

鄀公鼎

鄭伯筍父鬲

弔上匜

殳季良父壺

國差𦉜

拍敦蓋

邾公華鐘

𡨦桐盂

干氏弔子盤

褱鼎

沇兒鐘

子璋鐘

楚子𠤳

王子申盞盂

王子午鼎

齊陳曼𠤳

𩛥章作曾侯乙鎛

陳侯午錞

姑口句鑃

夆弔匜

中山王嚳鼎

中山王嚳壺

周𡨦匜

子仲匜

虢文公鼎

伯家父鬲

割弔盨

殷穀盤

鄃鎛

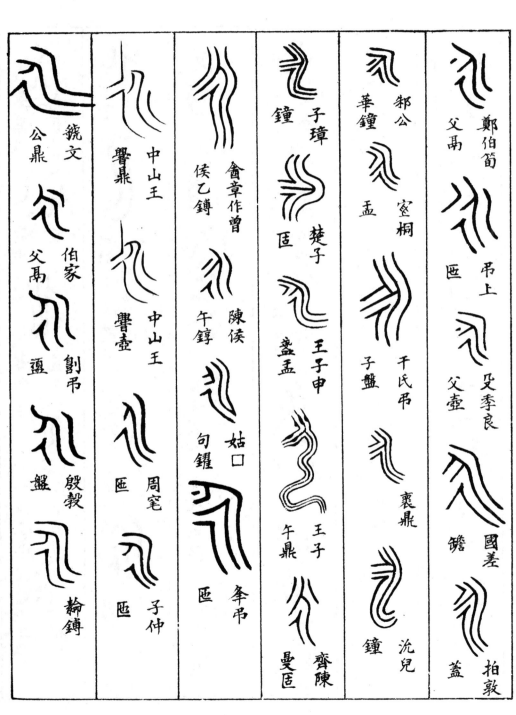

厚氏豆

袓伯匜

鄦侯簋

郳子宿車鼎

白者君盤

伯簋

邾討鼎

簷平鐘

且甲罍

番君鬲

吳方彝

揚簋

楚公鐘

叨孳簋

大簋

姒貍母簋

格伯作晉姬簋

芮大子伯匿

芮公鼎

芮大子伯壺

匽公匜

仲殷父簋

曾伯文簋

鑄弔匿

攻敔臧孫鐘

鄁䜌壺

般中束盤

子𠱾盆

袓伯𩁹盤

从止 孟簋

𦏲作北子簋

1862 羕

不嬰簋

弔向父簋

姞氏簋

仲鑠盨

伯匕鼎

杞伯鼎

杞伯簋

羕　羕史尊

鄦子匜　永或从羊詩漢廣江之羕矣毛詩作永又說文永與羕同訓水長　其子=孫=永保用之

匹君壺

陳逆簋

1863 𠂢

𠂢　與永為一字　吳方彝　永字重見

1864 谷

谷　啟卣

啟尊

格伯簋

孳乳為裕 何尊 叀王龏德裕天

1865 谷

谷 說文所無說文讀古文从谷作續故此可通谷字 谷伯卣

1866 仌

仌 卣文

1867 冰

冰 陳逆簋 冰月丁亥 冰月見晏子春秋内篇諫下第四第十三吳式芬謂十一月也

1868 冬

冬 說文古文从日作𠔦 陳章壺 孟冬戊辰

1869 雨

雨 子雨己鼎

亞止雨鼎

子雨卣

雨 觥

1870 靁

1871 電

1872 靁

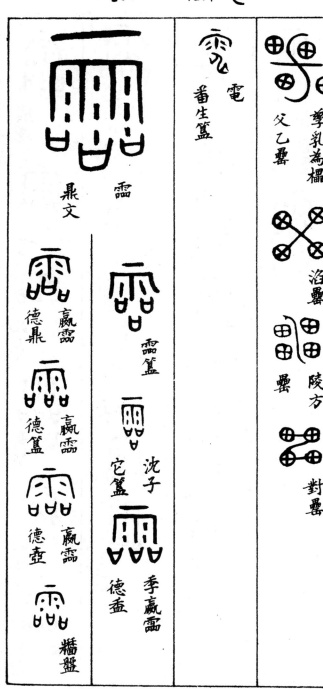

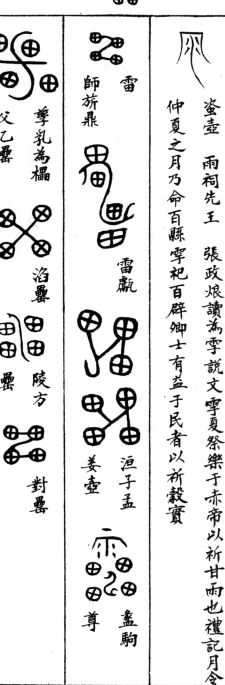

盗壺　雨祠先王　張政烺讀為雩說文雩夏祭樂于赤帝以祈甘雨也禮記月令仲夏之月乃命百縣雩祀百辟卿士有益于民者以祈穀實

雷　師旂鼎

雷甗

洹子孟　姜壺

盠駒尊

孳乳為櫑　父乙罍

洍罍

陵方罍

對罍

電　番生簋

靁　鼎文

靁簋

沈子它簋

季贏靁德盉

贏靁德鼎

贏靁德簋

贏靁德壺

櫑盤

𤳲鐘

此簋

此鼎

蔡姞簋

追簋

弔姬臣

善夫克鼎

頌鼎

頌壺

頌簋

善夫山鼎

殳季良父壺

不𡢁簋

嘉賓鐘

邾公釛鐘

蔡侯𩰫盤

歸父盤

𡢁乳爲𩰫

伯夏父𩰫

克鼎

𩅦鼓鐘　方濬益以爲霝之緐文　周禮大司樂靁鼓靁鼗注曰靁鼓四面

鄭井弔鐘

1873 䨣

䨣 義如霸 鄭虢仲簋 霸字重見

1874 雩

雩 與于為一字 盂鼎 雩殷正百辟

小臣遽簋

靜簋

芇伯簋

牆盤

善鼎

𤼈鐘

散盤

[illegible]仲雩父甗

禹鼎

毛公厝鼎 雩參有𤔲 又云雩四方毋動

作冊䰧卣

中山王嚳鼎 吳人并雩 史籀作越

1875 需

需 盂簋 朕文考眔毛公遣仲征無需

1876 雫　1877 雯　1878 魚

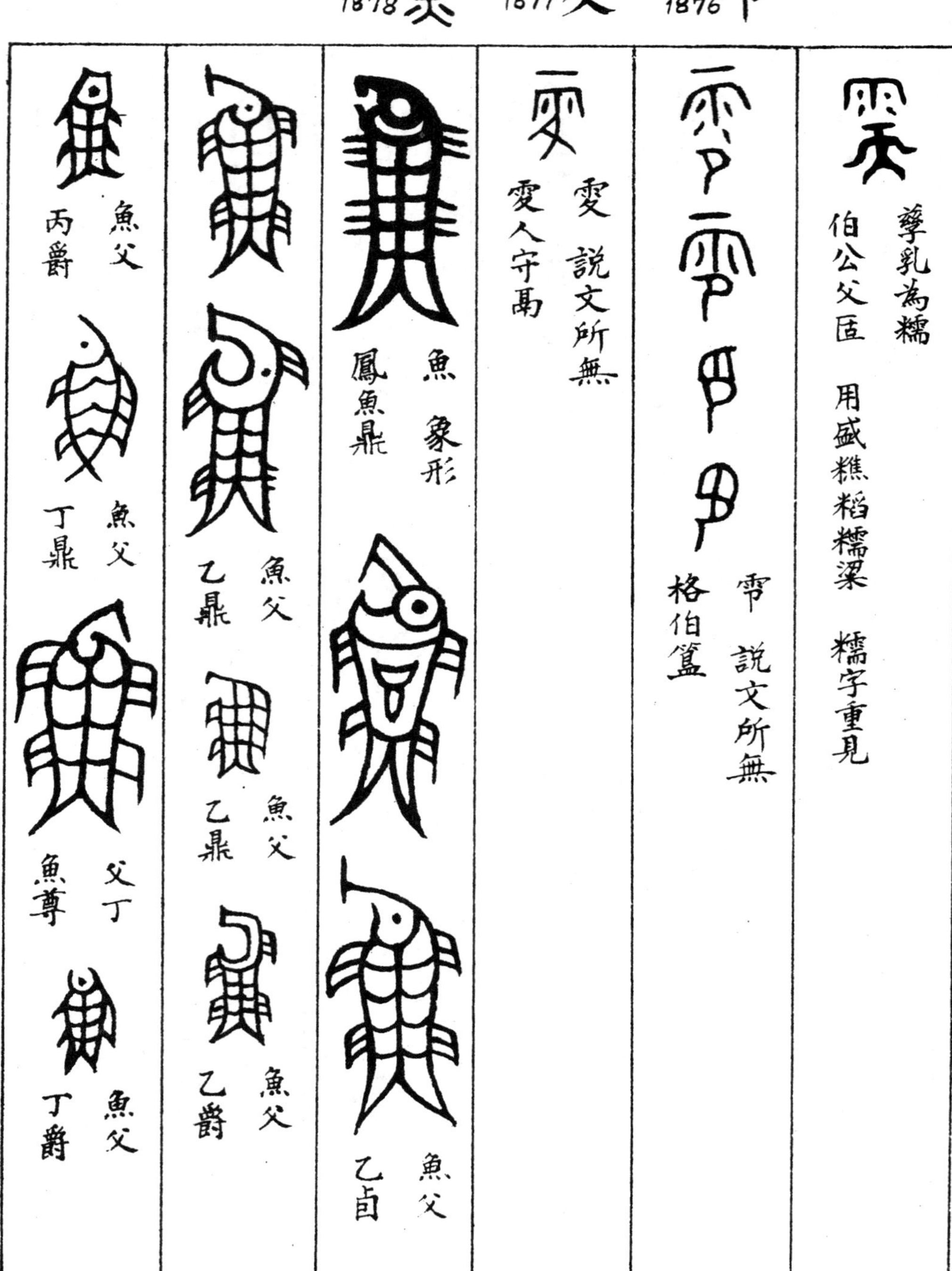

孳乳為糯　伯公父匿　用盛糕稻糯粱　糯字重見

雫　說文所無　格伯簋

雯　說文所無　雯人守鬲

魚　象形　鳳魚鼎

魚父乙卣

魚父乙鼎

魚父乙鼎

魚父乙爵

魚父丙爵

魚父丁鼎

父丁魚尊

魚父丁爵

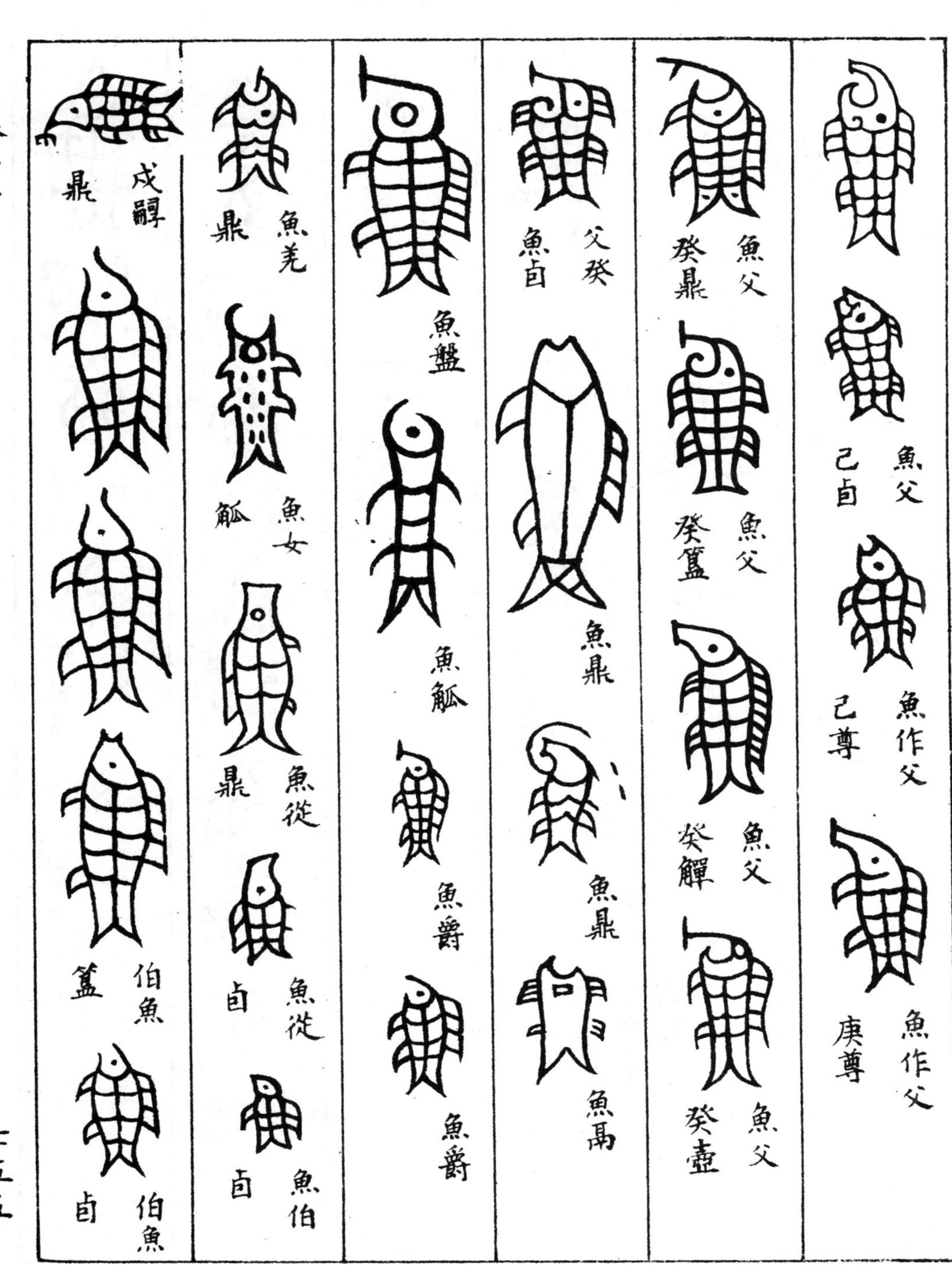

魚父己卣
魚作父己尊
魚作父庚尊
魚父癸鼎
魚父癸簋
魚父癸觶
魚父癸壺
父癸魚卣
魚鼎
魚鼎
魚鬲
魚盤
魚觚
魚爵
魚爵
魚羌鼎
魚女觚
魚從鼎
魚從卣
魚伯卣
戍觶鼎
伯魚簋
伯魚卣

1879 穌

伯魚鼎

犀伯鼎

伯旅魚父匠

鄘伯馭簋

伯魚父壺

毛公厝鼎

番生簋

穌詒妊鼎

魚顛匕

穌 穌還鼎

鱅盤

1880 鰥

鰥 父辛卣

忽鍚鰥寡

毛公厝鼎

㐭敄鰥寡

1881 鮮

鮮 鮮父鼎

散盤

鮮鐘

伯鮮盨

畢鮮簋

伯鮮鼎

伯鮮甗

1882 鮑　1883 鱻　1884 罴　1885 𩵦

𨤏壺 以取鮮藁 周禮庖人作鱻薨 淮南子泰族作鮮槁

鮑 从革从陶 鞄字重見

䩗鎛

鱻 汗簡釋鮮出尚書

公貿鼎

罴 說文所無

罴鼎

𩵦 說文所無

父丁觶

兮甲盤

冨𩵦 地名

者減鐘

工𩵦王即吳王

王國維曰周禮天官歔人釋文本或作魰歔魰同字知𩵦魚亦同字矣古魚吾同音敦煌唐寫本商書魚家旄孫于荒日本古

1886 𤃞

寫本周書魚有民有命皆假魚為吾史記河渠書功無已時兮吾山平吾山即魚山也庚案列子黃帝姬魚語汝注魚當作吾

䱒鎛　保虞兄弟

欒書缶　虞以祈眉壽

林氏壺　虞以匽飲

中山王譽鼎

中山王譽壺

戱从攴　沇兒鐘　䱷以匽以喜

工䱷大子劍

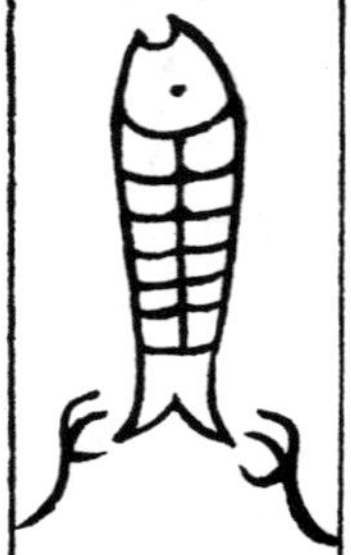

漁　从魚从廾以手捕魚也　篕文

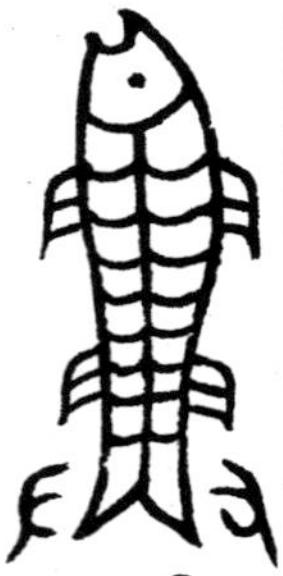

卣文

遹簋　乎漁于大池

井鼎　王漁于䱷

从又从舟

1887 龍

龍 龍母尊

龍子 觶

𥙐仲無龍鬲

𥙐仲無龍匕

樊夫人龍嬴匜

樊夫人龍嬴壺

邵鐘

𡢁乳為龔 王孫鐘

余圅龔嬉屖

楚王酓璋戈

嚴龔

1888 龕

龕 說文各本作龕今聲段氏本據九經字樣改今聲與此正合逸周書祭公解周克龕紹成康之業亦誤作龕 眉壽鐘

龕事朕辟

𪓊盤 龕事氒辟

1889 襱

襱 說文所無 滎有𤔲爯鼎

滎有𤔲爯鬲

1890 飛（冀）

飛（冀）　不从飛篆文作冀　盂鼎　異字重見

秦公鎛　飛（冀）受明德

中山王嚳壺　祗祗翼翼

1891 非

非　說文作非乃唐人傳寫之譌魏三字石經尚不如是也　𢦒鼎　錫金一鈞非余古者金與馬每同賞錫非余當讀作騑騄

傅卣　師田父令小臣傅非余

班簋　班非敢覓

㫚鼎

毛公厝鼎

蔡侯䌛鐘

中山王嚳鼎

中山王嚳壺　寡人非之

1892 卂

卂　卂伯簋

文一百二十　重四百四十

金文編第十二

容庚譔集

張振林　馬國權摹補

1893  孔

孔　孔鼎

史孔盉

師麩鼎

伯公父匿　其金孔吉盂作子

虢季子白盤

曾伯霥匿

沇兒鐘

邾大宰匿

陳章壺

王孫鐘　元鳴孔皇省作子

王孫真鐘

1894  不

不　孳乳爲丕大也　天亡簋　丕顯考文王

史獸鼎

盂鼎

敔簋

師望鼎

師奎父鼎

師𩛥鼎

舀鼎

苀伯簋

休盤

師酉簋

咢侯鼎

㝬鐘

克鼎

頌鼎

番生簋

毛公厝鼎

虢季子白盤

虢弔鐘

元年師兌簋

不𡢁簋二

秦公鎛

秦公簋

洹子孟姜壺

王孫鐘

者沪鐘

不易戈

鄦侯簋

沈子它簋 不敢不緉休同公

井侯簋

彔伯簋

[illegible]盤

卯簋

師寰簋

兮甲盤

郘鐘

邾公華鐘

子禾子釜

中山王嚳鼎

1895 否

否　中山王譻壺

否　蚉壺

否　中山王譻兆域圖

否　王子午鼎　余不畏不差

否　蔡侯轠鐘

否　蔡侯轠殘鐘

否　蔡侯轠盤

否　齊陳曼匿

否　鄂君啟舟節

否　縣改簋　我不能不眔縣白萬年保

否　孳乳為邳國名　邳伯罍

否　毛公厝鼎

否　晉公𥂴

否　中山王譻鼎　智天若否

1896 杯

杯　說文所無　師遽簋　敢對揚天子不杯休　與彔伯簋對揚天子不顯休文句正同昔人定為

顯字許瀚曰書大誥弼我丕丕基立政以並受此丕丕基傳並訓為大大基爾雅釋訓丕丕大也謂此疑此不环即丕丕上丕借不下丕作环以見重意

師奎父鼎

善鼎

召卣二

長由盉

師虎簋

䢅伯簋

番生簋

环𡢁簋

1897 至

至　盂鼎

矢方彝

矢尊

至鼎

令鼎

啟卣

鄘伯馭簋

同簋

䢅伯簋

𢿌鐘

克鐘

散盤

禹鼎

兮甲盤

召伯簋二

駒父盨

晉公䀇

邾公牼鐘

𪏹鎛

郘𪒠尹鉦

中山王譽鼎

1898 到

中山王譽壺

中山王譽兆域圖

到 伯到尊

人至爲到會意說文从至刀聲非

𨸏伯簋 仲到人名

舀鼎 用到茲人

厲羌鐘 武到寺力

伯到簋

1899 勁

勁 師湯父鼎

1900 西

西 戍甬鼎

小臣𧽊鼎

敔弔簋

幾父壺

禹鼎

伯㦰簋

伯𠥩卣

師酉簋

散盤

訇簋 西門夷

1901 卤　1902 ⿰鹵禺　1903 戹

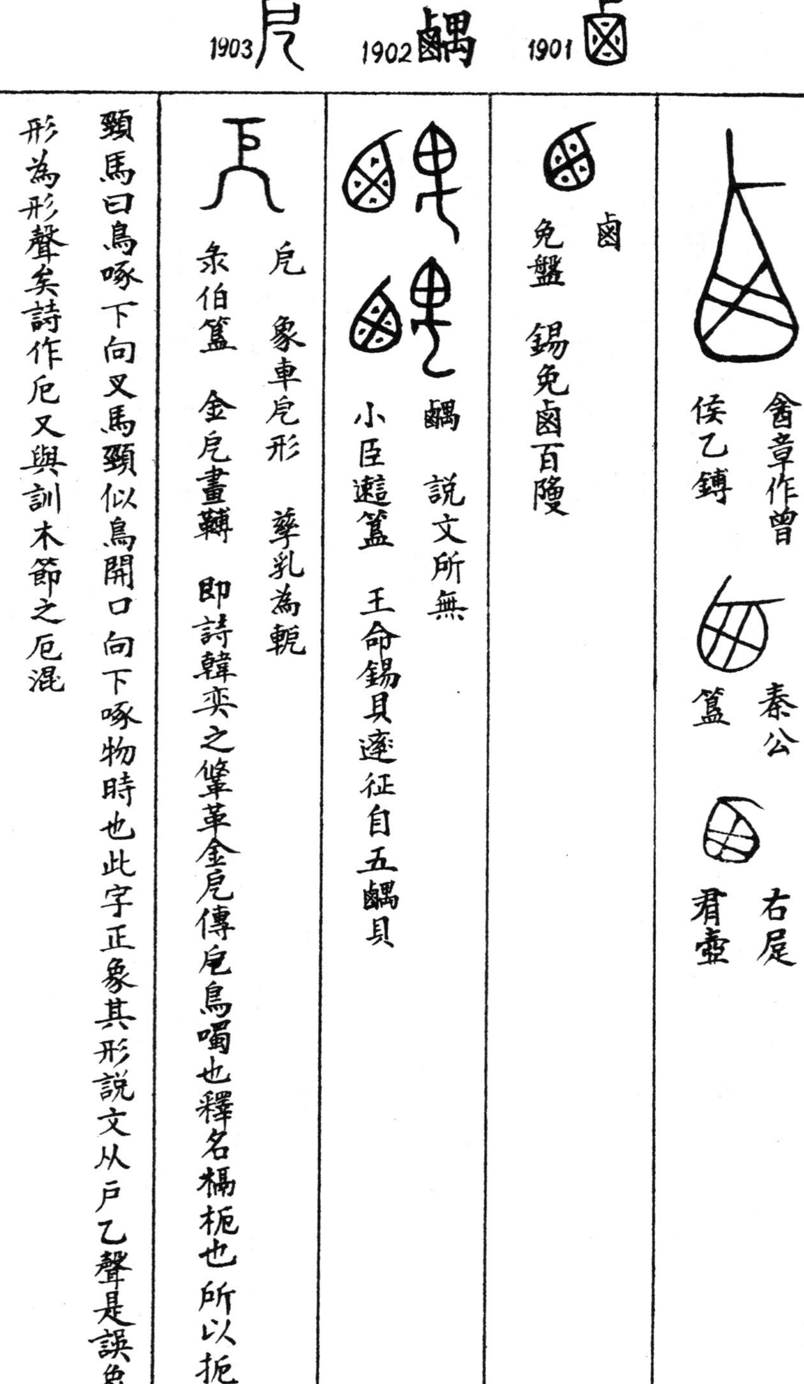

不㝬簋　陳伯元匜　多友鼎　國差𦉜　西替匜

酓章作曾侯乙鎛　秦公簋　右𡰥君壺

卤　免盤　錫免卤百𨻰

⿰鹵禺　說文所無　小臣謎簋　王命錫貝遝征自五⿰鹵禺貝

戹　象車戹形　孳乳為軶　彔伯簋　金戹畫𩌏　即詩韓奕之鞗革金戹傳戹烏噣也釋名槅枙也所以枙牛頸馬曰烏啄下向叉馬頸似烏開口向下啄物時也此字正象其形說文从戶乙聲是誤象形為形聲矣詩作厄又與訓木節之厄混

1904 肁

毛公厝鼎　番生簋　師兌簋　龢鎛　余為大攻厄

肁　孳乳為肇為肈　屖尊　師臾鐘　滕虎簋　寧簋

旁鼎　从口　亘尊

1905 ⿸戶孚

⿸戶孚　說文所無　魯士⿸戶孚父匿

1906 門

門　門且丁簋　門射甗　師𦨶簋　休盤　寰盤　格伯簋

舀鼎　塱簋　散盤　頌簋　頌鼎　頌壺　善夫山鼎

1907 閈　1908 閭　1909 闢

訇簋　西門夷　元年師兌簋　師酉簋	無叀鼎　內門二字合文	閈　毛公厝鼎　亡不閈于文武耿光　中山王譽鼎　閈於天下之物矣	閭　从膚王國維釋　閭丘戈	闢　說文闢虞書曰闢四門从門从𢪒　盂鼎　闢卑　伯闢簋　彔伯簋	中山王譽鼎　闢啟封疆　中山王譽壺　𨙵闢封疆　又假作辟　𢓊右𠂤辟　以明辟光

1910 閒

閒 㝬鐘

說文古文作閖 曾姬無卹壺

从夕 中山王譽兆域圖 兩堂閒百乇

1911 闌

闌 咢侯鼎 馭方休闌

王孫鐘 闌〻龢鐘

王孫弄鐘 闌〻獸〻

王子午鼎 闌〻獸〻

从月 闌卣

監弘鼎

宰椃角 王在闌

王錫貝簋 王錫貝在闌

戍嗣鼎 在闌室 又唯王饔闌

利簋 王在闌自 于省吾曰从柬从閒从官之字同屬見紐又系疊韻故知䦨闌䦨或柬為管之初文管之稱管自猶成周金文也稱成自

1912 閑

閑 同簋 毋女又閑

1913 閉

閉　豆閉簋

子禾子釜

1914 關

關　陳猷釜

子禾子釜

左關鉌

鄂君啟舟節　毋政于關

1915 闊

闊　中山王譽兆域圖

1916 閔

閔　假借作門　中山王譽兆域圖

1917 閱

閱　說文所無　義如狹　中山王譽兆域圖　闊閱少大

1918 闕

闕　說文所無　闕卣

1919 關　1920 𨷈　1921 耳　1922 耿　1923 聖

1919 關	1920 𨷈	1921 耳	1922 耿	1923 聖
關 關卣 說文所無	𨷈 婦𨷈甗 說文所無	耳 亞耳簋	耿 毛公厝鼎	聖 𤔲盤
	婦𨷈卣	耳卣	禹鼎	師望鼎
		乙耳卣		𡨦聖成王
		𤞷作北子簋		尹姞鼎
				師𩛥鼎 用井乃聖且考
				師𧽊鼎
				𤼈鐘 𤼈𨑨二 𡖊夕聖𨑨
				克鼎
				井人妄鐘

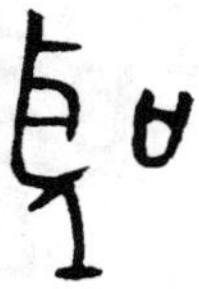

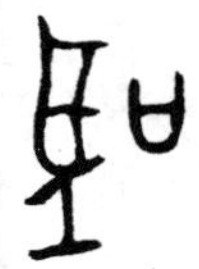

1924 聽

竈乎簋 用聖夙夜 用亯孝皇且文考

曾伯霥匿

耣鎛

王孫鐘

曾姬無卹壺

中山王𫊸壺 古之聖王

从中 匽伯匜

𪒠平鐘 聖智龏哴

大保簋

辛巳簋

聽 洹子孟姜壺

从耳从口 中山王𫊸鼎

王子耶觚

1925 職

職 从首猶聝之或从首作馘也 曾姬無卹壺

郾王職劍

1926 聞

聞 說文古文从昏作䎽古文尚書作𦖞與婚通 盂鼎 我聞殷墜命

利簋 歲鼎克聞夙又商

1927 聾

1928 職

1929 聮

1930 匝

中山王𰯼鼎 寡人聞之

或从女 郘王子鐘 聞于四方

王孫𪊲鐘

聾 聾鼎

職 从爪从或 盂鼎二

从或省 𢦏簋

多友鼎 獻孚職𡁸于公

多友𨕙

从爪从戈 虢季子白盤 獻職于王

聮 說文所無 作匜聮鬲

考母壺

匝 鑄子匝

曩伯匜

曩伯盤

1931 配

配　孳乳爲熙　齊侯敦　它它熙熙　荀子儒效注熙熙和樂之皃

齊侯匜

夆弔匜

郘王子鐘

1932 手

手　邵壺

揚簋

伊簋

師嫠簋

曾侯鼎

卯簋

無曩簋

不𡢁簋

彔伯簋

柞鐘

䒚伯簋

1933 拜

拜　井侯簋

沇子它簋

尹姞鼎

休盤

農卣

曾侯鼎

吳方彝

靜卣

靜簋

師遽方彝

師遽簋

史懋壺

邵壺

揚簋

大師虘簋

不沓方鼎

令鼎

𢦏鼎

彔卣

遹簋

𣃔伯簋

趞曹鼎

𣪕簋

舀鼎

伯晨鼎

師虎簋

盠方彝

窀鼎

師奎父鼎

諫簋

元年師兑簋

元年師旋簋

三年㾓壺

十三年㾓壺

寰盤

趩簋

趩簋

無㠱簋

永盂

大簋

大鼎

克盨

克鼎

師酉簋

不嬰簋

1936 搏　1935 持　1934 扶

頌鼎

頌壺

頌簋

趞鼎

師𤸫簋

善夫山鼎

臣諫簋

大作大仲簋

師嫠簋

柞鐘

彔伯簋

幾父壺

从頁 友簋

㝬簋

扶 从又說文古文作㧱 权卣

权鼎

持 不从手 邾公牼鐘 寺字重見

搏 从干經典通作薄 虢季子白盤 搏伐厰執即詩六月薄伐玁狁又詩車攻搏獸于敖後漢書安

1937 擇

帝紀注作薄狩

多友鼎 搏于郗

或从戈 不㠱簋 女及戎大敦搏

或从厂 臣諫簋 井侯[厂尃]戎

或从十 戜簋 博戎[壴夫]

擇 从廾 沇兒鐘 睪字重見

1938 承

承 不从手 追承卣

小臣逨簋 伯懋父承王命錫𠂤

命瓜君壺 承受屯德祈無疆

盗壺 恖祗承祀

1939 招

招 从廾从盥 盂鼎

1940 擾 1941 揚

擾 从酉从頁 克鼎 擾遠能𤔲孫詒讓謂猶詩言柔遠能邇史記擾而毅徐廣云擾一作柔

揚 不从手 昜字重見 谻子卣

令鼎

仲𠭯父盤

矢方彝

矢簋

令簋

段簋

宅簋

𨟭卣

大作大仲簋

效尊

友簋

𣪕簋

舍父鼎

次卣

君夫簋

作册大鼎

害鼎

趞簋

朐簋

揚作父辛簋

揚鼎

小子省卣 省揚君賞

丁揚卣

封簋 對揚王休

盂卣

師遽方彝

頌簋

禹鼎

剌鼎

趩簋

睘卣

靜簋

趞曹鼎

穻鼎

康鼎

揚簋

毛公厝鼎

伯晨鼎

師嫠簋

大師虘簋

芾伯簋

召伯簋

邾公釛鐘

免簋 二

虘鐘

即簋

娊方彝　盂簋　不晢方鼎　井鼎　彔簋　㦰鼎

呂鼎　靜卣　鄘伯馭簋　師虎簋　師遽簋　同卣

休盤　豆閉簋　師奎父鼎　克鼎　孚尊

無㠱簋　趞鼎　史獸鼎　競卣　元年師旋簋

趩簋　保𠈇母壺　善鼎　遹盂

忻尊　牆盤　四年癲盨　𦳋簋　師𤸫簋

三年𤼈壺 十三年𤼈壺 此簋

此鼎 吳方彝 頌鼎 頌壺 追簋

師兌簋 克盨 善夫山鼎 虢弔鐘 大鼎

作鐘 守簋 大簋 寰盤

守宮鳥尊 [illegible]簋 師酉簋 陳侯因資錞

多友鼎

1942 舉　1943 播　1944 撲

从宀　揚斵仲休　斵尊

寡長鼎

寡史甗

亘尊

縣改簋

永盂

柳鼎

幾父壺

𦍩簋

小子省卣　省揚君賞

舉　从犬

中山王譽壺　舉賢使能　𦦻字重見

播　說文古文作𢿎此省番為釆猶宷之篆文从番作審也

師旂鼎　今毋播

散盤

撲　从戈

㝬鐘　撲伐氒都

散盤　用矢撲散邑

从厂　兮甲盤　則即井撲伐

1945 捷　1946 拍　1947 女

捷 三字石經古文作戠从木與从屮作戠同意

疐鼎 王令遣捷東反夷

拍 說文所無而有拍拊也

拍敦蓋

女 盂文

司母戊鼎

司母辛鼎

女壴方彝

女宋方彝

女子鼎

子卣

※小集母乙觶

矢方彝

矢尊

龏鬲

史母癸簋

射女方監

寧女父丁鼎

雚女觶

女帚卣

彭女甗

女康丁簋

者女觥

者女甗

畣父盤

農卣

翏生盨

齊侯盤

齊侯匜

鄧公簋

子仲匜

陳子匜

蔡大師鼎

洹子孟姜壺

井人妄鐘 重文符在右上

孳乳為汝 令鼎 余其舍汝臣十家

盂鼎

免簋

彔伯簋

豆閉簋

輔師嫠簋

師[illegible]鼎

弔趞父卣

此簋

縣改簋

[illegible]伯簋

[illegible]簋

舀鼎

舀壺

善鼎

伯晨鼎

克鼎

師克盨

師嫠簋

師酉簋

頌鼎

頌簋

頌壺

同簋

伯蔡父簋

元年師兑簋

不䴉簋

師虎簋

卯簋

師寰簋

無叀鼎

伊簋

毛公厝鼎

善夫山鼎

洹子孟姜壺

南疆鉦

者汈鐘

孳乳為如　𡕲尊　𡕲從王如南

鄂君啟舟節　如載馬牛羊

鄂君啟車節　如馬如牛如德

中山王譽鼎　事少如長事愚如智

盗壺　其逾如林

1948 姓

1949 姜

姓 不从女 兮甲盤 生字重見

或从人 𩡶鎛 保盧子姓

姜 臭伯卣

姜林母簋

己侯簋

己侯貉子簋

魯侯尊

令簋

才盤

才盉

保攸母簋

睘卣

㒼簋

從鼎

駯父鼎

戚鼎

師獻鼎

衛鼎

兮吉父簋

應侯簋

王伯姜鬲

同姜鬲

㪚車父壺

周窀匜

1950 姬

遲盨

匽公匜

王婦匜

伯家父鬲

伯姜鬲

弔多父簋

齊巫姜簋

鄭姜伯鬲

陳侯𠤳

齊侯壺

齊侯盤

齊侯匜

齊侯敦

𦅫鎛

㠱伯匜

鄦子𠤳

从母 椒氏車父壺

伯狺父鬲

姬 幢季遽父卣

商尊

伯壺

𢐗伯作井姬甗

𢐗伯匄井姬尊

姬芳母鬲

匽侯觶

作姬簋

𪒠王盉

旂姬鬲

姬鼎

寰盤

弔䍙父簋

𤔲弔匩

伯頵父鼎

仲伐父甗

伯𩫖父鬲

趞鼎

訇簋

仲𫊸父簋

弔姬匩

魯宰駟父鬲

鄭伯筍父鬲

陳侯作嘉姬簋

伯頵父簋

秦公鎛

曾子原彝匩

師寏父盤

司馬南弔匜

吳王姬鼎

格伯作晉姬簋

干氏弔子盤

庚姬鬲

伯吉父匜

从母

伯姬簋

歸弔山父簋

旅伯鼎

伯百父盤

伯百父鎣

姬簋

子仲匜

中伯壺

中伯盨

季宮父匡

魯遽父簋

魯伯匡

齊弔姬盤

師趛鼎

師酉簋

弔啟父匜

仲𢿌父盤

毛弔盤

司寇良父簋

萬簋

趞小子簋

伯夏父鬲

不𡢁簋

不𡢁簋二

蔡姞簋

魯姬鬲

魯伯大父簋

魯伯愈父鬲

善夫吉父鬲

曹公媵孟姬念母盤

魯侯鬲

伯狺父鬲

1951 姑

禾簋

蔡大師鼎

蔡侯[illegible]盤

蔡侯[illegible]缶

曾姬無卹壺

吳王光鑑

姑

姑舀母鼎

姑彝觶

趠尊

趠卣

義伯簋

霸姑鼎

次卣

乎簋 器文誤作娴

靜簋

尹弔鼎

寍弔簋

尹姑鼎

單伯鬲

伯汾父簋

蔡姑簋

弔姑盨

伯竈父鬲

姑氏簋

咢侯簋

㪍車父簋

又从口 㪍車父壺

1952 嬴

椒伯車父鼎 又誤作姞

趞弔盨

麓伯簋

師寏父簋

仲姞鬲

伯庶父簋

嬴伯衛父盉

季嬴霝德盉

嬴霝德簋

嬴霝德壺

嬴霝德鼎

榮有司爯鬲

榮有司爯鼎

鼂伯盤

筍伯盨

鑄弔匜

京弔盤

楚嬴匜

成伯孫父鬲

樊夫人龍嬴鬲

樊夫人龍嬴匜

樊夫人龍嬴壺

𠬝同簋

鄴伯受簠

1953 嬀

嬴氏鼎

鄦子匜

从卩　嬴季卣

嬴季簋

子弔嬴芮君盦

从貝　庚嬴卣　嬴字重見

嬀　不从女　陳子〻匜　爲字重見

刺𪓐鼎

王仲嬀鼎

𤔲嬀壺

伯侯父盤

陳伯元匜

陳侯簋

陳侯壺

1954 妘

妘　說文籀文从員　函皇父簋

函皇父匜

季良父匜

琴生盨

琴生盨二

周棘生簋

仲皇父盉

輔伯鼎

弔上匜

1955 婚

婚 與昏為一字說文𦫸籀文婚即此之譌變經典多以昏為婚

諫簋 女某不又昏

毛公層鼎

克盨 朋友婚遘

帝伯簋 季百諸婚遘

𨙵弔多父盤 諸子婚冓

殳季良父壺 用亯

孝于兄弟婚媾諸老

假借為聞 郘王子鐘 聞于四方

孳乳為𩌦 彔伯簋 金甬畫𩌦

1956 妻

妻 冉父丁方罍

說文𡛷古文妻古孝經作𡜊 弔皮父簋 其妻子用亯孝于弔皮父

从母 農卣 使氒友妻農

婦 不从女 比作伯婦簋 帚字重見

毓文

簋文

婦鳥 彤觚

婦鴝 觚

杞婦 卣

㚔父 乙簋

子卣

盨婦 鼎

婦未 于鼎

守婦 簋

守婦 觶

商婦 甗

婦闆 卣

𠙵婦 鼎

龜婦 爵

頙卣

母辛 卣

令簋

義伯 簋

縣改 簋

仲叡 父盤

卬君 壺

弔妘 簋

鄀嬰 簋

鄀嬰 盤

1958 妃

[illegible]弔多父盤

晉公盦

[illegible]君鼎

玄婦壺　玄婦二字合文

妃　說文妃匹也改女字也二字皆己聲一在左一在右　妃匹之妃當是妃之譌

亞形中彔妃盤

陳侯午錞　作皇妣孝大妃祭器

鄦侯簋　妥作皇妣　[illegible]君中妃祭器八簋

1959 妊

妊吹鼎

嬗妊壺

龔妊甗

王盉

格伯簋

鑄公匿

薛侯盤

薛侯匜

穌告妊鼎

[illegible]妊簋

1960 嫛

嫛　从医　若[illegible]作文嫛鼎

1961 母

母　與女為一字　女字重見

司母戊鼎

母戊觶

小子母己卣

[illegible]母癸甗

夘切甗

母父丁尊

子卣

亯尊

𤆍方鼎

光作母辛觶

父己母癸卣

北子鼎

母辛卣

母卣

叀作母辛尊

杠觶

畬卣

小臣邑斝

頙卣

雍母乙鼎

[illegible]母辛簋

田告作母辛鼎

我鼎

龏鬲

伯[illegible]盉

姞㠯母鼎

[illegible]父鼎

師旂鼎

農卣

趩簋

毛公旅鼎

𢦏方鼎 文母日庚 又讀作毋 毋又䏚于氒身

靜簋

姬苪母鬲

弔趞父卣

臣諫簋

榮有司爯鼎

榮有司爯鬲

考母壺

考母簋

五年師旋簋 敄母敗迹

毳匜

毳簋

伯康簋

諆鼎

㠯鼎

詰簋

師趛鼎

仲𢽰父簋

穌告妊鼎

縣改簋

卯簋

𡛗理母簋

楙車父壺

[illegible]母鬲

頌壺

頌鼎

頌簋

善夫山鼎

㐭弔多父盤

毛公㕯鼎

兮甲盤

干氏弔子盤

鑄公匿

鄦去魯鼎

江小仲鼎

郘始鬲

陳伯元匜

陳侯鼎

國差𦉜

拍敦蓋

𪒠鎛　皇母

又作毋　老毋死

禾簋

蔡侯𩓚盤　口文王母

又作毋　䂂受毋已

䧅羌鐘

陳侯午錞

十年陳侯午錞

郾侯庫簋

鄂君啓舟節

見其金節則毋政

鄂君啓車節

中山王譽鼎

毋忘尔邦

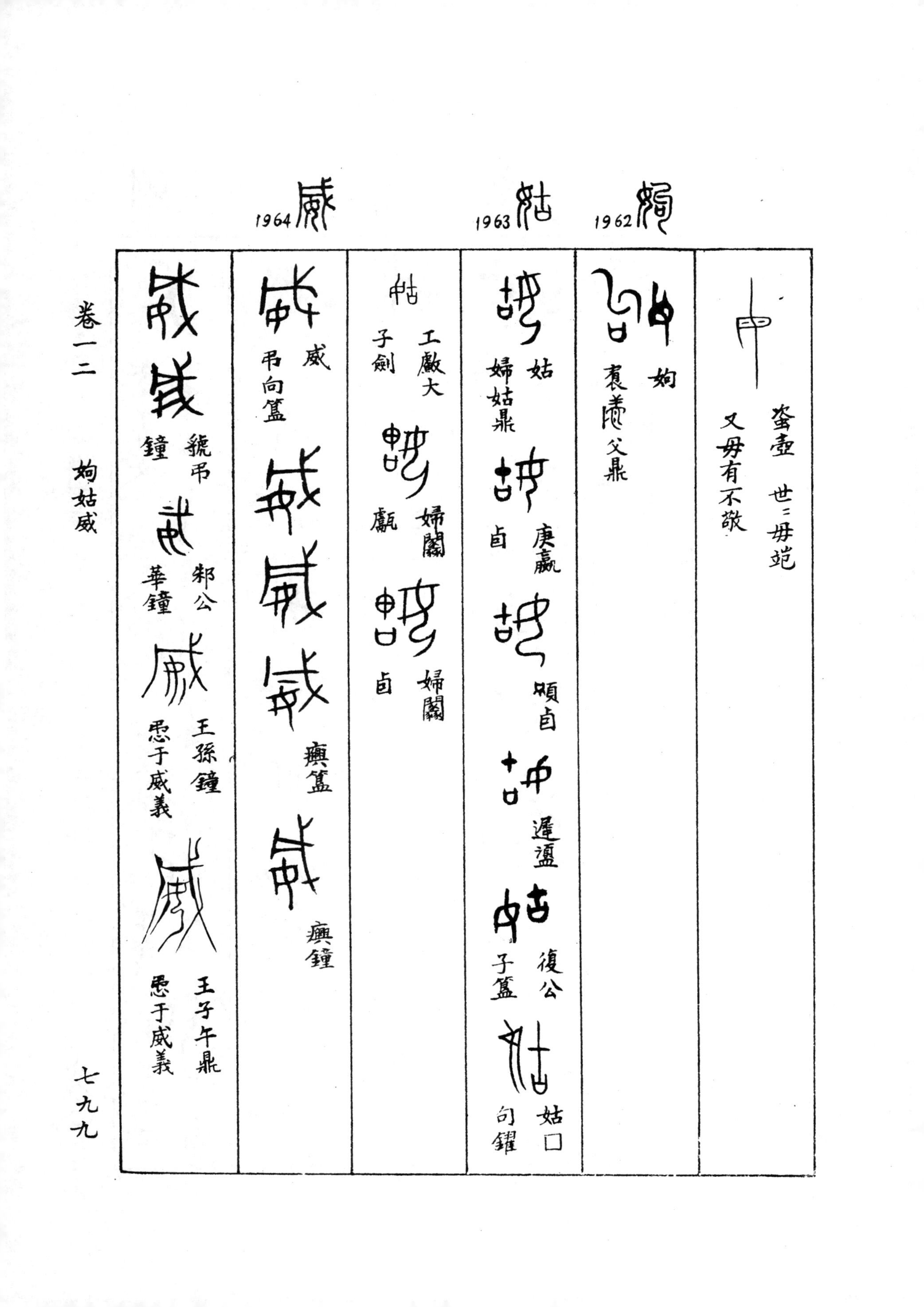

1962 姁

1963 姑

1964 威

𦉜壺 世=毋㐌 又毋有不敬

姁 𣪘父鼎

姑 婦姑鼎

庚嬴卣

頌卣

遲盨

復公子簋

姑□句鑃

工𢽾大子劍

婦闆甗

婦闆卣

威 弔向簋

𤼈簋

𤼈鐘

虢弔鐘

邾公華鐘

王孫鐘 忌于威義

王子午鼎 忌于威義

1965 妣

妣 不从女 豢妣辛簋 匕字重見

啚作父丁爵

作羲妣鬲

召仲作生妣鬲

㦰方鼎

陳侯午錞

鄦侯簋

从示 ⿰素命鎛 礼字重見

1966 姊

姊 季宮父𠤳

中姊㛸姬

1967 妹

妹 盂鼎

沈子它簋

弔趯父卣

西替𠤳

𡨦桐盂

鄦伯受𠤳

1968 姪

姪 王子姪鼎

1969 媎

媎　說文女師也　中山王嚳鼎　佳俌㑄氏㞱俌㑄即傅媎

1970 媾

媾　不从女　㔾弔多父盤　兄弟諸子婚冓無不喜　冓字重見

或从頁　殳季良父壺　用亯孝于兄弟婚顜諸老

九年衛鼎

五祀衛鼎

1971 奴

奴　㚢奴甗

弗奴父鼎

从十　農卣

1972 奻

奻　弔奻簋

弔高父匜

洀其簋　皇母惠奻

从母　奻𤤓母簋

1973 娟

娟　陳伯元匜

1974 改

改 縣改簋
穌衛改鼎
蘇公作王改簋
賸土父鬲
弔妃簋
仲義㠯公匜
夆弔匜
召樂父匜
番匊生壺
穌甫人盤
穌甫人匜
虢文公鼎
㘿君壺
筍伯盨

1975 始

始 不从女經典之㚶字說文所無金文作妃始㚶姛㚶后母㚶康鼎 以字重見
㝬㚶匜
衛㚶鬲
弗奴父鼎
弔向父簋
弔簋
衛始簋蓋文作姛
頌鼎
頌壺
頌簋
叓季良父壺

1976 媚

季良父盉

仲師父鼎

會始鬲

鄧伯氏鼎

者姛尊

者姛罍

者姛爵

者女觥 蓋文作女

龏姛鼎

姛簋

寧遺簋

保𠈇母壺

驫姛鼎

驫姛簋

弔姛尊

弔姛方彝

夻簋

班簋

衛始簋蓋

省口乙未鼎

媚 馬國權釋 子媚爵

子媚觚

1977 好

好 盧鐘

歔鐘

仲卣

仲𠤎 父簋

𢷋伯 簋

杜伯 盨

林氏 壺

齊鞄 氏鐘

蔡侯𪎬盤

康諧龢好

1978 嫭

嫭 周棘生簋

1979 如

如 不从口 㝨尊

㝨從王如南

女字重見

1980 嬰

嬰 从貝 嬰次盧

1981 妝

妝 鄦子妝匠

1982 孌

孌 不从女

中伯壺 䜌字重見

中伯作孌姬盨

1983 妄

妄 毛公𤔲鼎 女毋敢妄寧孫詒讓曰妄寧當讀作荒寧書無逸不敢荒寧文侯之命毋荒寧

1984 婼

婼 高景成釋

婼鉦

1985 嫼

嫼

䲨姬作𡠿嫼簋

𡠿嫼 簋

𠩺弔多父盤

1986 𡢃

𡢃 陳夢家釋或作臺左傳昭七年記十等人中有僕臣臺

弔德簋 王錫弔德臣𡢃十人

1987 媿

媿 姓也左傳狄人伐廧咎氏獲其二女叔隗季隗昭王奔齊王復之又通於隗氏隗與媿通後世借為慙媿字而媿之本義廢吳大澂說 鄭同媿鼎

1988 妕

倗仲鼎

𤰈簋

𤰈匜

𤰈盤

伯㷭簋

復公子簋

芮子鼎

囻君盉

說文或从恥省作愧詩抑尚不愧于屋漏

陳財簋　□龔愧忌義與畏同

妕

妕作乙公甗

亞妕

𦍒甗

長甶盉

1989 姦

姦

后姦罍

1990 妥

妥 爾雅釋詁妥安止也說文奪佚偏旁有之儀禮士相見禮妥而後傳言注古文妥為綏 子妥鼎 文鼎

簋文 沈子它簋 師㪤鼎 寧簋 戜者鼎

蔡姞簋 㾓簋 㾓鐘 㦰鼎

鄭井弔鐘 曾侯乙鐘 妥賓

1991 㚢

㚢 說文所無陳邦懷謂即古籒曹國風姓之風 曹伯狄簋

1992 㚤

㚤 說文所無 仲師父鼎

1993 妶

妶 于省吾釋說文有媷無妶 集韻媷同妶 妶父乙簋

1994 妑

妑 說文所無 取盧盤 取盧匜

1995 始

始 說文所無 鄭始鬲

1996 娊

娊 說文所無 庚姬鬲

1997 督

督 說文所無 匽侯鼎 用作督寶尊彝

1998 婞

婞 說文所無集韻女字 弔向父簋

1999 嬰

嬰 說文所無

雍嬰簋

2000 婚

婚 說文所無

子婚壺

2001 嬰

嬰 說文所無

封孫宅盤

2002 婀

婀 高景成釋說文所無

子白

2003 媢

媢 說文所無

季宮父匿

2004 媓

媓 說文所無

觚文

2005 嫂

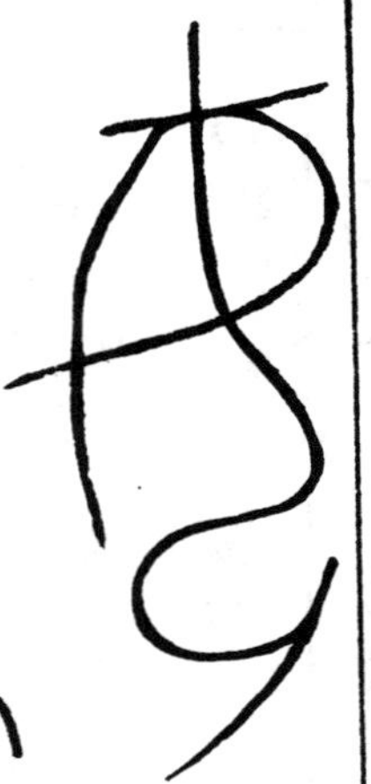

嫂　説文所無　集韻女字

簋文

2006 嫁

嫁　説文所無

嫁仲簋

2007 嫴

嫴　説文所無

郳友父鬲

杞伯簋

2008 嫡

杞伯鼎

杞伯壺

伯匕鼎

嫡　説文所無

帚嫡觶

2009 噉　2010 嬃　2011 嫛　2012 斂　2013 媾　2014 嬗

噉　說文所無

噉鉦

嬃　說文所無

伯疑父簋

嫛　說文所無娉問也疑省兄爲之

鄀嫛盤

鄀嫛鼎

斂　說文所無

斂冢簋

媾　說文所無

鄭登伯鼎

鄭興伯鬲

嬗　說文所無郭沫若云杜乃陶唐氏之後其姓爲祁嬗即祁本字从女嗇聲其讀如祇　杜伯作弔嬗鬲

2015 𡢻

𡢻 說文所無 邾旂士𡢻鐘

2016 嬭

嬭 說文所無从尔 鄦侯簋

廣韻楚人呼母 王子申作嘉嬭盞盂

楚季 盤

曾孟嬭 諫盆

弔姬 匜

2017 𡤞

𡤞 說文所無 女𡤞鼎

女𡤞 簋

2018 𡣍

𡣍 說文所無汗簡以爲姪字 穌甫人匜

穌甫 人盤

齊縈 姬盤

𡣍妊 壺

不从女 歸弔山父簋

2019 媢

媢　說文所無

齊媢姬簋

2020 嫜

嫜　說文所無

伯汈父簋

2021 毋

毋　與母為一字　母字重見

戜方鼎

2022 民

民　何尊　自祉䬯民

盂鼎

班簋

牆盤

㝬簋

克鼎　叀子萬民

秦公簋

曾子斿鼎

𪌂鎛

魚顛匕

中山王嚳壺

洹子孟姜壺

王孫鐘

王子午鼎

儔兒鐘

2023 弗

蛮壺

弗旂作父戊鼎

且甲罍

毛公旅鼎

師旂鼎

豦簋

執馭觥

召卣

䢅伯簋

𩰫盤

師𩛥鼎

尹姞鼎

師寰簋

師望鼎

舀鼎

瘐鐘

瘐簋

函弗生甗

鬲攸比鼎

大簋

番生簋

毛公厝鼎

召伯簋二

不嬰簋

筥小子簋

盠駒尊

昜鼎

哀成弔鼎

新弨戈

蛮壺

2024 弋

2025 也

2026 氏

弗 孳乳為費 隱公元年傳費伯魯大夫史記晉世家穆侯費生世本作弗 弗奴父鼎

弋 農卣 毋俾農弋

戲鼎 弋休則尚安

𤔲盤

𧴪匜

𤼈鐘

召伯簋二

也 與它為一字 子仲匜 它字重見

氏 令鼎

𩁹氏鼎

弔㚸簋

長甶盉

𤼈鐘

衛鼎

公貿鼎

伯庶父簋

㫃弔多父盤

頌簋

散盤

彔卣
任氏簋
乎簋
毳簋
毳盤
戲季鼎
師遽簋

師嫠簋
姞氏簋
尹氏匜
頌鼎
頌壺
毛弔盤

克鼎
不㝬簋
召伯簋
毛公厝鼎
虢季氏簋
鄧伯氏鼎

干氏弔子盤
國差𨯓
黏鎛
齊鞄氏鐘
厚氏圃

厗氏會
弔孫氏戈
格氏矛
林氏壺
鴈氏鐘

氏樊尹鼎
茍公鬲
鑄弔匜
蚉壺
以憂氏民

2027 氒

通是　中山王嚳鼎　佳傅姆氏𨑉　中山王　嚳壺

氒　說文木本从氏大於末讀若厥莊子若厥株拘列子作若橜株駒殷敬順曰橜說文作氒是知氒為橜之古文亦為厥之古文敦煌本隸古定尚書厥皆作氒史記引尚書多改作其

盂鼎　旽正氒民　器作　氒卣　大保　簋　天君　鼎　美爵

䨿鼎　向卣　伯睘　卣　庚贏　卣　矢尊　矢簋

𧆞鼎　師旂　鼎　能匋　尊　趩簋　𨓖　盤　㪤簋

無仲　卣　農卣　小臣　遣簋　司土　司簋　井侯　簋　辛鼎

班簋
戜鼎
戜簋
[illegible]伯簋
周憲鼎
趩鼎
師寰簋
倗尊
衛盉
五祀衛鼎
牆盤
師𩛥鼎
舀鼎
𤼈鐘
彔作乙公簋二
女尊
友簋
昜[illegible]簋
封簋
伯中父簋
追簋
師望鼎
祈伯簋
蔡姞簋
㝬鐘
大鼎
井人妄鐘
散盤
克鼎
格伯簋
師害簋
番生簋
毛公厝鼎
兮甲盤
虢弔鐘
鄀公簋
秦公簋

2028

邾公牼鐘

邾公釛鐘

邾公華鐘

攻吳王監

姑口句鑃

中山王嚳鼎

中山王嚳壺

中山侯鉞 以敬氒衆

王孫真鐘

男作北子簋

義仲鼎

鄀公鼎

攻敔臧孫鐘

邾弔鐘 署氒吉金

从口 蔡侯䜌鐘 延中呼譓

王子午鼎 敬氒盟祀

氏 虢金氏孫盤

卷一二 氐

2029 戈

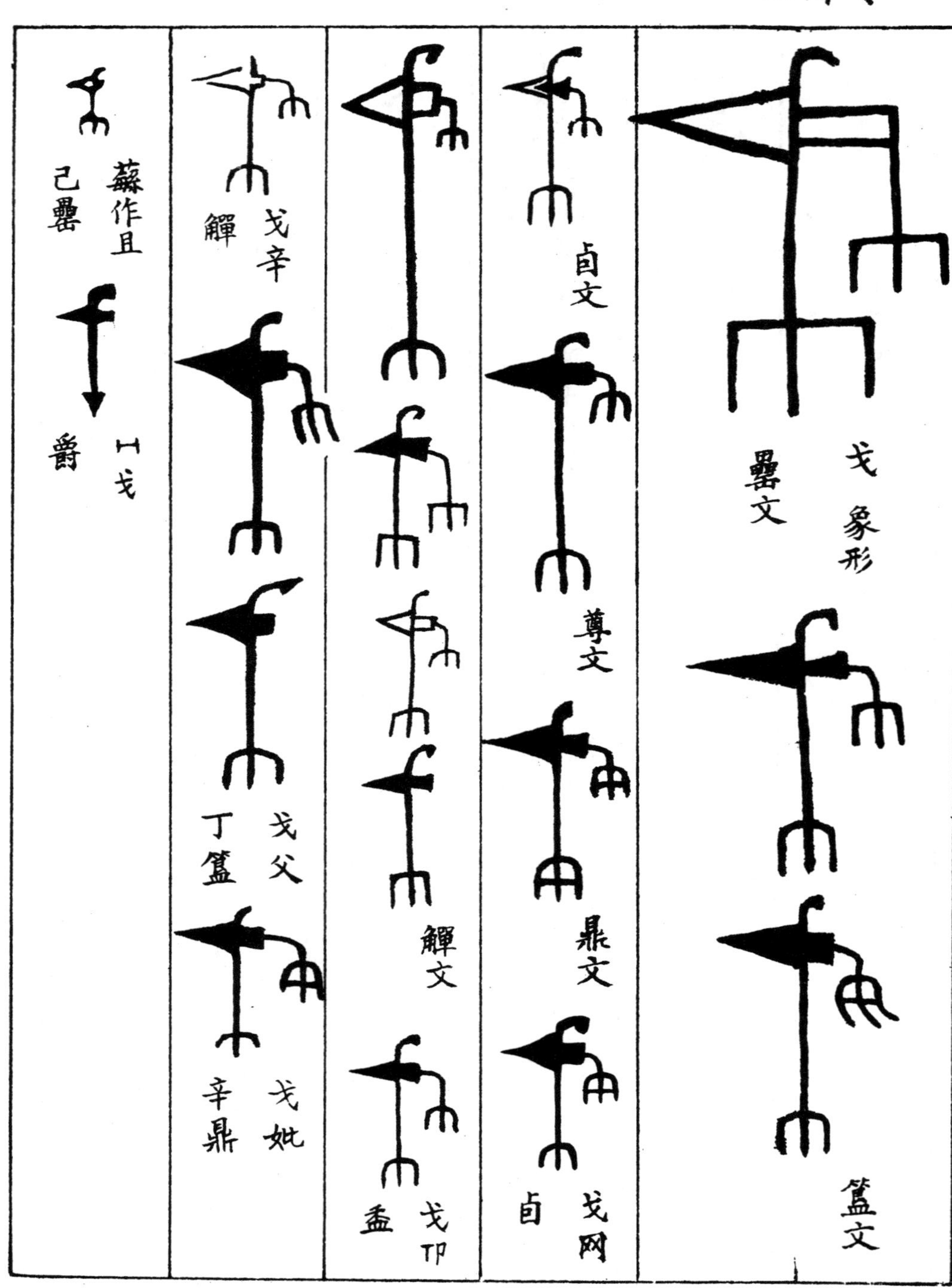

[illegible]戈盤

戈父戊盉

家戈父庚卣

豦簋

宅簋

戜簋

師奎父鼎

休盤

寰盤

五年師旋簋

伯晨鼎

無叀鼎

不嬰簋

虢大子元戈

不昜戈

高密戈

蔡侯[illegible]戈

單諎訍戈

郯竝果戈

曹公子戈

楚公冡戈

宋公欒戈

吳王光逗戈

囗之用戈

楚王酓章戈

王子孜戈

子賏戈

自作用戈

2030 肈

从金 戍陽戈

陳肸鋯戈

陳㣈子戈

肈 不从戈 滕虎簋

肁字重見

服尊

季𩞈簋

㦰鼎

長囟盉

曆鼎

彔伯簋

師朢鼎

弔向簋

師𧻚鼎

㪟鐘

毛公曆鼎

不𡢁簋

不𡢁簋二

多友鼎

商𠭯簋

交君𠤳

鑄子鼎

鑄子𠤳

伯椃虘簋

魯司徒仲齊簋

禾簋

齊陳曼𠤳

諶鼎

2031 戎

伯吳盨

單伯鐘

曑肇家鬲

善鼎

本鼎

魯司徒仲齊盤

師寰簋

蔡侯[illegible]尊

衛鼎

从𦎫 播盤

戎 盂鼎

班簋

𢦏鼎

臣諫簋

師同鼎

不𡢁簋

翏生盨

虢季子白盤

多友鼎

眉敖簋

事戎鼎

郝伯御戎鼎

秦王鐘

𠜱篙鐘

嘉賓鐘

2032 戟

戟 師奎父鼎

五年師旋簋

寰盤

無叀鼎

弭伯簋

休盤

从各 汗簡[戈各]釋格

滕侯吳戟

商鞅戟

老弔子戟

元阿左戟

新弨戟

㪤戟

2033 賊

賊 散盤 从戈从則 反書 王國維說 賊則爰千罰千

2034 戍

戍 戍嗣鼎

戍甬鼎

令簋

貞簋

史戍卣

遹甗

彔卣

競卣

善鼎

陳章壺

孚尊

2035 戰

戰 不从戈 攻戰無敵 單字重見 𨻻鼎

三字石經戰作𢧐 酓忎鼎 戰獲兵銅 酓忎盤

𧊒壺

2036 戲

戲 豆閉簋 王各 戲伯鬲 于師戲大室

仲夏父鬲 右戲 仲夏父作豐鬲

師虎簋 左右戲緐荊

戲𢧀 作戲尊彝

戲卣

2037 或

或 吕仲爵

衛盉

諫簋

𩴈匜

𦥑鼎

兮甲盤

召伯簋二

多友鼎

𡍬鎛 勿或渝改

𧊒壺 或得賢猛司馬貫

2038 戮

2039 戋

孳乳為國　毛公厝鼎　康能四國

保卣　東國五戹

何尊　余其宅茲中國

班簋

明公簋

㝬鐘

禹鼎

毛公厝鼎　迺唯是喪我國

秦公鎛

从邑　師寰簋　弗速我東國

戮　从丂　中山王嚳鼎　為天下戮

戋　牆盤　雩武王既戋殷

𤼈鐘

[illegible]鼎

鬲比盨

孳乳為哉　何尊　敬亯哉

弔𧻚父卣　烏虖俟敬哉

禹鼎　烏虖哀哉

魚顛匕　欽哉

2040 武

𢦏 孳乳爲哉經典作戴 𢦏弔鬲

𢦏弔鼎

武肄簋

作册大鼎

武生鼎

牆盤

𤼈鐘

師𩛥鼎

芾伯簋

㝬鐘

格伯簋

散盤

毛公厝鼎

虢季子白盤

禹鼎

柳鼎

多友鼎

曾伯霥匿

秦公簋

王孫鐘

邵鐘

晉公𥂴

驫羌鐘

陳侯因資錞

郾王職劍

中山王譽壺

2041 戠

嘉賓鐘

卭白　二

楚王酓章戈

利簋　珷征商　武王之武从武从王

何尊

德方鼎

盂鼎

矢簋

芾伯簋

戠　孳乳為識　何尊　爾有唯小子亡識

格伯簋　氒書史戠武　劉心源云戠識省記也

孳乳為織　趩簋　錫趩織衣

免簋　二

豆閉簋

朐簋

2042 戚

戚　說文所無　攻敔臧孫鐘

2043 戒

戒 說文所無

伯戒鼎

2044 戕

戕 說文所無

班簋 戕人伐東或

戕伯鼎

戕者鼎

戕者尊

2045 戜

戜 說文所無

彔伯戜簋

彔卣

伯戜簋

戜作且庚簋

戜方鼎

戜鼎

戜甗

伯戜作旅簋

2046 㦸

㦸 說文所無

中山王嚳壺 以㦸不恐 義如誅

2047 㦸

㦸 說文所無

中山王嚳壺 曾亡鮑夫之㦸 義如救

中山王嚳鼎 㦸人在彷 義如仇

2048 戠

戠　說文所無

越王者旨於睗戈

2049 戣

戣　說文所無

戣簋

2050 戏

戏　說文所無

蔡侯𪓰盤　戏義遊二

2051 戠

戠　說文所無

𢦏簋　戠林　地名

2052 戉

戉　象形

戉父癸甗

戉箙

卣

師克盨

素戉

虢季子白盤　錫用戉用政蠻方

字形與戊同與戊爲一字

2053 戚

2054 我

孳乳為越 者沪鐘 隹越十有九年

越王之子勾踐劍

越王劍

越王者旨於睗矛

越王州句矛

越王州句劍

戚 戚姬簋

从戈

我 我鼎

毓且丁卣

矢方彝

沇子它簋

盂鼎

毛公旅鼎

盠駒尊

盠方彝

弔伯簋

曶鼎

師寰簋

夘簋

縣改簋

善鼎

㝬鐘

㝬簋

散盤

2055 義

鬲攸比鼎　鬲比簋　弔向簋　兮甲盤　毛公厝鼎　不𡢁簋

不𡢁簋二　召伯簋　駒父盨　伯公父𠥍　曾伯霥𠥍

秦公鎛　齊鞄氏鐘　王孫鐘　沇兒鐘　郘鐘　弔我鼎

命瓜君壺　邾公釛鐘　欒書缶　王子午鼎　姑□句鑃

義師旂鼎　義伯簋　義仲鼎　燔盤　儹匜　仲義父盨

仲義父鼎　仲義父鑐　仲義昱公𠥍　虢季子白盤

中義鐘

鄭義伯盨

鄭義羌父盨

[illegible]鎛

秦公鎛

蔡公子義工匜

孳乳為儀周禮大司徒注故書儀為義 弔向簋 秉威儀

𤼈鐘 足尹[illegible]氒威儀

𤼈簋 𤔲威儀

虢弔鐘

沇兒鐘

王孫鐘

王子午鼎

蔡侯[illegible]盤

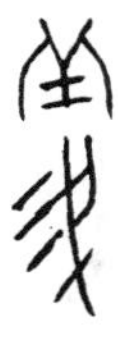

者沪鐘

𨛜王義楚耑

𨛜王義楚盤

2056 直

直 恒簋

2057 亡

亡 天亡簋

梢伯簋

師遽方彝

適簋

辛鼎

班簋

牆盤

臣諫簋

師望鼎

㝬鐘

㝬簋

毛公厝鼎

兮甲盤

虢弔鐘

弔家父匡

士父鐘

杞伯鼎

杞伯簋

杞伯壺

大保簋

卯簋 錫于亡一田

克鼎 昷乇亡敃

中山王嚳鼎 亡不逄仁 又亡不𢘓道

中山王嚳壺

盗壺 竹芎亡疆

中山王嚳兆域圖 死亡若

从辵 中山王𰯌鼎 而迮其邦

中山王𰯌壺 邦迮身死

作 孳乳為作 乃孫作祖己鼎

伯矩簋

矩尊

厝盤

小子𦣻簋

𡩀鼎

𢧐簋

衛父卣

矢伯卣

𣏟鼎

伯㝨卣

伯魚鼎

伯魚簋

伯盂

旂鼎

枚家卣

子卣

宰甾簋

小臣鼎

天亡簋

子荖尊

霸姞鼎

盂鼎

辥簋

沈子它簋

剌鼎

𤖨盤

伯晨鼎 曶鼎 頌簋 善夫克鼎 毛公𢉩鼎 不嬰簋

伯章父鬲 楚公鐘 秦公簋 魯伯愈父鬲 杞伯壺 齊侯敦

夆弔匜 申鼎 沇兒鐘 禾簋 褱鼎

邾公華鐘 匕 郘鐘 鐘 𩵦羌 鄦侯簋 陳侯午錞 陳侯因資錞

吉日壬午劍 曾姬無卹壺 末距悍

乙亥鼎 遽伯簋 乘討君鼎 白者君鼎 禾巳伯匜

伯𡚬簋

弔上匜

曆季卣

西替匜

曾仲斿父壺

中山侯鉞

曾侯乙鐘

伯吉父鼎

善夫吉父鬲

𬙊鎛

姑口句鑃

郾王職劍

作父庚觶

鳥壬侜鼎

叨孳簋

王子申盞盂

王子午鼎

般殷盤

郐諧尹鉦

攻吳王監

公子土斧壺

者旨𦉜盤

郳子宿車鼎

酓章作曾侯乙鎛

敚戟

吳王夫差矛

小子母己卣

父丁斝

若𢼸鼎

光伯簋

番君鬲

郳子宿車盆

辛巳簋

逘盤

見甗

盠司土尊

[illegible]卣

車卣

𥿕伯卣

師害簋

鄀公鼎

齊陳曼匿

孖作北子簋

樊君夔盆

樊夫人龍嬴壺

樊夫人龍嬴匜

攻敔臧孫鐘

倒書 伯睘卣

[illegible]父丁觶

[illegible]鼎

番伯酓匜

量侯簋 量侯𣪕作寶尊簋

从攴 郙王劍

从言 中山王譽鼎 中山王譽作鼎

2060 2059

从又 欒書缶

中山王嚳壺 复斅中

𩰫肯鼎 复盥鉈鼎

𩰫肯鼎 复盥𩰫鼎

𩰫肯 盤

𩰫肯 臣

吳王光 逗戈

楚王酓 章戈

越王句 踐劍

越王州 句劍

越王州 句矛

蔡侯 產劍

自作 用戈

望 通朢 無叀鼎 既望

休盤

𦣞 不从亡 盂鼎 無字重見

2061 匄

匄 師𡩜父鼎 用匄𩰪壽 經典皆假介為之詩七月以介眉壽

師遽方彝

己侯貉子簋

敔卣

臣諫簋

罙鼎

戒者鼎

員仲壺

伯陶鼎

㠯壺

麓伯簋

𤔲盤

對罍

昜𣍘簋

封仲簋

蔡姞簋

善夫克鼎

克鐘

頌鼎

頌簋

頌壺

姬鼎

㝬簋

此簋

師臾鐘

伯汈其盨

召弔山父𠤳

杜伯盨

曼龏父盨二

善夫山鼎

追簋

不𡢁簋

史季良父壺

㢸伯匄井姬尊

2062 區

區 子禾子釜

2063 匿

匿 罕文

匿 廣雅藏也孳乳為慝說文所無

盂鼎 闢厥匿

2064 匽

匽 孳乳為郾經典作燕國名姬姓伯爵武王封召公奭于薊為北燕

匽侯鼎

害鼎

亞盉

圉方鼎

匽侯旨鼎

伯矩鬲

堇鼎

匽侯盂

復尊

小臣𩰫鼎

匽侯觶

匽伯匜

克鼎

匽侯舞昜

陳章壺

通宴詩六月吉甫燕喜漢書陳湯傳引作吉甫宴喜

子璋鐘 用匽以喜

王孫鐘

2065 匹

齊鞄氏鐘

秦公鎛

沇兒鐘

林氏壺

匹

[藝女][緐]鼎　馬匹

敔簋　馬匹

衛簋　馬匹

曶鼎　匹馬束絲

兮甲盤　馬四匹

[米番]盤　逨匹乎辟

師克盨　馬四匹

無㠱簋　馬四匹

單伯鐘　逨匹之王

大鼎　取緐騆卅匹

尹姞鼎　玉五品馬三匹與左莊十八年傳虢公晉侯朝王=饗醴命之宥同

三匹二字合文

吳方彝　四匹二字合文

彔伯簋

噩侯鼎　王親錫馭方玉五瑴馬四匹

師兌簋

史頌鼎

史頌簋

毛公厝鼎

卯簋　錫女馬十匹　十匹二字合文

2066 匚

匚　乃孫作且己鼎

匚方鼎

2067 匡

匡　尹氏⿷匚古

師麻⿷匚古

史免⿷匚古

弔家父⿷匚古

匡⿷匚古

尹氏弔緐⿷匚古

敶公子仲慶⿷匚古

曶鼎

禹鼎

㝬弔⿷匚古

2068 匜

匜　不从匚　子仲匜　它字重見

从皿　弔上匜

匽公匜

大師子大孟姜匜

2069 匛

楚嬴匜

鄀季寬車匜

公孫訢父匜

曾子伯父匜

白者君匜

祖伯匜

穌甫人匜

貯子己父匜

宗仲匜

筍侯匜

从金　中友父匜

史頌匜

陳伯元匜

酓肯鉈鼎

从金从皿　蔡侯𨰝匜

陳子子匜

匛　說文所無　匛君壺

2070 医

医　說文所無

考母鬲

考母壺

2071 ⿷匚委

⿷匚委　說文所無

中山王譽鼎　是以寡人⿷匚委賃之邦

2072 ⿷匚古

⿷匚古　从匚古聲說文所無為侈口長方之稻粱器

虢弔⿷匚古

伯旅魚父⿷匚古

季良父⿷匚古

史頌⿷匚古

吉父⿷匚古

⿱宀夏侯⿷匚古

曾伯霥⿷匚古

魯伯⿷匚古

陳侯⿷匚古

鑄子⿷匚古

王仲媯⿷匚古

鄦子⿷匚古

大司馬⿷匚古

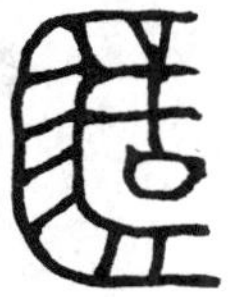

射南⿷匚古

曹⿷匚古

慶孫之子⿷匚古

陳公子仲慶⿷匚古

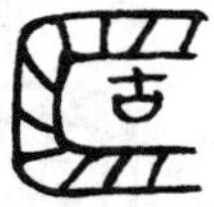

楚子⿷匚古

⿰阝⿸虍口侯⿷匚古

齊陳曼⿷匚古

蔡侯䤙匜

曾子遽彝匜

鄴伯受匜

蔡公子義工匜

曾子匜

大賓匜

匜

酓肯匜

虢弔作弔殷穀匜

寘匜

鑄弔匜

樊君匜

召弔山父匜

邾大宰匜

商丘弔匜

鄀公匜

季宮父匜

魯士匜

不从匚 鑄公匜

奢虎匜

旅虎匜

交君匜

2073 ⿷匚黄

從金 西替⿷匚古

又從皿 伯公父⿷匚古

省古 仲其父⿷匚古

陳逆⿷匚古

⿷匚黄 說文所無 泪還⿷匚古

2074 ⿴凵曲

曲 曲父丁爵

曾子斿鼎 惠于剌曲

2075 甾

甾 子陝鼎 行甾乃鼎之別名

訇簋

2076 ⿱爿由

⿱爿由 說文所無郭沫若釋將 毛公厝鼎 唯天⿱爿由集氒命又云邦⿱爿由害吉

虢季子白盤 ⿱爿由武于戎工

2077 盧

盧 取盧盤

孳乳為鑪 趞曹鼎 王射于射盧

2078 甗

甗 不从瓦其為器上若甑足以炊物下若鬲足以飪物 見甗 甗字重見

又从犬通獻 子邦父甗 獻字重見

2079 弓

弓象形 弓父庚卣

弓衛父庚爵

弓衛且己爵

父癸觶

戜簋

靜卣

趞曹鼎

同卣

伯晨鼎

師湯父鼎

𢿢簋

豆閉簋

虢季子白盤

2080 弭

弭 弭弔盨

弭弔簋

弭伯簋

詩采薇象弭魚服毛傳象弭弓反末也所

以解紒也 師湯父鼎
錫□弓象弭

2081 弨

弨 新弨戟

2082 張

張 汗簡張从糸
中山王譽壺 隹宜可⿰糸長

2083 彊

彊 孳乳為疆說文附畺字下
頌簋 畺字重見

2084 引

引 ⿱聿貝引觥
⿱聿貝引觚
引尊
毛公旅鼎
師旂鼎
守簋
師𩛥鼎
頌鼎
頌簋
毛公厝鼎
秦公簋

2085 彊

頌壺

彊 長甶盉

井伯氏彌不姦

𤐣盤 黄耇彌生

禹鼎

蔡姞簋 彌氒生

𦰡鎛 用求考命彌生

2086 發

發 工𠭯大子劍

2087 弔

弔 說文所無 盄弔卣

毫父乙鼎

弔鬲

2088 弜

弜 弜父丁觶

父乙爵

𩏂簋

2089 弼

弼 毛公𣅈鼎 簟弼魚葡 詩采芑簟茀魚服韓奕簟茀錯衡箋云簟茀漆簟以為車蔽今之藩也茀當作𢐗古文弼字弼以蔽車有輔弼之義吴大澂說

番生簋

者沪鐘

哉弼王宅

2090 䋣

䋣 說文从弦省从盩讀若戾

𤼷鐘

盩龢于政

秦公鎛

𨟻盤

𣪘龢于政

2091 系

系 說文𦃃籀文系从爪絲

小臣系卣

戕系

爵

2092 孫

孫

乃孫作且己鼎

亘尊

己侯簋

豚卣

師㮄鼎

㦰鼎

穴鼎

師遽簋

害簋

宅簋

女尊

姞氏簋

無㠱簋

縣改簋

㠯鼎

克鼎

克盨

頌鼎

弔向簋

仲殷父簋

大鼎

格伯簋

仲師父鼎

師嫠簋

函皇父簋

伯吉父鼎

不𡢁簋

虢季子白盤

𥘔仲鬲

鑄公匿

國差鑪

子仲匜

弔上匜

曾伯陭壺

子璋鐘

王孫鐘

邾公孫班鎛

寬兒鼎

僘兒鐘

楚子匿

杞伯簋

申鼎

邵鐘

厚氏圃

⿰素命鎛

邾公華鐘

姑口句鑃

王子午鼎

朐簋

伯作蔡姬尊

中友父盤

楚王孫漁戈

舀壺

卯簋

伯晨鼎

遲盨

兮仲鐘

⿱穴朝孱鼎

伯吉父簋

郝伯祀鼎

喬君鉦

仲夏父鬲

彔作乙公簋二

伯庶父盨

敔簋

㲽父甗

陳侯因資錞

欒書缶

㚤𨀣母簋

段簋

龖簋

伯[illegible]簋

舍父鼎

格伯作晉姬簋

戩季鼎

命瓜君壺

邾公釛鐘

中山王嚳鼎

中山王嚳壺

蚉壺

中山王嚳兆域圖

寧簋

即簋

仲殷父鼎

旅虎𠥓

湶伯友鼎

楚公鐘

鄀公鼎

番仲𦬁匜

其次句鑃

晉人簋

子⿱不言盆

弔單鼎

番君鬲

白者君盤

衵伯𩫖盤

口者生鼎

白者君鼎

且甲罍

邾討鼎

倒書 灿右盤

周笔匜 孫=永寶用

子孫二字合文

孚尊

子=孫=合文

鄦侯簋 析子孫不巨吳式芬釋

孝孫二字合文

2093 繇

繇 發語辭大誥王若曰猷馬本作繇繇說文所無說文通訓定聲據偏旁及韻會補為繇之重文 彔伯簋 王若曰彔伯戜繇自乒且考有掔于周邦

懋史鼎

師寰簋

散盤

師克盨 則繇隹乃先且考

文二百零一 重一千九百九十九

金文編第十三

容庚譔集

張振林 馬國權 摹補

2094 糸

糸 子糸爵

糸父 壬爵

子▲父 癸鼎

2095 純

純 不从糸 頌簋 屯字重見

陳猷 釜

从束 中山王嚳壺 是有純德遺怨

2096 經

經 不从糸 毛公厝鼎 余唯肇經先王命 巠字重見

虢季子 白盤

齊陳 曼匿

2097 織

織 不从糸 免簋二 戠字重見

2098 紀

紀　不从糸

紀侯貉子簋　己字重見

2099 納

納　不从糸

師虎簋　内字重見

2100 絕

絕　說文古文作𢇍

中山王嚳壺　内絕邵公之業

2101 繼

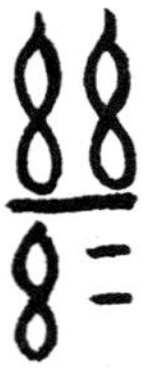

繼　不从糸

拍敦蓋

2102 紹

紹　說文古文紹从邵作𦀛

酓忎盤

2103 縕

縕　郭沫若云紉乃縕之省

沈子它簋　作紉于周公

2104 絅

2105 終

絅 不从糸 同字重見 師𡫞父鼎

或从絲 師酉簋 中絅攸勒

終 說文古文作㫴碧落碑作𠔽不从糸 井侯簋 帝無終命于有周

遣盨

𤼈鐘

此鼎

追簋

對罍 用匄眉壽敬終

蔡姞簋

井人妄鐘

善夫克鼎

不嬰簋

頌鼎

頌簋

頌壺

㠱季良父壺

善夫山鼎

攻敔臧孫鐘

曾侯乙鐘 妥賓之冬 又曾侯乙乍寺用冬

曾侯乙鼎

曾侯乙匜

2106 絑

絑　不从糸說文絑純赤也段玉裁云凡經傳言朱皆當作絑

番生簋　絑市緫黃　朱字重見

2107 纁

纁　不从糸

毛公𪓔鼎　熏字重見

2108 綰

綰　蔡姞簋　用祈匄眉壽綽綰綽綰即說文之𦃏緩爾雅之綽綽爰爰詩之寬兮綽兮也

𤼈鐘　匄永令綽綰髮彔屯魯

善夫山鼎

𪔛盤

綰令厚福

2109 紫

紫

蔡侯𪔅殘鐘

2110 緫

緫　不从糸从屮

克鼎　悤字重見

2111 綬　2112 組　2113 緟

綬 从索
𤔲盤

組
師袁簋

且从又與師虎簋同
虢季氏子組壺

虢季氏子組簋

緟 从索
𤔲盤

緟盜天子
師𤸫簋

師兑簋

師嫠簋

克鼎

𢦚簋

師克盨

伊簋

弔向簋

番生簋

毛公厝鼎

陳侯因資鎛
其唯因資揚皇考卲練

2114 縈

縈

縈伯簋 以縈為滎國名 滎字重見

齊縈姬盤

申簋

赤市縈黃

2115 絨

絨 从糸从咸省

毛公厝鼎 毋折絨

2116 縢

縢

康壺

2117 維

維 不从糸通唯

宰椃角 維王廿祀 隹字重見

蔡侯𬙋

殘鐘

从隻

虢季子白盤 經維四方

2118 緐

緐 班簋　經典作繁

弔向簋

師虎簋

緐湯劍　緐湯之金

緐湯曾伯霥𠤳 作𨝈緐陽地名

鄂君啟車節 緐昜

从女 尹氏弔緐𠤳

孳乳為𦉥 庚兒鼎 自作飤緐

2119 㩶

㩶 毛公𢉩鼎

番生簋

2120 績

績 不从糸 秦公簋 責字重見

2121 綏

綏 不从糸 蔡姞簋 妥字重見

2122 彝

彝　禮器之總名　董臨鼎

小夫作父丁卣

作且乙尊

作父乙卣

作父戊簋

魚作父庚尊

揚作父辛簋

宰豕簋

旂鼎

向卣

向簋

伯魚鼎

非匕卣

綸伯卣

輂卣

函卣

姘簋

伯矩簋

員父尊

曆鼎

曆盤

我鼎

鼎甗

家尊

[illegible]卣

門射甗

伯詚爵

大眀鼎

[illegible]簋

能匋尊

𡨄卣

[illegible]壺

戚尊

坐卣

索諆爵

萛大爵

作父丁尊

小臣父乙簋

隹父己尊

高觶

集𠈻簋

𠂤鼎

彭女甗

亘尊

子阩簋

陵伯簋

保卣

弔[illegible]方彝

仲卣

濡伯卣

鄂季奞父簋

榮子鼎

宅簋

農卣

臣辰卣

䌷卣

辨簋

井侯簋

卲簋

小臣遣簋

免卣

應公鼎

伯定盉

作册大鼎

商尊

賢觥

□作父爵

師遽方彝

矢王尊

效父簋

此盉

戒鬲

揚鼎

亞耳尊

戒者鼎

朿鼎

[illegible]黄簋

咸敦鼎

元作父戊卣

延角

宎甗

䀌盉

追丞卣

者姛爵

者姛尊

者姛罍

育簋

乙亥鼎

小臣邑斝

秀壺

父乙鼎

母卣

剛爵

冀卣

子卣

書兄癸卣

宵簋

窺蠱卣

卯叩甗

𣧑東尊

戈卯盉

公史簋

伯卣

大保簋

敔尊

易天簋

夾壺

魯侯爵

司土司簋

榖方尊

龏姛鼎

韋鼎

師旂鼎

伯害盉

尹伯甗

[彳乍]侯尊

作義妣鬲

傳尊

倗尊

剌卣

縣改簋

仲追父簋

日己方彝

日己尊

⿱𠂤彐司尊

寘尊

畜尊

服尊

甚鼎

𠥁方彝

勅𨻰鼎

史桒簋

仲簋

豚卣

譄鼎

𢦏者尊

庚嬴卣

應公尊

戜鼎

同卣

弔宿簋

剌鼎

君夫簋

且辛爵

矢方彝

史見卣

𢿌緐鼎

衛父卣

[illegible]尊

卯簋

作父丁卣

[illegible]母鬲

繙爵

繙盤

[illegible]爵

蔡姞簋 史頌簋 㝬簋 曾子仲斿父鼎

趞小子簋 史頌鼎 芮伯壺 封仲簋 秦公簋

鄀𢼄盤 禾簋 姬鼎 曾子斿鼎 曾子仲謱鼎

酓章作曾侯乙鎛 中山王譽壺

匽侯觶 善夫克鼎 曾姬無卹壺 王子午鼎

甫卣 朋送盤 𠚣壺

2123 ⿹𢦏糸

犻过冀簋　登尊　父丁尊

父丁罕　卮旨卣　堇伯鼎　伯睘卣

者女觥　者女觵　鈇卣　敔簋　鳥壬侜鼎

椃家卣　不从廾　員尊　作父丁尊　宊卣　遽𠭯尊

作從彝盤　蔡侯[illegible]盤

⿹𢦏糸　說文所無　鄂君啟舟節　⿹𢦏糸尹　官名　鄂君啟車節

2124 ⿰糹⿱林大

⿰糹⿱林大　說文所無　蔡侯[illegible]殘鐘

2125 素

素　从廾　師克盨　素氏

輔師嫠簋　載市素黃

2126 繛

繛　蔡姞簋

⿸广典鐘

善夫山鼎

2127 ⿰素令

⿰素令　說文所無　師𩠺鼎　⿰素令辟前王

㝬簋　⿰素令保我家

師克盨　克⿰素令臣先王

秦公鎛　㽙畯⿰素令在位

⿰素令鎛　从命　⿰素令保其身

2128 ⿰素占

⿰素占　說文所無　䊩盤　⿰素占圉武王

2129 絲

絲 商尊

迒絲廿寽

丝字重見

辛伯鼎

舀鼎

守宮盤

2130 䜌

䜌 公貿鼎

2131 率

率 盂鼎

孳乳為達

毛公厝鼎

2132 虫

虫 虫舀鼎

甲虫爵

魚顛匕

2133 蛸

蛸 从蚰从友 曾仲大父蛸簋

从蚰从又 魚顛匕

2134 雖

雖 秦公簋

2135 蠆

蠆 鼎文

卣文

爵文

戈文

父己 卣

父己 爵

父丁 觶

父己 鉦

2136 蜀

蜀 班簋

2137 蠻

蠻 不从虫

虢季子白盤

䜌字重見

2138 蚘

蚘 說文所無玉篇蚘與蛕同廣韻人腹中長蟲也

集韻蚩蚘古諸侯號通作尤 魚顛匕

2139 ⿰虫正

⿰虫正　說文所無

⿸虍攴爵

2140 𧊧

𧊧　說文所無

𧊧壺

从心从次省

中山侯鉞　中山侯名壺作𧊧

2141 ⿱艹⿱田虫

⿱艹⿱田虫　說文所無

⿱艹⿱田虫鼎

2142 ⿱亠⿱回虫

⿱亠⿱回虫　說文所無番生簋朱旂旜=為說文旃或體旜之異文此⿱亠⿱回虫字當為亶字之異文郭沫若云⿱亠⿱回虫殆亶之别構从虫亶省聲　⿱亠⿱回虫姜鼎

2143 ⿰虫⿱次月

⿰虫⿱次月　說文所無張振林謂陳侯因⿱次月史書作因齊⿱次月齊相通⿰虫⿱次月⿱齊虫應相通鄂君啟節之⿰氵⿱次月說文作澬⿱次月資相通⿰虫⿱次月蠀亦應相通說文之⿱齊䖵廣韻或作蠀螬可證金文之⿰虫⿱次月與說文之⿱齊虫廣韻之蠀通

酓忎鼎　但帀吏秦差苛⿰虫⿱次月為之

但勺　但吏　秦苛⿰虫⿱次月為之

2144 蚰

蚰 魚顛匕

2145 蟁

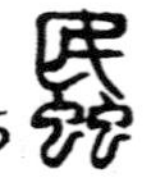

蟁 說文俗蟁从虫从文

亞蚊鼎

2146 蟬

蟬 說文所無

𤼈鐘　蟬妥厚多福

邾公釛鐘

陸蟬之孫

2147  它

它 與也爲一字形狀相似誤析爲二後人別構音讀然从也之迆鉇馳阤杝施六字仍讀它音而沱字今經典皆作池可證徐鉉曰沱沼之沱今別作池非是蓋不知也即它也說文也女陰也望文生訓形意俱乖昔人蓋嘗疑之

𦬁伯簋　異自它邦

沈子它簋

師遽方彝

文且它公

取它人鼎

句它盤

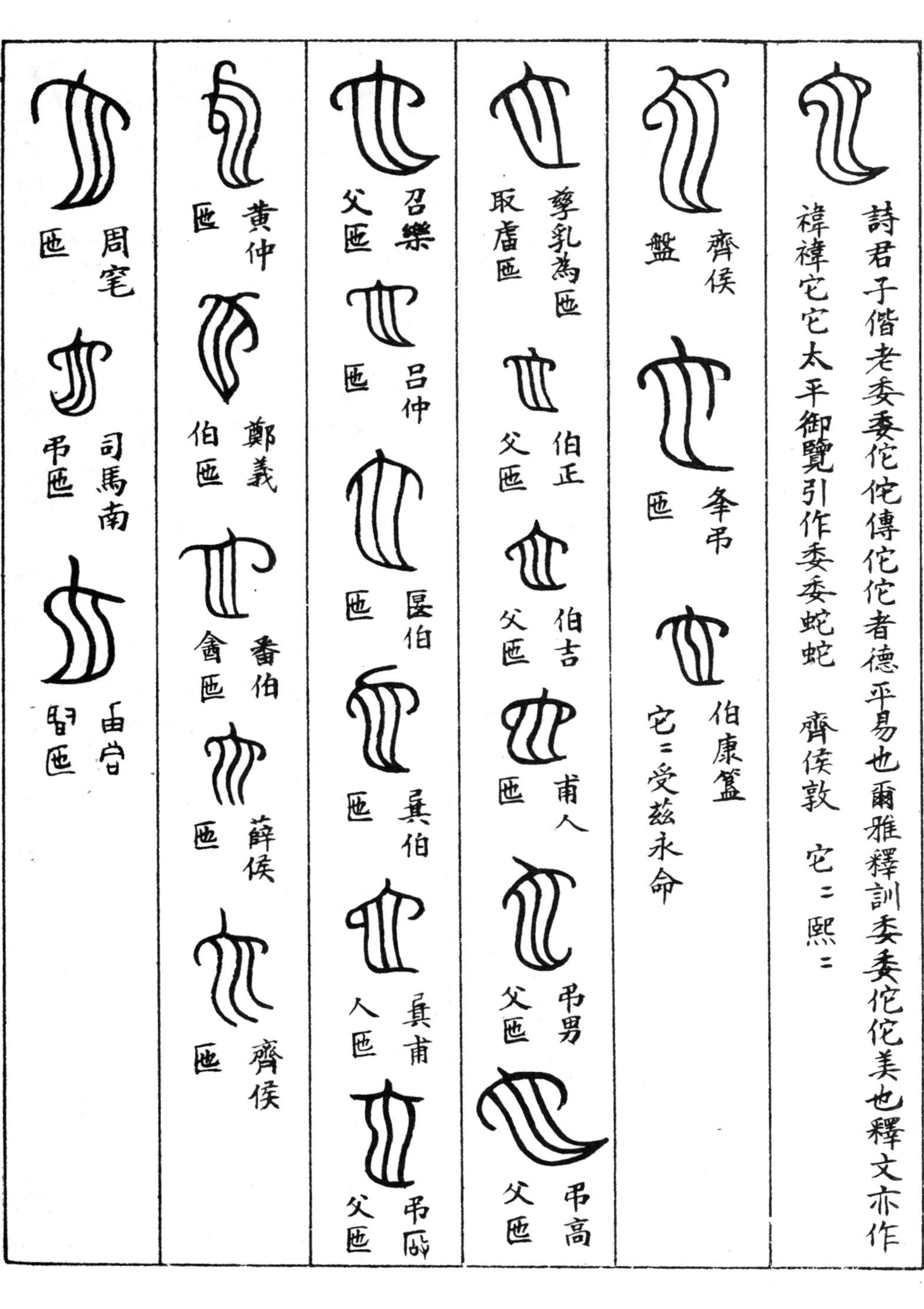

詩君子偕老委委佗佗傳佗佗者德平易也爾雅釋訓委委佗佗美也釋文亦作禕禕它它太平御覽引作委委蛇蛇 齊侯敦 它=熙=

齊侯盤

夆弔匜

伯康簋 它=受茲永命

孳乳為匜 取膚匜

伯正父匜

伯吉父匜

甫人匜

弔男父匜

弔高父匜

召樂父匜

呂仲匜

匽伯匜

㠱伯匜

㠱甫人匜

弔𡩁父匜

黃仲匜

鄭義伯匜

番伯酓匜

薛侯匜

齊侯匜

周窐匜

司馬南弔匜

由㕣[illegible]匜

2148 龜

子仲匜 　鄭伯匜 　封孫宅盤 　長湯匜 　王婦匜 　公父宅匜

樊夫人龍嬴匜 　番仲𡚬匜　皃吊匜 　白者君匜

龜　象形　龜父丙鼎 　龜父丁爵

2149 黽

黽　籀文作黿　師同鼎　王羞于黽

鄂君啟車節　毋載金革黽箭

2150 鼉

鼉　部鐘　玉鐶鼉鼓

2151 鼄

鼄　國名曹姓子爵出自顓頊武王封其裔孫曹挾于邾戰國時楚滅之　左傳穀梁作邾公羊檀弓作邾婁邾悼公名華　邾公華鐘

2153 鼂 2152 ⿱宅黽

邾公牼鐘 邾宣公名牼

邾伯鬲

邾大宰匿

邾來□鬲

邾弔鐘

魯伯愈父鬲

杞伯壺

杞伯簋

杞伯鼎

邾討鼎

邾友父鬲

⿱宅黽 說文所無

⿱宅黽乎簋

鼂

鼂簋

2154 鼉

鼉　說文所無从黽从黑省

鼉方尊

2155 二

二　我鼎

孟鼎

沈子它簋

矢方彝

周窸鼎

吳方彝

舀鼎

豆閉簋

免簋

縣改簋

同簋

大簋

克盨

師兌簋

番生簋

散盤

洹子孟姜壺

秦公簋

鄀公鼎

東周左師壺

从戈　[illegible]寘君鉼

2156 亟

亟　方言愛也秦晉之間凡相敬愛謂之亟　毛公層鼎　命女亟一方

伯沙其盨　萬年唯亟

王子午鼎　民之所亟

曾大保盆

不从攴　牆盤　亙獄逭慕

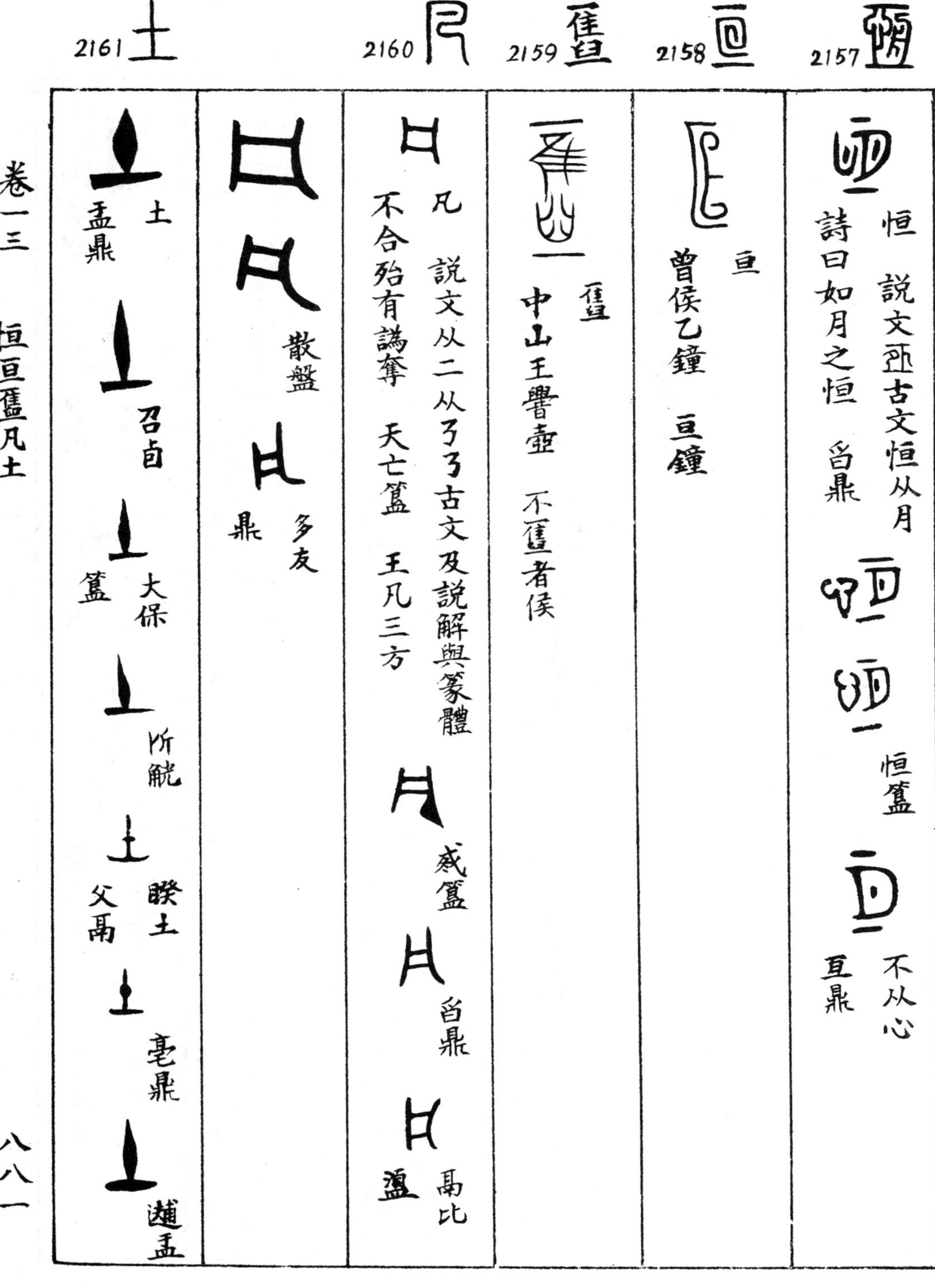

2157 恆

恒 說文亙古文恒从月 詩曰如月之恒 舀鼎

恒簋

不从心 亘鼎

2158 亘

亘 曾侯乙鐘 亘鐘

2159 [隹/亘]

[隹/亘] 中山王譻壺 不[隹/亘]者侯

2160 凡

凡 說文从二从乃乃古文及說解與篆體不合殆有譌奪 天亡簋 王凡三方

散盤

多友鼎

㦰簋

舀鼎

鬲比盨

2161 土

土 盂鼎

召卣

大保簋

所觥

睽土父鬲

亳鼎

遹盂

2162 地　2163 堣

㝬鐘

召伯簋二

哀成弔鼎

吳王孫無土鼎

公子土斧壺

土匀錍

从木同銘社字作社　蚉壺　于彼新土

孳乳為辻即徒　司土司簋

盠司土卣

盠司土尊

康侯簋

朐簋

南宮乎鐘

盠方彝

盠方尊

十三年𤼈壺

此鼎

免簋二

舀壺

散盤

地　說文墬籀文地从隊　蚉壺　敬命新地

堣　从𩫖與說文籀文垣堵諸字同　史頌簋　百姓帥堣盩于成周

史頌鼎

2164 坡

坡 中山王兆域圖

2165 坪

坪 假為平 平安君鼎

攻敔臧孫鐘

曾侯乙鐘

2166 均

均 蔡侯𪈁鐘

2167 塍

塍 假借為賸 邾伯作塍鬲

𡨦侯匜

曩伯盤

伯侯父盤

陳伯元匜

王中嬀匜

曹公塍孟姬念母盤

陳侯鼎

2168 基

基 假借為期 子璋鐘 𦥑壽無基

子璋鐘又省作其

2169 垣

垣 中山王嚳兆域圖

2170 堵

堵 从章凡縣鐘磬半為堵全為肆 郘鐘 其竈四堵

从金 邾公牼鐘

2171 堂

堂 說文坐古文堂 中山王嚳兆域圖

說文籀文堂作𡪿小異孳乳為鄿 戜方鼎 在堂自

戜簋

2172 在

在 不从土 盂鼎 王在宗周 才字重見

盂鼎 在珷王嗣玟作邦 又云在雩御事

作冊魖卣

𢼄尊

妹氏壺

2173 坐

坐 从䇂陳夢家釋 王作臣坐簋

坐卣

从友 坐角

2174 封

封 不从寸从土邦字从此釋名釋州國邦封也 康侯丰鼎 丰字重見

說文籒文𡊜从丰 封孫宅盤

召伯簋

伊簋 王呼命尹封册命伊

从田 中山王嚳鼎 闢啟封疆

中山王嚳壺 創闢封疆

2175 垈

垈 中山王嚳鼎 考厇隹型

假借作刑 盗壺 大去型罰

或从㓝从土 中山王嚳鼎 天其又型于𢏚氒邦

2176 城

城 班簋 說文籒文从𩫏

城虢遣生簋

元年師兑簋

居簋

2177 增

散盤

長城　鄜羌鐘

自作征城　邾䜌尹鉦

方城　鄂君啟車節

中山王譽鼎　刺城𡄗十

增　不从土　輔師𠭰簋　今余增乃命　曾字重見

2178 堊

堊　从壬　堊戈

2179 毀

毀　从壬　鄂君啟車節

2180 坏

坏　从𦎫　競卣　在坏

𡉏侯鼎

秦公簋　在帝之坏

2181 堋

堋 南疆鉦

2182 隆

隆 說文新附 㝬簋 隆于四方

2183 圭

圭 師遽方彝

召伯簋二

毛公厝鼎

多友鼎

2184 圣

圣 說文所無 酓忎盤

但勺

2185 坂

坂 說文所無 曾侯乙鐘

2186 星

星 說文所無集韻星埕省下也塞也 拍鼎蓋 𨟻毋星

2187 ⿵𦥑呈

⿵𦥑呈　說文所無　⿵𦥑呈方鼎

⿵𦥑呈觶　家鬲

2188 ⿱䖵土

⿱䖵土　說文所無　子癸⿱䖵土觶

師𩰫鼎

2189 堇

堇　从黄省下从火或土　堇伯鼎

堇鬲鼎

堇鬲簋

𧽊卣

啟卣

莫鼎

駒父盨

衛盉　矩伯庶人取堇章于裘衛

善夫山鼎　反入堇章

頌壺

頌鼎

頌簋

召伯簋二

2190 𧟚

2191 里

孳乳為覲 女嬰鼎 女嬰覲于王

孳乳為勤 𤼈鐘 王肇遹省文武勤疆土

師鼎

毛公𢉦鼎 𩰫勤大命

洹子孟姜壺

齊陳曼臣 肇勤經德

𧟚 从喜與籀文同 毛公𢉦鼎 女弗以乃辟召于𧟚 又云家湛于𧟚

不𩤯簋 女休弗以我車召于𧟚

不𩤯簋二

里 矢方彝

矢尊

𥪕簋

召卣

史頌簋

2192 釐

大簋 右里 啟鎣 中山王 譽鼎 蚉壺 孳乳爲裏 伯晨鼎 虎韓冟衰裏 釐 班簋 師酉簋 善夫克鼎 師兑簋 無㠱簋 彔伯簋 守鼎 㫚壺 㪤鐘 康鼎 秦公簋 秦公鎛 省𦎫 㞋簋 芮伯壺 釐鼎

2194 田　2193 野

从子　𤕌盤

𣪕𣪘多孷

弔向簋

降余多福緐孷

古文四聲韻引古尚書作𡫹

陳財簋　𡫹弔和子

野　从林从土說文古文作埜與說解从里省

从林不合乃傳寫之譌集韻古作埜　克鼎

𠇷匄

𩞁志鼎

田

告田罍

告田觶

田告作母辛鼎

𡧊田

王占尊

作且乙簋

二　卯卣

傳卣

農卣

𡧊鼎

伯田父簋

令鼎

次卣

卯簋

揚簋

𨛜鼎

格伯簋

克鼎

克盨

禹比盨

禹攸比鼎

2195 畮

五祀衛鼎

散盤

不嬰簋

田農鼎

田農甗

田農簋

孳乳為甸

盂鼎　侯甸

矢方彝　侯甸男

畮

賢簋

師寰簋

兮甲盤

2196 甸

甸　不从勹　田字重見

盂鼎

甸與佃為一字

克鐘　佃字重見

2197 當

當　从立

鄂君啟車節　屯十以當一車

攻敔王光劍　以戕戚人

2198 畯

畯　从允通駿爾雅釋詁駿長也又通俊書文侯之命

俊在厥服文與秦公簋畯在位同

盂鼎　畯正氒民

師艅簋

2199 畱

2200 畜

牆盤 達殷畯民

頌鼎 畯臣天子

頌簋

頌壺

此鼎

此簋

追簋

克鼎

克盨

㝬鐘

伯汈其盨

伯汈其盨二

汈其鼎 畯臣天

秦公簋 晙在位

伯椃虘簋

秦公鎛 [illegible]晙[illegible]在位

留 从卯 留鐘

趞鼎

畜 秦公簋

秦公鎛

欒書缶

2201 𤲱

𤲱 說文所無 邾大宰𠤳

者旨𤲱盤

𤲱簋 鐘

2202 𤲸

𤲸 說文所無 散盤 溼田𤲸田

2203 𤳃

𤳃 說文所無 𤳃盤

2204 䱷

䱷 說文所無 䱷卣

伯䱷盨

方彝 用䱷文考剌

余䱷簋

䱷父盨

䱷父盤

2205 畕

畕 與畺為一字 㴱伯鼎 萬年無畕

邾子宿車鼎

2206 畺

畺 毛伯簋

从弓 盂鼎 受民受疆土

師遽方彝

辛鼎

不嬰簋

散盤

五祀衛鼎

不嬰簋二

邾公華鐘

湯弔盤

喪史賓鉼

蛮壺

師臾鐘

陳公子甗

牆盤

伊簋

永盂

頌簋

史頌鼎

史頌簋

弔上匜

兮甲盤

蔡姞簋

㝬鐘

虢季子白盤

封仲簋

弔朕匿

姬鼎

虢文公鼎

穌公簋

曾伯霥匿

弔家父匿

伯公父匿

曾伯陭壺

𢦏弔鼎

陳侯匿

陳子匜

異伯盨

孫弔師父壺

命瓜君壺

秦公鎛

厚氏圃

齊侯敦

中山王譽鼎

伯康簋

克鼎

善夫克鼎

仲辛父簋

井人妄鐘

䵼兑簋

汈其鼎

子仲匜

仲師父鼎

戠鐘

弔單鼎

鄀公鼎

般仲柬盤

曼龏父盨

士父鐘

隮子鬲

㳄其簋

鄀公簋

洹子孟姜壺

齊侯匜

邕子甗

番君鬲

公孫訢父匜

或从彊土 秦公簋

吳王光鑑

蔡侯[illegible]盤

庚兒鼎

中山王譽壺 以請郾疆从土

創闢封疆又亡疆不从土

郐諧尹鉦

王孫壽甗

王子啟疆尊

或从彊阜 南疆鉦

邿伯祀鼎 無彊二字合文

2207 黃

黃 召尊

剌鼎 用作黃公隮鼒彝

伯公父𠤳 亦玄亦黃

亘尊 壽考黃耇

師咢父鼎

師奎父鼎

曾伯霥𠤳

牆盤

伯家父簋 用錫害(匃)釁壽黃耇

買簋

曾伯文簋

曾仲大父蛕簋

國名嬴姓為楚所滅 黃仲匜

黃韋俞父盤

弔姬𠤳

弔單鼎

㒼簋 㠯黃 賓㒼璋一

趙孟壺 黃池地名吳與晉會黃池 乃周敬王三十八年事

哀成弔鼎 黃鑊

陳侯因資錞 高且黃啻

曾侯乙鐘 黃鐘

孳乳為璜 縣改簋 玉璜

今經典作衡禮玉藻一命緼韍幽衡注衡佩玉之橫也唐蘭謂非佩玉 乃可染色之皮革或絲麻製成的服飾 毛公厝鼎 朱市悤黃

衛簋 載市朱黃

趞簋 同黃

免卣 同黃

伊簋 幽黃

㫚壺 幽黃

袁盤 朱黃

師酉簋 朱黃

師嫠簋 金黃

元年師兌簋 五黃

輔師嫠簋

此簋

柳鼎

頌簋

番生簋

師克盨

善夫山鼎

師艅簋

女黃簋

柞鐘

元年師旋簋

趞鼎

休盤

趞曹鼎

載市冋黃

从市 師𩛥鼎

赤市朱黃

2208 黈

黈 說文所無義如光

弔家父匡 悊德不亡孫子之黈

2209 男

男 矢方彝

弔男父匜

趞小子簋

師寰簋

琴生盨 百男百女千孫

2210 男

齊侯敦 男女無期

寰侯匜 寰侯作弔姬寺男媵匜

盤男鼎

2211 力

驫羌鐘

中山王嚳鼎

勳 說文勛古文勳从員

中山王嚳壺 不忘其有勳

2212 功 不从力

中山王嚳壺 休又成功 工字重見

2213 務 不从力

中山王嚳壺 務在得賢

2214 動 不从力

毛公厝鼎 童字重見

2215 勞

勞　說文古文作𤎭此从炏从衣

𪒠鎛　勞于齊邦又齊侯鎛堇勞其政事形與此同

中山王嚳鼎　以憂勞邦家

2216 勤

勤　不从力

𠭯鐘　堇字重見

中山王嚳鼎　身勤社稷行四方

通𧢼　中山王嚳壺

堂勤於天子之庿

2217 加

加　加爵

蔡公子　加戈

孳乳爲嘉

虢季子白盤　王孔加子白義

2218 勇

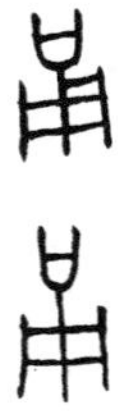

勇　不从力

庚壺　甬字重見

說文勇或从戈用

攻敔王光劍　以戯戚人

2219 勑

勑　說文所無集韻誡也

勑𡫲鼎

毛公

𢉅鼎

2220 勛

勛 說文所無

天亡簋 王降亡勛

2221 劦

劦 劦日祭名甲骨文屢見或从口

肄簋 隹王六祀劦日

文一百二十八 重七百一十四

金文編第十四

容庚譔集

張振林 馬國權 摹補

2222 金

金利簋　叔卣　戜鼎　臣卿簋　宅簋　害鼎　麥盉

麥鼎　段金𨰎尊　遹甗　彔簋　楕伯簋　陵子盤　曶鼎

師同鼎　吳方彝　師兄簋　弔尃父盨

翏生盨　番生簋　昜鼎　同卣　舍父鼎　彔伯簋

師𩛥鼎

毛公厝鼎

幾父壺

過伯簋

孚尊

矢尊

矢方彝

㡴敖簋

曾大保盆

守簋

史頌簋

曾伯霥匿

虢金氏孫盤

𨙶王鼎

𨙶王義楚盤

者旨䵼盤

曾伯陭壺

趙孟壺

樂子敱豧匿

邾公孫班鎛

許子匿

王孫鐘

𨙶王義楚耑

陳助簋

沇兒鐘

師嫠簋 叔市金黃

師嫠簋又誤作令

師寰簋

弔朕匿

邕子甗

中子化盤

邾公華鐘

樂書缶

邵大弔斧

攻吳王監

蔡侯龖殘鐘

陳侯午錞

姑口句鑃

陳侯因資錞

中山王嚳壺

鄂君啟舟節

酓肯匿

王子午鼎

鯀潒劍

伯公父匿

伯公父勺作金爵

曾仲大父蝨簋

禽簋

仲盤

競簋

由㕣郘匜

2223 錫

錫 不从金 毛公厝鼎 易字重見

从金从睗 曾伯霥匿

2224 銅

銅 禽忎鼎

禽忎盤

2225 鋚

鋚 不从金 毛公厝鼎 攸字重見

彔伯簋

多友鼎 鐈鋚百鈞

曾伯陭壺 吉金鐈鋚

康鼎 鋚革

2226 鑄

鑄 大保鼎

王鑄觶

作冊大鼎

芮公鼎

芮公壺

筍伯盨

湯弔盤

仲殷父簋

子𧶠盆　上半部分在首行末而下半部之皿在二行首

楚嬴匜

楚子𠤳

曾子遽彝𠤳

鄦子𠤳

公父宅匜

邾公華鐘

邾王鼎

國差𦉜

欒書缶

簷平鐘

盅子臣𠤳

庚午簋

周乎卣

守簋

曐肇家鬲

郳始鬲

仲皪盨

榮伯鬲

命瓜君壺

哀成弔鼎

宜戈

師同鼎

徹兒鐘

虢弔盨

取膚盤

取膚匜

奢虎𠤳

旅虎𠤳

弔皮父簋

楚公鐘

曾子斿鼎

鄭孝子鼎

十一年惪鼎

居簋

余卑盤

逨耒𠤳

番匊生壺

王人甗

伯孝[illegible]盨

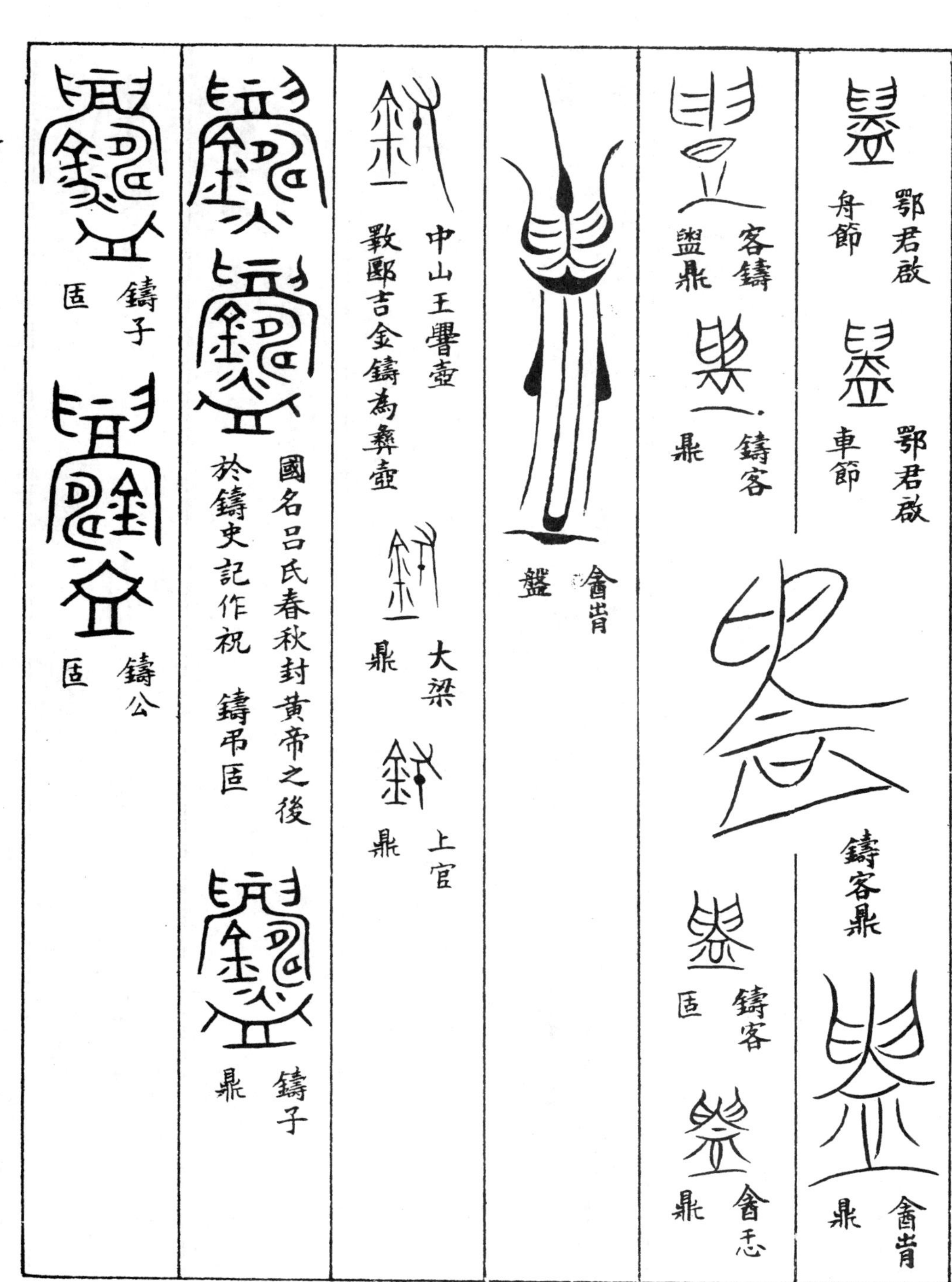

鄂君啟舟節
鄂君啟車節
鑄客鼎
酓肯鼎
鑄客盥鼎
鑄客鼎
鑄客匜
酓忎鼎
酓肯盤
中山王嚳壺
斁郾吉金鑄為彝壺
大梁鼎
上官鼎
國名呂氏春秋封黃帝之後
於鑄史記作祝
鑄弔匜
鑄子鼎
鑄子匜
鑄公匜

2227 鈃

鈃 器名从金从比通鉼

喪史賓鉼

䜌愿君鉼

从皿

蔡侯🀆鉼

2228 鍾

鍾 與鐘為一字

邾公牼鐘 鐘字重見

2229 鑑

鑑 不从金說文大盆也

攻吳王鑑 監字重見

吳王光鑑

智君子鑑

2230 鐈

鐈 不从金

𠫑忎鼎 喬鼎 喬字重見

伯公父匿 隹鐈隹盧

多友鼎 鐈鋚百鈞

曾伯陭壺 吉金鐈鋚

鄦子午鼎 飤鐈

2231 鑊

鑊

哀成弔鼎 黃鑊

𢐗伯囪井姬尊 盂鑊

2232 鎬

鎬 大賡鎬

大子鎬

2233 鎣

鎣 不从金 强伯盤 作盤鎣 滎字重見

伯百父鎣

𠂤鼎 赤金鎣

2234 錍

錍 土匀錍

2235 鈦

鈦 郾王喜劍

2236 鋸

鋸 郾王職戈

2237 鑪

鑪 不从金 伯公父匿 隹鐈隹盧 盧字重見

曾伯霥匿 吉金黄鏞 从膚

2238 鋝

邾公華鐘　玄鏐赤鏞

部鐘　玄鏐鏞鋁

𥫗平鐘　玄鏐鋪鏞

从尃　𠊎兒鐘　吉金鏄鋁

鋝　不从金　毛公厝鼎　寽字重見

2239 鈞

鈞　不从金　𤲞鼎　匀字重見

从金从勹　守簋　金十鈞

幾父壺　金十鈞

陵子盤　金一鈞

𡧍敖簋　金十鈞

从旬　子禾子釜

𠇍成侯鐘　重十鈞十八鎰　十鈞二字合文

2240 鈴

鈴　不从金　成周鈴　令字重見

班簋

師寰簋

番生簋

2244 鐘　2243 鑮　2242 鐸　2241 鉦

紷　楚王領鈴鐘

从命　毛公厝鼎

邾公求鐘

2241 鉦

鉦　南疆鉦

鑄此鉦釒□

2242 鐸

鐸　□外卒鐸

中山王嚳鼎　奮桴晨鐸

與𦥑斁擇為一字　耑句君鼎　鐸其吉金

曾侯乙鐘　無鐸史籀作無射

2243 鑮

鑮　儀禮大射儀其南鑮釋文鑮本作鎛周禮鎛師鄭注鎛似鐘而大　龢鎛　鎛字重見

2244 鐘

鐘　與鍾為一字　王孫鐘

沇兒鐘

子璋鐘

蔡侯𪌕鐘

曾侯乙鐘 黃鐘 獸鐘

南宮乎鐘 丝鐘名曰無斁

井人妄鐘

柞鐘

師嫠簋

猷鐘

中義鐘

士父鐘

克鼎

鐘伯鼎

秦公鎛

多友鼎 湯鐘一𨪏

攻敔臧孫鐘

兮仲鐘 又从重

虘鐘

楚王領鐘

2245 鎛

邾公華鐘

邾公牼鐘

邾公釛鐘

邾君求鐘

郘鐘

驫羌鐘

驫氏鐘

益公鐘

楚公鐘

洹子孟姜壺

[illegible]平鐘

[illegible]其游鐘

己侯鐘

昆疕王鐘

走鐘

虢弔鐘

魯邍鐘

弔尃父盨

鎛 通鑮

[illegible]鎛

邾公孫班鎛

鑯鎛戈

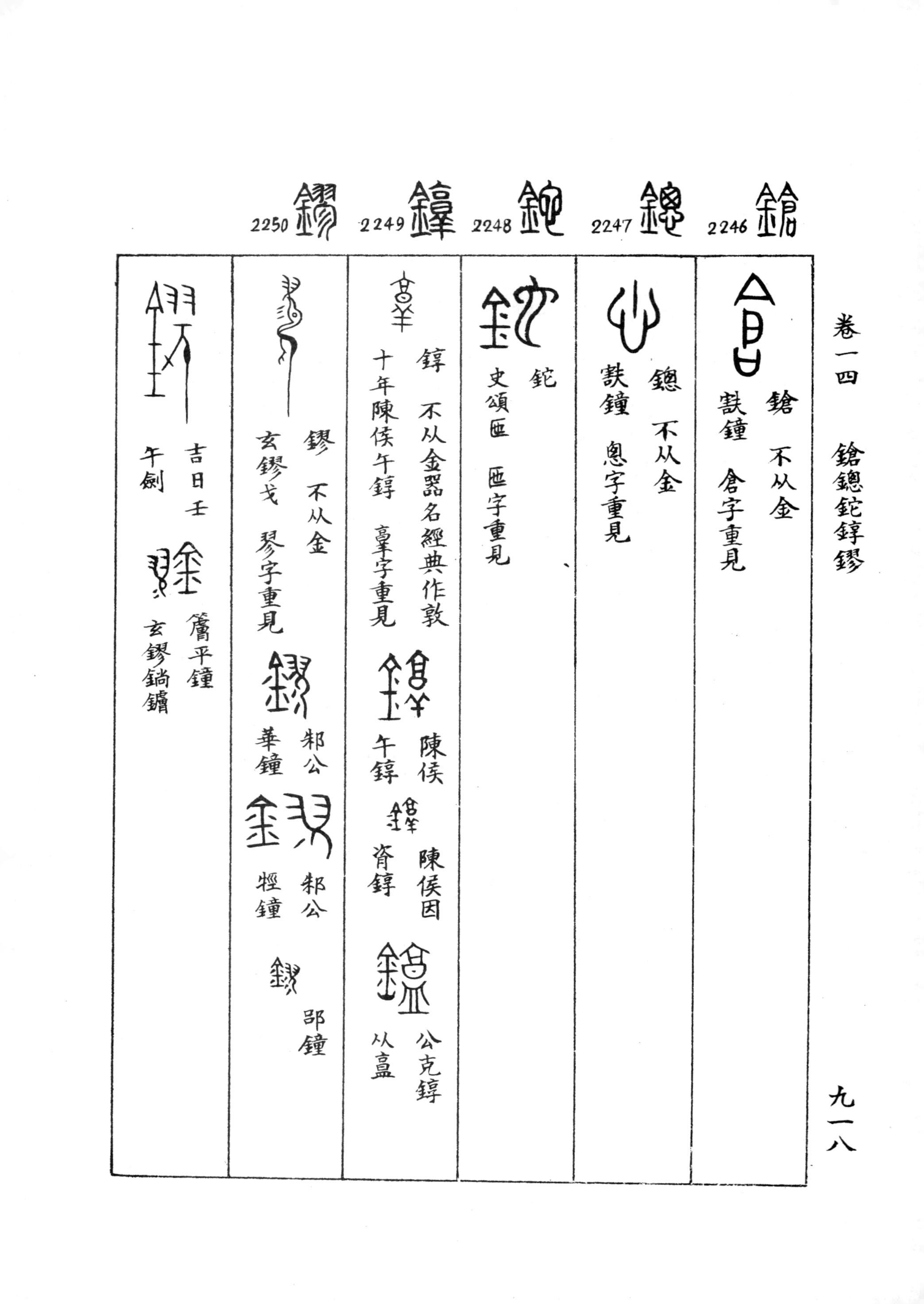

2246 鎗

鎗　不从金　倉字重見
　
訣鐘

2247 鏓

鏓　不从金　悤字重見
　
訣鐘

2248 鉈

鉈　匜字重見

史頌匜

2249 錞

錞　不从金器名經典作敦　𦎫字重見

十年陳侯午錞

陳侯午錞

陳侯因資錞

公克錞　从𥁕

2250 鏐

鏐　不从金　翏字重見

玄鏐戈

邾公華鐘

邾公牼鐘

邵鐘

吉日壬午劍

鶱平鐘　玄鏐鏞鑄

2251 鑾

鑾 不从金 頌鼎 䜌字重見

从鍂 尹小弔作鑾鼎

2252 鍚

鍚 説文馬頭飾也徐鉉等曰今經典作鍚師嫠簋作錞 五年師旋簋 儕女十五鍚 昜字重見

2253 鋪

鋪 師同鼎

吉日壬午劍

2254 銘

銘 説文新附 屭羌鐘

中山王䜌鼎 詐鼎于銘

2255 釛

釛 説文所無玉篇金也 邾公釛鐘

2256 釬

釬 説文所無器名形爲鉞 中山侯鉞 作丝軍釬

2257 鈷

鈷 說文所無

西替匠 匠字重見

2258 鈼

鈼 說文所無集韻甑也此假為䥯

吳王夫差矛 自作用鈼

2259 鉘

鉘 說文所無玉篇飾也新弨戈不从金

郾侯脮戈 鍨鉘

2260 鉄

鉄 說文所無器名

上官登 大迲之從鉄

2261 銑

銑 說文所無

吳王光鑑 玄銑白銑

2262 鉌

鉌 說文所無从金从和史孔盉以和為盉鉌為半球形量或橢圓形容器名

左關鉌

子禾子釜

哀成弔鉌

蔡大史鉌

2263 鋁

鋁　說文所無通呂　儆兒鐘

邵鐘

2264 鍴

鍴　說文所無　簷平鐘　玄鏐鍴鏞

2265 鋘

鋘　說文所無　秦公簋　鋘靜不廷

2266 鍨

鍨　說文所無集韻兵也　與戣同　郾王詈戈

郾侯脮戈

2267 鑃

鑃　鐸之大者似鐘而口向上說文所無　集韻燒器本作銚或作鑃　姑□句鑃

其次句鑃

2268 鑯

鑯　說文所無玉篇錫鑯也　鑯鎛戈

2269 鑵

鑵　說文所無集韻汲器

中鑵蓋

2270 鐳

鐳　說文所無爾雅釋樂大磬謂之毊鐳磬蓋聲近字通孫詒讓說　郘鐘　玉鐳鼉鼓

2271 処

処　說文或从虍聲作處

牆盤

𤼈鐘

井人妄鐘

臣諫簋

曶鼎

省几　㝬鐘

南國𠬝孳敢臽處我土

魚顚匕

𧊒壺

鄂君啟車節　王処於蒧郢之遊宮

或釋凥居而節內另有居字作𡰥

鄂君啟舟節

2272 且

且 孳乳為祖

己且乙尊

受且丁尊

且癸父丁簋

且乙卣

且己父辛卣

乃孫作且己鼎

亞耳尊

餘尊

亞且乙父己卣

子且己卣

交且丁斝

且戊鼎

且己角

己且觚

且乙卣

且甲爵

且己爵

且壬爵

且辛爵

且戊觚

[illegible]鼎

戈且丁觚

山且丁爵

弓衛且己爵

且壬尊

門且丁簋

作册大鼎

盂鼎

曆鼎

趩簋

善鼎

豆閉簋

伯晨鼎

師𩛥鼎

牆盤

舀鼎

舀壺

無㠱簋

克鼎

仲辛父簋

鬲攸比鼎

散盤

不嬰簋

禹鼎

師嫠簋

杜伯盨

秦公簋

秦公鎛

鄀公鼎

邾公華鐘

儠兒鐘

邵鐘

陳侯因資錞

買簋

朐簋

王孫鐘

王子午鼎

邾公孫班鎛 从八

師虎簋 从ナ

白觶

2273 俎

2274 斤

2275 斧

2276 斯

郘公匜

伯家父簋 从又

𡥈乳為沮喪也 𢧵卣 弗敢沮

𣸚盤 𣸚弗敢沮 振林按盤銘高祖亞祖作且

俎 三年𤼈壺 羔俎 彘俎

斤 天君鼎

仕斤 戈

斧 郘大弔斧

居簋

公子土斧壺

斯 子璋鐘

2277 斲

斲 說文斲或从畫从丮 富奠劍

富奠之劃鍰

2278 所

所 不易戈

魚顛 匕

庚壺

□所 鼎

中山王 嚳壺

王子 午鼎

司料 盆蓋

2279 斯

斯 徵兒鐘

通廝說文所無 禹鼎 斯馭二百徒千 猶史記蘇秦傳言廝徒十萬也

2280 斷

斷 說文古文作𢇍从㠯 量侯簋

斷勿喪

2281 新

新 新𡚬簋

𩣡尊

王束新 邑鼎

衛宋罍尊 在新京

臣卿 鼎

2282 ⿰喜斤

2283 ⿰貞斤

新 臣卿簋 師遽簋 趞曹鼎二 頌鼎 頌簋 頌壺

師湯父鼎 仲義父鼎 望簋 邵大弔斧

中山王嚳壺 𧊒壺 復公子簋 師酉簋 散盤

新都戈 新召戟 曾侯乙鐘 新鐘

⿰喜斤 說文所無 西替匜 妹⿰喜斤人名

⿰貞斤 說文所無 師寰簋 即⿰貞斤氒邦獸

2284

斗　秦公簋

斗　舅賸鼎

土勻錍

2285

斛　从升　十一年惪鼎　容一斛

2286

斝　象二柱三足一耳王國維說　簋文

2287

料　从升　司料盆蓋

2288

斞　从肉　斞斗小量

2289

料　从斗从半省　舅賸鼎　舅賸一斗料

斞料　小量

上官鼎

大梁鼎

从升　子禾子釜

2210 升 2291 矛 2292 䋮 2293 車

升 友簋

秦公簋

孳乳爲斛 連迂鼎 連迂之行升

矛 𢦔簋

孚戎兵豚矛戈弓

越王州句矛

䋮 說文所無 郘𪗋尹鉦

車 象形 方彝文

買車卣

買車觚

車𫝀罍

作車簋

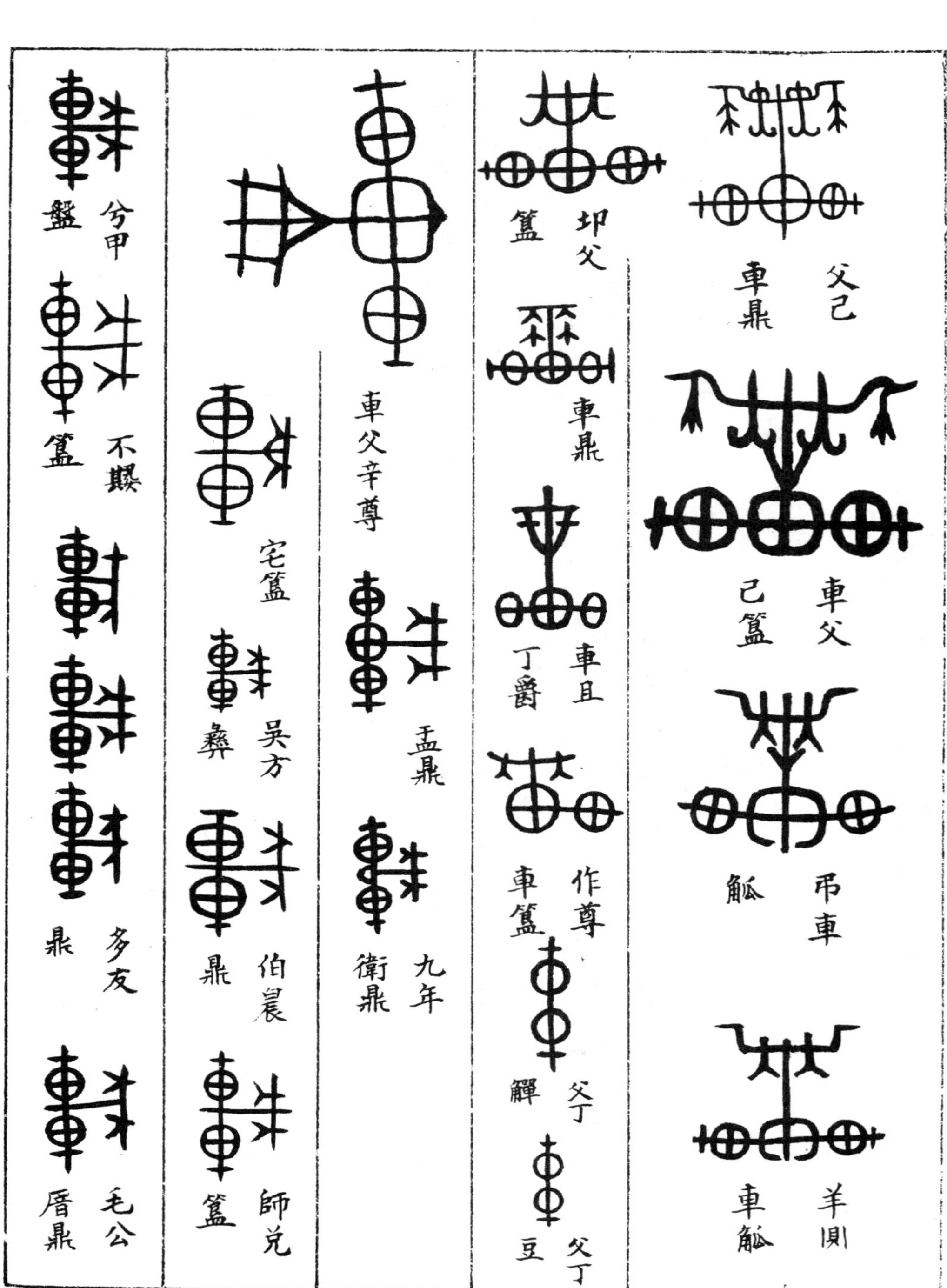
父己車鼎
車父己簋
弔車觚
羊則車觚
卬父簋
車鼎
車且丁爵
作尊車簋
父丁觶
父丁豆
車父辛尊
盂鼎
九年衛鼎
宅簋
吴方彝
伯晨鼎
師兑簋
兮甲盤
不𡢁簋
多友鼎
毛公厝鼎

2294 輅

番生簋

師同鼎

伯車父盨

克鐘

𩛥伯簋

彔伯簋

𩟁車父壺

楙車父簋

楙車父壺

同卣

應公簋

郑子宿車盤

郑子宿車匜

鑄公匿

邵大弔斧

子禾子釜

盗壺

鄂君啟車節

鄂君啟車節 一車二字合文

王國維曰古者戈建于車上故畫車形乃并畫所建之戈說文車之籀文作𨏖即从此字形出　車卣

輅

毎弔子戟

2295 較

較　不从車　伯晨鼎　爻字重見

吳方彝

番生簋

毛公厝鼎

師兌簋

2296 軫

軫　番生簋　車電軫桼䋈較

師克盨

从攴　彔伯簋

2297 轙

轙　不从車　彔伯簋　婚字重見

毛公厝鼎

師兌簋

番生簋

師克盨

2298 軝

軝　弔䟣父卣　軝侯

2299 軎

軎　强運開云象雙輪貫軸之形　揚鼎　軎弔

2300 軏

[seal] 軏 不从車 彔伯簋 㐆字重見

2301 載

[seal] 載 鄂君啟舟節 毋載馬牛羊

[seal] 鄂君啟車節 毋載金革黽箭

[seal] 中山王嚳壺 因載所美

[seal] 郭沫若云从車才聲與从車𢦏聲同意 郾侯簋 載乃燕成公名

[seal] 郾侯 載矛

[seal] 假借為飤 𨊠夜君鼎 𨊠夜君口之載鼎

[seal] 帍笥君鼎 自作載鼾

2302 軍

[seal] 軍 庚壺

[seal] 郾右 軍矛

[seal] 郾侯 載矛

[seal] 中山侯鉞 作茲軍釺

[seal] 从車从勻 中山王嚳鼎 斳達曑軍之衆

2303 轉

轉 轉盤

2304 軌

軌 簋文

2305 輂

輂 輂卣

輂作妣癸卣

2306 輔

輔 輔伯鼎

師嫠簋

輔師嫠簋 郭沫若曰輔當讀爲鎛輔師即周禮春官之

鎛師

中山王譽壺 輔相氒身

2307 ⿰車比

⿰車比 說文所無 九年衛鼎

2308 ⿱亦車　2309 輘　2310 轉　2311 轐　2312 𠂤

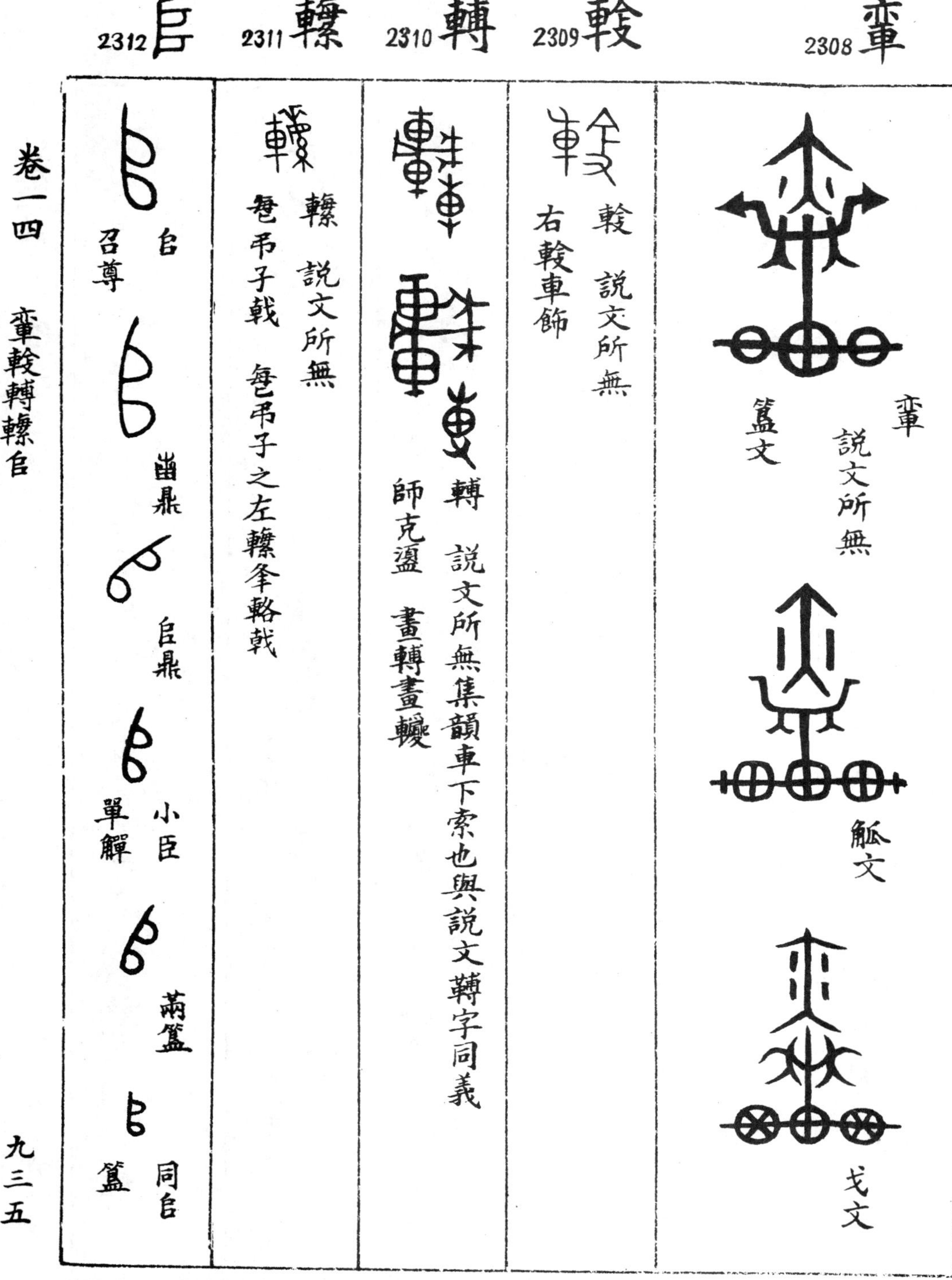

⿱亦車　說文所無　簋文　觚文　戈文

輘　說文所無　右輘車飾

轉　說文所無集韻車下索也與說文䡅字同義　師克盨　畫轉畫轉

轐　說文所無　毳弔子戟　毳弔子之左轐夆輅戟

𠂤　召尊　𠂤鼎　𠂤鼎　小臣單觶　𦍒簋　同𠂤簋

2313 官

仲自父鼎
遇甗
孚尊
彔卣
㦰鼎
静簋
競卣

孳乳為師　小臣遳簋　伯懋父以殷八師征東夷
盂鼎
班簋
盠方尊

呂壺
克鐘
善夫克鼎
禹鼎
柳鼎
吏良父簋

徣公壺
東周左師壺
公朱右師鼎

盠方尊　八自二字合文

官　傳卣
競卣
趞簋
師㝨父鼎
揚簋
師虎簋
無叀鼎

師酉簋　師嫠簋　卯簋　頌鼎　𦉰尊

上官登　中山王嚳兆域圖　鑄客鼎

2314 ⿰𨸏夆

⿰𨸏夆　說文所無　⿰𨸏夆伯盨

2315 ⿰𨸏朿

⿰𨸏朿　說文所無師所止也从𨸏朿聲後世假次字為之羅振玉說　宰峀簋　在⿰衤夋⿰𨸏朿

乙亥鼎

小子射鼎　在[illegible]⿰𨸏朿

兮甲盤

2316 陵

陵　陵方罍

三年瘐壺　王在句陵

散盤

陵尊

陵弔鼎

2317 陰

陳猷釜

陰　㠱伯盨

驫羌鐘

上官鼎

从水从侌　敔簋作陰

永盂　錫矢師永氒田⿰氵侌昜洛疆

2318 陽

陽　永盂　昜字重見

虢季子白盤

弔姬鼎

㠱伯盨

蔡侯䌛殘鐘

宜陽右倉簋

从邑　鄂君啟舟節　邵陽人名史籍作昭陽

柳鼎

假借為揚　農卣　對陽王休

2319 陸

陸

陸册父乙卣

陸婦

簋

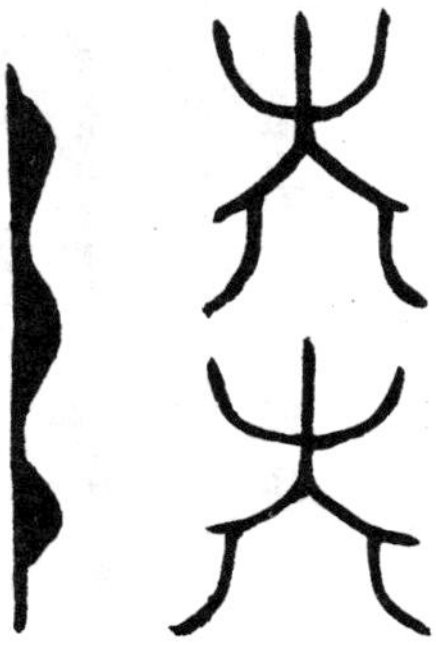

陸册父

甲鼎

陸父

乙角

義伯簋

陸册父

庚卣

陸父

甲角

郳公䤵鐘

2320 阿

阿

阿武戈

元阿

左戈

2321 限

限

䀠鼎

伯限

爵

鬲比

盨

2322 陲

陲

曾姬無卹壺

鄂君啟舟節　襄陲地名楚世家

作襄陵于省吾釋襄陲

鄂君啟

車節

2323 陟

陟　沈子簋　班簋　𢽾簋　散盤

蔡侯𪇉盤　𠫑鐘

2324 隊

隊　不从阜　毛公𪔂鼎　㒸字重見　卯簋

2325 降

降　从阜从二足迹形陟降二字相對二止前行爲陟倒行爲降後人但知止爲足迹不知夂㐄皆足迹也自夂變爲夂㐄變爲午夅變爲𡕰古義亡而夂午𡕰等字皆失其解矣　吳大澂説　大保簋

鯀且丁卣　天亡簋　𤔲盤　𠫑鐘

散盤　㝬鐘　㝬簋　圅皇父鼎　圅皇父簋

2326 隕　2327 阤　2328 訔

函皇父盤　弔向簋　禹鼎　㝬狄鐘　士父鐘　鄀㜏盤

虢弔鐘　井人妄鐘

从降从止　中山王譽鼎　天降休命于朕邦

从土　不降矛

隕　中山王譽鼎　恐隕社稷之光

阤　子虛賦登降陁靡漢書作陀史記作施

㝬簋　陀=降余多福

中山王譽壺　以陀及子孫

訔　从𠂤不从𠂤孳乳為遣

小臣𨘫簋　遣自𠪚𠂤述東

从口　大保簋　大保克芍亡訔

2329 陭

陭　曾伯陭壺

2330 陳

陳　从攴與敶為一字　陳公子甗　敶字重見

九年衛鼎

陳侯鬲

齊陳曼匿　从土金文嬀陳作敶齊陳作陳錢大昕曰古讀陳如田說文田陳也齊陳氏後稱田氏陸德明云陳完奔齊以國為氏而史記謂之田氏是古田陳聲同呂覽不二篇陳駢貴齊陳駢即田駢也

陳逆簋

陳猷釜

子禾子釜

陳章壺

陳肪簋

陳祈子戈

陳侯午錞

陳侯因資錞

酓忎盤

2331 陶

陶　䧃或作陰䧃故知陶陰為一字　不𡢁簋　宕伐厥允于高陶

不𡢁簋二

伯陶鼎

陶子盤

2332 阬

阬 說文所無

鄂君啟舟節 窳繖阬

2333 阦

阦 說文所無

辛邑阦矛

2334 陑

陑 說文所無

子陑簋

2335 陕

陕 說文所無

小臣遽簋

陕簋

2336 陪

陪 說文所無

匕伯陪簋

2337 隡

隡 說文所無

散盤

2338 陪

陪 說文所無

趞簋 小大又陪

2339 隣

隣 說文所無

隣仲盤

2340 陵

陵 說文所無

陵伯鼎

陵伯 簋

2341 陣

陣 說文所無

克鼎 陣原地名

2342 隆

隆 說文所無

師𩛥鼎 用井乃聖且考隆明𩜁辟前王

2343 陳

陳 說文所無

陳喜壺 為陳壺九

2344 隁

隁 說文所無

自作隁仲鼎

隁仲 孝簋

2345 𨽍

𨽍 說文所無

蠱簋

2346 四

四 說文籀文作亖

保卣

作册

魖卣

夨方彝

盂鼎

王朿奠

新邑鼎

切卣三

師遽簋

彔伯簋

静卣

䊮盤

無㠱簋

𠑇鼎

友簋

弔𠦪父簋

𤼈鐘

克鼎

毛公旅鼎

召伯簋

虢季子白盤

秦公簋

國差𦉜

鄦鎛

晉公𥂕

命瓜君壺　陳侯午錞　中山王嚳鼎　中山王嚳壺　中山王嚳兆域圖　土匀錍

郘王子鐘　鄲孝子鼎　郘鐘　大梁鼎

2347 宁

宁鼎文　宁未盉　方彝　剌攴宁鼎　𠦝宁父丁觶

攴宁父戊爵

2348 亞

亞丙申角　亞耳尊　亞盉　且丁爵　父辛簋　作父辛鼎

辛巳簋　延盨　豚鼎　𬋿簋　臣諫簋　牆盤

𤼈鐘 訇簋 南宮乎鐘 伯亞臣鐳

亞又方彝 栢父乙壺 亞止雨鼎 亞鼎 亞屰卣 傳尊

五宰椃角 臣辰盉 保卣 何尊 小臣邍簋 呂鼎 宅簋 五祀衛鼎

伯晨鼎 揚簋 舀鼎 頌鼎 史頌簋 大鼎 散盤

尹姞鼎 元年師兌簋 伯中父簋 師克盨 不𡢁簋 兮甲盤

弔五父盤 輪鎛 陳財簋 鄦侯簋 酓章作曾侯乙鎛

2350 六

中山王譽鼎

中山王譽兆域圖

鄂君啓舟節

六 宰椃角

卯卣

作册嗧卣

保卣

遹甗

競簋

静簋

免卣

師虎簋

師奎父鼎

𦳌簋

舀鼎

柳鼎

禹鼎

克鐘

㝬鐘

番匊生壺

弔専父盨

幾父壺

𨚕章作曾侯乙鎛

曾姬無卹壺

陳侯因資錞

中山王譽兆域圖

鑄客匜

毛㠱簋

六月初吉

2351 七

七 矢簋 錫奠七伯

王鑄觶 七祀

盂鼎二 隻 馘百卅七馘

趞曹鼎 隹七年十月

井鼎 隹七月

遹鼎 隹 七月初吉

伊簋 隹王 廿又七年

弔専父盨 鼎七

善夫山鼎 唯卅又七年

訇簋 隹王 十又七祀

乙簋 七月丁亥

廿七 年鈿

秦公簋 西元器 一斗七升半設

大梁鼎 梁廿又七年

2352 九

九 戍學鼎

令簋

盂鼎

獻伯 簋

睘卣

賢簋

听方 彝

罍方 尊

師趛 鼎

宰鼎

無叀 鼎

揚簋

利鼎

旂伯 簋

2353 禽

師趛簋

克鐘

善夫克鼎

散盤

不嬰簋

申簋

陳公子甗

𢼛兒鐘

𪒠鎛

陳喜壺

曾子𨗰彝匿

東周左師壺

𧍒壺

簋文

召卣二唯九月

伯簋隹九月初吉

曾伯霥匿隹王九月初吉

者𣱼鐘　隹戊十有九年

宅簋　伯錫小臣宅畫𢦏戈九

鄧公簋　隹𦎫九月初吉

嘉子昜伯匿隹九月初吉

禽禽簋

大祝禽鼎

多友鼎

不嬰簋

2354 萬

不嬰簋二

萬仲簋

仲卣

盂鼎

霍鼎

[illegible]方彝

番君鬲

辛鼎

宅簋

仲𠂤父簋

𢾊簋

免盤

靜簋

比甗

𧯞弔匜

倗尊

封簋

从鼎

甲盉

𢦚生簋

召卣二

伯芳簋

仲競簋

史宜父鼎

史寅簋

免卣

豆閉簋

伯闢簋

伯田父簋

無㠱簋

縣改簋

師奎父鼎

遾簋

鼂君盨

番仲艾匜

白者君盤

白者君匜

番伯酓匜

才盤

亘尊

郘𧩁尹鉦

隮子禹

曾伯文簋

楚嬴匜

匽公匜

中義鐘

陳侯簋

陳侯壺

陳侯匜

𤰈作北子簋

訇伯簋

豐兮簋

毛毳簋

追簋

虢季氏簋

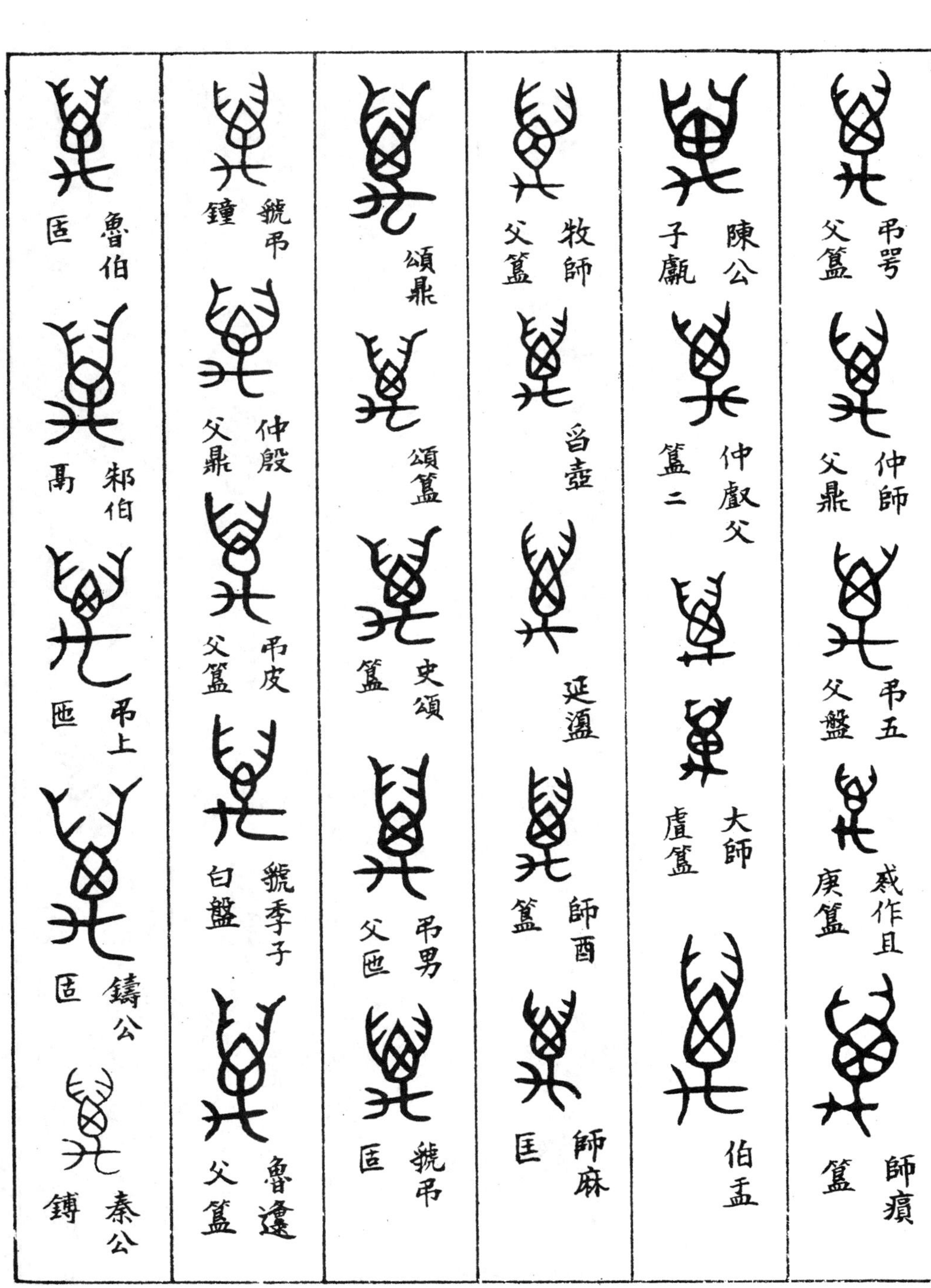
弔咢父簋
仲師父鼎
弔五父盤
㦰作且庚簋
師㾓簋
陳公子甗
仲𢿌父簋二
大師虘簋
伯盂
牧師父簋
呂壺
延盨
師酉簋
師麻匡
頌鼎
頌簋
史頌簋
弔男父匜
虢弔匡
虢弔鐘
仲殷父鼎
弔皮父簋
虢季子白盤
魯遵父簋
魯伯匡
邾伯鬲
弔上匜
鑄公匡
秦公鎛

薛侯盤

交君匜

姬鼎

虢仲鬲

齊巫姜簋

穌公簋

陳公孫𦚍父㼛

陳公子仲慶匜

樂子敬豧匜

王孫鐘

王子午鼎

喬君鉦

恒簋

子仲匜

魯伯大父簋

伯庶父盨

畢鮮簋

殳季良父壺

鄀公鼎

鑄弔匜

王孫壽甗

𨞮伯畲匜

華季盨

伯吉父簋

𤇈右盤

般仲朿盤

曩侯簋

伯其父匿

厚氏圃

魯大司徒元盂

[illegible]平鐘

其次句鑃

邾公牼鐘

郘王子鐘

郳子宿車盆

陳侯因資錞

命瓜君壺

衵伯匜

杞伯壺

己侯貉子簋

廣簋

兮吉父簋

从止芋白

敓弔簋

弔姞盨

仲叀父簋

仲𧆨父簋

白大師盨

弔寍簋

杲同簋

伯正父匜

曼龔父盨

史頌匜

齊侯匜

齊侯盤

齊侯壺

德克簋

从彳 庚贏卣

刺鼎

伯梡簋

師[illegible]鼎

同簋

師寰簋

弔妣簋

鬲攸比鼎

伯殼父簋

壆簋

趩簋

曾伯霥匜

[illegible]嫼簋

饔逐父鼎

王婦匜

師嫠簋

[illegible]伯鼎

量侯簋

伯孝[illegible]盨

从辵 先獸鼎

伯衛父盉

大鼎

伯疑父簋

毳簋

陳侯作嘉姬簋
毛㲋簋
毛㲋匜
毛㲋盤
為甫人盨

彔伯簋
芾伯簋
弔多父簋
弔碩父鼎

伯頵父鼎
單伯鬲
善夫克鼎
蔡大師鼎

鈇名鼎
鄭伯筍父鬲
翏生盨
王孫𢍉鐘

触省簋
害簋
伯考父鼎
寰盤
周𡖊壺

曾仲大父𧐖簋
王人甗
效卣
函皇父簋

2355 禹

應侯簋

仲𩰫盨

姞氏簋

中伯壺

秭作父甲簋

格伯簋

𪓐乎簋

伯亞臣𨯂

秦公簋

𨐰書缶 萬葉是寶

从土 鄀公𤞷鐘 至于萬年

鄀公𤞷鐘 揚君霝君以萬年

从厂 散伯簋 其萬年永用

單𢍮𧨓戈 三万

禹鼎文

弔向簋

禹鼎

秦公簋 受天命鼏宅禹賨

2356 嘼

嘼 盂鼎二

師寰簋

嘼 邵鐘

王母鬲

嘼卣

交鼎

命瓜君壺 柬=嘼=

褱蔡父鼎

[阝丂]嘼簋

散盤

2357 獸

从辵義如狩 盂鼎 錫乃祖南公旂用遷

獸 从單與狩通 宰峀簋

史獸鼎

先獸鼎

啟卣

員鼎

獸爵

王子午鼎 闌=獸=

2358 甲

曾侯乙鐘
獸鐘

甲
簋文

坒角

杠解

甲𢉅
爵

且甲
卣

父甲
爵

矢方
彝

龖簋

向𣪘
簋

無叀
鼎

休盤

𢐭盤

頌鼎

元年師
兑簋

利簋
隹甲子朝

與殷虛卜辭上甲之甲同
秭作父甲簋

甲盉

甲鼎

寧𠧪遣作
甲㚸簋

㦰方
鼎

兮甲
盤

弭弔簋
初吉甲戌

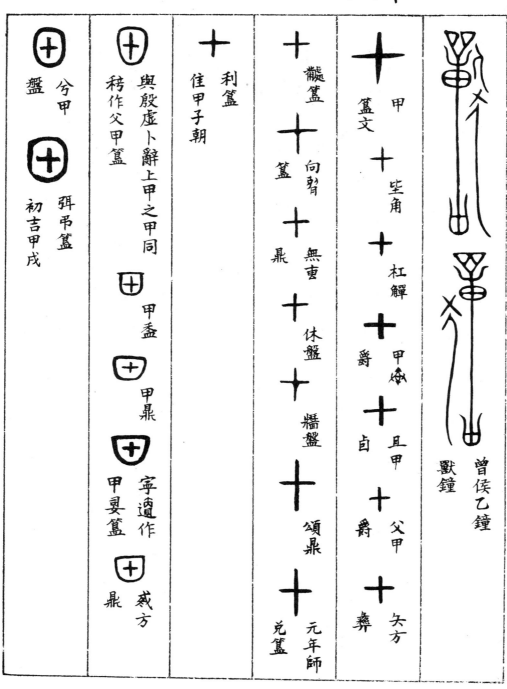

乙 父乙鼎

父乙 鬲

父乙 卣

父乙 觶

且乙 卣

亶乙 斝

小子 卧簋

缶鼎

父日 戈

乙亥 鼎

魚父 乙卣

𩠘父 乙觶

我鼎

旂鼎

矢方 彝

彔作乙 公簋

宂鼎

師酉 簋

㠯鼎

䊭盤

散盤

弔上 匜

邾公 華鐘

拍敦 蓋

曾侯 乙鼎

曾侯 乙匜

曾侯 乙鐘

酓章作曾 侯乙鎛

鄂君啟 車節

鄂君啟 舟節

酓肯 匜

十一年 𢡱鼎

且日戈
兄日戈
己且乙尊
作父乙簋
[illegible]作父乙簋

2360 亂

亂 不从乙 召伯簋 余弗敢亂 𤔔字重見

2361 尤

尤 [illegible]伯簋 亡尤

2362 丙

丙 冄丙爵
冄且丙爵
冄父丙鼎
㭬父丙卣
冋父丙觶
兄日戈

[illegible]父丙觶
爵且丙尊
史父丙觚
犬父丙鼎
父乙丙鼎
天君鼎

父丙[illegible]鼎
丙申角
亞丙爵
古伯尊
[illegible]鼎
戍[illegible]鼎

何尊　静卣　遹甗　敔簋　伯晨鼎　窒弔簋

鄦侯簋　子禾子釜

丁□父丁鼎　戊寅鼎　且丁尊　盞婦鼎　我鼎　師旂鼎　作册大鼎

𠂤壺　善鼎　師嫠簋　史頌簋　虢季子白盤　歸父盤　國差𦉜

紷鎛　陳昉簋　邵鐘　王孫鐘　郐王義楚耑　王子午鼎　樂子敬豧𠤭

舟且丁尊　盞卣　王孫壽甗　者減鐘

2364 戊

戊 司母戊鼎

且 戊卣

父戊 尊

父戊 簋

作父戊 盤

父戊 鼎

鈇作父 戊卣

作父 戊簋

且 戊觶

父 戊觚

元作父 戊卣

戊 父爵

父 戊爵

山父 戊尊

父 戊卣

父戊 舟爵

戊寅 鼎

駿尊

□ 簋

榮子 鼎

榮子 盉

且戊 鼎

長日 戊鼎

且戊 簋

且戊 簋

且戊 尊

父 戊爵

父 戊甗

父 戊爵

父 戊爵

兄日 戈

戊 簋

枚家 卣

木工 鼎

2365 戌

罕文

叔父戊觶

戈父戊盉

癸罗爵

由且戊爵

伯矩鬲

肄簋

史懋壺

趞簋

同卣

攸簋

牆盤

吳方彝

傳尊

段簋

豆閉簋

不嬰簋

不嬰簋二

弭伯簋 隹八月初吉戊寅

陳猷釜 戊寅

陳章壺 孟冬戊辰

酓肯固 戊寅

告宁父戊觶

成 成王鼎

德方鼎

圉甗

鬸卣

臣辰卣

臣辰盉

史獸鼎

作冊大鼎

獻侯鼎

矢方彝

盂爵

沈子它簋

[illegible]簋

成周戈

班簋

彔卣

昜鼎

傳卣

趞鼎

[illegible]盤

舀壺

史頌簋

頌鼎

頌簋

善夫克鼎

㝬鐘

格伯簋

虢仲盨

師害簋

伯寛父盨

成伯孫父鬲

召伯簋

弔尃父盨

成周

訇簋

成周走亞

陳侯因資錞

沇兒鐘

[illegible]成侯鐘

蔡侯䵼鐘

哀成弔鉌

中山王嚳鼎

中山王嚳壺

成周鈴

蔡侯龖殘鐘

孳乳為盛 弔家父匡 用盛稻粱

伯公父匡 用盛糕稻穤粱

2366 己

己朿鼎

父己鼎

尸作父己卣

㣲父己簋

鼎父己尊

乃孫作且己鼎

且己父辛卣

且日戈

父日戈

[illegible]父己觚

般甗

我鼎

作册大鼎

沈子它簋

大鼎

宴簋

番匊生壺

2367 㠱

鐘伯鼎

禾簋

欒書缶

孳乳為紀 國名姜姓侯爵見經傳者有紀侯齊滅之 紀侯鐘

紀侯簋

虘鐘

兮仲鐘

霍鼎

㠱與其通𠀠侯 或作㠱侯 弜觥

[illegible]斝

[illegible]卣

㠱矢父乙簋

㠱侯父乙簋

作父丁尊

㠱侯父戊簋

公貿鼎

師寰簋

無㠱簋

2368

㠱中壺

㠱侯鼎

㠱甫人匜

王婦匜

邾大宰匠

㠱伯盨

㠱伯匜

庚史父庚鼎

弓父庚卣

作父庚觶

䜌作父庚鼎

㠯庚觥

羊父庚鼎

子父庚爵

庚爵

女庚爵

父庚爵

陸冊父庚卣

門父庚卣

子父庚觶

秝父庚尊

家戈父庚卣

豚卣

揚鼎

且日庚簋

且日戈

保侃母簋

庚姬鬲

商尊 賓庚姬貝卅朋

莫鼎

魚作父庚尊

子卣

史獸鼎

[illegible]伯簋

賢簋

庚嬴卣

師趛鼎

公父宅匜

師奎父鼎

彔伯簋

師虎簋

揚簋

寰盤

兮甲盤

克鐘

伯䇯鼎

吳彩父簋

鄭虢仲簋

囂伯盤

曾伯霥𠤳

𢦏弔鼎

楚嬴匜

楚子𠤳

沇兒鐘

庚兒鼎

哀成弔鼎

𨛭諧尹鉦

鄲孝子鼎

華母壺

2369 康

王子午鼎 命尹子庚

㝵庚簋

子父庚觚

御鬲 庚寅

鄂君啟舟節 庚芑昜

鄂君啟車節 庚郝丘

康 此字經典常見義為吉康穅字从之說文奪佚汗簡入庚部或以此附穅字下非也 女康丁簋

司母姒康鼎

㽙鼎

康侯鼎

康侯簋

矢方彝

矢尊

臣諫簋

𤕌盤

師峑父鼎

君夫簋

伯康簋

康鼎

師遽方彝

麓伯簋

揚簋

塱簋

師𦋞父鼎

2370 辛

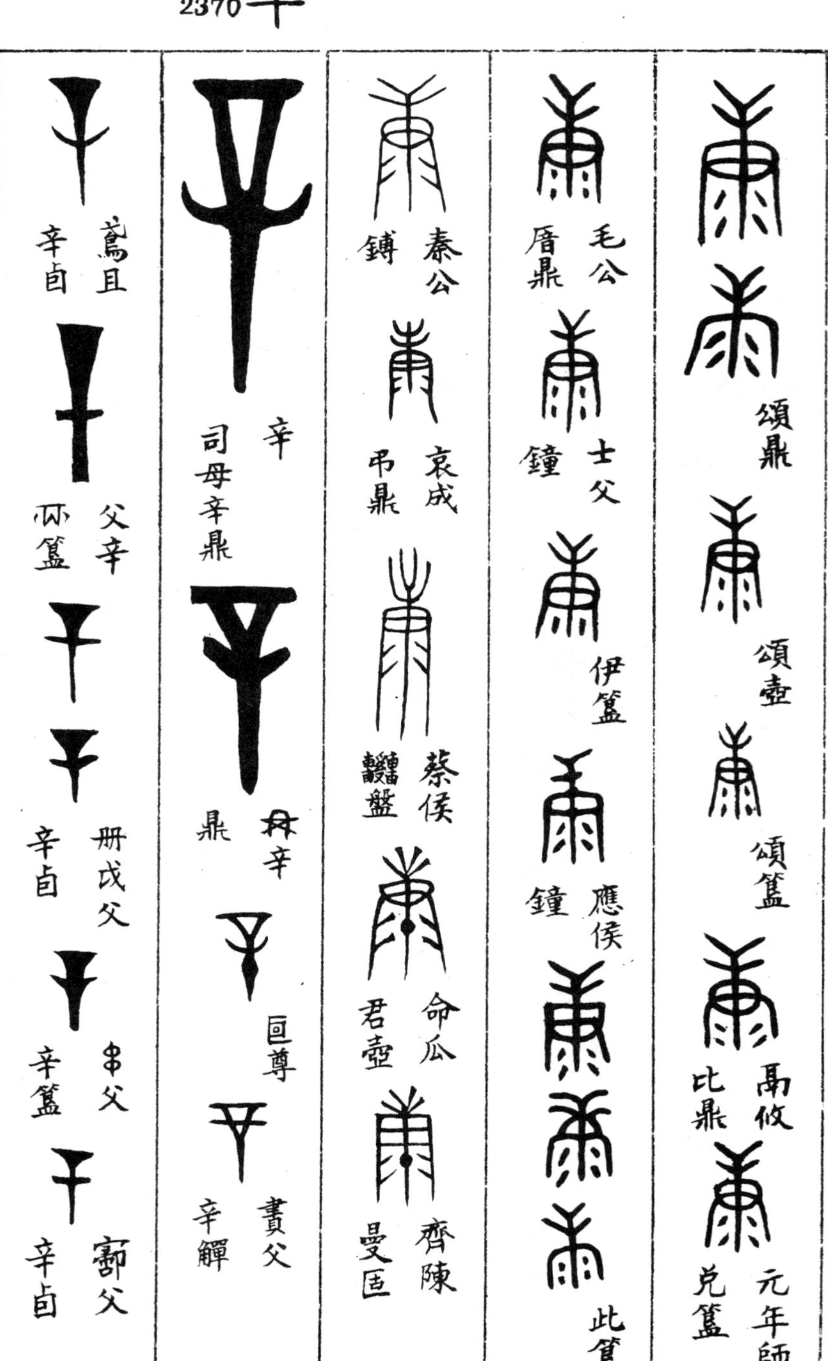

輔師嫠簋
㝬簋
克鐘
善夫克鼎
克盨
頌鼎
頌壺
頌簋
鬲攸比鼎
元年師兌簋
毛公厝鼎
士父鐘
伊簋
應侯鐘
此簋
秦公鎛
哀成弔鼎
蔡侯䕎盤
命瓜君壺
齊陳曼匿
辛
司母辛鼎
辛鼎
亘尊
責父辛觶
鳶且辛卣
父辛簋
冊戉父辛卣
父辛簋
父辛卣

丮辛爵
術𧗿尊
辛卿宁觚
父辛[illegible]觚
父辛竝觚

令父辛卣
父辛盉
大父辛卣
丙父辛鼎
丙父辛卣

黄父辛簋
馭八卣
𨸏𣥂簋
且己父辛卣
父日戈

匽侯旨鼎
臣辰卣
趠鼎
趞卣
剌卣

中父辛爵
辛巳簋
父辛鼎
父辛簋
子辛卣
㚸妣辛簋

田告作母辛鼎
寓卣
歔[illegible]簋
索諆爵
盄仲卣

考卣

辛爵

揚作父辛簋

獻方彝

仲辛父簋

孟辛父鬲

舍父鼎

奢簋

服尊

彔簋

辛鼎

利簋

牆盤

趞鼎

癲鐘

伯寬父盨

申鼎

蔡侯龖尊

禽肯匜

㒼簋

亲子即辛巳

寙卣

辛卯二字合文

2371 辠

2372 辜

2373 辪

2374 辭

辠

中山王嚳鼎　隹有死辠及參殜亡不若

辜

說文古文辜从死

蚉壺　以憂氐民之隹不辜

辪

說文解字辥治也虞書曰有能俾辥是壁中古文乂作辥辥與辪形似而譌書君奭之用乂厥辟即毛公鼎之□辪𠭯辟康王之誥之保艾王家即克鼎之保辪周邦也从辛説文辛之初字辠也十千之辛自為一字王國維說

毛公厝鼎　𠭯辪𠭯辟

克鼎　保辪周邦

部𡠦盤　保辪部國

何尊　自㞢辪民

弔趞父卣　敬辪乃身

辭

說文籀文作辭从台

䋣鎛　枼萬至于辝孫子義如台爾雅釋詁台我也鎛又云是辝可使義如以

2375 辭

邾公牼鐘 鑄辝龢鐘

伯六辝鼎

辭 說文籀文辭从司作𤔲經典作司

榮有司爯鼎

榮有司爯鬲

諫簋

師虎簋

師酉簋

盠方彝

師奎父鼎

豆閉簋

舀鼎

舀壺

南公有司鼎

柞鐘

公臣簋

散盤

毛公厝鼎

善夫山鼎

召伯簋

召弔山父匜

封孫宅盤

虞司寇壺 洹子孟姜壺 司料盆 㠱侯鼎

魯司徒仲齊簋 魯左司徒元鼎 子仲匜 厚氏圃

司寇良父壺 司寇良父簋 朐簋 仲枏父鬲

柳鼎 魯司徒仲齊盤 䆮鼎

司工丁爵 兮甲盤 王命甲政司成周四方責 或从言 㒼匜 牧牛𧪶誓

又云女既從辭從誓 从彳 大司馬匿

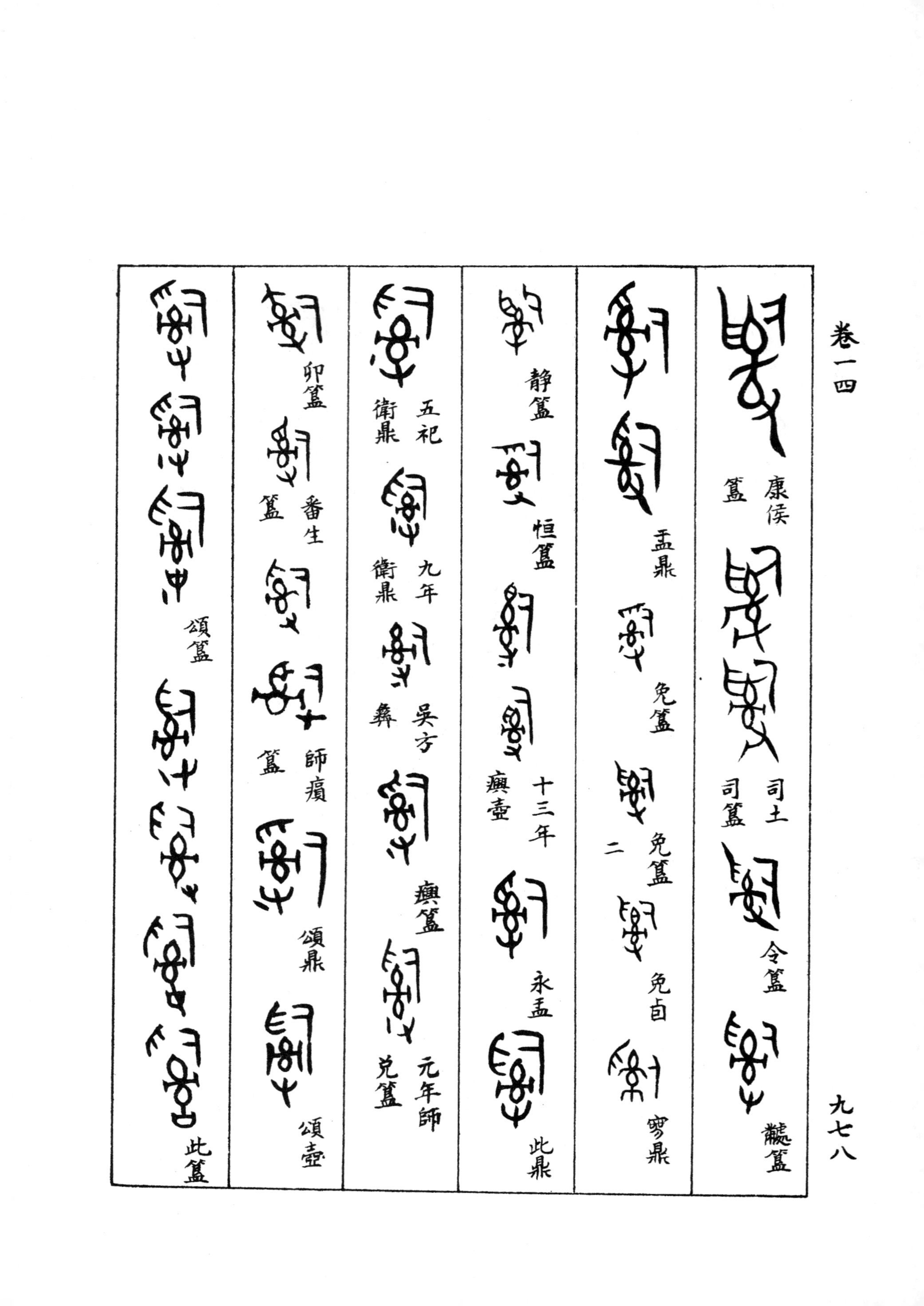

康侯簋 司土司簋 令簋 𤔲簋

盂鼎 免簋 免簋二 免卣 𩰣鼎

靜簋 恒簋 十三年𤼈壺 永盂 此鼎

五祀衛鼎 九年衛鼎 吳方彝 𤼈簋 元年師兑簋

卯簋 番生簋 師𤸫簋 頌鼎 頌壺

頌簋 此簋

師嫠簋

揚簋

無叀鼎

羖簋

令鼎

衛盉

2376 壬

壬父壬爵

木父壬鼎

叔且壬爵

[illegible]壺

兄日戈

宅簋

公貿鼎

禹比簋 二月初吉壬辰

呂鼎

員尊

趞曹鼎

競簋

縣改簋

弔宿簋

無㠱簋

五年師旋簋

伯中父簋

禹攸比鼎

湯弔盤

吉日壬午劍

2377

史戊卣　父壬二字合文

䋣母壬爵　母壬二字合文

癸　父癸鼎

戉父癸甗

癸山簋

鱓文

[illegible]簋

伯矩盤

保癸爵

向作父癸簋

[illegible]癸爵

癸[illegible]卣

父癸簋

[illegible]兄癸卣

婦䦎卣

女嬃鼎

兄日戈

父日戈

趠甗

[illegible]黃簋

朕尊

矢方彝

仲辛父簋

此簋

格伯簋

敔弔簋

穌公簋

2378 子

五祀衛鼎 𦣻公鼎 陳侯因𬶍錞	𠬝作父匕癸觚 匕癸二字合文	子 利簋 金文以此為十二支之子 珷征商隹甲子朝 傳卣 甲子 𣂪觚 戊子	說文籀文作𢀇 召伯簋 甲子	金文以此為十二支之巳與卜辭同 𢼸𣲅簋 辛巳 辛巳簋 𢼸簋 隹十月初吉辛巳 𩵦尊	馭八卣 穸鼎 小臣邑斝 𡚬卣 三 𣪘尊 𫖯簋 隹六月既生霸亲巳

三年瘐壺

金文子孫之子

戍甬鼎

爵文

子𤔲爵

子𡚬父己觶

子龔簋

格伯簋

史頌簋

弔上匜

大作大仲簋

子𠫑觚

子妥鼎

子辛卣

子且己卣

子父庚爵

小子射鼎

北子冈甗

女子鼎

貉子卣

者女觥

弔單鼎

北子冈鼎

引觥

坐角

𤔲作北子簋

令簋

盂鼎

沈子它簋

䣄伯簋

師㝨鼎

或鼎

或簋

趠鼎
子𤔲觥
者㚸罍
子之弄鳥
寧簋

𤔲盤
師𩛥鼎
剌鼎
師奎父鼎
師𨑌鼎
伯晨鼎

害簋
無㠱簋
善夫克鼎
大鼎
鬲攸比鼎

舀鼎
頌鼎
追簋
毛公厝鼎
函皇父簋

虢季子白盤
杞伯簋
封簋
子仲匜
鄀嫛簋

欒書缶
國差𦉜
䶘鎛
邾公華鐘
慶孫之子匿
郘鐘

曾伯陭壺

曾子𠤳

鄦侯簋

申鼎

鄲孝子鼎

沇兒鐘

庚兒鼎

郘䛐尹鉦

吳季子之子劍

姑□句鑃

子禾子釜

子姳壺

大子鼎

大賡鎬

中山王譽鼎

中山王譽壺

蚉壺

中山王譽兆域圖

中山侯鉞

上官登

陳旂子戈

己侯貉子簋

己侯簋

趞曹鼎

楚公鐘

邾討鼎

白者君盤

王子啟疆尊

□者生鼎

白者君鼎

番君鬲

2380　2379

𠂤子觶

輔師嫠簋

蔡公子果戈

蔡公子加戈

蔡侯䵼尊

蔡公子從劍

王子午鼎

子賏戈

王子孜戈

王子匜

字　字父己觶

𢽾兒鐘

以為子字　沇其簋

百字千孫　沇其鼎

作子

穀　穀作鼎

召卣

穀方尊

卯簋

虢弔作弔殷穀匿

虢弔尊

殷穀盤

陳子子匜

穀父甗

2381 季

季季鼎

季保簋

作季簋

嬴季尊

井季卣

䍙侯𡚇屖季簋

季隻簋

卯簋

季楚簋

舀鼎

㒼簋

杲同簋

仲師父鼎

善夫克鼎

克鼎

郝季簋

季良父匜

季良父盉

師寏父盤

[illegible]季盨

虢季氏簋

華季盨

虢季子白盤

[illegible]弔多父盤

鼂季鼎

鄭羌伯鬲

無㠱簋　皇且釐季　器文誤作年

弔尃父盨

2382 孟

季 夆弔匜

季 魯遵父簋

季 義仲鼎

季 季悆鼎

季 鄭季宿車盤

季 郳季宿車匜

季 欒書缶 正月季春

季 吴季子之子劍

孟 孟父乙孟觚

孟 孟戠父壺

孟 孟上父壺

孟 孟辛父鬲

孟 延盨

孟 輔伯鼎

孟 孟簋

孟 番匊生壺

孟 陳伯元匜

孟 孟鄭父簋

孟 不嬰簋

孟 弔多父簋

孟 鄧孟壺

孟 陳侯匜

孟 孟𢘅父簋

孟 吴彭父簋

孟𤼈

齊侯匜

王婦匜

陳章壺

趙孟壺

卜孟簋

洹子孟姜壺

齊侯盤

鄦子匜

鑄公匜

陳子子匜

曾孟嬶諫盆

長子□臣匜

曾子遷彝匜

匹君壺

曹公媵孟姬念母盤

子仲匜

邦伯鼎

禾簋

蔡侯䵼缶

蔡侯䵼尊

伯家父作孟姜簋

2383 孳

孳 説文籀文作𢿢

𨚗鐘 㚃孳人名

吅孳 簋

2384 疑

疑 伯疑父簋

疑觶

齊史 疑觶

2385 㝍

㝍 説文所無

㝍卣

2386 䋋

䋋 説文所無

𧊿壺

2387 𦧄

𦧄 从孖从口

𢿢𦧄妊簋

2388 育

育 説文或从每作毓

毓且丁卣

吕仲 爵

班簋 毓文王

𤔲盤 𥞹育子孫

2389 丑

丑 天亡簋 丁丑

辂子卣 隹正月丁丑

令簋 隹九月既死霸丁丑

作册大鼎

競卣

庚赢卣

戍方鼎

三年瘋壺

同簋

召伯簋二

柏敦蓋 隹正月吉日乙丑

鄀公簋 隹鄀正二月初吉乙丑

欒書缶 正月季春元日己丑

2390 羞

羞 从又从羊

羞罍

羞鼎

鼎文

鉞文

丁羞爵

羞父乙爵

2391 寅

五年師旋簋 令女羞追于齊

不𡢁簋 我羞追于西

王令

武生鼎 用作其羞鼎

洹子孟姜壺 用鑄爾羞銅

郳始鬲 鑄其羞鬲

仲姞鬲 作羞鬲

伯七鼎 羞鼎

多友鼎 羞追于京𠂤

師同鼎 王羞于黽

羞鼎 从廾

魯伯愈父鬲 羞鬲

寅 戊寅鼎

坒角

𢿌𢿌鼎

小子省卣

辰在寅簋

御鬲

麓伯簋

遹甗

静簋

斦伯簋

元年師旋簋

寰盤

十三年𤼈壺

元年師兑簋

克盨

克鐘

伯中父簋

2392 卯

趞簋

兮甲盤

作鐘

史懋壺

彔伯簋

師奎父鼎

師趛鼎

宴簋

朐簋

向𣪕簋

無㠱簋　隹十又三年正月初吉壬寅

弭伯簋　隹八月初吉戊寅

說文古文作𡍬　陳猷釜　省土

豆閉簋

鄲孝子鼎　庚寅之日

畬肯匿

楚王酓章戈　嚴龏寅

或从皿　爾雅釋詁寅敬也　陳侯因脊錞　諸侯寅薦吉金

卯僉父乙簋

亞中卯鼎

卯卲甗

戍甬鼎

㫃鼎

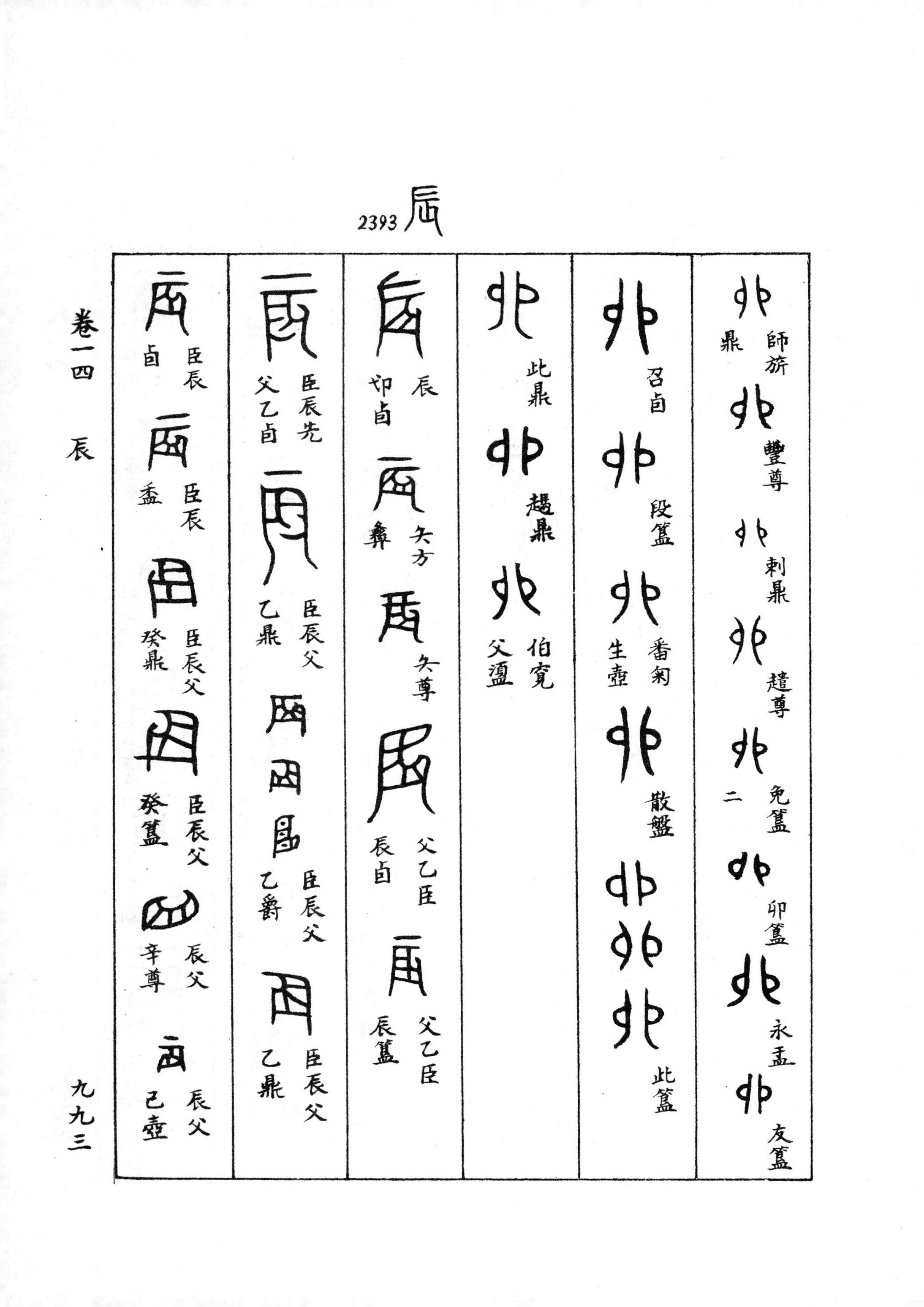

2393 辰

師旂鼎 豐尊 剌鼎 趞尊 免簋二 卯簋 永盂 友簋

召卣 段簋 番匊生壺 散盤 此簋

此鼎 趞鼎 伯寬父盨

辰卬卣 矢方彝 矢尊 父乙臣辰卣 父乙臣辰簋

臣辰先父乙卣 臣辰父乙鼎 臣辰父乙爵 臣辰父乙鼎

臣辰卣 臣辰盉 臣辰父癸鼎 臣辰父癸簋 辰父辛尊 辰父己壺

亘尊
呂鼎
肄簋
宅簋
庚嬴卣
盂鼎

彔伯簋
商尊
商卣
段簋
縣改簋
師𩛥鼎

曶鼎
伯晨鼎
善鼎
[illegible]簋
豆閉簋
散盤

窒弔簋
九年衛鼎

从止 觶文
卣文
旂鼎 辰在乙卯

从又 伯中父簋 唯五月辰在壬寅
从口 江陵出土戰國楚簡作
陳章壺 孟冬戊辰

2394 巳

巳 形與子同 辛巳簋 子字重見

十一年惪鼎 十一月乙巳朔

語辭書大誥巳余惟小子傳發端數辭 盂鼎 巳女妹辰又大服

毛公厝鼎 巳曰

書洛誥予往巳義如矣 吳王光鑑 往巳弔姬

說文祀祭無巳也金文巳巳為一字 蔡侯𪒠盤 禒受毋巳

欒書缶 巳擇其吉金

2395 以

以 者姛尊

者女觥

[illegible]卣

沈子它簋

師旂鼎

靜簋

小臣遹簋

班簋

五祀衛鼎

趞小子簋

應公鼎

師害簋

舀鼎

㝬簋

鬲攸比鼎

散盤

頌簋

頌壺

毛公厝鼎

召伯簋

不𡢁簋

虢季子白盤

禹鼎

封簋

部𩬗盤

曾伯霥𠤳

衛姒鬲

欒書缶

眞伯盨

秦公簋

秦公鎛

郘鐘

邾公釛鐘

子璋鐘

沇兒鐘

王子午鼎

姑□句鑃

中山王嚳鼎

中山王嚳壺

中山王嚳兆域圖

酓忎鼎

仲盤

2397 [glyph] 2396 㒼

矢方彝 今我隹令女二人亢眔矢奭 詹右于乃寮以乃友事 義如與 / 大鼎 大以 氒友守	克鼎 以氒臣妾	孳乳為姒 司母姒康鼎	㒼 說文所無 善夫山鼎 地名	午 戍𤔲鼎 丙午 / 作册䰧卣 雩四月既生霸庚午 / 效卣 隹四月初吉甲午 / 天君鼎 丙午	𠨘卣三 丙午 / 召卣 二 / 伯㚸鼎 / 賢簋 / 公貿鼎 / 𪓰簋

2398 未

農卣
縣改簋
五年師旋簋
趞曹鼎
伯晨鼎
幾父壺
囂伯盤

公父宅匜
曾伯霥匿
弔朕匿
楚嬴匜
鄦侯簋
陳侯午錞

子禾子釜
吉日壬午劍
王子午鼎

華母壺
蔡大史鉚
鄧子午鼎
弭弔盨

未
丁未角
宁未盉
婦未于鼎
小子𩰫簋
御尊
利簋

史獸鼎
矢方彝
矢尊
守簋
芹伯簋
鄀公鼎

陳侯因資錞
中山王嚳鼎

申
丙申角
子申父己鼎
宰椃角
弙簋
莫鼎
矢方彝

矢尊
命簋
衛簋
競卣
儹匜
即簋
不嬰簋二

不嬰簋
沕其鼎
申簋
杜伯盨
申鼎

𢦏弔鼎
王子申盞盂
黃韋俞父盤
多友鼎

楚子匿 隹八月初吉庚申
毛𢍰簋 隹六月初吉丙申
寡兒鼎 隹正八月初吉壬申
曾仲大父蛕簋

2400 臾

曾子遷彝匿　隹九月初吉庚申

孳乳爲神　克鼎　䙴孝于神

此鼎　用亯孝于文神

此簋

臾　从臼从人說文从申从乙非　師臾鐘

聿臾鼎

聿臾鼎二

2401 酉

酉　酉爵

酉卣

亞中酉觚

酉父辛爵

酉父癸尊

酉乙鼎

切卣三

臣辰卣

臣辰盉

矢方彝

師遽方彝

𢦚簋

曶鼎

𡨦鼎

遹簋

師遽簋

師酉簋

2402 酒

永盂 酉命
酉司徒䍃父

㝬桐
盂

郘王義
楚耑

𥫗平鐘
以濼其大酉

陳喜壺
歠月己酉

鄂君啟車節
酉焚 地名

酒 不从水書無逸酗于酒德哉魏三字
石經古文作酉

天君鼎
天君鄉𥌰酒

乙亥鼎
王鄉酒

宰峀簋
王鄉酒

盂鼎
率肆于酒

毛公厝鼎
毋敢湎于酒

𠬝季良父壺
用盛旨酒

國差𦉜
用實旨酒

沇兒鐘
飲酒

三年㾓壺
鄉逆酒

2403 醴

醴 不从酉
長由盉 穆王鄉醴
豊字重見

三年㾓壺
鄉醴

伯公父壺
作醴壺

2404 配

鄭楙弔壺
作醴壺

師遽方彝
卿醴

觴仲多
作醴壺

大鼎
王卿醴

从皿
曾伯陭壺

配　从卩
㝬鐘　我隹司配皇天

鼉方尊
用夙夕配宗

南宮乎鐘
配皇天

毛公厝鼎
配我有周

㝬簋
用配皇天

蔡侯䌛盤
敬配吳王

拍敦蓋
朕配平姬

陳逆簠

2405 酌

酌
伯公父勺
用獻用酌

2406 酢

酢　假借為作
王子姪鼎　自酢飤鼎

郳王義楚耑
自酢祭鍴

2407 牆

牆 古文古文作牆，假借作將

中山王譽壺 牆與鹿君並立於殜

中山王譽兆域圖

大牆宮

2408 酓

酓 大徐本說文奪此字小徐本說文廣韻玉篇集韻皆有之酒味苦也

𢀜乳為飲 辛巳簋 王酓多亞

伯戔壺 酓壺

伯作姬 酓壺

㽙鼎

鄀伯 酓匜

番伯 酓匜

楚王酓章戈

酓章作曾侯乙鎛

酓肯鼎

酓肯匜

酓肯盤

酓忎鼎

酓忎盤

䎭侯鼎 王宴咸酓

2409 酌

二 一 一 酌 說文所無甲骨文常見之

戊寅鼎 王口鄉阩馬酌

酌尊

2410 酌

酌　說文所無

番君酌伯鬲

2411 酨

酨　說文所無

簋文

馭八卣

父乙觶

2412 酟

酟　說文所無

師𪏆鼎　師𪏆酟兄

2413 䤁

䤁　說文所無

中山王譽壺　節于䤁𨣧

2414 醭

醭　說文所無

盂鼎　無敢醭

2415 𨣡

𨣡　說文所無

蠆鼎　休朕皇君弗𨣡氒寶臣

2416 ⿰酉齊　2417 醙　2418 尊

⿰酉齊 說文所無廣雅釋器醬也 鄧侯簋

中山王嚳壺 節于⿰酉垔⿰酉齊

醙 說文所無 孟鼎 無敢醙

尊 窺豊卣

作父辛鼎

豖簋

鳥壬侜鼎

乙卣

父戊凵爵

癸夆簋

[illegible]卣

[illegible]尊

旁鼎

乂方鼎

亳鼎

伯吉父鼎

[illegible]簋

才興父鼎

立鼎

穀方尊

乍寶尊彝尊

作尊車簋

三年瘐壺

召仲鬲

㫾嫼簋

命瓜君壺

曾姬無卹壺

或从阜

書兄癸卣

衛父卣

仲義父鼎

豐兮簋

元作父戊卣

車卣

尸作父己卣

駇尊

王白尊

韡卣

妣伯卣

咸㪤鼎

弔父丁簋

集㑺簋

天君鼎

婦闟卣

盠婦鼎

𤼈簋

𢏳東尊

猒盉

刺卣

美爵

𩛥作父戊卣

者女觥

者姛爵

者姛罍

堇臨鼎

小臣系卣

小子𧻚簋

女黃簋

旂鼎

伯𤔲卣

作義妣鬲

父乙鼎

𠷎方彝

勅𡠒鼎

揚作父辛簋

公史簋

癸𢑚甗

㬱盤

𩆸甗

𡎸方鼎

弔德簋

康侯鼎

康侯簋

伯魚簋

矩尊

成王鼎

獻侯鼎

史獸鼎

鼎甗

般甗

臣辰卣

䌛卣

㠯鼎

魯侯爵

小臣謰簋

免簋

師趞甗

師遽簋

弔皮父簋

亞盉

朋送盤

麥盉

𣃔尊

宿父尊

齊巫姜簋

竆奻鬲

㞢卣

小子射鼎

甚鼎

剌鼎

曾仲斿父壺

戒弔尊

⿱聿貝引觚

⿱聿貝引觥

⿸虍止卣

函卣

㠯婦鼎

田告作母辛鼎

孟爵

伯魚鼎

伯卣

朕尊

堇伯鼎

子阱簋

魚作父己尊

作寶尊彝尊

⿰干井迥冀簋

比作伯婦簋

丿作父丙觶

田農鼎

㠯尊

野尊

師旂鼎

傳尊

友簋

⿱聿貝尊

彔作乙公簋

辪簋

廣父己簋

趞鼎

趞弔簋

盤仲卣

皆壺

同卣

寧遺簋

伯中父簋

㦰方鼎

㦰鼎

芮伯壺

滕虎簋

[illegible]女[illegible]鼎

害鼎

弔[illegible]尊

雍娶簋

倗卣

作父丁尊

逗卣

過伯簋

戒者尊

伯盂

應公鼎

靜簋

豚鼎

大作大仲簋

姬簋

彔伯簋

師趛鼎

師虎簋

應侯簋

師酉簋

頌壺

頌簋

仲𣪘父簋

[illegible]簋

函皇父簋

師寰簋

同姜鬲

殳季良父壺

弔向父簋

弔向簋

無㠱簋

仲師父鼎

追簋

鄧孟壺

毛公旅鼎

伯夏父鬲

周㝱壺

伯吉父簋

庚姬鬲

弔角父簋

考弔誥父匜

休盤

師嫠簋

伯殺父簋

仲𧆞父簋

善夫吉父鬲

成伯孫父鬲

㑴仲孝簋

鄭羌伯鬲

不𡢁簋二

姞氏簋

趩簋

黿□伯鼎

湯弔盤

𥁕男鼎

弔宿簋

令簋

𠦪𦧢

豐尊

𤔲爵

師𩎟鼎

量侯簋

服尊

害卣

伯𤔲簋

弔尃父盨

龠伯卣

師高簋

弔妣簋

封仲簋

伯梡盧簋

西替匜

伯沠父簋

買簋

楚季苟盤

蔡侯䚄缶

訇簋

能匋尊

䖒尊

豐井弔簋

白六鼎

仲簋

枚家卣

呂王壺

呂王鬲

2419 戌

畢鮮簋 不㝨簋 𣪕弔匜 弭伯簋

鄀公鼎 鄧公簋

戒者鼎 伯晨鼎 弔狀簋 父丁尊

戍何尊 康鼎 班簋 吕鼎 師虎簋 𨯍弔簋

㝬盨 五祀衛鼎 衛簋 鄭虢仲簋 休盤 頌鼎

頌壺 頌簋 頌簋又甲戌之戌作成而成周之成作戌 無叀鼎

2420 亥

孫弔師父壺

遹鼎 甲戌形與戌同

亥乙亥鼎

小子射鼎

天亡簋

免卣

史話簋

作册魖卣

矢方彝

揚鼎

吳方彝

史族簋

卯簋

君夫簋

我鼎

長由盉

利鼎

舀鼎

𢾊簋

封簋

禁伯簋

大簋

𢁒名鼎

師嫠簋

善鼎

楚簋

王錫貝簋

商尊

弔尃父盨

王孫鐘

申鼎

从口 邾公牼鐘

盧鐘

大鼎

師兌簋

虢季子白盤

陳侯鼎

陳侯⿷匚古

陳公子甗

邳伯罍

陳子=匜

王中嬀⿷匚古

鐘伯鼎

考弔訢父⿷匚古

樂子嚷豧⿷匚古

沇兒鐘

庚兒鼎

鄦子⿷匚古

邾公華鐘

歸父盤

夆弔匜

⿰素令鎛

邾公孫班鎛

其次句鑃

國差𦉜

姑口句鑃

郘鐘

儆兒鐘

子璋鐘

蔡大師鼎

蔡侯□盤

鄂君啟舟節

王子午鼎

禾簋

陳昉簋

趠亥鼎

王孫壽甗

文一百九十九　重二千五百七十二

正編共十四卷　二千四百二十文

重一萬九千三百五十七文

金文編附錄上

容庚譔集
張振林　馬國權　摹補

001

父乙簋

父乙簋二

作父乙卣

父乙卣

父乙觚

文父丁匜

父辛卣

乩婦鼎

乇女[illegible]簋

向卣

向卣

父乙尊

父丁尊

父丁簋

父丁鼎

父己卣

父辛觶

小子𦣞簋

婦闟甗

商婦甗

父乙角

噭鉦

子𡭴尊

遹簋

旂鼎

母辛簋

小子𦋞鼎

[illegible]卣

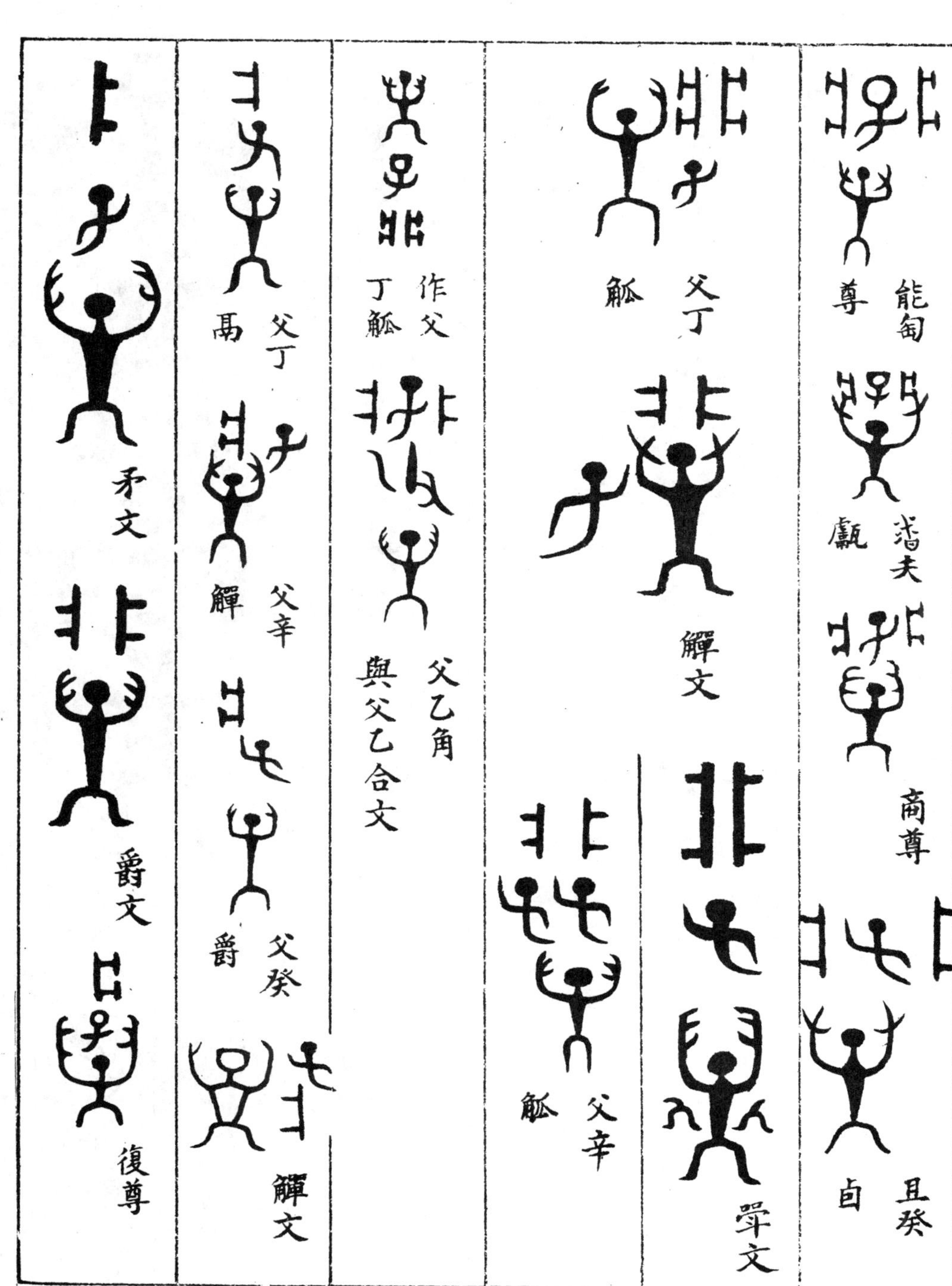

能匋尊
湝夫甗
商尊
且癸卣
父丁觚
觶文
父辛觚
罕文
作父丁觚
父乙角
與父乙合文
父丁鬲
父辛觶
父癸爵
觶文
矛文
爵文
復尊

002

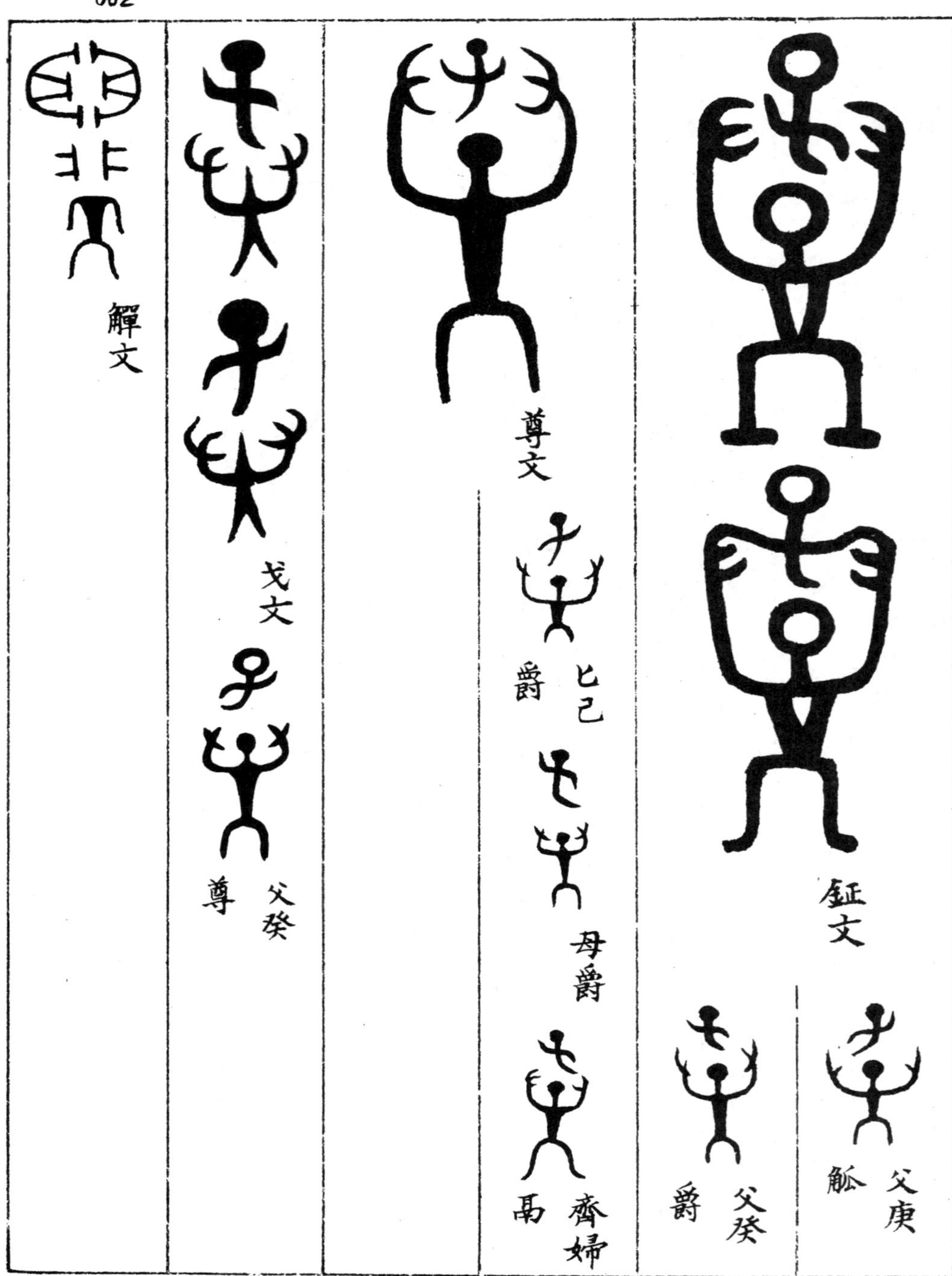

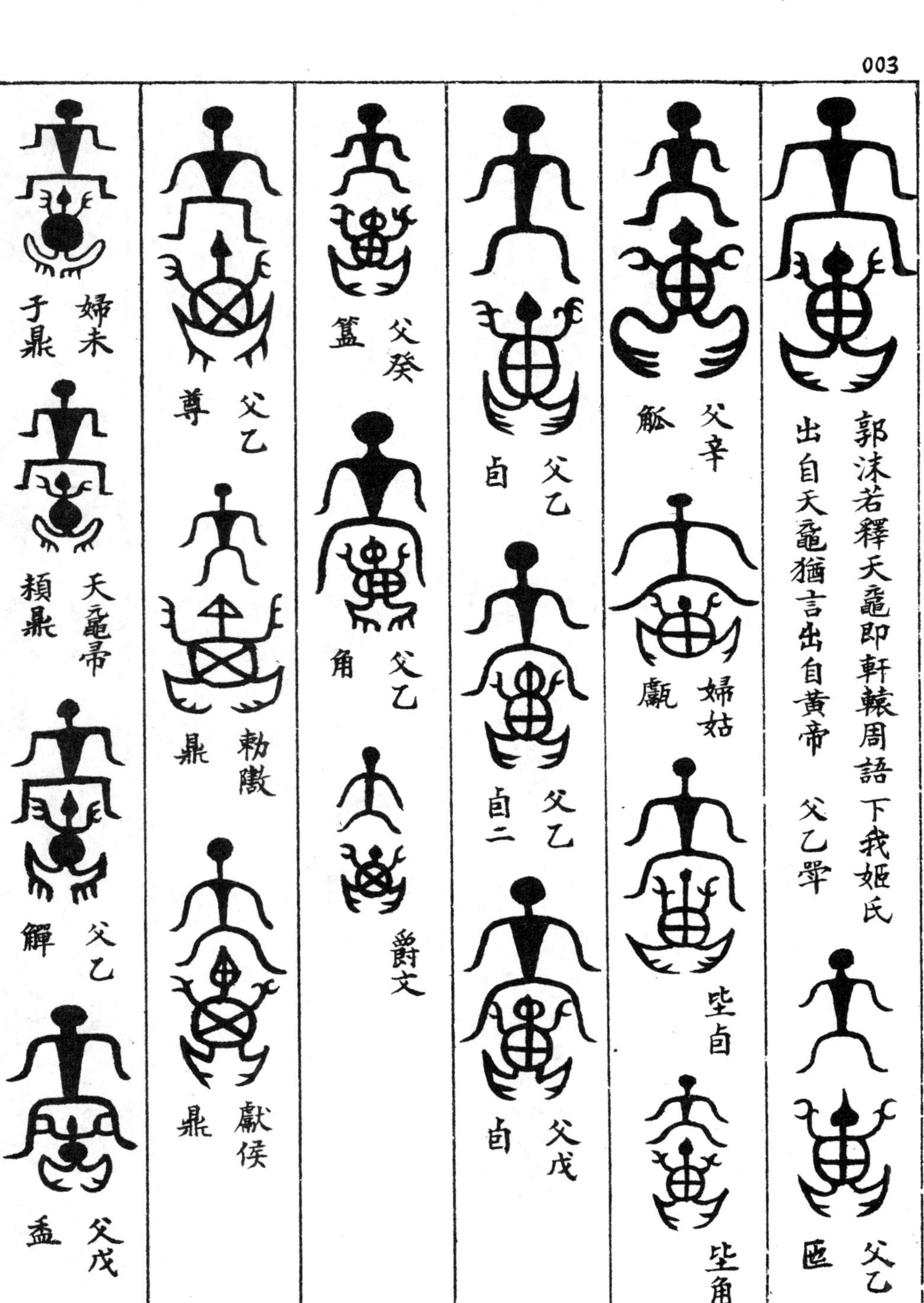

郭沫若釋天黿即軒轅周語下我姬氏出自天黿猶言出自黃帝

父乙罍

父乙匜

父辛觚

婦姑甗

坐卣

坐角

父乙卣

父乙卣二

父戊卣

父癸簋

父乙角

爵文

父乙尊

勑𢽾鼎

獻侯鼎

婦未子鼎

天黿帚頪鼎

父乙觶

父戊盉

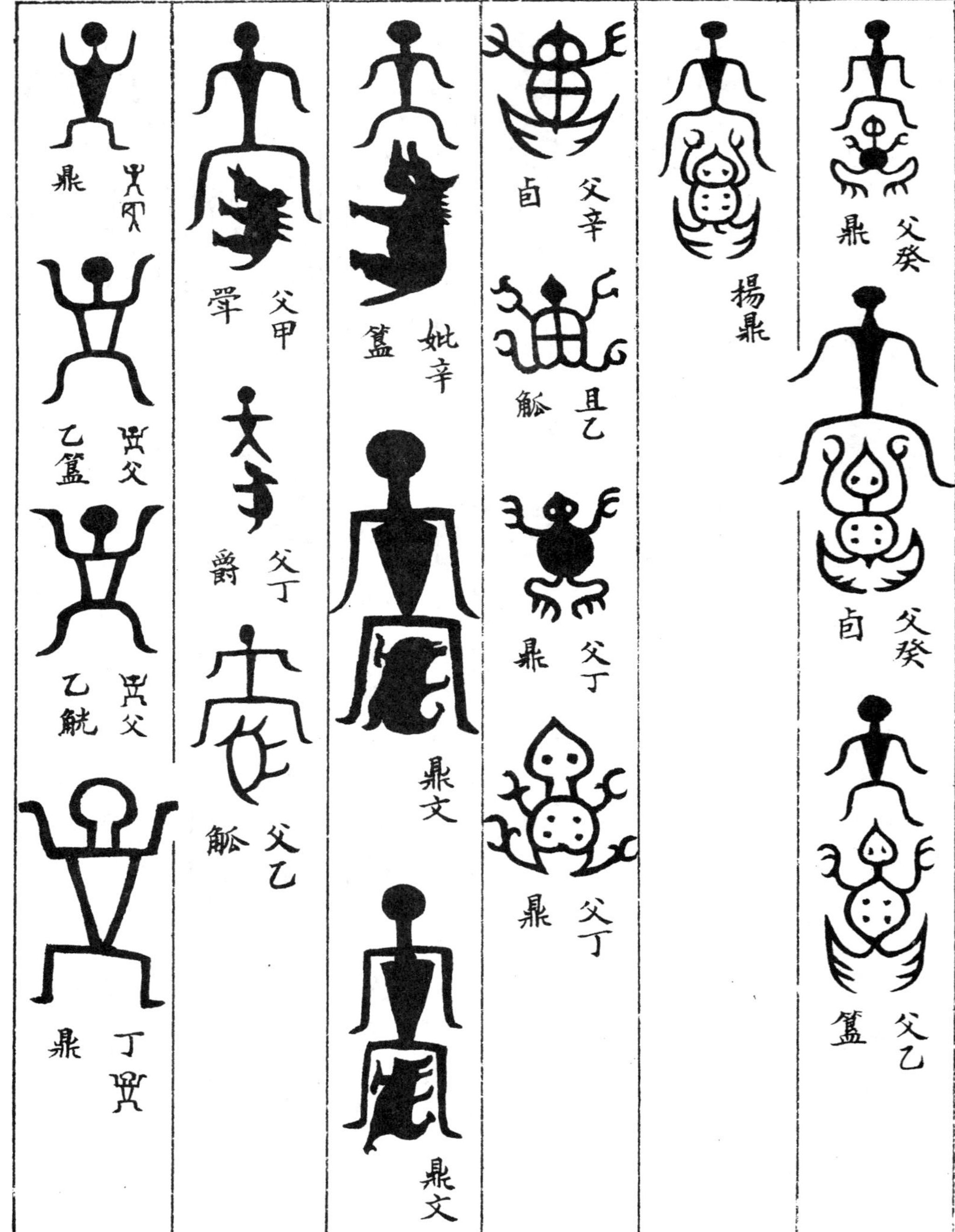
006
005
004
父癸鼎
揚鼎
父癸卣
父乙簋
父辛卣
且乙觚
父丁鼎
父丁鼎
妣辛簋
鼎文
鼎文
父甲斝
父丁爵
父乙觚
鼎
乙簋
乙觥
丁鼎

011	010	009	008	007
斝文	父癸尊	父庚甗 鬲文	父辛鼎	戈文

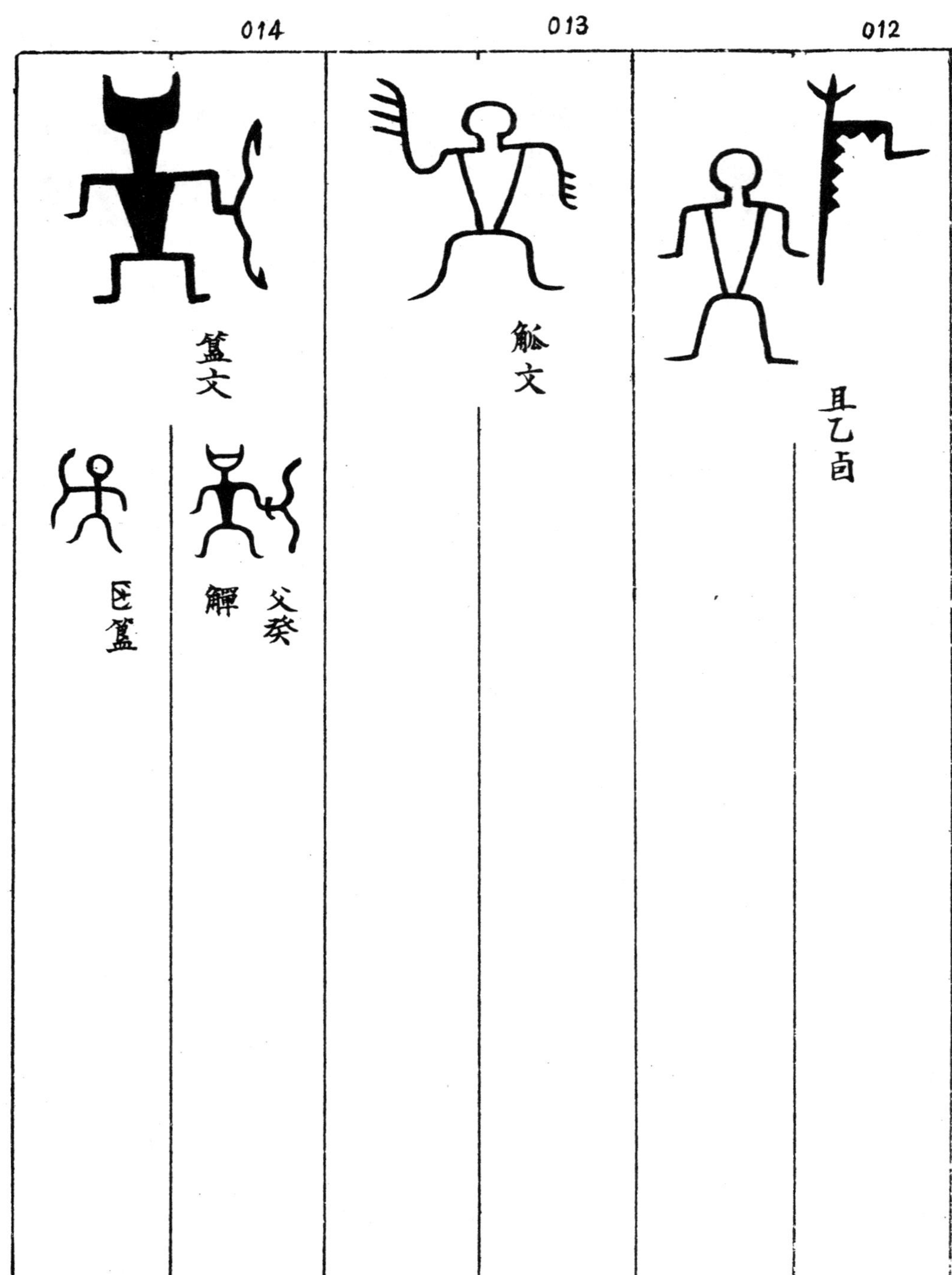
014
013
012
且乙卣
觚文
簋文
父癸
觶
㠱簋

015

父辛甗

父癸觶

父庚爵

父辛簋

[illegible]母癸甗

016

且丁尊

且丙觚

父乙尊

父己簋

觚文

簋文

甗文

父乙觶

趩觚

己且觚

父己觶

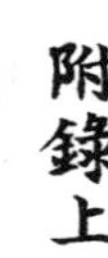

017

觚文

018

觚文

觚文

觚文

019

爵

020

父乙簋

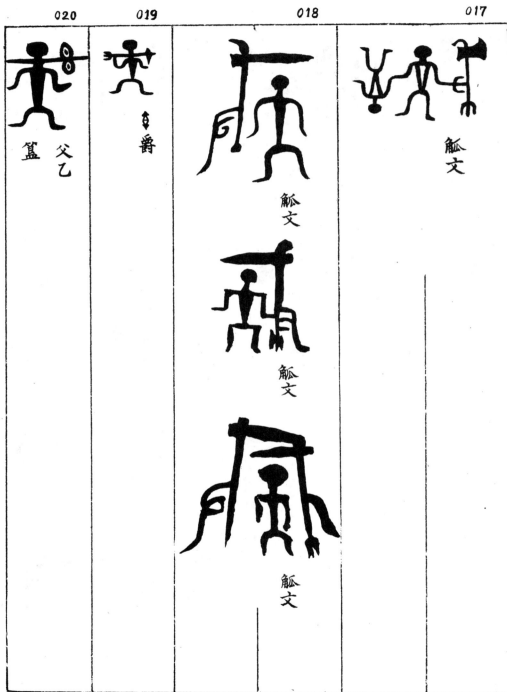

021

父乙鼎

鼎文

觚文

父辛觚

父乙盉

父己鼎

且癸爵

爵文

父乙爵

作父丁尊

022

父癸簋

024　　023

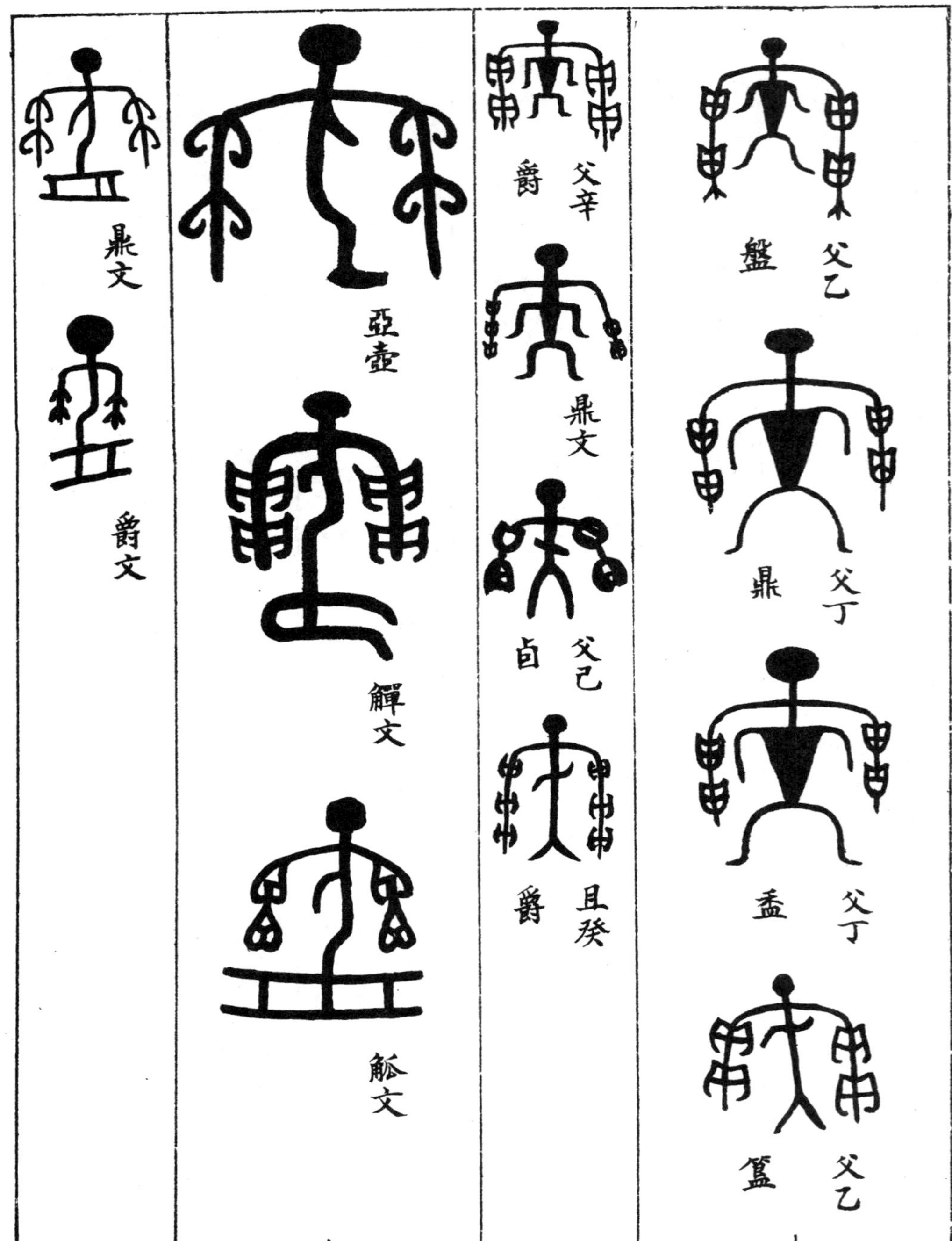

父乙盤
父丁鼎
父丁盉
父乙簋
父辛爵
鼎文
父己卣
且癸爵
亞壺
觶文
觚文
鼎文
爵文

025 曲[illegible]爵

026 爵文

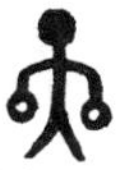

027 父乙觚

028 觚文

鈦馭觥

鈦馭簋

029 [illegible]卣

030 作父癸甗

作且戊鼎

父己尊

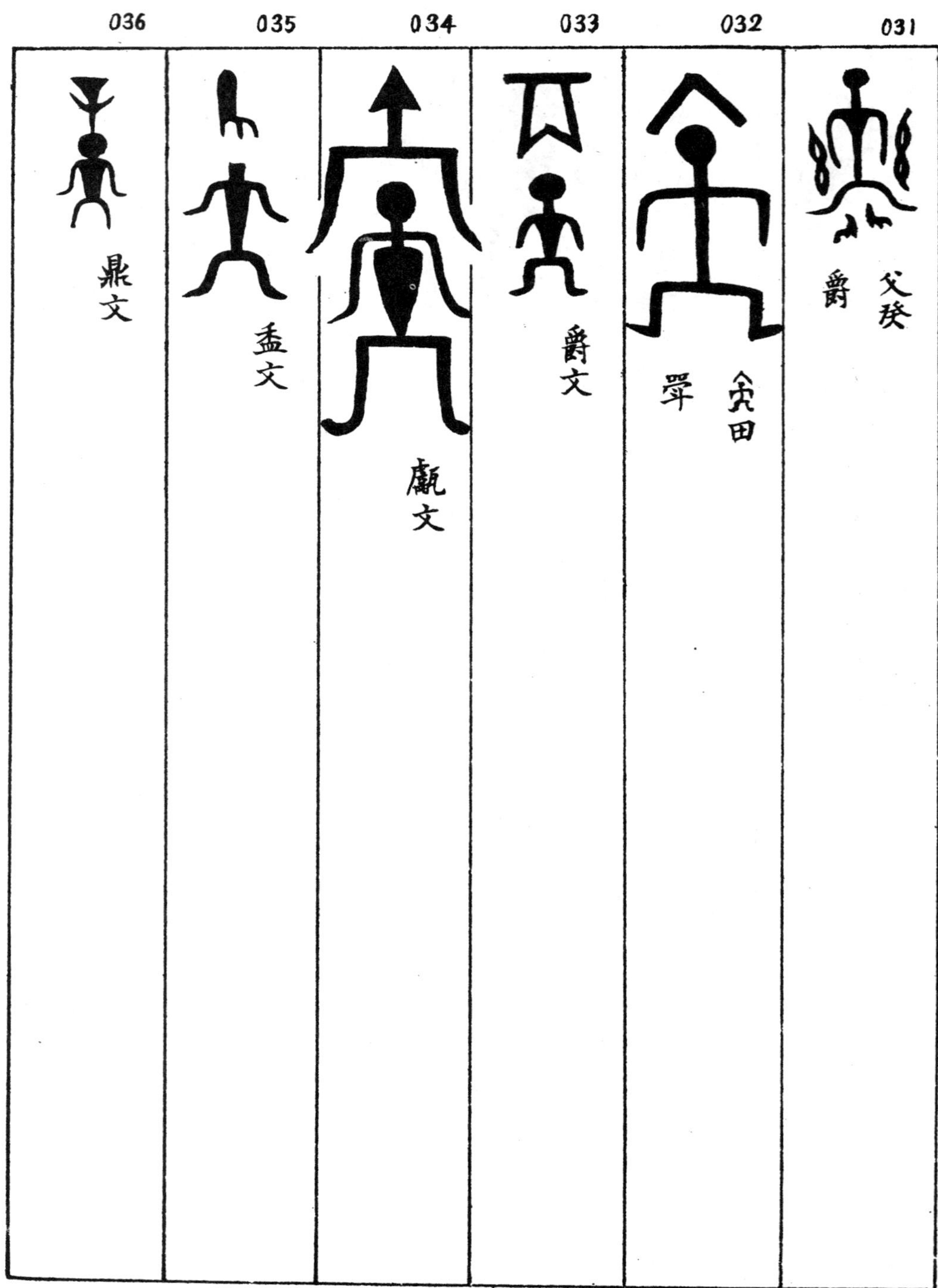
036
035
034
033
032
031
鼎文
盉文
甗文
爵文
罕
宊田
爵
父癸

037

觚文

038

父辛觚

039

父乙觶

040

父乙鼎

父丁鼎

父乙鼎

父癸簋

041

父乙鼎

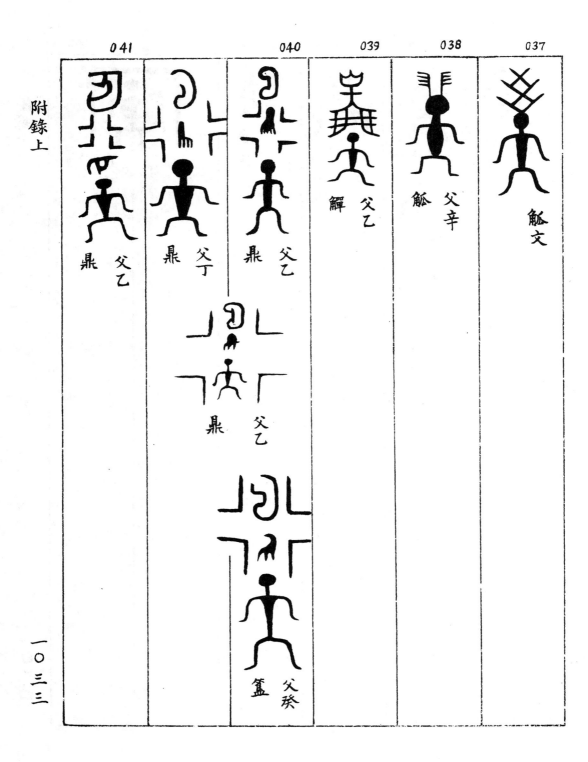

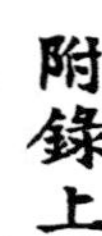

042 父癸鼎

043 爵文

044 父己簋

045 作父乙卣

046 朕且己觚

047

父癸卣

048

比簋

049

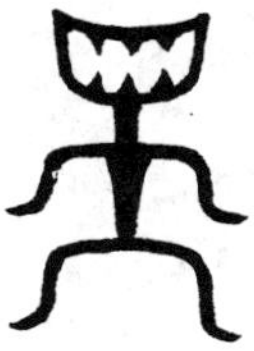

父己鬲

[illegible]嬓鼎

050

尸作父己卣

尸作父己壺

051

戉箙卣

吳父丁鼎

052

觚文

鼎文

053

觚文

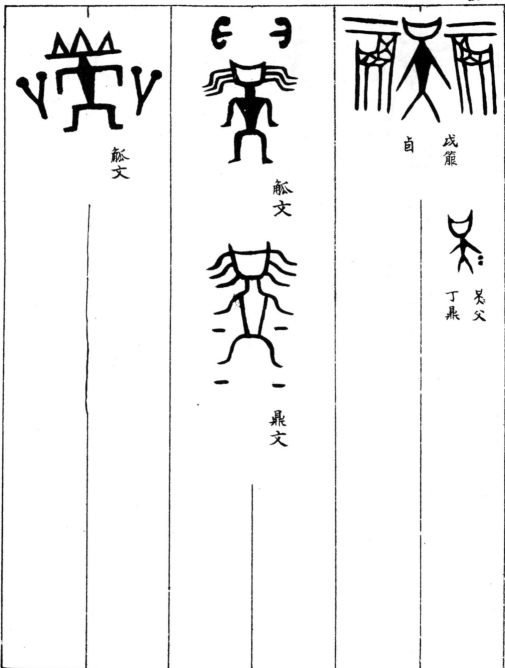

058	057	056		055	054
鼎文	父乙 莫觚	子爵	且辛 卣	鼎 卣 父戊 匜 父辛 觶	斝文 鼎文 觚文 癸爵

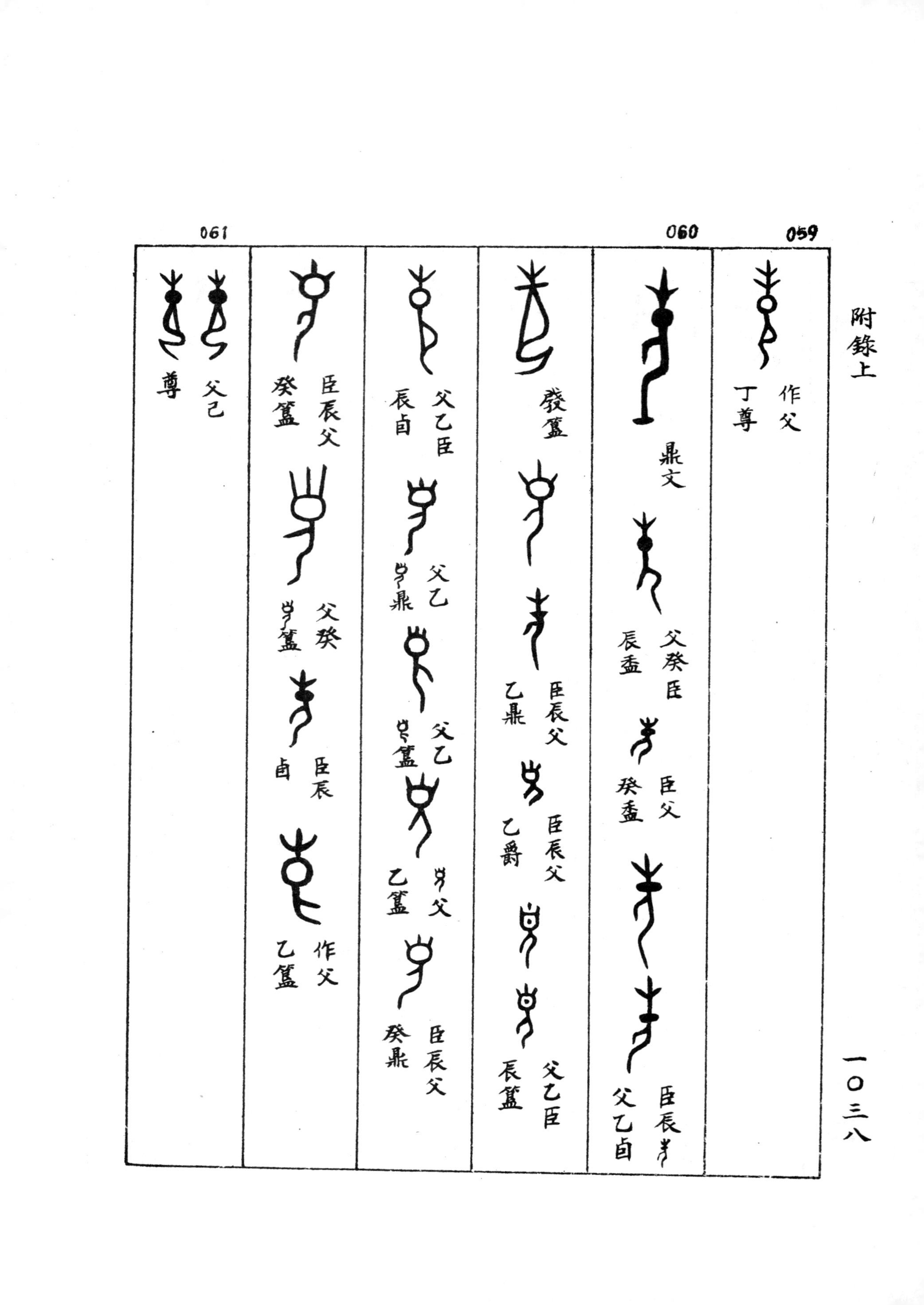

059

作父丁尊

060

鼎文

父癸臣辰盉

臣父癸盉

臣辰父乙卣

發簋

臣辰父乙鼎

臣辰父乙爵

父乙臣辰簋

父乙臣辰卣

父乙鼎

父乙簋

父乙簋

臣辰父癸鼎

臣辰父癸簋

父癸簋

臣辰卣

作父乙簋

061

父己尊

062	063	064	065	066	067
父戊觚	子爵	子爵	□己爵	父辛尊	中父壬爵

068	069	070	071	072	073
觚文	爵文	爵文	父丁 爵	父辛 鼎	戈文

074	075	076	077	078	079
[illegible]冊 [illegible]觚	[illegible]冊 [illegible]尊	己[illegible] 爵	車[illegible] 罍	[illegible] 鉦	勹文

080 且丁 罕

081 父丁 簋

082 父口爵

083 己卣

084 父乙 卣

戊簋

馬觚

父癸 卣

又器 文

085	086	087	088	089	090
鬳戈	觶文	父乙罍	且己簋	父辛觶	爵文
觚文					爵文
					父丙觶
					鼎文
					父癸爵

父癸觚

癸觚

爵文

鼎文

父丙爵

觶文

091

且乙爵

鼎文

父乙卣

092

爵文

093

觚文

094

父丁爵

098	097	096	095
觚文 鼎文	簋文	尊文	斝文

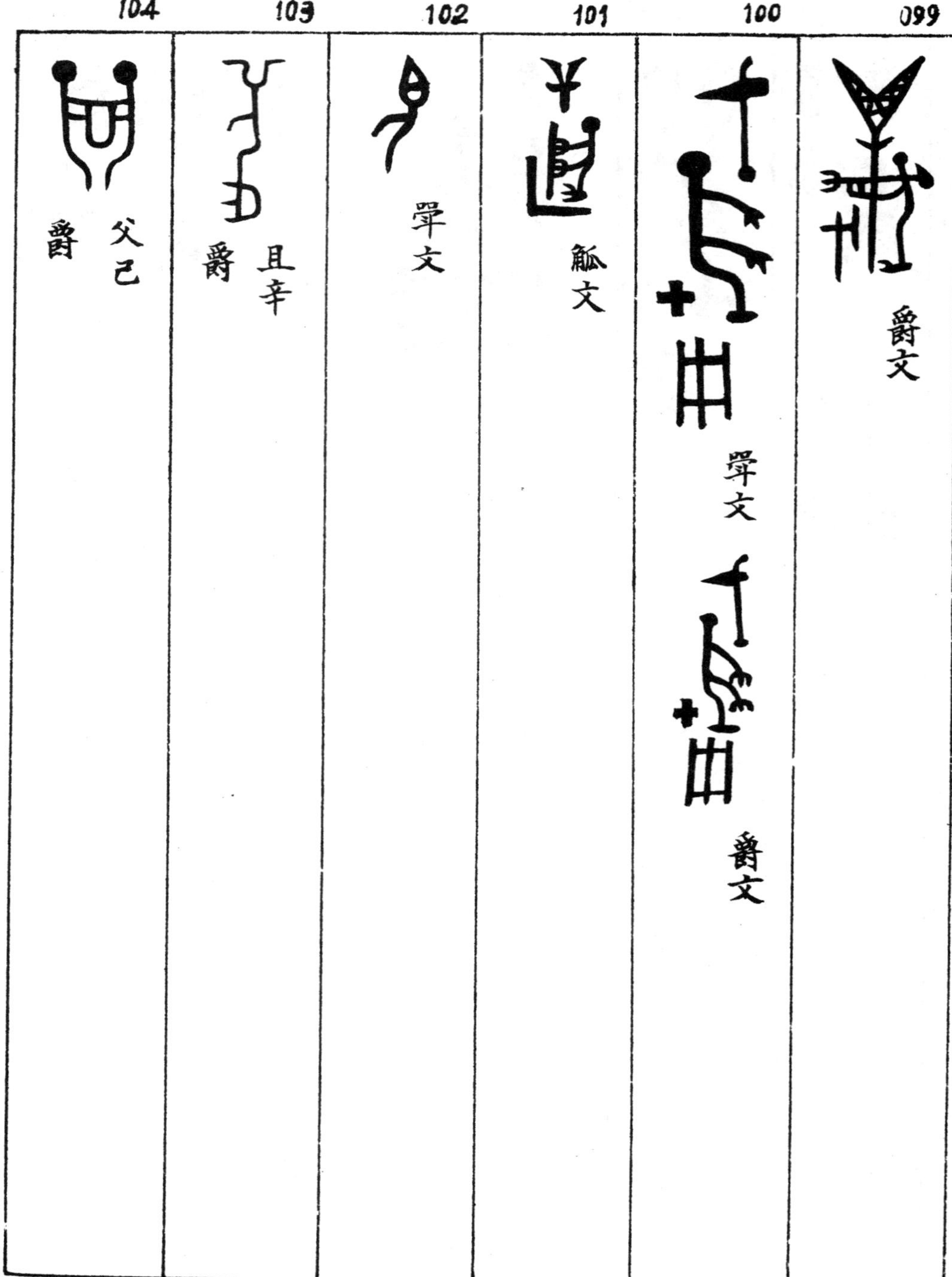
099
爵文
100
斝文
爵文
101
觚文
102
斝文
103
且辛爵
104
父己爵

105

父己甗

106

作寶彝簋

107

父癸爵

108

亞中向父戊爵

109

父丁卣

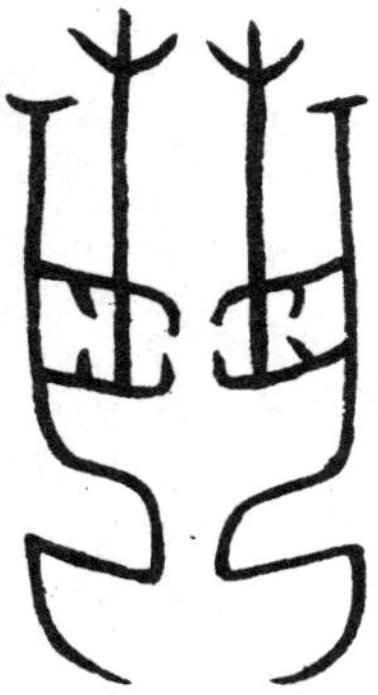

簋文

且癸觚

父己 觶

亞 徙 爵

110

觚文

111

簋文

𠓷 簋

112

簋文

觶文

戈 盤

113

戍[illegible]爵

爵文

[illegible]鼎 人名

114

父己簋

父癸爵

115

[illegible]父辛卣

116

斝文

117

觚文

118

鼎文

119

斝文

120

觚文

121

戚文

122

鼎文

秝宔鼎

父癸簋

觚文

簋文

爵文

己觚

壺文

爵文

123

父乙鼎

124

父癸爵

125

戈文

126

父癸卣

父乙爵

127

爵文

鼎文

婼鉦

者姛罍

者姛爵

簋文

簋文

罍文

罍文

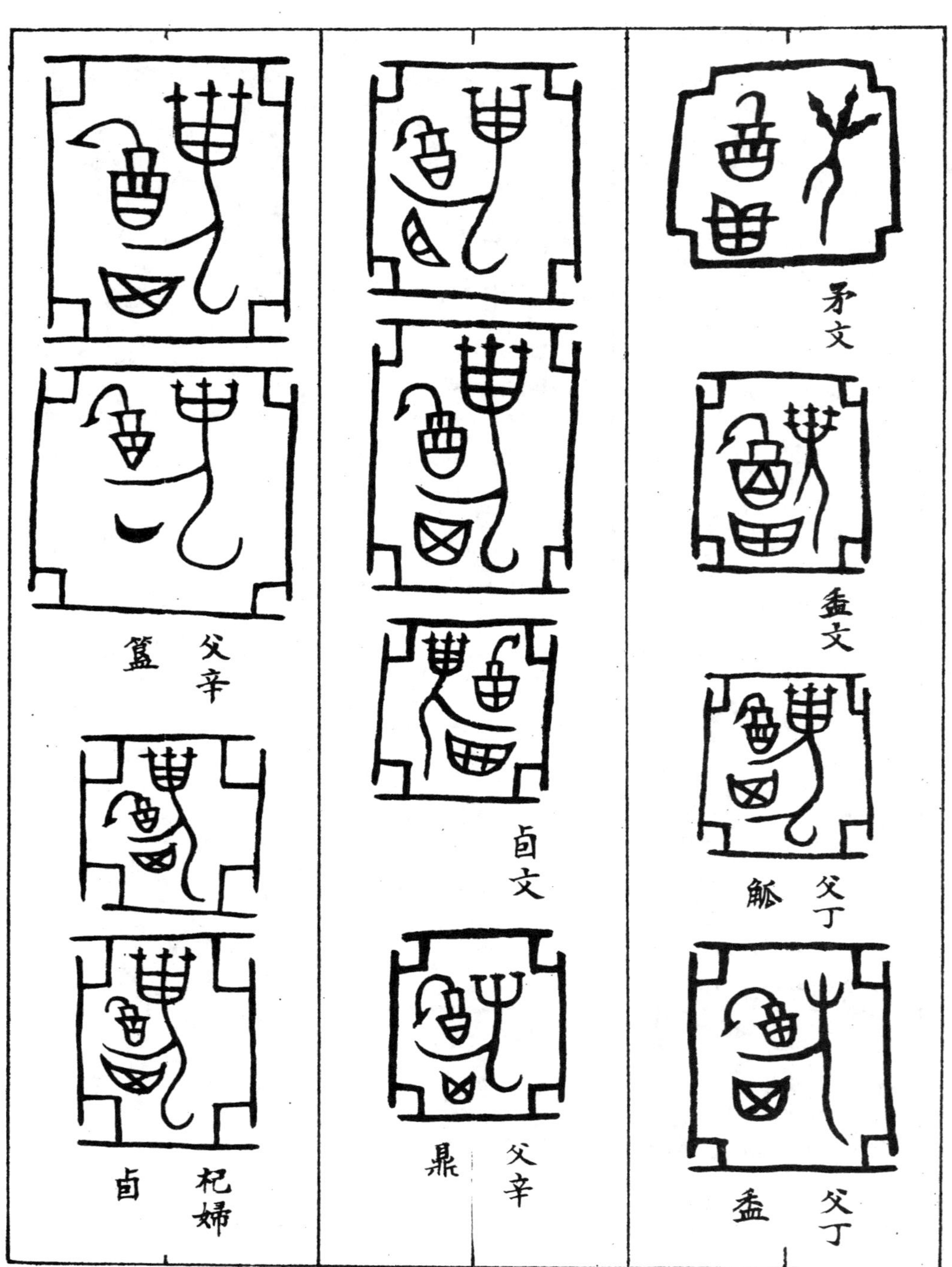

矛文

盉文

父丁觚

父丁盉

卣文

父辛鼎

父辛簋

杞婦卣

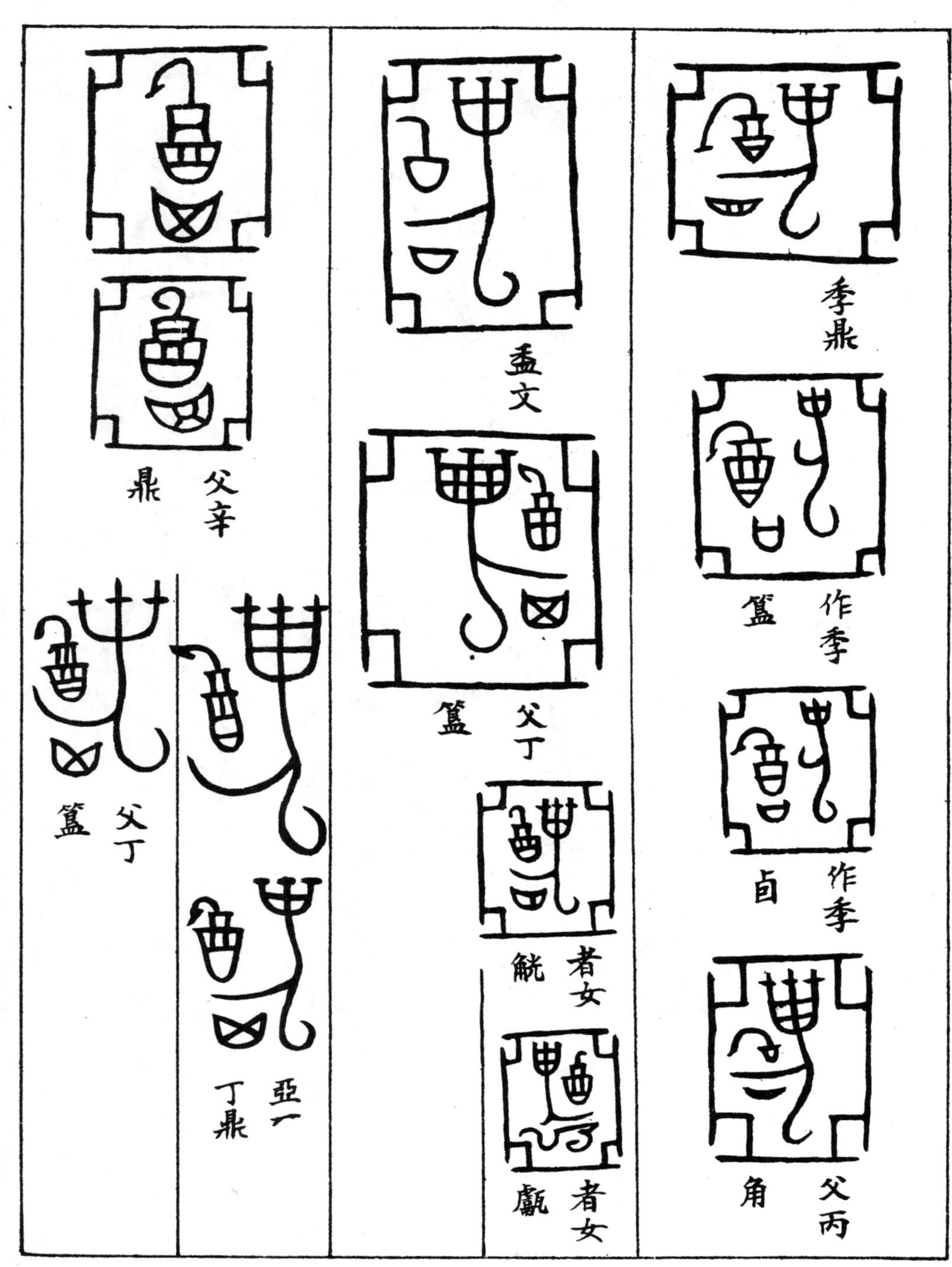

季鼎

作季簋

作季卣

父丙角

盉文

父丁簋

者女觥

者女甗

父辛鼎

亞一丁鼎

父丁簋

[illegible]妃盤

鼎文

鼎文

盤文

斝文

尊文

觚文

簋文

斝文

鼎文

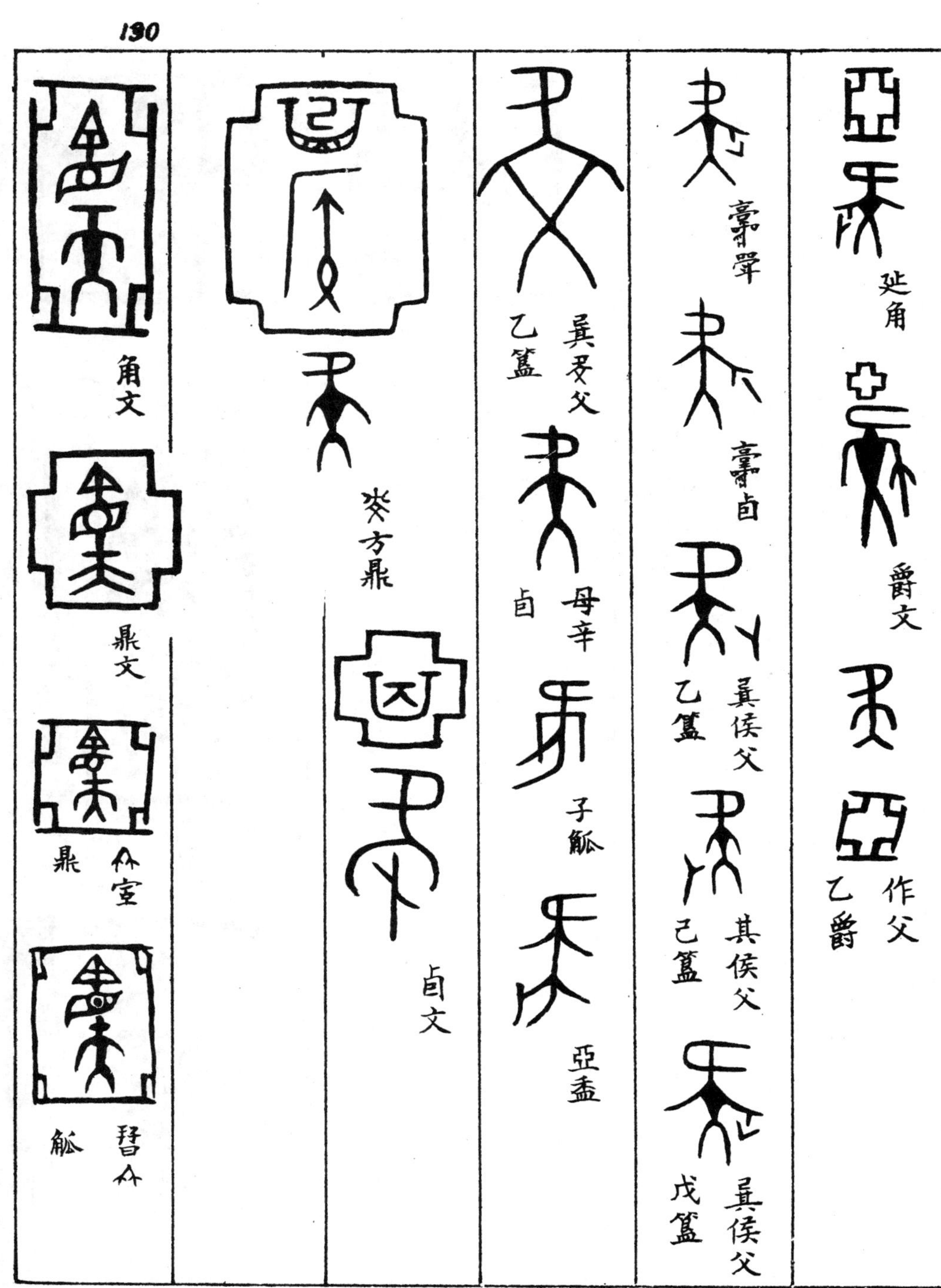

延角
爵文
作父乙爵
𦎫斝
𦎫卣
㠱侯父乙簋
其侯父己簋
㠱侯父戊簋
㠱𡚬父乙簋
母辛卣
子觚
亞盉
𡆥方鼎
卣文
角文
鼎文
亼室鼎
𦑛亼觚

131

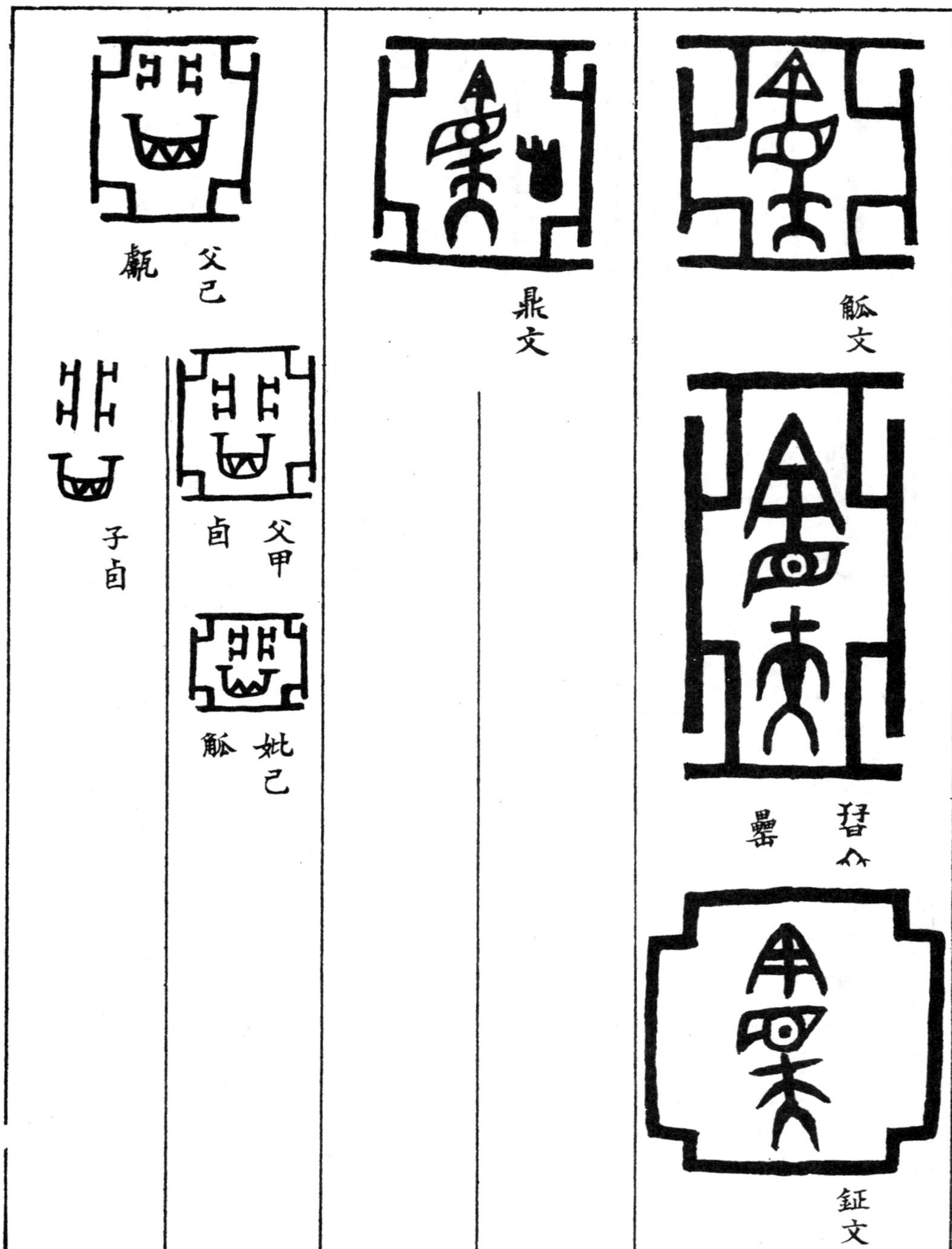

132

𤔲鼎

父乙 卣

父辛 鱓

龏鬲

寫卣

舟伯 尊

舟伯 卣

舟尊

舟㫖 盤

133

尊文

鬲文

鱓文

子𡢁 觥

㫖鼎

𨚕鼎

134

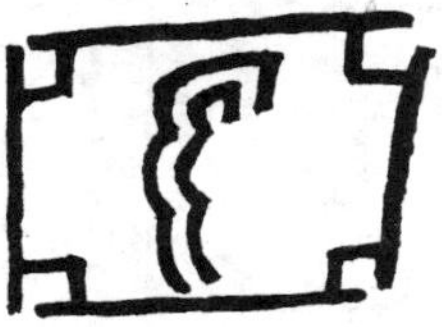

父丁 斝

父丁 角

亞弜 尊

亞弜 爵

亞弜父 癸簋

亞弜 鼎

亞弜 鼎

亞弜 簋

135

女子鼎

小臣系卣

父乙爻角

136

父乙女告田卣蓋

亞中𠬝父乙鼎

137

𧗞矢尊

剌卣

父丁角

亞妏𠨘觚

138

ナ鉦

父乙觶

139

父丁簋

140

作父己觶

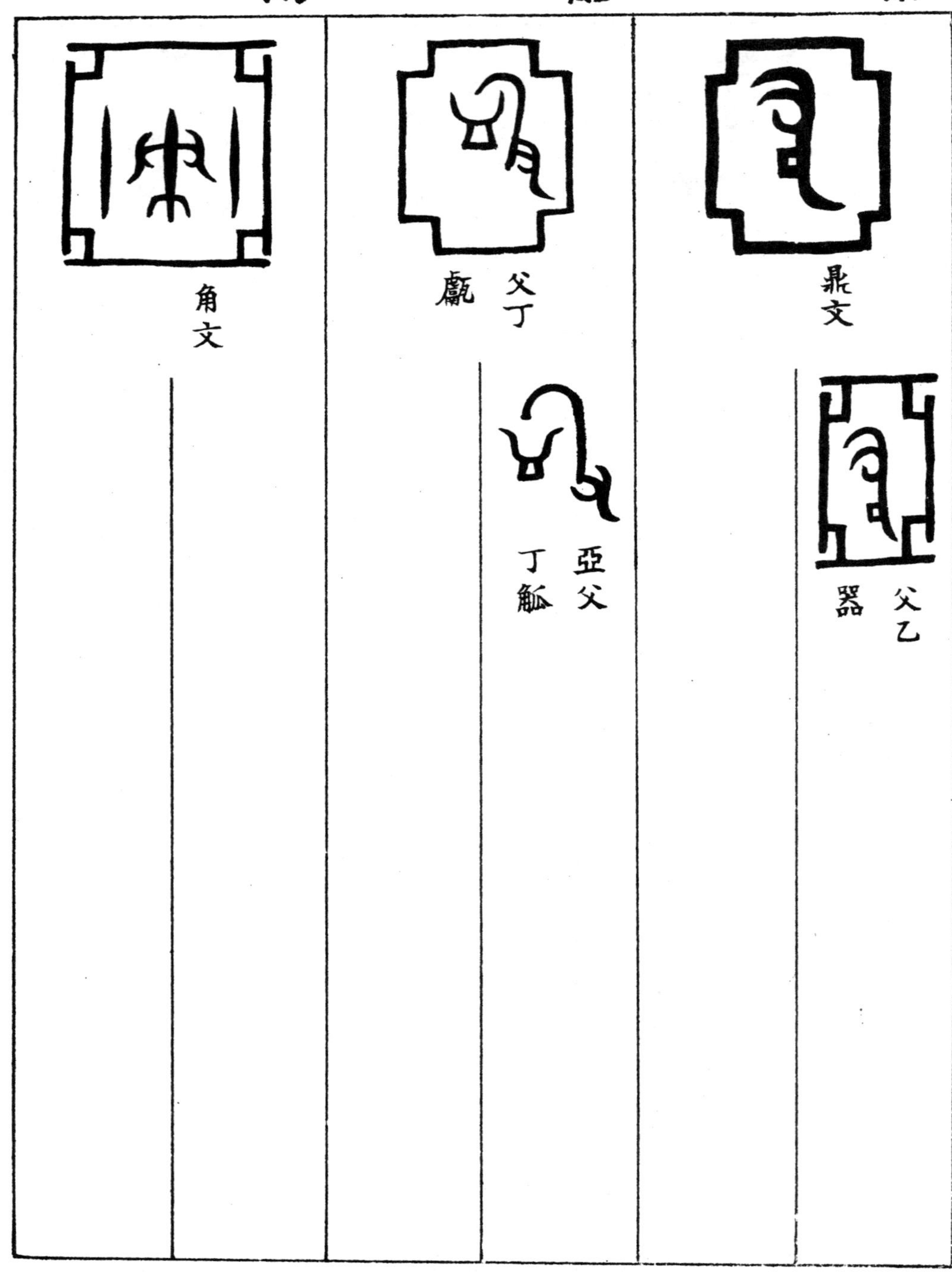
141
鼎文
父乙器
142
父丁觚
亞父丁觚
143
角文

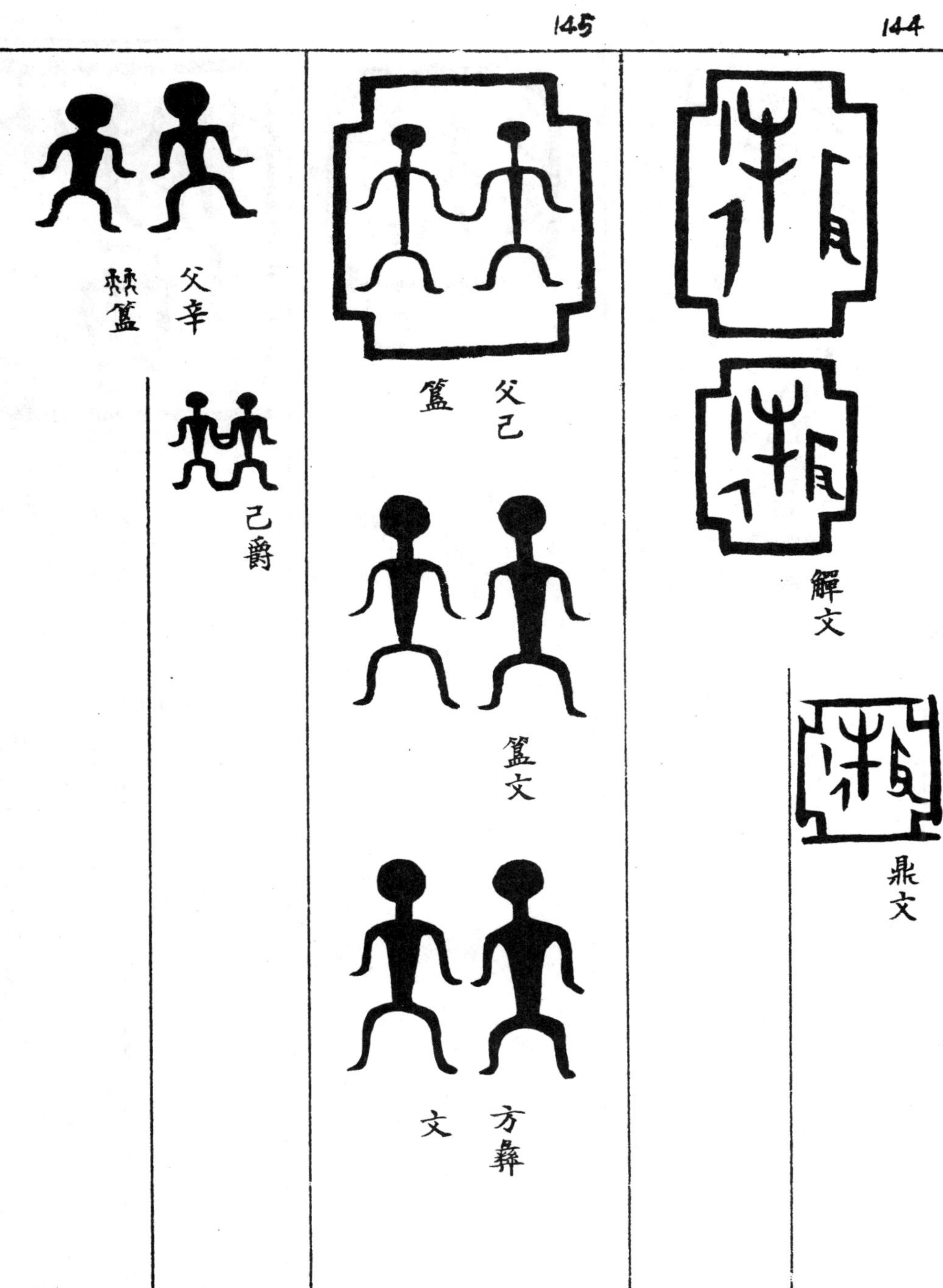

144
145
觶文
鼎文
父己簋
簋文
方彝文
父辛簋
己爵

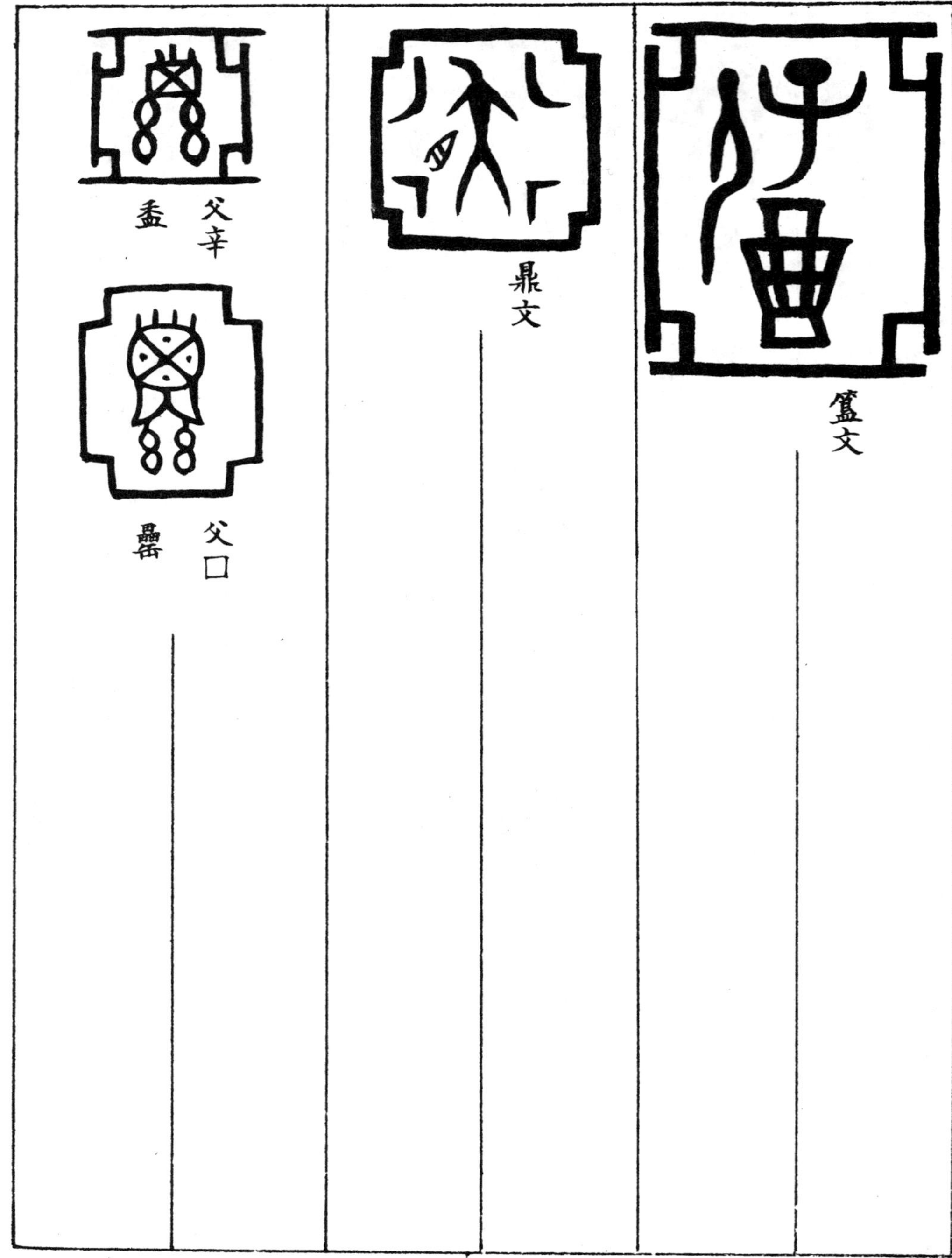
146 簋文
147 鼎文
148 父辛盉
父口罍

149

甗文

方彝文

150

鼎文

尊文

151

方鼎 且辛乇

乇卣 且辛

乇罍 且辛

152

戈文

153

父乙觶

154

戊甬鼎

155

父己鼎

156 
爵文

157 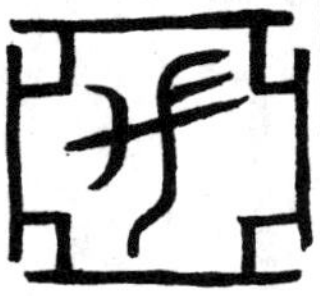
父丁
罍

158 
父口
簋

159 
盉文

160 作妣己觶

父己爵

161 平卣

162 遽仲觶

163 爵文

164 鼎文

亞鼎

165 父癸爵

168

167

166

附錄上

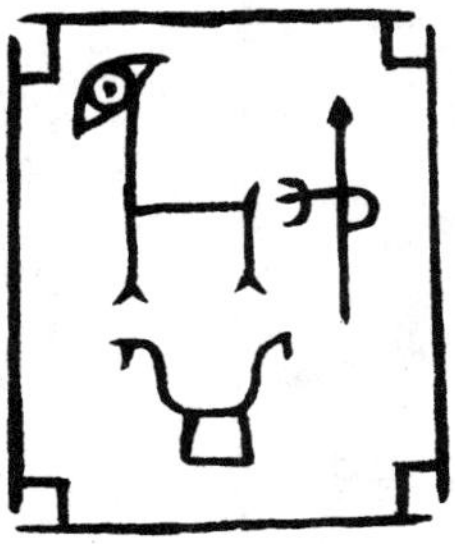

父乙
尊

父丁
簋

辛
斝

簋文

皿合
觚

父乙
爵

爵文

父
己鼎

169

魚父己卣

170

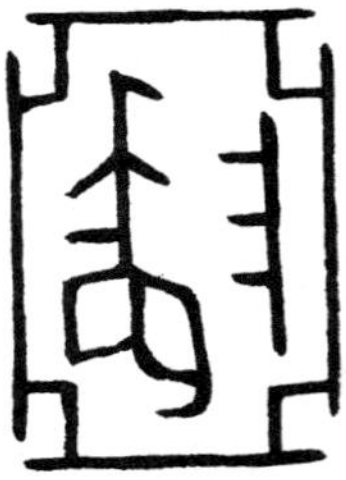

鼎文

171

子商甗

爵文

172

鼎文

173 無憂卣

[illegible][illegible]卣

174 父己鼎

175 父癸爵

176 [illegible]作父乙鼎

177 林卣

178 父己盉

王錫貝簋

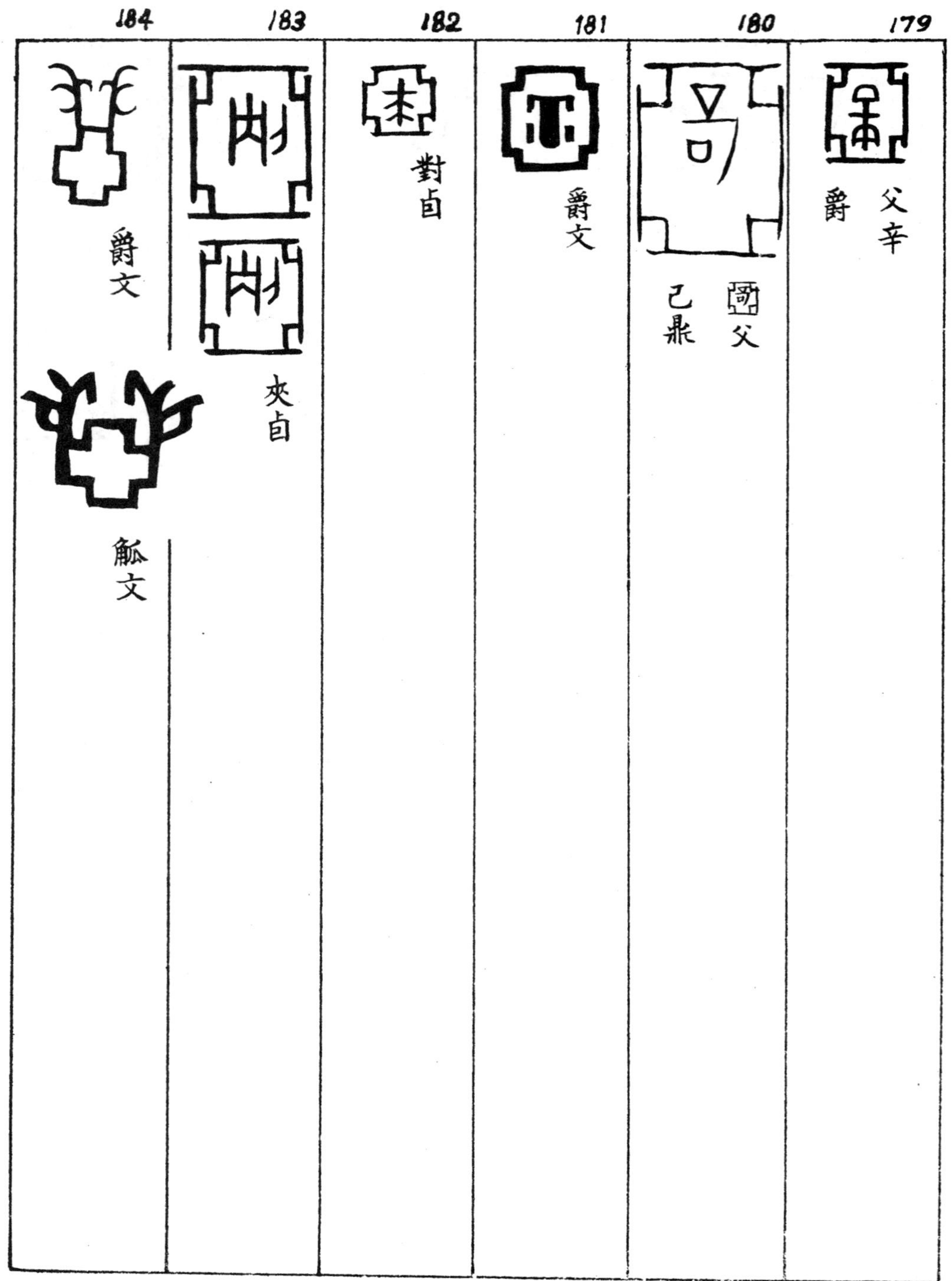
179
爵 父辛
180
己鼎 父
181
爵文
182
對卣
183
夾卣
184
爵文
觚文

185

鼎文

186

鼎文

且辛

卣

鼎文

觚文

卣文

烏魚鼎

鼎文

且甲卣

父甲卣

父癸鼎

父癸尊

罕文

癸尊

簋文

觚文

爵文

父癸爵

父乙尊

父甲鼎

爵文

188

婦觚

父乙女田告卣

鳥獸形爵

尚觶

父乙簋

父癸爵

矢尊

矢方彝

作册大鼎

父己觶

君妻子鼎

189

亞父丁盉

190

觚文

191

父庚卣

192

子尊

子爵

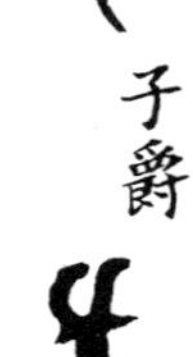

子觚

子盉

193

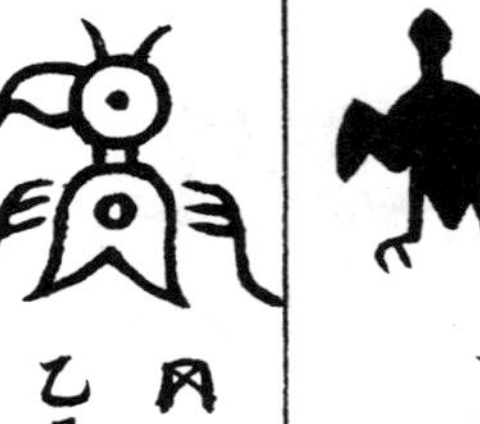

冈父乙鼎

194

簋文

簋文

尊文

𣏌父乙壺

195

爵文

196

鳥獸形爵

亞鼎

父甲爵

𦣻爵

父癸尊

197

父己卣

父辛尊

鼎文

198

亞觶

父乙爵

子自卣

父丙鼎

199

亞尊

200

己觚

201

戈文

觚文

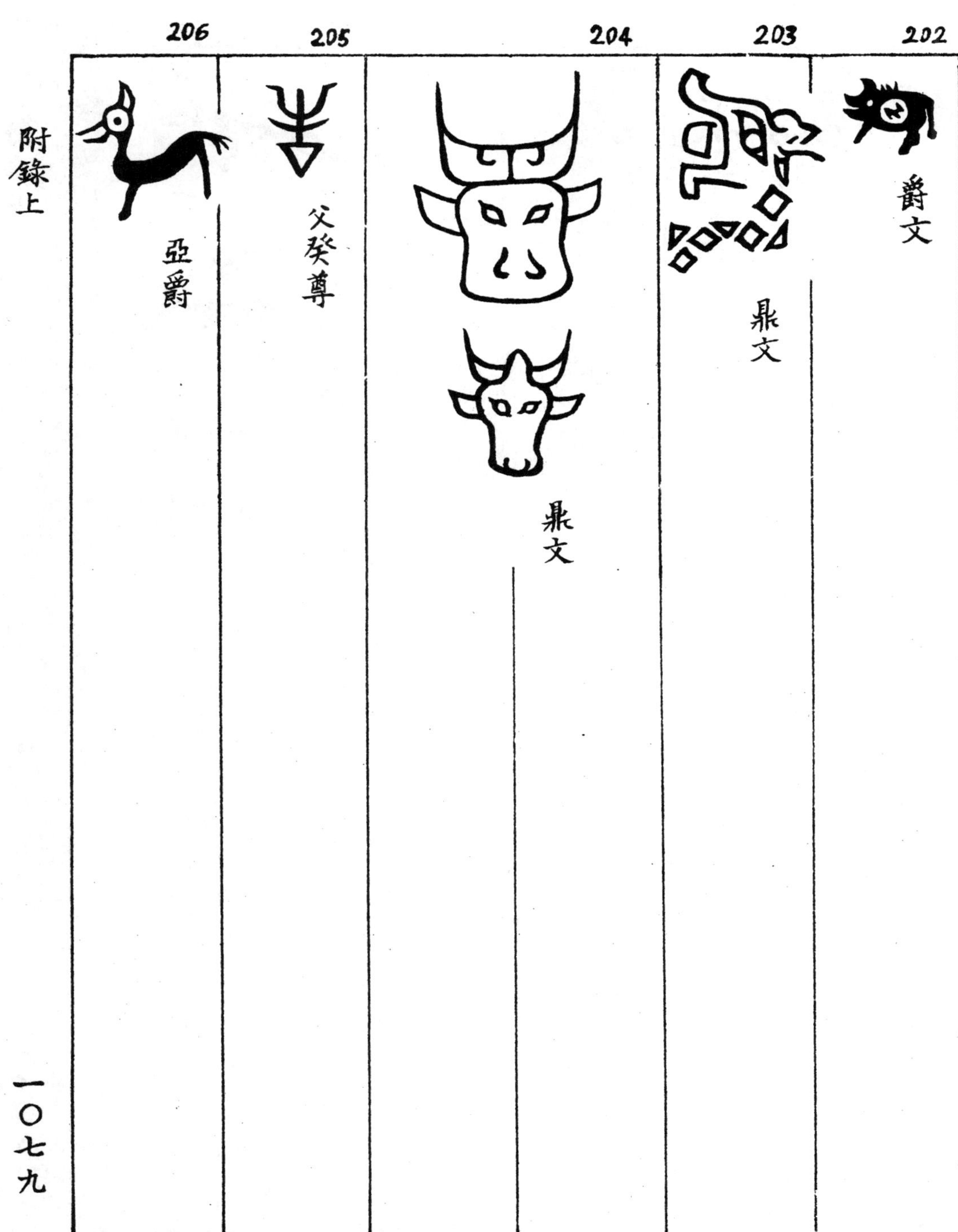
206
205
204
203
202
爵文
鼎文
鼎文
父癸尊
亞爵

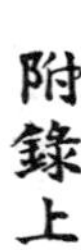

207

卣文

208

元作父戊卣

父丁斝

209

魚父乙鼎

210

觚文

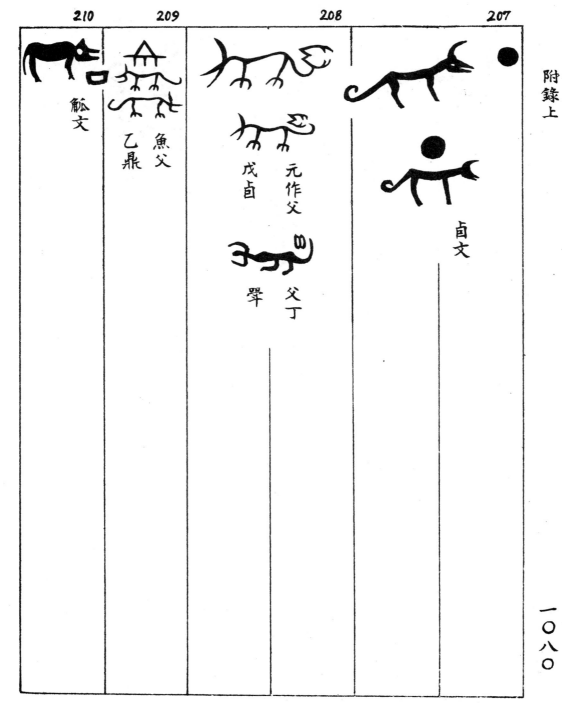

211
觶文
觚文
爵文
212
觚文
癸觚
213
簋文
父辛鼎
父丁爵
爵文
父己爵

214

父乙甗

父乙觶

215

觚文

216

子爵

子觶

子觚

子觶

父癸觚

爵文

217

父辛鼎

作從簋

乜簋

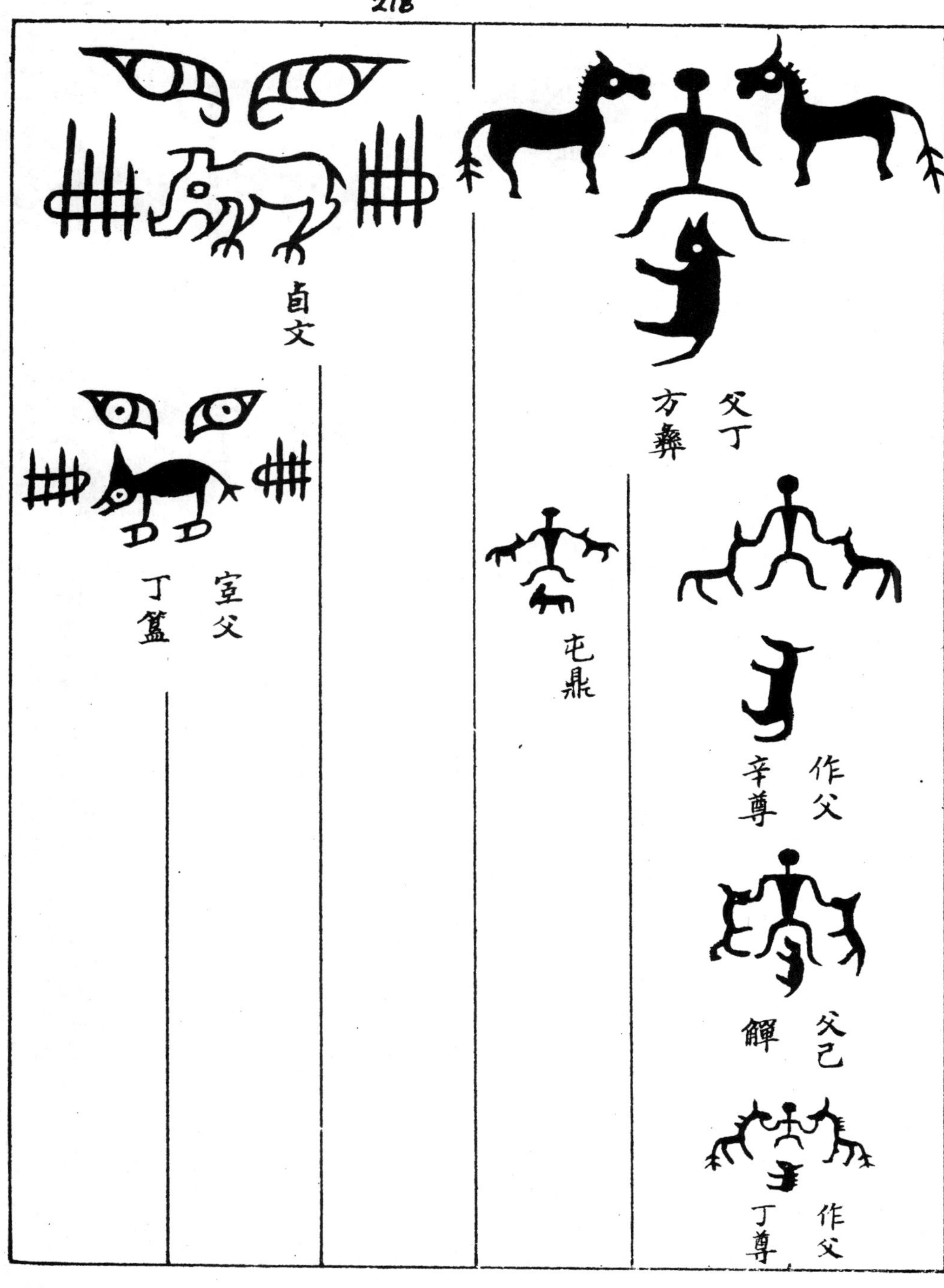

父丁方彝
作父辛尊
父己觶
作父丁尊
屯鼎
卣文
室父丁簋

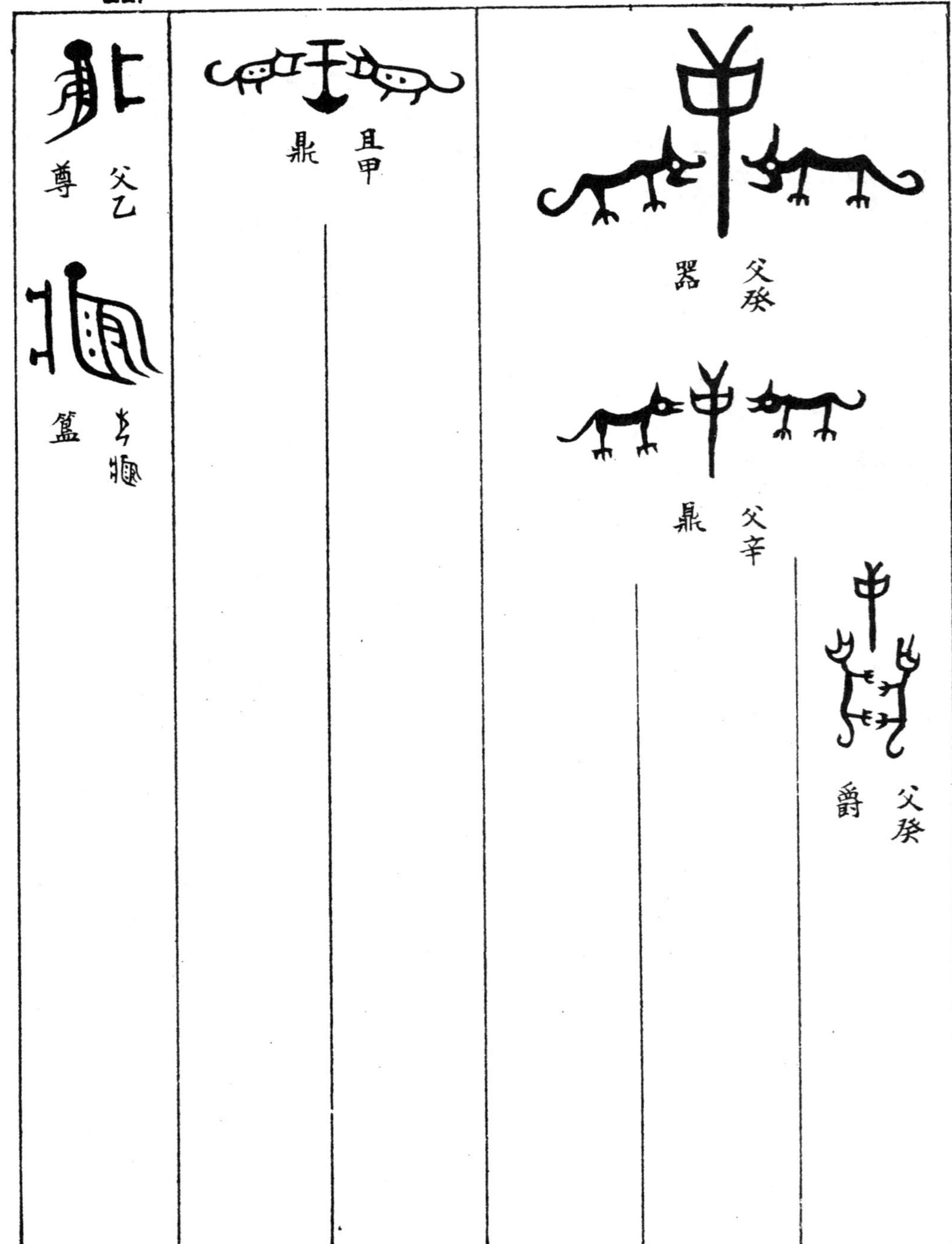
219
父癸器
父辛鼎
父癸爵
220
且甲鼎
221
父乙尊
𢦏簋

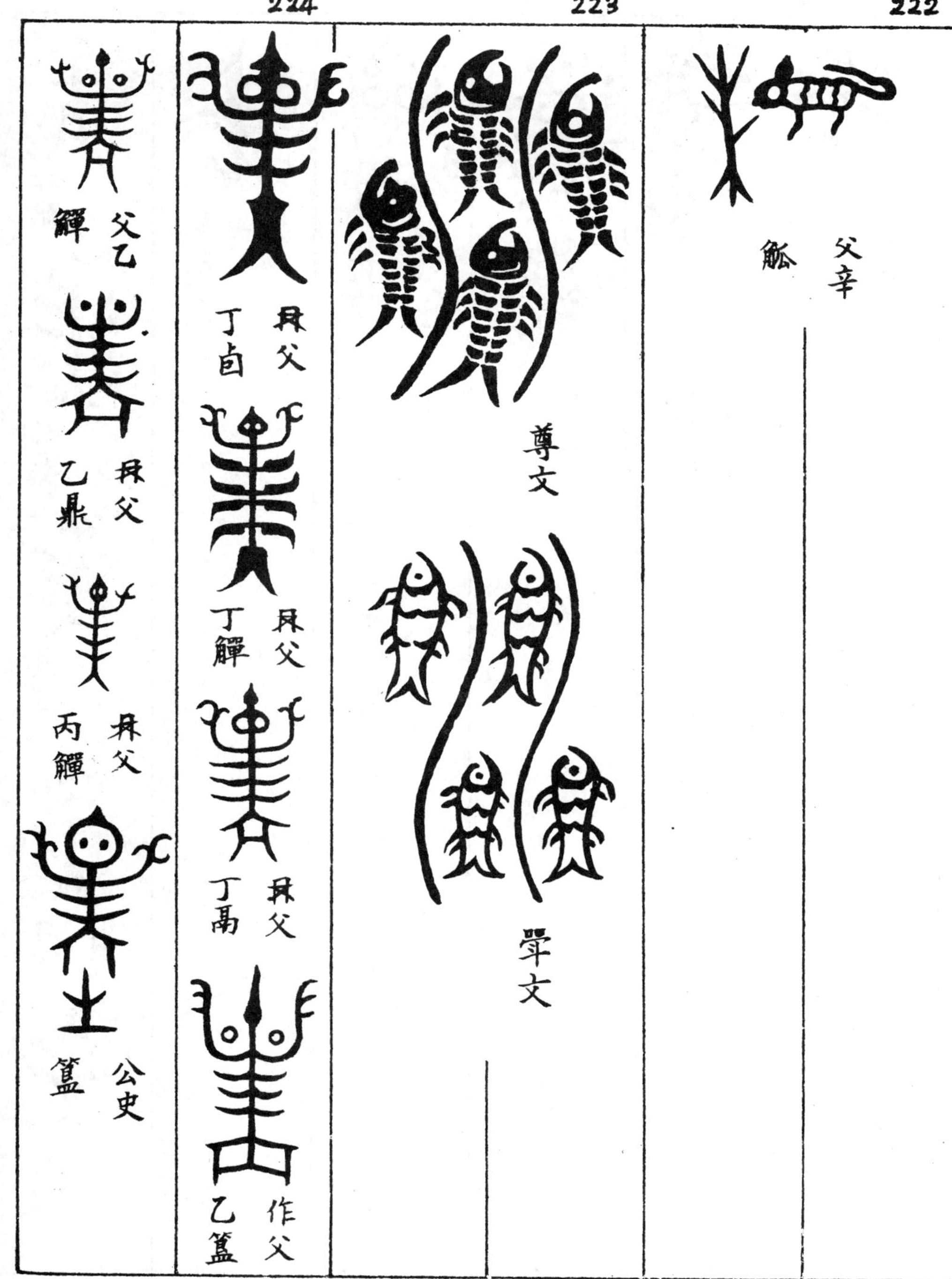
222
父辛觚
223
尊文
斝文
224
父丁卣
父丁觶
父丁鬲
作父乙簋
父乙觶
父乙鼎
父丙觶
公史簋

225

冄鼎

冄鼎

冄觶

丁冄 卣

卣文

冄卣

226

丙申 角

227

冄父 丁簋

228

𠬝父 辛尊

父丁 豆

229

車父 丁觶

230 231 232

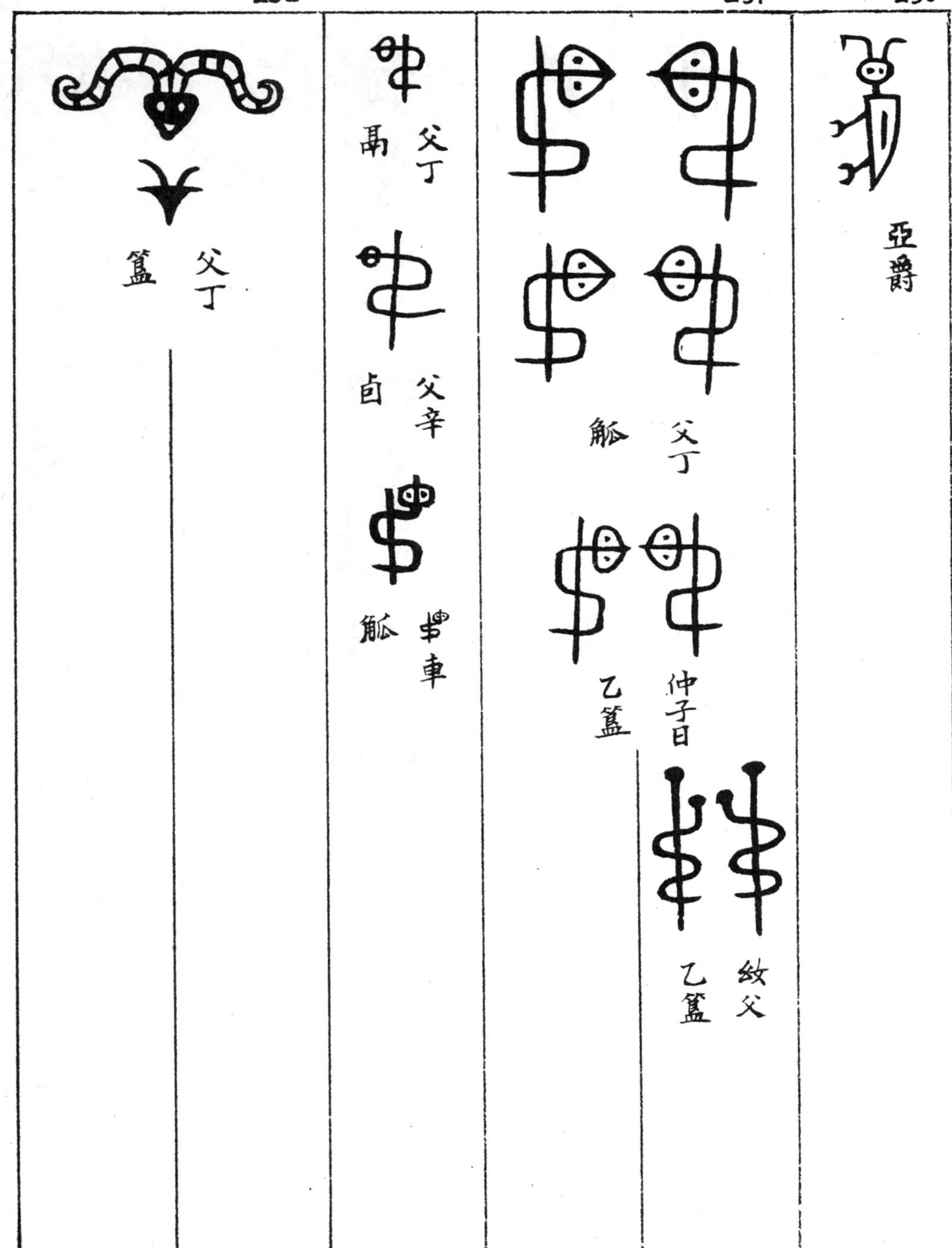

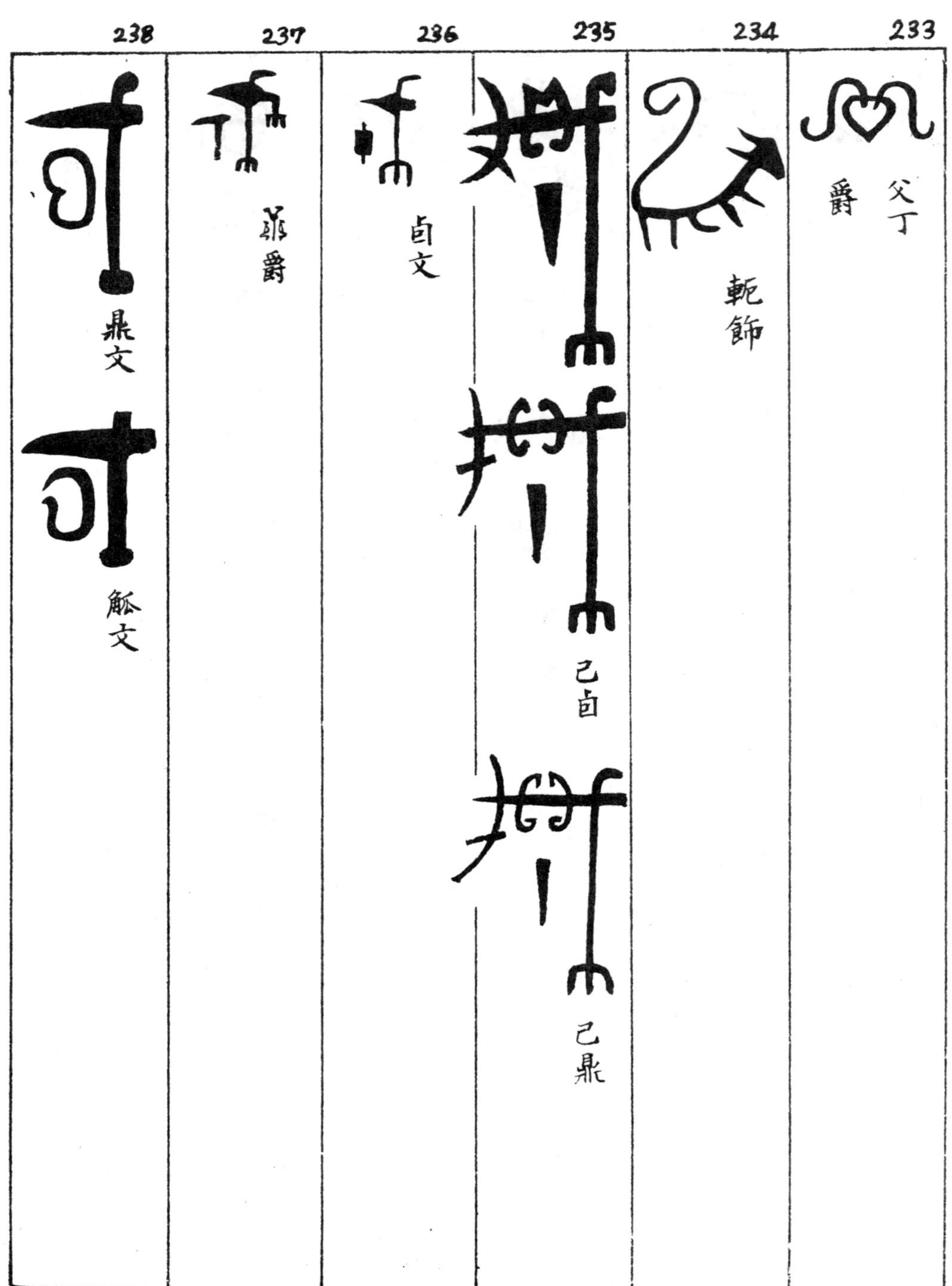

233
父丁
爵
234
軛飾
235
己卣
己鼎
236
卣文
237
𦍋爵
238
鼎文
觚文

239

父庚卣

240

子簋

子父辛鼎

241

子▲父癸鼎

爵文

㠯卣

242

丮罗爵

父乙爵

243

父己尊

父庚卣

244

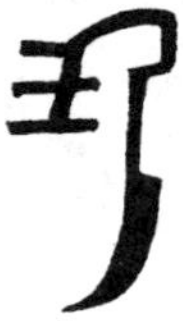

且辛 觚

245

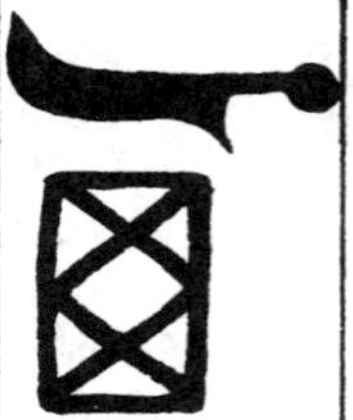

父癸 卣

246

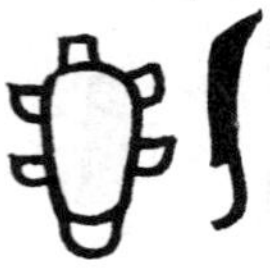

刀文

247

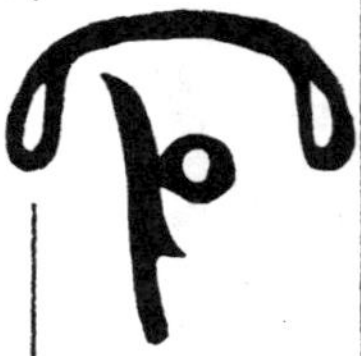

戈文

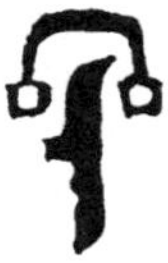

爵文

父辛 觶

248

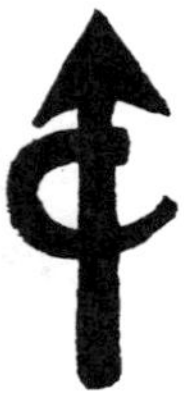

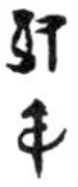 鉦

249

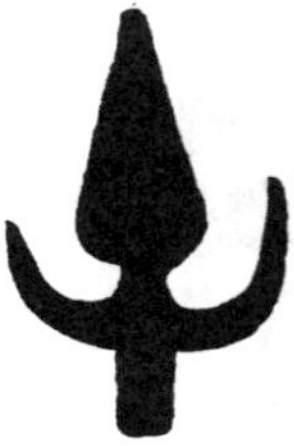

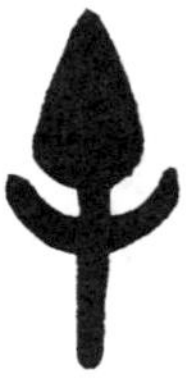

戈文

250

高父乙簋

啟卣

啟尊

隹父己尊

且乙卣

作父癸鼎

父癸爵

251

父己觶

父乙爵

252

爵文

253

父丁鼎

父丁爵

鼎文

爵文

父己鼎

公卣

且日庚簋

254

父丁
斝

255

父丁
盉

[illegible]尊

父乙
壺

父乙
甗

鼎文

父丁
爵

256

癸[illegible]
卣

257

鼎文

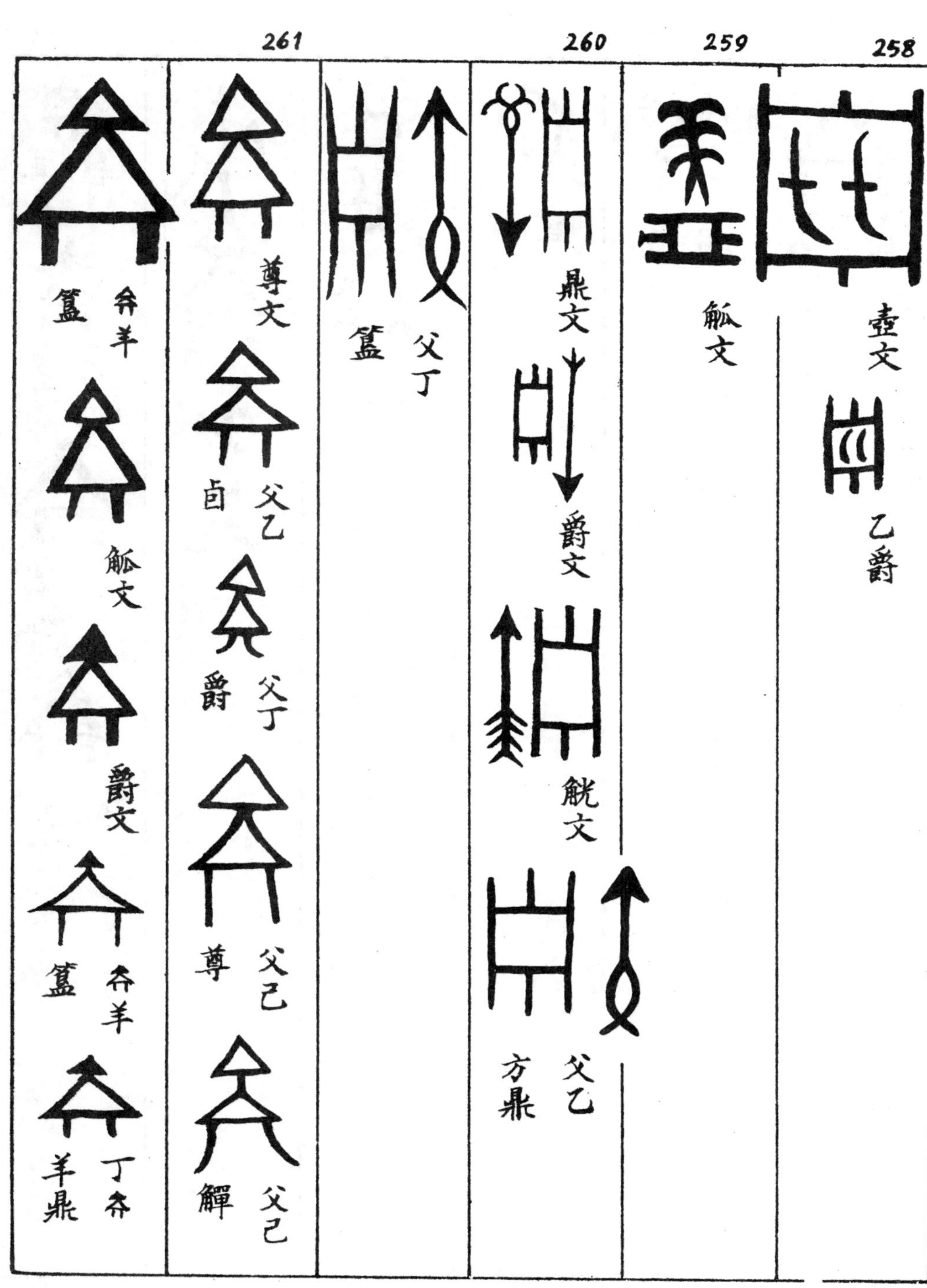

258
259
260
261
壺文
乙爵
觚文
鼎文
爵文
觥文
父乙
方鼎
父丁
簋
尊文
父乙
卣
父丁
爵
父己
尊
父己
觶
夰羊
簋
觚文
爵文
夰羊
簋
丁夰
羊鼎

且己觶

父丁簋

鉦

觚

262

卣文

263

父乙簋

264

隩仲盤

265

卣

266

父己甗

267

皿丶爵

皿丶鼎

丶作父丙觶

陾仲孝簋

[illegible]父辛尊

268

盩婦鼎

▼己且丁父癸

盩卣

269

子◆冊父甲盉

◆冊爵

270

作父丁簋

[illegible]作且庚簋

271

父癸鼎

272

休簋

273 冓■父丁壺

274 爵文

275 父戊爵

276 ⿱犬廾者君尊

277 卣文

278 子■父癸鼎　令■父辛卣　■且丁尊

279

子爵

子卣

卸爵

子爵

子乙爵

文爵

280

師邑鼎

姞氏簋

且丁爵

步丁父癸爵

伯姬簋

弔角父簋

弔侯父簋

保子達簋

281

父癸尊

子觶

282

戈爵

283

父丁觶

284	285	286	287	288	289
攼宁父戊爵	尊文	父癸爵	爵文	懠[illegible]爵	懠[illegible]爵

290	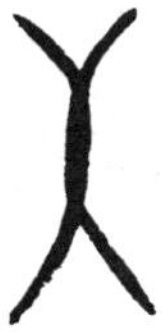	簋文
291		子 觚
292	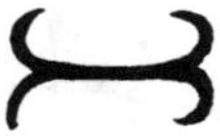	簋文
293	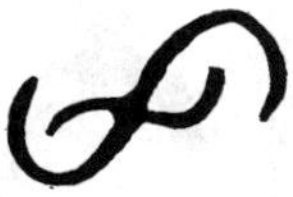	鼎文
294	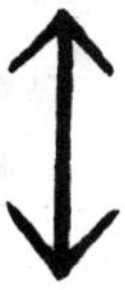	觶文
295	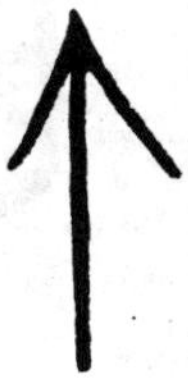	簋文 與泉幕紀數九字相同

296

簋文

297

父己爵

298

尊文

鼎文

父丁簋

父戊爵

父辛觶

爵文

簋文

瓿文

父乙尊

父丁尊

且丙觶

睘尊

299

爵文

附錄上

300

父丁爵

父丁罍

301

爵文

且己爵

父丁鼎

[illegible]射甗

且戊觶

禹比簋

禹比盨

302

父癸爵

303

父己尊

304

舟父丁卣

亞父丁甗

310	309	308	307	306	305
父乙卣	亞父丁盉	田鼎	觚文	冊父乙簋	父癸觶 父癸爵

316	315	314	313	312	311
且乙爵 父己爵	父丁爵	□乙爵	羊□父丁爵	子爵	子□簋

322	321	320	319	318	317
[illegible]壺	吾壺	且庚爵	白八[illegible]簋	簋文	口己觚 口夰且己觶

323	324	325	326	327	328
爵文	卣卣	[illegible]獸形爵	爵文	卣 父己 爵文 鼎文 爵 父癸	爵 父丁

329 父癸盉　尊文　父丁觶　㔾庚觥

330 父丁鼎

331 且癸觚

332 簋文

333 内[illegible]爵　壺文

334 作父乙[illegible]簋　父辛鼎　[illegible]爵

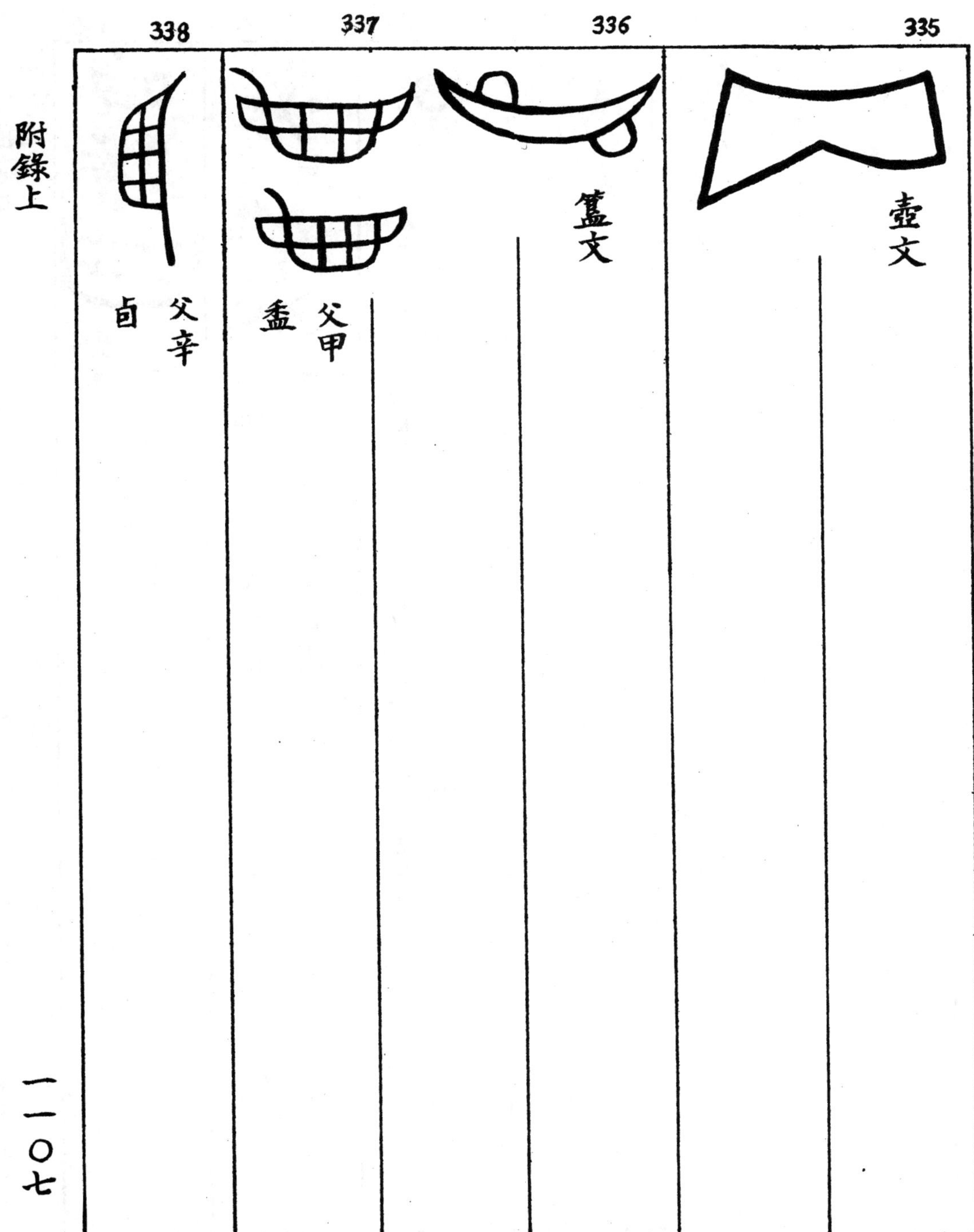

335
壺文
336
簋文
337
盉 父甲
338
卣 父辛

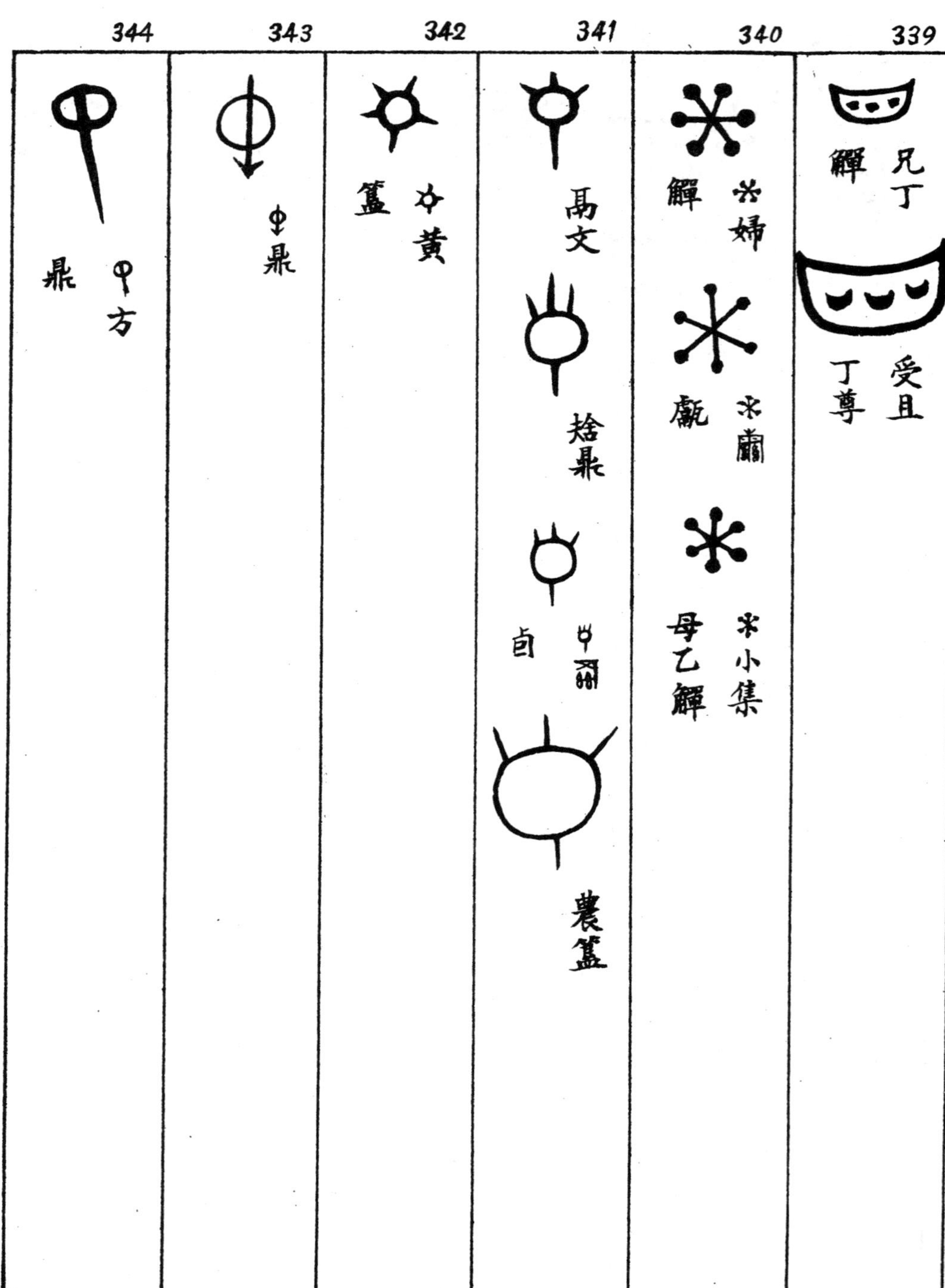
344
343
342
341
340
339
兄丁
觶
受且
丁尊
婦
觶
甗
甗
小集
母乙觶
鬲文
㪣鼎
卣
農簋
黄
簋
鼎
方
鼎

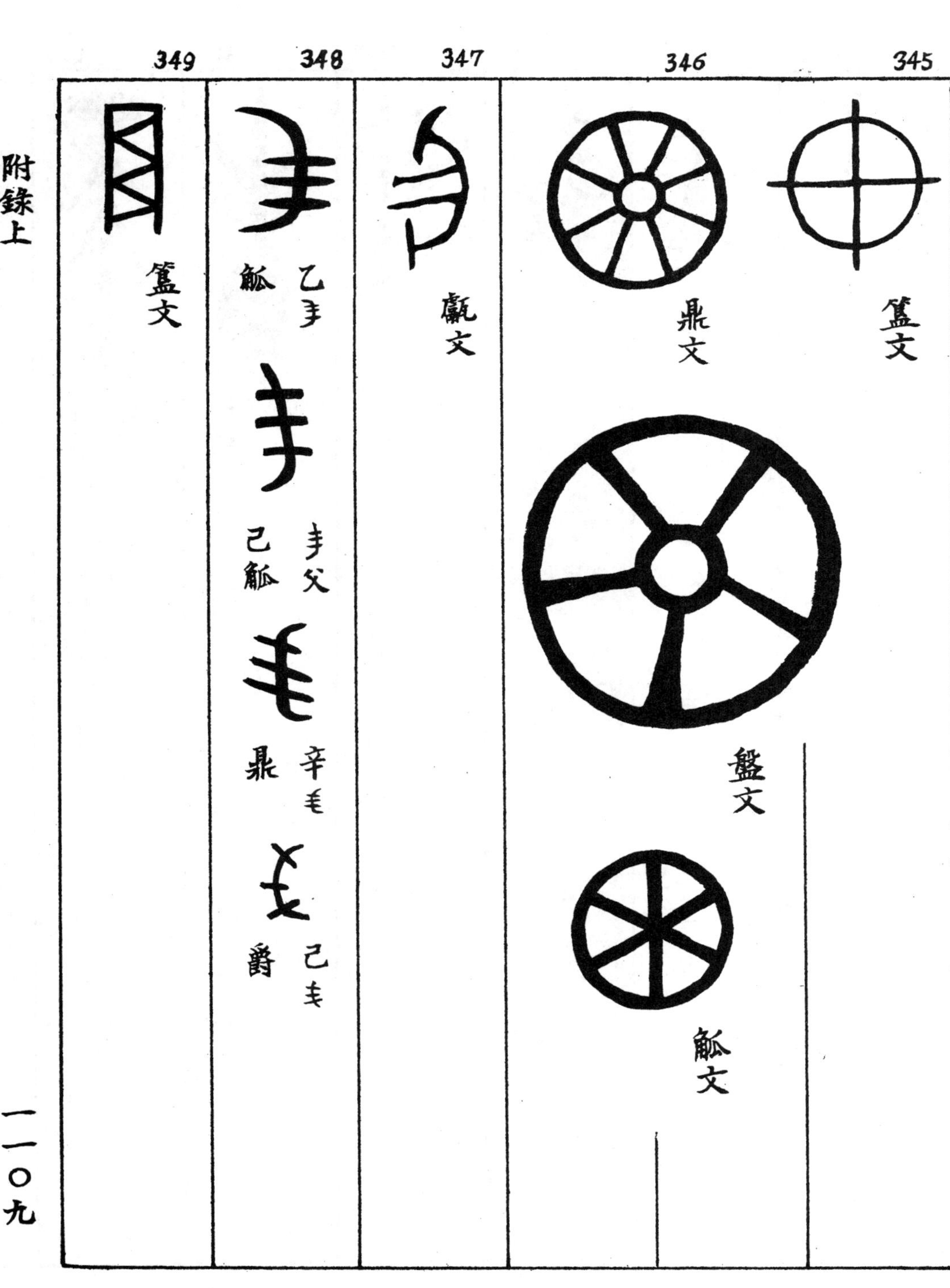
349
348
347
346
345
簋文
乙手
觚
手父
己觚
辛毛
鼎
己𢦒
爵
甗文
鼎文
簋文
盤文
觚文

355	354	353	352	351	350
鼎	鼎	卣	卣	卣 丁	觚 乙

編號	器名
356	[illegible]父戊卣
357	且辛父庚鼎
358	父庚鼎
359	子飞爵
360	父癸觚
361	亞父辛尊

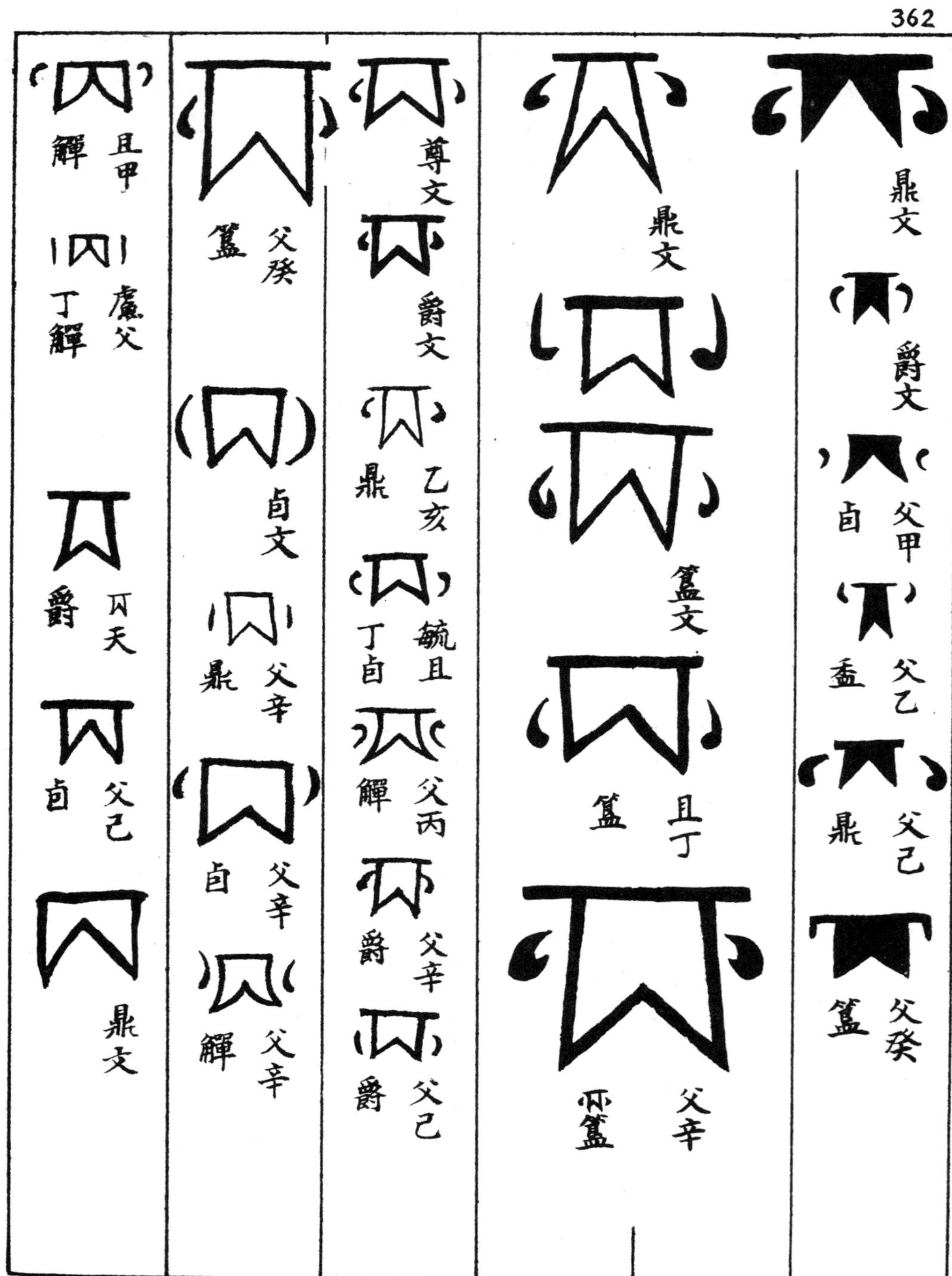
鼎文
爵文
父甲卣
父乙盉
父己鼎
父癸簋
鼎文
簋文
且丁簋
父辛冊簋
尊文
爵文
乙亥鼎
毓且丁卣
父丙觶
父辛爵
父己爵
父癸簋
卣文
父辛鼎
父辛卣
父辛觶
且甲觶
盧父丁觶
冊天爵
父己卣
鼎文

丁□盤

父乙尊

爵文

鼎文

□癸卣

□乙卣

乙□鼎

且丁尊

父丁爵

父己觶

父辛卣

彭女簋

爵文

且丁觶

㴱簋

□㴱父丁簋

尊文

父己鼎

弔宿簋

對罍

𠂤北子□甗

作父乙匜

父辛觥

員尊

□丙爵

匜文

父乙爵

戊父爵

□吹父乙爵

□作父丁罍

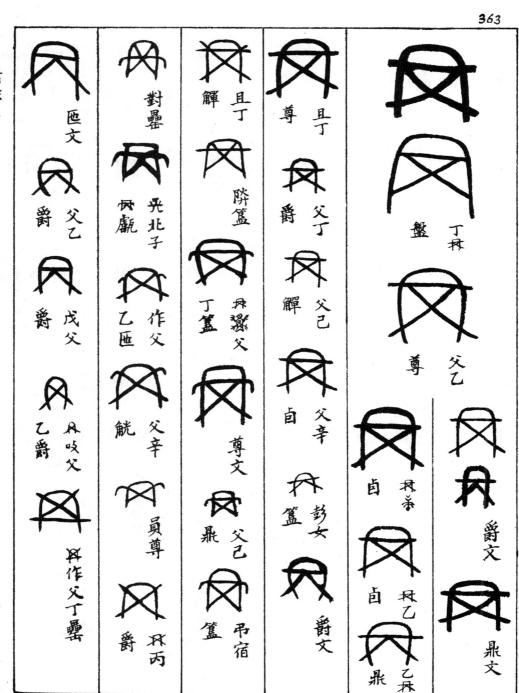

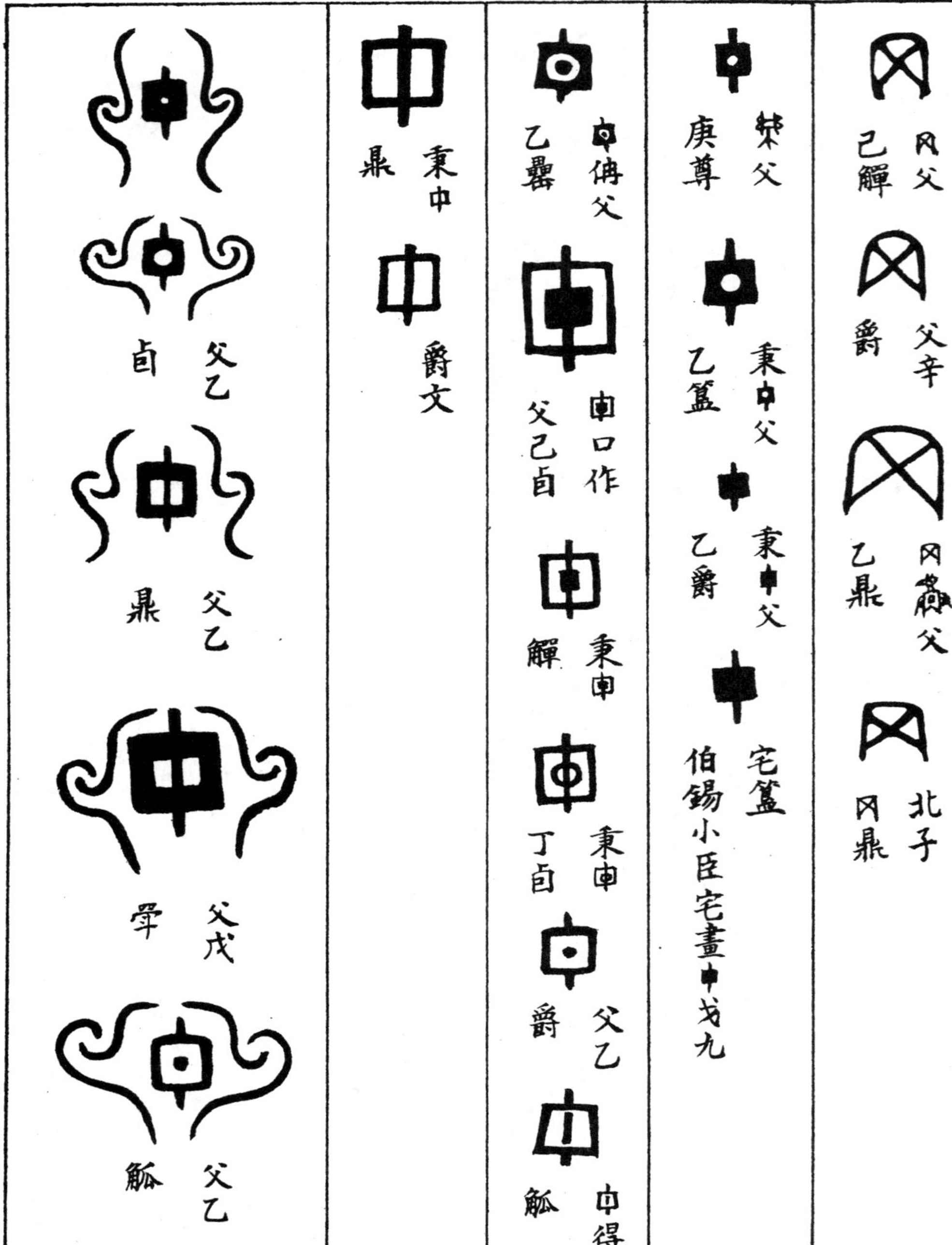
366
365
364
冈父己觶
父辛爵
冈𢇛父乙鼎
北子冈鼎
𣎵父庚尊
秉中父乙簋
秉中父乙爵
宅簋
伯錫小臣宅畫中戈九
中㑆父乙罍
中口作父己卣
秉中觶
秉中丁卣
父乙爵
中得觚
秉中鼎
爵文
父乙卣
父乙鼎
父戊斝
父乙觚

仌父戊卣

觚文

莫鼎

367 罗爵

368 父辛鼎

369 父甲爵

370 父乙簋

371 女康丁簋

父乙盉

魁父卣

372

㽙父乙觶

且己父辛卣

373

父癸鼎

鼎文

父丁㽙尊

鼎文

374

父口斝

375

子鼎

子觚

亞父己觶

丁爵

376

簋文

377	378	379	380	381	382
觚文	作父己簋	母丁鼎	戈文	爵	鬼壺

383

甗文

鼎文

鼎文

爵文

卣文

父乙爵

戈文

觚文

384

己且觚

385

簋文

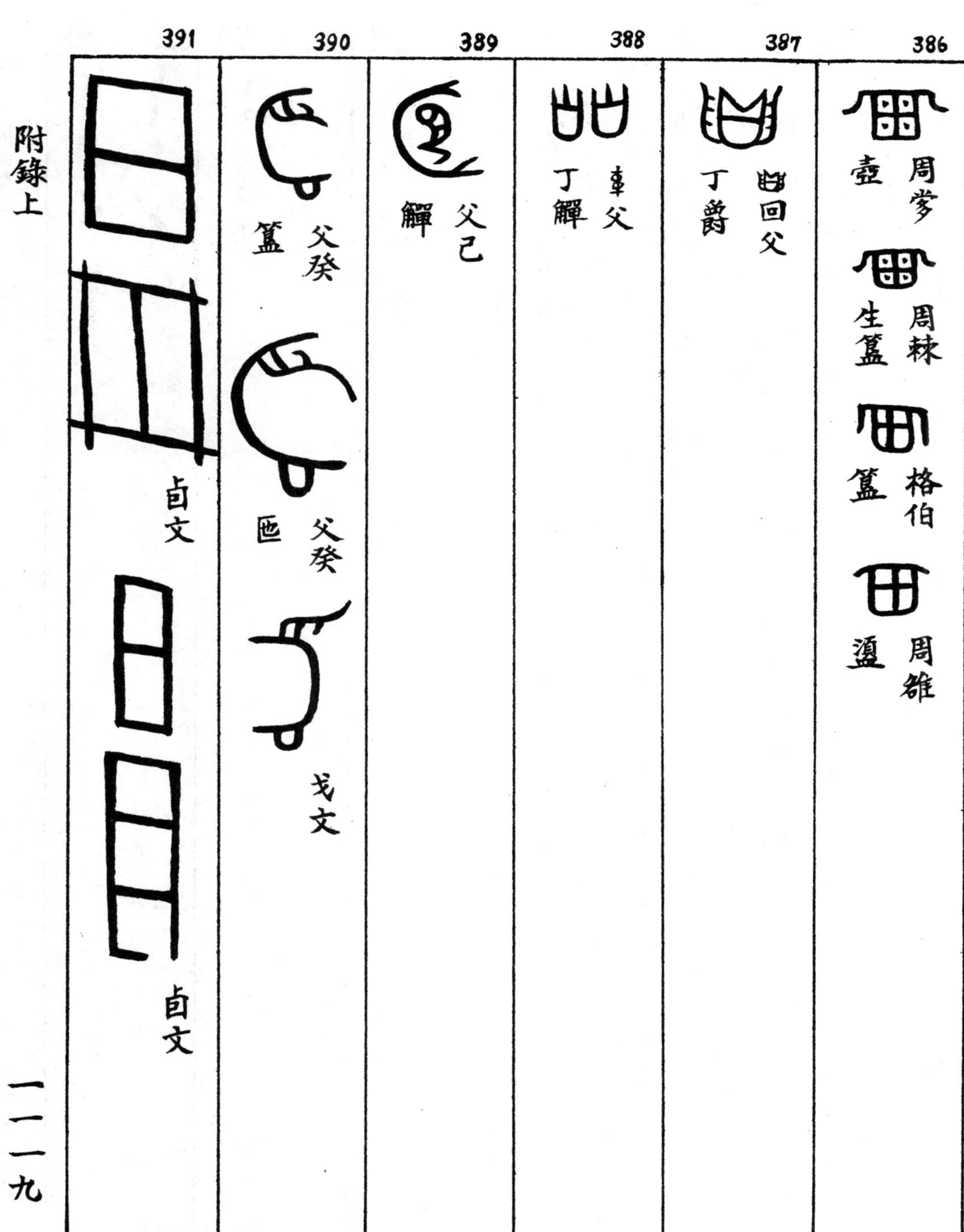

386
周𩰫壺
周棘生簋
格伯簋
周雒盨
387
𠁩回父丁爵
388
車父丁觶
389
父己觶
390
父癸簋
父癸匜
戈文
391
卣文
卣文

392 盤文

393 堇伯簋

394 效父簋

395 召卣

396 甗文

397 仲斿父鼎

402	401	400	399	398
爵	是口 盨 攺遹	卣 父 丁壺 中父 壬爵	亯 觥	鼎 勺文 爵文 作父 丁卣

403 父庚尊

404 父乙觶

405 子[illegible]爵

406 父己爵

407 尊文

[illegible]作父癸簋

408 [illegible]卣

409
且丙觶
父乙簋
父丁爵
父丁簋
父丁卣
410
觚文
411
康侯簋
逘鼎
疑觶
渻伯逘尊
渻爵
逘盤
412
觶文
413
作卜鼎
414
鼎文

415

鼎文

簋文

龔妊甗

416

417

觚文

418

斝文

己觚

觚文

父丙爵

父□觶

爵文

419

卣文

420

爵文

觶文

且己簋

421

爵文

422

爵文

423

尊文

424

射女盤

射女方監

射女鼎

射女鼎

425

⿰氺甗甗

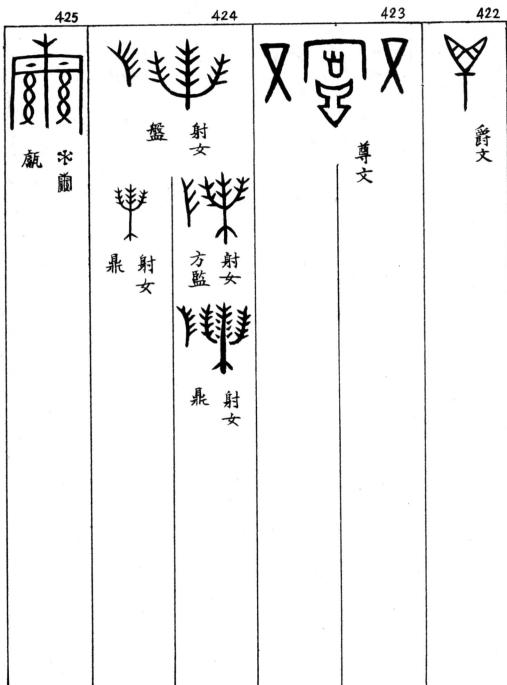

426
盤文

427
□雨觥

428
觚文
爵文
戈文
□卣
父丁卣
女□父癸卣

429
爵文
觚文

430
斝文

431

432

鼎文

觚文

卣文

作妣丁爵

卣文

舲盤

433

亞雨鼎

434

中且觶

435 鼎 觚

436 册父庚觚

437 鼎 爵

438 [illegible]鼎

439 父丁鼎

440 卣文

441	442	443	444	445
爵文 㫃𠙴 簋	女帚 卣	丂鼎 母卣 父乙 鼎 小子 夫尊	父癸 爵	亞妏 觚

446　447　448　449

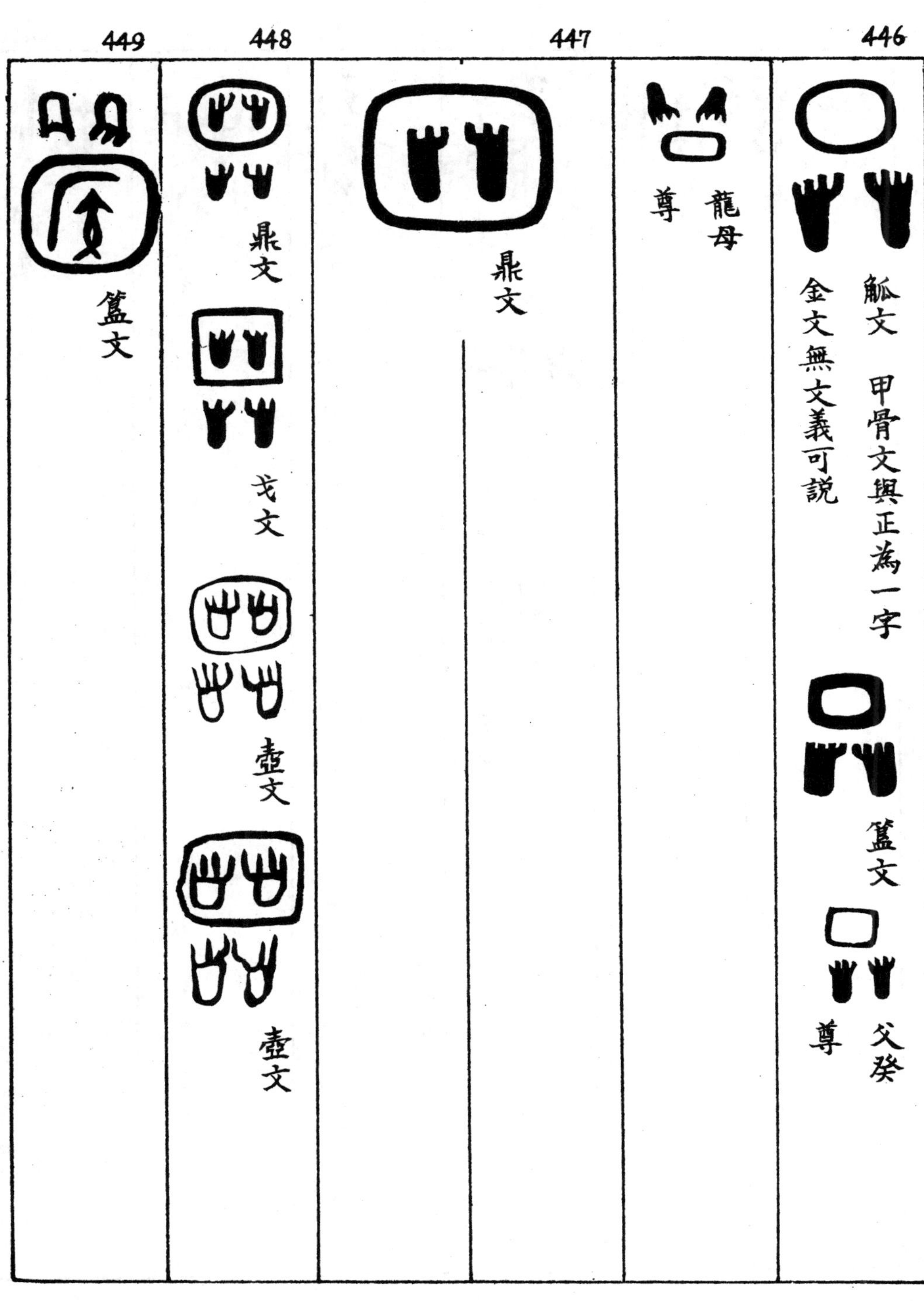

450
爵 𧰧系

451
父辛鼎

452
父辛觶

453
文簋
父乙簋
尊壺

454
父癸鼎
父癸壺

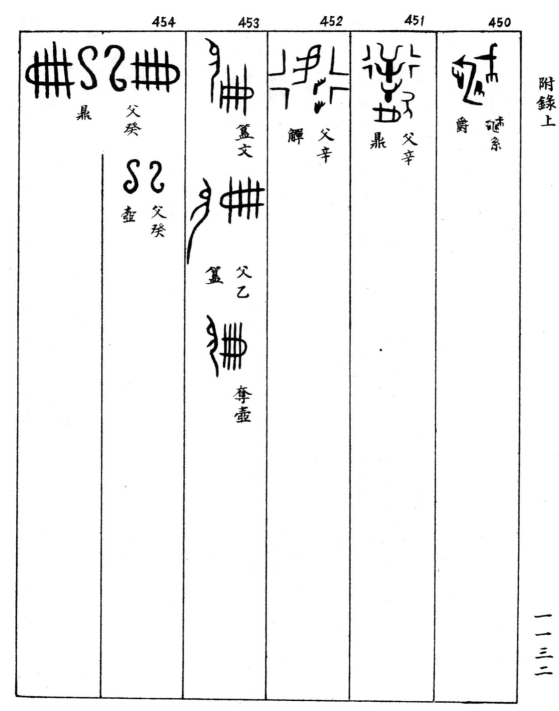

455

臣長父癸簋

456

父丁盤

457

般父乙鼎

458

作父戊簋

459

父癸爵

四父癸爵

460

豐爵

豐尊

斨斝

斨觥

斨方彝

父辛爵

痶盨

羊册觶

461

畯卣

462

463

464

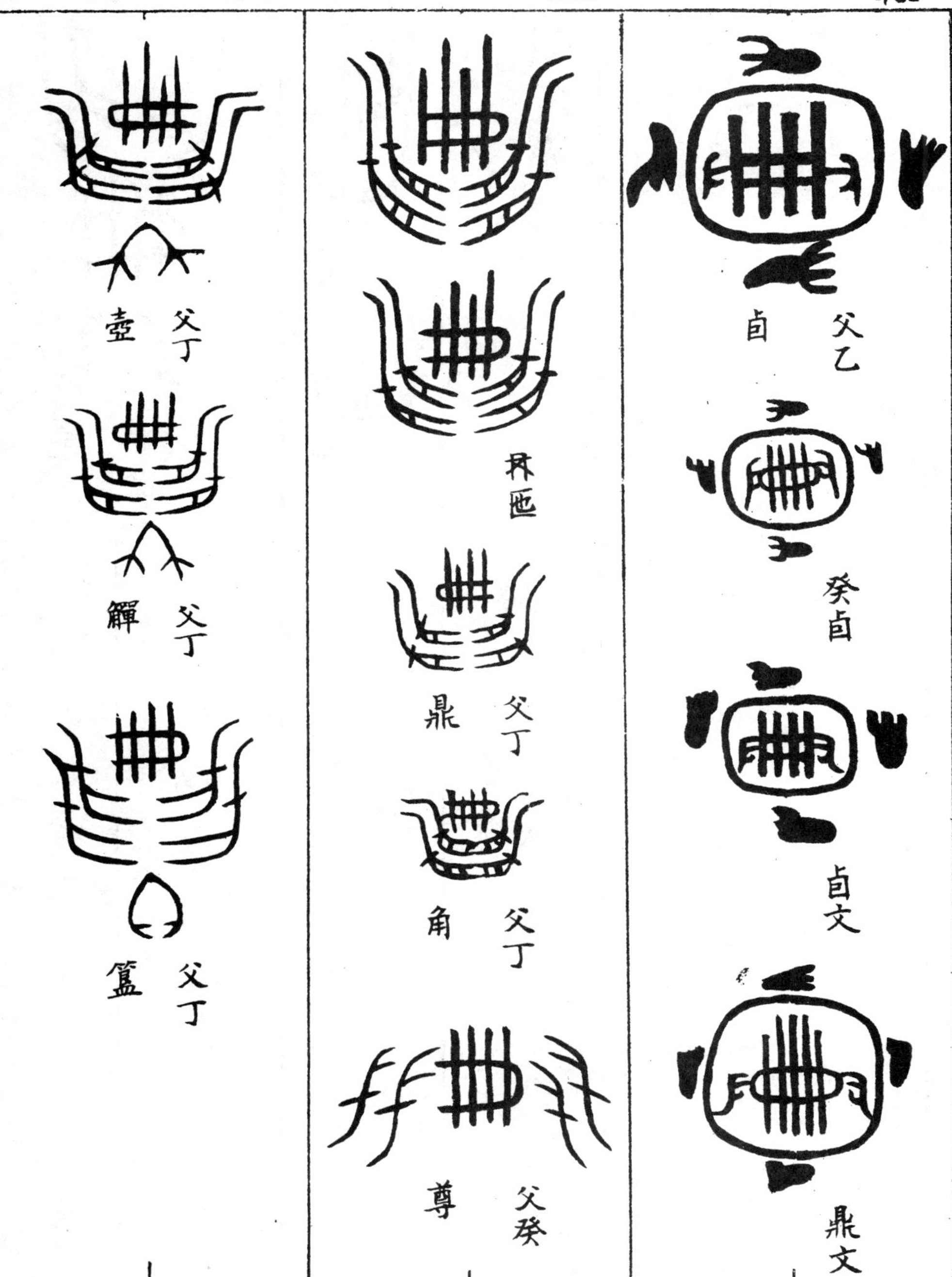

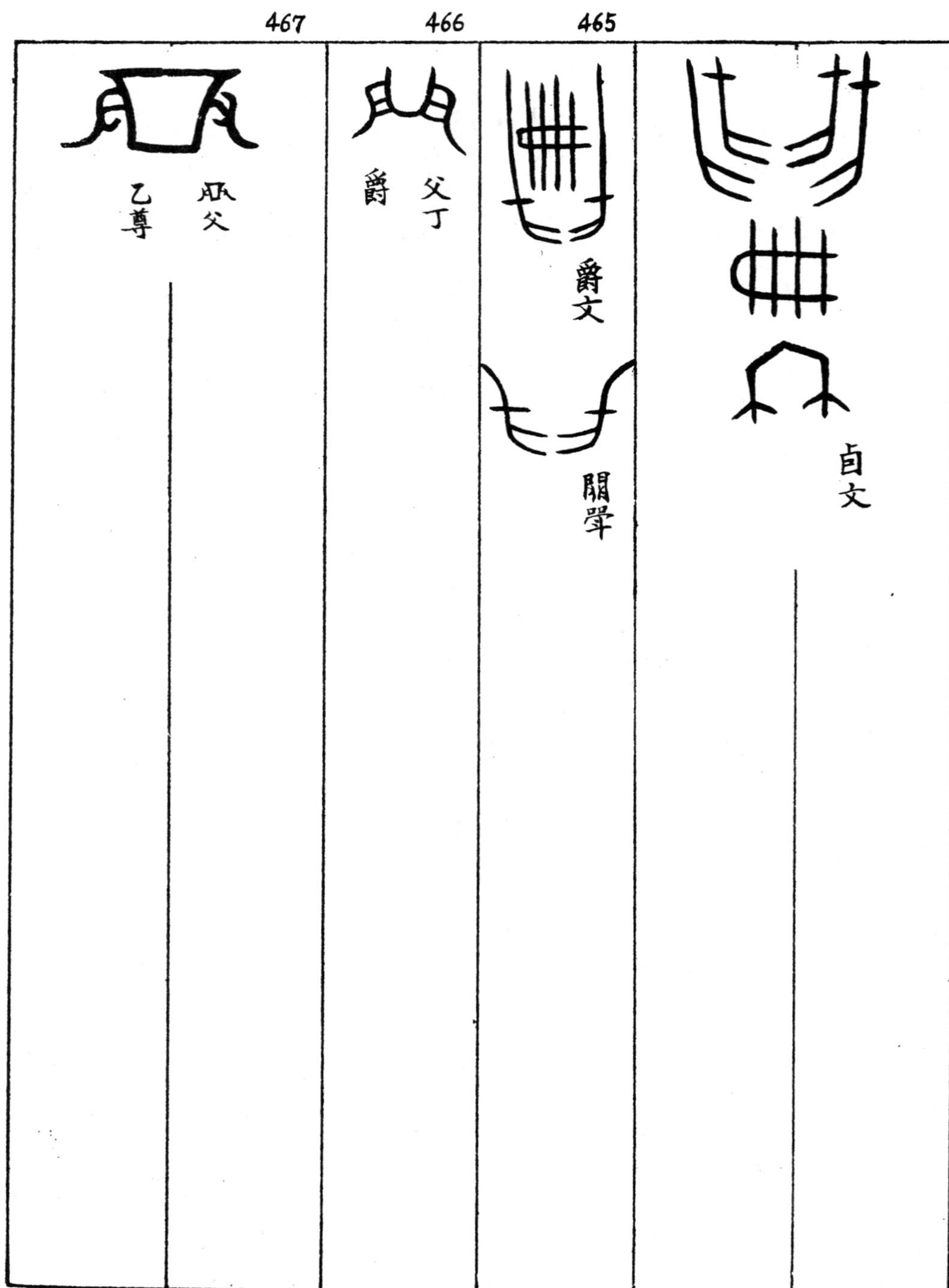
465
466
467
卣文
爵文
鬪斝
父丁爵
㕚父乙尊

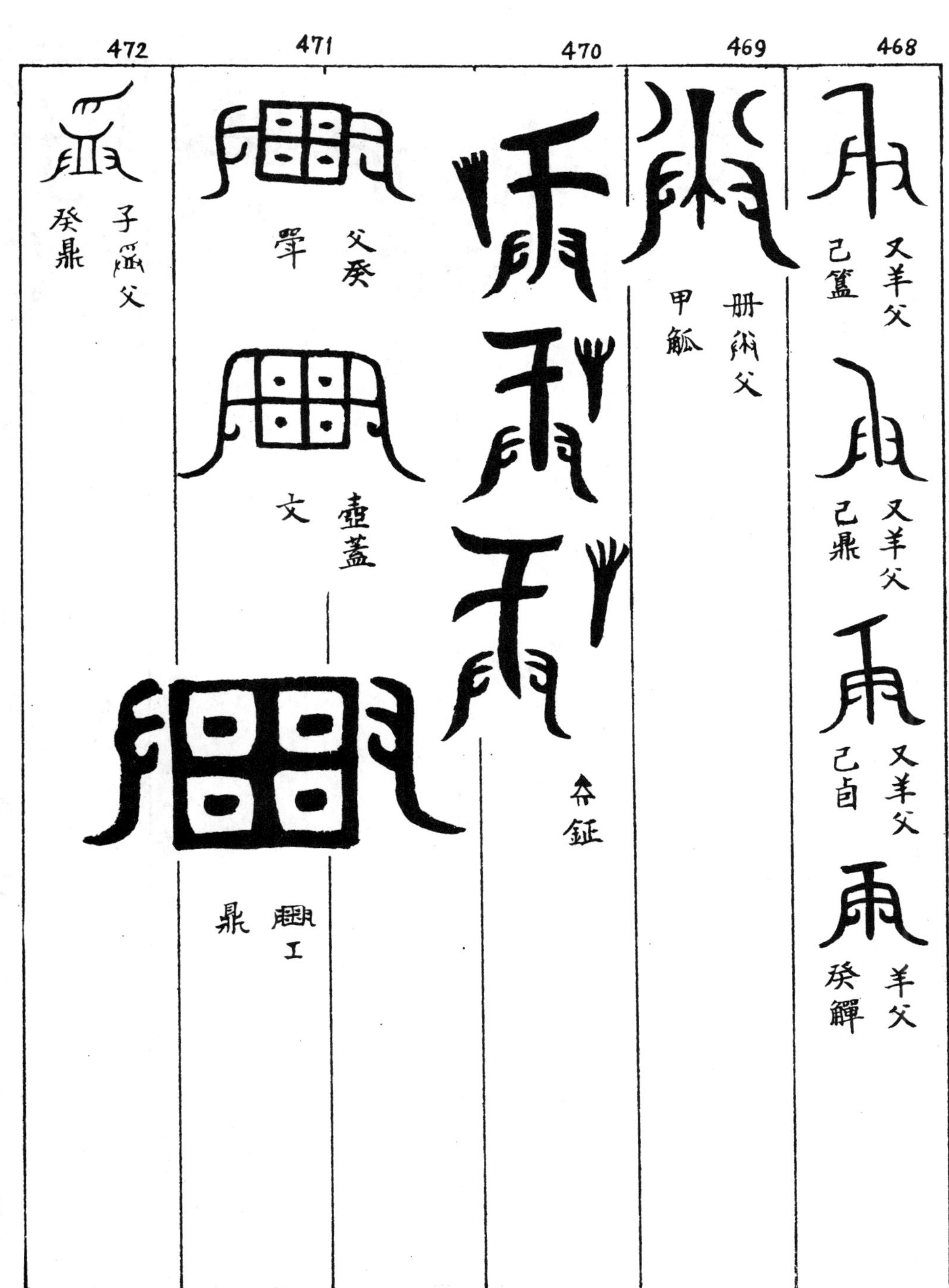
468
469
470
471
472
又羊父己簋
又羊父己鼎
又羊父己卣
羊父癸觶
甲觚
父癸斝
壺蓋文

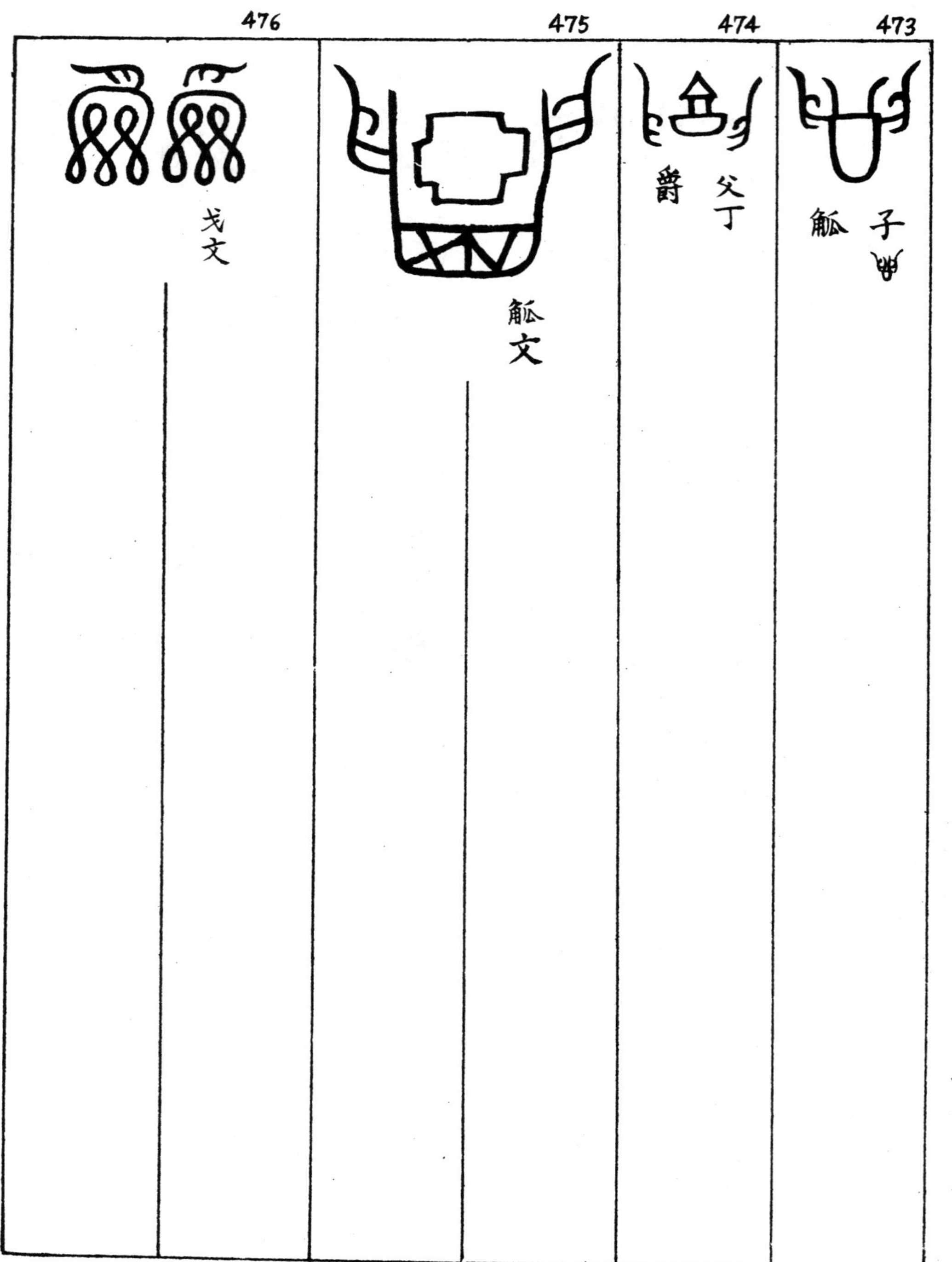

473
子䙷觚
474
父丁爵
475
觚文
476
戈文

477

爵文

478

[illegible] 鼎

[illegible] 簋

卣文

鼎文

479

父壬 觶

480

爵文

481

亞[illegible] 觶

482

父癸 卣

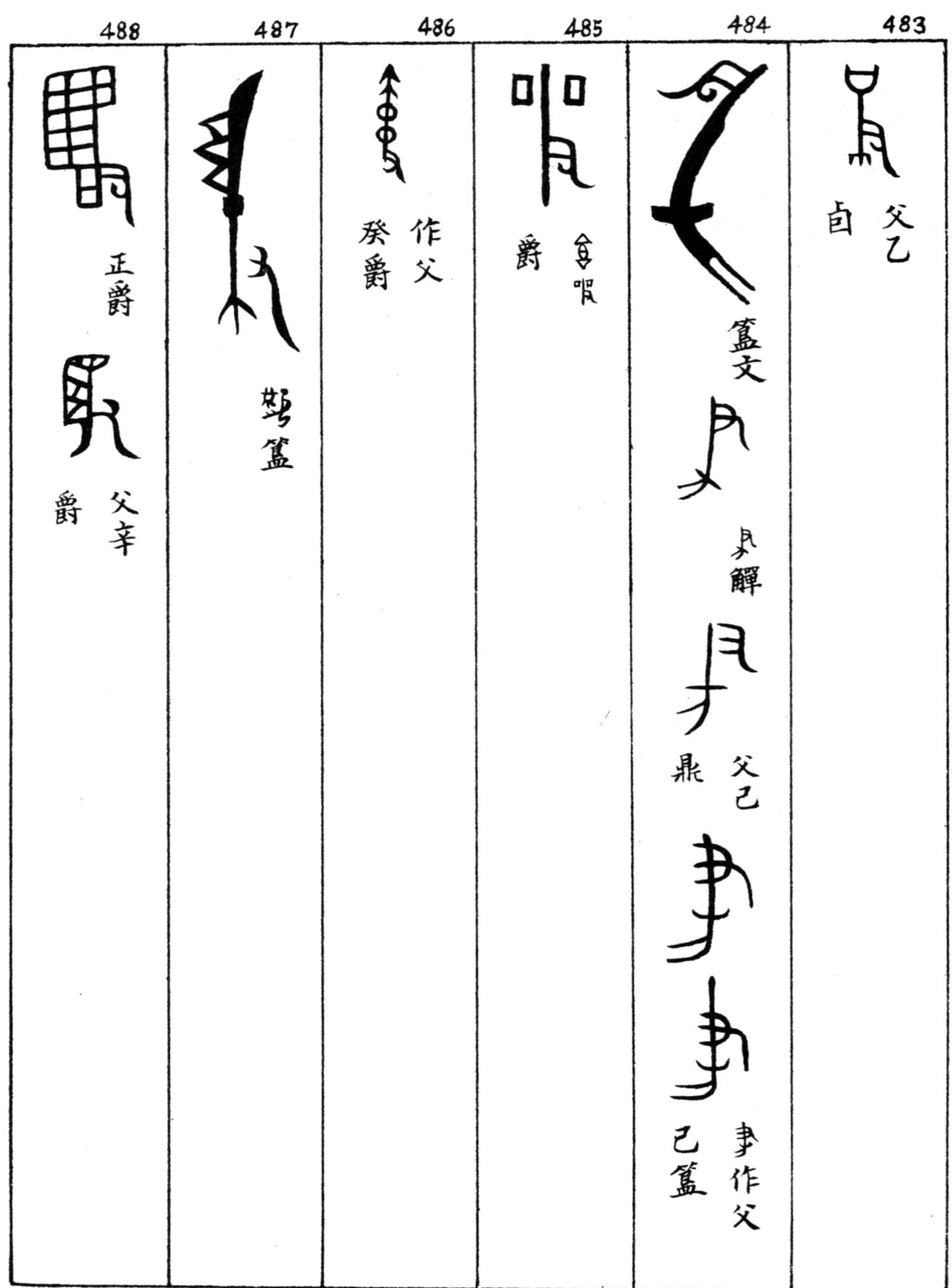

483 父乙卣
484 簋文 𠬝觶 父己鼎 聿作父己簋
485 𠬝爵
486 作父癸爵
487 䍃簋
488 正爵 父辛爵

489 亞父乙觶

490 觚文

491 戈文

492 子爵

493 壺文 鉦文

494 丁爵 簋

495

𠬪文

簋文

觚文

496

亞殟父丁卣

497

且丁爵

498

鼎文

499

觚文

500

子辛卣

501

□乙觶

502

父己觚

鼎文

戈文

506	505	504	503	
祉子父辛尊	魚𠬝鼎	觚文	父癸鼎	觶文 斝文

507 鼎文

508 亞父戊鼎 父戊爵 卣文

509 卣文

510 妣乙爵

511 父丁卣

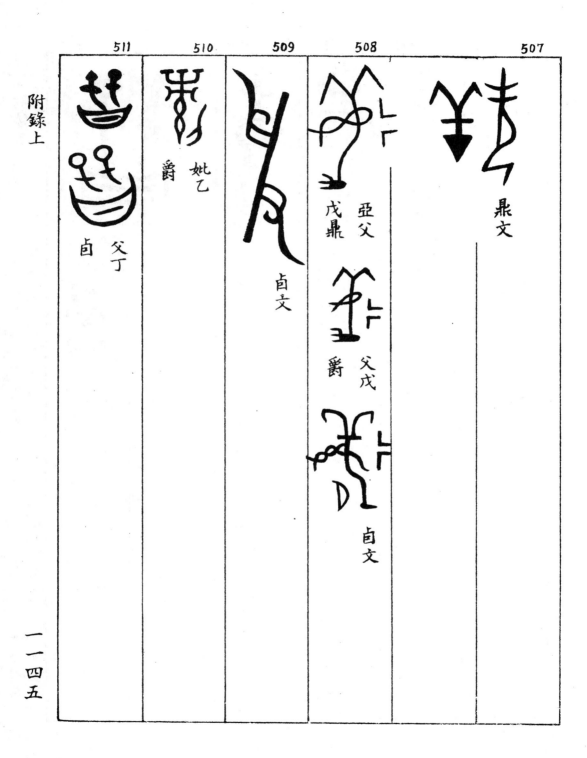

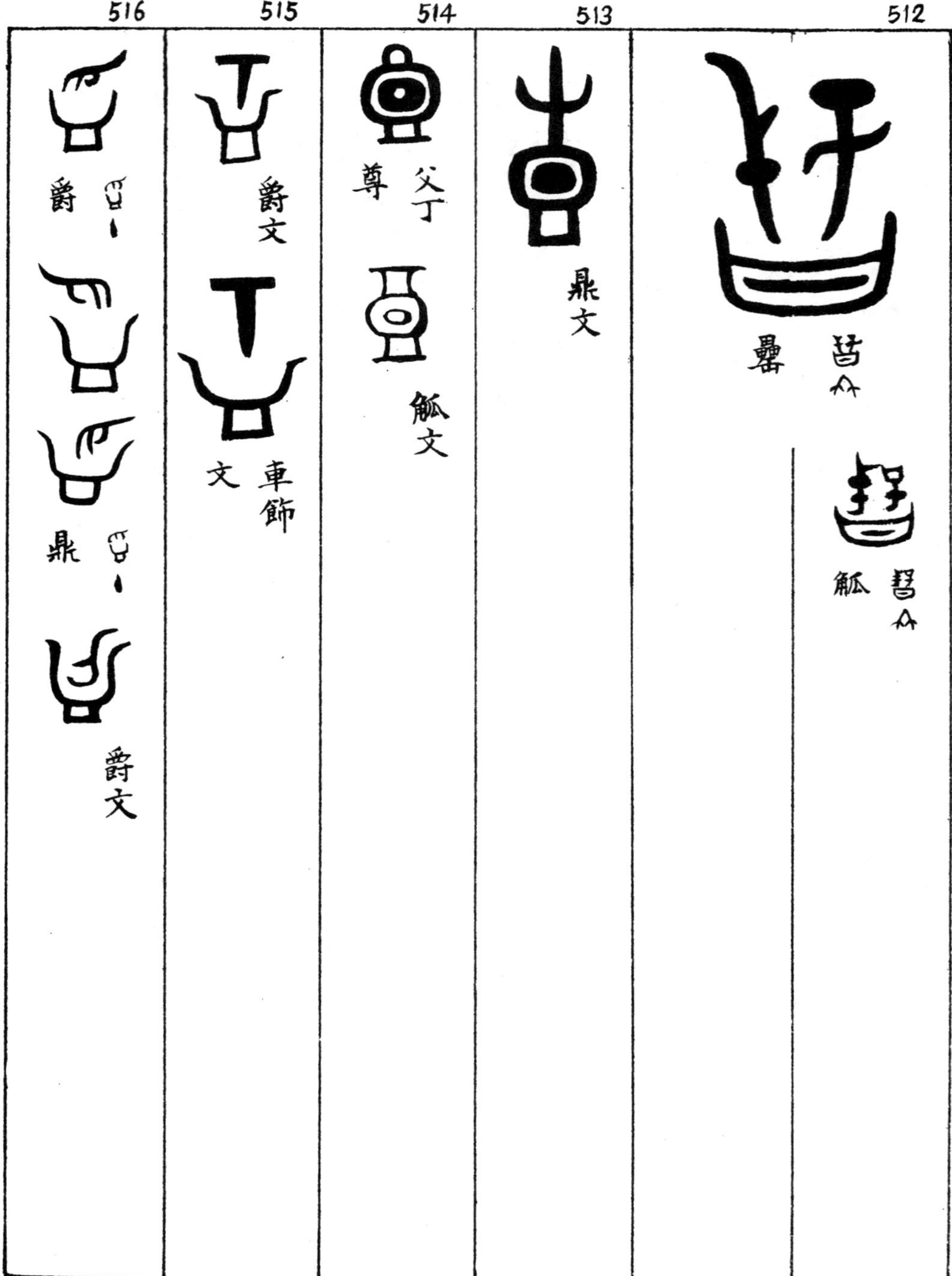
512
罍
觚
513
鼎文
514
父丁
尊
觚文
515
爵文
車飾
文
516
爵
鼎
爵文

517

亞𥃩 爵

518

癸𥃩 卣

𥃩辛 爵

觚文

519

鼎文

卣文

𡚬婦 鼎

且庚父 辛鼎

520

且己 爵

521

獸形父辛尊

父爵

父庚鼎

爵

匽方彝

爵

父癸尊

爵文

522

鼎文

523

輦卣

父戊觶

父戊爵

524

爵文

525

父丁簋

526

盤文

觚文

爵

527

鼎文

簋文

爵

甲盉

觶文

528

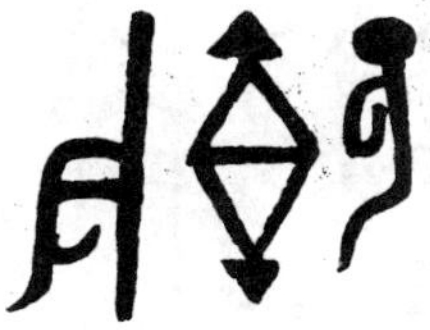

鼎文

529

父己盤

爵文

530

父癸觶

531

爵文

爵

532

父辛簋

533

女㚔方彝

534

父己觚

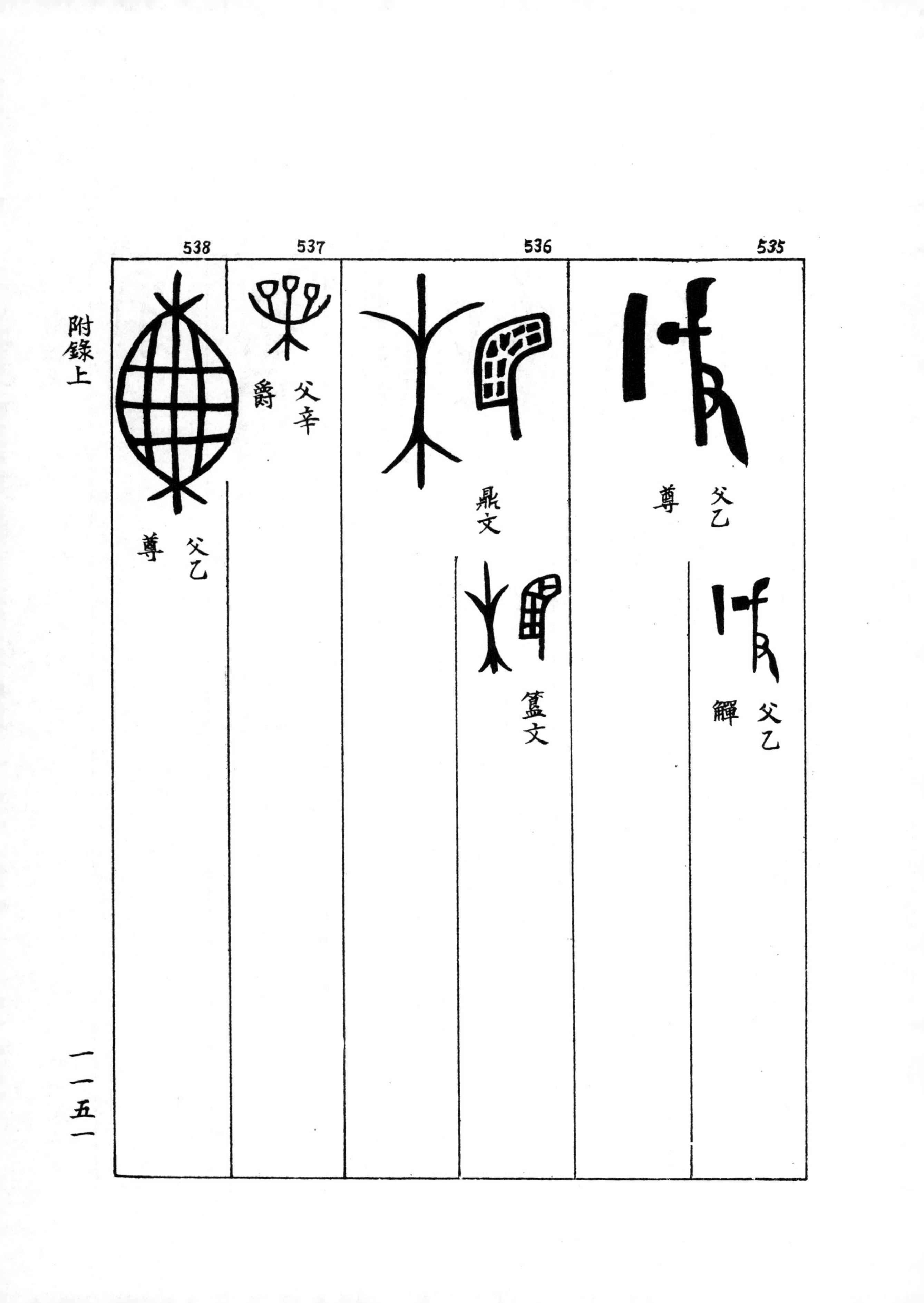

535

父乙尊

父乙觶

536

鼎文

簋文

537

父辛爵

538

父乙尊

539	540	541	542	543
鼎文	爵文	且辛父庚鼎	觚文	且戊卣

544

女[illegible] 方彝

父乙 觶

父丁 爵

545

[illegible]父 戊方彝

[illegible] 鼎

546

父癸 卣

父癸 觚

父癸 觶

547

父辛卣

高景成釋寑乃寢之異體

548

鼎文

唐蘭釋[illegible]奸二字

549
父辛觶
550
𦥑哥尊
551
簋文
552
簋文
觚文
553
仲𠦝尊

554

簋文

簋文

父己 爵

父丁 鼎

盄(?)兄 癸卣

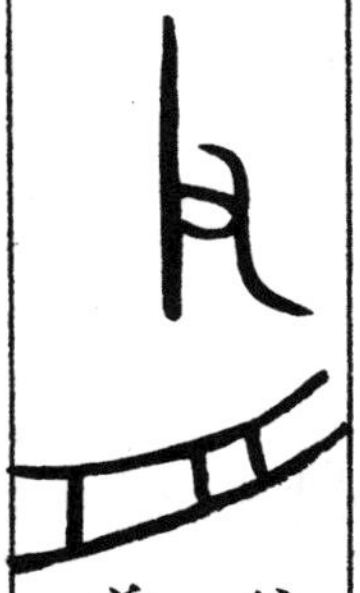

父己 尊

父丁 爵

父癸 觶

父癸 尊

父丙 觶

555

㳄(?)父 辛觶

556

(?)女 觚

557

子(?) 鼎

558

[illegible][illegible]父丁簋

[illegible][illegible]父丁卣

559

子[illegible]圖卣

[illegible]尊

父乙觶

560

父辛爵

561

[illegible][illegible]父戊方彝

[illegible][illegible]鼎

[illegible][illegible]罍

[illegible][illegible]觚

[illegible][illegible]爵

562

父己爵

563

文鼎

文觶

[illegible]作母辛觶

[illegible][illegible]鼎

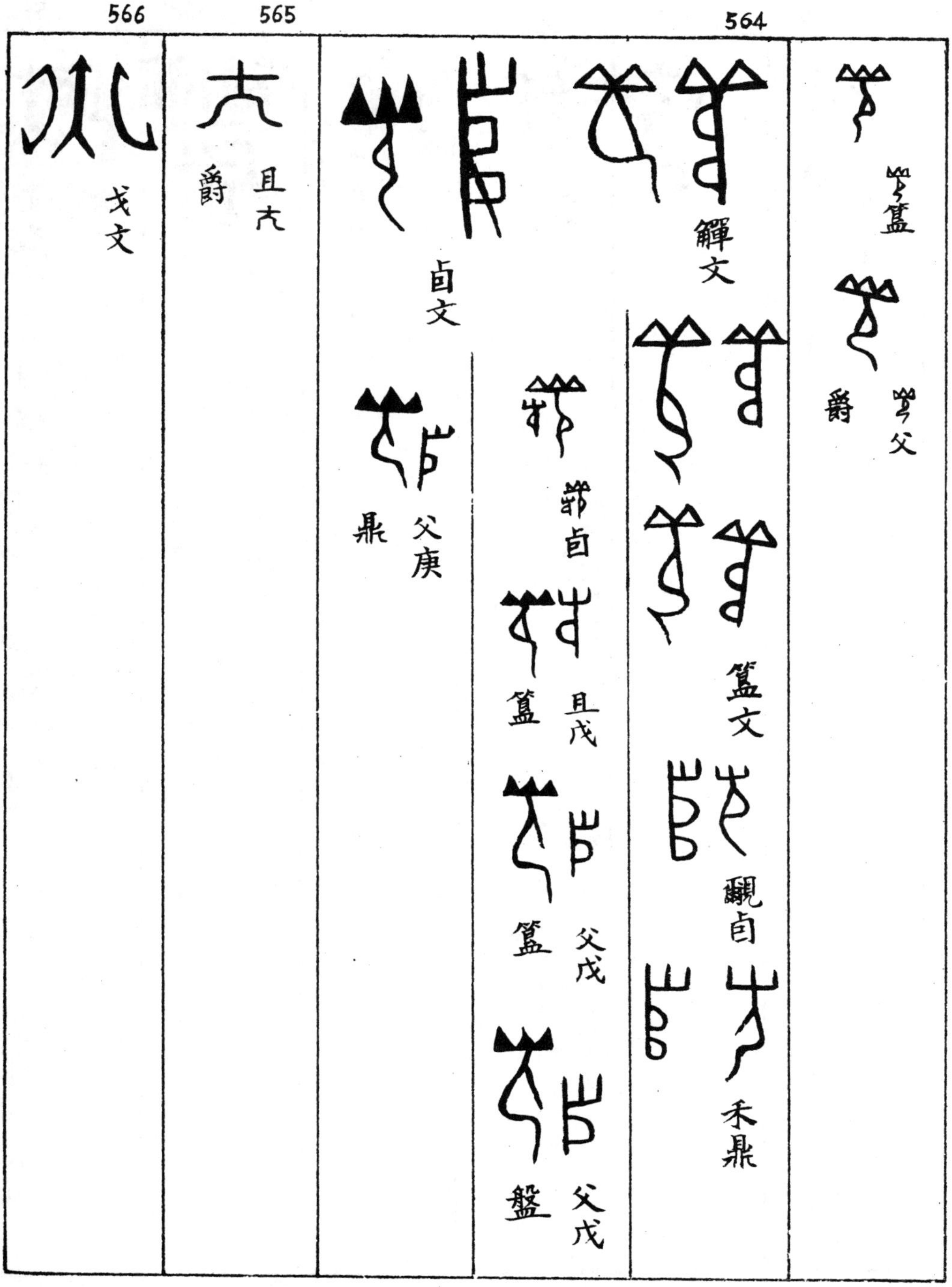

566	565				564	
戈文	且亢爵	卣文 父庚鼎	䈞卣 且戊簋 父戊簋 父戊盤	簋文 䙷卣	觶文 簋文 禾鼎	簋 父爵

567 且己觚

568 鼎文

569 父丙鼎

570 羊己爵

571 山□觶

572 □□簋

573	574	575	576	577	578
匜文	鼎文	觶文	爵文	田甾 卣	父己 觶

579 580 581

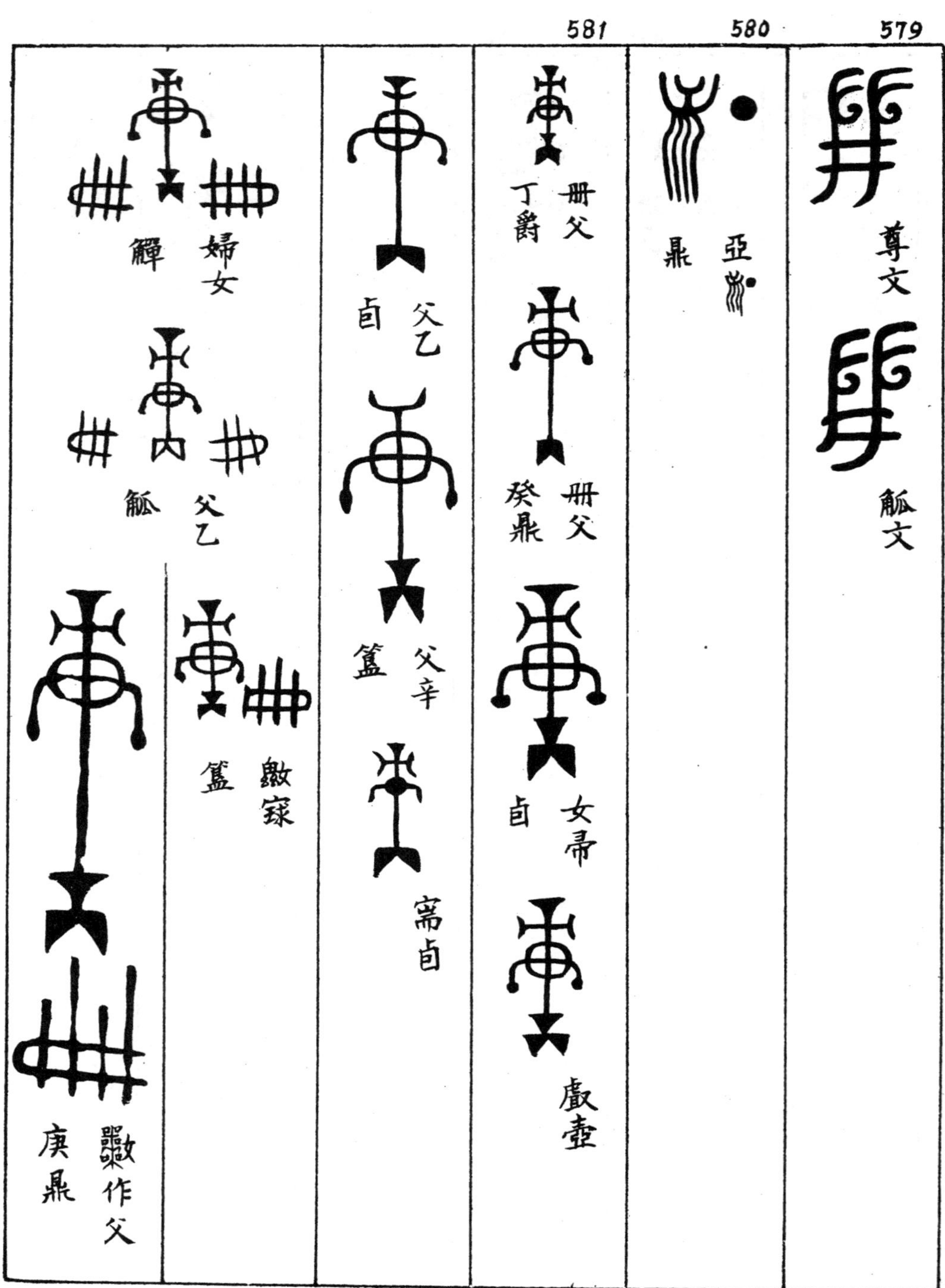

582

冊父庚觚

鼎文

觚文

爵文

583

觶文

584

父酉觶

585

觚文

586

羅振玉曰顧命鄭注戣瞿蓋今三鋒矛今[glyph]字上正象三鋒下象著地之柄與鄭誼合[glyph]為戣之本字後人加戈耳　[glyph]鼎

癸𢐗甗

竈乎簋

𧾷鼎

癸䍃簋

587

角戊父鼎

588

觚文

尊文

父丁鼎

𠬪父解

爵文

父戊盤

父癸鼎

女鼎

守冊父己爵

589

子父己解

590

父辛爵

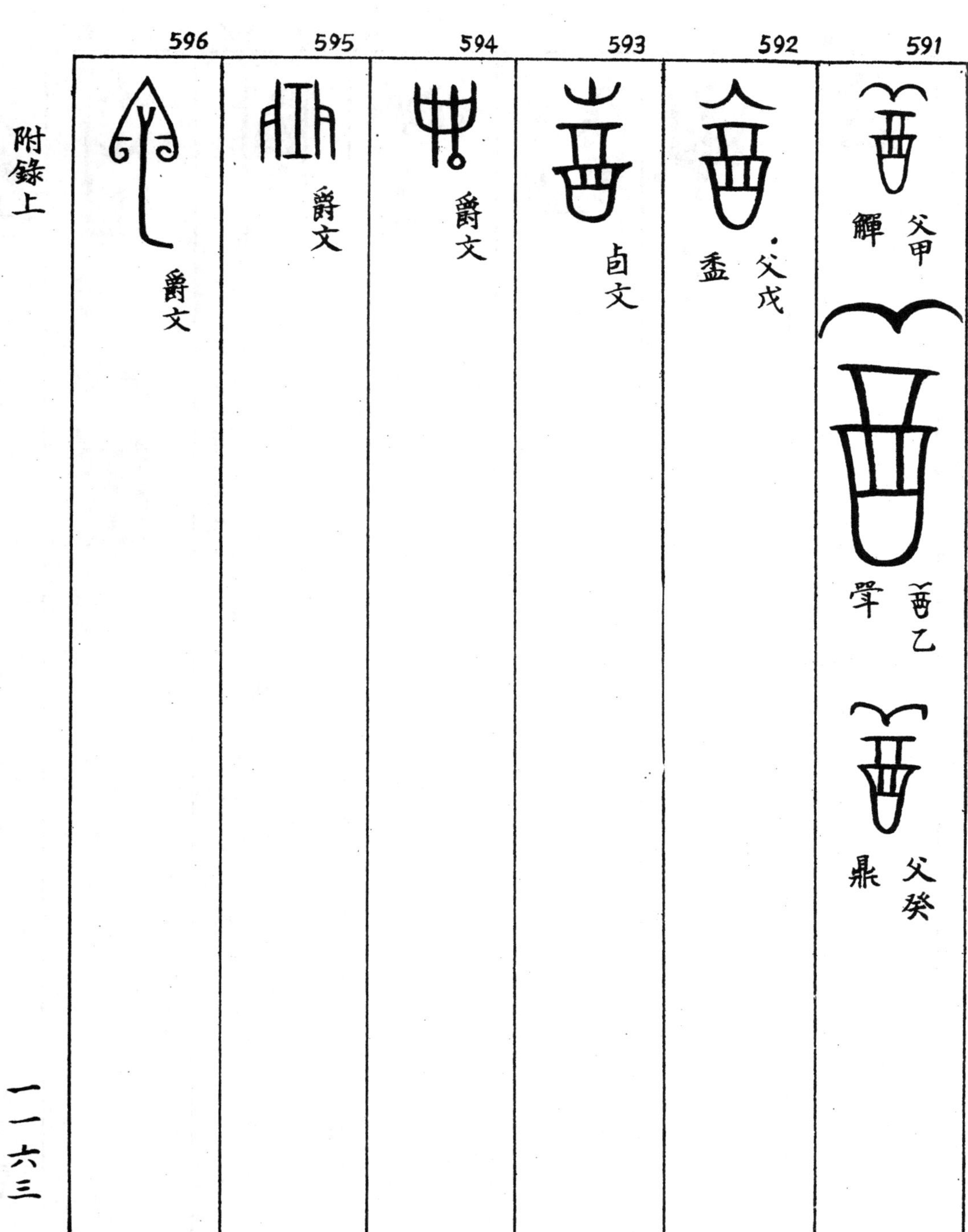
596
595
594
593
592
591
父甲觶
卣乙斝
父癸鼎
父戊盉
卣文
爵文
爵文
爵文

597	598	599	600	601	602
爵文 爵文	爵文	爵文	亞爵	爵文	[illegible]己 觶

607	606	605	604	603
璺文	山圖 戟	山圖 戟	觚	觚

608

鼎

未爵

609

鼎

未爵

610

㳄竝

𣎴戈

文六百一十　重八百六十六

金文編附錄下

容庚譔集

張振林 馬國權 摹補

001 [illegible]

盂鼎 王曰[illegible]命女盂 吳大澂曰疑於字古文

002 [illegible]

幾父壺 [illegible][illegible]六

003 [illegible]

我鼎 我作禦[illegible]且乙妣乙且己妣癸

004 [illegible]

毓且丁卣 歸[illegible]于我多高[illegible]山

005
德方鼎 延珷祼自蒿
郭沫若釋福祭祀之酒肉也
何尊 復亩珷
王豊祼自天
我鼎 遣祼
于𢇍貝五朋

006
宰峀簋
在𢓊𩛠

007
天君鼎
天君饗禮酒

008
毛公厝鼎
玉環玉𨱀
番生簋
玉環玉瑹

009
作册𣪘卣
錫作册𡥂圭珏

010
湯弔盤 𡧊湯弔
𣁋𤾊鑄其尊

011 [illegible]笄鼎

012 鄭弔[illegible]父鬲

鄭井弔[illegible]父鬲

013 [illegible]作父辛簋

014 師[illegible]簋

015 樊君[illegible]盆

樊君[illegible]匜

016 郙王[illegible]劍

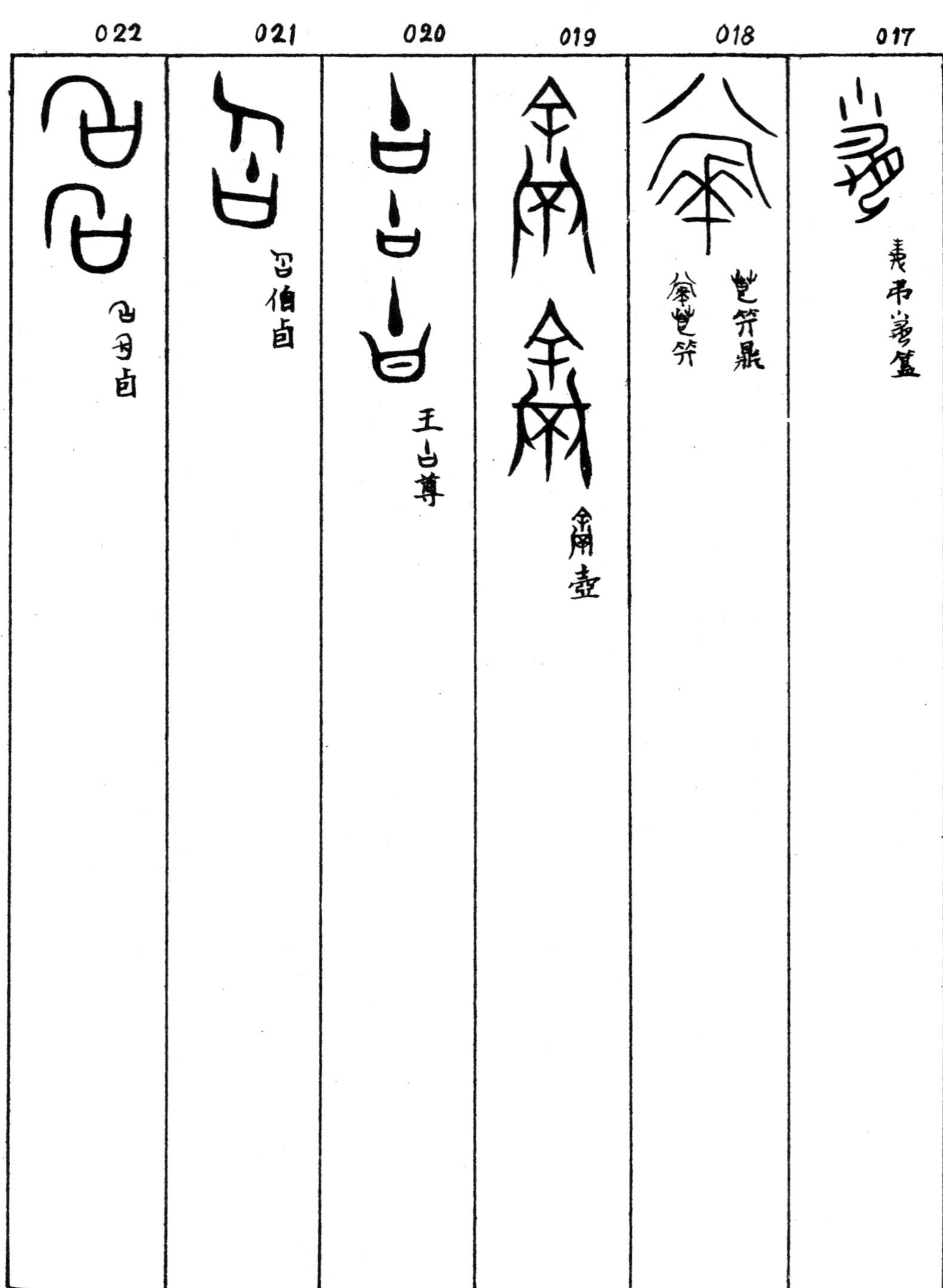
022
021
020
019
018
017
伯卣
王尊
壺
鼎
簋

023 單[illegible]簋

024 弔[illegible]簋

025 伯晨鼎　駒車畫[illegible]　陳邦懷釋轉

026 穌[illegible]妊鼎　[illegible][illegible]觶

027 叨孳簋　叨孳[illegible]休于王自作器

028 能匋尊　[illegible]公矢[illegible]　[illegible]簋

029

㝬敖簋 用□告

郭沫若釋用侶告

030

㝬敖簋

031

貉子卣 □圜

郭沫若釋咸

032

甶□□匜

033

作□女角

034

白者君匜 隹番□白者君

白者君匜

白者君盤

白者君鼎

035
農卣
王寴命白[illegible]曰

036
肄簋
弜師錫肄[illegible]户畫貝

037
[illegible]簋

038
丁[illegible]鬲

039
曾子斿鼎

040
公子土斧壺
飯[illegible]月

046	045	044	043	042	041
[glyph] 毛伯䨳父簋	[glyph] 毛公𢈔鼎 金䨳金雍	[glyph] 召伯簋 今余既𠴲	[glyph] 召伯簋 余以邑𠴲有嗣	[glyph] 郳諧尹鉦	[glyph] 辛鼎 𦥑用 替𦥑剸多友；[glyph] 臣辰卣 替百生豚；[glyph] 臣辰盉

047

簷平鐘

龏于䁹東

048

曾侯乙鐘

049

鑄客鼎

050

毛公層鼎

哭辥𠬝辟

051

小臣𧼈簋

遣自嘼自遂東

052 [illegible]

克鼎 [illegible][illegible]乎心

053 [illegible]

趞卣 錫趞采白[illegible]

054 [illegible]

叔卣 賞叔鬱鬯白金[illegible]牛

055 [illegible]

[illegible]子簋

[illegible]

[illegible]尊

056 [illegible]

[illegible]

昜[illegible]簋

057 [illegible]

[illegible]鼎

058 衛盉

059 師[illegible]甗

060 大簋 王乎吳師召大錫[illegible]睽里

061 [illegible]婦鼎

062 [illegible]卣

063 子[illegible]尊

064

鼎

卣

尊

甗

065

伯晨鼎　用作朕文考公宮隮鼎

066

多友鼎　迺遣于獻宮

067

季𣄰父簋

068

父乙尊

作父丁卣

公史簋

來　𠤳

遹盂　各司寮女寮奚華

隨侯𠤳　隨侯逆作𠤳

克鼎　錫女井人𩁹

069	070	071	072	073	074
上官登	待且丁鼎	[illegible][illegible]匜	王子[illegible]匜	啟卣	啟尊 [illegible]山谷

075
小臣𢘅簋

076
遹鼎
遹簋

077
逋簋

078
無叀鼎
官𤔲𠂤王𠊊側虎臣

079
仲𠭯父盤
黍梁𢘅麥

080
格伯簋
格伯𢕌

081
㫚鼎
王在[illegible]屖

082
散盤
[illegible]人𤔲工騌君宰[illegible]父

083
毛公層鼎
勿雝[illegible]庶民

084
趞簋
取[illegible]五寽

揚簋

[illegible]簋

085
毛公層鼎
取賫卅寽

086
[illegible]始鬲
[illegible]始[illegible]母鑄其羞鬲

087
秦公簋
[illegible]嚴𨘢各

088
𩐸鎛
大[illegible]
官名

子禾子釜
中刑𠬝𢿢

089
國差𦉜

090
𠊲兒鐘
余[illegible]𨖹兒得吉金鎛鋁

091
且甲罍

092
天亡簋

093	094	095	096	097	098
卯簋 令余非敢夢先公又進後	師同鼎	仲盤 仲𢀛臣卜由以金	史頌簋 令史頌𢔶穌；史頌鼎 令史頌𢔶穌	𩋑鎛 𠈇氏從𢔶之曰	保𢔶母壺

104	103	102	101	100	099
趞鼎	長湯匜	邿𣪘簋	宰𣪘簋	格伯簋	𢆶鼎

110	109	108	107	106	105
召伯簋 用獄[illegible]為白	[illegible]鼎	邾絬鼎	傳尊	丙申角 王錫葡亞器奚貝 戊寅鼎 王口[illegible][illegible]馬彡	沖子[illegible]鼎

116	115	114	113	112	111
[illegible] 事褭尊 孫子其永[illegible]	[illegible] 䢃伯[illegible]鼎	[illegible] 蔡侯[illegible]盤 霝頌訖商	[illegible] 郘[illegible]尹鉦	[illegible] 者沪鐘	[illegible] 陳喜壺

117 盂鼎二

118 散盤 矢卑薰且[illegible]旅誓曰

119 小子[illegible]鼎

120 莱[illegible]鼎

121 禹比盨 章氒[illegible]夫巳禹比田

122 [illegible]方彝 余其萬年[illegible]孫子寶

123

⿱林異壺

124

彔伯簋　繇自且考有⿱𡗜⿱𠀃廾于周邦

毛公厝鼎　⿱𡗜⿱𠀃廾堇大命

125

師克盨　有⿱𡨄⿱冉廾于周邦

何尊　有⿱𡨄⿱冉廾于天

126

我鼎　征礿𣪘二女咸⿰㚇㚇

127

⿰丬⿱冂又仲霏父甗

128

⿰米嗇盤　⿱𡕝木角⿱盧𡗜光

⿰疒䑏鐘　⿱𡕝木角⿱盧𡗜光

129

大[illegible]觶

130

遽[illegible]尊

131

毛公厝鼎

㦰[illegible]

132

伯[illegible]簋

133

散盤

𤔲土屰[illegible]

134

晉公盦

諭莫不曰頼[illegible]

135

天□乍尊

136

樊君鬲　賸器寶鬻

郭沫若釋鬻

137

郳王鼎　用鬻䐑

楊樹達釋羹羹从采

138

弔夜鼎　用盬用鬻

郭沫若云乃䰞之異文

139

弔夜鼎　郭沫若云上从米亯當是聲亯

古段為烹字則鬻乃烹字之古文

140

陳公子甗

用鬻稻粱

141

庚兒鼎

142

沓尊

沓作𨸏隩彝

143

小臣𦣞鼎

144

諫簋

𦢊嗣王宥

㝉鼎　趞仲令

㝉𦢊嗣鄭田

盠尊　𦢊嗣六

𠂤眔八𠂤埶

盠方

彝

克鼎　錫女

井遈𩁹人𦢊

師克盨　𦢊嗣

ナ右虎臣

毛公厝鼎

命女𢑗嗣公族

番生簋 王令𩁹嗣公族卿事大史寮

師兌簋 命女𩁹嗣走馬

伊簋 𩁹官嗣康宮王臣妾百工

145

𠤳成侯鐘

146

孟𤼈父簋

147

小臣單觶 王後𠂤

148

㫚鼎 矢五秉 从𠬞持禾舊釋秉

149

𢦔簋 戎伐𢦔

150	151	152	153	154	155
[illegible]	[illegible]	[illegible]	[illegible]	[illegible]	[illegible]
王生女觥 王生女[illegible]	[illegible]簋	敔簋 𠦪不吉其[illegible]	齊陳[illegible]匠 舊釋曼	史獸鼎 賓史獸[illegible]	伯[illegible]父簋

156

[illegible]鼎

157

沈子它簋

它用褱[illegible]我多弟子

158

伯孝[illegible]盨

159

堇[illegible]鼎

堇[illegible]簋

160

[illegible]季良父壺

舊釋叏

161

郾王職戟

郾王職作[illegible]萃鍨

167	166	165	164	163	162
⿰禽攴鼎	禽簋 禽又⿰肉攴祉	武生⿰至攴鼎	⿰立攴赤尊	戕弔簋	叏季良父壺 作⿰幺攴姒𩆠壺 季良父盉 作⿰幺攴姒𩆠盉

168 宜戈
宜鑄𧷛用

169 𢾊伯鼎

170 員鼎
王獸于眡𢿏

171 𦣻㥞君鉼

172 曶鼎
吏寽小子[illegible]以限訟于井弔

173 曶鼎

179	178	177	176	175	174
衰[illegible]父鼎	[illegible]盤 𠂇右毅[illegible]剮穌	[illegible]簋	玄鏐戈	[illegible]鼎	宜戈

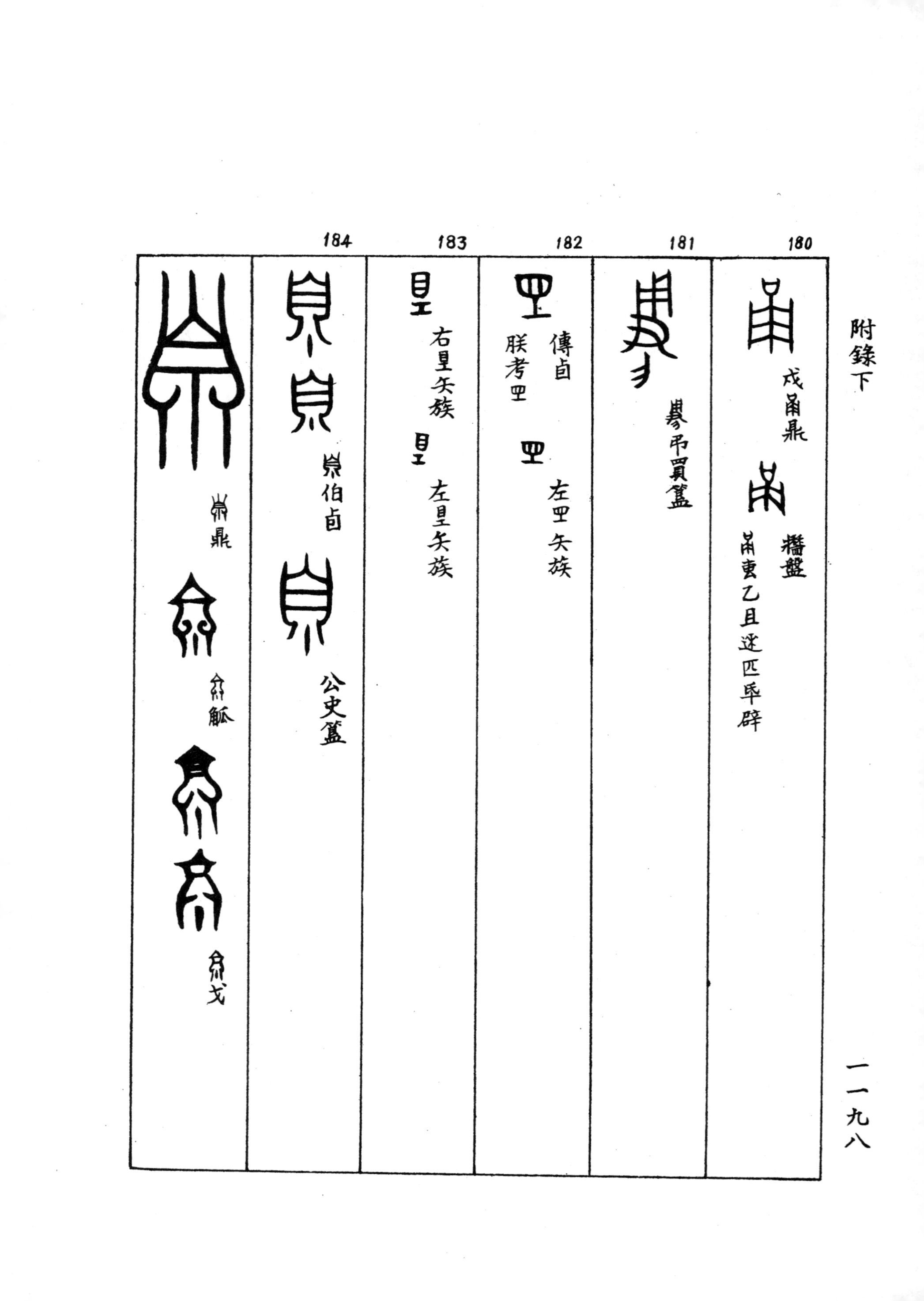

180

戍甬鼎

牆盤

甬叀乙且逑匹氒辟

181

[illegible]弔買簋

182

傳卣

朕考[illegible]

左[illegible]矢族

183

右[illegible]矢族

左[illegible]矢族

184

[illegible]伯卣

公史簋

[illegible]鼎

[illegible]觚

[illegible]戈

185 毛公厝鼎

186 屖尊 舊釋羽

弔[illegible]父簋

187 [illegible]作北子簋

188 大鼎 王召走馬雁令取[illegible]騳卅二匹

189 猷鐘 [illegible]二雝二

190 遹簋 穆王親錫遹[illegible]

191 作册□卣

192 曾仲大父蛕簋　乃用吉攸□金

193 □伯簋　番匊生壺 用媵厥元子孟妃□　□弔鼎

194 □子匜

195 寰盤 史兹受王令書

196 □子觶

197 [illegible]鼎

198 伯[illegible]簋

199 向[illegible]簋

200 [illegible]鼎 以師氏眾有嗣 遂或蓺伐[illegible]

201 [illegible]城右戟 但[illegible]

202 盜壺 大[illegible]不宜

203	204	205	206	207
格伯簋	𨻰口簋 𨻰伯匜 𨻰弔盨	師旂鼎 王姜錫旗田三于待𨻰	鑄客鼎	仲𨻰父鬲

附錄下

208

王占尊

王占攸田□□二

　

□鐘 作□鐘

作文人大寶□□龢鐘

　

秦公鎛

以康奠□朕或

南宮乎鐘

大□□鐘

209

㠯鼎

210

寡子卣 □乃邦

舊釋策

211

北子□鼎

212 鬲比盨

213 無叀鼎 官嗣□王徝側虎臣

214 師酉簋 公族□□釐入右師酉

215 縣改簋 睘琵卿楷白室

216 五 郾王戎人矛

217 □夫甗

218

㠯[illegible]臣

219

義妣鬲　口作義妣

寶障彝　舊釋義

柳鼎

𤔲義尸

220

盠駒尊

王𩣚駒𠨧

221

矢簋

錫𧻓𠨧一卣

222

小臣𧻓鼎

223

𧻓子仲盆

224

[illegible]夙卣

225

頌鼎 祈匄康[illegible]屯右通彔永令

頌壺

頌簋

辛鼎

[illegible]馬南弔匜 作[illegible]姬媵它

昊生鐘

226

季[illegible]尊

227

弔[illegible]父鼎

228

王子[illegible]匜 [illegible][illegible]

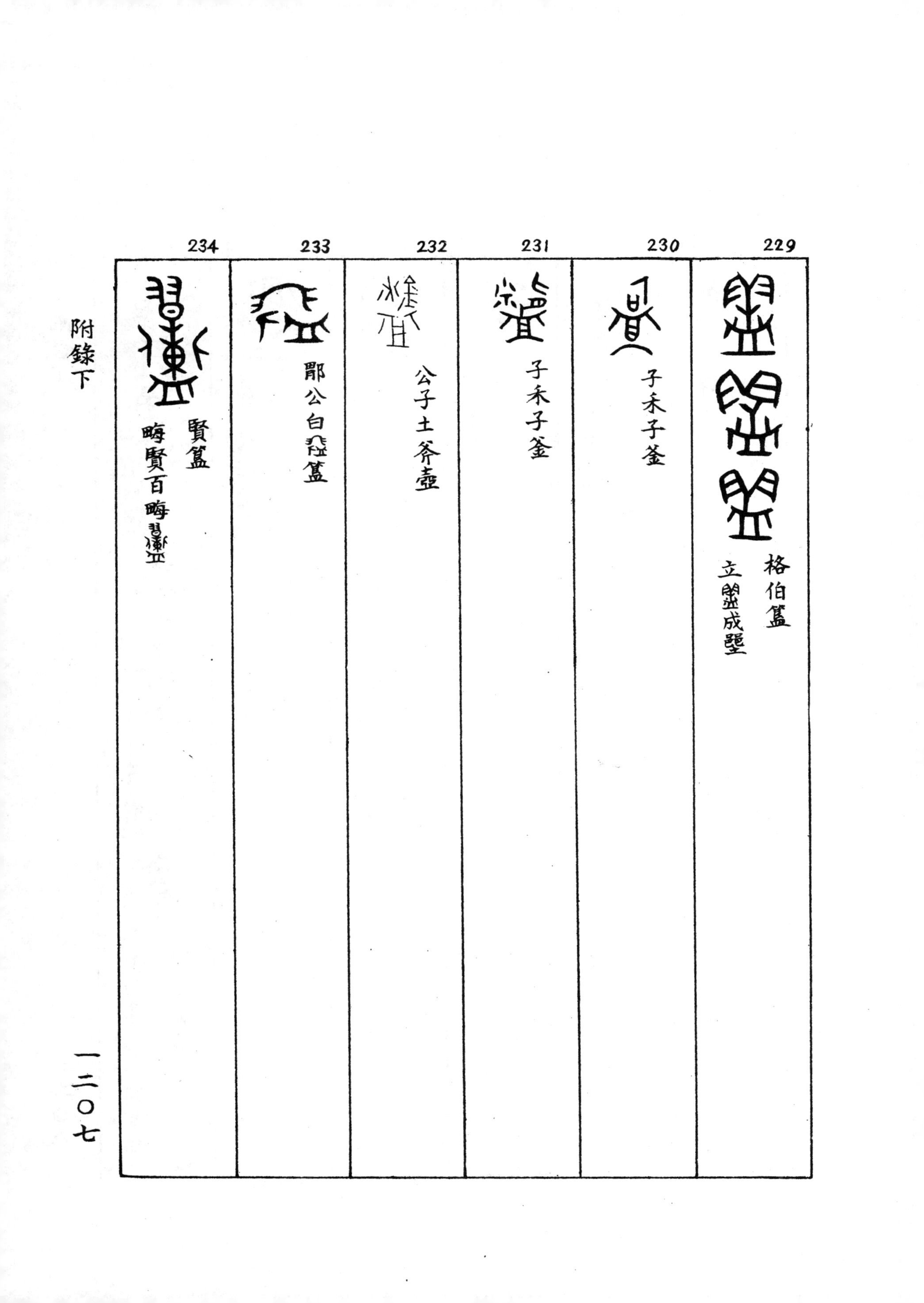

229	230	231	232	233	234
格伯簋 立[illegible]成壟	子禾子釜	子禾子釜	公子土斧壺	郘公白[illegible]簋	賢簋 晦賢百晦[illegible]

235

盠駒尊

盠方彝

九年衛鼎　舍𦤎有嗣

[illegible]商[illegible]裘盠

236

[illegible]作父辛卣

237

師同鼎

238

鄙侯簋

239

仲叡父盤

用[illegible]餐仲氏[illegible]

240

衛始簋

衛始作[illegible][illegible]𣪘

241 [glyph] 毛公旅鼎 我用[glyph]眔我有 唐蘭釋𩚪厚二字

242 [glyph] 𡰥𣲞簋

243 [glyph] 𢇇生鼎 舊釋侯

244 [glyph] 𢓊𠆩尊

245 [glyph] [glyph] 𢦏父鼎

246 [glyph] 伯𢆶父簋

247	248	249	250	251	252
[illegible] 𠭯 / [illegible] 卣 / [illegible] 尊	伯[illegible]父簋	衛宋[illegible]尊 在新[illegible]	魯侯爵	[illegible]公劍	大作大仲簋 錫[illegible]華[illegible] / 揚簋 [illegible] / [illegible]伯簋 歸[illegible]

253	254	255	256	257	258
䧹卣	[illegible]伯鼎	官[illegible]父簋	郯竝[illegible]戈	遟[illegible]匿	[illegible]暌簋

264	263	262	261	260	259
格伯簋	豦簋　錫氒臣弟豦井五	憲君鉼	散盤	簋　尊	曶鼎

265
[illegible]鼎

266
卯卣三
王在[illegible]

267
鄂君啟車節
毋舍桴飤

268
仲枏父簋
仲枏父簋
仲枏父匕
仲枏父鬲

269
散盤

270
[illegible]尊

271

[illegible]

[illegible]簋

272

[illegible]

師寰簋

273

[illegible]

禽簋　王伐[illegible]侯

274

[illegible]

盠駒尊

[illegible]皇盠身

275

[illegible]

班簋　秉緐蜀[illegible]　舊釋巢說文巢部鳥在木上曰巢在穴曰窠从木象形與此不類姑附于此俟考

276

[illegible]

我鼎

遣[illegible]于[illegible]貝五朋

附錄下

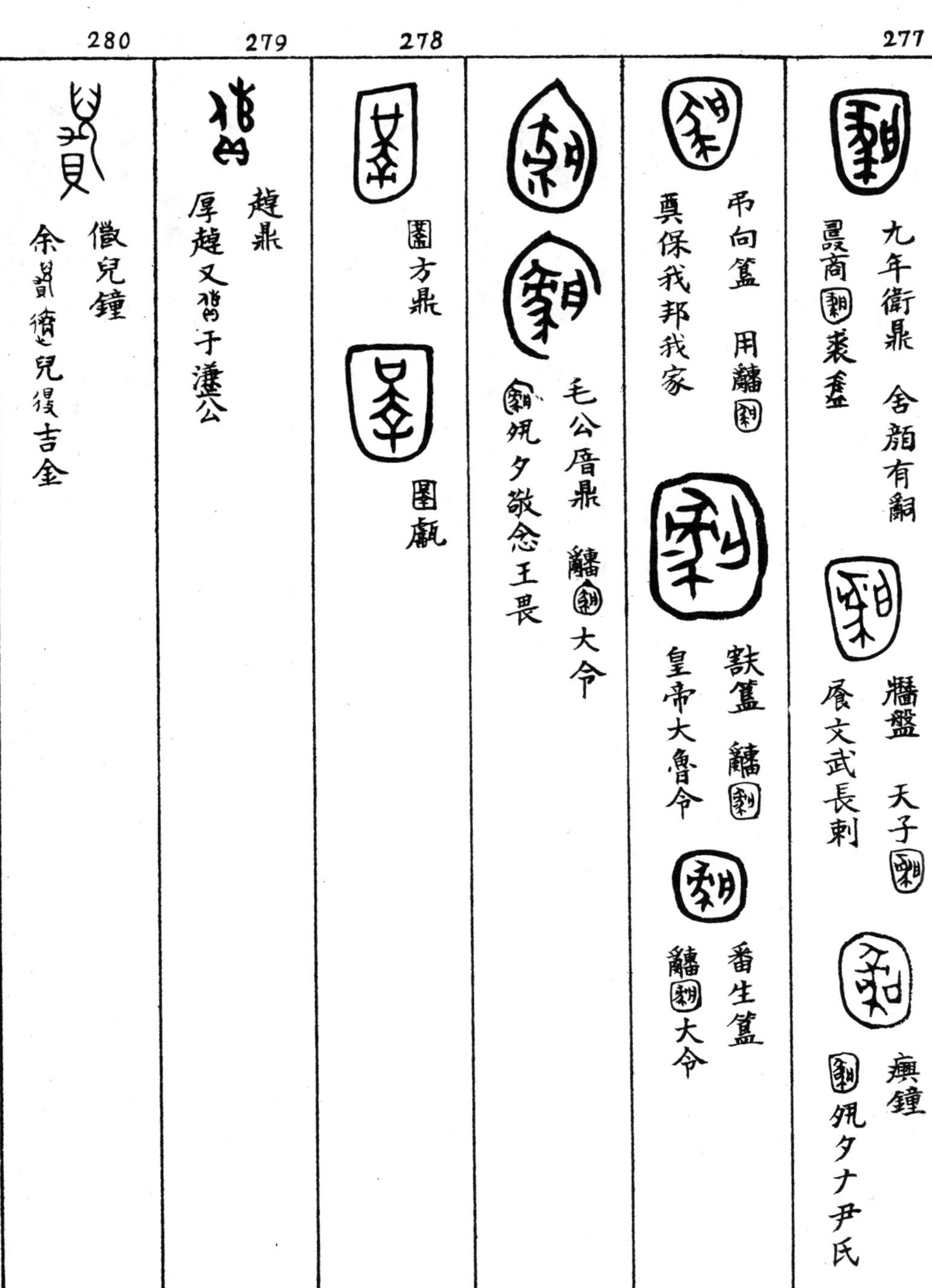

277
九年衛鼎　舍𩠠有𤔲
㬎商□裘盠
𢐗盤　天子□
㕓文武長剌
𤼈鐘
□夙夕ナ尹氏
弔向簋　用鼉□
奠保我邦我家
㝬簋　鼉□
皇帝大魯令
番生簋
鼉□大令
毛公厝鼎　鼉□大令
□夙夕敬念王畏
278
□方鼎
□甗
279
趞鼎
厚趞又𩜁于𨐹公
280
㣄兒鐘
余𧧹𩧢兒得吉金

281 [illegible]

曶鼎 [illegible]效父廼許[illegible]曰

282 [illegible]

牆盤

283 [illegible]

椒車父簋

284 [illegible]

𪒠鎛 與[illegible]之民人都鄙

285 [illegible]

南彊鉦

286 [illegible]

曾子原彝𠤳

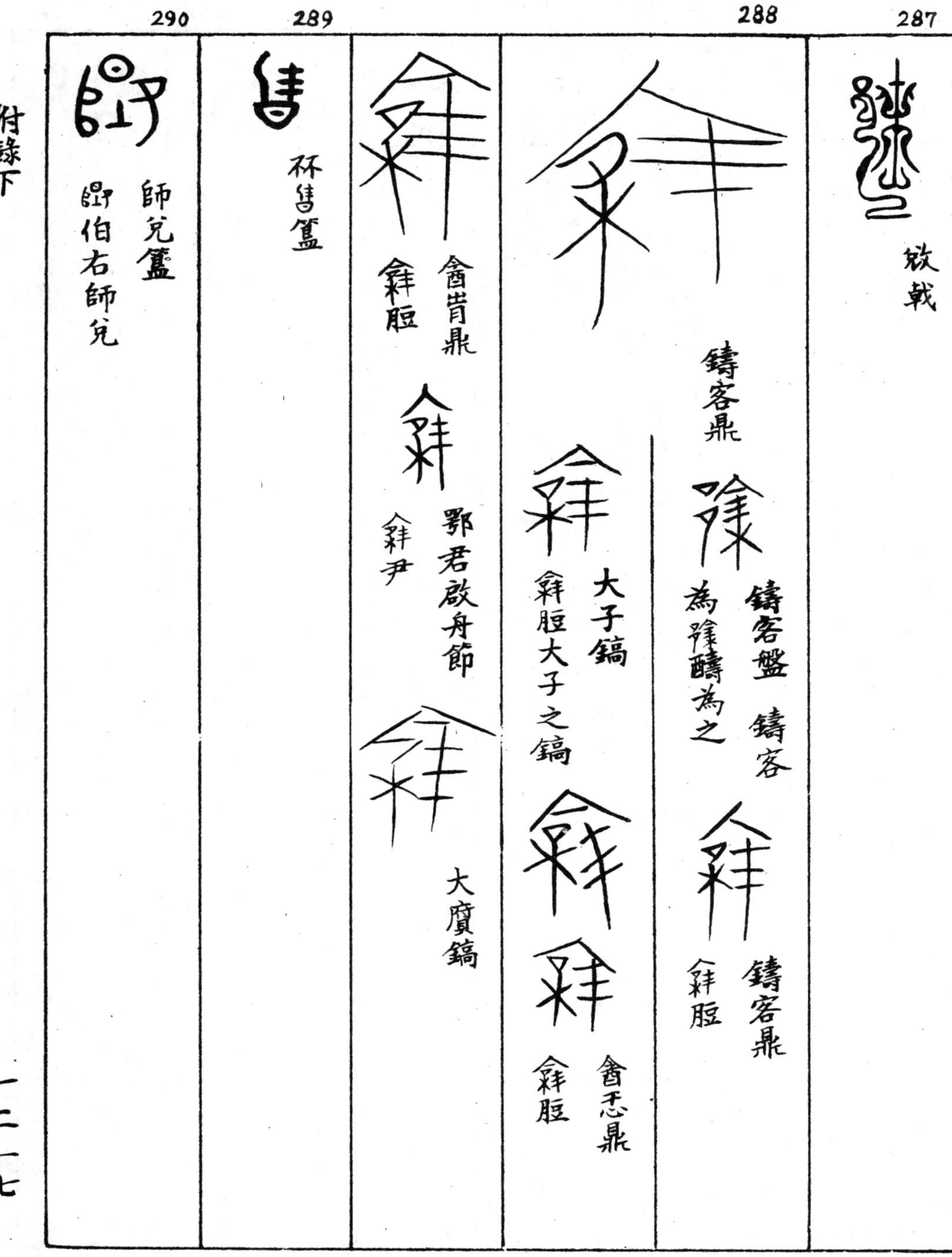

287 敓戟

288 鑄客鼎 為𨷖鑄為之 鑄客盤 鑄客 𨷖脰 鑄客鼎 𨷖脰大子之鎬 大子鎬 𨷖脰 𨷖忑鼎 𨷖脰 𨷖肯鼎 𨷖尹 鄂君啟舟節 大𨷖鎬

289 杯𠂤簋

290 𨚕伯右師兌 師兌簋

291	292	293	294	295	296
[illegible]	[illegible]	[illegible]	[illegible]	[illegible]	[illegible]
敚弔簋 敚弔馭[illegible]于西宮	[illegible]尊	伯[illegible]鼎	[illegible]簋	伯[illegible]尊	父乙爵 [illegible]作父乙

297

中山王嚳鼎 智為人臣之宜

朱德熙裘錫圭釋為施讀為也

中山王嚳壺

余智其忠誯

298

召伯卣

召伯曰作父丁寶尊彝

299

邾公華鐘

昚為之

300

卯簋

今余非敢先公又進退

301

弗生甗

王孫鐘

余龏[illegible]屖

王子午鼎

龏[illegible]屖

永盂

父

302

作且辛觶

周[illegible]生簋

303

戊□鼎

鼎之別名

□方鼎

□鼎

木工鼎

引鼎

乃孫作且己鼎

304

䕭鬲

□䕭入□于女子

305

切卣三

丁未□

306

引鼎

引作文父丁□臤□

引觥

307

□□鼎

鼎之別名

308

[illegible]鼎

309

且甲罍

310

[illegible]簋

311

[illegible]鼎

312

鄂君啟舟節

鄂君啟車節

313

宊甗

314	315	316	317	318	319
[illegible]	[illegible]	[illegible]	[illegible]	[illegible]	[illegible]
[illegible]𣪘	伯[illegible]父鼎	子卣 女子母庚[illegible]祀隮彝	戊寅鼎 在[illegible][illegible]	弭弔𣪘 師[illegible]	曾姬無卹壺
		[illegible]			
		[illegible]卣 用[illegible]于乃姑[illegible]			

320 [illegible]尊

321 趞簋

322 卯簋 錫于[illegible]一田

323 [illegible][illegible]卣

324 戍𪔋鼎 唯王[illegible][illegible]大室

325 吕王壺 吕王[illegible]作大姬隮壺

326 己侯貉子簋 用[glyph]用匄萬年

327 盂鼎 今我隹即井[glyph]于文王

328 井鼎 王漁于[glyph]

329 周[glyph]鼎 吳大澂釋寍

330 能匋尊

331 痶鐘 用[glyph]光痶身

痶鐘 用[glyph]光痶身

337	336	335	334	333	332
伯[illegible]盉	盂鼎	牆盤	康伯簋	[illegible][illegible]鬲	[illegible]鼎

338
洹子孟姜壺
菫□無

339
亘尊
侯各于耳□

340
□斿鼎

341
陳猷釜

342
豆閉簋
𤔲□餘邦君𤔲馬

343
弔□簋
舊釋宿

344
□侯匜

345
卯簋　錫女馬四
章穀宗彝□寶
多友鼎
湯鐘一□

346
□省簋

347
姚鼎
姚作□□鼎

348
者旨□盤
□君之孫

349
免簋　錫女赤□市用事
陳小松釋呂呂與甫同呂市就是黼市
□鼎
利簋
甫季鼎

墅簋
豆閉簋
朐簋
从市 揚簋
錫女赤昁市鑾旂訊訟

350
[illegible]簋
用大葡于五邑宋堣

351
師同鼎
孚戎金冟卅

352
湯弔盤
𤔲湯弔旿䍙鑄其尊

353
逨盂

354
仆觶

359	358	357	356	355
鑄客鼎	格伯簋 毆妊彶𢓊人從	季𠕋父𨑩簋	卅𡆥𩰫簋	𩰫且丁卣

360 國差𦉜 攻師□

361 ⿰余阝諧尹鉦 □至劍兵

362 儆兒鐘

363 儆兒鐘 余兹□之元子

364 弔□觶

365 公子裹□壺

366 禹鼎 命禹𠃨朕且考政于井邦

367 延遽𢋍盨

368 伯匕鼎

369 㳄伯簋 王命仲到歸㳄伯𩂣裘

370 曾姬無卹壺

371 班簋 作四方亟

372

豦簋 啚

孫詒讓釋甲胄从衣从甲省

373

吴方彝

圖朱號

彔伯簋

朱號

師克盨

朱號圖

師兌簋

朱號圖

番生簋

朱爵圖

毛公厝鼎

朱[illegible]圖

374

散伯卣

散伯作厍父隮彝

375

王仲皇父盉

作[illegible]媍般盉

376

[illegible]簋

377	378	379	380	381	382
[illegible]伯姝鼎	伯[illegible]簋	肜省簋 說文蜩或从舟作[illegible]	屯鼎 屯蔑曆于口[illegible]	蚉壺 竹[illegible]亡疆	周[illegible]鼎

383	384	385	386	387	388
[illegible]𢼸壺	大簋 豖从嬰亘大錫里	𣪘[illegible]馮簋	[illegible]方彝	楚子[illegible]匿	[illegible]卣

394	393	392	391	390	389
[illegible]𢦏壺 [illegible]子鬲	逋盂 天君事逋事貝	長子[illegible]臣匜	獻侯鼎 商獻侯[illegible]貝	大師人鼎 大師人[illegible]乎作寶鼎	[illegible]帚[illegible]鼎

395

師旂鼎 弭罰得□古三百寽

396

乙亥鼎 尹□遷

□卿簋

卿祉簋 王□商卿祉貝

御鬲 王□賁御貝

397

儯匜 今女亦既又□誓

398

戈□盉

399

□小子鼎

□簋

400

□婦爵

□婦觚

401 曾伯文鐳 自作匕卸鐳

402 陳喜壺

403 子禾子釜

404 咢侯鼎 伐角䣉

405 不𣅀方鼎 奉䣄

毛公厝鼎 𩰤圭 王國維釋祼

咢侯鼎 乃𩰤之

406 [illegible]君鼎

[illegible]君盉

407 □

嬰次盧

王子嬰次之□盧

408 □

貉子卣

[鬳攴]王牢于□

409 □

[余阝]王鼎

用鬻□

410 □

□弔多父盤

411 □

臾尊

412 □

芇伯簋

弗朢小□邦

413
鄂君啟舟節

414
中山王嚳鼎
考厏佳型

415
⿱罒吕卣

416
亘尊

417
少虞小器
少虞□二益

418
量侯簋
量侯□作寶䵼簋
舊釋豺

419

白亞臣鑪

黃孫馬𩢗子白亞臣

420

圅皇父鼎

作[illegible]嫃隮[illegible]鼎

421

弔[illegible]方彝

弔[illegible]尊

盂鼎

女勿[illegible]余乃辟一人

422

[illegible]婦爵

423

樊君臣

樊君[illegible]之飤臣

424

[illegible]盉

425 弔[illegible]簋

426 旅仲簋

427 [illegible]尊 隹公[illegible]于宗周

428 衛盉 衛小子[illegible]

429 尹姞鼎 穆公作尹姞宗室于[illegible]林

430 [illegible]伯鼎 作[illegible]寶鼎

431 □

□尊

432 □

伯□簋

433 □

居簋

□賢余一斧

434 □

十一年惪鼎

□

格氏矛

435 □

子□觥

436 □

□尊

子□

437	438	439	440	441	442
中山王嚳壺　卲[glyph]皇工　又明[glyph]子壺	[glyph]方鼎	弔[glyph]劍	[glyph]作鼎	[glyph]簋	古伯尊

443 鄧伯氏鼎 作𤔲嫚[illegible]朕鼎

444 中山王礜壺 天不[illegible]其有忨

445 盂鼎 有[illegible]𦰩祀

446 守簋 王吏小臣守吏于[illegible]

447 伯晨鼎 [illegible]戈緱冑

448 [illegible]𤇾盤

449	450	451	452	453	454
榮伯鬲 榮伯鑄鬲于[illegible]	儹匜	儹匜	儹匜	[illegible]伯尊	盤仲尊 盤仲姝作氒文考寶尊彝

455	456	457	458	459	460
[illegible]	[illegible]	[illegible]	[illegible]	[illegible]	[illegible]
[illegible]右盤	交君子[illegible]匿	昜[illegible]簋	𢼸盤	[illegible]弔匿	[illegible]父簋

461

鄦侯簋

作皇妣□君中妃祭器八𣪘

462

散盤

嗣馬巢□

463

蚕壺

464

□□君鉼

465

□壺

□觶

466

衛始簋

衛始作饎□簋

467 [illegible]

卬卣　[illegible]寓貝五朋

468 [illegible]

散盤　棼于厂[illegible]

469 [illegible]

寰盤　王乎史[illegible]冊錫寰

470 [illegible]

[illegible]伯逘尊

[illegible]

[illegible]爵

[illegible]

康侯簋

471 [illegible]

毛公厝鼎　毋敢[illegible]于酒

書酒誥罔敢湎于酒文與此同

472 [illegible]

[illegible]建鼎

478	477	476	475	474	473
王白尊	𢐗伯盨 𢐗伯作𢐗𤃲用	曾侯乙鐘	史頌簋 𤃲友里君百生 史頌鼎	散盤 𤃲田 𤃲田當讀作隰田𤃲隰為一字吳大澂說	𢐗父鼎

479

亼宦父戊方彝

𢒉父辛爵

480

散盤

以南弄于𢓊逨衜

481

樊君鬲

作弔𢎎

482

䖒霘白

483

曾伯霂匜

484

肄簋

弜師錫肄叀日畫貝

485	486	487	488	489	490
刺䍙鼎	師酉簋 王乎史𦖞册命師酉	㘝簋	亘尊 于省吾釋耳 亘臣戩簋	諫簋 内史𡗜 疑先字 王臣簋 内史𡗜	攻敔王光戈 王子孜戈

491	492	493	494	495	496
〓	〓	〓	〓	〓	〓
〓尊	者沪鐘　〓亦虔秉 舊釋女	〓簋	王作〓卣	〓作父癸觚	若〓鼎

497

咸[illegible]鼎

498

[illegible]卣

[illegible]鍚婦[illegible]

499

[illegible][illegible]鼎

500

女[illegible]簋

君夫簋

君夫敢[illegible]揚王休

召尊

召白馬[illegible]黃髮敚

伯懋父賜

縣改簋

縣改[illegible]揚伯犀父休

501

白[illegible]盨

作母[illegible]旅盨

502

□鬲

503

鼄伯盨　作□遵用

504

□王盉　作姬□盉

505

仲慶父盤　作□姬䵼盤

506

畬簋　畬作豐□簋

507

旅弔鼎　作易□寶鼎　舊釋姚

□中鼎

牧師父簋　作敖□寶簋

毛伯㱃父簋　作仲□寶簋

513	512	511	510	509	508
[illegible] 鄧伯氏鼎 作囂[illegible]臭朕鼎	[illegible] 大禹 大作[illegible]寶尊彝	[illegible] [illegible]鼎	[illegible] 魯伯大父簋 作季姬[illegible]媵簋	[illegible] 觴[illegible]作旛嫼簋	[illegible] 伯田父簋 作井[illegible]寶簋

514

蔡侯⿱龖缶缶

于省吾釋嬇謂即賸

蔡侯⿱龖缶尊

515

卣文

516

⿱癶女方鼎

⿰坴凡商又正⿱癶女[illegible]貝在穆朋二百

517

⿰木㪅車父壺

皇母⿱夫⿰酉中姜

⿰木㪅氏車父壺　作[illegible]姜⿰阝尊壺

易从女為从水

518

簷平鐘

[illegible]于⿰口⿱覀尾東

519	520	521	522	523	524
伐	吙	吙	或	戠	㠯
厲鷌羌鐘 厲鷌羌作伐	吙父癸方鼎	吙鼎	師寰簋 或淮尸	𡨦鼎 以師氏眾有嗣遂或戠伐𨾚	㠯尊 㠯觶

525
子禾子釜
關人築桿㦰釜

526
衛宋[illegible]尊

527
害簋
[illegible]尸

528
[illegible]尊
陵從公亥[illegible]洛于官

529
伯[illegible]卣

530
[illegible]匜
[illegible]方彝

536	535	534	533	532	531
陳猷釜 命左關丕𤼈敕成左關之釜	晉公𥂴 剌䙴𥂴	𢓊甗	𢓊簋	𢓊鼎 𢓊觥	者沪鐘 以𠬪光朕位

537

彊伯盤

彊伯簋

彊伯自為甗

彊伯盤

彊伯作旅簋

彊伯作井姬甗

彊作井姬鼎

彊伯作井姬盂鑊

538

𡡾鼎

539

弔單鼎

唯黄孫子𨝬君弔單

540

克鼎

錫女井家𤲞田于䣄

編號	器名
541	曾子斿鼎
542	[illegible]鼎
543	[illegible][illegible]卣
544	屮[illegible]卣
545	鄦侯簋 鄦侯少子析乙孝孫丕巨[illegible]趣吉金
546	弔[illegible]鼎

547 [illegible]季鼎

548 召伯簋二 余[illegible]于君氏大章

549 咼壺

550 伯晨鼎 [illegible]侯伯晨

551 麥鼎 用饗多[illegible]友 疑者字从土義如諸

552 [illegible]夜君鼎 秦王鐘

553 羖簋 用大葡于五邑□□

554 㦰方鼎 在□自 唐蘭釋堂
㦰簋

555 □尊

556 姒□母簋

557 散盤 陟雩𢿻□□

558 卝□匜

559

釪罍

560

陳侯午錞　作皇妣孝大妃祭鉮錞

徐中舒釋鉠

561

秦公鎛

鉥=雝=

562

楚公冡鐘

自鑄朩釪鐘

563

曾侯乙鐘

564

郾王職劍

作武業[illegible]劍

565 上官登

566 喬君鉦

567 朮叜盤 作[illegible]般

568 [illegible]鼎

569 [illegible]尊

570 楚王酓章戈 張政烺釋韡

571

中山王嚳壺

亡有轉息

572

作父戊簋

573

丞卣

夾壺

574

父丁盉

575

曾仲大父蝨簋

576

中官鼎

或釋私官二字

582	581	580	579	578	577
縣改簋 肄敢⿰阝爭于彝	遹盂 命遹事于述土⿰阝舍諆	⿰女丮簋 用作陵寶彝	吳買鼎 ⿰阝罕父之走馬	尹弔鼎 作⿰阝皃姞賸鼎	戊寅鼎 王口嚴阞馬彭

583 免盤 錫免𠂤百[古文字] 李旦丘釋岳从阝从卩爲羑文廣雅岳瓶也

584 農卣 王在[古文字]㡯

585 盠壺 [古文字]逸先王

586 [古文字]伯簋

587 渠鼎 参𠃊分

588 渠鼎 参[古文字] 疑爲参分二字合文 上樂鼎 参[古文字]

589	590	591	592	593	594
[illegible] 𩫖母鬲	取虘[illegible]商匜	曾子斿鼎	曾子斿鼎	師麻[illegible]叔匜	[illegible]君鉼 南酉学

595 梁鼎
宜誰𠭯

596 沈子它簋
拜䭬首敢叚卲告朕吾考令

597 沈子它簋
休沈子肇田戰敍賓褱

598 滔杉口罍

599 新𩒨簋

600 伯者君匜

601

效父簋

休王錫效父二三

[illegible]高卣

王錫[illegible]高二

邑丞卣

末一字

602

師酉簋

[illegible]ㄋ尸

603

仲盤

仲氒臣不[illegible][illegible]以金

604

丯觶

丯鼎

605

才盉

才壺

才盤

606

[illegible]鼎

607 □ 目□且壬爵

608 □ 十女□觚

609 □ 牧共作父丁□辰簋

610 □ 〃又父乙觶

611 □ 段簋 孫子□口

612 □ □甗

613 □
舀鼎
非□五夫

614 □
舀鼎
□尚卑處氒邑

615 □ □ □
舀鼎
限誥曰□則卑我賞馬　毋卑式于□　吏爯以告□
□效父廼誥□曰　廼□又□罘□金

616 □
□卣

617 □
禹比盨
氒□夫□禹比田

618 □
季受尊
□休于□季受貝三朋

624	623	622	621	620	619
曾子斿鼎	曾子斿鼎	曾子斿鼎	曾子斿鼎	朢簋 用作朕皇且白⊕父寶簋	師𠂤鼎

625 □

魯伯愈父鬲

作鼄姬□朕羞鬲

□

魯伯匜

魯伯俞父作姬□匜

□

伯匕鼎

626 □

邾王耑

邾王□又之耑

627 □

邾䛐尹鉦

□□□□

628 □

邾王耑

耑□之□

629 □

陳猷釜

敦□曰陳純

630 □

陳猷釜

命左關□□敕成左關之釜

631	632	633	634	635	636
蔡侯産劍	蔡侯産劍	越王者旨於睗戈	越王者旨於睗戈	越王者旨於睗戈	越王者旨於睗戈

637	638	639	640	641	642
[illegible] 𨚕𠱾簋	[illegible] 小子𠑇鼎 在𦍒䍃	[illegible] 作公甘榮盉	[illegible] 作[illegible]尊	[illegible] 𦥑作北子簋	[illegible] 伯[illegible]鬲

643

周□旁尊

644

□北子冈甗

645

井鼎

王漁于□□

646

□季鼎

647

夔簋

王令夔□市旂

648

師害簋

麋生舀父師害□仲舀

649 □ □父簋

650 □ 師寰簋　今余肇令女達齊帀㠱贅僰□左右虎臣正淮尸

651 □ 鄂侯□厝季簋

652 □ 番仲□匜

653 □□ 曾大保盆　曾大保□□□弔亟用其吉金

654 □ 陳喜壺

編號	器名
655	御父辛觶 □□作御父辛
656	御父辛觶
657	□□卣
658	□卣
659	□生鼎
660	應□鼎

661
盠駒尊
[glyph]雷

662
[glyph]鼎　用眔一夫曰[glyph] 說文嗌籀文作[glyph]與此畧同
華季[glyph]盨
敔弔簋
[glyph]貝十朋
[glyph][glyph]卣

663
大簋
王命善夫[glyph]曰趞睽曰　睽賓[glyph]章

664
吳[glyph]父簋

665
孟辛父鬲
[glyph]口孟辛父

666
[glyph]朋罍
唯[glyph]朋[glyph]于[glyph]

667

仲盤

仲[illegible]臣不相[illegible]以金

668

[illegible]鼎

669

敬弔[illegible]

敬弔[illegible][illegible]于西宮

670

鬲比盨

其邑[illegible]眔句商[illegible]眔[illegible]

671

鬲比盨

其邑旃[illegible]覆復友鬲比其田

672

仲盤

仲[illegible]臣不相[illegible]以金

673	674	675	676	677	678
[illegible]	[illegible]	[illegible]	[illegible]	[illegible]	[illegible]
召卣二 用[illegible]不杯	魯侯爵 用障[illegible]鬯[illegible]盟	平卣	召樂父匜 作[illegible]妃寶匜	邾友父鬲 鼄春父朕其子[illegible]婘寶鬲	季受尊 [illegible]休于[illegible]季受貝三朋

679
曾者鼎
用作[illegible]鼎
東仲口父簋
作[illegible]簋
[illegible]鼎
作其[illegible]鼎

蔡侯[illegible]簋
作[illegible]簋
王子午鼎
作[illegible]彝[illegible]

680
尹姞鼎
弗望穆公聖[illegible]明能[illegible]先王

681
歸父盤
齊大宰[illegible]父[illegible]為忌[illegible]盤

682
癸[illegible]簋

683
[illegible]伯匜
[illegible]伯[illegible]作寶匜

684

由[illegible][illegible]匜

685

曾子斿鼎

用盥[illegible]彝

686

亳鼎

[illegible]禾

687

[illegible][illegible]鼎

688

陳伯元匜

陳伯[illegible]之子白元

689

[illegible]父爵

690

日癸簋

□□作日癸隮彝

691

日癸簋

692

明公尊

在□

693

作且辛觶

緐□作且辛彝

694

舲尊

王省□且

王錫小臣舲□貝

695

啟卣

啟從征堇不□

696	697	698	699	700	701
[illegible] 𤕌盤 上帝司[illegible]亢保	[illegible] 𠑹匜 自今余敢[illegible]乃小大史	[illegible] 周𥨊鼎 [illegible]王為周𥨊	[illegible] 永盂 乎遣[illegible]	[illegible] 王人甗 王人[illegible]歸雚	[illegible] 𣎵同簋 作季嬴[illegible]𠑹簋

702 亳鼎 公侯錫亳杞土𩱧土

703 齊侯盤 作媵寡𩱧孟姜盥般

704 古伯尊 曰𢧁𩱧父彝

705 𣂑尊 仲錫𣂑𩱧

706 曾侯乙鐘

707 𤞞父丁卣 𤞞父丁𩱧

713	712	711	710	709	708
㵒仲盤 夨蕧仲㵒作父辛寶䵼彝	觶尊	魯侯爵 用䵼𣡌鬯𩰫盟	伯𣴎鼎	𥳑鼎	𣐈鼎

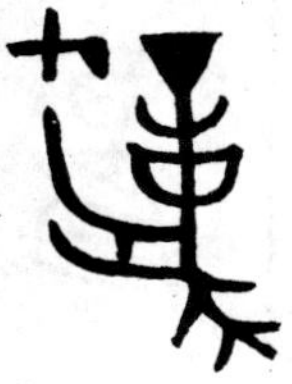

714

[illegible]

盛季壺

[illegible]右[illegible]盛季壺

715

[illegible]

姑[illegible]句鑃

716

[illegible]

鑄客鼎

717

乇

[illegible]成侯鍾

[illegible]成侯乇貸公

718

[illegible]

玄鏐戈

[illegible]

蔡[illegible]戈

724	723	722	721	720	719
喬君鉦	爵	鄧伯氏鼎 伯氏始氏作[illegible]嫚臭朕鼎 樊君鬲 疑為嬭 樊君作弔嬴[illegible]賸器	師𩰫鼎	師𩰫鼎	卯𠂤 王令卯其兄[illegible]于夆田

725 羊□亲戈

726 □尚還戈

727 □弔子戟

728 □子激盞

729 □□鋪

730 □□鋪

731

亘匽戲盨

732

觚

733

戈

黄盛璋釋鄀君用寶

734

同上

735

同上

736

同上

737 𠈌 鄧子午鼎 蓋名爲𧉫子𠈌自作飤鐈

738 𩡧 邶子𩡧缶

739 𣀔 師𩰫鼎 作公上父障于朕考𩫖季易父𣀔宗

740 𧼹 𧼹𦨶

741 𣲖 陳𣲖戈

文七百四十一　重二百六十六

附錄二卷共一千三百五十一文

重一千一百三十二文

金文編采用彝器目錄引用書目

編著者	書名	簡稱
羅振玉	三代吉金文存 二十卷	代
又	殷文存 二卷	殷
又	貞松堂吉金圖 三卷	貞
又	貞松堂集古遺文 十六卷 補遺 三卷 續編 三卷	松
馮雲鵬	金索 六卷	金索
朱善旂	敬吾心室彝器款識 二冊	敬
方濬益	綴遺齋彝器款識考釋 三十卷	綴
吴式芬	攈古錄金文 三卷九冊	攈

吳大澂	愙齋集古録 二十六冊	愙
鄒　安	周金文存 六卷十二冊	周
劉體智	小校經閣金文拓本 十八冊	校
又	善齋吉金録 二十八冊	善齋
于省吾	商周金文録遺 一冊	遺
又	雙劍誃古器物圖録 二卷	劍古
容　庚	寶藴樓彝器圖録 二冊	寶
又	武英殿彝器圖録 二冊	武
又	頌齋吉金圖録 一冊 續録 二冊	頌
又	善齋彝器圖録 三冊	善

作者	書名	簡稱
容庚	海外吉金圖錄 三冊	海
王辰	續殷文存 二卷	續殷
商承祚	十二家吉金圖錄 二冊	家
黄濬	鄴中片羽三集 六卷	鄴
郭沫若	兩周金文辭大系圖錄考釋 八冊	系
又	金文續考 一冊	續考
安徽省博物館	壽縣蔡侯墓出土遺物 一冊	蔡
日本梅原末治	支那古銅精華 七冊	精
又	青山莊清賞 一冊	青
又	白鶴吉金集 一冊	白鶴

著者	書名	冊數	檢字
日本 梅原末治	冠斝樓吉金圖	四冊	冠
又	戰國式銅器之研究	一冊	戰
英國 葉慈	柯爾銅器集	一冊	柯
德國 陶德曼	使華訪古錄	一冊	使華
美國弗利亞美術館	中國銅器圖說	一冊	中
容庚	西清彝器拾遺	一冊	西
五省出土重要文物展覽籌備委員會	五省出土重要文物展覽圖錄	一冊	五省
陝西省博物館	青銅器圖釋	一冊	陝青
考古研究所	濬縣辛村	一冊	辛
考古研究所	美帝國主義劫掠的我國殷周銅器集錄	一冊	美

編者	書名	簡稱
上海博物館	上海博物館藏青銅器附冊 一冊	上
陝西省考古研究所 陝西省文物管理委員會 陝西省博物館	陝西省出土商周青銅器 前三冊	陝(一)(二)(三)
河南省博物館	河南信陽楚墓出土文物圖錄 一冊	信
湖南省博物館	湖南省文物圖錄 一冊	湖南
河北省文管會 河北省博物館	河北省出土文物選集	河北
山東省文管會 山東省博物館	山東文物選集 普查部分 一冊	山東
陝西省博物館	扶風齊家村青銅器羣 一冊	齊
考古研究所	長安張家坡西周銅器羣 一冊	張
文物精華編輯會	文物精華 二冊	文精
文物編輯部	文物	文物

編者	書名	簡稱
考古研究所	考古學報	考學
考古編輯部	考古	考古
考古與文物編輯部	考古與文物	考文
湖北省考古學會	江漢考古	江漢
河南省博物館	中原文物	中原
中山大學學報一九六四年第一期	鳥書考	鳥
采自各單位贈給容庚和商承祚同志的照片及拓本者		拓本

器目以三代吉金文存為主如此書所無者則别擧它書如它書拓本較三代吉金文存清楚者或文字不同范者則復擧它書于代下

金文編采用彝器目錄

一　鉦　十五器

中鉦　一字　代十八・五

□鉦　一字　代十八・六

□鉦　一字　代十八・六

亞中□鉦　一字　代十八・七

貯鉦　一字　代十八・七

婼鉦　二字　代十八・七

𠂇鉦　二字　代十八・八

□□鉦　二字　代十八・九

㗆鉦　二字　代十八・九

亞弜鐃　二字　考學七七・三

□鉦　三字　代十八・九

父己鉦　三字　續殷上二

喬君鉦　三四字　文物六四・七

郘䜌尹鉦　四二字　代十八・三

南疆鉦　存六五字　代十八・四

二　鐘鎛　七一器附一器

其台鐘　二字　代一一

□氏鐘　四字　代一・三三

走鐘　五字　代一・一

天尹鐘　五字　代十八・十一

己侯鐘　六字　代一・二

留鐘　六字　代一・二

益公鐘 七字 代一・二	邾旂士鐘 八字 校一・八	中義鐘 十字 齊三四	秦王鐘 十二字 文物七四・六 拓本	叔旅魚父鐘 十三字 文物六四・九	昆疕王鐘 十五字 代一・七	鑄侯求鐘 十七字 代一・九	通祿鐘 二二字 代一・十二	酓章作曾侯乙鎛 三一字 文物七九・七拓本	邾大宰鐘 三六字 代一・十五
魯邍鐘 八字 代一・三	倗友鐘 八字 陜青一二四	內公鐘 十字 代一・四	㽙萬鐘 十二字 信十六・十七		邾君求鐘 存十六字 代一・八	楚王領鐘 十九字 代一・九	䖒鐘 六字至二五字 代一・十八	單伯鐘 三四字 代一・十六	邾弔鐘 三六字 代一・十九
鄭井弔鐘 八字 代一・三	瘐鐘 八字 陜(三)六五至六七	猶鐘 十二字 文與戳狄鐘相接 代一・四	眉壽鐘 十三字 代一・四	楚公豪鐘 十四字又十六字 代一・五	嘉賓鐘 十七字 代一・八	戳狄鐘 二十字 代一・十一	兮仲鐘 二七字 代一・十二	虘鐘 三五字 代一・十七	邾公釛鐘 三六字 代一・十九

攻敔臧孫鐘 三七字 考古六五・三拓本
鷹羌鐘 四五字 代一・三二
柞鐘 四八字 齊二四、二五
齊鞄氏鐘 五二字 代一・四二
邾公牼鐘 五四字又五七字 代一・四九
儔兒鐘 三十字至七四字 代一、五十、遺一
克鐘 八二字 代一、二四
蔡侯[illegible]殘鐘 拓本
虢弔鐘 二六字至九一字 代一・五七
癲鐘 一〇三字 陝(二)五四

應侯鐘 三九字 文物七五、十拓本
邾公孫班鎛 四六字 代一・三五
師臾鐘 四八字 文物七五、八拓本
士父鐘 五三字 代一・四三
南宮乎鐘 六八字 陝(三)
沇其鐘 七三字又七八字 遺三、上五九
流兒鐘 八二字 代一、五三
郘鐘 八六字 代一、五四
者沪鐘 三十餘字又九二字 代一・三九遺五
癲鐘 一〇四字 陝(二)五五至五八

子璋鐘 二二字至四五字 代一・二七
昊生鐘 存四七字 大系一〇四
井人妄鐘 四八字 陝(三)
者減鐘 十六字至五六字 代一・四五
鄦平鐘 七十字 考學七八・三拓本
郤王子旃鐘 七六字 遺四
蔡侯[illegible]鐘 八三字 拓本
井人妄鐘 八九字 代一、二四
邾公華鐘 九三字 代一、六二
癲鐘 一〇九字 陝(三)五九至六四

王孫[illegible]鐘 一一三字 拓本

王孫鐘 一一六字 代一·六三

㝬鐘 一二二字 代一、六五

秦公鎛 一三五字 文物七八、十一拓本

[illegible]鎛 一七三字 代一、六六 上八九

曾侯乙鐘 照片

內公鐘鉤 八字 代十八、一

三 雜樂器 五器

成周鈴 四字 代十八、十一

□郘鐸 四字 代十八、十

外卒鐸 六字 頌續一二二

其次句鑃 三一字 代十八、一

姑□句鑃 三九字 代十八、二

四 鼎 七四九器

天鼎 一字 代二、一 冠上四

[illegible]鼎 一字 代二、一

[illegible]鼎 一字 代二、一

豢鼎 一字 代二、一

保鼎 一字 代二、一

[illegible]鼎 一字 代二、二

[illegible]鼎 一字 代二、二

[illegible]鼎 一字 代二、二

[illegible]鼎 一字 代二、二

[illegible]鼎 一字 代二·二

獸形鼎 一字 代二·二

鼎鼎 一字 代二·三

[illegible]鼎 一字 代二·四

[illegible]鼎 一字 代二·四

羞鼎 一字 代二·五

妥鼎 一字 代二·五

[illegible]鼎 二字 代二·六

岡鼎 一字 代二·六

[illegible]鼎 一字 代二·七

牛首形鼎 一字 代二·二

龍首形鼎 一字 代二·三

[illegible]鼎 一字 代二·三

[illegible]鼎 一字 代二·四

[illegible]鼎 一字 代二·四

眼鼎 一字 代二·五

[illegible]鼎 一字 代二·五

霝鼎 一字 代二·六

[illegible]鼎 一字 代二·六

[illegible]鼎 一字 代二·七

羊鼎 一字 代二·二

魚鼎 一字 代二·三

戈鼎 一字 代二·三

[illegible]鼎 一字 代二·四

史鼎 一字 代二·五

[illegible]鼎 一字 代二·五

[illegible]鼎 一字 代二·六

[illegible]鼎 一字 代二·六

丙鼎 一字 代二·七

田鼎 一字 代二·七

- 宁鼎 一字 代二·七
- 亞中告鼎 一字 代二·八
- 亞中[?]鼎 一字 代二·八
- 亞中[?]鼎 一字 代二·九
- 亞中[?]鼎 一字 代二·九
- 亞中[?]鼎 一字 美四一
- [?]鼎 一字 代二·十三
- 矢鼎 一字 校二四
- [?]鼎 一字 遺一八
- [?]鼎 一字 遺二四
- [?]鼎 一字 代二·七
- 亞中[?]鼎 一字 代二·八
- 亞中[?]鼎 一字 代二·八
- 亞中[?]鼎 一字 代二·九
- 亞中[?]鼎 一字 代二·十五
- 亞中[?]鼎 一字 河北
- [?]鼎 一字 續殷上六
- [?]鼎 一字 遺一六
- [?]鼎 一字 遺二一
- [?]鼎 一字 遺二六
- 亞中[?]鼎 一字 代二·八
- 亞中卯鼎 一字 代二·八
- 亞中[?]鼎 一字 代二·九
- 亞中[?]鼎 一字 代二·九
- 亞中[?]鼎 一字 續殷上五
- 華鼎 一字 代二·十三
- 寧鼎 一字 鄴三上五
- [?]鼎 一字 遺一七
- [?]鼎 一字 遺二三
- [?]鼎 一字 遺二八

□鼎　一字　遺二九
□鼎　一字　遺三四
□鼎　一字　遺四二
蠆鼎　一字　拓本
工鼎　一字　西三
□鼎　一字　美一二三
□鼎　一字　美一八一
□鼎　一字　美一七
□鼎　一字　文物七六、五
□方鼎　一字　陝(三)

受鼎　一字　遺三〇
□鼎　一字　遺三五
□鼎　一字　遺四三
盥鼎　一字　拓本
鳶鼎　一字　美一四
□鼎　一字　美一七〇
得鼎　一字　美四八二
□鼎　一字　美二七一
□鼎　一字　考古七六・二
□鼎　一字　中原八一・四

□鼎　一字　遺三三
□鼎　一字　遺三九
□鼎　一字　拓本
□形鼎　一字　代二・三
鳶鼎　一字　美四四六
□鼎　一字　美六〇
□鼎　一字　美三〇
□鼎　一字　美四四九
□鼎　一字　拓本
兒鼎　一字　拓本

且戊鼎 二字 代二·十	父辛鼎 二字 代二·十	子妥鼎 二字 代二·十一	己柵鼎 二字 代二·十二	丁[illegible]鼎 二字 代二·十二	登鼎 二字 代二·十三	魚從鼎 二字 代二·十三	血丨鼎 二字 代二·十四	亞獸形鼎 二字 代二·十五	襄孜鼎 二字 代二、十五
父戊鼎 二字 代二·十	父癸鼎 二字 代二、十一	乙冄鼎 二字 代二、十一	冄辛鼎 二字 代二、十二	[illegible]龜鼎 二字 代二、十二	徹鼎 二字 代二、十三	魚羌鼎 二字 代二、十三	遽從鼎 二字 代二、十四	趠征鼎 二字 代二、十五	又宁鼎 二字 代二·十五
父己鼎 二字 代二、十	子䧹鼎 二字 代二、十一	酉乙鼎 二字 代二、十一	辛毛鼎 二字 代二·十二	[illegible][illegible]鼎 二字 代二、十三	鳥形魚鼎 二字 代二、十三	冄[illegible]鼎 二字 代二·十三 遺四一	𣪊作鼎 二字 代二、十四	亞[illegible]鼎 二字 代二·十五	告田鼎 二字 代二·十五

[illegible]鼎 二字 代二・十五

史次鼎 二字 代二・十六

[illegible]丁鼎 存二字 代二・十七

東中鼎 二字 攈一之一・二三

子要鼎 二字 使華五

尹丞鼎 二字 文物七二・二陝(一)一五三

亞蚊鼎 二字 美一二四

亞[illegible]鼎 三字 遺五三

魚父乙鼎 三字 代二・十八

[illegible]父乙鼎 三字 代二・十九

[illegible]鼎 二字 代二・十六

[illegible]斿鼎 二字 代二・十六

子[illegible]鼎 二字 代二・三二

聿丞鼎 二字 續殷上十

子龔鼎 二字 遺三七

大禾方鼎 二字 湖南四

亞[illegible]鼎 二字 遺四〇

象且辛鼎 三字 代二・十七

冂父乙鼎 三字 代二・十八

[illegible]父乙鼎 三字 代二・十九

王蔑鼎 二字 代二・十六 頌三

傃鼎 二字 代二・十六

四分鼎 存二字 代二・三六

公無鼎 二字 冠上六

正昜鼎 二字 湖南十五

長子鼎 二字 美四五二

亞弜鼎 二字 代二・十四

[illegible]父甲鼎 三字 代二・十八

[illegible]父乙鼎 三字 代二・十九

父乙[illegible]鼎 三字 代二・十九

器名	字數	著錄
亞中□父乙鼎	三字	代二・二十
龜父丙鼎	三字	代二・二一 校二・十五
天黿父丁鼎	三字	代二・二一
衛父丁鼎	三字	代二・二二
□父丁鼎	三字	代二・二三
亞中□父丁鼎	三字	代二・二三
□父己鼎	三字	代二・二四
亞中□父己鼎	三字	代二・二五
羊父庚鼎	三字	代二・二六
箙父庚鼎	三字	代二・二六
□父丙鼎	三字	代二・二十
□父丁鼎	三字	代二・二一
□父丁鼎	三字	代二・二二
□父丁鼎	三字	代二・二二
□父丁鼎	三字	代二・二三
亞中□父戊鼎	三字	代二・二四
□父己鼎	三字	代二・二四
亞中□父己鼎	三字	代二・二五
□父庚鼎	三字	代二・二六 續殷上十五
□父庚鼎	三字	代二・二六
犬形父丙鼎	三字	代二・二一
魚父丁鼎	三字	代二・二二
□父丁鼎	三字	代二・二三
奉冊形父丁鼎	三字	代二・二二
□父丁鼎	三字	代二・二三
□父己鼎	三字	代二・二四
□父己鼎	三字	代二・二五
史父庚鼎	三字	代二・二六
亞中得父庚鼎	三字	代二・二六
□父辛鼎	三字	代二・二七

[illegible]父辛鼎 三字 代二・二七

[illegible]父辛鼎 三字 代二・二八

亞中[illegible]父辛鼎 三字 代二・二八

魚父癸鼎 三字 代二・二九

[illegible]父癸鼎 三字 代二・二九

瞍父癸鼎 三字 代二・三〇

丁[illegible]羊鼎 三字 代二・三一

[illegible]鼎 三字 代二・三一

大保鼎 三字 代二・三二

[illegible]鼎 三字 代二・三三

[illegible]父辛鼎 三字 代二・二八

殺牲形父辛鼎 三字 代二・二八

亞中[illegible]父辛鼎 三字 代二・二九

鳥形父癸鼎 三字 代二・二九

[illegible]父癸鼎 三字 代二・二九

[illegible]父癸鼎 三字 代二・三〇

[illegible]母丁鼎 三字 代二・三一

中婦鼎 三字 代二・三一

羞鼎 三字 代二・三二

伯旅鼎 三字 代二・三三

[illegible]父辛鼎 三字 代二・二八

牽牲形父辛鼎 三字 代二・二八

木父壬鼎 三字 代二・二九

酋父癸鼎 三字 代二・二九

[illegible]父癸鼎 三字 代二・三〇

戈妣辛鼎 三字 代二・三一

子雨己鼎 三字 代二・三一

射女鼎 三字 代二・三二

作旅彝鼎 三字 代二・三三

作寶鼎 三字 代二・三四

仲鼎 三字 代二・三四

文鼎 存三字 代二・三六

彈父丁鼎 三字 代二・四七

双獸形父辛鼎 三字 代二・四八

尚鼎 三字 周二・六五

父丙𪔂鼎 三字 續殷上十三

作卩鼎 三字 續殷上十八

司母戊鼎 三字 遺五〇

亞中㪿父乙鼎 三字 美一五二

司母辛鼎 三字 考古七七・三拓本

茾笄鼎 三字 代二・三五

易兒鼎 存三字 代二・四五

彈父己鼎 三字 代二・四七

𢆶冊父癸鼎 三字 代二・四八

成王鼎 三字 校二・二一

斿父辛鼎 三字 續殷上十五

析父乙鼎 三字 頌續二

亞止雨鼎 三字 遺五二

父己車鼎 三字 美一六三

𣲵父癸鼎 三字 美一九七

客鑄盥鼎 三字 代二・三五

且甲鼎 三字 代二・四六

𢀛冊父辛鼎 三字 代二・四八

亞中鳥形父甲鼎 三字 攈一之二・四九

亞中趨父丁鼎 三字 校二・二六

𠬝父辛鼎 三字 續殷上十六

父乙䵼鼎 三字 遺四八

父乙鼎 三字 代二・四七

冉父辛鼎 三字 考古七四・六拓本

束父辛鼎 三字 辛五五

山鼎 三字 文物七二、一二

亞中[illegible]父己鼎 三字 文考八〇·三

陸冊父甲鼎 四字 代二·三七

父己[illegible]鼎 四字 代二·三九

[illegible]父癸鼎 四字 代二·三九

作父癸鼎 四字 代二·四〇 使華六

彭女鼎 四字 代二·四一

戜伯鼎 四字 代二·四一

弔鼎 四字 代二·四二

[illegible]鼎 四字

北子鼎 三字 文物六三·三

作且戊鼎 四字 代二·三六

寧女父丁鼎 四字 代二·三八

逆父辛鼎 四字 代二·三九

子𢍏父癸鼎 四字 代二·四〇

兄戊父癸鼎 四字 代二·四〇

大祝禽鼎 四字 代二·四一

郱伯鼎 四字 代二·四一

考鼎 四字 代二·四二

𩫖鼎 四字 代二·四二

芇弔鼎 三字 考古七六·二拓本

且癸鼎 四字 代二·三七

亞中獏父丁鼎 四字 代二·三八

子父辛鼎 四字 代二·三九

山十父癸鼎 四字 代二·四〇

女子鼎 四字 代二·四〇

弔我鼎 四字 代二·四一

明我鼎 四字 代二·四二

興鼎 四字 代二·四二

[illegible]鼎 四字 代二·四二

椙鼎 四字 代二、四三	甲鼎 四字 代二、四三	樂鼎 四字 代二、四四	禾鼎 四字 代二、四五	君妻子鼎 四字 代六、二二作彝誤	仲作旅鼎 四字 攈一之三、二	[illegible]帚頛鼎 四字 遺五七	冄[illegible]父乙鼎 四字 代二、三七頌	吴父丁鼎 四字 文物六四、四	攸鼎 四字 考古七九、二拓本
車鼎 四字 代二、四三	寡長鼎 四字 代二、四三	龏鼎 四字 代二、四五	冊庚父癸鼎 四字 代二、四八	[illegible]鼎 四字 代六、二三作彝誤	懋史鼎 四字 校二、二七	角戊父[illegible]鼎 四字 遺五八	宁交父乙鼎 四字 陝(一)	弔鼎 四字 陝青九	公朱右𠂤鼎 四字 美
丰鼎 四字 代二、四三	右鼎 四字 代二、四四	應[illegible]鼎 四字 代二、四五	魚父乙鼎 四字 代三、一	敖鼎 四字 攈一之二、四六	冈[illegible]父乙鼎 四字 頌續一	[illegible]鼎 四字 遺六〇	且辛[illegible]鼎 四字 文物六四、四	父己鼎 四字 陝(一)	穌子弔鼎 四字 拓本

㠯衔天父丁鼎 五字 代二·三八

父乙鼎 五字 代二·四六

㠯[illegible]天父乙鼎 五字 代二·四七

孔鼎 五字 代二·四八

仲鼎 五字 代二·四九

粭鼎 五字 代二·四九

亶姜鼎 五字 代二·五〇 校二·三四

姚鼎 五字 代二·五〇

⿰臣曾鼎 五字 代二·五一

丂隻鼎 五字 代二·五一

又羊父己鼎 五字 代二·三九 續殷上二

臣辰父乙鼎 五字 代二·四六

孖父乙鼎 五字 代二·四七

敄伯鼎 五字 代二·四九

弔鼎 五字 代二·四九

[illegible][illegible]鼎 五字 代二·五〇

詠鼎 五字 代二·五〇

散姬鼎 五字 代二·五一

立鼎 五字 代二·五一

小臣鼎 五字 代二·五一

且庚父辛鼎 五字 代二·四六

㠯衔天父乙鼎 五字 代二·四七

宰儂鼎 五字 代二·四七

伯旂鼎 五字 代二·四九

嬴氏鼎 五字 代二·四九

釐鼎 各五字 代二·五〇

口[illegible]鼎 五字 代二·五〇

[illegible]仲鼎 五字 代二·五一

還鼎 五字 代二·五一

[illegible]鼎 五字 代二·五二

- 旁鼎 五字 代二·五二
- 宙鼎 五字 代二·五二
- 天冈鼎 五字 代二·五二
- 𤔲建鼎 五字 代二·五二
- 罪鼎 五字 代二·五二
- 丙女鼎 五字 代二·五二
- 眉脒鼎 五字 代二·五四
- 上樂鼎 五字 代二·五三
- 中官鼎 各五字 代二·五三
- 鄦吳鼎 各五字 代二·五三
- 鑄客鼎 五字 代二·五四 七字 三·十二 九字 三·十九 又存十二字 三·二六
- 大子鼎 五字 代二·五五
- 公鼎 五字 代三·十
- 本鼎 五字 周二·六五
- 仲自父鼎 五字 校二·三五
- 大賔鼎 五字 校二·三八
- 婦未于鼎 五字 遺五六
- 憏子鼎 五字 遺六二
- 田農鼎 五字 遺六六
- 叔鼎 五字 考古六三·〇 拓本
- 龏鼎 五字 陝青八三
- 般父乙鼎 五字 美一〇一
- 君夫人鼎 五字 拓本
- 戚鼎 五字 陝(二)一〇一
- 連迂鼎 五字 考古八二·二
- 梁鼎 各六字 代二·五三
- 𢾊鼎 六字 代三·一
- 曆鼎 六字 代三·一
- 且辛且癸鼎 六字 代三·一

臣辰父乙鼎 六字 代三·一

韋鼎 六字 代三·二

冉鼎 六字 代三·二

應公方鼎 六字 代三·三校二·四一

矢王鼎 六字 代三·三

弔旅鼎 六字 代三·四

遣弔鼎 六字 代三·四

仲義父鼎 六字 代三·四校二·四〇

史盉父鼎 六字 代三·五

事戎鼎 六字 代三·六

[illegible]鼎 六字 代三·一

[illegible]鼎 六字 代三·二

子[illegible]父癸鼎 六字 代三·二

康侯鼎 六字 代三·三

伯魚鼎 六字 代三·三

陵弔鼎 六字 代三·四

鮮父鼎 六字 代三·四

旂父鼎 六字 代三·五校二·四三

[illegible]逘鼎 六字 代三·五遺六七

史昔鼎 六字 代三·六

歸父丁鼎 六字 代三·二

剌作父庚鼎 六字 代三·二

田告作母辛鼎 各六字 代三·三

堇伯鼎 六字 代三·三

伯卿鼎 六字 代三·三

應弔鼎 六字 代三·四

孟淠父鼎 六字 代三·四

才興父鼎 六字 代三·五

霸姞鼎 各六字 代三·五周二·六二

贏霝德鼎 六字 代三·六

- [illegible]鼎 六字 代三・六
- [illegible]婦鼎 六字 代三・七
- 沖子鼎 六字 代三・七
- 伯遲父鼎 六字 遺六九
- 匚旁鼎 六字 遺六四
- 右官公鼎 六字 遺七二
- [illegible]伯鼎 六字 考學七七・二
- 白智鼎 六字 文物七六・四
- 亞中[illegible]作父乙鼎 六字 拓本
- [illegible]鼎 七字 代三・八
- 緐還鼎 六字 代三・七
- [illegible]鼎 六字 代三・七
- 須[illegible]生鼎 六字 代三・八
- 北子鼎 六字 校二・四三
- [illegible]鼎 六字 遺六五
- 蔡侯[illegible]鼎 六字 蔡三一
- 外弔鼎 六字 陝(二)一三八
- [illegible]史鼎 六字 考古七四・五拓本
- [illegible]作父癸鼎 六字 上二六
- 作父己鼎 七字 代三・八
- [illegible][illegible]鼎 六字 代三・七
- 取它人鼎 六字 代三・七
- 吹鼎 六字 代三・九
- 亞[illegible]女[illegible][illegible]鼎 六字 遺六一
- 虫[illegible]鼎 六字 遺六八
- 尹小弔鼎 六字 考古五八・十一拓本
- 史逨方鼎 六字 陝(一)一五四
- 強伯作井姬鼎 六字 文物七六・四拓本
- [illegible]作父己鼎 六字 拓本
- 臣辰父癸鼎 七字 代三・八

匽侯旨鼎 七字 代三・八

季鼎 七字 代三・九

㠯小子鼎 七字 代三・十

睪鼎 七字 代三・十

夜君鼎 七字 代三・十一

王子姪鼎 各七字 戰三七

鄧子午鼎 蓋七字器六字 拓本

𢐗伯鼎 七字 文物七六・四

亞中若癸鼎 七字 代三・十

豚鼎 八字 代三・十四

眀鼎 七字 代三・八

尹弔鼎 七字 代三・九

大保鼎 七字 代三・十

猷侯之孫鼎 七字 代三・十一

子陝鼎 存七字 代三・十三 頌續十六

仌室鼎 前後七字 遺七二

康季鼎 七字 考古六四・九 拓本

𢐗伯作井姬穸鼎 七字 文物七六・四

徙且丁鼎 八字 代三・十四

堇臨鼎 八字 代三・十四

木工鼎 七字 代三・八

𠂤鼎 七字 代三・九

婦姑鼎 七字 代三・十

邵王鼎 七字 代三・十一

北伯殁鼎 七字 代十一・二六作尊誤

糉作父庚鼎 七字 陝青七一

玌作父辛鼎 七字 拓本

腦所鼎 七字 校二・四七

咸𢾅鼎 八字 代三・十四

引鼎 八字 代三・十四

作父辛鼎 八字 代三·十五

姞舀母鼎 八字 代三·十五

季盨鼎 八字 代三·十六

㞊生鼎 八字 代三·十六

衰[illegible]父鼎 八字 代三·十六

伯戜鼎 八字 使華七

盅鼎 八字 考古八二·二拓本

若[illegible]鼎 九字 代三·十七

逐鼎 九字 代三·十八

勅𢿢鼎 九字 代三·十八

[illegible]季鼎 八字 代三·十五

弔具鼎 八字 代三·十五

白六鼎 八字 代三·十六

氏𢇍尹鼎 八字 代三·十六

北子鼎 八字 代六·四二作彝誤

[illegible]鼎 八字 考古七四·一拓本

洜弔鼎 八字 考古八二·二拓本

穌衛妃鼎 九字 代三·十七

仲斿父鼎 九字 代三·十八

内公鼎 九字 代三·十八

[illegible]父鼎 八字 代三·十五

弔[illegible]鼎 八字 代三·十五

長日戊鼎 八字 代三·十六

𣪘子鼎 八字 代三·十六

亳父乙鼎 八字 攈二之一·二〇

吳王孫無土鼎 八字 文物八一·一

盩婦鼎 九字 代三·十七

季念鼎 九字 代三·十八

義仲鼎 九字 代三·十八

且辛父庚鼎 九字 代三·十九

至鼎 九字 代三・十九

甚鼎 十字 代三・二〇

霍鼎 十字 代三・二〇

藥鼎 十字 代三・二〇

伯旬鼎 十字 遺七六

乃孫作且己鼎 十一字 代三・二一

蔡侯鼎 十一字 代三・二一

[illegible]君鼎 存十一字 代三・二三

龏姛鼎 十一字 美四五〇

中作且癸鼎 十二字 代三・二三

薛侯鼎 九字 攈二之一・三二

戈父辛鼎 十字 代三・二〇

鄭同媿鼎 十字 代三・二〇

乙未鼎 十字 代三・二一

亘鼎 十字 陝青八〇

爽[illegible]鼎 十一字 代三・二一

内大子鼎 十一字 代三・二二

德鼎 十一字 上二七

羊庚鼎 十一字 考古七六・一陝(二)一六〇

伯矩鼎 十二字 代三・二三

江小仲鼎 九字 遺七四

白[illegible]鼎 十字 代三・二〇

弔盂父鼎 十字 代三・二〇

弔姬鼎 十字 周二・五九

曾侯中子[illegible]父鼎 十字 文物七二・二

吳買鼎 十一字 代三・二一

伯匕鼎 十一字 代三・二二

剌攺宁鼎 十一字 拓本

從鼎 十二字 代三・二一

仲宧父鼎 十二字 代三・二三

器名	字數	著錄
倗仲鼎	十二字	代三・二三
陳之襄鼎	十二字	代三・二三
鄒父鼎	十二字	代三・二四
鄭子石鼎	十二字	代三・二四
史喜鼎	十二字	遺七八
廟孱鼎	十二字	陝(一)一八五
剌䵼鼎	十三字	代三・二七
伯[illegible]父鼎	十三字	代三・二八
鄦子蒷夷鼎	各十三字	遺八〇
榮子鼎	十四字	代三・二九
[illegible]伯鼎	十二字	代三・二三
郱討鼎	十二字	代三・二三
郜造鼎	十二字	代三・二四
二年寧鼎	十二字	代三・二四
耑句君鼎	十二字	遺九九
[illegible]侯鼎	十二字	考古六五・九
饔邍父鼎	十三字	代三・二七
大師人鼎	十三字	代三・二八
[illegible]鼎	十四字	代三・二六
仲殷父鼎	十四字	代三・二九
交鼎	十二字	代三・二三
子邁鼎	十二字	代三・二四
内公鼎	十二字	代三・二四
會肯鼎	十二字又蓋六字器十二字	代三・二五又四三系補遺
榮有嗣爯鼎	十二字	陝(一)一六四
屯鼎	十三字	代三・二七
虢弔大父鼎	十三字	代三・二七
从鼎	十三字	代三・二八
[illegible]鼎	十四字	代三・二九續殷上二四
史宜父鼎	十四字	代三・三〇

伯執父鼎 十四字 代三・三〇

尃車季鼎 十四字 文物六四・一三

雍母乙鼎 十四字 代三・三一

伯考父鼎 十五字 代三・三二

曾伯從寵鼎 十五字 文物六五・七

袓伯鼎 十六字 代三・三五

應公鼎 十六字 代三・三六

瘁鼎 十六字 代三・三七

杞伯鼎 十六字 代三・三三 愙五・一九

內子鼎 十七字 代三・三九

甾鼎 十四字 代三・三〇

圉方鼎 十四字 拓本

靜弔鼎 十五字 代三・三二

褱鼎 各十五字 代三・三三

旂作父戊鼎 十六字 代三・三四

武生鼎 十六字 代三・三五

鄲孝子鼎 各十六字 代三・三六

戊寅鼎 十六字 代三・三七

屖伯鼎 十七字 代三・三七

曾者鼎 十七字 代三・三九

豆氺中鳥交鼎 十四字 代三・三一

雍伯鼎 十五字 代三・三一

伯筍父鼎 十五字 代三・三二

復鼎 十五字 考古七四・五 拓本

輔伯鼎 十六字 代三・三四

穌冶妊鼎 十六字 代三・三六

邾伯御戎鼎 十六字 代三・三七

𥂴男鼎 十六字 考文八四・一

仲義父鼎 十七字 代三・三八

鄦去魯鼎 十七字 代三・三九

女嫢鼎 十七字 代三·四〇

鑄子鼎 十七字 代三·四〇

弗奴父鼎 十七字 文物七四·二

曹卹父鼎 十七字 拓本

曾子仲謱鼎 十八字 考古七五·四拓本

鼄季鼎 十八字 代三·四一

雍伯原鼎 十八字 代三·四二

揚鼎 十八字又十九字 代三·四六

曆鼎 十九字 代三·四五

鄭虢仲鼎 十九字 校二·八一

上官鼎 十七字 代三·四〇 校二·七五

魯左司徒元鼎 十七字 遺八七

仲助父鼎 十七字 陝(二)一八六

缺名鼎 存十七字 拓本

臣卿鼎 十八字 代三·四一

曾孫無𡢁鼎 十八字 代三·四一

十一年鼎 十八字 代三·四三

豐鼎 十九字 代三·四四

㴸伯友鼎 十九字 代三·四五

嬴氏鼎 十九字 拓本

鄭登伯鼎 十七字 遺八六

函皇父鼎 十七字 陝青六二

伯辛父鼎 十七字 陝(二)一八八

郳子宿車鼎 蓋十六字器十八字 中原八一·四

辛仲姬鼎 十八字 代三·四一

師𠂤鼎 十八字 代三·四二

大梁鼎 十八字 代三·四三

趞亥鼎 十九字 代三·四四

𥙊伯𦍩鼎 十九字 代三·四五

伯夏父鼎 十九字 陝(三)

番君召鼎 十九字 拓本
寒姒鼎 二〇字 代三·四七
弔碩父鼎 二〇字 攈二之二·七九
邿伯鼎 二〇字 代三·四六
邿伯祀鼎 二一字 代三·四九
伯陶鼎 二一字 代三·五一
先獸鼎 二二字 代三·五一
邾□伯鼎 二二字 代三·五二
眞侯鼎 二二字 文物七二·五
弔單鼎 二三字 代四·一

白者君鼎 十九字 文物八〇·一
司父鼎 二〇字 代三·四七
弔夜鼎 二〇字 攈二之二·七九
旅伯鼎 二〇字 陝(二)一八七
匽侯鼎 二一字 代三·五〇
寓鼎 二一字 代三·五一
舍父鼎 二二字 代三·五一
缶鼎 二二字 代三·五三
鄁父碩父鼎 二二字 校二·二八
戜者鼎 二三字 代四·二

鄧伯氏鼎 二〇字 代三·四七
虢文公鼎 二〇字 代三·四八
吳王姬鼎 二〇字 周二補遺九
陳侯鼎 二一字 代三·四九
獻侯鼎 二一字 代三·五〇
衛鼎 二一字 考古七四·一拓本
□者生鼎 二二字 代三·五二
南宮有嗣鼎 二二字 周二·四〇
伯頵父鼎 二三字 代四·一
亳鼎 二三字 代四·二

禽鼎 二三字 代四·二

十一年惪鼎 二三字 拓本

兹大子鼎 二四字 周二·三九

昜鼎 二五字 代四·四

辛鼎 二五字 周二·四〇

員鼎 二六字 代四·五

𦚢鼎 二六字 代四·七

𢦏弔鼎 二七字 代四·七

𨘂鼎 二七字 周二·三六

乙亥鼎 二八字 代四·一〇

小子射鼎 二三字 續殷上二五

斿鼎 二四字 代四·三

𤼷方鼎 二四字 考古七四·五拓本

伯𦍩鼎 二五字 代四·四

德方鼎 二五字 上二八

旚弔樊鼎 二六字 代四·六

𦯧鼎 二六字 拓本

郗王鼎 二七字 代四·九

𣗥伯車父鼎 二七字 文物七二·六

師𣪘鼎 二八字 文物七二·七

伯吉父作毅鼎 二三字 陝(三)

鐘伯鼎 二四字 代四·三 頌續十五

天君鼎 二五字 代四·四

鄙𦟝鼎 二五字 代四·四

諆鼎 二六字 代四·六

𢐗伯作井姬鼎 二五字 文物七六·四

戍甬鼎 二七字 代四·七

姬鼎 二七字 代四·九

周𡨦鼎 二八字 代四·一〇

王來奠新邑鼎 二八字 文物六三·三

師趛鼎 二九字 代四・十	庚兒鼎 二九字 考古六三・五拓本	寡兒鼎 三〇字 代四・十三	申鼎 三二鼎 代四・十五	𢿢繇鼎 三二字 遺九二	會忎鼎 各三三字 代四・十七家寶三	齊侯鼎 三四字 校三・六	寧鼎 三五字 代四・十八	仲師父鼎 三七字 代四・十九	般殷鼎 三八字 文物八三・二二
辛伯鼎 二九字 校二・八六遺八八	毛公旅鼎 三〇字 代四・十二	井鼎 三〇字 代四・十三	衛鼎 三二字 代四・十五	趞鼎 三三字 代四・十六	旅鼎 三四字 代四・十六	不𢍈方鼎 三四字 陝(三)五八	蔡大師鼎 三五字 代四・十八	函皇父鼎 三七字 陝青六一	害鼎 三九字 遺九四
麥鼎 二九字 遺九一	公貿鼎 三〇字 代四・十二周二・三四	𡩜鼎 三一字 代四・十三	曾子仲宣鼎 三二字 代四・十五	師咢父鼎 三三字 代四・十六	𨑫鼎 三四字 系八擴二之三・七九	戍𤔲鼎 三一字 考學六〇・一	塱鼎 三五字 考學第九期	坪安君鼎 三八字 代四・二〇	曾子斿鼎 四〇字 文物六四・七拓本

作冊大鼎 四一字 代四·二〇
呂鼎 四二字 代四·二二
帥鼎 四七字 綴四·一三
史獸鼎 五〇字 代四·二三
師同鼎 五四字 文物八二·一二
哀成弔鼎 五七字 拓本
尹姞鼎 六四字 冠上一二 遺九七
利鼎 七〇字 代四·二七
柳鼎 七九字 遺九八
王子午鼎 八四字 文物八〇·一〇拓本

我鼎 各四二字 代四·二一又十·四三
蠆鼎 四六字 文物七九·九
鄀公鼎 四八字 代四·二二
剌鼎 五一字 代四·二三
角季鼎 五五字 代四·二四
康鼎 六二字 代四·二五
令鼎 六九字 代四·二七
善夫克鼎 七二字 代四·二八
師旂鼎 八〇字 代四·三一
師奎父鼎 九三字 代四·三四

穿鼎 四二字 代四·二一
⿰害夫弔鼎 四七字 文物七六·一拓本
梁其鼎 四八字 陝青六九
師湯父鼎 五四字 代四·二四 校三·十九
趞曹鼎 五六字五七字 代四·二四
史頌鼎 六三字 代四·二六
戜方鼎 六五字 陝(二)九九
咢侯鼎 存七九字 代四·三二
大鼎 八一字 代四·三二
無叀鼎 九四字 代四·三四

師望鼎　九四字　代四、三五

鬲攸比鼎　一〇〇字　代四、三五

伯晨鼎　一〇〇字　代四、三六

趞鼎　九七字　拓本

師晨鼎　一〇三字　據三之二、二一

此鼎　二一字又一一二字　陝(一)一九六至一九八

善鼎　一一二字　代四、三六

㦰鼎　一一六字　陝(三)一〇〇

善夫山鼎　一二〇字　文物六五、七

頌鼎　一五一字　代四、三九

九年衛鼎　一九五字　陝(一)一七四拓本

師𩛥鼎　一九七字　文物七五、八拓本

禹鼎　二〇六字　遺九九

五祀衛鼎　二〇七字　陝(一)一七三拓本

多友鼎　二七五字　人文雜誌八一、四拓本

克鼎　二八九字　代四、四〇

盂鼎　二九一字　代四、四二

盂鼎二　三九〇字　代四、四四　據三之三、四二

曶鼎　四〇三字　代四、四五

中山王嚳鼎　四六九字　文物七九、一拓本

毛公厝鼎　四九七字　代四、四六

五　鬲　一百器

魚鬲　一字　代五、一三

[illegible]鬲　一字　代五、一三

亞中䍃鬲　一字　代五、一三

[illegible]鬲　一字　據一之一、一三

史秦鬲　二字　代五、一三

亶子鬲　二字　文物七二、五

牪父丁鬲 三字 代五·一三	弘鬲 三字 代五·二四	[illegible]父丁鬲 四字 代五·二四	仲姬鬲 四字 頌續二三	鄭始鬲 五字 代五·一五	伯耒鬲 五字 代五·一六	絺伯鬲 六字 代五·一六	魯侯鬲 六字 代五·一七	伯邦父鬲 六字 齊七	作義妣鬲 七字 代五·一八
[illegible]父丁鬲 三字 代五·一三	齊婦鬲 三字 代五·二四	北伯鬲 四字 代五·二四	同姜鬲 五字 代五·一五	雯人守鬲 五字 代五·一五	旂姬鬲 五字 松續上二五	姬芳母鬲 六字 代五·一六	仲鈄父鬲 六字 代五·一八	弭弔鬲 六字 文物六〇·二拓本	戒鬲 七字 代五·一九
父己鬲 三字 代五·一三	作医㬎鬲 三字 文物七二·一〇	丁[illegible]鬲 四字 代五·一五	季真鬲 五字 代五·十五	[illegible]鬲 五字 代五·一五	微伯鬲 五字 陝(三)四四至四八	仲姞鬲 六字 代五·一六	大鬲 六字 代五·一八	椃弔叔父鬲 六字 拓本	盤姬鬲 七字 代五·一九

器名	字數	著錄
鄭弔蒦父鬲	七字	代五・二一
吾鬲	七字	文物七九・四
魯姬鬲	八字	代五・二三
王母鬲	八字	攈二之一・二八
林[illegible]鬲	九字	代五・二四
[illegible]母鬲	九字	代五・二五
姬趛母鬲	十字	攈二之一・五三
[illegible][illegible]鬲	十一字	代五・二八 頌續一九
鄭羌伯鬲	十二字	代五・二九
魯侯獄鬲	十三字	美四二
伯窺父鬲	七字	周二・八三
鄭井弔鬲	八字	代五・二三
衛姒鬲	八字	代五・二三 頌續二
伯姜鬲	八字	校三・六一
王伯姜鬲	九字	代五・二四
樊君鬲	十字	代五・二六
伯[illegible]父鬲	十字	張二
榮伯鬲	十一字	代五・二八
郳來隹鬲	十三字	代五・二九
衛夫人鬲	十三字	辛六一
[illegible]鬲	七字	遺一〇七
鄭登伯鬲	八字	代五・二二
郳始鬲	八字	代五・二三
召伯毛鬲	八字	遺一〇八
𢦏弔鬲	九字	代五・二四
伯狺父鬲	十字	代五・二六
庚姬鬲	十一字	代五・二六
[illegible]肈家鬲	十一字	代五・二八
呂王鬲	十三字	代五・三〇
呂[illegible][illegible]鬲	十三字	遺一一〇

[illegible][鬲司]爯鬲 十三字 陝(一)一七九
伯家父鬲 十四字 代五・三〇
召仲鬲 十五字 代五・三四
䢅仲鬲 十五字 代五・三五
白矩鬲 十五字 文物七八、四
邾友父鬲 十六字 代五・三六
善吉父鬲 十六字 考古六六・四拓本
鄭師□父鬲 十七字 代五・三八
善夫吉父鬲 十七字 遺一一
伯夏父鬲 十九字 代五・四一

樊夫人龍嬴鬲 十三字 文物八一・二
戲伯鬲 十四字 代五・三一
邾伯鬲 十五字 代五・三四
伯沇父鬲 十五字 攈二之二・一八拓本
白先父鬲 十五字 陝(三)八四至九三
御鬲 十六字 代五・三八
虢季氏子鬲 十六字 文物五九・一
番君鬲 十七字 代五・三八
内公鬲 十八字 代五・四〇
鄭伯筍父鬲 十九字 代五・四二

𨚕鬲 十四字 代五・三〇 校三・七〇
魯伯愈父鬲 十五字 代五・三二
仲夏父鬲 十五字 代五・三五
宰駟父鬲 十五字 考古六五・一一拓本
虢仲鬲 十六字 代五・三六
陳侯鬲 十六字 周二補十七
成伯孫父鬲 十六字 陝(一)一八〇
杜伯鬲 十七字 代五・三九
𡢁土父鬲 十八字 文物七二・五
單伯鬲 二〇字 代五・四三

孟辛父鬲　二〇字又二一字　代五·四三

隮子鬲　二二字　代五·四三

琱生鬲　二二字　文物六五·七

仲枏父鬲　三八字　考古七九·二

六　甗　八二器

𡨦甗　一字　代五·一

夸甗　一字　代五·二

𠕀甗　一字　文物六三·四

𠂤甗　一字　文物七二·二

𡳾甗　一字　文物資料叢刊三

亼亼甗　一字　陝(三)

𦣞甗　一字　考學八一·四

戈网甗　二字　代五·一

木甗甗　二字　代五·一

肯衍甗　二字　代五·一

且丁甗　三字　代五·二

𠁁父乙甗　三字　代五·二

亞中𢼸父丁甗　三字　代五·二

亞中父丁甗　三字　代五·二

戈父戊甗　三字　代五·二

𠑹父己甗　三字　代五·三

𠑹父己甗　三字　代五·三

𢼸父辛甗　三字　代五·三

見甗　三字　代五·三

亞中𠭯父己甗　三字　代五·四

𡨥父乙甗　三字　善齋三·三〇

冏父乙甗 三字 陝(三)
戉父癸甗 四字 代五・四
宎甗 四字 代五・四
亶甗 四字 攈一之二・八一
兴北子甗 四字 文物六三・二
仲甗 四字 文物八二・一
雷甗 五字 代五・五
伯廬甗 五字 代五・六 頌續二四
鼎甗 六字 代五・六
寡史甗 六字 代五・七

𠈭母癸甗 三字 上二六
𡜊奴甗 四字 代五・四
彭女甗 四字 代五・四
子商甗 四字 續殷上三〇
白甗 四字 考古六三・一〇 拓本
門射甗 五字 第一字 代五・四
龔妊甗 五字 代五・五
商婦甗 五字 代五・六
夆伯甗 六字 代五・六
田農甗 六字 遺一〇二

戚甗 三字 陝(二)一〇二
命甗 四字 代五・四
戲甗 四字 代五・五
乎射甗 四字 考古五九・四
獻甗 四字 文物七九・九
父庚甗 五字 代五・五
伯真甗 五字 代五・五
解子甗 五字 遺一〇〇
卣弗生甗 六字 代五・七
應監甗 六字 考學六〇・一

器名	字數	著錄
師趞甗	六字	文物資料叢刊三
卯𠨍甗	七字	代五、七
弔䒨甗	七字	陝九〇
比甗	八字	代五、八
𡚇夫甗	九字	代五、八
婦闔甗	十字	代五、八
仲伐父甗	十二字	齊二三
子邦父甗	十四字	代五、九
鄭大師甗	十五字	代五、一〇
邕子甗	二二字	代五、一二 頌續二五

器名	字數	著錄
㢐伯甗	六字	文物七六、四
婦姑甗	七字	代五、七
㢐伯作井姬甗	七字	文物七六、四
者女甗	八字	代五、八
大史友甗	九字	代五、八
𤄔白筍父甗	十字	代五、九
弔碩父甗	十三字	代五、九
圍甗	十四字	拓本
般甗	二〇字	代五、一一
王孫壽甗	三五字	遺一〇六

器名	字數	著錄
𠦝強甗	七字	代五、七
作父癸甗	七字	遺一〇三
𨚕仲雩父甗	七字	陝(二)一一五
尹伯甗	八字	代五、八
孚公𣏟甗	九字	遺一〇四
作寶甗	十二字	遺一〇五
𣪘父甗	十三字	代五、九
封仲甗	十五字	代五、一〇
王人甗	二一字	代五、一一 周二、八七
遹甗	三八字	代五、一二

孟辛父鬲　二〇字又二一字　代五·四三

隮子鬲　二二字　代五·四三

琱生鬲　二二字　文物六五·七

仲枏父鬲　三八字　考古七九·二

六　甗　八二器

𩰫甗　一字　代五·一

夸甗　一字　代五·二

冊甗　一字　文物六三·四

身甗　一字　文物七二·一二

屮屮甗　一字　文物資料叢刊三

巛巛甗　一字　陝(三)

吅甗　一字　考學八一·四

戈网甗　二字　代五·一

水甗甗　二字　代五·一

㞢衛甗　二字　代五·二

且丁甗　三字　代五·二

𡨦父乙甗　三字　代五·二

亞中𢾀父丁甗　三字　代五·二

亞中父丁甗　三字　代五·二

戈父戊甗　三字　代五·二

𠓛父己甗　三字　代五·三

𩁹父己甗　三字　代五·三

𣏟父辛甗　三字　代五·三

見甗　三字　代五·三

亞中𦣻父己甗　三字　代五·四

㝬父乙甗　三字　善齋三·三〇

榮有𤔲爯鬲 十三字 陝(一)一七九

伯家父鬲 十四字 代五·三〇

召仲鬲 十五字 代五·三四

袒仲鬲 十五字 代五·三五

白矩鬲 十五字 文物七八·四

邾友父鬲 十六字 代五·三六

善吉父鬲 十六字 考古六六·四拓本

鄭師□父鬲 十七字 代五·三八

善夫吉父鬲 十七字 遺一一

伯夏父鬲 十九字 代五·四一

樊夫人龍嬴鬲 十三字 文物八一·一

戲伯鬲 十四字 代五·三一

邾伯鬲 十五字 代五·三四

伯汖父鬲 十五字 攈二之二·一八拓本

白先父鬲 十五字 陝(三)八四至九三

御鬲 十六字 代五·三八

虢季氏子鬲 十六字 文物五九·一

番君鬲 十七字 代五·三八

内公鬲 十八字 代五·四〇

鄭伯筍父鬲 十九字 代五·四二

龏鬲 十四字 代五·三〇 校三·七〇

魯伯愈父鬲 十五字 代五·三二

仲夏父鬲 十五字 代五·三五

宰駟父鬲 十五字 考古六五·一一拓本

虢仲鬲 十六字 代五·三六

陳侯鬲 十六字 周二補十七

成伯孫父鬲 十六字 陝(一)一八〇

杜伯鬲 十七字 代五·三九

嬰土父鬲 十八字 文物七二·五

單伯鬲 二〇字 代五·四三

陳公子甗 三八字 代五·一三

七 簋 六九五器

[illegible]簋 一字 代六·二

[illegible]簋 一字 代六·二

鳥形簋 一字 代六·二

[illegible]簋 一字 代六·三

[illegible]簋 一字 代六·三

[illegible]簋 一字 代六·三

史簋 一字 代六·三

逐簋 一字 代六·三

斿簋 一字 代六·二

[illegible]簋 一字 代六·二

[illegible]簋 一字 代六·二

戈簋 一字 代六·三

殺牲形簋 一字 代六·三

[illegible]簋 一字 代六·三

品簋 一字 代六·三

[illegible]簋 一字 代六·四

[illegible]簋 一字 代六·二

競簋 一字 代六·二

[illegible]簋 一字 代六·二

魚簋 一字 代六·三

[illegible]簋 一字 代六·三

[illegible]簋 一字 代六·三 冠上一六

衛簋 一字 代六·三

杒簋 一字 代六·四

[illegible]簋 一字 代六・四 頌續二九・三〇

[illegible]簋 一字 代六・四

九簋 一字 代六・五

入簋 一字 代六・五

亞中登簋 一字 代六・五

亞中告簋 一字 代六・六

獸形簋 一字 代七・一

偁簋 一字 代七・二

亞中[illegible]簋 一字 代十四・三九作觶誤

[illegible]簋 一字 續殷上三四

[illegible]簋 一字 代六・四

[illegible]簋 一字 代六・四

匕簋 一字 代六・五

[illegible]簋 一字 代六・五

亞中奚簋 一字 代六・六

亞中[illegible]簋 一字 代六・六

亯簋 一字 代七・一

目簋 一字 代七・二

[illegible]簋 一字 校七・五五

[illegible]簋 一字 寶五二

妥簋 一字 代六・四

[illegible]簋 一字 代六・四

[illegible]簋 一字 代六・五

[illegible]簋 一字 代六・五

亞中[illegible]簋 一字 代六・六

[illegible]簋 一字 代六・八

[illegible]簋 一字 代七・一

嫂簋 各一字 代十二・三九作卣誤

中簋 一字 續殷上三三

婦簋 一字 劍古上二一

器名	字數	出處
[illegible]簋	一字	中九
[illegible]簋	一字	文物六五・七
山簋	一字	考古七六、一
㸚簋	一字	陝(二)七六
執簋	各一字	文物六五、二
父辛簋	二字	代六・七
夰羊簋	二字	代六、八
子[illegible]簋	二字	代六、九
守婦簋	二字	代六・一〇
[illegible]萬簋	二字	代六・一〇
[illegible]簋	一字	拓本
魚簋	一字	文物六三・三
品簋	一字	上一
[illegible]簋	一字	拓本
且戊簋	二字	拓本
[illegible]戊簋	二字	代六、八
子[illegible]簋	二字	代六・八
亞弜簋	二字	代六、九
[illegible]衘簋	二字	代六・一〇
通簋	二字	代六・一〇
[illegible]簋	一字	代六・二
[illegible]簋	一字	文物六三、三
十簋	一字	上二七
[illegible]簋	一字	考學八一・四
父戊簋	二字	代六、七
癸山簋	二字	代六、八
子妻簋	二字	代六・九
又[illegible]簋	二字	代六、九
[illegible][illegible]簋	二字	代六・一〇
子龔簋	二字	遺一二二

器名	字數	著錄
[illegible]北[illegible]簋	二字	遺一三〇
丙且丁簋	三字	代六、一一
交父乙簋	三字	代六、一一
[illegible]父乙簋	三字	代六、一二
北子[illegible]父乙簋	三字	代六、一三
凡父丁簋	三字	代六、一三
[illegible]父丁簋	三字	代六、一四
北子[illegible]父丁簋	三字	代六、一四
[illegible]父辛簋	三字	代六、一五
鳶父辛簋	三字	代六、一六
遽從簋	二字	拓本
門且丁簋	三字	代六、一一
[illegible]父乙簋	三字	代六、一一
[illegible]父乙簋	三字	代六、一二
木父丙簋	三字	代六、一三
[illegible]父丁簋	三字	代六、一三
亞中鳥父丁簋	三字	代六、一四
[illegible]父己簋	三字	代六、一五
[illegible]父辛簋	三字	代六、十六
[illegible]父辛簋	三字	代六、一六
父辛丙簋	三字	代六、八
山父乙簋	三字	代六、一一
父乙[illegible]簋	三字	代六、一一
雙鳥形父乙簋	三字	代六、一二
戈父丁簋	三字	代六、一三
交父丁簋	三字	代六、一四
亞中[illegible]父丁簋	三字	代六、一四
[illegible]父己簋	兩耳各三字	代六、一五
[illegible]父辛簋	三字	代六、一六
枚父辛簋	三字	代六、一六

亞中[illegible]父辛簋 三字 代六、一七又七、三	[illegible]父癸簋 三字 代六、一七	伯陪簋 三字 代六、一八	且己簋 三字 代六、二六	臤父癸簋 三字 代七、四	弦簋 三字 代七、四	[illegible]父丁簋 各三字 代七、六	作姬簋 三字 周五、二一作尊誤	亞中[illegible]父丁簋 三字 校七、五八	[illegible]父丁簋 三字 續殷上三八
[illegible]父癸簋 各三字 代六、一七 校七、一三	亞中弜父癸簋 三字 代六、一七	作旅簋 三字 代六、一九	保父丁簋 三字 代七、三	[illegible]父癸簋 三字 代七、四	作寶簋 三字 代七、五	[illegible]母辛簋 三字 代十一、二二作尊誤	咸父乙簋 三字 校七、九	[illegible]父乙簋 三字 續殷上三六	亞中[illegible]父己簋 三字 續殷上三九
[illegible]父癸簋 三字 代六、一七	亞中[illegible]父癸簋 三字 代六、一八	黍妣辛簋 三字 代六、二二	[illegible]父己簋 三字 代七、三	作己姜簋 三字 代七、四	[illegible]父乙簋 三字 代七、六	亞中[illegible]父口簋 三字 攈二之一、一二	寅簋 三字 校七、一五	[illegible]父丁簋 三字 續殷上三七	[illegible]父辛簋 三字 續殷上五四作尊誤

- 庚午簋 三字 青三〇
- 父乙堊簋 三字 湖南七二
- 白八□簋 三字 美二二八
- 且癸父丁簋 四字 代六・二〇
- □啚父乙簋 四字 代六・二〇
- 奉冊父丁簋 四字 代六・二一
- 父癸□簋 四字 代六・二二
- 作寶彝簋 四字 代六・二三
- 弔簋 四字又五字 代六・二三又二五又二八
- 宵簋 各四字 代六・二四
- □父乙簋 三字 拓本
- 史母癸簋 三字 美九一
- 弔簋 三字 西五
- 敄父乙簋 四字 代六・二〇
- □□父乙簋 四字 代六・二〇
- 事作父己簋 四字 代六・二一
- 女康丁簋 四字 代六・二二
- 狽簋 四字 代六・二三
- 客簋 四字 代六・二四
- 伯簋 四字 代六・二四・二五又七・八
- □父乙簋 三字 拓本
- 魚父癸簋 三字 遺一二七
- 帚女簋 四字 代六・一八
- □□父乙簋 四字 代六・二〇
- 田告父丁簋 四字 代六・二一
- 父己持戈盾形簋 四字 代六・二一
- □作乒簋 各四字 代六・二二
- 匀簋 四字 代六・二三
- 卲簋 四字 代六・二四
- □簋 四字 代六・二四

- 豐簋 四字 代六・二五
- 作從簋 四字 代六・二六
- 霝簋 四字 代七・七
- 彭女簋 各四字 代七・七
- 伯姬簋 四字 代七・八
- [illegible]且己簋 各三字 續殷上七一
- [illegible]父癸簋 四字 美三五
- 中簋 四字 陝(一)一四九
- 又羊父己簋 五字 代六・二一
- 作父丁簋 五字又八字 代六・二七又四〇

- [illegible]仲簋 各四字 代六・二五
- ◆冊父乙簋 四字 代六・二七
- 戜簋 四字 代七・七
- [illegible]簋 四字 代七・八
- [illegible][illegible]父癸簋 四字 殷上一六
- 冉[illegible]父丁簋 四字 陝(三)
- 吕姜簋 四字 考古七六二拓本
- 央簋 四字 拓本
- [illegible]衎天父癸簋 五字 代六・二三
- 其侯父己簋 五字 代六・二七

- 作車簋 四字 代六・二五
- 舟簋 四字 代七・六
- 奪簋 各四字 代七・七
- 女[illegible]簋 四字 代七・八
- 戈簋 四字 頌續三二
- [illegible]見父丁簋 四字 美六八
- 作寶尊彝簋 四字 考古七四、六拓本
- 宜陽右倉簋 四字 拓本
- 作父乙[illegible]簋 五字 代六・二七
- [illegible]父辛簋 五字 代六・二七

束父癸簋 五字 代六・二八
應公簋 五字 代六・二九
比簋 五字 代六・三〇
癸[illegible]簋 五字 代六・三〇
天工冊父己簋 五字 代六・三四
㠱君父乙簋 五字 代七・九
伯侄簋 各五字 代七・一〇
季[illegible]簋 五字 代七・一〇
[illegible]父簋 五字 代七・一一
果簋 各五字 代七・一一

弔召簋 五字 代六・二八
艁伯簋 五字 代六・二九
姘簋 五字 代六・三〇
農簋 五字 代六・三一
烏簋 五字 代六・三五
作父丙簋 五字 代七・九
伯御簋 五字 代七・一〇
[illegible]簋 五字 代七・一〇
余[illegible]簋 五字 代七・一一
王作臣坒簋 五字 周三・一一五

王作簋 五字 代六・二九
[illegible]父簋 五字 代六・二九
姬簋 五字 代六・三〇
任氏簋 五字 代六・三一
父乙臣辰簋 各五字 代七・九
㠱侯父戊簋 五字 代七・九
季楚簋 各五字 代七・一〇
縈伯簋 五字 代七・一一
文簋 五字 代七・一一
作季簋 五字 周三・一一四

孔伯簋 五字 遺一三二

粤庚簋 五字 拓本

御簋 五字 美二九四

伯戚簋 五字 陝(三)一〇三

秉中父乙簋 六字 代六、三一

𠓛父乙簋 六字 代六、三二

畜簋 六字 代六、三三

ㄚA作父己簋 六字 代六、三四

家乇簋 六字 代六、三四

伯䏰簋 六字 代六、三五

𢦚簋 五字 遺一三三

大𢊁簋 五字 拓本

作尊車簋 五字 美三五〇

新𢍉簋 五字 文物七九、四 拓本

衍𠂤簋 六字 代六、三二

作父乙簋 六字 代六、三三

𣪘簋 六字 代六、三三

𣪕簋 六字 代六、三四

璬簋 六字 代六、三四

仲子日乙簋 六字 代六、三六

田農簋 五字 遺一三五

䟒簋 五字 美二九一

考母簋 五字 文物七二、一〇

且戊簋 六字 代六、三一

眞侯父乙簋 六字 代六、三二

眀父丁簋 六字 代六、三三

作父戊簋 六字 代六、三三

揚作父辛簋 六字 代六、三四

伯喜父簋 六字 代六、三五

季保簋 六字 代六、三六

嬴季簋 六字 代六、三六

雍嬰簋 六字 代六、三六

霸姞簋 六字 代六、三七

作父乙簋 六字 代七、二一

伯𦥑簋 各六字 代七、一二

苪侯簋 六字 代七、一三

姜林母簋 六字 代七、四 頌續三九

嬴霝德簋 六字 代七、五 頌續四一

伯趛父簋 六字 攈一之三、五五

衛始簋 各六字 遺一三八

榮子簋 六字 代六、三六

師高簋 六字 代六、三六

向簋 六字 代六、三七

伯魚簋 各六字 代七、一二

仲鳧父簋 六字 代七、一三

㐬伯簋 六字 代七、一三

戚姬簋 六字 代七、一四

仲明父簋 六字 攈一之三、四五

利簋 六字 使華一四

長由簋 各六字 陝青三四

安父簋 六字 代六、三六

驫姛簋 六字 代六、三七

段金歸簋 六字 代六、三八

伯矩簋 六字 代七、一二

弔狀簋 六字 代七、一三

𡰥簋 六字 代七、一三

師𧅫簋 六字 代七、一四

弔伎父簋 六字 攈一之三、五五

卜孟簋 各六字 遺一三四

伯作乙公簋 六字 拓本

咢弔簋 六字 上二六

倗缶簋 七字 代六·三八

宰豕簋 七字 代六·三八

⿱重己作父戊簋 七字 代六·三九

[illegible]簋 七字 代六·三九

比作伯婦簋 七字 代六·三九

作父乙簋 各七字 代七·一五

臣辰父癸簋 各七字 代七·一六

⿰耒見簋 七字 代七·一六

⿸㫃敝簋 七字 代七·一七

蔡侯⿰⿳亩亩亩⿳𢆶𢆶𢆶簋 六字 五省

山御簋 七字 代六·三八

休簋 七字 代六·三八

廣父己簋 七字 代六·三九

堇伯簋 七字 代六·三九

伊生簋 七字 代六·三九

弔父丁簋 七字 代七·一五

杯售簋 七字 代七·一六

寧遺簋 七字 代七·一七

仲義昱公簋 七字 攈二之一·四

⿰阝奚伯簋 六字 文物七二·二

禾作父乙簋 七字 代六·三八

叀作父戊簋 七字 代六·三八

作父戊簋 七字 代六·三九

征簋 七字 代六·三九

亞中若癸簋 七字 代六·四〇

哦簋 七字 代七·一五

義伯簋 七字 代七·一六

⿰女系仲簋 各七字 代七·一七

卲王簋 七字 代七·一七 家遐四

木工簋 八字 代三、一七作鼎誤

陸婦簋 七字 陝青九五

𦎫敆伯簋 七字 美三八二

衛簋 七字 考古七六二拓本

医簋 八字 代六、四二

數共簋 八字 代七、一八

旟嗣土虒簋 八字 代七、一九

可侯簋 八字 攈二之一、二二

北伯簋 八字 拓本

侖簋 八字 拓本

史棗簋 八字 代六、四〇

史戍簋 各七字 拓本

強伯作旅簋 各七字 文物七六、四

集𠑇簋 蓋八字器七字 代六、四一又七、一八

向作父癸簋 八字 代六、四二

屯簋 各八字 代七、一八

單異簋 八字 攈二之一、二七 美三五七

睘簋 八字 攈二之一、二七

鄂季奞父簋 八字 文物六四、七

史述簋 八字 美三八八

堇臨簋 八字 代六、四〇

小臣父乙簋 各七字 拓本

強伯自為簋 各七字 文物七六、四

[illegible]東簋 八字 代六、四一

伯作譚子簋 八字 代六、四二

戈眉簋 八字 代七、一八

𠦪父簋 八字 攈二之一、二一

子阱簋 八字 遺一四〇

伯蔡父簋 八字 文物六四、九

鄂侯弟曆季簋 八字 文物資料叢刊三

白嘉父簋 八字 文物八二·四
辨簋 九字 代六·四三
幵[illegible]冀簋 九字 代六·四三
彔作乙公簋 九字 代七·一九
弔宿簋 九字 代七·一九
史⿺辶亘簋 九字 代七·二〇
日癸簋 九字 遺一四三
𢦏弔昏簋 九字 美二〇三
戣簋 十字 代六·四五
弔寍簋 十字 代七·二一

⿰亯卜□簋 九字 代六·四三
⿺走敉子簋 九字 代六·四三
⿰卩光簋 九字 代六·四三
彔作乙公簋二 十六字 代七·三五
同𠂤簋 各九字 代七·二〇
内公簋 九字 代七·二〇
伯荧簋 各九字 遺一四四
作且乙簋 十字 代六·四四
鳥且癸簋 十字 代七·二一
弔羽父簋 十字 代七·二一

⿱宀王父丁簋 九字 代六·四三
司土司簋 九字 代六·四三
庚姬簋 九字 代六·四四
孟㤥父簋 九字 代七·一九
師寏父簋 各九字 代七·二〇
褱母辛簋 九字 代一一·二九作尊誤
康伯簋 九字 拓本
[illegible]簋 十字 代六·四四
仲簋 十字 代七·二一
季隻簋 十字 代七·二一

蘇公作王妃簋 十字 代七·二一

弔妃簋 十字 拓本

仲网父簋 十一字 代七·二二

敔簋 十一字 代七·二三

稃作父甲簋 十一字 代七·二三

保彶母簋 十二字 代六·四五

夅簋 十二字 代七·二六

晋人簋 十二字 陝青一三

槢簋 十三字 代六·四五

𥂴簋 十三字 代七·二七

貞簋 各十字 代七·二一 周三·九五

弔謋父簋 十字 拓本 代一〇·二八作盨

保侃母簋 十一字 代七·二三

伯者父簋 十一字 中一九 書一四四

德簋 十一字 美三二一

散伯簋 各十二字 代七·二五 上五二

中伯簋 十二字 攈二之一·六七

中友父簋 十二字 齊一〇

伯㱿簋 十三字 代七·二六

光伯簋 十三字 代七·二七

嗇簋 十字 代七·二二

仲𠂤父簋 十一字 代七·二二

數寊簋 十一字 代七·二三

仲爯簋 十一字 代六·四五

滎子且乙簋 十二字 代六·四五

㱿簋 十二字 代七·二六

伯庶父簋 十二字 愙十一·二四

友父簋 十二字 齊一四·一五

𧆞嘼妊簋 十三字 代七·二六

伯㸒父簋 十三字 代七·二七

己侯簋 各十三字 代七·二七

𤔲簋 十三字 陝青九四

敔簋 十四字 代六·四六

伯闢簋 十四字 代六·四六

遣小子簋 十四字 代七·二八

降人𩰫簋 十四字 代七·三〇

伯喜父簋 十四字 考古六三·一二拓本

公史簋 十五字 代六·四七

兮仲簋 各十五字 代七·三一

郜季簋 各十五字 代七·三三

仲競簋 十三字 代七·二八

叨孳簋 十三字 拓本

遽伯簋 十四字 代六·四六

釩簋 存十四字 代六·四六

史㝨簋 各十四字 代七·二八

乎簋 各十四字 代七·三〇

亘匠戠簋 十四字 遺一四五

伯苏簋 十五字 代七·三〇

弔侯父簋 十五字 代七·三二

桔衍簋 十五字 代七·三四

弔臨父簋 十三字 金索一

陳侯簋 十三字 文物七七·八

效父簋 十四字 代六·四六

保子達簋 各十四字 代七·二八

滕虎簋 各十四字 代七·二九

弔㮚父簋 十四字 攈二之二·六

歸弔山父簋 十三字 文物七二·六

倗伯簋 十五字 代七·三一

害弔簋 各十五字 代七·三三

城虢遣生簋 十五字 代七·三四

廣簋 十七字 代七、四四	㠱侯簋 十七字 代七、四五	奠牧馬受簋 十七字 遺一五〇	戚作且庚簋 十七字 拓本	爯簋 十八字 代六、四八	伯田父簋 十八字 代七、四七	吏良父簋 十八字 代七、四九	史敖簋 十八字 攈二之二、六〇	弔德簋 十八字 美三二〇	仲幾簋 十八字 校八·三
鄭簋 各十七字 代七·四五	旛嫼簋 各十七字 代七、四六	攸簋 十七字 拓本	臣卿簋 十八字 代六、四八	小子𩰫簋 十八字 代七、四七	周棘生簋 十八字 代七、四八	孟𢓜父簋 各十五字又各十八字 代七、三四又七、四九	[illegible]生簋 各十八字 周三、七四	東仲子父簋 十八字 文物六六·四	豐井弔簋 十八字 文物七九·四拓本
季[illegible]父逫簋 十七字 代七·四五	伯疑父簋 十七字 代七·四七	旅仲簋 十七字 陝(二)一八九	乙簋 十八字 代六、四八	是□簋 十八字 代七·四七	姞氏簋 各十八字 代七、四八	弔角父簋 十八字 代八、七	[illegible]敄簋 十八字 遺一五一	魯伯大父作季姬簋 十八字 文物七三·一	[illegible][illegible]簋 十九字 代六·四八

觴姬作旛嫼簋 十九字 代七·四六

己侯貉子簋 十九字 代八·二

辰在寅簋 存十九字 代八·五

季𩰫簋 二〇字 代六·四八

仲叀父簋 各二〇字 代八·六

吳彭父簋 各二〇字 代八·一〇

德克簋 二一字 代八·一一

蘇公簋 二二字 代八·一三

卓林父簋 二二字 代八·一四

史容簋 二二字 遺一五四

魯伯大父作孟姜簋 十九字 代八·一

魯遽父簋 各十九字 代八·三

𢧁馭簋 十九字 校七·四三

辛巳簋 二〇字 代六·四九 續殷上四八

虢季氏簋 二〇字 代八·七

豐兮簋 蓋二〇字 器二二字 代八·一三

寧簋 二一字 遺一五二

毛伯𠿒父簋 二二字 代八·一三

毛𦥑簋 二二字 代八·一五

兮吉父簋 二二字 遺一五五

魯伯大父簋 十九字 代八·二

仲殷父簋 各十九字 代八·四

瀗姬簋 十九字 代八·一

格伯作晉姬簋 二〇字 代八·五

復公子簋 二〇字 代八·九

伯中父簋 二一字 代六·四九

且日庚簋 二一字又二二字 代八·一

洑伯寺簋 二二字 代八·一三

榮簋 存二二字 代六·四九

𦚈作北子簋 二二字 文物六三·二

伯喜簋 各二二字 張二一

鄙公白韭簋 二二字 考古八二、二

史䟭簋 二三字 代六、五〇 文物七三、六

弔咢父簋 蓋二三字 器八字 代八、一六 又七、一九

燮簋 二三字 代八、一九

伯吉父作毅簋 二三字 陝(三)

邿遣簋 各二四字 代八、二一

康侯簋 二四字 遺一五七

應侯簋 各二五字 校八、二三

𡚬簋 二六字 代六、五一

酋友簋 二二字 拓本

衛簋 二三字 代六、四九

弔多父簋 各二三字 代八、一五

鄭虢仲簋 各二三字 代八、一八

伯𣪘父簋 二三字 代八、一九

昜天簋 二四字 代六、五一

黃君簋 二四字 代八、三一 周三、五九

不𣄰簋 二四字 遺一五九

琱伐父簋 二五字 考古六三、一〇 拓本

畢鮮簋 二六字 代八、二六

曹伯狄簋 二二字 文物八〇、五

禽簋 二三字 代六、五〇

鄧公簋 二三字 代八、一六

宰峀簋 各二三字 代八、一九

向𣪕簋 二三字 代八、二〇

筥小子簋 二四字 代六、五一

官[illegible]父簋 二四字 代八、二二

䣄嬰簋 各二五字 代八、二二

曾伯文簋 二五字 文物七三、五 拓本

牧師父簋 各二六字 代八、二六

陳逆簋 二六字 代八、二八
遪簋 二七字 代八、三〇
魯司徒仲齊簋 二七字 拓本
仲辛父簋 二八字 代八、三一
商叡簋 二九字 代八、三三
癸簋 二九字 代八、三二
師害簋 各三一字 代八、三三
競簋 三二字 代八、三六
弔皮父簋 三二字 代八、三八
利簋 三二字 文物七七、八

相侯簋 存二六字 代八、二八
事族簋 二七字 代八、三〇
命簋 各二八字 代八、三一
𢿍簋 各二八字 遺一六〇
仲叡父簋 二九字 代八、三二
内伯多父簋 二九字 代八、三三
伯戚簋 三一字 校八、三二
宴簋 各三二字 代八、三六
對仲簋 三二字 代八、三八
買簋 三三字 代八、三九

伯椃簋 二七字 代六、五二
賢簋 各二七字 愙九七
周愙簋 二八字 代八、三一
伯椃虘簋 二八字 文物八〇、五
仲叡父簋 一九字 周三、七三
文父丁簋 存二九字 代八、三三
条簋 各三二字 代八、三五
𢼊弔簋 三二字 代八、三七
郾侯簋 存三二字 攈二之三、六六
弔妣簋 三三字 代八、三九

大保簋 三四字 代八·四〇

𠂤皇父簋 各三六字 代八·四〇

伯家父簋 三八字 代八、四三

大作大仲簋 四〇字 代八、四四

𪓰簋 四〇字 遺一六三

孟簋 四二字 張五

鄀公簋 四四字 代八·四七

封簋 各四四字 代八、四九

𨞄伯馭簋 四五字 代八、五〇

蔡姞簋 五〇字 代六·五三

居簋 三五字 攈二之三、八五

𨟻侯簋 三七字 代八、四三

仲枏父簋 各三八字又三九字 考古七九、二 文物六五·二

伯康簋 四〇字 代八·四五

㝅簋 四一字 代六、五二

陳贶簋 四三字 代八、四六

君夫簋 四四字 代八、四七

𤼈簋 各四四字 陝(二)三三至四〇

友簋 四六字 代八、五一

朐簋 五〇字 遺一六五

𦡋簋 三六字 代六·五二

𪓰乎簋 三七字 文物七二、三

𢿘簋 各四〇字 代八、四四

𣲥其簋 四〇字 遺一六四

𩰫冗簋 四二字 代八、四六

公臣簋 四三字 陝(一)一九二至一九五

守簋 四四字 代八·四七

𦮤簋 各四五字 代八·五〇

麓伯簋 四九字 周三·四一

恒簋 五一字 文物七五、八

楕伯簋 五二字 代六、五三

遹簋 五五字 代八、五二

段簋 五七字 代八、五四

[illegible]簋 各五八字 代九、四

史頌簋 各六三字 代九、七

弔向簋 六五字 代九、二三

大師虘簋 各七〇字 上四七 五二

井侯簋 六九字 代六、五四

臣諫簋 七二字 考古七九、二

格伯簋 各七七字至八二字 代九、一四至一六

宅簋 五二字 代六、五三

𠩺敖簋 五五字 代八、五三

衛簋 五七字 考古七四、二拓本

追簋 五九字 代九、五

小臣遽簋 各六四字 代九、一一

趩簋 六八字 代十一、三八作尊誤 冠補二

楚簋 七一字 拓本

即簋 七二字 文物七五、八

裘衛簋 各七三字 文物七六、五 陝(一)一七一

趞簋 八三字 代四、三三作鼎誤

曾仲大父蛕簋 五三字 文物七三、五拓本

師遽簋 五七字 代八、五三

無㠱簋 各五八字 代九、二

五年師旋簋 各五九字 張一四、一五

免簋 六四字 又四四字 代九、一二 又六、五二

[illegible]簋 六八字 文物七九、二

弭伯簋 七一字 文物六六、一拓本

弭弔簋 七二字 文物六〇、二拓本

天亡簋 七七字 代九、一三

申簋 蓋八四字 拓本

王臣簋 八五字 文物八〇、五

靜簋 九〇字 代六、五五

元年師旋簋 蓋九八字器九九字 張八至一一

諫簋 各一〇〇字 代九、一九

伊簋 一〇三字 代九、二〇

師酉簋 各一〇六字 代九、二一

令簋 各一一〇字 代九、二六 精一二

彔伯簋 一一二字 代九、二七

秦公簋 蓋器共一二三字另刻十八字 代九、三三

師兌簋 一二八字 代九・三〇

縣改簋 八九字 代六、五五

同簋 九一字 代九、一七

鬲攸比簋 蓋九八字 拓本

師瘨簋 蓋一〇一字 文物六四・七

召伯簋 一〇四字 代九、二一

揚簋 一〇七字 代九、二四

此簋 一〇九字至一一二字 陝(二)一九九至二〇六

師寰簋 一一三字至一一七字 上四八

師虎簋 一二四字 上四五

訇簋 一三三字 文物六〇、二

望簋 八九字器八二字 攈三之一、八三至八五

豆閉簋 九二字 代九、一八

師艅簋 九九字 代九、一九

輔師嫠簋 一〇二字 考學五八・二 拓本

召伯簋二 一〇四字 美四一九

大簋 蓋一〇七字 代九、二五

元年師兌簋 各九一字 代九、三一

矢簋 存一一八字 遺一六七

㝬簋 一二四字 文物七九・四 拓本

㦰簋 各一三四字 陝(二)一〇四 文物七六・六

番生簋　一三九字　代九・三七	師𩛥簋　蓋一二五字器一四二字　代九・三五	㭒伯簋　一五〇字　上五一
卯簋　一五二字　代九・三七	沈子它簋　一五二字　代九・三八	頌簋　各一五二字　代九・三八至四八
不𡢁簋　蓋一五二字　代九・四八	不𡢁簋二　一五一字　文物八一・九	班簋　一九八字　文物七二・九拓本
皿㞒簋　五字　陝(三)	𧆨簋　六字　陝(三)	

八　匿匡　七三器

大賡匿　四字　代一〇・一	𠠯伯匿　六字　代一〇・一	史頌匿　六字　代一〇・二
曾子遇匿　六字　代一〇・二	樊君匿　六字　代一〇・二	遹来匿　六字　代一〇・二
蔡侯𩁹匿　六字　蔡三三	射南匿　六字　考古六五・一一拓本	仲其父匿　六字　考古七九・二拓本
曾侯乙匿　七字　文物七九・七	虢弔作弔殷穀匿　八字　代一〇・二	衛子匿　八字　代一〇・二
慶孫之子匿　各八字　代一〇・二	𠂤文仲匿　八字　遺一七〇	西替匿　八字　考古六〇・六拓本

蔡公子義工𠤳　八字　文物八〇二

虢弔𠤳　十字　代一〇・四

曾子𠤳　十字又二一字　代一〇、六又一六

𡨦𠤳　十二字　代一〇、八

奢虎𠤳　十三字又十四字　代一〇、九

內大子伯𠤳　十四字　代一〇、一〇

薛子仲安𠤳　十五字　文物七八、四

交君𠤳　十六字　代一〇・一二

師麻匡　十七字　代一〇・一三

薛仲赤𠤳　十七字　文物七八、四

大司馬𠤳　各九字　代一〇、三

魯士𠤳　各十字　代一〇・五

伯旅魚父𠤳　十一字　代一〇、七

吉父𠤳　十二字　遺一七三

畬肯𠤳　十三字又十四字　代一〇、八

曹𠤳　十四字　考古六五、二一拓本

𩰫弔𠤳　十六字　代一〇、一〇

商丘弔𠤳　十七字　代一〇、一二

鑄子𠤳　各十七字　代一〇、一三

季良父𠤳　十八字　代一〇・一四

鑄客𠤳　各九字　代一〇、四

陳侯𠤳　十字　代一〇・六

尹氏弔緐𠤳　十一字　文物五八、五拓本

𠂤遇𠤳　十二字　齊二〇

旅虎𠤳　十四字　代一〇・九

鑄弔𠤳　各十五字　遺一七四

魯伯𠤳　十六字　代一〇・一一

尹氏匡　十七字　代一〇、一三

𡨦侯𠤳　十七字　代一〇、一四

仲義昱公𠤳　十八字　陝青一〇五陶補六

曾子遷彝𠤳 十八字 江汉三	盅子臣𠤳 二○字 拓本	伯其父𠤳 二二字 代一○·一八	弔姬𠤳 二六字 代一○·二○	陳公子仲慶𠤳 二 字 文物八○·一	召弔山父𠤳 二八字 代一○·二二	弔家父𠤳 三一字 代一○·二二	弔朕𠤳 三六字 代一○·二三	匡𠤳 五一字 代一○·二五 㩉三之一·三三	陳逆𠤳 七七字 代一○·二五
楚子𠤳 十九字 代一○·一五	鑄公𠤳 二一字 代一○·一七	史免𠤳 各二二字 代一○·一九	王仲嬀𠤳 二六字 代一○·二○	陳侯𠤳 二七字 代一○·二一	嘉子昜伯𠤳 二八字 松續中二	鄦子𠤳 三三字 代一○·二三	郝大宰𠤳 三八字 代一○·二四	伯公父𠤳 六一字 陝(三)	
季宮父𠤳 二○字 代一○·一七	番君𠤳 二一字 代一○·一七	齊陳曼𠤳 二二字 代一○·一九	鄦伯受𠤳 二六字 拓本	鄀公𠤳 二七字 代一○·二一	考弔牿父𠤳 三○字 文物七二·三	樂子敬豧𠤳 三四字 文物六四·七	長子口臣𠤳 三九字 文物六四·七	曾伯霥𠤳 九二字 代一○·二六	

九　盨　六一器

攸鬲盨 五字 代一〇・二七	弔倉父盨 六字 代一〇・二七	中伯盨 八字 代一〇・二七	立盨 十一字 代一〇・二八	弭弔盨 十一字 文物六〇・二拓本	剈弔盨 十二字 代一〇・三〇	仲彤盨 十二字 陝(三)	虢弔盨 十三字 代一〇・三一	鄭義羌父盨 十三字 代一〇・三一
伯筍父盨 六字 代一〇・二七	伯夸父盨 六字 陝(三)	史[䍙]盨 九字 代一〇・二八	弔姞盨 十一字 代一〇・二八	白大師盨 各十二字 代一〇・三〇	遣盨 十二字 代一〇・三〇	為甫人盨 十三字 代一〇・三〇	周頟盨 十三字 代一〇・三一	鄭登弔盨 十四字 代一〇・三二 周三、一四五
登伯盨 六字 代一〇・二七	[飠全]伯盨 六字 文物八三・三	伯鮮盨 各九字 白鶴二九	仲義父盨 各十一字 代一〇・二九	弔賓父盨 十二字 代一〇・三〇	伯車父盨 十二字 陝(一)一六五	仲鑠盨 十三字 代一〇・三一	鄭義伯盨 十三字 代一〇・三一	昜弔盨 十四字 代一〇・三二

鬲弔盨 各十五字 代一〇·三二

伯吳盨 各十五字 代一〇·三三冠上三〇

𧩙季獻盨 各十六字 代一〇·三四

華季盨 十六字 代七·三三作簋誤

單子伯盨 十八字 代一〇·三六

滕侯盨 二〇字 代八·九作簋誤

仲𠂤父盨 存二二字 代一〇·三八

遲盨 各二三字 代一〇·四〇

杜伯盨 各三〇字 代一〇·四一

翏生盨 各四九字 代一〇·四四

伯孝[illegible]盨 各十五字 代一〇·三二

伯庶父盨 十六字 代一〇·三四

項燮盨 十六字 代一〇·三四

攺盨 十七字 代一〇·三五

鳧弔盨 十八字 代一〇·三六

虢仲盨 二二字 代一〇·三七

曼龔父盨 二三字又二二字 代一〇·三九

眞伯盨 各二六字 遺一七七

伯沙其盨 各三一字 遺一八〇又上五七

翏生盨二 各四九字 考古七九·二拓本

鄭井弔盨 各十五字 代一〇·三三

伯多父盨 十六字 代四·三四

遣弔盨 十六字 代一〇·三五

筍伯盨 各十七字 代一〇·三五

延盨 各十八字 代一〇·三六

師趛盨 各二二字 代一〇·三八

弭弔盨 二三字 代一〇·三九

白寬父盨 各二七字 文物七九·二陝(三)

弔尃父盨 三九字 考古六五·九拓本

𤼈盨 六〇字 陝(二)二七

器名	字數	著錄
駒父盨	八二字	文物七六、五 拓本
克盨	一〇七字	代一〇・四四 精一二二
鬲比盨	一三八字	代一〇・四五
師克盨	一四七字又一四八字	文物六二・六 拓本

一〇　敦鐘　八器

器名	字數	著錄
遽從敦	二字	拓本
大賡敦	五字	拓本
公克鎾	十一字	續考二一
齊侯敦	各十一字又三一字	代七・二三又八・三五
柏敦蓋	二六字	代一一・三三作尊誤
陳侯午鐘	三六字	代八・四二
十年陳侯午鐘	三八字	遺一六八
陳侯因資鐘	七九字	代九・一七

一一　豆簋　九器

器名	字數	著錄
[illegible]豆	各一字	代一〇・四六
父丁豆	四字	代一〇・四六
鑄客豆	九字	代一〇・四七
周生豆	十字	代一〇・四七
大師虘豆	二八字	代一〇・四七
鮇貉簋	四字	上村嶺虢國墓地三六
曾仲斿父甫	八字	文物七三・二
痶簠	十字	陝(二)五一
厚氏圃	各二五字	代一〇・四八

一二　爵　三七五器

子爵　一字　代一五·二

[illegible]爵　一字　代一五·二

[illegible]爵　一字　代一五·二

[illegible]爵　一字　代一五·三

[illegible]爵　一字　代一五·三

[illegible]爵　一字　代一五·四

鳥形爵　一字　五·四

蠆爵　一字　代一五·六

[illegible]爵　一字　代一五·八

囝爵　一字　代一五·一

[illegible]爵　一字　代一五·二

[illegible]爵　一字　代一五·三

[illegible]爵　一字　代一五·三

羊爵　一字　代一五·三

殺牲形爵　一字　代一五·四

[illegible]爵　一字　代一五·五

[illegible]爵　一字　代一五·七

[illegible]爵　一字　代一五·八

並爵　一字　代一五·二

[illegible]爵　一字　代一五·二

斿爵　一字　代一五·三

卿爵　一字　代一五·三

獸形爵　一字　代一五·四

[illegible]爵　一字　代一五·四

魚爵　一字　代一五·五

[illegible]爵　一字　代一五·八

亞中[illegible]爵　一字　代一五·八

[illegible]爵 一字 代一五·九	邑爵 一字 代一五·九	[illegible]爵 一字 代一五·一一	[illegible]爵 一字 代一五·一一	[illegible]爵 一字 代一五·一二	[illegible]爵 一字 代一五·一三	[illegible]爵 一字 代一五·一四	[illegible]爵 一字 代一五·一四	[illegible]爵 一字 代一五·一五	[illegible]爵 一字 代一五·一六
[illegible]爵 一字 代一五·九	[illegible]爵 一字 代一五·一〇	射爵 一字 代一五·一一	[illegible]爵 一字 代一五·一二	[illegible]爵 一字 代一五·一三	[illegible]爵 一字 代一五·一四	[illegible]爵 一字 代一五·一四	朋爵 一字 代一五·一五	[illegible]爵 一字 代一五·一五	騁爵 一字 代一五·一七
[illegible]爵 一字 代一五·九	[illegible]爵 一字 代一五·一〇	[illegible]爵 一字 代一五·一一	[illegible]爵 一字 代一五·一二	辛爵 一字 代一五·一三	[illegible]爵 一字 代一五·一四	[illegible]爵 一字 代一五·一四	[illegible]爵 一字 代一五·一五	[illegible]爵 一字 代一五·一五	[illegible]爵 一字 代一五·九

[illegible]爵　一字　代一五・三五

[illegible]爵　一字　續殷下六

[illegible]爵　一字　續殷下七

[illegible]爵　一字　遺三七六

[illegible]爵　一字　遺三八六

[illegible]爵　一字　遺三九〇

[illegible]爵　一字　遺三九九

[illegible]爵　一字　遺四〇九

[illegible]爵　一字　遺四三三

[illegible]爵　一字　陝青一八

夸爵　一字　代一五・三七

[illegible]爵　一字　續殷下七

[illegible]爵　一字　劍古上三一

[illegible]爵　一字　遺三八〇

[illegible]爵　一字　遺三八七

[illegible]爵　一字　遺三九一

[illegible]爵　一字　遺四〇〇

[illegible]爵　一字　遺四一五

[illegible]爵　一字　遺四四四

[illegible]爵　一字　遺三七七

[illegible]爵　一字　攈一之一・一一

中爵　一字　續殷下七

[illegible]爵　一字　青二〇

[illegible]爵　一字　遺三八三

[illegible]爵　一字　遺三八九

[illegible]爵　一字　遺三九七

[illegible]爵　一字　遺四〇七

[illegible]爵　一字　遺四一六

[illegible]爵　一字　拓本

中爵　一字　遺三七八

□爵 一字 遺三八八	□爵 一字 遺四一四	目爵 一字 陝(三)．	且甲爵 二字 代一五．一七	甲虫爵 二字 代一五．二五誤反 海八五	亞中乙□爵 二字 代一五．二六	丁羞爵 二字 代一五．二六	□庚爵 二字 代一五．二七	□癸爵 二字 代一五．二八	子蝠形爵 二字 代一五．二九
□爵 一字 遺三九三	□爵 一字 美七六	□爵 一字 文物資料叢刊一	父甲爵 二字 代一五．一九	甲□爵 二字 代一五．二五	□丙爵 二字 代一五．二六	己□爵 二字 代一五．二七	□辛爵 二字 代一五．二七	保癸爵 二字 代一五．二八	子□爵 二字 代一五．二九
□爵 一字 遺四〇二	□爵 一字 美七四	□爵 一字 文物七二．五	父壬爵 二字 代一五．二三	□乙爵 二字 代一五．二六	亞丙爵 二字 代一五．二六	□己爵 二字 代一五．二七	癸□爵 二字 代一五．二八	子□爵 二字 代一五．二九	子□爵 二字 代一五．二九

子□爵 二字 代一五·三〇

子□爵 二字 代一五·三一

子□爵 二字 代一五·三一

天□爵 二字 代一五、三二

亞弜爵 二字 代一五、三三

□□爵 二字 代一五·三三

□獸形爵 二字 代一五·三四

□□爵 二字 代一五·三五

□□爵 二字 代一五、三六

鳥獸形爵 二字 代一五·三六

子□爵 二字 代一五·三〇

子□爵 二字 代一五·三一

□□爵 二字 代一五·三一

荷戈形□爵 二字 代一五·三二

亞中□爵 二字 代一五、三三

家戈爵 二字 代一五、三四

□羊爵 二字 代一五、三五

□□爵 二字 代一五·三五

□□爵 二字 代一五、三六

□黽爵 二字 代一五、三六

子□爵 二字 代一五·三〇

子□爵 二字 代一五·三一

□天爵 二字 代一五·三二

□□爵 二字 代一五、三二

亞中□□爵 二字 代一五·三三

□戈爵 二字 代一五、三四

□爵 二字 代一五·三五

□□爵 二字 代一五、三六

□爵 二字 代一五、三六

□浩爵 二字 代一五、三七

器名	字數	著錄
[illegible]父爵	二字	代一五・三七
A[illegible]爵	二字	代一五・三八
[illegible][illegible]爵	二字	代一五・三九
[illegible]母爵	二字	代十六・二五
子[illegible]爵	二字	遺四三一
亞[illegible]爵	二字	遺四六一
子[illegible]爵	二字	文物六五・五
[illegible][illegible]爵	二字	拓本
車且丁爵	三字	代十六・二
[illegible]且戊爵、	三字	代一六・二作且庚誤
[illegible][illegible]爵	二字	代一五・三七
[illegible][illegible]爵	二字	代一五・三八
[illegible]爵	二字	代一五・三九
[illegible]乙爵	二字	續殷下一七
己[illegible]爵	二字	遺四四三
[illegible][illegible]爵	二字	遺四二四
A壬爵	二字	拓本
[illegible]且乙爵	三字	代一六・二
亞且丁爵	三字	代一六・二
[illegible]且己爵	三字	代一六・二
[illegible][illegible]爵	二字	代一五・三八
[illegible]爵	二字	代一五・三九
亞中可爵	二字	代一五・四〇
亞[illegible]爵	二字	頌續九四
内[illegible]爵	二字	遺四三五
己[illegible]爵	二字	代一五・二七
戕系爵	二字	拓本
[illegible]且丙爵	三字	代十六・一
山且丁爵	三字	代一六・二
[illegible]且己爵	三字	代一六・二

齊且辛爵　三字　代一六、三　續殷下三三

串父甲爵　三字　代一六、三

[illegible]父乙爵　三字　代一六、四

乂父乙爵　三字　代一六、六

[illegible]父丙爵　三字　代一六、六

[illegible]父丁爵　三字　代一六、七

[illegible]父丁爵　三字　代一六、八

冓父丁爵　三字　代一六、八

[illegible]父丁爵　三字　代一六、一〇

[illegible]父丁爵　三字　代一六、一〇

山且壬爵　三字　代一六、三

亞中豕父甲爵　三字　代一六、一二

弜父乙爵　三字　代一六、五

[illegible]乙父爵　三字　代一六、六

[illegible]父丙爵　三字　代一六、七

魚父丁爵　三字　代一六、八

殺牲形父丁爵　三字　代一六、八

[illegible]父丁爵　三字　代一六、九

覃父丁爵　三字　代一六、一〇

曲父丁爵　三字　代一六、一〇

[illegible]且癸爵　三字　代一六、三

[illegible]父乙爵　三字　代一六、三

羞父乙爵　三字　代一六、五

魚父丙爵　三字　代一六、六

亞中並父丁爵　三字　校六、四五

豢父丁爵　三字　代一六、八

[illegible]父丁爵　三字　代一六、八

[illegible]父丁爵　三字　代一六、一〇

[illegible]父丁爵　三字　代一六、一〇

木父丁爵　三字　代一六、一〇

[illegible]父丁爵 三字 代一六・一〇

[illegible]父丁爵 三字 代一六・一一

[illegible]父戊爵 三字 代一六・一一

[illegible]戊父爵 三字 代一六・一二

[illegible]父己爵 三字 代一六・一三

[illegible]父己爵 三字 代一六・一四

父己[illegible]爵 三字 代一六・一五

[illegible]父己爵 三字 代一六・一六

[illegible]父庚爵 三字 代一六・一六

荷貝父辛爵 三字 代一六・一七

[illegible]父丁爵 三字 代一六・一一

[illegible]父戊爵 三字 代一六・一二

[illegible]父戊爵 三字 代一六・一二

[illegible]父戊爵 三字 代一六・一七作父庚誤

殺牲形父己爵 三字 代一六・一三

覃父己爵 三字 代一六・一四

[illegible]父己爵 三字 代一六・一六

亞中[illegible]父己爵 三字 代一六・一六

子父庚爵 三字 代一六・一六

木父辛爵 三字 代一六・一七

[illegible]父丁爵 三字 代一六・一一

[illegible]父戊爵 三字 代一六・一二

[illegible]父戊爵 三字 代一六・一二

[illegible]父己爵 三字 代一六・一三

萬父己爵 三字 代一六・一三

[illegible]父己爵 三字 代一六・一四

[illegible]父己爵 三字 代一六・一六

[illegible]父己爵 三字 代一六・一六

囝父辛爵 三字 代一六・一七

[illegible]父辛爵 三字 代一六・一七

□父辛爵　三字　代一六・一七

酉父辛爵　三字　代一六・一八

鼎父辛爵　三字　代一六・一九

□父辛爵　三字　代一六・二〇

□父癸爵　三字　代一六・二一

鳥父癸爵　三字　代一六・二一

□父癸爵　三字　代一六・二二

□父癸爵　三字　代一六・二二

□父癸爵　三字　代一六・二三

□父癸爵　三字　代一六・二四

中父辛爵　三字　代一六・一八

□父辛爵　三字　代一六・一八

亞中□父辛爵　三字　代一六・一九

□父壬爵　三字　代一六・二一

□父癸爵　三字　代一六・二一

集父癸爵　三字　代一六・二一

□父癸爵　三字　代一六・二二

□父癸爵　三字　代一六・二三

□父癸爵　三字　代一六・二四

□父癸爵　三字　代一六・二四

畐父辛爵　三字　代一六・一八

興父辛爵　三字　代一六・一八

□父辛爵　三字　代一六・二〇

亞中鹿父壬爵　三字　代一六・二一

鳥形父癸爵　三字　代一六・二一

隻父癸爵　三字　代一六・二三

□父癸爵　三字　代一六・二二

□父癸爵　三字　代一六・二三

□父癸爵　三字　代一六・二四

妣乙爵　三字　代一六・二四

妣己爵 三字 代一六・二四

司工丁爵 三字 代一六・二五

子[illegible]爵 三字 代一六・二五

[illegible]甲爵 二字 代一六・二七

中雙獸形父癸爵 三字 代一六・三一

隹壺爵 各三字 代一八・二〇作口隹壺誤

[illegible]父己爵 三字 攈一之二・二三

㗊且丁爵 三字 續殷下二二

[illegible]父癸爵 三字 遺四五六

子[illegible][illegible]爵 三字 遺四六三

文妣辛爵 三字 代一六・二五

䖒戊爵 三字 代一六・二五

亞[illegible]爵 三字 代一六・二六

亞中[illegible]父乙爵 三字 代一六・二八

[illegible]父口爵 三字 代一六・三一

父丙爵 各三字 代一八・二〇作觥誤

[illegible]且丁爵 三字 殷下一〇

父癸亞中[illegible]爵 三字 續殷下三一

亞獸形爵 三字 遺四六六

[illegible]父丁爵 三字 文物七二・一二

[illegible]母壬爵 三字 代一六・二五

羊己爵 三字 代一六・二五

爵爵 三字 代一六・二六

彈父丁爵 三字 代一六・二九

且癸爵 三字 代一六・四三作角誤

[illegible]父丁爵 三字 攈一之二・一七

[illegible]且乙爵 三字 續殷下二二

[illegible]父癸爵 三字 續殷下三一

四父癸爵 三字 遺四五七

茀父丁爵 三字 考古七八・五拓本

臤父辛爵　三字　陝青二

唐子且乙爵　四字　代一六、二七

子刀父乙爵　四字　代一六、二八

[illegible]作父乙爵　四字　代一六、二八

[illegible]冊父丁爵　四字　代一六、二九

子[illegible]父辛爵　四字　代一六、三〇

并目父癸爵　四字　代一六、三一

中偁父癸爵　四字　代一六、三一

過伯爵　四字　代一六、三二

偁父乙爵　四字　攈一之三、一八

豆父辛爵　三字　陝(三)

弓衛且己爵　四字　代一六、二七

冄敬父乙爵　四字　代一六、二八

[illegible]獸形父乙爵　四字　代一六、二八

加爵　四字　代一六、二九

[illegible]父癸爵　四字　代一六、三〇

步丁父癸爵　四字　代一六、三一

女庚爵　四字　代一六、三二

[illegible]亞作父乙爵　四字　代一六、三三

四冊父癸爵　四字　代一六、三五

[illegible]爵　三字　文物八〇・四

[illegible]父乙爵　四字　代一六、二七

秉中父乙爵　四字　代一六、二八

[illegible]冋父丁爵　四字　代一六、二九

弓衛父庚爵　四字　代一六、三〇

天棘父癸爵　四字　代一六、三〇

[illegible]父癸爵　四字　代一六、三一

子工乙[illegible]爵　四字　代一六、三二

偁父甲爵　四字　攈一之三、二〇

偁父己爵　四字　續殷下三四

且己爵 七字 代一六・三九

夂作氏舉父爵 七字 代一六・三九

癲爵 七字 陝(三)四一

者姛爵 八字 代一六・四〇

呂仲爵 十字 代一六・四〇

大保爵 二〇字 代一六・四一

貝隹爵 七字 代一六・三九

效爵 七字 陝(三)

美爵 八字 代一六・四〇

穌爵 九字 代一六・四〇

魯侯爵 十字 代一六・四六作角誤

盂爵 二一字 代一六・四一

守冊父己爵 七字 代一六・三〇

犧爵 七字 陝(二)二五、二六

萬大爵 八字 代一六・四〇

望爵 十字 代一六・四〇

盟爵 十一字 代一六・四一

索諆爵 九字 代一六・四六作角誤

一三 角 一九器

亞中㠯角 一字 代一六・四一

且己角 三字 代一六・四三

亞中弜父丁角 三字 代一六・四四

亞中棘角 一字 代一六・四二

陸父甲角 三字 代一六・四三

父丁角蓋 三字 代一六・四四

遽從角 各二字 代一六・四二

父乙角 三字 代一六・四三

𨚕父丁角 三字 文物七二・一二

天黽父乙角 四字 代一六·四五

陸父乙角 四字 代一六·四五

父乙文角 四字 代一六·四六

作䨻女角 四字 續殷下三八

商角蓋 六字 代一一·三二作尊誤

史逑角 六字 文物七二·六

丁未角 十三字 代一六·四六

㞢角 十四字 代一六·四七

丙申角 各十六字 代一六·四七

宰椃角 二九字 代一六·四八

一四 斝 三七器

[illegible]斝 一字 代一三·四七

[illegible]斝 一字 代一三·四七 青九

皃斝 一字 代一三·四七

[illegible]斝 一字 代一三·四七

[illegible]斝 一字 代一三·四八

串斝 一字 代一三·四八

[illegible]斝 一字 代一三·四八

[illegible]斝 一字 代一三·五二

[illegible]斝 一字 中四

匿斝 一字 遺二八二

亞中觳斝 一字 美一四五

[illegible]斝 一字 美一七四

[illegible]斝 一字 美一七八

[illegible]斝 一字 美一八七

[illegible]斝 一字 美二二六

冊乙斝　二字　代一三、四八

[illegible]田斝　二字　代一三、四九

文且丁斝　三字　代一三、五〇

亞中弜父丁斝　三字　代一三、五一

彝父辛斝　三字　文物七二、一二

天黽父乙斝　四字　代一三、五二

父丁斝　六字　代一三、五三

小臣邑斝　二七字　代一三、五三

酉乙斝　二字　代一三、四九

[illegible]且丁斝　三字　代一三、五〇

黍父甲斝　三字　代一三、五〇

[illegible]父戊斝　三字　遺二八七

[illegible]父癸斝　三字　代一三、五一

冓斝　五字　代一三、五二

[illegible]斝　六字　遺二八八

[illegible]斝　二字　代一三、四九

子[illegible]斝　二字　考學八一、四

山父乙斝　三字　代一三、五〇

[illegible]父己斝　三字　代一三、五一

W父□斝　三字　代一三、五二

闢斝　六字　代一三、五二

[illegible]斝　八字　陝(二)一七

一五　盉　六九器

[illegible]盉　各一字　代一四、一

文盉　一字　代一四、一

亞中[illegible]盉　一字　代一四、一

卩盂 一字 青二

子蝠形盂 二字 代一四·二

亞中言盂 一字 文物六四·四

𦥑父乙盂 各三字 代一四·二

荷貝父丁盂 各三字 代一四·四

酉父戊盂 三字 代一四·五

父癸盂 三字 代一四·五

父乙飤盂 三字 續殷下七〇

𠭯父乙盂 各四字 代一四·六

此盂 各四字 代一四·七

中盂 一字 青五

單盂 一字 陝(三)

女盂 蓋二字器一字 代一四·二

冊父乙盂 各三字 代一四·三

亞父丁盂 各三字 代一四·四

亞中吉父己盂 各三字 代一四·五

員盂 三字 代一四·五

伯彭盂 三字 代一四·五

亞中父丁盂 各四字 代一四·六

屮盂 四字 代一四·七

又盂 一字 青七

宀盂 一字 考古六三·八拓本

冉鱻盂 各二字 遺二八九

父乙亞盂 各三字 代一四·三

亞中鼄父丁盂 三字 代一四·四

父辛盂 三字 代一四·五

㠯父丁盂 三字 殷下三三

戈父戊盂 三字 文物七二·七

天黽父戊盂 各四字 代一四·六

子十𠙵父甲盂 五字 代一四·七

宁未盉 各五字 代一四·七

伯定盉 各五字 代一四·八

作公廿榮盉 五字 代一四·八

[illegible]王盉 六字 代一四·九

延遽僕盉 六字 文物七二·一二

伯[illegible]盉 七字 遺二九二

[illegible]送盉 各八字 美三一四

甲盉 各十一字 代一四·一〇

才盉 各十四字 代一四·一〇

伯衛父盉 十五字 校九·五三

榮子盉 各五字 代一四·七 頌續五四

吳盉 五字 代一四·八

暖父盉 各五字 文物七六·六

伯矩盉 六字 代一四·九

[illegible]白盉 六字 考學七七·二

季嬴霝德盉 七字 美三九〇

伯害盉 各十字 代一四·九

師子盉 十二字 代一四·一〇

亞盉 各十四字 代一四·一〇

伯[illegible]父盉 十六字 張二四

父癸臣辰盉 五字 代一四·八

伯春盉 五字 代一四·八

戈[illegible]盉 各六字 代一四·八

伯[illegible]盉 六字 代一四·九

[illegible]父盉 七字 周五·六五

[illegible]盉 八字 代一四·九

史孔盉 十一字 代一四·九

[illegible]君盉 存一二字 代一四·一〇

王盉 十四字 文物七七·八

伯角父盉 十七字 擴二之二·五四

季良父盂　十八字　代一四·二

仲皇父盂　十九字　代一四·二

麥盂　三〇字　代一四·二

臣辰盂　蓋五〇字　器四字　代一四·一二

長甶盂　五六字　遺二九三

衛盂　一三二字　陝(二)一七二

一六　尊　二四〇器

史尊　一字　代一一·二

𠳋尊　一字　代一一·二

徙尊　各一字　代一一·二

戈尊　一字　代一一·三

受尊　一字　代一一·三

𠦪尊　一字　代一一·三　續殷上五〇

丙尊　一字　代一一·三

𠂤尊　一字　代一一·三

口尊　一字　代一一·三

入尊　一字　代一一·三

𢀛尊　各一字　代一一·三

亞中𠦝尊　一字　代一一·三　劍古上一三

亞中此尊　一字　代一一·三

亞中𪾔尊　一字　代一一·三

亞中𨓃尊　各一字　代一一·三九作罍誤

𦅫尊　一字　代一一·三

又尊　一字　遺一八一

𧆛尊　一字　遺一八三

斧尊　一字　遺一八四

并尊　一字　遺一八五

旅尊　一字　遺一八七

[illegible] 一字 遺一八九
[illegible]尊 一字 文物六五·七
癸鳥形尊 二字 代一一·四
亞弜尊 二字 代一一·五
買車尊 二字 遺一九〇
己且乙尊 三字 代一一·六
冉父乙尊 三字 代一一·六
[illegible]父乙尊 三字 代一一·七
離父乙尊 三字 代一一·七
聿父丁尊 三字 代一一·八

[illegible]尊 一字 文物七二·七
且戊尊 二字 代一一·四
子蝠形尊 二字 代一一·五
作[illegible]尊 二字 代一一·六
子[illegible]尊 二字 西一三
冉且丁尊 三字 代一一·六
[illegible]父乙尊 三字 代一一·七
父乙入尊 三字 代一一·七
[illegible]父丁尊 三字 代一一·七
入父丁尊 三字 代一一·八

[illegible]尊 一字 美三
父戊尊 二字 代一一·四
亞獸形尊 各二字 代一一·五
作旅尊 二字 代一一·六
子[illegible]尊 二字 考學八一·四
[illegible]且丁尊 三字 代一一·六
[illegible]父乙尊 三字 代一一·七
雞形父乙尊 三字 代一一·七
母父丁尊 三字 代一一·八
[illegible]父丁尊 三字 代一一·八

山父戊尊　三字　代一一．九

[illegible]父己尊　三字　代一一．九

遽父己尊　各三字　代一一．一〇　精三五

山父壬尊　三字　代一一．一〇

酉父癸尊　三字　代一一．一一

天作從尊　三字　代一一．一三

父丁魚尊　三字　續殷上五三

[illegible]父癸尊　三字　陝青五

[illegible]父乙尊　三字　文考八〇．二

子[illegible][illegible]尊　三字　考學七七．三

[illegible]父己尊　三字　代一一．九

[illegible]父己尊　三字　代一一．九

亞中父辛尊　三字　代一一．一〇

[illegible]父癸尊　三字　代一一．一一

獸形父癸尊　三字　代一一．一二

戚尊　三字　周五．二一

亞[illegible]父辛尊　三字　遺一九六

爵且丙尊　三字　拓本

天[illegible]卲尊　三字　拓本

司[illegible][illegible]尊　三字　考學七七．三

[illegible]父己尊　三字　代一一．九

鼎父己尊　三字　代一一．九

舟父壬尊　三字　代一一．一〇

鳥形父癸尊　三字　代一一．一二

奉冊父癸尊　三字　代一一．一三

[illegible]父乙尊　三字　續殷上五二

[illegible]父癸尊　三字　拓本

[illegible]且丁尊　三字　陝(三)六九

[illegible]冊[illegible]尊　三字　美一〇二

[illegible]受且丁尊　四字　代一一．一三

子且辛尊 四字 代一一、一三

𣃔父乙尊 四字 代一一、一四

㯱父庚尊 四字 代一一、一五

父癸告正尊 四字 代一一、一五

家尊 四字 代一一、一六

作寶尊彝尊 四字 代一一、一七

刅尊 四字 代四、五二作解誤

司作父丁尊 五字 代一一、一八

㠱父辛尊 五字 代一一、一八

龍母尊 五字 代一一、一九

作父乙旅尊 四字 代一一、一三

天黽父乙尊 四字 代一一、一四

獸形父辛尊 四字 代一一、一五

乙合父癸尊 四字 代一一、一五

作母尊 四字 代一一、一六

𢦏尊 四字 代一一、一八

尹尊 四字 松七、九

魚作父庚尊 五字 代一一、一八

祉子父辛尊 五字 代一一、一九

彭史尊 五字 代一一、一九

䖒父乙尊 四字 代一一、一四

子父己尊 四字 代一一、一四

作父辛尊 四字 代一一、一五

寧尊 四字 代一一、一六

戩尊 四字 代一一、一七

冊父乙尊 四字 代十三、一作卣誤

毀古方尊 四字 上二八

宰尊 五字 代一一、一八

矢王尊 五字 代一一、一九

登尊 五字 代一一、一九

矩尊 五字 代一一·二〇

見尊 五字 美三三六

作父丁尊 六字 代一一·二二

辰父辛尊 六字 代一一·二一

伯矩尊 六字 代一一·二二

戒弔尊 六字 代一一·二三

員父尊 六字 代一一·二三

遣[illegible]尊 六字 代一一·二三

仲弔尊 六字 攈二之一·七

潶伯尊 六字 考學七七·二文物七三·三

邅尊 五字 代一一·二〇 攈一之三·二三

魯侯尊 六字 代六·三七作彝誤

奋尊 六字 代一一·二一

朕尊 六字 代一一·二二

伯貉尊 六字 代一一·二二

嬴季尊 六字 代一一·二三

應公尊 六字 代一一·二三

君作母辛尊 六字 代一一·二九

羕史尊 六字 校五·一九

陖伯尊 六字 考學七七·二文物七三·三

毁赤尊 五字 美二八九

作且乙尊 六字 代一一·二〇

父己尊 六字 代一一·二一

舲伯尊 六字 代一一·二二

伯𩰫尊 各六字 代一一·二二

井季㚸尊 六字 代一一·二三

段金𢍰尊 六字 代一一·二三

夌尊 六字 攈一之三·五一

亭尊 六字 遺二〇一

父丁尊 六字 美三三八

[illegible]作父乙尊 六字 文物七六・四

夨伯尊 七字 代一一・二四

作父丁尊 七字 代一一・二五 劍古上一三

魚作父己尊 七字 代一一・二五

咏尊 七字 代一一・二六

[illegible]尊 七字 攈二之一・三六

[illegible]尊 八字 代一一・二六

隹父己尊 八字 代六・四一作彝誤

宿父尊 八字 代一一・二七

口作氒皇考尊 八字 代一一・二八

亞耳尊 七字 代一一・二三

逆尊 七字 代一一・二五

[illegible]尊 七字 代一一・二五

[illegible]尊 七字 代一一・二五

邶伯尊 七字 代一一・二六

[illegible]尊 七字 續殷上五九 精一・二四

史伏尊 八字 代一一・二七 校五・二五

[illegible]尊 八字 代一一・二七

虢弔尊 八字 代一一・二七

者姛尊 八字 代一一・二八

[illegible]東尊 七字 代一一・二四

作父丁尊 七字 代一一・二五

[illegible]尊 七字 代一一・二五

[illegible]尊 七字 代一一・二五

卿尊 七字 代一一・二六

戜者尊 八字 代六・四二作彝誤

作父丁尊 八字 代一一・二七

[illegible]尊 八字 代一一・二七

衛尊 八字 代一一・二八

王子啟疆尊 各八字 代一一・二八

術尌尊　八字　劍古上一〇

[illegible]矢尊　七字　文物七七・八

周[illegible]旁尊　九字　代一一・二九

[illegible]辟尊　九字　代一一・二九

季[illegible]尊　九字　陝(三)三八

[illegible]者君尊　十字　遺二〇二

屖尊　十一字　代一一・三〇

弔[illegible]尊　十二字　書道全集一・四三

[illegible][illegible]尊　十二字　代一一・三一

啟作父辛尊　十四字　代一一・三一　劍古上一二

子[illegible]尊　八字　文物七二・一二

盩司土尊　九字　代一一・二九

傳尊　九字　代一一・二九

屯尊　九字　周五・一二

㐱尊　十字　代一一・三〇

憧季遽父尊　十字　陝(三)三七

倗尊　十一字　代一一・三〇　校五・三一

事褱尊　十二字　陝(三)八三

守宮鳥尊　十二字　河南金石志謄稿三八　美三二四

員尊　十四字　代一一・三一

[illegible]伯作井姬尊　八字　文物七六四

[illegible]尊　九字　代一一・二九

偕尊　九字　代一一・二九

吾尊　九字　陝(三)七七

[illegible]尊　十字　代十一・三〇

王[illegible]尊　各十一字　代一一・三〇

渚伯送尊　十一字　代一一・三〇

盤仲尊　十二字　代一一・三一

鬲尊　十二字　周五・一一

小子夫尊　十四字　代一一・三一

服尊 十四字 代一一、三二

逘父乙尊 存十五字 代一一、三二

臾尊 十六字 周五、九

季受尊 十九字 代一一、三二

明公尊 二一字 代六、四九作彝誤

⿱罒異尊 二四字 濬縣辛村六〇 拓本

睘尊 二七字 代一一、三三

次尊 三〇字 代一一、三五

古伯尊 三一字 遺二〇三

召尊 四六字 遺二〇五

伯作蔡姬尊 十四字 代一一、三二

穀方尊 十五字 拓本

御尊 十七字 代一一、三二

作文考日己尊 二〇字 陝(二)一二一

䮂尊 二四字 代一一、三二

衛宋⿷匚⿱冊曰尊 二四字 拓本

舲尊 二七字 代一一、三四

商尊 三〇字 陝(三)一九

萬尊 三六字 代一一、三五

彔尊 四八字 代一一、三六

犅刲尊 十五字 拓本

黃尊 十六字 周三、一一

復尊 十七字 拓本

啟尊 二一字 文物七二、五

能匋尊 二四字 代一一、三三

⿰朿斤尊 二五字 代一一、三三

趞尊 二八字 代一一、三五

豐尊 三一字 陝(三)一八

忻尊 四〇字 陝(三)一五

免尊 四九字 代一一、三六

鼉方尊　五一字　書道全集一·四八

亘尊　五二字　遺二〇六

取尊　五三字　代一一·三六

效尊　六五字　代一一·三七

蔡侯𩰫尊　九二字　蔡三七

盠駒尊　蓋一一字　器九二字　拓本陝青五七

盠方尊　一一〇字　拓本陝青五六

何尊　一二二字　文物七六·一拓本

令尊　一八六字　代一一·三八作矢尊

一七　觚　一六八器

[illegible]觚　一字　代一四·一二

[illegible]觚　一字　代一四·一二

持戈盾觚　一字　代一四·一二

持戈执俘觚　一字　代一四·一三

斿觚　一字　代一四·一三又一一·一作尊誤

[illegible]觚　一字　代一四·一三

忛觚　一字　代一四·一三

䜌觚　一字　代一四·一三

[illegible]觚　一字　代一四·一三

[illegible]觚　一字　代一四·一四

秉觚　一字　代一四·一四

[illegible]觚　一字　代一四·一五

[illegible]觚　一字　代一四·一五

豕形觚　一字　代一四·一五

[illegible]觚　一字　代一四·一五

[illegible]觚　一字　代一四·一五

魚觚　一字　代一四·一六

[illegible]觚　一字　代一四·一六

器名	字數	著錄
[illegible]觚	一字	代一四・一七
[illegible]觚	一字	代一四・一七
[illegible]觚	一字	代一四・一八
[illegible]觚	一字	代一四・一八
[illegible]觚	一字	代一四・二一
[illegible]觚	一字	續殷下三九
[illegible]觚	一字	遺二九七
得觚	一字	遺三〇六
[illegible]觚	一字	遺三一二
[illegible]觚	一字	遺三一六
[illegible]觚	一字	代一四・一七
[illegible]觚	一字	代一四・一七
[illegible]觚	一字	代一四・一八
亞中酉觚	一字	代一四・一八
[illegible]觚	一字	代一四・二三
[illegible]觚	一字	續殷下五〇作解誤
旅觚	一字	遺三〇〇
鳥形觚	一字	遺三〇九
馬形[illegible]觚	一字	遺三一三
[illegible]觚	一字	遺三一七
[illegible]觚	一字	代一四・一七
守觚	一字	代一四・一七
[illegible]觚	一字	代一四・一八
[illegible]觚	一字	代一四・一九
[illegible]觚	一字	代一四・二二
[illegible]觚	一字	遺二九六
[illegible]觚	一字	遺三〇三
[illegible]觚	一字	遺三一一
[illegible]觚	一字	遺三一五
[illegible]觚	一字	遺二九九

□觚 一字 遺三〇八	酉觚 一字 美七七	□觚 一字 美二一八	□觚 一字 上一五	□觚 一字 考學八一·四	□觚 一字 考學八一·四	□觚 一字 拓本	□觚 一字 拓本	□觚 一字 遺三二五	乙丰觚 二字 代一四·二〇
韋觚 一字 巖窟四九	亞中□觚 一字 美一三四	吹觚 一字 美一七九	□觚 一字 考古七三·四 拓本	□觚 一字 考學八一·四	□觚 一字 考學八一·四	□觚 一字 拓本	□觚 一字 遺三二二	□觚 一字 遺三三五	丰己觚 二字 代一四·二〇
□觚 一字 美四六八	媓觚 一字 美一七七	束觚 一字 上一六	丙觚 一字 考古七七·五	□觚 一字 考學八一·四	□觚 一字 拓本	□觚 一字 拓本	□觚 一字 遺三二四	木乙觚 二字 代一四·一九	羊己觚 二字 代一四·二〇

[illegible]己觚 二字 代一四・二〇

癸[illegible]觚 二字 代一四・二〇

子[illegible]觚 二字 代一四・二一

[illegible][illegible]觚 二字 代一四・二二

子[illegible]觚 二字 續殷下四一

婦鳥形觚 二字 遺三二七

馬形[illegible]癸觚 二字 遺三三六

子[illegible]觚 二字 美一二〇

[illegible]觚 二字 中原八一・四

得父乙觚 三字 代一四・二四

己[illegible]觚 二字 代一四・二〇

子[illegible]觚 二字 代一四・二一

羊[illegible]觚 二字 代一四・二一

[illegible]父觚 存二字 代一四・二三

中得觚 二字 劍古上四三

弔車觚 二字 遺三三〇

[illegible]女觚 二字 遺三三四

馬[illegible]觚 二字 拓本

且乙觚 三字 代一四・二四

[illegible]父乙觚 三字 代一四・二四

口己觚 二字 代一四・二〇

子葽觚 二字 代一四・二一

鼎[illegible]觚 二字 代一四・二二

魚女觚 二字 續殷下四一

子蝠形觚 二字 青二一

買車觚 二字 遺三三一

[illegible]夰觚 二字 遺三三三

子保觚 二字 文物七二・五

山且庚觚 三字 代一四・二四

[illegible]父乙觚 三字 代一四・二四

器名	字數	著錄
父乙豢觚	三字	代一四·二四
亞中[illegible]父丁觚	三字	代一四·二五
旅父辛觚	三字	代一四·二六
[illegible]父癸觚	三字	代一四·二七
妣己觚	三字	代一四·二七
[illegible]父癸觚	三字	續殷下四五
[illegible]父戊觚	三字	遺三四五
[illegible]父丁觚	三字	續殷下五七作觶
史父丙觚	三字	陝青一九
[illegible]父辛觚	三字	美四六九
山父丁觚	三字	代一四·二五
[illegible]父戊觚	三字	代一四·二五
[illegible]父辛觚	三字	代一四·二六
子父庚觚	三字	代一四·二七
[illegible]父己觚	三字	代一四·二九
[illegible]且丙觚	三字	遺三四二
父辛[illegible]觚	三字	遺三四九
戈且丁觚	三字	美四七〇
亞中豸父丁觚	三字	拓本
甲女[illegible]觚	三字	陝(三)一八六
亞中[illegible]父丁觚	三字	代一四·二五
[illegible]父己觚	三字	代一四·二六
[illegible]父癸觚	三字	代一四·二七
子蝠形觚	三字	代一四·二七
父乙盉觚	三字	續殷下四三
[illegible]父乙觚	三字	遺三四四
羊則車觚	三字	遺五一
旅父乙觚	三字	陝(三)六
[illegible]父己觚	三字	美二〇二
[illegible]冊[illegible]觚	三字	美一〇四

且戊觚 四字 代一四・二八

冊㳄父甲觚 四字 代一四・二八

省觚 四字 代一四・二九

子父辛觚 四字 代一四・二九

弔龜且癸觚 四字 美八六

冊父庚觚 五字 代一四・三〇

責弘觚 五字 頌續六七

王子□觚 七字 代一四・三一

且癸觚 七字 代一四・三一

齊史𨗶觚 八字 拓本

且辛觚 四字 代一四・二八

冊守父乙觚 四字 代一四・二八

作父丁觚 四字 代一四・二九

父癸□觚 四字 代一四・二九

冀觚 四字 遺三五五

亞中妏□觚 五字 代一四・三〇

皿合觚 六字 代一四・三〇

妏作乙公觚 七字 代一四・三一

□作父癸觚 七字 拓本

貝隹觚 十一字 攈二之一・六四

己且觚 四字 代一四・二八

父乙□莫觚 四字 代一四・二八

天黽父辛觚 四字 代一四・二九

乙亳觚 四字 校五・六二

□觚 四字 考古七二・二 拓本

婦□觚 五字 代一四・三〇

亞中□宔父丁觚 六字 拓本

□且己觚 七字 代一四・三一

□觚 八字 頌續六五

□婦觚 十三字 代一四・三一

一八　觶耑　一七五器

荷貝形觶　一字　代一四・三二

[illegible]觶　一字　代一四・三二

[illegible]觶　一字　代一四・三二

鳶觶　一字　代一四・三二

獸形觶　一字　代一四・三二

戈觶　一字　代一四・三二　頌續七六

鼓觶　一字　代一四・三三

[illegible]觶　各一字　代一四・三三

從觶　各一字　代一四・三三

辰觶　一字　代一四・三四

[illegible]觶　一字　代一四・三四

癸觶　一字　代一四・三四

[illegible]觶　一字　代一四・三四

[illegible]觶　一字　代一四・三五

亞中[illegible]觶　一字　代一四・三五

亞[illegible]觶　一字　代一四・三五

[illegible]觶　一字　代一四・三八

[illegible]觶　一字　代一四・四九

↕觶　一字　續殷下五〇

[illegible]觶　一字　續殷下五四

[illegible]觶　一字　使華一四

[illegible]觶　一字　冠補七

[illegible]觶　一字　美四七三

[illegible]觶　一字　文物六五・七

父乙觶　二字　拓本

母戊觶　二字　代一四・三七

戈辛觶　二字　代一四・三七

器名	字數	著錄
子[illegible]觶	二字	代一四·三七
氺婦觶	各二字	代一四·三八
伯憂觶	二字	代一四·三八
冉夭觶	各二字	攈一之一·二六
大犾觶	二字	續殷下五一
亞中[illegible]觶	各一字	中一五
龍子觶	二字	美四七一
冉且丁觶	三字	代一四·三九
[illegible]父乙觶	三字	代一四·四〇
受父乙觶	各三字	代一四·四一
子[illegible]觶	二字	代一四·三八
雚女觶	二字	代一四·三八
[illegible]觶	二字	代一四·三九
史農觶	二字	校五·七五
亞獸形觶	二字	續殷下五四
山[illegible]觶	二字	遺三六三
入且丙觶	三字	代一四·三九
[illegible]且戊觶	三字	代一四·四〇
[illegible]父乙觶	三字	代一四·四一
[illegible]父乙觶	三字	代一四·四一
守婦觶	二字	代一四·三八
[illegible]觶	二字	代一四·三八
亞艮觶	二字	攈一之一·二五
應公觶	二字	周五·一三三
冉[illegible]觶	二字	頌續七五
帚嫡觶	二字	美二八
[illegible]且丙觶	三字	代一四·三九
酉父甲觶	三字	代一四·四〇
敄父乙觶	三字	代一四·四一
酨父乙觶	三字	代一四·四一

[illegible]父乙觶 三字 代一四·四一

亞中[illegible]父乙觶 三字 代一四·四一

[illegible]父丙觶 三字 代一四·四二

雔父丁觶 三字 代一四·四三

[illegible]父戊觶 三字 代一四·四三

[illegible]父己觶 三字 代一四·四四

鷄形父己觶 三字 代一四·四四

亞中[illegible]父己觶 三字 代一四·四五

[illegible]父辛觶 三字 代一四·四五

[illegible]父辛觶 三字 代一四·四六

[illegible]父乙觶 三字 代一四·四一

父乙飤觶 各三字 代一四·四二

[illegible]父丙觶 三字 代一四·四二

[illegible]父丁觶 三字 代一四·四三

字父己觶 三字 代一四·四四

[illegible]父己觶 三字 代一四·四四

[illegible]父己觶 三字 代一四·四四

子父庚觶 三字 代一四·四五

[illegible]父辛觶 三字 代一四·四五

雔父辛觶 三字 代一四·四六

亞中[illegible]父乙觶 三字 代一四·四一

[illegible]父乙觶 三字 代一四·四二

[illegible]父丙觶 三字 代一四·四二

[illegible]父□觶 三字 代一四·四三

[illegible]父己觶 三字 代一四·四四

[illegible]父己觶 三字 代一四·四四

父己牽牲形觶 三字 代一四·四四

[illegible]父辛觶 三字 代一四·四五

責父辛觶 三字 代一四·四五

[illegible]父辛觶 三字 代一四·四六

羊父辛觶 三字 代一四.四六

亞中[illegible]父辛觶 三字 代一四.四六

弓父癸觶 三字 代一四.四七

[illegible]父戊觶 三字 代一四.四八

子癸蠱觶 各三字 代一四.四九

戚觶 三字 代一四、四九

[illegible]父己觶 三字 續殷下五八

蘁父丁觶 三字 拓本

冈父己觶 三字 文物資料叢刊三

魚父癸觶 三字 陝青四

[illegible]父辛觶 三字 代一四.四六

[illegible]父壬觶 三字 代一四.四六

矢父癸觶 三字 代一四.四七

兄丁觶 三字 代一四.四八

[illegible]中且觶 三字 代一四.四九

行父辛觶 三字 攈一之二.二一

[illegible]父辛觶 三字 續殷下五八

[illegible]父乙觶 三字 上一七

作父庚觶 三字 上三四

[illegible]父癸觶 三字 文物七二.一二

[illegible]父癸觶 三字 代一四.四七

[illegible]父癸觶 各三字 代一四.四七

[illegible]父癸觶 三字 代一四.四八

秉[illegible]觶 三字 代一四、四八

姞彝觶 各三字 代一四.四九

(冈)且甲觶 三字 續殷下五四

[illegible]父癸觶 三字 續殷下六〇

畕父己觶 三字 文物六四.九

[illegible]父辛觶 三字 陝(三)一五九

[illegible]父酉觶 三字 美七八

羊父癸觶 四字 代一四、四七	子廟父乙觶 四字 代一四、五〇	天[illegible]父乙觶 四字 代一四、五〇	奉冊父丁觶 四字 代一四、五一	子[illegible]父己觶 四字 代一四、五一	[illegible]父癸觶 四字 代一四、五二	器作氒觶 四字 代一四、五二	丹父丙觶 四字 校五、九〇	漨父甲觶 五字 代一四、五二	廡父丁觶 五字 代一四、五二
唐子且乙觶 四字 代一四、五〇	天父乙觶 四字 代一四、五〇	亞中父乙觶 四字 代一四、五一	丹父丁觶 四字 代一四、五一	衛肘父辛觶 四字 代一四·五一	[illegible]作母辛觶 四字 代一四、五二	逐觶 四字 代一四·五二	川又父乙觶 四字 陝(三)二七	高觶 五字 代一四、五二	姞亘母觶 五字 代一四·五三
□[illegible]且己觶 四字 代一四、五〇	丹父乙觶 四字 代一四、五〇	告田觶 四字 代一四·五一	弜父丁觶 四字 代一四·五一	[illegible][illegible]父辛觶 四字 代一四、五一	[illegible]觶 四字 代一四·五二	[illegible]觶 四字 代一四、五二	員觶 四字 美三二七	[illegible]子觶 五字 代一四、五二	亘觶 五字 代一四、五三

□宁父丁觶　五字　續殷下六二

王鑄觶　五字　續殷下六二

邑觶　五字　文物七二、一〇

氺小集母乙觶　五字　考古六四、八

車父丁觶　六字　代一四、五二

丰觶　六字　代一四、五三

尚觶　六字　代一四、五三

丶作父丙觶　六字　代一四、五三

作父己觶　六字　代一四、五三

禦父辛觶　六字　代一四、五三

敄觶　六字　代一四、五四

作妣己觶　六字　代一四、五四續殷下六三

疑觶　各六字　代一四、五四

婦女觶　六字　代一四、五四

者兒觶　六字　頌續八一

作且辛觶　七字　代一四、五四

遽仲觶　七字　代一四、五四

杠觶　七字　代一四、五四

旨倃觶　七字　代一四、五五

弔壇觶　七字　遺三七四

白觶　七字　美四七二

匽侯觶　七字　拓本

鼓𦎫觶　八字　代一四、五五

齊史遻觶　八字　頌續八〇

小臣單觶　二二字　代一四、五五

義楚耑　五字　代一四、五三

郤王耑　十字　代一四、五五

郤王義楚耑　三五字　代一四、五五

一九　方彝　二一器

㚇方彝　一字　代六·二

[illegible]方彝　一字　續殷上三四

伯豐方彝　五字　美三二三

亼宜父戊方彝　各六字　遺五〇七

弔[illegible]方彝　各一二字　文物資料叢刊三

[illegible]方彝　三一字、遺五一〇

吳方彝　一〇二字　代六、五六

車方彝　各一字　遺五〇五

亞又方彝　各二字　代六、九

女壴方彝　各五字　文物六四、九

匽方彝　各八字　代六、四一

[illegible]方彝　一四字　遺五〇九

[illegible]方彝　四〇字　陝(二)一六

盠方彝　各一一〇字　陝青五五、五六

聿方彝　各一字　美三二三

女[illegible]方彝　各四字　代一一、一六作尊誤

仲追父方彝　六字　代六、三五

[illegible]父己方彝　蓋八字　湖南六二

作文考日己方彝　二〇字　陝(三)一二〇

師遽方彝　六六字　上五六

矢方彝　各一八五字　代六、五六

二〇　卣　三二五器

奚卣　各一字　代一二、三五

子[illegible]卣　蓋器各一字　代一二、三五

[illegible]卣　一字　代一二·三六

鼻卣 各一字 代一二·三六

[illegible]卣 各一字 代一二、三六

戈卣 各一字 代一二、三七

薑卣 各一字 代一二、三八

酉卣 一字 代一二、三九

奉冊[illegible]卣 各一字 代一二、四四

[illegible]卣 一字 攈一之二、三一

[illegible]卣 一字 青一五

[illegible]卣 各一字 遺二三五

[illegible]卣 一字 美一

[illegible]卣 各一字 代一二、三六

衛冊卣 一字蓋二字 代一二·三六、五七

[illegible]卣 各一字 代一二、三七

日[illegible]卣 各一字 代十二、三八

(冂)卣 一字 代一二、三九

[illegible]卣 一字 代一二、四四

丁卣 一字 校四、四

隻卣 一字 青一六

[illegible]卣 一字 遺二三九

[illegible]卣 一字 美二一七

辰卣 一字 代一二、三六

[illegible]卣 各一字 代一二、三七

[illegible]卣 各一字 代一二、三八

日月卣 各一字 代一二、三八

亞中[illegible]卣 一字 代一二、四〇

[illegible]卣 一字 攈一之一、一三

鳶卣 一字 中一七

禾卣 一字 青一七

[illegible]卣 各一字 遺二四三

[illegible]卣 一字 拓本

父乙卣 二字 代一二、四〇

丁[illegible]卣 二字 代一二、四一

癸[illegible]卣 各二字 代一二、四二

魚從卣 各二字 代一二、四三

冉[illegible]卣 各二字 代一二、四四

[illegible]卣 各二字 代一二、四四

林卣 各二字 續殷上七〇

買車卣 各二字 遺二四二

父癸魚卣 三字 代一一、二一作尊誤

且戊卣 各三字 代一二、四六

冉乙卣 各二字 代一二、四〇

己[illegible]卣 二字 代一二、四一

子[illegible]卣 各二字 代一二、四二

亞[illegible]卣 各二字 代一二、四三 冠上五三

[illegible]太卣 各二字 代一二、四四

[illegible]召卣 二字 代一二、四五

子雨卣 二字 柯三

朋[illegible]卣 二字 遺二四四

且甲卣 三字 代一二、四五

子且己卣 各三字 代一二、四六

丁犬形卣 各二字 代一二、四一

[illegible]己卣 各二字 代一二、四二

[illegible]旂卣 各二字 代一二、四三

亞中甘[illegible]卣 二字 代一二、四三

[illegible]卣 各二字 代一二、四四

旅卣 各二字 代一二、四五

冊彳卣 各二字 遺二四一

[illegible]卣 蓋二字器一字 上四

且乙卣 各三字 代一二、四六

[illegible]且辛卣 三字 代一二、四六

鳶且辛卣 三字 代一二·四七

荷戈父乙卣 三字 代一二·四八

[illegible]父乙卣 各三字 代一二·四八

[illegible]父乙卣 各三字 代一二·四九

[illegible]父乙卣 各三字 代一二·五〇 遺二四九

荷貝形父己卣 各三字 代一二·五一

遽父己卣 各三字 代一二·五二

弓父庚卣 各三字 代一二·五三

[illegible]父辛卣 各三字 代一二·五四

弔父辛卣 各三字 代一二·五五

鳥形父甲卣 三字 代一二·四七

冊父乙卣 各三字 代一二·四八

旅父乙卣 各三字 代一二·四九

[illegible]父乙卣 三字 代一二·四九

[illegible]父丙卣 三字 代一二·五〇

犬形父己卣 各三字 代一二·五一

[illegible]父己卣 各三字 代一二·五二

[illegible]父辛卣 各三字 代一二·五三

天父辛卣 各三字 代一二·五四

父辛[illegible]卣 三字 代一二·五五

[illegible]父甲卣 各三字 代一二·四七

魚父乙卣 三字 代一二·四八

亞中舲父乙卣 各三字 代一二·四九

亞中覃父乙卣 各三字 代一二·五〇

史父丁卣 三字 代一二·五〇

受父己卣 各三字 代一二·五一

父庚卣 三字 代一二·五二

[illegible]父辛卣 各三字 代一二·五四

旅父辛卣 各三字 代一二·五四

[illegible]父辛卣 三字 代一二·五五

器名	字數	著錄
爵父癸卣	三字	代一二·五五
丁[illegible]卣	三字	代一二·五六
子自卣	三字	代一二·五七
母卣	各三字	代一二·五八
[illegible]父丁卣	各三字	代一三·二
[illegible]且癸卣	各三字	攈一之三·二六
[illegible]父己卣	各三字	遺二四七
蠆父己卣	三字	文物六三·四
作[illegible]彝卣	三字	陝(三)七〇
陸冊父乙卣	各四字	代一三·二
[illegible]父癸卣	各三字	代一二·五六
秉[illegible]卣	三字	代一二·五六
子廟圖卣	各三字	代一二·五七
酉卣	三字	代一二·五九
父癸卣	各三字	代一三·一二
亞中[illegible]父甲卣	三字	續殷上七三
[illegible]父癸卣	各三字	遺二五〇
[illegible]父庚卣	三字	美一〇九
[illegible]且乙卣	各四字	代一三·一
父乙衛冊卣	四字	代一三·二
亞中得父癸卣	三字	代一二·五六
子辛卣	三字	代一二·五六
[illegible]卣	各三字	代一二·五七
杞婦卣	各三字	代一二·六〇
[illegible]父乙卣	三字	攈一之二·三四
[illegible]父己卣	各三字	續殷上七四
[illegible]父乙卣	三字	文物七二·一二
[illegible]父辛卣	蓋三字	文物七二·五
天[illegible]父乙卣	各四字	代一三·一
立[illegible]父丁卣	各四字	代一三·三

鄉父丁卣 各四字 代一三、三

天黽父戊卣 四字 代一三、四

冉父辛卣 蓋四字器三字 代一三、四

荷戈父癸卣 各四字 代一三、五

戲卣 各四字 代一三、五 頌續五一

朋獸形卣 各四字 代一三、六

作寶尊彝卣 各四字 代一三、八

冉卣 各四字 攈一之三、二七

冉父丁卣 四字 文物六四、七

伯彭父卣 各四字 美三八六

舟父丁卣 四字 代一三、三

又羊父己卣 各四字 代一三、四

令■父辛卣 各四字 代一三、四

天黽父癸卣 四字 代一三、五

器作乎卣 四字 代一三、六

[illegible]卣 各四字 代一三、七

戒卣 各四字 代一三、二一

[illegible][illegible]父戊卣 各四字 遺二五三

[illegible][illegible]父丁卣 各四字 美六九

[illegible]卣 四字 考古七二、二拓本

退作父丁卣 四字 代一三、三

家戈父庚卣 四字 代一三、四

刀[illegible]父癸卣 各四字 代一三、五

闌卣 四字 代一三、五 頌續五〇

[illegible][illegible]卣 各四字 代一三、六

作旅卣 各四字 代一三、七

采卣 四字 攈一之二、七三

驕卣 各四字 遺二五七

魚父己卣 各四字 文物資料叢刊三

女帚卣 各五字 代一二、五七

亞中且乙父己卣 各五字 代一三、九

臣辰⿱⺌干父乙卣 各五字 代一三、一〇

𡿺卣 五字 代一三、一〇

叔卣 各五字 攈二之一、八 代一三、一一失蓋

⿱壴走卣 各五字 代一三、一二

作季卣 各五字 代一三、一三

盉作父乙卣 器五字蓋六字 代一三、一四

伯卣 各五字 周五、一〇六

小子母己卣 各五字 遺二五八

師隻卣 五字 文物六四、九

且己父辛卣 各五字 代一三、九

作父乙卣 各五字 代一三、一〇

父己母癸卣 五字 代一三、一〇

守宫卣 五字 代一三、一一

頖卣 各五字 代一三、一二

康⿰䖝丮卣 五字 代一三、一三

買王卣 蓋五字器六字 代一三、一二

㕣卣 五字 青三五

且辛乇卣 各五字 文物六四、四

父乙女告田卣 蓋三字器六字 代一三、一四

父乙臣辰卣 五字 代一三、九

競作父乙卣 五字 代一三、一〇

冊陸父庚卣 各五字 代一三、一一

女𡿺父癸卣 各五字 代一三、一一

輦卣 五字 代一三、一三 周五、一〇七

⿱中冊冊卣 五字 代一三、一三

冊戈父辛卣 各五字 綴一一、六

小子父己卣 五字 拓本

王作匕攺卣 各五字 美一八八

習父丁卣 各六字 代一三、一二

[illegible]卣 各六字 代一三・一四

母辛卣 各六字 代一三・一六

龠伯卣 各六字 代一三・一七

伯[illegible]卣 各六字 代一三・一八

仲纖卣 各六字 代一三・一八

嬴季卣 各六字 代一三・一九

[illegible]卣 各六字 代一三・二〇

彝保卣 各六字 代一三・二一

壽兄癸卣 各六字 代一三・五三

作父丁卣 各六字 遺二六〇

考卣 各六字 代一三・二四

觪伯卣 各六字 代一三・一六

伯魚卣 蓋六字 代一三・一七

伯貉卣 各六字 代一三・一八

弔𩛥卣 各六字 代一三・一九

衛父卣 各六字 代一三・一九

向卣 各六字 代一三・二〇

[illegible]卣 六字 代一三・二一

盟弘卣 六字 敬下七一

[illegible]卣 各六字 遺二六二

作父癸卣 各六字 代一三・二五

汪伯卣 各六字 代一三・一六

伯矩卣 各六字 代一三・一七

仲儌卣 六字 代一三・一八

井季卣 各六字 代一三・一九

[illegible]父卣 各六字 代一三・二〇

毆卣 各六字 代一三・二一

獻卣 存六字 代一三・二一

齊卣 各六字 劍古上一九

[illegible]父庚卣 六字 五省二五

器名	字數	著錄
潶伯卣	六字	文物七二·一二
遝卣	各七字	代一三·二二
史見卣	各七字	代一三·二三
無憂卣	七字	代一三·二三
尸作父己卣	蓋六字器七字	代一三·二四
[illegible]卣	各七字	代一三·二五
夾卣	各七字	代一三·二六
[illegible]卣	七字	代一三·二六
史戍卣	七字	遺二六五
[illegible]作父戊卣	七字	文物七二·七
[illegible]伯卣	六字	文物七二·一二
[illegible]卣	各七字	代一三·二二
羊卣	各七字	代一三·二三
元作父戊卣	各七字	代一三·二四
鹵卣	各七字	代一三·二五
[illegible]旨卣	七字	代一三·二六
矢伯卣	各七字	代一三·二六
散伯卣	各七字	代一三·二七 遺二六八
[illegible]作妣癸卣	各七字	遺二六六
[illegible]作父丁卣	七字	文物六五·五
亞中[illegible]口卣	各六字	上七
盞卣	各七字	代一三·二二
車卣	七字	代一三·二三
叀卣	七字	代一三·二四
[illegible]父己卣	各七字	代一三·二五
[illegible]卣	七字	代一三·二六 寶九八
邶伯卣	七字	代一三·二六 精七七
丁揚卣	各七字	攈二之一·一〇
小臣父乙卣	七字	文物六三·二
[illegible]作且乙卣	各七字	拓本

⿱虘皿卣 各八字 代一三·二七
追丞卣 各八字 代一三、二八
⿰犭比伯卣 八字 代一三·二九
[illegible]高卣 八字 代一三·三〇
關卣 八字 陝(三)七六
僣卣 九字 代一三·三〇
仲卣 各九字 代一三·三一
署卣 各九字 白鶴一三
婦關卣 各一〇字 代一三·三二
魚伯卣 一〇字 攈二之一·五一

對卣 各八字 代一三·二七
⿰酉見卣 各八字 代一三、二八
伯作大公卣 各八字 代一三、二九
曆季卣 八字 文物六四·七
盩司土卣 各九字 代一三·三〇
剌卣 各九字 代一三·三〇
伯匽卣 各九字 代一三·三一
⿱莫丮卣 蓋一〇字器二字 代一三、三二
小臣兒卣 一〇字 代一三·三三
小臣豐卣 一〇字 遺二六九

平卣 各八字 代一三·二八
枚家卣 八字 代一三·二九
伯睘卣 各八字 代一三·二九
小夫卣 各八字 拓本
束卣 各九字 代一三·三〇
⿺辶亘卣 各九字 代一三、三一
㐱卣 九字 代一三、三二
窺蟲卣 各一〇字 代一三、三二
敹卣 各一〇字 代一三、三三
⿱宀帚卣 各一〇字 遺二七一

[illegible]伯卣 各一〇字 遺二七〇	倗卣 各十一字 代一三・三四	盤仲卣 十二字 代一三・三四	䖒霝卣 各十三字 攈二之二・五	馭八卣 各十七字 代一三・三六	耳卣 各十七字 代一三・三六	盂卣 蓋三字器二一字 代一三・三八	同卣 各二五字 代一三・三九	趞卣 各二八字 代一一・三四作尊誤	豐卣 三一字 陝(二)一九
憧季遽父卣 一〇字 陝(三)三五三六	盟作父辛卣 十一字 代一三・三四	豚卣 十三字 代一三・三四	小臣系卣 各十五字 代一三・三五	寓卣 十六字 代一三・三六	[illegible]卣 各十七字 遺二七二	小子省卣 各二二字 代一三・三八	作冊䰧卣 各二六字 遺二七三	次卣 各三〇字 代一三・三九	周乎卣 各三一字 代一三・四〇
坒卣 各十一字 代一三・三四	[illegible]且丁卣 十二字 代一三・三四	[illegible]卣 十三字 代一三・三五	子卣 各十五字 代一三・三五	息伯卣 十七字 代一三・三六	寡子卣 各十八字 代一三・三七	毓且丁卣 各二五字 代一三・三八	[illegible]卣 各二七字 代一三・三九	商卣 三〇字 陝(二)四	叔卣 各三二字 遺一六一作簋誤

褱卣 各三五字 代一三、四〇

啟卣 各三九字 文物七二、五

𠨘卣三 蓋三字 器四五字 遺二七五

畬卣 蓋三字 器四五字 代一三、四二

農卣 蓋三字 器四八字 代一三、四二

臣辰卣 各五〇字 代一三、四四

傳卣 存五三字 代八、五二作簋誤

效卣 各六八字 代一三、四六

貉子卣 各三六字 代一三、四一

𠨘卣 各二七字 遺二七三

召卣 四四字 代一三、四二

保卣 各四六字 遺二七六

彔卣 各四九字 代一三、四二

庚嬴卣 各五一字 代一三、四五

作冊魖卣 各六三字 遺二七八

靜卣 器三六字 蓋銘僞 代一三、四一

𠨘卣二 蓋三字 器四〇字 遺二七四

召卣二 各四七字 遺二七七

父辛卣 存四八字 代一三、四六

免卣 四九字 代一三、四三

競卣 各五二字 代一三、四四

弔趯父卣 各六二字 考古七九、二 拓本

二一 觥 一八器

[illegible]觥 一字 柯一三

婦觥 各一字 美二七

[illegible]觥 二字 美二〇一

亞𠬪觥　各二字　美一九五

王生女觥　四字　續殷附七

者女觥　各八字　代一七・二六作匜誤

婦闆觥　各十字　代一八・二一

𢦏馭觥　蓋一六字　陝(三)九五

㠱庚觥　各二字　美一八九

父辛觥　六字　代一八・二〇

責弘觥　共九字　代一七・二四作匜誤

甫人觥　各十字　代一七・二九作匜誤

作文考日己觥　二〇字　陝(三)一三三

𡗗父乙觥　三字　上一五

作母戊觥　蓋六字　考古七八・一拓本

子𣕼觥　各九字　代一八・二〇

弜觥　各一二字　代一八・二一

折觥　三九字　陝(三)一四

二二　壺　一二二器

𠚬壺　一字　代一二・一

𩱾壺　一字　代一二・二

興壺　一字　遺二一九、二二〇

亞荷貝形壺　二字　代一二・一

先壺　一字　代一二・一

冂壺　一字　代一二・二

𠙵壺　一字　遺二二三

玄婦壺　二字　代一三・二

𦥑壺　一字　代一二・二

聿壺　一字　續殷上六三

𥁕壺　一字　遺二一六、二一七

左𡰪壺　二字　拓本

公㸚壺 二字 美四三二
才壺 各三字 代一二·三
員壺 各四字 代一二·四
龏壺 四字 代一二·五
公子裹儌壺 四字 代一二·五
臣辰𠂇壺 各四字 代一二·六
父丁壺 四字 遺二二一
伯壺 各四字 張七六
𠫑嫣壺 五字 代一二·六
矢姬壺 五字 代一二·七

父乙壺 三字 代一二·三
父癸壺 三字 遺二二二
皆壺 各四字 代一二·四
䀠子壺 四字 代一二·五
差君壺 四字 代一二·六
吾壺 四字 代一二·六
父丁壺 四字 陝(三)三三
薛侯壺 四字 拓本
伯壺 五字 代一二·六
子㛄壺 五字 代一二·七

魚父癸壺 三字 代一二·三
辰父己壺 四字 代一二·四
夾壺 各四字 代一二·四
刅壺 四字 代一二·五
明我壺 四字 攈一之二·八二
𠊊壺 各四字 續殷上六四
事從壺 四字 美三七五
柜父乙壺 五字 代一二·六
嫘妊壺 五字 代一二·七
遟子壺 五字 校四·七五

楕侯壺 五字 遺二二三

應公壺 各六字 代一二·七

盛季壺 六字 代一二·八

魯侯壺 七字 代一二·八

内伯壺 各八字 代一二·九

奪壺 各八字 遺二二六

[illegible]壺 各九字 代一二·一〇

伯多壺 十一字 代一二·一〇

呂王壺 十三字 代一二·一二

華母壺 十三字 遺二三〇

考母壺 五字 文物七二·一二

觴仲多壺 六字 代一二·七

嬴霝德壺 各六字 拓本

鬼壺 七字 遺二二五

𢾊壺 八字 代一二·九

右㞕胥壺 八字 拓本

𩞁車父壺 九字 文物七七·八

盜弔壺 十一字 考古八二·二

東周左師壺 十三字 代一二·一二

陳侯壺 十三字 文物七二·五

伯戜壺 五字 陜(二)一〇五

孟𧦥父壺 六字 代一二·八

尸作父己壺 七字 代一二·八

𥄎壺 八字 代一二·八

右走馬嘉壺 八字 代一二·九

内公壺 各九字 代一二·九

孟上父壺 十字 代一二·一一

曾仲斿父壺 各十二字 文物七二·一

大壺 十三字 攈二之一·八四

樊夫人龍嬴壺 十三字 文物八一·一

器名	字數	著録
保𠈇母壺	各十四字	遺二三一
㠱中壺	十四字	代一二·一三
齊良壺	十五字	代一二·一四
徝公壺	十五字	代一二·一五
虢季氏子組壺	十六字	代一二·一六
矩弔壺	十七字	代一二·一七
師望壺	十九字	代一二·一七
殷句壺	十九字	代一二·一八
杞伯壺	二一字	代一二·一九
部嬰壺	各二五字	代一二·二二
邛君壺	十四字	代一二·一三
内大子伯壺	各十四字	代一二·一四
鄭楙弔壺	十五字	代一二·一五
首[illegible]壺	十五字	青二九
彭姬壺	十六字	攈二之二·三二
伯公父壺	蓋十七字	陝(三)九二
中伯壺	十九字	代一二·一八
趞孟壺	十九字	柯一二
周[illegible]壺	各二一字	代一二·二〇
虞侯政壺	二三字	文物八〇、拓本
鄧孟壺	十四字	代一二·一三
啇壺	十四字	文物六六·一
司寇良父壺	十五字	代一二·一五
仲南父壺	各十五字	文物七六·五拓本
史僕壺	十七字	代一二·一七
兮熬壺	各十八字	攈二之二·七六
匹君壺	十九字	代一二·一八
楙氏車父壺	十九字	陝(三)一二四
虞司寇壺	各二四字	代一二·二一
陳喜壺	二五字	文物六一·二拓本

椒車父壺 二七字 陝(三)一二三

陳章壺 三〇字 代一二·二四

番匊生壺 三一字 代一二·二四

孙弔師父壺 三二字 青三九

曾姬無卹壺 三九字 代一二·二五

公子土斧壺 三九字 文物七二·五

曾伯陭壺 各四一字 代一二·二六

杕氏壺 四一字 代一二·二七

史懋壺 四一字 代一二·二八

殳季良父壺 四二字 代一二·二八

命瓜君壺 四六字 代一二·二八

十三年𤼈壺 五六字 陝(三)二九·三〇

幾父壺 五七字 陝(三)一三四·一三五

三年𤼈壺 六〇字 陝(三)三一·三二

㫚壺 一〇一字 代一二·二九

洹子孟姜壺 一四三字又一六四字 代一二·三三

頌壺 各一五〇字 代一二·三〇

蚉壺 一八二字 文物七九·一拓本

庚壺 約二〇〇字 遺二三二 張光遠春秋齊莊公壺銘文考釋臨本

中山王嚳壺 四四八字 文物七九·一拓本

二三 罍 三〇器

得罍 各一字 代一一·三九

戈罍 一字 代一一·三九

亞中𩰫罍 一字 代一一·四作尊誤

𠕁罍 一字 美二八三

告田罍 二字 代一一·四〇

叡又罍 二字 青一二

車豖罍　各二字　遺二〇九

[illegible]父口罍　三字　拓本

亞中高父丁罍　四字　代一一、四一

父丁罍　五字　文物七三、七

爯罍　七字　代一一、四一

陵方罍　八字　陝(二)五

蘇作且己罍　十四字　陝青四一

亩朋罍　十九字　代一一、四三

卜姦罍　二字　美四八三

祖伯章罍　三字　考古六五、七拓本

[illegible][illegible]父乙罍　四字　陝(三)二八

冉父丁方罍　各六字　上三三

父乙罍　各八字　代一一、四一

釤罍　九字　代一一、四二

且甲罍　約十八字　拓本

對罍　二五字　陝(三)一八九

[illegible]父丁罍　各三字　代一一、四〇

甫朋罍　四字　代一一、四一

且辛异罍　五字　文物六四、四

楚高罍　六字又八字　山東五四、五五

者姛罍　各八字　代一一、四二

趡罍　九字　代三、一七作鼎誤

沼攸口罍　十九字　代一一、四三

邛伯夏子罍　二九字　考學六三、二拓本

二四　盤　一〇二器

魚盤　一字　代一七、一

[illegible]盤　一字　代一七、二

八大盤　一字　續殷下七四

[illegible]盤 一字 遺四八〇

宁盤 一字 陝(二)一二四

[illegible]戈盤 二字 遺四八四

亞形中[illegible]妃盤 二字 考古七四五

[illegible]父己盤 三字 代一七・二

父丁盤 三字 遺四八七

吴盤 五字 代一七・三

𢐗伯盤 六字 文物七六・四

蔡侯盤 六字 蔡三三

鑄客盤 七字 代一七・三

[illegible]盤 一字 遺四八一

丁[illegible]盤 二字 代一七・二

舲旨盤 二字 遺四八五

荷貝形父乙盤 三字 代一七・二

射女盤 三字 攈一之二・七九倒刻

轉盤 四字 代一七・二

曆盤 五字 代一七・三

縪父盤 六字 代一七・三

宗中盤 六字 考古七九・二拓本

伯矩盤 七字 拓本

非盤 一字 遺四八二

魚從盤 二字 代一七・二

[illegible]盤 二字 美二一五 遺四八三

父戊[illegible]盤 三字 代一七・二

作從彝盤 三字 遺四八六

豆冊父丁盤 四字 代一七・二

𢐗伯盤 五字 文物七六・四

延盤 六字 代六・三七作彝誤

畚父盤 七字 代一七・三

白雒父盤 七字 陝(二)一〇七

作父丁盤 八字 遺四八九
穌甫人盤 九字 代一七、四
陵仲盤 十字 代一七、四
京弔盤 十二字 代一七、四
𨙸王義楚盤 十二字 文物八〇、八
史頌盤 十四字 代一七、八 校九、七〇
虢金氏孫盤 十四字 上村嶺虢國墓地
魯伯俞父盤 十五字 代一七、七
魯司徒仲齊盤 十五字 拓本
鼄盤 十六字 代一七、八

)(逘盤 八字 遺四九〇
㠱伯盤 九字 拓本
魯伯厚父盤 十字 代一七、四
米窔盤 十二字 代一七、五
筍侯盤 十二字 張三一
陶子盤 十四字 代一七、七
真盤 十四字 文物八二、二
中友父盤 十五字 陝(二)一五三
祖盤 存十六字 代一七、八
祖伯𩫖盤 十七字 考古六五、七 拓本

伯百父盤 八字 張三一
樊夫人龍嬴盤 九字 文物八一、一
邛子盤 十字 攈二之一、五三
酓肯盤 十二字 代一七、五
仲盤 十三字 代一七、六
才盤 十四字 代一七、七
郳季寬車盤 十四字 中原八一、四
伯駟父盤 十五字 考古六五、二一 拓本
弔五父盤 十六字 代一七、八
鄧伯吉射盤 十七字 拓本

師寏父盤 十七字 代一七、九	仲叡父盤 十八字 代一七、一〇	毛弔盤 存十八字 代一七、一一	中子化盤 十九字 攈二之二、七四	白者君盤 二〇字 文物八〇、一	曹公賸孟姬念母盤 二二字 中原八二	歸父盤 二四字 代一七、一四	句它盤 二一字 遺四九二	湯弔盤 二九字 遺四九六	齊侯盤 三四字 代一七、一六 美四二三
伯侯父盤 十七字 遺四九一	楚季盤 十八字 代一七、一〇	干氏弔子盤 十九字 代一七、一二	薛侯盤 二〇字 代一七、一三	齊弔姬盤 二二字 遺四九三	黃韋俞父盤 二三字 代一七、一三	囂伯盤 二五字 代一七、一五	封孫宅盤 二五字 文物六四、七拓本	會忎盤 二九字 代一七、一六	余卑盤 存三七字 代一七、一七
取膚盤 十八字 代一七、一〇	者旨甾盤 十八字 文物八〇、八	殷穀盤 十九字 代一七、一二	白者君盤 二〇字 代一七、一三	般仲柔盤 二二字 遺四九四	齊縈姬盤 二三字 遺四九五	鄀嫛盤 二五字 代一七、一五	𤆍右盤 二六字 文物八二、一二	免盤 三三字 代一四、一二作盉誤	函皇父盤 三九字 陝青六五

守宮盤　六六字　書道一、六九

蔡侯𩐈盤　九二字　蔡三八

兮甲盤　一三三字　代一七、二〇

⿸厂貝弔多父盤　七八字　周四、五

寰盤　一〇三字　代一七、一八

𩐈盤　二八四字　陝(二)二四拓本

休盤　九〇字　代一七、一八

虢季子白盤　一一一字　代一七、一九

散盤　三五七字　代一七、二〇

二五　匜　六六器

⿰⿱覀共𠃬匜　一字　代一七、二三

父戊匜　各三字　代一七、二三

鳧弔匜　各五字　代一七、二四

蔡侯𩐈匜　六字、七字　蔡三五　代一七、二五

⿷匚⿰酉氏匜　各八字　代一七、二六

長湯匜　六字又九字　拓本又代一七、二八

亞中若匜　一字　代一七、二二

文父丁匜　四字　代一一、二四作尊誤

王子匜　六字　代一七、二五

宗仲匜　六字　考古七九、二拓本

匽伯匜　八字　冠補六

曾子伯父匜　九字　代一七、二八

冄匜　各二字　代一七、二三

天𦨶父乙匜　各四字　代一七、二四

吳姬匜　六字　代一七、二五

蔡子匜　七字　代一七、二六家雪一七

鄭義伯匜　九字　代一七、二八

穌甫人匜　九字　代一七、二九

㠱伯匜 九字 拓本
甫人匜 各十字 代一七、二九
周窐匜 十三字 代一七、三〇
筍侯匜 十四字 拓本
魯伯匜 十五字 代一七、三二
魯元匜 十五字 遺五一二作盂誤
伯正父匜 十六字 代一七、三二
鄀伯盦匜 十六字 拓本
取膚匜 十七字 代一七、三四
番仲艾匜 十八字 代一七、三五

鑄子撫匜 九字 拓本
黃仲匜 十字 代一七、二九
匽公匜 十三字 代一七、三一
函皇父匜 十五字 代一七、三一
王婦匜 十五字 代一七、三二
中友父匜 十五字 陝(三)一五二
从毘匜 十六字 代一七、三三字
䄙伯匜 十七字 代一七、三四
番伯盦匜 十七字 文物八〇、一
蕣君夔匜 十八字 考古六三、一二拓本

樊夫人龍嬴匜 九字 文物八一、一
召樂父匜 十一字 代一七、二九
史頌匜 十四字 代一七、三一
蔡子匜 十五字 代一七、三一
呂仲匜 十五字 攈二之二、二〇
作父乙匜 七字 代一七、二五
毳匜 十六字 代一七、三三
弔高匜 十七字 代一七、三四
司馬南叔匜 十七字 山東一〇八
貯子己父匜 十八字 拓本

陳伯元匜 十九字 代一七・三五	白者君匜 二〇字 代一七・三五又文物六〇・三	眞甫人匜 二〇字 代一七・三五
薛侯匜 二〇字 代一七・三六	由[illegible][illegible]匜 二一字 代一七・三六	楚嬴匜 二一字 代一七・三七
鄭伯匜 二一字 攈二之三・八	齊侯匜 二二字 代一七・三七	齊侯匜 三四字 代四・一四作鼎誤
弔男父匜 二二字 代一七・三八	大師子大孟姜匜 二五字 遺五〇三	公父宅匜 二九字 代一七・三八
公孫𢗳父匜 二九字 文物七二・三	陳子子匜 三〇字 代一七・三九	子仲匜 三〇字 代一七・三九
弔上匜 三三字 代一七・四〇	夆弔匜 三五字 代一七・四〇	儹匜 一五六字 文物七六・五 拓本

二六　鑑　五器

射女方鑑 三字 代一八・二四	智君子鑑 六字 遺五一九	吳王鑑 十二字 遺五二一
攻吳王鑑 十三字 代一八・二四	吳王光鑑 五二字 蔡三九	

二七　雜器　八八器

- ⿰豆弓勺 一字 代一八、二六
- 伯公父勺 二八字 陜(三)九三
- 仲枏父匕 八字 文物六四・七
- 匽侯盂 五字 遺五二一
- 善夫吉父盂 十六字 考古五九、二
- ⿺辶甫盂 四九字 考古七七、一拓本
- 司料盆 四字 代一八、一九
- 曾孟嬭諫盆 十三字 拓本
- ⿰登彡子中盆蓋 二九字 考古六三・一二拓本
- 右里盌 四字 代十八、二四
- 邶勺 一字 代一八、二七
- 祖仲無龍匕 四字 代一八、二九
- 魚顚匕 存三七字 代一八、三〇
- 伯盂 十五字 代一八、一二
- 王子申盞盂 十七字 代一八、一三
- 永盂 一二三字 文物七二・一拓本
- 鄎子行盆 各十字 拓本
- 子⿱丕言盆 十四字 文物八〇、一
- 子弔嬴芮君⿱艹⿱亘皿 十三字 代一八、一三
- ⿸厂辛氏會 六字 代一八、一七
- 但勺 七字又九字 代十八、二七又二八
- ⿸疒興匕 五字 陜(三)五二
- 虢弔盂 五字 代一八、一二
- 伯公父盂 十五字 代一八、一二
- 宦桐盂 二九字 周四、三九
- ⿰貝巛亐𢾈盞 六字 江汉八三・一
- 樊君⿱艹⿱貝方盆 十一字 文物八二・一
- 曾大保盆 二一字 代一八、一三
- 晉公⿱艹⿱亘皿 存一四五字 代一八、一三
- 杞伯盈 十七字 代一八、一八

廡釜 四字 陝(二)四九
國差𦉜 五三字 代一八、一七
伯百父鎣 八字 張二四
哀成弔鉌 五字 拓本
侯瓿 一字 代一八、一九
王作妃弄 蓋四字 考古七六、四拓本
蔡侯朱缶 五字 拓本
欒書缶 蓋八字 器四〇字 遺五一四
蔡侯䌛鉼 五字 蔡三三
陳公孫寣父瓶 二〇字 拓本

陳猷釜 三四字 代一八、二三
大子鎬 六字 代一八、二六
𢐗伯鎣 各六字 文物七六、四
蔡大史鉌 一九字 拓本
□瓿 各一字 遺五一五
亞中□瓿 二字 代一八、一九
邶子□缶 六字 拓本
敉又罍 二字 美五〇〇
緐寍君鉼 九字 代一八、一五
喪史賓鉼 二五字 代一八、一四

子禾子釜 一〇八字 代一八、二二
大府鎬 十六字 文物八〇、八
左關鉌 四字 代一八、一七
廿七年皿 六字 代一八、一五
□瓿 一字 考古七六、一
中鑵蓋 四字 代一八、一九
蔡侯䌛缶 六字又十字 蔡三四
土匀錍 六字 文物八一、八
孟城鉼 存十三字 代一八、一四
曾伯文鐳 十二字 文物七三、五拓本

- 仲義父鑐 各十六字 上五八
- 旻成侯鍾 十二字 代一八、一九
- 大賔牛 四字 文物五九·四
- 鄂君啟車節 一五四字 文精二、一六
- 畢量器 一字 續殷下七九
- 斠父小量 三字 代一八、二七
- 月乡鋪 二字 代一八、三四
- 匽侯舞易器 四字 拓本
- 右輚車飾 二字 遺五三一
- 中山王譻兆域圖 四三〇字 摹本

- 伯夏父鑐 十八字 代一八、一六
- 子之弄鳥 四字 美四二七
- 王命=[illegible]龍節 九字 代一八、三六
- 鄂君啟舟節 一六三字 文精二、一六
- 睘小器 四字 代一八、四一
- 父癸器 三字 續殷附六
- 匽侯盾飾 二字 考古七四·五拓本
- [illegible]軛飾 一字 考學七七·二
- 倗史車鑾 二字 代一八、三七

- 伯亞臣鑐 三四字 文物八〇·一拓本
- 嬰次盧 七字 代一八、二四
- 桼符 存四字 海一二七
- 豐器 一字 代一八、三三
- 少府小器 五字 代一八、三九
- 上官登 二二字 周三·一六七
- 衛自易器 三字 濬縣辛村六九
- 亞車飾 一字 遺五二八
- 晉公車軎 四字 遺五三三

二八　戈　一〇七器

[illegible]戈　各一字　代一九·二

[illegible]戈　各一字　代一九·三

[illegible]戈　各一字　代一九·五

聿戈　各一字　代一九·七

[illegible]戈　一字　代一九·九

韋戈　一字　代一九·二五

垔戈　一字　代一九·二七

[illegible]戈　一字　續殷下八一

[illegible]戈　各一字　遺五四三

州戈　各一字　代一九·二

[illegible]戈　各一字　代一九·四

[illegible]戈　各一字　代一九·七

[illegible]戈　各一字　代一九·七

戈馬形戈　各一字　代一九·二一

矢戈　一字　代一九·二五

[illegible]戈　一字　續殷下八〇

侯戈　一字　續殷下八一

[illegible]戈　各一字　遺五四八

[illegible]戈　各一字　代一九·三

[illegible]戈　各一字　代一九·五

[illegible]戈　各一字　代一九·七

[illegible]戈　各一字　代一九·九

夸戈　一字　代一九·一三

用戈　一字　代一九·二六

[illegible]戈　一字　續殷下八一

[illegible]戈　一字　濬縣彝器二八

鄆戈　一字　遺五七一

元戈 一字 文物五九·二	[illegible]戈 一字 陝(二)八六	[illegible][illegible]戈 二字 代一九·二五	中都戈 二字 代一九·二九	但瘨戈 二字 代二〇·五	玄鏐戈 二字 遺五六三	[illegible]尚[illegible]戈 三字 代一九·三二	鄭左軍戈 三字 湖南二二	庶長畫戈 四字 代一九·三六	□用戈 四字 代一九·三七
[illegible]戈 一字 考古七二·四拓本	[illegible]戈 一字 河北六九	[illegible]又戈 二字 代一九·二五	陳散戈 二字 代一九·三〇	阿武戈 二字 攈一之一·四六	又 二字 鳥書考圖三四	右濯戈 三字 代一九·三二	陳[illegible]鋯戈 四字 代一九·三三	自作用戈 四字 代一九·三五	仕斤戈 四字 代二〇·七
[illegible]戈 一字 文物七九·四	[illegible]戈 一字 中原八一·四	成周戈 二字 代一九·二八	右庫戈 二字 代二〇·四	鑯鏄戈 二字 校一〇·一九	作濿右戈 三字 代一九·三一	䜌左軍戈 三字 代一九·三三	高密戈 四字 代一九·三五	□之用戈 四字 代一九·三七	敔戈 四字 周六·二九

平阿右戈 四字 周六·三一
宜戈 四字 文物八一·一一
滕侯耆戈 五字 代一九·三九
子可戈 五字 照片
攻敔王光戈 六字 代一九·四三
蔡侯𪓐行戈 六字 代一九·四五
朝訶右庫戈 六字 代一九·四六
鄦伯彪戈 六字 劍古上四六
蔡公子加戈 六字 上八七
虢大子元徒戈 六字 文物五九·一

邦之新郜戈 四字 遺五六六
曾子仲謱戈 存四字 考古七五·四
右買戈 五字 代二〇·一二
子朙戈 五字 遺五六七
成陽戈 六字 代一九·四四
蔡侯𪓐用戈 六字 蔡四一
𢁒孫氏戈 六字 校一〇·四二
郾王職戈 六字 代一九·四二
楚王孫漁戈 六字 鳥書考圖一〇
元阿左戈 六字 文物七九·四

郗君戈 四字 考古七三·三 拓本
闌丘戈 五字 代一九·三八
陳䜌寇戈 五字 松一一·二七
楚公冡戈 五字 湖南二一
羊角止亲戈 六字 代一九·四五
蔡公子果戈 六字 代一九·四六
宋公䜌戈 六字 劍古上四三
玄鏐戈 六字 照片
郯竝果戈 六字 文物六三·九
宋公㝵戈 六字 鳥書考圖二七

敖囗戈　六字　鳥書考圖三〇

曹公子戈　七字　拓本

郾侯脮戈　八字　代一九·四六又五〇

單蜡訍戈　八字　拓本

郾王詈戈　十四字　代一九·五二

楚王酓章戈　存十八字　劍古上四五

且日戈　二字　代一九·二〇

蔡囗戈　六字　鳥書考圖三一

郾王職戈　七字　代二〇·一七周六·二〇

吳王光趄戈　八字　周六·一七

邛季戈　九字　代一九·五一

梁伯戈　十四字　代一九·五三

楚屈弔沱戈　存十八字　代一九·五五

父日戈　二字　代一九·二〇

郢侯戈　七字　代一九·四八

王子孜戈　七字　鳥書考圖一六

邗王戈　八字　遺五六九

不昜戈　十字　代一九·五二

秦子戈　十五字　代一九·五三

兄日戈　十九字　代一九·二一

二九　戟　一七器

侯戟　一字　代一九·二二

射戟　一字　代一九·二四

夆戟　一字　文物七二·一〇

山啚戟　二字　代二〇·六

囗戹戟　五字　代一九·四一

新弨戟　六字　鳥書考圖三二

宜□之乘戟 五字 五省六一

敔戟 五字 考學八一、四

滕侯昊戟 六字 代二〇・一三

𦎫于戟 六字 代二〇・一四

郾王職戟 七字 代二〇・一七

齊城右戟 八字 代二〇・一九

郲大司馬戟 七字 代二〇・一九

丞相觸戟 存十字 松續下二二

毎弔子戟 十二字 拓本

四年相邦戟 十四字 代二〇・二六

十六年戟 十五字 代二〇・二七

三〇 矛 十四器

亞中𩰫矛 一字 代二〇・三〇

□矛 各一字 代二〇・三一

右宮矛 二字 代二〇・三三

郾右軍矛 三字 遺五八五

辛邑阝矛 三字 文考八〇・二

格氏矛 四字 代二〇・三五

郾侯載矛 六字 代二〇・三六

郾王喜矛 六字 代二〇・三六

越王者旨於賜矛 六字 照片

郾王戎人矛 八字 代二〇・三七

吳王夫差矛 八字 江汉八四・一

越王州句矛 八字 鳥書考圖一〇

不降矛 八字 代二〇・四〇

秦子矛 存十三字 代二〇・四〇

三一　劍　二四器

- 大攻[illegible]劍　三字　代二〇・四三
- 富奠劍　五字　遺五八九
- 蔡公子從劍　各六字　書道一・一〇七
- 郾王喜劍　七字　代二〇・四五
- ⿰戉阝王勾踐劍　八字　文物六六・五
- 戉王州句劍　八字　文物七三・九
- 郾王職劍　十字　遺五九五
- 吉日壬午劍　二〇字　遺六〇一
- 越王劍　四字　代二〇・四八
- 滕之不劍　六字　代二〇・四四
- 弔[illegible]劍　存六字　代二〇・四三
- 郙王⿰亻雚劍　七字　中原八一・四
- ⿰戉阝王之子勾踐劍　八字　遺五九三
- 吳季子之子劍　十字　攈二之一・五七
- 吳王光劍　十二字　文物八一・五
- 十五年相邦劍　二四字　代二〇・四七
- 鯀⿱湯木之金劍　四字　考古八〇・六拓本
- 蔡侯產劍　六字　鳥書考圖二三、二四、二五
- 脽公劍　存六字　代二〇・四五
- 攻敔王光劍　八字　文物七二・四
- ⿰戉阝王者旨於睗劍　八字　遺五九二　五九四
- 攻敔王夫差劍　十字　劍古上四一
- 龏公劍　十四字　松十二・一九
- 攻⿰鬳攵大子劍　三四字　考古六三・四拓本

三二　雜兵器　一〇器

[illegible]刀　一字　代一八、二八

邵大弔斧　八字又十二字　代二〇、五一

羞鉞　一字　拓本

中山侯鉞　一六字　拓本

[illegible]戚　一字　陝(一)八八

[illegible]句兵　各一字　拓本

末距悍　八字　代二〇、五八

廿年距悍　十三字　代二〇、五八

左皇矢族　二字　代二〇、五四

右皇矢族　二字　代二〇、五四

三二類合計三九〇二器

金文編檢字

一畫

二畫

三畫

四畫

五畫

六畫

檢字

夻 同去 三四八	休 四〇〇	邗 四四八	凨 四八四	宇 五一三	同 五四五	任 五六六	衣 五八四	次 六二二	庄 附 六五九
刑 三五一	叒 四一三	郘 附 四五〇	多 四八五	安 五一五	网 五四七	伏 五六八	老 五八九	后 六三九	𣅀 同昜 六六六
𠰯 同𨛜 三五五	回 四二五	早 四五六	朿 四八八	守 五二六	𠂤 附 五五二	伐 五六八	考 五九五	𢀖 附 六四四	而 六六八
合 三六二	因 四二六	放 四六一	年 五〇一	𡧍 同㝐 五二九	仲 五五九	伎 附 五七四	屏 附 六〇四	旬 六五〇	光 六九〇
缶 三六七	囯 附 四二七	有 四七九	宅 五一一	它 附 五三四	伊 五六〇	并 五七八	舟 六〇六	芍 同苟 六五二	夸 六九六
朱 三九四	邛 四四七	外 同外 四八三	向 五一三	吕 同呂 五四〇	似 五六五	依 五八〇	先 六一七	甶 六五四	夷 六九七

七畫

八畫

九畫

⿰彳⿱永止 同永 七四八	戓 同聝 七七三	姰 七九九	妶 附 八〇八	或 八二五	坡 八八三	斨 九二五	陕 附 九四三	孟 九八七
雨 七五〇	匼(⿷匚古) 七七三	姑 七九九	妷 附 八〇八	肒 附 八二八	坪 八八三	所 九二六	亞 九四六	孛 九八九
非 七六〇	承 七七七	威 同威 七九九	妭 附 八〇八	直 八三三	坏 同坏 八八六	車 同載 九三三	禹 九五八	育 九八九
杯 附 七六三	招 七七七	祉 同妣 八〇〇	妥 同嫡 附 八一二	甾 八四七	金 九〇五	官 九三六	庚 九六九	
到 七六五	拍 附 七八三	妹 八〇〇	舌 同午 八一九	弨 八四九	具 同且 九二四	阿 九三九	亲 同辛 九七四	
門 七六七	姓 七八六	始 姛 八〇二	戓 戟 同戟 八二四	亟 八八〇	斧 九二五	陀 同阤 九四一	季 九八六	

檢字

十畫

十一畫

檢字

異 一六五	曼 一八六	將酒 二〇八	過 同更 二一四	敗 二一九	葡 二三一	奞 二五九	脰 二八一	[illegible] 附 三〇三	虖 三三三
畀 附 一六六	叔 附 一九四	啟戌殹 二一〇	敕 二一五	寇庬 二一九	爽 二三二	羝 二六二	唎 同利 二八四	晢 附 三一四	彪 三三五
勒 一六九	晝 二〇三	敏 二一一	陳 同敶 二一五	[illegible] 二二〇	豚 同盾 二四二	厗 附 二六三	測 附 二九一	曹 三一七	盛 三三九
剢 同[illegible] 附 一七〇	臧 同臧 二〇五	歧 同政 二一三	救 二一六	敔敔 二三〇	矨 同智 二四八	鳥 二六四	梠 同筥 二九六	営 同嘗 三二六	蓋 附 三四五
埶 二〇六	殹 二〇六	㱿 二一四	敚 二一六	教 二二四	翏 二五一	焉 二六六	毀 同簋 二九六	鼓 同封 三二八	飧 附 三六一
孰 一七八	殺 二〇七	儆 二一四	赦 二一七	庸 二三〇	琟 二五八	敘敢 二七六	笭 三〇二	虘 三三三	啚 三八二

喜 三二七
尌 三二八
彭 三二八
虞 三三二
[illegible] 同孟 三四四
[illegible] 附 三四六

飯 三五九
[illegible] 同鑽 三六〇
飫 附 三六一
餅 三六八
[illegible] 同射 三六九
崇 附 三七七

覃 三八〇
棫 三九〇
[illegible] 同果 三九五
椑 三九八
[illegible] 同業 四〇〇
棺 四〇二

椃 附 四〇三
無 四〇五
圍 四二七
圍 附 四二七
賀 四二九
賞 同賞 四三一

貯 四三二
貳 四三三
貿 四三四
費 四三五
買 四三六
貟 附 四三七

鄙 四四五
鄂 四四六
都 附 四五一
鄐 附 四五一
[illegible] 同昔 四五八
朝 四六〇

游𣹾遊 四六三
旓 附 四七一
期朞𣅹 四七八
棗 四八九
棘 四八九
𥃩 同鼎 四九四

黍 五〇八
楸 五〇九
寓𡈁 同宇 五一三
盜 五一四
富 五一六
寖 五二八

寡 同寡 五二九
寒 五三一
宂 同宂 五三二
𡪤 附 五三七
寬 附 五四三
𤘍 附 五四四

瘵 附 五四五
痟 附 五四五
𦋐 五四八
𢊁 同幬 五四九
幃 五四九
[illegible] 五五三

豦 六六九	㪍 同畏 六五四	詹 附 六三九	耆 同孝 六〇一	倘 附 五七五	寗 附 五四三	𡩋 同害 五三一	溢 同舵 四九五	鄎 四四五	膡膡 同賸 四三一
䐁 同豚 六六九	廚 附 六六〇	㔋 附 六三九	𡳐 同屈 六〇五	𡪢 同殷 五八四	瘔 附 五四五	索 同索 五三一	粱 五〇八	御 同御 四四六	嘗 同賞 四三一
彘 六六九	廞廞 六六一	卿 同卿 六四六	粯 六二〇	袞 同袞 五八五	傺傺 五五八	裛 附 五三七	寳寳 同寶 五二四	𢧐 四四九	賔 同賓 四三三
貉 六七〇	屢 附 六六四	辟 六四八	頌 六二五	裹 五八五	備 五六二	𣢼 附 五三七	𡪣 同宰 五二六	遊旗 同旅 四六七	賷 同責 四三五
駐 附 六七八	䦸 同長 六六五	餇 六五〇	領 同領 六二七	裔 五八七	傳邀 五六七	寘 附 五三八	宜宜㝖 同宜 五二七	盟盟盟 四八一	賃 四三七
猷 六八五	肆 六六五	敬 六五三	項 六二八	裘 五八八	媵 同佚 五六七	寉 同寫 五四二	寡 同寡 五二九	鼎 四八九	賷 附 四三八

十五畫

十六畫

十七畫

十八畫

蒿 三九	趣 同趣 八三	諻 附一五四	韹 同變 二一四	藿 二五九	簟 二九六	餴 三五七	虞 同櫨 附四〇四	旞 四六四	糕 五〇八
藏 四〇	衜 同道 一〇五	羿 附一六三	數 同敗 二一九	舊 二六〇	簋 三〇一	鱳 同鑠 附三六二	𣞤 同無 四〇五	鼒 附四九四	㬱 附五〇九
薵 同蓍 四一	邊 㣧 一〇六	鞭 一七〇	贅 同埶产 二二〇	羴 二六三	寡 三一三	穀 同稾 三八二	劃 同畫 四一一	碾 附四九五	寡 附五三九
蒷 同蒷 四二	儴 同儴 一一八	鞹 附一七〇	駇 附二二三	齎 二八二	豐 三三一	櫅 穧 三九一	賷 同賷 四三六	鼧 附四九五	營 五四〇
衞 同哲 五八	諿 同譯 一四七	鎘 同鬲 一七二	雝 雝 㪃 懯 同雍 二五七	耤 同耤 二九二	虢 三三五	鎜 同槃 三九八	鄭 同鄭 四四六	穡 五〇〇	覆 五四八
趧 八一	諼 附一五一	毅 二〇七		觴 二九三	盩 附三四七	濼 同樂 三九九	鄭 附四五二	𥠖 同秦 五〇六	韞 同幬 五四九

十九畫

二一畫

二二畫

孌 八〇五
䜌 八七三
鑄[illegible] 九〇八
鑊 九一二
[illegible] 同錞 九一八
鑺 附 九二一
[illegible] 同尊 一〇一三

二三畫

[illegible] 同趯 八一
鑰 一二六
[illegible] 一三九
[illegible] 附 一七三
[illegible] 同爲 一七七
變 二一四
體 二八一
[illegible] 三三七
[illegible] 同[illegible] 三三九
[illegible] 同[illegible] 三四二
[illegible] 同[illegible] 三五七
[illegible] 附 三六二
[illegible] 三六八
[illegible] 三九一
[illegible] 同[illegible] 附 四九五
[illegible] 五五四
[illegible] 附 五五四
襲 五八六
顯 [illegible] 六二九
[illegible] 同[illegible] 六六九
[illegible] 同獻 六八三
[illegible] 同然 六八九
靁 七五一
[illegible] 同閭 七六八
[illegible] 附 八一二
[illegible] 附 八一三
[illegible] 附 八一三
[illegible] 同[illegible] 八二三
[illegible] 八五一
[illegible] 同堵 八八四
[illegible] 同艱 八八九
[illegible] 同鑄 (九一〇)
鑑 九一二
[illegible] 同[illegible] 九一三
[illegible] 附 九二一

二四畫

二五畫

二六畫

⿱寶鼎 同寶 五二〇
⿸广⿰鳥永 同⿰氵⿱鷹云 六八〇
⿰⿱𦇧火攴 同燮 六八八
⿸厂⿰泉泉 同原 七四四
⿱⿰⿱𦥑⿱壽皿 同鑄 九一〇
鑵 附 九二三

二七畫

⿱𦥑⿱酉田 同召 六一
⿰夫⿸虍鳥 附 二六五
饡 三六〇
⿰鼎頁 同頂 六二六
⿰䖵覃 附 八七六
⿰喜⿱堇火 同艱 八八九
⿱興⿱?灬 同鑄 九一〇
⿰金⿱亠東 同鐘 九一六
鑾 九一九

二八畫

⿰彳⿺走雚 同趯 八二
雧 同集 二六四
⿰⿱鼎鼎刂 同則 二八九
⿰⿱⿲𦥑𦥑⿱亠?彡 三五七
⿱雥灬 同焦 六八九
⿱雨⿱吅⿱吅吅 同靁 七五二
⿱興⿱畐皿 同鑄 九〇九

二九畫

⿰⿱𦀚?⿱?攴 附 二七九
⿱虤鼎 同⿸虤貝 三三七
⿱⿰業業去 附 三四八
⿱聿⿰貝盘 同⿱聿賁 四二九
⿵門⿰阝彖 附 七七一
⿰金⿱⿱亠東土 同鐘 九一六
⿰金⿱罒⿱貝吅 附 九三二

三〇畫

⿱𦥯⿱湄皿 同眉 二四一

⿱⿰田畾皿 同櫑 三九八

驫 六七八

⿱𦥯⿱酉廾 同招 七七七

三一畫

⿳田⿰金己田 同櫑 三九八

⿱霝龠 同霝 七五二

三二畫

⿱雨⿰亻雔 同霍 二六三

⿸厂驫 同驫 六七八

⿱𦥯⿱⿰金己火 同鑄 九一〇

三三畫

⿰⿱缶缶⿱⿰糸由⿰糸由 附 二七九

鱻 七五七

⿱𦥯⿱⿰金監皿 同鑄 九一〇

三四畫

⿱霝龠 同霝 七五二

三五畫

三七畫

四〇畫

合文

後記

這是容師希白先生傾畢生心血編成的一部金文字典。初版本在一九二五年印行，一九三九年再版時有所增修，一九五九年經編者再次修訂出版了第三版。隨着青銅器的大量出土和考釋工作的發展，先生晚年又對此書做了最後一次增補修訂。一九七七年冬，中華書局編輯趙誠同志與先生商定，此書的新修訂本由中華書局支持出版，嗣後列入了一九七八年公佈的中華書局出版計劃。

第三版問世後，先生每見到銅器銘文發表或得到新拓，都將新字逐個補入金文編中，至一九七八年底，新增器目四百多，字頭比第三版增加三百七十多，增補的重文接近三千個。所有新增字，先生都請馬國權先生協助摹寫。一九七九年初，馬國權先生調離中山大學，先生迺命我協助其工作。第一步是命我校對其新增器目、新補充字和摹本，第二步則讓我談修訂意向和方法。我的修訂意見主要如下：一、按原有體例不變；二、第三版原文及先生新增補内容，可不更動者盡可能不動，需更動者，必具充分證據，請先生親自審改；三、每張銘拓逐字校核，新錄重文從嚴，原則上只選新的異構，非特殊用法不引文句，控制篇幅，不超越一千五百頁，使出版物不至過于昂貴，便于普通讀者和有志青年購買，可作斷代標準器的重要銘文和書體特異者、重文甚少者，録取重文時可酌情放寬些；四、需要選録新拓及新的考釋文字時，均請先生過目定奪；五、立即向各地有關單位發函徵集縮小發表的銘文原拓和新銘拓；六、新版改用繁體楷書重寫。先生對我的校對工作和修訂意見，特別對既要廣泛收集最新資料，又要充分考慮普通讀者的購買力的意見，頗為滿意，于是將繼續修訂的工作，悉數交付給我做，命我將增補器目、選字、定位、摹録、誊抄等工作包干到底。

一九八三年三月六日，為本書竭盡心力的希白先生與世長辭了，但是先生為祖國的文化教育事業終身奮鬥不懈，研究著述實事求是嚴謹不苟的精神，為讀者為青年周全考慮的高尚品德，激勵着我，使我能最後完成此書的修訂工作。今按誊清後的定稿統計，引用器目共三九〇二器，正編字頭二四二〇號，重文一九三五七個，附錄一三五二文，重文一一三二個。

在此書修訂過程中，我們得到了中華書局、中國社會科學院考古研究所資料室、上海博物館銅器組、故宫博物院金石組、和于思泊先生、商錫永先生、羅福頤先生等的大力支持，同時得到了同行許多朋友的關心和鼓勵，先生也曾請中山大學古文字研究室諸同志，分别對金文編的修訂提過具體意見。此書之成，既有賴于此書原有的堅實基礎，也得助于同志們的關心和幫助，于此謹致衷心的感謝。

由于先生晚年年邁和有意讓我放手工作，修訂工作的後五年，主要是由我一人獨力修訂和誊抄，本人的水平和能力均有限，錯誤必定不少，敬希讀者多多批評指正。

一九八四年六月張振林記于中山大學

金文編勘誤表

頁碼	行	誤	正
九一	三	末漏器名	中山王譽鼎
三二八	一	𡐹乳為彭	𡐹乳為鼓
四六四	五	旞字錯位	按說文應置四六二頁旝字前
六六九	六	亞形	亞形豸父丁觚
一一七七	一	重	刪
三二七	一	漏  禽肯鼎 歲嘗	 禽肯盤 歲嘗
三四九	一	制版誤劇	0815   庚爵
五〇一	二	漏	 子禾子釜 稷月丙午